Diego Barros Arana

Historia general de Chile

Tomo II

Barcelona **2023**
Linkgua-ediciones.com

Créditos

Título original: Historia general de Chile.

© 2023, Red ediciones.

e-mail: info@linkgua.com

ISBN rústica: 978-84-9816-792-4.
ISBN ebook: 978-84-9897-650-2.

Cualquier forma de reproducción, distribución, comunicación pública o transformación de esta obra solo puede ser realizada con la autorización de sus titulares, salvo excepción prevista por la ley. Diríjase a CEDRO (Centro Español de Derechos Reprográficos, www.cedro.org) si necesita fotocopiar, escanear o hacer copias digitales de algún fragmento de esta obra.

Sumario

Créditos _____ 4

Brevísima presentación _____ 15
    La vida _____ 15

Parte II. (Continuación) _____ 17

Capítulo XII. El gobierno acéfalo: nuevos desastres de los españoles. Despoblación de algunas ciudades del sur (1554) _____ 19
    1. Heroicos combates sostenidos por catorce españoles en la cuesta de Purén ____ 19
    2. Despoblación del fuerte de Purén y de la ciudad de los Confines; Francisco de Villagrán es llamado del sur _____ 22
    3. Despoblación del fuerte de Arauco; llega a Concepción la noticia del desastre de Tucapel, y el Cabildo aclama gobernador a Francisco de Villagrán ____ 24
    4. El cabildo de Santiago nombra gobernador interino a Rodrigo de Quiroga; diversas providencias para la defensa del país _____ 26
    5. Villagrán, proclamado gobernador en Valdivia y en la Imperial, llega a Concepción, se recibe del mando y se dispone a partir contra los indios rebeldes ___ 31
    6. Desastrosa derrota de Marigueñu _____ 34
    7. Villagrán despuebla Concepción. Las tropas de Lautaro saquean y destruyen esta ciudad _____ 39

Capítulo XIII. El gobierno acéfalo; competencias entre Villagrán y Aguirre sobre tomar posesión del gobierno de Chile (1554-1555) _____ 43
    1. El cabildo de Santiago intenta dividir provisoriamente a Chile en dos gobernaciones separadas _____ 43
    2. Misión de Gaspar Orense al Perú y a España para comunicar los desastres de la guerra de Chile _____ 45
    3. Llega a Santiago Francisco de Villagrán con los fugitivos de Concepción; el cabildo de Santiago asume el mando de la ciudad y su distrito _____ 47

4. Vuelve de Tucumán el general Francisco de Aguirre y reclama para sí el gobierno de Chile ___50
5. El cabildo de Santiago somete al fallo arbitral de dos letrados la competencia entre los generales Villagrán y Aguirre___54
6. Villagrán desobedece el fallo de los letrados y se apodera por la fuerza del gobierno ___59
7. Frustrada tentativa del general Aguirre para apoderarse del mando ___63
8. Entereza del Cabildo en esas circunstancias; la tranquilidad parece restablecida___66

Capítulo XIV. El gobierno acéfalo: los cabildos encargados del gobierno de sus respectivos distritos (1554-1556) ___ 71

1. Los defensores de la Imperial y de Valdivia sostienen con ventaja la guerra contra los indios; horrores de esta lucha ___71
2. El hambre y la peste acosan a los indios rebelados; segunda campaña de Villagrán contra ellos___74
3. Nuevas exigencias de Villagrán para que se le entregue el gobierno de Chile; se opone a ellas el cabildo de Santiago___78
4. Llega a Chile la resolución de la audiencia de Lima, por la cual manda que los alcaldes de los cabildos conserven el gobierno en sus distritos respectivos ___80
5. Los cabildos acuerdan pedir el nombramiento de un gobernador ___83
6. Repuéblase la ciudad de Concepción y es destruida por segunda vez___85
7. Peligros que amenazan a la colonia durante algunos meses ___89

Capítulo XV. El gobierno acéfalo; nombramiento de gobernador para Chile; derrota y muerte de Lautaro (1556-1557) ___ 93

1. Jerónimo de Alderete desempeña en la Corte la misión que había llevado de Chile_93
2. Es nombrado gobernador de Chile con ampliación de sus límites territoriales hasta el estrecho de Magallanes ___96
3. Villagrán es nombrado por la audiencia de Lima corregidor y justicia mayor de Chile; asume este cargo y va a La Serena a hacerse reconocer ___99
4. Por muerte del general Alderete, el virrey del Perú nombra gobernador de Chile a su hijo don García Hurtado de Mendoza___102
5. Lautaro, a la cabeza de un cuerpo de guerreros, emprende una campaña al norte del río Maule ___105

6. Sale a su encuentro Pedro de Villagrán; combate de Mataquito; Lautaro se vuelve al sur _____ 107
7. El corregidor Francisco de Villagrán parte a socorrer las ciudades del sur; disturbios que su ausencia estuvo a punto de producir en Santiago _____ 111
8. Nueva campaña de Lautaro contra Santiago; segunda batalla de Mataquito; derrota y muerte de Lautaro _____ 112

Capítulo XVI. Hurtado de Mendoza: su arribo a Chile. Desembarco en Concepción; primeros combates (1557) _____ 117

1. Antecedentes biográficos de don García Hurtado de Mendoza; parte del Callao con el cargo de gobernador de Chile _____ 117
2. Llega a La Serena y se recibe del gobierno; prisión de Francisco de Aguirre _____ 121
3. Don García se hace reconocer por gobernador en Santiago y manda apresar a Francisco de Villagrán _____ 124
4. Grandes preparativos para abrir la campaña contra los indios rebeldes del sur _____ 128
5. Arriba Hurtado de Mendoza a la bahía de Concepción; desembarca en la isla de la Quiriquina, y luego en el continente, donde construye un fuerte para su defensa _____ 133
6. Reñida batalla que sostiene en ese fuerte; los indios son obligados a retirarse _____ 137
7. Recibe el gobernador los refuerzos que esperaba de Santiago y se prepara para abrir la campaña _____ 141

Capítulo XVII. Hurtado de Mendoza: campaña de Arauco. Fundación de Cañete y repoblación de Concepción (1557-1558) _____ 146

1. Don García Hurtado de Mendoza pasa el río Biobío a la cabeza de todas sus tropas _____ 146
2. Batalla de las Lagunillas o de Biobío _____ 149
3. Marcha el ejército español al interior del territorio araucano _____ 155
4. Batalla de Millarapue _____ 157
5. Reconstrucción del fuerte de Tucapel _____ 160
6. Combates frecuentes en los alrededores de esta fortaleza _____ 161
7. Fundación de la ciudad de Cañete y repoblación de Concepción _____ 164
8. Combate del desfiladero de Cayucupil _____ 166

Capítulo XVIII. Hurtado de Mendoza: exploración de la región del sur hasta

Chiloé. Captura y muerte de Caupolicán; fundación de nuevas ciudades (1558-1559) _____ **171**

   1. Don García Hurtado de Mendoza emprende la exploración de los territorios del sur ____171

   2. Los araucanos, engañados por un indio traidor, atacan Cañete y son rechazados con gran pérdida ____173

   3. Marcha de los españoles al través de los bosques del sur; descubrimiento del archipiélago de Chiloé ____177

   4. Practicado el reconocimiento de esa región, don García da la vuelta al norte y funda la ciudad de Osorno; injusticias cometidas contra los antiguos encomenderos de Valdivia ____182

   5. Proclamación de Felipe II como rey de España; don Alonso de Ercilla y don Juan de Pineda condenados a muerte por el gobernador, y luego indultados ____186

   6. Captura y muerte de Caupolicán ____191

   7. Batalla de Quiapo ____197

   8. Repoblamiento de Arauco y de Angol ____200

Capítulo XIX. Hurtado de Mendoza; expediciones lejanas: Tucumán, Magallanes, Cuyo (1557-1561) _____ **203**

   1. Estado de la provincia de Tucumán cuando don García tomó el mando de Chile ____203

   2. Campañas y conquistas del capitán Juan Pérez de Zurita ____205

   3. Envía el gobernador de Chile una escuadrilla a reconocer el estrecho de Magallanes ____207

   4. Aventuras y naufragios del capitán Cortés Ojea ____209

   5. Los expedicionarios construyen un bergantín para volver a Chile; impresión producida por las noticias que comunicaban ____212

   6. El capitán Juan Ladrillero explora los canales y archipiélagos de la costa occidental de la Patagonia ____215

   7. Penetra en el estrecho de Magallanes, lo reconoce hasta cerca de la boca oriental y da la vuelta a Chile. Noticias bibliográficas sobre la exploración de Ladrillero ____218

   8. Expedición conquistadora a la región de Cuyo; fundación de las ciudades de Mendoza y de San Juan ____223

Capítulo XX. Hurtado de Mendoza: su administración civil (1559-1560) 226

1. Don García Hurtado de Mendoza recibe cédula de su separación del gobierno de Chile _____ 226
2. Las violencias y atropellos de su administración le creaban una situación muy desagradable para el día de su caída _____ 228
3. Desagrado con que recibió la noticia de su separación del mando; confía el gobierno interino a Rodrigo de Quiroga _____ 232
4. Don García se traslada a Santiago; trabajos administrativos de su gobierno; la tasa de Santillán _____ 234
5. Construcción de hospitales y de iglesias; se da principio a la catedral de Santiago 239
6. Fiestas y diversiones públicas; el paseo del estandarte _____ 240
7. Descuido completo de todo lo que se relaciona con el fomento de la ilustración de la Colonia. Aislamiento de Chile y proyecto para ponerlo en comunicación más inmediata con el Perú _____ 243

Capítulo XXI. Hurtado de Mendoza: administración financiera; fin de su gobierno (1559-1561) _____ 246

1. Brillante perspectiva que el descubrimiento de América abría a la industria española; estado desastroso de la hacienda pública a mediados del siglo XVI ___ 246
2. Las cortes de Castilla, para poner remedio a la pobreza creciente de España, piden al rey que prohíba la exportación a América de los productos manufacturados 249
3. Prohibición impuesta a los extranjeros de establecerse en América; trabas creadas al libre comercio _____ 251
4. La primera población española en América se consagra principalmente al trabajo de las minas; las perlas y los metales preciosos suministran a la Corona sus principales entradas _____ 254
5. Los reyes de España se apoderan con frecuencia de los tesoros de particulares que iban de las Indias; influencia de estas violencias en la colonización de América _ 256
6. Empeño de los reyes por incrementar las entradas que les producían las Indias; concesiones hechas a los encomenderos de Chile, e instrucciones dadas a Alderete para aumentar el producto de las minas _____ 259
7. Administración financiera de don García; los ingentes gastos de la guerra le impiden enviar a España socorros de dinero _____ 263

8. Imposición de donativos forzosos a los encomenderos y comerciantes; vida ostentosa del gobernador y su pobreza al dejar el mando _____ 268
9. Al saber la muerte de su padre, don García se marcha al Perú. Sus trabajos para comprobar sus servicios y para obtener la remuneración a que se creía merecedor _ 271
10. Juicio de residencia seguido en Chile contra don García Hurtado de Mendoza; el rey aprueba su conducta. Noticias acerca del licenciado Hernando de Santillán (nota) _____ 275

Capítulo XXII. Historiadores primitivos de la conquista de Chile _____ 279

1. Falta absoluta de noticias seguras sobre Chile, impresas antes de 1569 _____ 279
2. La Araucana de don Alonso de Ercilla es la primera historia de Chile en el orden cronológico _____ 281
3. Valor histórico de esta obra _____ 285
4. La continuación de La Araucana por Santisteban Osorio no es una obra histórica, y ha servido solo para hacer caer en los mayores errores a los historiadores y cronistas que le han dado crédito _____ 289
5. Góngora Marmolejo: su Historia de Chile _____ 292
6. Mariño de Lobera: no conocemos su crónica primitiva _____ 295
7. El padre jesuita Bartolomé de Escobar: su revisión de la crónica de Mariño de Lobera _____ 296
8. Pedro de Oña: valor histórico de su Arauco domado _____ 300
9. El doctor Suárez de Figueroa: sus Hechos de don García _____ 303
10. La crónica perdida de Jerónimo de Vivar _____ 307

Parte III. La Colonia desde 1561 hasta 1610 _____ 309

Capítulo I. Gobierno de Francisco de Villagrán (1561-1563) _____ 310

1. Los indios de Purén asesinan al capitán don Pedro de Avendaño; renuévase la guerra _____ 310
2. Llega a Chile Francisco de Villagrán y se recibe del mando _____ 312
3. Comienza su gobierno bajo malos auspicios: primera epidemia de viruela; renovación de la guerra de Arauco _____ 316
4. Las predicaciones de un religioso dominicano vienen a complicar la prosecución eficaz de la guerra _____ 317

5. El gobernador visita las ciudades del sur y cae gravemente enfermo; el licenciado Juan de Herrera, su teniente gobernador, instruye un proceso a los indios enemigos, y en virtud de la sentencia manda hacerles la guerra _____321
6. Prosecución de las operaciones militares: derrota de los españoles en Catirai o Mareguano _____325
7. Despoblación de Cañete; los indios ponen sitio a la plaza de Arauco que defiende heroicamente el capitán Lorenzo Bernal de Mercado _____331
8. Perturbaciones de la tranquilidad interior bajo el gobierno de Villagrán_____336
9. Desastres de las armas españolas en Tucumán _____340
10. Nuevas desgracias agravan las enfermedades del gobernador; muerte de Villagrán_____342

Capítulo II. Gobierno interino de Pedro de Villagrán (1563-1565) _____ **347**
1. Se recibe del gobierno el capitán Pedro de Villagrán; los españoles evacuan la plaza de Arauco_____347
2. Nuevas derrotas de los españoles en Itata y en Andalién _____349
3. Alarma que estos desastres producen en Santiago; el Cabildo de la capital envía socorros a las ciudades del sur_____352
4. La insurrección de los indios toma mayores proporciones, pero son derrotados en las inmediaciones de Angol; ponen sitio a Concepción y se retiran sin lograr reducir esta ciudad _____354
5. Al paso que los indios adquieren una superioridad de poder militar, el desaliento y la desmoralización comienzan a cundir entre los españoles_____357
6. Villagrán en Santiago: sus aprestos para continuar la guerra _____360
7. Sale a campaña y pacifica a los indios del otro lado del Maule _____363
8. Llega a Chile un refuerzo de tropas enviado del Perú; deposición del gobernador Pedro de Villagrán_____365
9. Erección del obispado de Santiago_____370

Capítulo III. Gobierno interino de Rodrigo de Quiroga (1565-1567) _____ **372**
1. Rodrigo de Quiroga toma el gobierno del reino y se prepara para concluir la guerra _____372
2. Su primera campaña contra los araucanos; el ejército español reforzado y bien provisto, derrota a los indios y llega a Arauco _____374

3. Repoblación de Cañete y de Arauco, triunfos alcanzados por Quiroga sobre los indios _____ 377

4. El general Ruiz de Gamboa explora y conquista la isla de Chiloé y funda la ciudad de Castro _____ 381

5. El rey instituye una real audiencia para Chile, a la cual confía el gobierno político y militar _____ 386

6. Arribo de la Real Audiencia; se recibe del mando _____ 388

Capítulo IV. Administración de la Real Audiencia (1567-1568). Principio del gobierno del doctor Bravo de Saravia (1568-1569) _____ **390**

1. La Audiencia, queriendo estar prevenida para las eventualidades de la guerra, se propone reorganizar el ejército, y pide contingentes a todas las ciudades. La pobreza del país contraría sus trabajos _____ 390

2. Gobierno de la Real Audiencia: sus infructuosos esfuerzos para atraer a la paz a los indios rebelados _____ 392

3. El rey nombra gobernador de Chile al doctor Bravo de Saravia; se recibe éste del mando con gran solemnidad _____ 396

4. Esperanzas que hace concebir en la pronta conclusión de la guerra. Bravo de Saravia sale a campaña lleno de confianza _____ 399

5. Sus ilusiones comienzan a desvanecerse en el teatro de las operaciones militares; su ejército sufre una gran derrota en Mareguano o Catirai _____ 402

6. La desmoralización de las tropas españolas a consecuencia de esta derrota, dificulta la prosecución de las operaciones militares _____ 407

7. Después de nuevos combates, los españoles evacuan las plazas de Cañete y de Arauco _____ 409

8. Desprestigio en que cae el gobernador Bravo de Saravia; ofrece al rey dejar el mando y pide al Perú socorros de tropas _____ 415

Capítulo V. Gobierno de Bravo de Saravia: administración civil. Fin de su gobierno y supresión de la Real Audiencia (1569-1575) _____ **418**

1. Erección del obispado de la Imperial y fijación de sus límites _____ 418

2. El obispo de la Imperial toma la defensa de los indios y solicita en vano la reforma del servicio personal _____ 420

3. Vuelve a Chile el general don Miguel de Velasco con los refuerzos enviados del Perú _____ 426

4. Terremoto del 8 de febrero de 1570: ruina de la ciudad de Concepción _____430
5. Vergonzosa derrota de los españoles en Purén _____432
6. Últimos sucesos del gobierno de Bravo de Saravia _____436
7. El rey lo reemplaza con Rodrigo de Quiroga y suprime la Real Audiencia de Chile_440
8. Observaciones sobre el gobierno Bravo de Saravia: causas diversas de sus desastres _____444
9. Proyecto de crear en Chile una universidad. La crónica de Góngora Marmolejo (nota) _____449

Capítulo VI. Gobierno de Rodrigo de Quiroga (1575-1578) _____ **453**
1. Esperanzas que hizo concebir Quiroga al recibirse del gobierno; dificultades y competencias con el obispo de la Imperial_____453
2. Terremoto del 16 de diciembre de 1575: ruina de las ciudades australes, e inundación subsiguiente de Valdivia; levantamiento de los indios en esa región ____455
3. Recibe Quiroga los refuerzos que esperaba de España, y se dispone a renovar las operaciones militares; su proyecto de transportar a las provincias del norte los araucanos que apresase en la guerra_____459
4. El gobernador instruye un nuevo proceso jurídico a los indios de guerra y los condena a muerte; los indios fingen dar la paz, pero continúan las hostilidades bajo las instigaciones del mestizo Alonso Díaz _____463
5. Primera campaña de Quiroga contra los araucanos_____468
6. Segunda campaña de Quiroga _____471

Capítulo VII. Fin del gobierno de Quiroga (1578-1580). La expedición de Francisco Drake _____ **475**
1. Organización y partida de Inglaterra de la expedición de Francisco Drake_____475
2. Correrías de Drake en las costas de Chile; presa hecha en Valparaíso; los ingleses son rechazados en la Mocha y en La Serena_____479
3. Esfuerzos de Quiroga para comunicar al Perú la noticia de estos sucesos y para atender a la defensa del reino_____487
4. Continuación de las operaciones militares contra los indios _____489
5. Muerte de Rodrigo de Quiroga_____492
6. Últimos años de Francisco de Aguirre _____495

Libros a la carta_____**499**

Brevísima presentación

La vida

Diego Barros Arana (1830-1907). Chile.

Era hijo de Diego Antonio Barros Fernández de Leiva y Martina Arana Andonaegui, ambos de clase alta. Su madre murió cuando él tenía cuatro años, y fue educado por una tía paterna que le dio una formación muy religiosa.

Estudió en el Instituto Nacional latín, gramática, filosofía, historia santa y francés. Su interés por la historia se despertó tras sus lecturas del *Compendio de la historia civil, geográfica y natural* del Abate Molina, las *Memorias del general William Miller*, la *Historia de la revolución hispanoamericana* del español Mariano Torrente y la *Historia física y política de Chile* de Claudio Gay.

Su trabajo historiográfico se inició en 1850, tras la publicación de un artículo en el periódico *La Tribuna* sobre Tupac Amaru y de su primer libro, *Estudios históricos sobre Vicente Benavides y las campañas del sur*.

Barros Arana se decantó en política por el liberalismo y se enfrentó a los círculos católicos. Fue opositor encarnizado del gobierno de Manuel Montt, y su casa fue allanada en busca de armas (que en efecto se ocultaban allí). Tras este incidente tuvo que exiliarse en Argentina, donde hizo amistad con Bartolomé Mitre.

Regresó en 1863 y fue nombrado rector del Instituto Nacional, y ocupó el decanato de la Facultad de Filosofía y Humanidades de la Universidad de Chile, así como la rectoría.

Su paso por el instituto desencadenó una tormenta que quebró la alianza de gobierno conocida como Fusión Liberal-Conservadora.

En la etapa final de su vida se dedicó a su obra historiográfica y fue enviado a Argentina en una misión para definir los fronteras.

Parte II. (Continuación)

Capítulo XII. El gobierno acéfalo: nuevos desastres de los españoles. Despoblación de algunas ciudades del sur (1554)

1. Heroicos combates sostenidos por catorce españoles en la cuesta de Purén. 2. Despoblación del fuerte de Purén y de la ciudad de los Confines; Francisco de Villagrán es llamado del sur. 3. Despoblación del fuerte de Arauco; llega a Concepción la noticia del desastre de Tucapel, y el Cabildo aclama gobernador a Francisco de Villagrán. 4. El cabildo de Santiago nombra gobernador interino a Rodrigo de Quiroga; diversas providencias para la defensa del país. 5. Villagrán, proclamado gobernador en Valdivia y en la Imperial, llega a Concepción, se recibe del mando y se dispone a partir contra los indios rebeldes. 6. Desastrosa derrota de Marigueñu. 7. Villagrán despuebla Concepción. Las tropas de Lautaro saquean y destruyen esta ciudad.

1. Heroicos combates sostenidos por catorce españoles en la cuesta de Purén

La derrota y muerte de Valdivia iban a producir una perturbación general en la colonia. El triunfo completo de los indígenas en Tucapel, al paso que los envalentonaba para acometer empresas mayores y para aspirar a la expulsión definitiva de los castellanos de todo el territorio conquistado, introdujo entre éstos una gran desconfianza en su poder y en sus recursos, y un abatimiento de que solo pudo sacarlos la actitud resuelta de algunos capitanes de corazón levantado para hacer frente a la deshecha tempestad que acababa de desencadenarse.

El primer anuncio del desastre fue comunicándose rápidamente en los diversos establecimientos españoles. Los defensores del vecino fuerte de Purén fueron quizá los primeros en saber ese contratiempo. El día de la batalla se hallaban allí los veinte hombres que, por pedido de Valdivia, había enviado de la Imperial el gobernador de esta ciudad, Pedro de Villagrán. Estaban mandados por Juan Gómez de Almagro, capitán de gran valentía y resolución.[1] En Purén supieron que el fuerte de Tucapel había sido abandonado, y que los indios rebeldes eran dueños de toda esa comarca; pero no tuvieron noticia alguna positiva de la

---

1 Ignoro qué motivo tuvo el capitán Gómez de Almagro para dar la vuelta por el valle central, en vez de seguir el camino de la costa para trasladarse de la Imperial a Tucapel. Es posible, sin embargo, que obedeciese a instrucciones de Valdivia, con el propósito de que este refuerzo atacase a los indios sublevados por la espalda y les cortase la retirada al interior.

marcha de Valdivia. Se ha contado, no sabemos sobre qué fundamento, que los informes maliciosos de los indios de servicio fueron parte a retenerlos allí dos días. Este retardo fue causa de que no se hallasen en la batalla.

Pero el capitán Gómez de Almagro no era hombre para quedar largo tiempo inactivo. El 3 de enero, dos días después de la derrota del gobernador y sin tener la menor noticia de ella, salió de Purén con solo trece hombres. Los seis restantes que completaban la columna, fueron dejados allí, sin duda, para ayudar a la defensa del fuerte que podía verse atacado de un momento a otro. La distancia que media entre Purén y Tucapel es solo de 8 o 10 leguas; pero allí se alza la empinada cordillera de la Costa, conocida en esos lugares con el nombre de Nahuelbuta, en cuyas faldas opuestas estaban situados esos fuertes, uno al oriente y otro al poniente de la montaña. Tupidos bosques de árboles corpulentos y espesos matorrales, cubren esas alturas, dificultan la marcha a cada paso y facilitan la guerra de sorpresas y de emboscadas.

Los catorce españoles penetraron resueltamente en la montaña. Los indios de aquellas localidades, que tenían noticia del desastre de Valdivia, los dejaban pasar tranquilamente, pero se preparaban para cortarles la retirada. Más adelante, encontraron un cuerpo de guerreros enemigos. «Cristianos, ¿a dónde vais?, les gritaban los indios. Ya hemos muerto a vuestro gobernador.» Gómez de Almagro, sin dar crédito a aquella noticia, desbarató a esos salvajes y continuó su marcha sin vacilación. Pero toda duda desapareció en breve. Los castellanos encontraron a poco andar otro cuerpo de indios que se retiraba de Tucapel cantando victoria y ostentando como trofeos las armas y las ropas recogidas en el campo de batalla. Fue necesario entrar en pelea; pero los indios, alentados por su triunfo, y reforzados a cada momento con nuevos auxiliares, se batían con una resolución que no daba a sus adversarios la menor esperanza de triunfo. Gómez de Almagro y sus compañeros se vieron forzados a retroceder, y tomando el mismo camino que habían llevado, no pensaron más que en regresar a Purén.

Aquella retirada fue una serie no interrumpida de combates dignos de las más heroicas páginas de la epopeya. Acosados por todas partes por numerosos grupos de salvajes que salían de los bosques y que los atacaban con el empuje que infunde la confianza en una victoria inevitable, Gómez de Almagro y sus trece compañeros desplegaron en ese trance un valor casi sobrehumano. Sus caballos estaban cansados, y no podían evolucionar convenientemente en la espesura del bosque y en las escabrosidades del suelo. Por todos lados se veían las negras columnas de humo con que los indios llamaban a sus aliados a cerrar el paso a los castellanos. En cada recodo del camino aparecían, en efecto, nuevos grupos de guerreros dispuestos a cortarles la retirada. Sin embargo, los españoles en vez de desfallecer, redoblaban su esfuerzo y se abrían paso con el filo de sus espadas. Sus armaduras de acero no los ponían a cubierto de los golpes de los indios. Lejos de eso, casi todos ellos estaban cubiertos de heridas, pero no se desanimaban un solo instante. Cuéntase de un soldado andaluz llamado Juan Morán de la Cerda que, gravemente herido de un flechazo o de una lanzada, se arrancó con su propia mano el ojo que pendía sobre su rostro, para seguir peleando más libremente.

Pero aquellos combates que se renovaban a cada paso, no podían prolongarse más largo tiempo. Uno tras otro habían ido cayendo siete españoles bajo los rudos e incesantes golpes de sus enemigos; y los siete restantes, extenuados de fatiga, acosados por el hambre y abrumados por el calor de uno de los más fuertes días de verano, apenas tenían fuerzas para combatir. El mismo Gómez de Almagro había perdido su caballo, pero se defendía en pie cuando sobrevino la noche. Una lluvia torrencial, acompañada de truenos y relámpagos, una de esas violentas tempestades de verano que en aquellos lugares suelen seguir a los días más ardientes del estío, vino al fin a separar a los combatientes. Los indios, dando por derrotados a sus contrarios, se retiraron a abrigarse en sus chozas. Los seis españoles que conservaban sus caballos, continuaron en completa dispersión su marcha a Purén adonde, sin embargo, no pudieron llegar sino en la mañana siguiente. El valeroso Gómez de Almagro, que no había podido seguirlos, se ocultó en los bosques, resuelto a procurarse su salvación o a vender cara su vida.[2]

---

2   Esta célebre jornada de los catorce españoles, forma el asunto del canto IV de *La Araucana*, en que Ercilla ha trazado uno de los mejores cuadros de su poema, reduciendo toda la retirada de Juan Gómez a un solo combate. Góngora Marmolejo, capítulo 15, ha referido los mismos sucesos con menos aparato poético, y probablemente con más verdad en los detalles. Juan Morán, que sanó de su herida con pérdida de un ojo, siguió sirviendo en la guerra contra los indios y sobrevivió muchos años más. En 1580 tenía el rango de capitán y era regidor de la ciudad de Angol.

2. Despoblación del fuerte de Purén y de la ciudad de los Confines; Francisco de Villagrán es llamado del sur

Ya se había esparcido en todos los campos vecinos la noticia del descalabro de los conquistadores, y la insurrección de los indios era general. Los defensores de la plaza de Purén creyeron, sin embargo, en el primer momento, que podrían sostenerse contra los insurrectos que la amagaban y, en efecto, rechazaron un primer ataque mediante la ingeniosa estratagema de un soldado llamado Diego García. Formó éste una especie de parapeto movible con dos cueros de lobos marinos, en los cuales se habían hecho algunos agujeros para pasar la boca de los arcabuces. Esta sencilla máquina de guerra, detrás de la cual se colocaban algunos arcabuceros para hacer fuego sobre los indios sin exponerse a las flechas de éstos, produjo el efecto que se buscaba. Los bárbaros, sin comprender lo que era aquel aparato, se retiraron confundidos. Pero este pequeño triunfo no bastaba para desarmar a los indios de aquella comarca. Los defensores de Purén, creyendo que no podían resistir largo tiempo a la insurrección, acordaron abandonar el fuerte y replegarse a la Imperial, donde existía acantonado un buen destacamento de tropas españolas.

La alarma se había comunicado a la naciente ciudad de los Confines, o de Angol. Situada ésta en el valle central, sobre las márgenes de uno de los afluentes del Biobío, como ya dijimos, y a poca distancia del fuerte de Purén, iba a quedar expuesta a un ataque inevitable de los indios, y seguramente habría sucumbido de una manera desastrosa. Sus escasos pobladores, convencidos de su impotencia para defenderla, y creyendo que en medio del general trastorno no podrían ser socorridos, resolvieron abandonarla. Algunos de ellos se retiraron a Concepción; otros emprendieron el viaje al sur, y juntándose a los fugitivos de Purén, llegaron a la Imperial. La estación de pleno verano en que tenían lugar esos sucesos, facilitaba estos movimientos.

Pero, aun contando con esas ventajas, aquellas pequeñas partidas de fugitivos habrían estado expuestas a los asaltos de los indios sin un socorro oportuno. Pedro de Villagrán, el gobernador de la Imperial, a la primera noticia de aquellos descalabros, comunicada por los soldados que se retiraban de Purén, hizo salir de esta ciudad un pequeño destacamento de jinetes españoles bajo las órdenes de don Pedro de Avendaño y Velasco, capitán emprendedor y resuelto. Este destacamento avanzó hasta el fuerte de Purén; y si bien su jefe se convenció de la imposibilidad de sostener esta plaza, tomó oportunas medidas para reunir a los dispersos. A los soldados de Avendaño se debió la salvación del denodado Gómez de Almagro, que después de la jornada de la cuesta de Purén, vagaba por los bosques vecinos en medio de los mayores peligros. Recogido por un soldado que lo hizo subir a la grupa de su caballo, el heroico capitán llegó felizmente a la Imperial a juntarse con los suyos.

Los fugitivos de Purén comunicaron en la Imperial las pocas noticias que ellos tenían acerca del desastre de Tucapel. Según ellos, no cabía duda de que los españoles habían sufrido una gran derrota; pero ignoraban cuál era el número de los muertos, y qué suerte había corrido el gobernador, si bien era de temerse que éste hubiese sucumbido en la batalla. Pedro de Villagrán creyó que aquélla había sido una verdadera catástrofe, pero no se desanimó un momento.

Resuelto a mantenerse en la Imperial, donde las condiciones topográficas se prestaban para la resistencia, tomó las medidas militares convenientes, mantuvo a sus soldados constantemente sobre las armas, e hizo salir algunas partidas a recorrer los campos vecinos para atemorizar a los indios. Hizo más todavía. En esos momentos, el mariscal Francisco de Villagrán se hallaba en el sur, mucho más allá de Valdivia, con un destacamento de unos sesenta o setenta españoles, ocupado, como dijimos, en buscar sitio para la fundación de una nueva ciudad. El gobernador de la Imperial despachó inmediatamente un emisario a dar cuenta a Francisco de Villagrán de las graves ocurrencias que acababan de tener lugar, y a pedirle que sin dilación diese la vuelta con su gente. Ese emisario, llamado Gaspar de Viera, sin amedrentarse por los peligros que podía correr en medio de la sublevación de los indígenas, que se hacía general, puso la mayor diligencia en el cumplimiento de este encargo.[3]

---

3   Todos estos hechos están bien contados por Góngora Marmolejo en el capítulo 15 de su crónica. Los documentos contemporáneos apenas contienen algunas referencias. Puede consultarse entre otros un acta del cabildo de Angol de 15 de diciembre de 1580 en que, recomendando los servicios prestados por don García Hurtado de Mendoza, se recuerdan las despoblaciones de los fuertes para demostrar el estado en que halló a Chile ese gobernador. Aquella acta ha sido insertada por el padre Escobar en el resumen final que ha puesto a la historia del gobierno de don García en la crónica de Mariño de Lobera.

3. Despoblación del fuerte de Arauco; llega a Concepción la noticia del desastre de Tucapel, y el Cabildo aclama gobernador a Francisco de Villagrán

Mientras ocurrían estos sucesos en los pueblos y campos situados al sur del teatro del desastre de los españoles, se verificaban otros no menos graves y trascendentales en la región del norte. El fuerte de Arauco, de donde partió Valdivia dos días antes de su derrota, había quedado defendido por trece castellanos. Mandábalos el capitán Diego de Maldonado, apenas repuesto de las heridas que recibió en los primeros días del levantamiento. Un indio de servicio, llamado Andrés, uno de los pocos yanaconas que se salvaron en Tucapel, llevó allí la noticia de la funesta batalla y de la captura y segura muerte del gobernador. Los indios de las inmediaciones de Arauco, completamente extraños al levantamiento, se mantenían hasta entonces en perfecta paz y vivían consagrados a los trabajos que se les habían impuesto. Maldonado, sin embargo, sea porque desconfiase de la lealtad de esos indios, o porque temiese verse asaltado por los rebeldes del interior, determinó evacuar apresuradamente la plaza de Arauco y replegarse a Concepción. Los indios comarcanos marcharon detrás de los españoles, transportándoles fielmente sus equipajes.[4] Nada pinta mejor que este hecho la falta de cohesión de aquellas tribus y lo circunscrito que fue en su principio el levantamiento de los indígenas. Sin embargo, después que se retiraron las guarniciones españolas de aquellos lugares, los indios de las cercanías de Arauco se plegaron a la insurrección.

Los compañeros de Maldonado comunicaron la noticia del desastre de Tucapel en la región del norte del Biobío. Parece que con ellos marchaban el indio Andrés y los pocos yanaconas testigos de la batalla que habían salvado de la matanza. La consternación de los españoles de Concepción fue indescriptible. Los que estaban acantonados en los lavaderos de oro de Quilacoya, abandonaron apresuradamente esas labores y se replegaron a la ciudad. El Cabildo se reunió apresuradamente, y acordó comunicar a Santiago la noticia del desastre, reclamando al mismo tiempo que, como cabeza de la gobernación y como su ciudad más poblada, enviase auxilios inmediatos para atender a la defensa de las poblaciones del sur.

---

4   Antonio de Herrera, dec. VIII, libro VII, capítulo 6.

Hemos contado que a fines de 1549, estando para partir a la conquista de la región del sur, Valdivia había hecho su testamento en pliego cerrado, y lo había puesto solemnemente en manos del cabildo de Santiago para que fuese guardado en el arca de tres llaves de los tesoreros del rey. En virtud de la autorización que para ello le había conferido La Gasca, el gobernador había designado allá a la persona que habría de sucederle en el mando después de su muerte. En Concepción entregó también al Cabildo una copia cerrada de ese testamento, o quizá solo una provisión en que expresaba su voluntad acerca de la persona que debía sucederle en el gobierno. El 6 de enero de 1554, el Cabildo procedió a abrir ese instrumento. Hallose allí que Valdivia nombraba en primer lugar a Jerónimo de Alderete, en segundo a Francisco de Aguirre y en tercero a Francisco de Villagrán.[5]

En esos momentos, como sabemos, Alderete se hallaba en España, y Aguirre estaba ocupado en la lejana conquista de Tucumán. Los capitulares de Concepción, creyendo interpretar fielmente la última voluntad de Valdivia, aclamaron gobernador de Chile al mariscal Francisco de Villagrán que en pocos

---

5   ¿Qué día llegó a Concepción la noticia de la muerte de Valdivia? No hay un documento fidedigno para fijarlo con exactitud. El cronista Córdoba y Figueroa, que en algunos puntos de cronología parece apoyarse en los libros antiguos del cabildo de Concepción, después de haber asentado que la batalla de Tucapel tuvo lugar el 3 de diciembre de 1553, dice que la primera noticia de la derrota llegó a esa ciudad el 26 del mismo mes, fechas que son insostenibles ante los documentos que hemos citado, y ante la más ligera observación del sentido común, porque no puede concebirse que los españoles de Concepción, colocados a 30 leguas del campo de batalla, y en comunicación inmediata con la plaza de Arauco, que está a mitad de esa distancia, pasaran 23 días sin saber la derrota y muerte del gobernador. Enseguida agrega el cronista que el 28 de diciembre se juntó el Cabildo y dio el gobierno de la ciudad a Gaspar de Vergara; que el 2 de enero de 1554 el Cabildo abrió el testamento de Valdivia y que el 6 del propio mes proclamó gobernador interino de Chile a Francisco de Villagrán. Como casi toda esta cronología pugna contra las fechas conocidas por otros documentos, y como, por otra parte, el cronista no cita con precisión las actas del Cabildo sino en el último incidente, nos apartamos de ella en su mayor parte o, más propiamente, solo la seguimos en un punto, en aquél en que el autor parece apoyarse en un documento contemporáneo. El padre Olivares, que de ordinario sigue fielmente a Córdoba y Figueroa, parece haber tenido desconfianza en esta cronología, y ha suprimido por completo las fechas de estos últimos sucesos.
La pérdida de los primeros libros del cabildo de Concepción, estaría en parte reparada si los capitulares de Santiago hubieran conservado las cartas que en esos días recibieron de aquella ciudad, o si hubieran sido más prolijos en la redacción de sus propias actas haciendo un extracto de esas comunicaciones. Esta falta es causa de que la historia no pueda trazar con más amplios pormenores los sucesos que vamos contando.

días podía llegar de los lugares en donde se encontraba. En el bando que entonces se publicó en Concepción, se hacía el elogio de los méritos y servicios de Villagrán, en cuya entereza se cifraban todas las esperanzas de remediar la angustiosa situación que se abría para la colonia.

4. El cabildo de Santiago nombra gobernador interino a Rodrigo de Quiroga; diversas providencias para la defensa del país

En la mañana del 11 de enero de 1554 llegaba a Santiago la noticia de la derrota y muerte de Valdivia. La comunicaba oficialmente el cabildo de Concepción; pero junto con su nota había llegado también una carta de Juan Martín de Alba, mayordomo del finado gobernador, que confirmaba la noticia. En medio de la perturbación que este desastre debía producir, el Cabildo se reunió apresuradamente para deliberar acerca de lo que convenía hacer.

El deber del Cabildo estaba indicado por la ley, y por un solemne compromiso contraído bajo el juramento más formal.[6] Le bastaba abrir el testamento de Valdivia y hacerlo cumplir lealmente. Pero como si no existiera este documento, el procurador de ciudad, Santiago de Azoca, presentó una petición para que se recibiese como capitán general y justicia mayor de la gobernación hasta que el rey proveyese otra cosa a Rodrigo de Quiroga, que estaba desempeñando el cargo de teniente gobernador. Uno tras otro, el alcalde y los regidores presentes fueron ratificando esta designación por cuanto «el dicho Rodrigo de Quiroga es caballero hijodalgo, y persona valerosa y conquistador de esta tierra de los primeros que a ella vinieron, y en quien concurren todas las calidades que para este dicho cargo se requieren». Llamado Quiroga a la sala de sesiones, declaró que para evitar «los escándalos y alborotos que se suelen ofrecer en semejantes tiempos en estas partes de las Indias», y deseando servir al rey manteniendo en paz este país, aceptaba el cargo que se le ofrecía, con la declaración formal de que si no fuese cierta la muerte de Valdivia, él dejaría el mando conservando solo el título de teniente gobernador de que estaba en posesión. Después de un corto debate, fue obligado a rendir fianza de buen gobierno por la suma de 10.000 pesos de oro. Extendida la escritura del caso, Quiroga, poniendo la mano derecha sobre una cruz, prestó el juramento solemne de desempeñar fiel

---

6   Entre los capitulares que tomaron parte en los acuerdos del 11 de enero de 1554, había tres que en 23 de diciembre de 1549 habían jurado solemnemente respetar el testamento de Valdivia. Eran éstos: Rodrigo de Quiroga, Juan Godínez y Alonso de Escobar.

y lealmente el cargo que se le confiaba. El Cabildo dio por terminada aquella sesión antes del mediodía.[7]

El nuevo nombramiento fue pregonado solemnemente en la plaza de Santiago. En el bando que recitaba el pregonero, el Cabildo, buscando la sanción popular para el acto que acababa de ejecutar, había puesto estas palabras: «Si hubiere alguna persona que sepa o entienda alguna causa que sea legítima para que no se le deba encargar lo dicho al dicho Rodrigo de Quiroga, o que haya al presente otra persona en esta gobernación que con más justa causa lo pueda ser y sea, lo venga a decir o a manifestar luego o en todo el día a este dicho Cabildo y ante el escribano de él, para que en todo se provea lo que más convenga al servicio de Dios y de Su Majestad y bien y paz y quietud de esta gobernación». Nadie se presentó al Cabildo a protestar contra el nombramiento hecho en favor de Rodrigo de Quiroga. Más aún, el secretario de la corporación certificó que en la ciudad había oído aplaudirlo generalmente. Sin embargo, solo veinticuatro vecinos, y uno de ellos era el mismo procurador de ciudad, pusieron su firma en el acta de la aprobación de aquel nombramiento. Quizá no debe verse en este hecho una señal de desacuerdo con lo decretado por el Cabildo. Probablemente, fuera de ellos y de los capitulares que habían hecho la elección de Quiroga, había muy pocos vecinos de Santiago que supiesen firmar.

A pesar de estas muestras de aprobación, el Cabildo parecía temer la perturbación a que podía dar lugar este nombramiento. En la tarde de ese mismo día volvió a reunirse para dejar sancionado todo lo hecho. Allí resolvió, además, mandar por bando «que ninguna persona, de cualquiera condición que sea, residente al presente en esta ciudad, sea osado de escribir a parte ninguna fuera de esta dicha ciudad sin primero mostrar las cartas a este Cabildo para excusar alborotos y revueltas que se podrían recrecer, so pena de cortada la mano derecha y 1.000 pesos de oro para la cámara de Su Majestad».[8] Con estas terribles conminaciones pretendían los capitulares ahogar en su origen todo germen de desorden, evitando que fuera de Santiago se conociese la elección de Quiroga antes de que su poder estuviese consolidado.

---

[7] Primer Cabildo de 11 de enero de 1554. En este acuerdo no tomaron parte más que cuatro miembros del Cabildo. Algunos de los otros, que entonces se hallaban fuera de Santiago, lo ratificaron pocos días después prestándole su aprobación expresa.

[8] Segundo Cabildo de 11 de enero de 1554.

El Cabildo volvió a reunirse el día siguiente 12 de enero bajo la presencia de Rodrigo de Quiroga. El alcalde Juan Fernández de Alderete, que era a la vez tesorero real, presentó en esta ocasión el testamento cerrado de Valdivia. Después de cerciorarse de su autenticidad, el Cabildo procedió a abrirlo y a leerlo. Al ver que en este documento se disponía una cosa tan diversa de lo que se había resuelto, los capitulares resolvieron que se le archivase en el libro registro de los acuerdos de la corporación, y que no se revelase nada acerca de su contenido. Comprometiéronse, al efecto, con un juramento especial a guardar el más riguroso secreto.[9] Entonces no se sabía en Santiago que el finado gobernador había dejado una copia de este testamento al cabildo de Concepción. No es extraño que los capitulares esperasen cimentar el gobierno de Quiroga mediante un procedimiento que era el secreto de unos pocos.

Pero en la ciudad se comenzaba a traslucir la verdad. Hablábase de que el finado gobernador había anunciado que Francisco de Aguirre sería su sucesor y, aun, se contaba que entre ambos habían existido ciertos tratos sobre el particular. Aunque Aguirre, como hemos dicho, se encontraba en Tucumán, un hijo suyo llamado Hernando, que tenía el título de capitán, residía en Santiago, y era considerado joven impetuoso y turbulento. El Cabildo resolvió alejarlo de la ciudad, y para ello le confió el encargo de marchar al norte con una importante comunicación. Era ésta una carta dirigida al cabildo de La Serena en que se le avisaba la derrota y muerte de Valdivia, y la elección que la ciudad de Santiago acababa de hacer en Rodrigo de Quiroga para el mando superior de la colonia. «Por excusar revueltas, decía esa carta, nos ha parecido que vuestras mercedes en su cabildo le deben elegir y nombrar por tal justicia mayor y capitán general de esta gobernación para que la tenga y gobierne en nombre de Su Majestad, hasta que Su Majestad mande otra cosa o parezca haberla mandado; que debajo de esto (es decir, en este concepto) se entiende lo que el gobernador, que haya gloria, capituló con el general Francisco de Aguirre para después de sus días; que visto aquello, nuestra intención no es otra sino que todos estemos en

---

[9] Cabildo de 12 de enero de 1554. El testamento de Valdivia constaba de solo dos hojas manuscritas, y fue cosido en el libro del Cabildo junto con el acta de la sesión de ese día. Después fue arrancado, y su texto nos es desconocido. Sin embargo, sabemos lo que contenía por otros documentos, y en particular por la carta citada del cabildo de Santiago a la real audiencia de Lima de 26 de febrero de 1554. Según se lee al final del acta del Cabildo de 19 de octubre de 1556, el testamento de Valdivia se conservaba entonces todavía en el archivo.

paz y quietud, y en servicio de Su Majestad. Y si vuestras mercedes no acordaren de hacer lo que acá se ha hecho en nombrar a Rodrigo de Quiroga de la manera que decimos, procuren sustentar esa ciudad en paz y en justicia en servicio de Su Majestad que es lo que todos deseamos.»[10] El cabildo de Santiago, al entregar esta comunicación al capitán Hernando de Aguirre, lo conminó con la multa de 10.000 pesos de oro para el caso que no la llevase a su destino.

En medio de los cuidados que le imponía el nombramiento de gobernador interino, el cabildo de Santiago tuvo que atender a otras necesidades del servicio público. Llegó a temerse que los indios ya sometidos de esta región, tratasen de sublevarse, aprovechándose de la perturbación producida por el desastre de Tucapel. Fue necesario redoblar, especialmente en los lavaderos de oro, la vigilancia ejercida por los conquistadores. El capitán Juan Jufré, muy conocedor de todo el territorio vecino a Santiago, y al mismo tiempo muy experimentado en esta clase de expediciones en que más que todo se quería aterrorizar a los pobres indios, salió de la ciudad con una partida de tropa, a reprimir cualquier amago de revuelta. La persecución debió ser terrible, y horrorosa, como de costumbre, la represión de un levantamiento tal vez imaginario. El Cabildo, sin hacer cuenta del número de víctimas ni de la manera como se les sacrificó, dice simplemente estas palabras: «Los naturales mostraron quererse alzar, y así lo empezaban a poner por obra, y lo hicieran ciertamente si no se pusiera tanta diligencia y cuidado como se puso, en castigar, como se castigaron, algunos caciques e indios que se hallaron más culpados».[11]

El Cabildo se preocupaba con igual empeño de otros asuntos que parecían de no menor urgencia. Había gran ansiedad por saber lo cierto sobre las ocurrencias del sur, acerca de las cuales solo habían llegado noticias sumarias e incompletas que podían resultar falsas en todo o en parte. Urgía transmitir al Perú la noticia de estos graves sucesos para que la Audiencia que allí mandaba por muerte del virrey, resolviese lo más conveniente acerca del gobierno de

---

10 Cabildo de 15 de enero de 1554. En esta misma carta, los capitulares pedían al cabildo de La Serena que facilitaran al licenciado Altamirano los medios de trasladarse a Santiago, si quisiera hacer este viaje. Se recordará que el finado gobernador había nombrado a Altamirano alcalde y justicia mayor de la ciudad de Valdivia, cuyo cargo desempeñaba a mediados de 1552. Es probable que en 1554 se hallase en La Serena desempeñando alguna comisión del servicio público. El cabildo de Santiago lo llamaba para oír su consejo en materias jurídicas.
11 Carta del Cabildo a la real audiencia de Lima de 26 de febrero de 1554.

Chile. Al paso que el cabildo de Santiago pedía con instancia al de Concepción más amplios informes sobre los sucesos de la guerra, reclamaba empeñosamente que se despachase a Valparaíso un buque en que enviar al Perú la noticia de los desastres de Chile. Era tanto más premioso el adoptar esta medida, cuanto que el 19 de enero se supo en Santiago que el cabildo de Concepción había abierto el testamento de Valdivia, y que era conocida por todos la designación de las personas que debían sucederle en el mando. Se quería evitar dificultades y competencias sometiendo la resolución de este asunto al fallo de aquella Audiencia.[12]

En esos primeros días de afanes y de alarmas, el gobernador interino Rodrigo de Quiroga había determinado marchar a Concepción a la cabeza de un cuerpo de auxiliares para tomar la dirección de la guerra contra los indígenas. Sea que se quisiera retenerlo a la cabeza de la administración para que desde Santiago diera el impulso a la defensa del territorio, o que se temiese que su presencia en las ciudades del sur pudiera ser la causa de dificultades y de trastornos, el procurador de ciudad, en representación del vecindario, solicitó y obtuvo del Cabildo que se opusiese eficazmente a la partida del gobernador interino.[13] En lugar suyo, salieron de Santiago el 20 de enero los capitanes Francisco de Riberos, regidor de la ciudad, y Gaspar Orense, con encargo especial de pedir el buque que quería enviarse al Perú, y de mantener al Cabildo al corriente de todas las ocurrencias de la guerra. El socorro de tropas que llevaban a Concepción, era muy poco numeroso, no solo porque en Santiago había poca gente de que disponer sino porque había faltado el tiempo para equipar muchos soldados. En cambio, conducían un buen número de caballos que en aquella guerra contra los bárbaros eran de la mayor importancia.[14]

---

12 Cabildos de 19 y 29 de enero de 1554. Como tardara en llegar el buque pedido a Concepción, el Cabildo en sesión de 12 de febrero mandó que se construyera uno en Valparaíso bajo la dirección del capitán Juan Bautista Pastene.
13 Cabildo de 17 de enero de 1554. Carta citada del Cabildo a la audiencia de Lima.
14 Carta citada del Cabildo.

5. Villagrán, proclamado gobernador en Valdivia y en la Imperial, llega a Concepción, se recibe del mando y se dispone a partir contra los indios rebeldes

Mientras tenían lugar estas ocurrencias en Santiago, las ciudades del sur se ponían sobre las armas con la mayor actividad. Gaspar de Viera, el emisario enviado de la Imperial en los primeros días de enero, llegó sin tropiezo hasta las márgenes del Ralhue, uno de los afluentes del río Bueno, donde encontró al mariscal Francisco de Villagrán, ocupado en disponer la fundación de una nueva ciudad. Después de leer las cartas de que Viera era portador, el mariscal reunió sus tropas, y les dio cuenta de los graves sucesos ocurridos en el norte, y del llamamiento que se le hacía para ir a defender la ciudad de la Imperial. Aunque hasta ese momento no se tenía más que un vago presentimiento de la muerte de Valdivia, todos sus soldados se manifestaron determinados a dar la vuelta para acudir a la defensa de las provincias conquistadas.

Al llegar a Valdivia tuvieron noticias más completas del desastre. El vecindario recibió al mariscal con gran alborozo, creyendo ver en él al salvador de la colonia. Movido por uno de los alcaldes, el Cabildo proclamó a Villagrán justicia mayor y capitán general de la gobernación, para que mientras el rey no proveyera otra cosa, tuviese a su cargo la dirección de la guerra. Autorizado por este nombramiento, Villagrán mandó despoblar la pequeña ciudad de Villarrica, que por su situación aislada al pie de la cordillera estaba expuesta a ser presa de los indios sublevados. Los pocos soldados que la guarnecían, se replegaron apresuradamente a Valdivia.

Estos trabajos retardaban la marcha del mariscal, pero le permitían reconcentrar sus fuerzas. A mediados de enero tuvo ya reunidos en Valdivia 140 soldados. Apartó sesenta de ellos para que quedasen de guarnición en la ciudad, y bajo el mando de los alcaldes, y a la cabeza de los ochenta restantes, continuó su marcha a la Imperial.

Los indios pobladores de los campos que Villagrán tenía que atravesar, habían abandonado las faenas a que los habían sometido los conquistadores, pronunciándose en abierta rebelión. Sin embargo, los caminos estaban francos y expeditos, y su columna pudo llegar a la Imperial sin el menor contratiempo. Aquí fue recibido con gran regocijo, y aclamado como en Valdivia, justicia mayor y capitán general de la gobernación. Sin embargo, no se detuvo mucho en esta ciudad. Allí no se tenía noticia alguna de lo que ocurría en Concepción, porque después de la derrota de Tucapel, ningún español se había atrevido a aventurarse por aquellos caminos, pero se presumía que en esa ciudad se habrían reconcentrado poderosos elementos militares para continuar la guerra. El deseo de reunir esos recursos para dar un golpe tremendo y decisivo a los indios sublevados antes de que llegase el invierno, así como la ambición de hacerse reconocer por gobernador interino, estimulaban al mariscal a marchar con rapidez. En la Imperial tomó algunos soldados más, y dejando los restantes bajo las órdenes de Pedro de Villagrán, con instrucciones para la defensa de la ciudad, partió rápidamente para Concepción. En todo este camino no halló tampoco enemigos que le disputasen el paso. Los indios de la costa se habían plegado a la insurrección, pero se retiraban al interior o se ocultaban hábilmente al acercarse los españoles.[15]

Villagrán llegaba a Concepción por los últimos días de enero de 1554, cuando la ciudad comenzaba apenas a reponerse de la perturbación producida por los desastres. Habíanse reunido allí de antemano cerca de 140 soldados, buenas cabalgadas y abundante armamento, de tal manera que, contando con el refuerzo que traía Villagrán, se creía posible reprimir antes de mucho tiempo la rebelión de los indios. El mariscal, en virtud del acuerdo anterior del Cabildo, tomó el mando con el carácter de capitán general, en que pensaba ser reconocido sin dificultad en todo el territorio. En esta convicción, despachó a Santiago dos emisarios de su confianza. Eran éstos el capitán Diego de Maldonado, el último jefe del fuerte de Arauco, y el capitán Juan Gómez de Almagro, el héroe de la cuesta de Purén, que se le había reunido a su paso por la Imperial. Nadie mejor que ellos podía informar al cabildo de Santiago acerca de los últimos sucesos de la guerra. Debían, además, entregarle las comunicaciones de los cabildos de la Imperial y de Concepción, y exigir que Villagrán fuese reconocido por capitán general de toda la gobernación. Pocos días después hizo salir para Valparaíso uno de los buques que estaban en el puerto, para que llevase al Perú las comunicaciones en que se debía dar aviso de las últimas ocurrencias. En ese buque se embarcó Gaspar Orense, que, según dijimos, había ido a Concepción como representante del cabildo de Santiago.

---

15 Góngora Marmolejo, capítulo 16.

En Concepción, entre tanto, se continuaban a gran prisa los aprestos militares para salir a castigar a los indios. En esos días llegaron al puerto los dos buques que Valdivia había enviado al reconocimiento del estrecho de Magallanes bajo las órdenes del capitán Francisco de Ulloa.[16] Temiendo Villagrán que los habitantes de Concepción, que habían abandonado sus sembrados, pudiesen hallarse escasos de víveres, mandó que Ulloa fuese a Valdivia a buscar provisiones. El mariscal dio el mando de la ciudad a su tío Gaspar de Villagrán, y puso bajo sus órdenes cincuenta soldados que consideraba suficientes para la defensa de la plaza. Las tropas restantes, en número de 180 hombres, los mejor armados y equipados de todo el ejército, formaron la división que iba abrir la nueva campaña.

Valiente e impetuoso como pocos, deseando, además, asentar su crédito y su prestigio de gobernador, Francisco de Villagrán se reservó para sí la dirección superior de la guerra con el rango de general en jefe. Dio el cargo de maestre de campo, o jefe de estado mayor, a Alonso de Reinoso, soldado envejecido en las guerras de Indias, que después de haber combatido doce años en América Central, y dos en el Perú, vino a Chile en el refuerzo que trajo el mismo Villagrán en 1551. La división expedicionaria contaba, además, otros militares de gran valor y experiencia, y un equipo en armas y vestuario mejor que el de todas las tropas que hasta entonces habían guerreado en Chile. Villagrán había hallado en los almacenes del ejército, en Concepción, seis cañones que poco antes había recibido Valdivia del Perú.

Era aquélla la primera vez que iba a funcionar la artillería en las guerras de Chile. Esa arma había pasado por importantes modificaciones bajo el reinado de Carlos V, merced al empeño que este soberano batallador puso en perfeccionar el armamento de sus ejércitos. En lugar de los largos tubos de fierro, de dificilísimo manejo y de poca eficacia de principios del siglo XVI, los españoles tenían en esta época cañones de bronce, bien fundidos, de calibre rigurosamente sistemado, de una longitud apropiada al calibre de la pieza para obtener su mayor

---

16   Mariño de Lobera, *Crónica*, capítulo 48. La noticia dada por este cronista sobre el particular, está confirmada por un documento contemporáneo. La carta anónima sobre la muerte de Valdivia que hemos citado en el capítulo anterior, aunque no tiene fecha, deja ver que fue escrita después de la salida de Villagrán para castigar a los indios rebelados, y cuando todavía no se tenía noticia del resultado de su campaña, es decir, a fines de febrero de 1554. En esta carta se da cuenta de que acababa de llegar Ulloa de su expedición al estrecho de Magallanes.

alcance, y montados en aparatos de fácil manejo. Esa artillería no tenía un peso inútil, pero no poseía aún ni la rapidez ni la precisión del tiro a que solo alcanzó más tarde. Los cañones de Villagrán que, sin duda, eran simples culebrinas o a lo más cañones de a seis[17] para ser manejados en un país montañoso y sin caminos, iban a hacer su estreno en una jornada memorable.

6. Desastrosa derrota de Marigueñu

La división de Villagrán salió de Concepción el 20 de febrero.[18] Cruzó el Biobío en las embarcaciones de los indios, que al norte de ese río se mostraban pacíficos y tranquilos hasta el punto de ir un numeroso cuerpo de ellos como auxiliares de los españoles. Los expedicionarios seguían su marcha por la angosta banda de tierras bajas, que se extiende de norte a sur entre la cordillera de la Costa y las orillas del mar. El segundo día de marcha, llegaron al estrecho, pero fértil valle de Andalicán, que seguramente es el que nosotros llamamos Colcura.[19] Esos campos, poblados hasta poco antes por indios extraños al levantamiento de los indígenas, estaban ahora desiertos. Los habitantes de esa

---

17 La única noticia que he hallado acerca del calibre de los cañones de Villagrán, se lee en la dec. VIII, libro VII, capítulo 6 de la *Historia general* de Antonio de Herrera. Dice allí que eran piezas pequeñas, «poco mayores que versos». Los versos, en términos de artillería, eran cierta especie de culebrinas de muy poco calibre. Esta indicación es, como se ve, muy poco explícita para formarse idea del poder de ese armamento.

18 Da esta fecha el cronista Córdoba y Figueroa, libro II, capítulo 11, y la acepto como probable porque se encuadra perfectamente con el orden y la sucesión de los acontecimientos. Mariño de Lobera, que hizo esta campaña, dice simplemente fines de febrero en el capítulo 47 de su *Crónica*.

19 Las relaciones que nos han quedado de estos sucesos no bastan para fijar la cronología del itinerario de esta expedición. Mariño de Lobera o, más propiamente, el reformador de su crónica, dice que Villagrán andaba una legua por día, y que el séptimo llegó al valle de Chivilingo. Ahora bien, de la antigua Concepción a Chivilingo hay más de 7 leguas españolas. Góngora Marmolejo dice que un día llegaron los españoles a Andalicán, y el siguiente a Chivilingo, pero no indica claramente cuánto tardaron en llegar al primero de esos puntos. El conocimiento cabal de las distancias y de las condiciones del terreno, me hace creer que la marcha de Villagrán se hizo en tres días en el orden siguiente: primer día, de Concepción a un poco al sur del Biobío; segundo día, a Andalicán o Colcura; tercer día, al valle de Chivilingo, atravesando las ásperas y montuosas serranías de Marigueñu. Para la descripción de estos lugares he tenido a la vista una extensa y prolija carta de esta parte de la costa levantada en 1878 por el teniente primero de la armada nacional, D. N. C. Möller, que existe inédita en la oficina hidrográfica de Santiago, si bien se ha hecho de ella una excelente reducción que ha sido grabada en Londres y forma parte de las cartas náuticas publicadas por el almirantazgo inglés.

región habían abandonado sus casas y sus sembrados de maíz en la estación misma de las cosechas, lo que demostraba claramente sus intenciones hostiles. El maestre de campo Reinoso, duro e implacable en el modo de hacer la guerra a los indios, mandó destruir esos sembrados. El tercer día de marcha, después de atravesar el estero de Colcura, se encontraron los expedicionarios delante de las empinadas serranías de Marigueñu y Laraquete.

Forman estas serranías un espeso contrafuerte de la cordillera de la Costa, que se avanza hasta el mar, donde está cortado casi a escarpe, y que interrumpe la zona de tierras bajas vecinas a la playa. El pequeño río de Chivilingo, desprendiéndose del cordón central de la cordillera para ir a arrojarse al océano, corta en dos montañas aquel contrafuerte, formando en medio de ellas un angosto valle, que se ensancha un poco al llegar al mar. Esas serranías, cubiertas de tupidos bosques y de matorrales, ofrecían por el lado del norte un acceso difícil, pero posible. Reinoso, como hombre experimentado en la guerra contra los bárbaros, creía que la ausencia de los indios era un signo evidente de que preparaban una sorpresa, y habría querido hacer un prolijo reconocimiento. Villagrán, más impetuoso que prudente, se mostraba ajeno a toda idea de peligro en aquellos lugares, y sin vacilar dio la orden de continuar la marcha por la montaña. Los españoles solo hallaron en todo su tránsito por las serranías de Marigueñu la misma soledad y el mismo silencio. En la tarde, después de trasmontar la primera porción de la montaña, llegaban a acampar en el valle de Chivilingo, cuyos sembrados fueron destruidos por orden de Reinoso. Allí pasaron la noche en la mayor quietud; sus centinelas no vieron un solo enemigo ni sintieron el menor ruido que anunciase su presencia en todas las inmediaciones.

Los indios, sin embargo, estaban sobre las armas y habían reunido en aquellos alrededores un cuerpo considerable de guerreros que puede estimarse sin exageración en unos 5 o 6.000 hombres. Mandábalos seguramente el mismo Lautaro, el vencedor de Tucapel.[20]

Sus espías, tan vigilantes como astutos, mantenían a no caber duda relaciones con los indios auxiliares o yanaconas de Concepción, y desde días atrás comunicaban al caudillo araucano la noticia de los aprestos y movimientos de los españoles. Lautaro, conociendo el camino que éstos debían seguir necesa-

---

20   Góngora Marmolejo, capítulo 16, da por jefe de los indios en esta jornada a Petehuel, señor del valle de Arauco. Ercilla y el mayor número de los cronistas designan a Lautaro, y Mariño de Lobera, o quizá el que reformó su manuscrito, nombra a Caupolicán.

riamente, había reconcentrado sus fuerzas en aquellas cercanías, y elegido el sitio en que esperaba sorprenderlos y encerrarlos. En la misma noche en que los castellanos dormían tranquilamente a las orillas del río Chivilingo, una parte del ejército araucano ocupaba las alturas por donde aquéllos acababan de pasar. Los indios, trabajando con tanta actividad como cautela, cortaban árboles y formaban palizadas para dificultar los caminos y cerrar toda retirada. El grueso de las tropas de Lautaro se colocó en emboscada en las serranías que se alzan al sur de ese río, para salir al encuentro de los castellanos.

Al amanecer del día siguiente,[21] el ejército de Villagrán estaba en pie y emprendía su marcha hacia el sur escalando tranquilamente la segunda montaña[22] por senderos mucho menos ásperos que los que había recorrido el día anterior. En el primer momento no se divisaba un solo enemigo por ninguna parte; pero cuando los españoles hubieron llegado a una especie de planicie que había a cierta altura, los ladridos de un perro pusieron en alarma a los castellanos. En el acto, una gritería atronadora y amenazante les reveló la presencia del enemigo que aparecía en espesos pelotones por todas partes. El valiente Reinoso que marchaba a la vanguardia, hizo avanzar sus cañones servidos por veinte artilleros, los colocó ventajosamente, y mandó romper el fuego. Las balas hacían gran estrago entre los indios, pero éstos no retrocedían. Una carga de los jinetes fue más eficaz todavía. El empuje de los caballos desorganizó los primeros cuerpos de bárbaros obligándolos a buscar su salvación en las laderas, donde no podían ser perseguidos; pero nuevos cuerpos entraban a reemplazarlos.

Reinoso sostuvo el ataque sin ventaja del enemigo, mientras Villagrán llegaba a la altura con el grueso de sus fuerzas. Se habría creído que este auxilio iba a decidir la victoria en favor de los españoles; pero los indios, más numerosos a cada momento, renovaban la pelea, envolvían a los jinetes por todos lados y no retrocedían un solo paso. Traían un arma terrible que no les conocían los españoles. Eran éstas unos lazos corredizos, hechos de tallos de enredaderas,

---

21 Probablemente el 23 de febrero de 1554. Ni en los cronistas primitivos ni en los antiguos documentos hallamos la fecha de esta batalla. La que indicamos, que no puede apartarse mucho de la verdad, es una deducción de haber aceptado que Villagrán salió de Concepción el 20 de febrero.
22 Algunas antiguas relaciones dan a estas serranías el nombre de Laraquete, nombre también del río y del valle que hay a sus espaldas.

atados a largas varas. Dirigidos a la cabeza de los españoles y recogidos enseguida por los indios más esforzados y vigorosos, esos lazos hacían estragos horribles. Los jinetes eran arrancados de sus caballos, y una vez en el suelo, muertos irremediablemente. El mismo Villagrán, en medio del fragor de la pelea, fue derribado de esa manera, y habría perecido a manos de los indios a no ser socorrido por algunos de los suyos. El combate se hacía cada instante más rudo y peligroso para los españoles, pero éstos no perdieron el ánimo sino cuando vieron que otro ejército enemigo daba vuelta a cierta distancia en el valle para cerrarles el camino por la espalda. Un antiguo cronista refiere que ésta fue una hábil estratagema de los indios, y que el pretendido ejército era solo una columna de mujeres y de niños, armados de grandes lanzas que a lo lejos presentaba un aspecto imponente. Sea de ello lo que se quiera, su sola vista hizo temer a los castellanos el encontrarse cortados por todas partes. Villagrán mismo, calculando el peligro de su situación, llamó a consejo a sus capitanes.

Hubo un momento de suspensión del combate. Los indios tuvieron un rato de descanso y comieron algunos alimentos; pero pronto estuvieron nuevamente de pie y cargaron con mayores bríos sobre los españoles. Su empuje parecía irresistible. Un espeso pelotón de bárbaros se precipitó sobre los cañones, trabó allí una lucha tremenda, mató a algunos de los artilleros y puso en fuga a los otros, arrastrando consigo las piezas como trofeos de victoria. Los castellanos, aunque rendidos de cansancio, habrían podido sostenerse más largo tiempo en el campo y tal vez inclinar en su favor la suerte de las armas. Pero los ánimos comenzaban a flaquear. El temor de ver cerrado el único camino por donde podían retirarse, los indujo a bajar de nuevo al valle de Chivilingo. Pero este movimiento originó, en breve, una alarmante confusión, precursora de un desastre. Los españoles se atropellaban unos a otros. Los indios, por el contrario, más envalentonados que nunca al ver a sus enemigos que comenzaban a retroceder, emprendieron resueltamente la más tenaz persecución.[23]

---

23 Don Alonso de Ercilla, que ha referido este combate con mucha extensión en los cantos V y VI de *La Araucana*, nombrando a los soldados españoles que más se distinguieron en la pelea, y adornando su narración con accidentes poéticos, ha contado en esta parte que Villagrán, colérico al ver la retirada de los suyos, volvió solo contra el enemigo buscando la muerte, que recibió de manos de los indios un golpe que lo dejó aturdido, y que habría sido ultimado si no acuden a salvarlo algunos de los suyos. Creemos que dejando a un lado lo que hay de poético en este episodio, es el mismo lance que refiere Góngora Marmolejo, y que nosotros hemos contado más arriba.

La retirada de los castellanos se convirtió momento después en una desordenada fuga. Llegados al valle en completa dispersión y perseguidos por todas partes, creyeron, sin duda, imposible reorganizarse de nuevo, y comenzaron a trepar por los estrechos y ásperos senderos que conducían a las alturas de las serranías del norte. Allí los esperaba una segunda batalla más terrible y más desastrosa que la primera. Extenuados de fatiga, y desalentados por la derrota, encontraron en las alturas de Marigueñu enemigos de refresco, que los esperaban resueltos a cortarles la retirada. Los indios habían amontonado palizadas de troncos de árboles para cerrar el paso a sus contrarios; y cuando éstos lograban abrirse camino, se encontraban asaltados por todas partes por aquellos feroces e implacables guerreros. La dispersión era general; nadie oía la voz de mando, ni nadie pensaba en otra cosa que en buscar su salvación sin cuidarse de la suerte de sus compañeros. En las cimas de los cerros, los castellanos hallaron dos senderos. Uno de ellos conducía a las tierras bajas del norte, y era el que habían seguido el día anterior para subir la cuesta. El otro llevaba al promontorio que se avanza hacia el océano. En el corte escarpadísimo de esos cerros había una estrecha vereda en que los caballos no podían sostenerse, y que servía a los indios para bajar a pie hasta la orilla del mar. Los fugitivos que tomaron este camino, perseguidos sin cesar por los indios, se despeñaban lastimosamente con sus caballos e iban a perecer entre las ásperas rocas que baten las olas del océano. Los más afortunados que seguían el primer camino, estaban obligados a pelear a cada paso; unos sucumbían en la lucha y otros alcanzaban a llegar a la llanura.

Pero la persecución no terminó allí. Los caballos de los españoles, cansados con cinco horas de pelea y con la penosa marcha por la montaña, casi no podían galopar, de manera que los ágiles indios, siguiéndolos a pie, iban lanceando a los dispersos con la más porfiada pertinacia. Villagrán, que apenas había podido reunir a su lado unos veinte hombres, dio la orden de dar cara a los perseguidores; pero nadie le obedeció. Se refiere como un rasgo de heroísmo el hecho de que un soldado portugués que, en medio del general desaliento, cargó contra un grupo de indios, mató dos de ellos y desanimó a los otros. Más adelante, en el paso de un estero, hallaron los castellanos un puñado de indios que pretendían cerrarles el camino. Mataron éstos a un capitán llamado Maldonado sin que ninguno de sus compañeros se atreviese a acudir a su defensa.[24] En ese estado de completa desorganización, y de absoluto abatimiento, dispersos, heridos y estropeados, fueron llegando por pequeñas partidas a las orillas del Biobío a entradas de la noche. Cuando pudieron contarse, notaron que faltaban noventa y seis, más de la mitad de la arrogante columna que cuatro días antes había salido de Concepción resuelta a aplicar un castigo tremendo a los soberbios araucanos.[25]

7. Villagrán despuebla Concepción. Las tropas de Lautaro saquean y destruyen esta ciudad

Los desalentados fugitivos habían creído hallarse en salvo al llegar a las orillas del Biobío. Allí, sin embargo, se vieron amenazados de un nuevo peligro. Los indios de servicio que tres días antes estaban al cuidado de la barca empleada

---

24 Ercilla describe este estado de desorganización y de desaliento de los fugitivos en las últimas estrofas del canto VI de su poema:

«El hermano no escucha al caro hermano;
las lástimas allí son excusadas.»

(Estrofa 52.)

«A aquel que por desdicha atrás venea,
Ninguno, aunque sea amigo, le socorre.»

(Estrofa 55.)

25 La batalla de Marigueñu ha sido contada por tres escritores contemporáneos de una manera uniforme en su conjunto y casi uniforme en sus detalles; por Ercilla, en los cantos citados; por Góngora Marmolejo en el capítulo 16 y por Mariño de Lobera en el capítulo 48. Este último fue actor en el combate, y su crónica original podría contener la exposición sencilla de sus recuerdos personales. Pero en el estado que ha llegado hasta nosotros, refundida y ensanchada por manos extrañas, ha debido sufrir modificaciones en esta parte, que la hacen desmerecer como documento histórico. Así, por ejemplo, en el sumario del capítulo da por jefes de los araucanos en la batalla a Peteguelén y Colocolo, en el texto del capítulo a Caupolicán, y más adelante a Lautaro. Del mismo modo, en la descripción del combate hay exageraciones tales que no parecen escritas por quien ha visto el lugar del combate. Las serranías de Marigueñu no tienen en aquella parte ningún punto que alcance a 300 metros de elevación y, sin embargo, se hace decir al cronista que los despeñaderos de los cuales eran arrojados los españoles, tienen más de 2.000 estados, es decir, 4.000 varas de alto.
Las serranías de Marigueñu tomaron después de este combate el nombre de cerros y de cuesta de Villagrán, que conservan hasta ahora.

en el paso del río, se habían plegado a la insurrección de sus compatriotas, y después de destruir esa embarcación, habían tomado la fuga. Por fortuna de los fugitivos, encontraron en las inmediaciones cuatro canoas de indios, embarcaciones pequeñas, formadas de un solo madero ahuecado; y en ellas comenzaron a pasar el río en cortas partidas. Los primeros que llegaron a la orilla opuesta, corrieron a dar aviso a la ciudad de Concepción, y de allí acudieron treinta jinetes a favorecer la retirada.[26] Construyéronse a toda prisa algunas balsas de carrizo; y después de un trabajo incesante de toda la noche, los castellanos se encontraron a la mañana siguiente en la otra banda del Biobío. Si en aquellas horas de angustia y de perturbación se hubiera presentado un cuerpo de indios enemigos, habría sido inevitable la destrucción completa de los fugitivos. Pero los vencedores, fatigados también con la pelea, solo llegaron a las orillas del río cuando los españoles se hallaban en la banda opuesta.

La ciudad de Concepción presentaba desde la noche anterior un cuadro de dolor y de desesperación. Los primeros castellanos que allí llegaron, habían comunicado la noticia del espantoso desastre. Se sabía que más de la mitad del ejército de Villagrán había sucumbido en la batalla; y que los soldados que salvaron, muchos de ellos heridos y estropeados, corrían el peligro de perecer en el paso del río.[27] Se ignoraban los nombres de los muertos, y cada cual ansiaba saber si entre ellos habrían caído sus deudos o sus amigos. Agregábase a esto el terror causado por la idea de un inmediato peligro. Los bárbaros, enorgullecidos con su triunfo, podían caer sobre la ciudad; y Concepción no se hallaba en estado de oponerles una resistencia eficaz.

La consternación fue mayor todavía el día siguiente cuando entraron a la ciudad los quebrantados restos de las tropas. Muchos hablaban de abandonar Concepción, que muy pocas personas creían posible defender. Villagrán mismo, a pesar de su natural intrepidez, estaba perturbado y no acertaba a tomar resoluciones enérgicas, que por lo demás pocos habrían obedecido. Quería, al menos, salvar la grave responsabilidad que iba a caer sobre él por el abandono

---

26 En la crónica de Mariño de Lobera, capítulo 49, se cuenta que este capitán, a pesar de hallarse mal herido, fue el primero que pasó el río con grave peligro, dio el aviso en Concepción y volvió con treinta soldados a activar la construcción de las balsas de carrizo para que pasasen sus compañeros. Ercilla, canto VII, no cuenta la destrucción de la barca, que está referida por los dos cronistas contemporáneos.

27 Ercilla ha bosquejado este cuadro en cuatro hermosas octavas (6-9) del canto VII.

de la ciudad; y sin confianza en el resultado, dictaba con tibieza algunas medidas para su defensa. En esos momentos, se anunció que los indios enemigos estaban pasando el Biobío. La noticia era falsa, pero nadie se preocupó de averiguar la verdad. En el momento, los caminos que conducen a Santiago, comenzaron a llenarse de gente que huía al norte, abandonando sus casas y haberes en medio de la más espantosa confusión. El pánico cundía por todas partes; y para sobreponerse a él se habría necesitado un jefe de más prestigio y de más inteligencia que Villagrán.

Pero en las vacilaciones de este jefe había, quizá, otro móvil menos honroso aún que el desaliento. Muchos de sus contemporáneos creyeron que en medio de aquella angustiosa situación, Villagrán no pensaba más que en llegar a Santiago a reclamar del Cabildo que se le reconociese por capitán general de la gobernación. Se cuenta, al efecto, que en las medidas que tomó en esas circunstancias para impedir la despoblación de la ciudad, trataba solo de salvar las apariencias.[28] Habiendo despachado a su tío Gaspar de Villagrán a contener la emigración, con la orden aparente de ahorcar a los que huían, y habiendo vuelto éste asegurando que no era posible ejecutarla por ser muchos los que se negaban a dar la vuelta a la ciudad, el general convocó apresuradamente el Cabildo para oír su consejo.

No fue necesario un largo debate para tomar una resolución definitiva. Villagrán expuso al Cabildo que las medidas tomadas para contener a la gente habían sido ineficaces, que nadie tenía confianza en la defensa de la ciudad, que los elementos militares de que podía disponer eran insuficientes, y que si no había modo de sostenerse allí, valía más retirarse en tiempo antes que fuese imposible hacerlo, o que se hiciese necesario ejecutarlo en medio de un desorden que debía ser desastroso. El Cabildo aprobó este parecer. En el momento comenzaron los aprestos para la despoblación de la ciudad.

Es indescriptible el tumulto que produjo esta determinación. Cuando todos trataban de cargar los pocos objetos que podían salvar, una señora española, doña Mencia de los Nidos, animada por un valor que rayaba en la exaltación, trató de resistir al abandono de la ciudad. En la plaza pública peroraba a sus compatriotas acusándolos de cobardes, e incitándolos a permanecer en la

---

28 Góngora Marmolejo, capítulo 17. Mariño de Lobera, por su parte, capítulo 49, cree que sinceramente hizo Villagrán todo lo que le era dable para evitar la despoblación de la ciudad.

defensa. Hasta llegó a encararse al mismo Villagrán, llamándolo autor principal de aquella desgracia. Sus palabras no bastaron a inflamar los ánimos decaídos; y el abandono de la ciudad se continuó con toda precipitación.[29]

Había en el puerto dos únicas embarcaciones. En ellas fueron colocados los niños, las mujeres y los hombres que no podían emprender el viaje por tierra. El resto de la población, soldados, vecinos, y, aun, algunas mujeres que no cabían en aquellos barcos, emprendieron la marcha a pie o a caballo, llevando sobre sus hombros todo lo que podían cargar. Aquellos infelices abandonaban afligidos y llorosos, junto con sus hogares, todos sus bienes y todas sus comodidades, para tener, después de un terrible viaje de cerca de 100 leguas, que mendigar la hospitalidad de los pobladores de Santiago.[30]

Concepción quedó desierta. Pocos días más tarde era fácil presa de las huestes vencedoras en Marigueñu. Los indios de Lautaro, atraídos por la codicia del botín, se precipitaron sobre la ciudad, saquearon sus habitaciones, cargaron todos los objetos que podían serles útiles o que despertaban su curiosidad de salvajes, y luego pusieron fuego a los edificios. El incendio acabó aquella obra desoladora. Donde se levantaba Concepción no quedó más que un montón de ruinas ennegrecidas y carbonizadas como recuerdo del triunfo de los bárbaros sobre sus arrogantes enemigos.

---

[29] Ercilla, después de poner en boca de doña Mencia un discurso bien ordenado y poético, explica en estos términos el efecto que produjo:

«Pues apenas entró por un oído
cuando ya por el otro había salido».
Araucana, canto VII, estrofa 30.

[30] No hay en los cronistas primitivos ni en los antiguos documentos indicación segura acerca de la fecha exacta de la despoblación de Concepción. En las actas del cabildo de Santiago, aparece únicamente que el 12 de marzo se sabía ya este suceso. Del examen atento de todos los antecedentes puede decirse solo que los españoles abandonaron Concepción a fines de febrero de 1554, dos días después de la batalla de Marigueñu, seguramente el 25 de dicho mes. Ercilla dice, canto VII, estrofa 31, que la marcha de los habitantes de Concepción hasta Santiago se hizo en doce jornadas; pero todo hace creer que tardaron algunos días más.

Capítulo XIII. El gobierno acéfalo; competencias entre Villagrán y Aguirre sobre tomar posesión del gobierno de Chile (1554-1555)

1. El cabildo de Santiago intenta dividir provisoriamente a Chile en dos gobernaciones separadas. 2. Misión de Gaspar Orense al Perú y a España para comunicar los desastres de la guerra de Chile. 3. Llega a Santiago Francisco de Villagrán con los fugitivos de Concepción; el cabildo de Santiago asume el mando de la ciudad y su distrito. 4. Vuelve de Tucumán el general Francisco de Aguirre y reclama para sí el gobierno de Chile. 5. El cabildo de Santiago somete al fallo arbitral de dos letrados la competencia entre los generales Villagrán y Aguirre. 6. Villagrán desobedece el fallo de los letrados y se apodera por la fuerza del gobierno. 7. Frustrada tentativa del general Aguirre para apoderarse del mando. 8. Entereza del Cabildo en esas circunstancias; la tranquilidad parece restablecida.

1. El cabildo de Santiago intenta dividir provisoriamente a Chile en dos gobernaciones separadas

En medio de este cúmulo de desgracias que tenían a los conquistadores a las puertas de su ruina, surgían dificultades de otra especie que venían a complicar más aún aquella azarosa situación. Las ambiciones de los caudillos, las rivalidades y desavenencias de los colonos, fueron causa de que en esos críticos momentos en que era indispensable la unidad de acción para combatir el levantamiento de los indígenas, se distrajeran las atenciones en querellas y competencias que deberían haber desaparecido ante el peligro común.

Desde Concepción como hemos contado en el capítulo anterior, Villagrán había comunicado al cabildo de Santiago el nombramiento que en su persona habían hecho las ciudades del sur para desempeñar el cargo de capitán general. Los representantes de Villagrán llegaron a Santiago el 7 de febrero de 1554. Eran éstos, según dijimos, los capitanes Diego de Maldonado y Juan Gómez de Almagro, personajes caracterizados, y testigos de los desastres de la guerra del sur. El mismo día fueron recibidos por el Cabildo. Mostraron las comunicaciones de que eran portadores, dieron amplios informes sobre los sucesos de la campaña, y se retiraron para que los capitulares tomasen más desembarazadamente una determinación.[31]

---

31 Cabildo de 7 de febrero de 1554.

Ante la actitud resuelta de las ciudades del sur, todas las cuales habían estado acordes en proclamar gobernador a Francisco de Villagrán, y ante el tenor expreso del testamento de Valdivia, el cabildo de Santiago no pretendía ya que Rodrigo de Quiroga fuese reconocido en todo el país; pero deseando mantener incólume su propio prestigio, no quería tampoco que sus acuerdos fuesen revocados. Habría deseado dejar subsistente en el gobierno un régimen provisorio, mientras la real audiencia de Lima tomaba una resolución definitiva. Después de consultarse con el licenciado Altamirano, que acababa de llegar de La Serena, acordó contestar a Villagrán que el nombramiento de Quiroga había sido hecho por la necesidad urgente de proveer al mantenimiento de la paz no solo en las ciudades del sur sino en Santiago mismo, donde los naturales habían querido rebelarse. «Por éstas y muchas otras causas, decía, acordamos nombrar al dicho Rodrigo de Quiroga, y ahora no se puede tornar a deshacer.» El Cabildo terminaba recomendando a Villagrán, en nombre de Dios y del rey, que no perturbase la paz y quietud de esta tierra.[32]

Esta comunicación, a juzgar por el resumen de ella que conocemos, no explicaba completamente el pensamiento del Cabildo. Pero cuatro días después, los capitulares celebraban otra reunión y acordaban enviar cerca de Villagrán un representante suyo que procurase el avenimiento. Designó con este objetivo al capitán Diego García de Cáceres, uno de los vecinos más respetables de Santiago, a la vez que regidor perpetuo de su Cabildo. Este emisario fue provisto de poder suficiente para «tratar y comunicar de parte de este Cabildo con el dicho Francisco de Villagrán y otras cualesquier personas en su nombre, pues que está recibido y nombrado por tal capitán general y justicia mayor de las dichas ciudades del sur, y tiene posibilidad para ello, que vaya a hacer el castigo y allanar los naturales de las dichas provincias que andan alzados y rebelados, y que dé y reparta la tierra que está por repartir a las personas que él quisiere como tal capitán general y justicia mayor, con tal condición que en esta ciudad y en sus términos no tenga que ver ni se entremeta en proveer cosa alguna; y que esto lo tenga, y rija y gobierne, y sea capitán general y justicia mayor, como al presente lo es el dicho general Rodrigo de Quiroga, hasta que Su Majestad mande otra cosa».[33] Según el plan del Cabildo, en Chile habría dos goberna-

---

32 Cabildo de 10 de febrero de 1554.
33 Cabildo de 14 de febrero de 1554. El poder conferido a García de Cáceres, se halla inserto en el acta del Cabildo de ese día.

dores cuyos dominios estarían divididos por el río Maule. Al norte mandaría Rodrigo de Quiroga, al sur Francisco de Villagrán.

2. Misión de Gaspar Orense al Perú y a España para comunicar los desastres de la guerra de Chile

Pero este régimen debía ser provisorio hasta que viniese una resolución superior, fuese de Lima o fuese de la metrópoli. El cabildo de Santiago no había cesado de pedir a Concepción un buque que llevase al Perú la noticia de los desastres de Chile y que exigiese de la Audiencia que allí gobernaba, la designación de un mandatario para este país. Como tardase mucho en venir ese buque, y como no hubiese otro en que enviar las comunicaciones, el Cabildo acordó el 12 de febrero que el capitán Juan Bautista Pastene, regidor recién nombrado de la corporación, pasase a Valparaíso a dirigir la construcción de un barco que pudiese hacer ese viaje.

A los pocos días de comenzado este trabajo, arribaba a Valparaíso una fragata despachada de Concepción. Venía en ella Gaspar Orense que, como se recordará, había marchado al sur el mes anterior como representante del cabildo de Santiago. Aquel buque estaba listo para seguir su viaje al Perú, y Orense iba encargado de llevar comunicaciones de las ciudades del sur. El Cabildo no vaciló en aprovechar esta ocasión. Dio a Orense el encargo de que lo representase en Lima y en España, y le confió una larga carta para la Real Audiencia que desde julio de 1552 gobernaba en el Perú por muerte del virrey don Antonio de Mendoza. Hacía en ella una relación sumaria y desapasionada de los últimos sucesos de Chile, e indicaba los graves peligros que amenazaban a la colonia si la campaña que había abierto Villagrán tenía mal resultado. Se esperaba que el cuadro de estos desastres determinase a la Audiencia a enviar auxilios inmediatos para hacer frente a la rebelión de los indígenas.

Parece que en esos momentos el cabildo de Santiago se había convencido ya de que era imposible sostener el gobierno efímero de Rodrigo de Quiroga. En su carta a la audiencia de Lima, después de informarla leal y honradamente de las competencias que se habían suscitado sobre el gobierno, terminaba con estas palabras: «Suplicamos a Vuestra Alteza humildemente que pues Francisco de Villagrán es persona tan valerosa y con quien toda esta tierra está muy bien, y lo aman y quieren, y no hay en ella otra más prominente, ni que más méritos ni aun tantos tenga en ella, y que él y todos sus pasados han servido a Su Majestad, y es de limpia sangre,[34] y sabio y valeroso, y querido y amado de todos, y que no desea más de sustentar esta tierra en paz y en justicia y descargar la real conciencia de Su Majestad en dar remedio a los que en esta tierra le han servido, Vuestra Alteza tenga a bien que él rija y gobierne esta tierra en nombre de Vuestra Alteza hasta que Su Majestad mande otra cosa».[35] El Cabildo hacía tan altas recomendaciones de Villagrán temiendo que la audiencia de Lima quisiese enviar como gobernador de Chile un hombre extraño a este país, sin relaciones entre sus pobladores, hostil tal vez a ellos, y que al «descargar la conciencia de Su Majestad», es decir, al hacer los repartimientos de indios, prefiriese a los advenedizos que llegasen en su séquito con perjuicio de sus primeros conquistadores. La fragata que llevaba a Orense partió de Valparaíso el 27 de febrero.

Después de diecinueve días de navegación, ese buque llegaba al Callao el 18 de marzo. Orense se trasladó en el acto a Lima y entregó a la Audiencia gobernadora las importantes comunicaciones de que era portador.[36] Los desastrosos

---

34   Villagrán era hijo bastardo de un caballero noble de Galicia llamado Álvaro de Sarria, comendador de la orden de San Juan, y de una señora llamada Ana de Villagrán. Véase el Proceso de Valdivia, pág. 344 y ss.

35   Cabildo de 26 de febrero de 1554. La carta del Cabildo de esa misma fecha, que es uno de los pocos documentos que nos quedan sobre esos sucesos, se halla inserta en el acta, y ha sido publicada en otras ocasiones.

36   El inca Garcilaso de la Vega refiere en sus *Comentarios reales*, parte I, libro VII, capítulo 21, que la primera noticia de los desastres de Chile fue llevada al Perú por un mensajero indio en un pedazo de papel que contenía estas solas palabras: «A Pedro de Valdivia y a 150 lanzas que con él iban se los tragó la tierra». Agrega enseguida que estas líneas dieron origen a muchas conjeturas; y que la creencia general fue que habrían perecido aplastados en algún cataclismo por un pedazo de montaña. Tenemos motivos para creer que éste es uno de los muchos cuentos que abundan en la crónica de Garcilaso. El examen detenidísimo de los documentos de esa época nos ha hecho ver que la primera noticia de la muerte de Valdivia llegada al Perú fue la que llevó Gaspar Orense, y que ella casi no hizo ninguna impresión ni inspiró deseos de enviar socorros a Chile por las causas que indicamos más adelante en el texto. En prueba de ello, citaremos el hecho siguiente: Doce días después de recibida esta noticia, la Audiencia gobernadora despachaba un buque a Panamá, y enviaba en él una larga carta dirigida al rey para darle cuenta de los graves sucesos del Perú. Al final de esa carta, la Audiencia agregó estas pocas líneas: «En 18 del presente llegó al puerto desta ciudad una fragata de Chile, y en ella Gaspar Orense, vecino de Santiago de Chile, con cartas de los cabildos de aquella provincia, diciendo cómo los naturales se alzaron y mataron al gobernador y con él hasta 40 hombres. Que eligieron por capitán y justicia a Francisco de Villagrán, que antes era teniente de Valdivia; y piden lo confirme el Audiencia mientras Vuestra Majestad provee. Nada se ha proveído. Los oficiales de la ciudad de Concepción escribieron que Valdivia debía cierta cantidad a Su Majestad; él

sucesos de Chile fueron mirados con marcada indiferencia. Nadie pensó en enviar los socorros que se pedían con tanta instancia y ni siquiera en designar la persona que debiera tomar el mando de este desgraciado país. El virreinato del Perú pasaba otra vez por una crisis tremenda. Una revolución formidable, encabezada por Francisco Hernández Jirón, había ensangrentado las provincias del sur. En esos momentos, la Audiencia gobernadora hacía los mayores esfuerzos para reunir tropas con que combatir la insurrección. No debe, pues, extrañar que los sucesos de Chile produjesen poca impresión en el Perú, y que nadie se preocupase por entonces en ponerles remedio.

Gaspar Orense comprendió que en esas circunstancias no tenía nada que hacer en el Perú. Doce días después de su arribo al Callao, se embarcaba de nuevo para Panamá en viaje para España. Su propósito era comunicar al rey la noticia de la muerte de Valdivia y pedirle que en su reemplazo fuese nombrado gobernador de Chile Francisco de Villagrán.[37] Pero el empeñoso emisario no alcanzó a llegar a su destino. El buque en que partió de América, naufragó en la costa de África en enero de 1555. Orense, como los otros pasajeros de su nave, pereció ahogado en aquel naufragio.[38] Las comunicaciones de que era portador llegaron, sin embargo, a la metrópoli; pero, como veremos más adelante, el título de gobernador de Chile fue dado a otro pretendiente.

3. Llega a Santiago Francisco de Villagrán con los fugitivos de Concepción; el cabildo de Santiago asume el mando de la ciudad y su distrito

En febrero de 1554, cuando Orense partía para el Perú, los habitantes de Santiago aguardaban con la mayor ansiedad el resultado de la campaña en que

---

dejó pocos bienes. Jerónimo de Alderete, que está en la Corte, llevó dineros suyos. De los Reyes (Lima) 30 de marzo de 1554. Doctor Bravo de Saravia. Licenciado Altamirano. Licenciado Mercado de Peñalosa».
Esta carta de la audiencia de Lima ha sido publicada según una copia de don Juan Bautista Muñoz, en las págs. 228-233 del tomo III de la Colección de Torres de Mendoza.

37 Por una coincidencia singular, Gaspar Orense llegó a Nombre de Dios a embarcarse para España cuando desembarcaba doña Marina Ortiz de Gaete, la esposa de Valdivia, con algunas personas de su familia, en viaje a establecerse en Chile. La infortunada señora supo el fin desastroso de su marido al pisar por primera vez el suelo americano. Orense, para continuar su viaje a España, se embarcó en el mismo buque en que acababa de llegar la esposa de Valdivia.

38 Véase el documento extractado en el *Proceso de Valdivia*, pág. 326, nota.

estaba empeñado en esos mismos días Francisco de Villagrán. «Si lo desbarata-sen, decía el Cabildo en su carta a la Real Audiencia, por ninguna vía se podría sustentar esta tierra»; tan grande era el temor que había infundido en toda la colonia el levantamiento de los indios de Arauco y el primer triunfo que éstos habían alcanzado.

Antes de muchos días llegaba a Santiago la noticia de un nuevo y más importante triunfo de losindígenas.[39] Se supo que Villagrán acababa de sufrir una espantosa derrota en que había perdido más de la mitad de sus tropas y la mayor parte de sus armas, y que la ciudad de Concepción había sido despobla-da. El Cabildo se reunió apresuradamente el 12 de marzo, y en el acto acordó las pocas medidas que en tan angustiosas circunstancias le era posible tomar para resistir a la tempestad que se desencadenaba sobre la colonia. Dispuso que inmediatamente partiesen dos regidores, Juan de Cuevas y Francisco de Riberos, a encontrar a Villagrán para socorrer la gente que venía con él y para ver modo de enviar algún auxilio a las ciudades de la Imperial y de Valdivia, que indudablemente iban a ser atacadas por los indios vencedores. En esos momen-tos se construía en Valparaíso una pequeña embarcación, y había, además, dos buques disponibles, los mismos que habían transportado las mujeres y los niños de la ciudad de Concepción. El Cabildo acordó que uno de ellos se dirigiese al sur para socorrer las dos ciudades que quedaban en pie y para descargarlas de bocas inútiles, y que el otro partiese para el Callao, a fin de comunicar a la audiencia de Lima la noticia de los últimos desastres y de pedirle que enviase a Chile auxilios de hombres, de caballos y de armas para defender el territorio conquistado.[40] Por la escasez de recursos, el despacho de estos buques no pudo hacerse con la brevedad conveniente. El último de ellos, por otra parte, no alcanzó a llegar a su destino. A los pocos días de navegación, naufragó las-

---

[39] Los libros del Cabildo no expresan cuándo ni cómo llegó a Santiago la noticia de la derrota de Villagrán y de la despoblación de Concepción. El 12 de marzo se dice solo que se sabían estos sucesos y que Villagrán venía en marcha. Es probable que la primera noticia fuese comunicada por los buques que salieron de Concepción con las mujeres y los niños, los cuales debieron llegar a Valparaíso antes que los vecinos y soldados que hacían el viaje por tierra. Las actas del Cabildo correspondientes a estos años son en general pobremente redactadas, y dejan mucho que desear como fuente de informaciones. A veces, apenas se hace referencia a sucesos que el historiador querría conocer en todos sus pormenores.

[40] Cabildo de 12 de marzo de 1554.

timosamente en la costa del Huasco,[41] aumentando así las angustias de aquella complicada situación.

A la perturbación producida por los desastres de la guerra, venían a agregarse, como estamos viendo, las dificultades que creaban las competencias a que daba lugar la falta de un gobernador reconocido en todo el país. Francisco de Villagrán, más preocupado, al parecer, de asumir el mando de la colonia que de reparar la gran derrota que acababa de sufrir, exigía desde el camino al cabildo de Santiago que se le reconociese pronto en el carácter de capitán general.[42] Como Villagrán traía consigo un cuerpo de tropas, y como se conocía el carácter violento y arrebatado de ese caudillo, se temió con razón que pretendiese apoderarse del gobierno por la fuerza. El modesto prestigio de que gozaba el gobernador provisorio Rodrigo de Quiroga, no habría bastado para impedir que su rival consumase en Santiago un golpe de mano con el apoyo de los soldados que traía.

Para evitar este peligro, el Cabildo quiso dar al gobierno de Santiago una autoridad que fuese más respetable. Según las tradiciones legales de la España de la Edad Media, los cabildos estaban revestidos de un poder tal que los hacía completamente independientes de toda autoridad que no fuese la del rey o la de su representante directo. El atentar contra su independencia o sus prerrogativas era un delito que autorizaba a los vecinos a tomar las armas.[43] El cabildo de Santiago, creyendo que ese respeto tradicional arredraría a Villagrán, se reunió el 17 de marzo, y pidió a Rodrigo de Quiroga que dejase el mando que se le había confiado dos meses atrás. En el primer momento, Quiroga quiso resistirse a esta exigencia. «Si venido, dijo, el dicho Francisco de Villagrán a esta ciudad con la gente que trae, quisiese hacer y cometer alguna cosa alborotando la ciudad o en algún escándalo, yo como tal justicia mayor estoy presto de se lo estorbar, dándome favor y ayuda los señores del Cabildo para ello y los demás vecinos de esta ciudad.» Los capitulares, sin embargo, insistieron resueltamente en su acuerdo, y Quiroga tuvo que ceder, entregando en el acto la vara que

---

41   Se hace referencia a este hecho en el Cabildo de 5 de julio de 1554.
42   Cabildo de 16 de marzo de 1554.
43   El doctor don Francisco Martínez Marina ha expuesto con mucha erudición las disposiciones legales que aseguraban la independencia y autoridad de los cabildos españoles de la Edad Media, en los libros IV y V de su sabio *Ensayo histórico-crítico sobre la lejislación de los reinos de León y Castilla*, Madrid, 1808.

llevaba en sus manos como distintivo del cargo que había desempeñado. Desde ese día, el Cabildo asumió el mando superior en todo el distrito de la ciudad de Santiago.[44]

Esta resolución produjo por entonces el resultado que se buscaba. Villagrán entraba a la ciudad pocos días después, y en lugar de pretender apoderarse del gobierno a mano armada, se limitó a pedir al Cabildo que se le reconociese en el carácter de capitán general.[45] Ocurría esto en los días de Semana Santa; y los capitulares de Santiago habrían creído cometer un pecado mortal ocupándose, aun en circunstancias tan difíciles, en seguir tratando de asuntos de gobierno. El lunes de Pascua, 26 de marzo, celebraron una conferencia privada con Villagrán. Expuso éste que debiendo partir prontamente al sur a castigar a los indios rebelados, era conveniente al servicio de Dios y de Su Majestad que se le revistiese del mando superior a fin de contar con la autoridad necesaria para reunir los elementos militares que necesitaba, y para hacerse respetar de sus soldados. El Cabildo resolvió dos días después esta petición en sentido negativo.[46] Ofreció a Villagrán facilitarle del tesoro real el dinero que necesitase para la campaña, a condición de que rindiese las fianzas de estilo; pero declaró definitivamente que el mismo Cabildo seguiría gobernando en Santiago y su distrito hasta que viniese una resolución de la audiencia del Perú.

4. Vuelve de Tucumán el general Francisco de Aguirre y reclama para sí el gobierno de Chile

El mariscal Villagrán, muy a su pesar sin duda, se sometió a esta decisión. En vez de marchar al sur, a combatir a los indios rebeldes, como había anunciado, se quedó en Santiago esperando que un día u otro llegarían comunicaciones de la audiencia de Lima, y en ellas la confirmación de su título de gobernador. Ni él ni el cabildo de Santiago sospechaban las graves perturbaciones del Perú, que eran causa de que se prolongase en Chile este período de expectativa y de perturbación.

Pero si por este lado parecía afianzada la tranquilidad interior, en los primeros días de abril llegaron a Santiago las noticias más inquietantes del norte. Decíase que el general Francisco de Aguirre, que hasta entonces había perma-

---
44   Cabildo de 17 de marzo de 1554.
45   Cabildo de 21 de marzo de 1554.
46   Cabildo de 28 de marzo.

necido en Tucumán, estaba para llegar a La Serena, y que venía dispuesto a exigir la sucesión de Valdivia en el gobierno de Chile con el apoyo de las armas si alguno pretendía poner en duda sus derechos. Aguirre se había conquistado la reputación de hombre enérgico y resuelto; contaba con amigos y parciales de la más probada lealtad; y tenía en su apoyo el texto expreso del testamento de Valdivia. Este solo aviso debía, pues, producir la alarma en Santiago.

Antes de pasar adelante, estamos obligados a hacer una corta digresión para explicar lo que había de verdad en estas noticias y para contar ciertos sucesos relacionados con esta historia.

Como se recordará, Francisco de Aguirre había partido para Tucumán a fines de 1552, por mandato de Valdivia. El finado gobernador, cuyos territorios se extendían al otro lado de las cordilleras hasta 100 leguas de la costa del Pacífico, había creado en sus dominios una vasta provincia que comprendía todo el norte de Chile y las regiones orientales hasta la altura del río de Choapa. Confió el mando de esa provincia al general Aguirre, para que reemplazase a aquel capitán Núñez del Prado, que acababa de desconocer la autoridad de Valdivia,[47] y de quien se contaba que después de despoblar la ciudad del Barco, se había retirado al Perú.

El activo general acometió la empresa con toda resolución. Juntó un cuerpo de poco más de 200 soldados, entre los cuales había muchos parientes suyos, y en los primeros días de 1553 llegaba de improviso a la lejana ciudad del Barco, que Valdivia, oyendo falsos informes, había creído despoblada. Aguirre convocó el Cabildo, y se hizo reconocer gobernador de la provincia. Núñez del Prado se hallaba fuera de la ciudad, ignorante del peligro que amenazaba su poder. Aguirre fue a buscarlo al valle de Famatina, lo apresó y lo envió a Chile custodiado por una buena escolta.[48] Después de estos primeros actos ejecutados con tanta actividad como resolución, no hubo en aquellos territorios ningún español que intentase oponerse a la enérgica voluntad de Aguirre.

---

47   El nombramiento de Aguirre para el desempeño de esta comisión tiene fecha de 10 de octubre de 1552. Según el convenio celebrado con Valdivia, después de la muerte de éste, Aguirre seguiría mandando la provincia de Tucumán sin someterse a la dependencia del que gobernase interinamente en Chile antes que el rey designase un nuevo gobernador.

48   Núñez del Prado permaneció en Chile hasta fines de 1554, y por entonces se trasladó a Lima. Allí fue absuelto por la Real Audiencia de las acusaciones que le había hecho Valdivia, y repuesto en el gobierno de Tucumán, pero no volvió más a este país.

Pero no sucedió lo mismo con los indios. Muy al contrario, los disturbios que habían notado entre los españoles, los alentaron a la resistencia. Los soldados de Aguirre tuvieron tanto que sufrir de estas hostilidades, que este caudillo, pretextando que el sitio de la ciudad había sido mal elegido, resolvió abandonarla para hacer una nueva fundación en otra parte. En diciembre de ese año (1553), en efecto, echaba en las orillas del río Dulce los cimientos de la ciudad de Santiago del Estero, que debía ser la cabecera de aquella provincia.[49] El ambicioso general soñaba en constituir allí una rica y extensa gobernación en que podría repartir muchos millares de indios para sí y para sus compañeros.

Tres meses hacía apenas que había asentado su gobierno en aquella ciudad, cuando le llegó la noticia de la muerte de Valdivia. Comunicábansela sus amigos y parciales de La Serena, que lo llamaban a Chile para que viniese a reclamar para sí el gobierno de este país. Aguirre no vaciló un instante. El 23 de marzo de 1554, a pesar de ser Viernes Santo, expidió en favor del capitán Juan Gregorio de Bazán, que era su primo hermano, el título de su teniente en el gobierno de Tucumán. Cinco días después se puso en viaje para La Serena seguido por muchos de los soldados que lo habían acompañado en aquella empresa.[50] Su vuelta a Chile debía ser causa de graves perturbaciones sin provecho alguno para la conquista.

Apenas hubo llegado a La Serena, Aguirre fue recibido en el Cabildo de esa ciudad por capitán general y justicia mayor. Sin tardanza, comunicó esta elección a Santiago, cuidando de hacer constar que las tropas de su mando estaban dispuestas a sostenerlo en este cargo, que por lo demás le correspondía de derecho en virtud del testamento de Valdivia. Todo hacía creer que este

---

49 Los historiadores no dan la fecha precisa de esta fundación o la colocan en 1554. En el Archivo de Indias he visto una carta de 23 de diciembre de 1553 escrita en Santiago del Estero y firmada por los miembros de su Cabildo, en que recomiendan a Francisco de Aguirre para que sea confirmado en el cargo de gobernador. Véase el *Proceso de Valdivia*, pág. 368. La ciudad ha debido ser fundada en esos mismos días.

50 Para hacer esta rápida reseña de la primera campaña de Aguirre en Tucumán, he tenido a la vista tres documentos, la carta citada del cabildo de Santiago del Estero al rey, una carta de Aguirre al rey, escrita en la misma fecha, y el nombramiento de Juan Gregorio de Bazán de 23 de marzo de 1554. Las noticias que contienen esos documentos son escasas; pero se completan con las que nos han dejado los antiguos cronistas. Pueden verse Rui Díaz de Guzmán, *Historia Arjentina*, libro II, capítulo 10; y el padre Lozano, *Historia de la conquista del Paraguai, Río de la Plata y Tucumán*, libro IV, capítulo 5. La obra del padre Guevara, que lleva un título semejante, casi no es más que un compendio de la historia de Lozano.

pretendiente estaba animado de propósitos menos tranquilos todavía que los de Francisco de Villagrán.

El cabildo de Santiago, sin embargo, no perdió su entereza. Habiéndose reunido el 25 de mayo para tratar de este asunto,[51] acordó enviar al norte a dos de sus miembros, a Diego García de Cáceres y a Juan Godínez, con poder suficiente para entenderse con Francisco de Aguirre. Esos comisionados debían entregarle las cartas del Cabildo, y expresarle terminantemente «que no venga a esta ciudad (de Santiago) con la gente de guerra que trae, ni entre en los términos de ella, por excusar escándalos y alborotos que se podrían recrecer entre él y el general Francisco de Villagrán y su gente, que está en esta ciudad al presente». La actitud del Cabildo era, pues, enérgica e inquebrantable: quería mantener aquel estado de cosas provisorio, sin entregar el mando del país a ninguno de los pretendientes, hasta que la audiencia de Lima diese su decisión. Pero, cuando esperaba que esta actitud impusiera respeto al audaz caudillo del norte, se supo que éste se mantenía firme en su propósito de hacerse reconocer sin dilación por capitán general y justicia mayor de toda la gobernación.

En efecto, en los primeros días de julio llegaba a Santiago el capitán Hernando de Aguirre con cartas de su padre, más exigentes y premiosas, aun, que las primeras. El peligro de una agresión de las tropas del norte parecía inminente. Ella habría venido a complicar la tristísima situación del país con los horrores de una guerra civil. El cabildo de Santiago, sin embargo, no perdió la confianza que le inspiraba el prestigio de su poder, y se mantuvo firme en su anterior resolución. En sesión de 11 de julio acordó «que se responda al capitán Aguirre a su requerimiento, diciendo de nuevo que no se ha de recibir a él ni a otra persona hasta que Su Majestad mande otra cosa, y que se le escriba también conforme a esto una carta, y que no pretenda alborotar la tierra, porque

---

51 La publicación de los primeros libros del cabildo de Santiago en el tomo I de la Colección de historiadores de Chile adolece en esta parte de un error o supresión notable, que proviene de la falta de algunas páginas del manuscrito. Se ha reunido en un solo cuerpo el acta de la sesión del 9 de abril con la última parte del acta del 25 de mayo de 1554. Esta supresión ha hecho creer a algunos que el 9 de abril se supo en Santiago el arribo de Aguirre a La Serena, lo que es absolutamente imposible. Francisco de Aguirre partió de Santiago del Estero el 28 de marzo, y no ha podido llegar a La Serena antes de fines de abril, y quizá en los primeros días de mayo. En sesión de 25 de este mes firmó el Cabildo el poder con que dos de sus miembros deberían apersonarse al caudillo del norte para hacerlo desistir de sus propósitos. Sin embargo, solo uno de éstos, Diego García de Cáceres, fue a La Serena.

se lo estorbarán de la manera que de derecho hubiere lugar».[52] Esta enérgica actitud no bastaba para resolver definitivamente las competencias de los dos caudillos, pero sirvió, como lo veremos, para impedir que estallase la guerra civil.

5. El cabildo de Santiago somete al fallo arbitral de dos letrados la competencia entre los generales Villagrán y Aguirre

Mientras tanto, subsistía la más completa incomunicación con el Perú. Pasaban los meses y no llegaba buque ni noticia alguna de aquel país. El reducido comercio de la colonia sufría las consecuencias de aquella situación. Ahora, como en 1542, faltaron algunos de los artículos más indispensables para los colonos de Chile. El escribano de Cabildo declaraba pocos meses más tarde que no podía asentar todos los acuerdos de la corporación por escasez de papel, y que estaba obligado a escribir solo lo más importante.[53] En esa misma época, no podía decirse misa en Santiago por falta de vino. El Cabildo, prestando una atención preferente a esta necesidad tan angustiosa para una ciudad española del siglo XVI, acordaba comprar las uvas que comenzaban a producirse en Chile, para hacer por su propia cuenta dos botijas de vino a fin de que no faltase la misa.[54]

Esta incomunicación que no podían explicarse los vecinos de Santiago era, como sabemos, el resultado de los trastornos del Perú. El Cabildo, que veía pasar el tiempo sin que llegasen las resoluciones que había pedido a la audiencia de Lima, vivía en la mayor inquietud. Cuando supo que el buque despachado para el Callao en marzo anterior había naufragado en las costas del Huasco, resolvió comprar otro barco, y enviarlo también al Perú con la noticia de los últimos desastres de Chile. En esos momentos era tan poco tranquilizadora la situación de este país, que muchos vecinos de Santiago solicitaban permiso para marcharse al Perú. Se hablaba de nuevos triunfos alcanzados por los indios del sur, y se temía que más tarde o más temprano fuese necesario despoblar toda la tierra. El Cabildo, en la resolución de sustentar la conquista hasta el último trance, negó por entonces el permiso que se solicitaba.[55]

---

52 Cabildos de 5 y 11 de julio de 1554.
53 Cabildo 9 de noviembre de 1554.
54 Cabildo de 9 de marzo de 1555.
55 Cabildo de 5 y de 20 de julio de 1554.

Pero la prolongación de este estado de cosas podía enardecer los ánimos de los dos caudillos que pretendían el gobierno, y traer por último resultado la guerra civil. Los capitulares de Santiago creyeron poder conjurar este peligro, reduciendo a los dos competidores a someter la cuestión al fallo de árbitros. Era práctica en los antiguos cabildos españoles el consultar en los casos dudosos que no podían resolverse sin conocimientos jurídicos, la opinión de los doctores o letrados en derecho que hubiese en la localidad. Las leyes obligaban a estos individuos a dar su parecer en tales cuestiones, por más peligrosos que fueran los compromisos que tales informes pudieran acarrearles. Había entonces en Santiago dos letrados, los licenciados Alonso de las Peñas y Julián Gutiérrez de Altamirano, que, cualquiera que fuere su ciencia jurídica, gozaban de gran prestigio entre los toscos soldados de la conquista. Según el plan del Cabildo, ambos compondrían el tribunal arbitral. Ante ellos presentarían los competidores la exposición de sus derechos respectivos, comprometiéndose a obedecer su fallo. Villagrán aceptó sin vacilación este recurso. El Cabildo despachó a La Serena al regidor Juan Godínez para pedir a Aguirre que sometiese también sus pretensiones al fallo de los letrados.[56] Godínez salió de Santiago el 2 de agosto, comprometiéndose a traer la respuesta dentro de veinte días.

El arrogante general Aguirre, creyendo incuestionables sus derechos, y desconfiando, sin duda, de la rectitud de aquellos letrados, rechazó perentoriamente la proposición.[57] Parecía que el proyectado arbitraje debía fracasar ante este escollo, desde que uno de los interesados declaraba que no quería someterse al fallo de los letrados. El Cabildo, sin embargo, no se desanimó; de acuerdo con los mismos dos jurisconsultos, constituyó definitivamente el arbitraje el 29 de agosto, estableciendo que De las Peñas y Altamirano se trasladarían a Valparaíso, para permanecer embarcados en uno de los dos buques que entonces había en el puerto. Allí estudiarían los antecedentes de la cuestión y pronunciarían su fallo. Los jueces árbitros se irían enseguida a Lima a dar cuenta a la Audiencia del desempeño de su comisión.[58]

---

56 Cabildos de 23 de julio y de 2 de agosto de 1554. En la publicación de los libros del Cabildo, pág. 425, se ha puesto como parte del acta de 27 de julio el poder conferido a Juan Godínez en sesión de 2 de agosto.
57 Cabildo de 27 de agosto de 1554.
58 Cabildo de 29 de agosto de 1554. El Cabildo ofreció pagar su trabajo a los letrados, si fuere necesario; pero en su libro de acuerdos no hay constancia de que se hubiere efectuado pago alguno. Góngora Marmolejo dice, sin embargo, capítulo 18, que el licenciado

Aunque el Cabildo parecía seriamente interesado en el pronto despacho del arbitraje, se suscitaron dificultades de detalle que lo retardaron. Por fin, con fecha de 10 de septiembre, el Cabildo acordó requerir a los dos licenciados para que en el plazo de diez días se trasladasen a Valparaíso a dar la sentencia, haciéndolos responsables de todos los daños, revueltas y muertes que pudieran originarse de la tardanza. Los jueces árbitros expresaron que estaban prontos para dar cualquier día la resolución exigida, pero rechazaron toda responsabilidad por una demora de que no se creían culpables.

Allanadas estas pequeñas dificultades, el 19 de septiembre de 1554, prestó Francisco de Villagrán el solemne juramento de someterse al fallo de los letrados. Para dar a este acto el mayor prestigio, el Cabildo se instaló en la capilla principal de la iglesia mayor. El capitán Rodrigo de Quiroga, en su carácter de regidor perpetuo del Cabildo, y en su calidad de «caballero hijodalgo, y por tal notoriamente conocido en esta tierra, tomó y recibió el juramento y pleito-homenaje poniendo sus manos según que para el semejante pleito-homenaje, según uso de España, se debe y suele hacer; y el dicho general Villagrán, asimismo caballero hijodalgo, y por tal notoriamente conocido, poniendo ambas sus manos juntas plegadas entre las del dicho capitán Rodrigo de Quiroga, dijo que hacía e hizo juramento y pleito-homenaje una y dos y tres veces, según fuero de España, de estar y pasar, y obedecer y hacer cumplir todo lo que los señores licenciados Julián Gutiérrez de Altamirano y Alonso de las Peñas declararen y determinaren qué se debe hacer, y lo dieren firmado de sus nombres, sin que de ello falte cosa alguna, y que dará favor y ayuda para que aquello se guarde y cumpla y ejecute siendo necesario, sobre a quién pertenece el gobierno de esta tierra hasta que Su Majestad o su Real Audiencia de la Ciudad de los Reyes otra cosa manden».[59] Villagrán declaró, además, que incurriría

---

Altamirano dio su fallo «por servir al rey y por la paz del reino»; pero que su compañero exigió que se le pagasen 4.000 pesos de oro. La crónica de Mariño de Lobera dice también, capítulo 50, que el licenciado De las Peñas cobró un fuerte honorario, pero no expresa a cuánto ascendió.

59 Cabildo de 19 de septiembre de 1554. Hemos insistido en contar con muchos pormenores todo lo que se refiere a este arbitraje porque creemos que estos prolijos incidentes caracterizan las ideas de ese tiempo y de esos hombres, mucho mejor que las generalidades más o menos pintorescas con que el historiador pretende a veces darlos a conocer. Los jueces árbitros juraron igualmente el mismo día en la capilla de la iglesia mayor, que aceptaban el cargo y que lo cumplirían «conforme a la comisión que para ello les ha sido dada».

en las penas de aleve, y en las demás establecidas contra los caballeros que quebrantaban los juramentos, si no cumplía puntualmente este compromiso. Los capitulares de Santiago debieron creer que esta aparatosa ceremonia garantizaba el cumplimiento de la palabra empeñada. Parecían olvidar que entre aquellos inquietos y ambiciosos capitanes, estos solemnes compromisos, aunque contraídos en la iglesia y sobre los mismos evangelios, eran violados con la más expedita facilidad.

No se omitió tampoco ninguna medida que pudiera dar prestigio y autoridad al fallo arbitral. Los letrados se trasladaron a Valparaíso en compañía de los miembros del cabildo de Santiago. En ese puerto había dos buques. Uno de ellos, denominado Santiago, estaba listo para zarpar al sur llevando algunos socorros a las ciudades que todavía se mantenían en pie. El Cabildo había resuelto que los letrados se embarcaran en él, para dar su sentencia fuera del puerto, y con el aparato de proceder ajenos a toda sugestión. El 30 de septiembre, embarcados ya en esa nave, los jueces árbitros recibieron las últimas instrucciones del Cabildo. Esas instrucciones, que revelan la seriedad de propósitos de la corporación que las había dictado, establecían que cualquiera que fuese la persona designada para el gobierno por el fallo de los letrados, se entendiera que su mandato era provisorio, y que cesaría en sus funciones desde que el rey o la audiencia de Lima proveyeran el cargo de gobernador. A ese mandatario provisorio se le exigiría, además, que respetase ciertas reglas de buen gobierno, el resguardo y conservación del tesoro real, el buen trato de los naturales, el cumplimiento de las disposiciones dictadas durante el corto interinato de Rodrigo de Quiroga, la defensa militar de la ciudad de Santiago y, sobre todo, la propiedad privada. Los letrados, al recibir estas instrucciones, declararon por escrito, que a bordo de esa nave se consideraban perfectamente libres y ajenos de toda influencia, y que podían dar su fallo como jueces independientes. Firmadas estas declaraciones, el Santiago desplegó sus velas y se alejó del puerto.[60]

---

60 Cabildos de 22 y de 30 de septiembre de 1554. Este último fue celebrado en Valparaíso, y contiene los documentos más importantes sobre la constitución del arbitraje. En la forma en que estas actas han sido publicadas, aparecen confundidas en una sola, por faltar en el libro original del Cabildo una hoja en que estaba escrito el fin de la primera de esas sesiones y el principio de la segunda.
     La constitución de este arbitraje dio origen a incidentes verdaderamente cómicos, pero característicos y que dan a conocer los azares de esos tiempos. El licenciado Alonso de

El Santiago volvía a Valparaíso el 2 de octubre, después de permanecer fuera del puerto cerca de dos días. En este tiempo, los jueces árbitros habían redactado la sentencia. El licenciado Altamirano, hombre de valentía y de corazón, no solo había puesto su firma en ella sino que estaba determinado a quedarse en Chile sin temer los compromisos y desagrados que pudiera acarrearle aquel fallo. Su compañero, el licenciado De las Peñas, por el contrario, no quiso firmar la sentencia hasta que no se hubo trasladado a otro buque que ese mismo día zarpaba para el Perú. Pocas horas más tarde, en efecto, el licenciado Altamirano se ponía en marcha para entregar al cabildo de Santiago, en un pliego cerrado, la sentencia que se había pedido a los letrados. Su compañero, el licenciado De las Peñas, se hacía a la vela para el Callao. El mismo buque llevaba al capitán Francisco de Riberos, regidor del Cabildo, encargado por éste de dar cuenta a la audiencia de Lima de todas las ocurrencias de Chile, y de pedirle los auxilios convenientes para la sustentación de esta provincia, así como el nombramiento de la persona que debiera mandar en ella con un carácter menos provisorio.

Las competencias entre Aguirre y Villagrán para ocupar el gobierno de Chile iban a seguir debatiéndose en Lima, ya veremos con qué resultado. Poco después de haber partido Riberos como representante del cabildo de

---

las Peñas, que había podido experimentar en cabeza propia la violencia de los capitanes de la conquista, tenía un miedo invencible a los compromisos que podía atraerle la sentencia. Exigió que estuviera pronto en Valparaíso un buque en que pudiese marcharse al Perú tan luego como hubiese firmado dicha sentencia, que ésta fuera nula si se abría y se hacía pública antes de que se hubiera hecho a la vela, y que ese buque no se acercase durante su viaje a ningún puerto de Chile. El pobre letrado no quería por nada tocar en el puerto de Coquimbo donde mandaba Francisco de Aguirre, cuyo carácter violento le inspiraba un verdadero terror. El cabildo de Santiago tuvo que acceder a estas exigencias, y disponer que otro buque que había en Valparaíso se aprestase para salir con rumbo al Callao tan pronto como se diese la sentencia.

Los temores del licenciado De las Peñas no se desvanecieron con esto solo. Una vez embarcado en el Santiago, temiendo que durante la ausencia de este buque del puerto de Valparaíso se hiciera a la vela la otra nave, exigió que se le quitara el timón y el velamen, que se les bajara a tierra, y que se conminara a su capitán y tripulantes con las penas de muerte y de pérdida de bienes si intentaban partir antes de que estuviese dada la sentencia, y de que él mismo estuviese embarcado en ella. El Cabildo tuvo que acceder a esta exigencia.

La *Crónica* de Mariño de Lobera, cuenta en el capítulo 50 que en el Perú fue despojado el licenciado De las Peñas del dinero que había recibido como honorario de la sentencia; y que volviendo a Chile cayó en manos del general Aguirre, quien le mandó cortar las narices y le hizo dar de cuchilladas, «que fue la última paga que sacó del parecer que había dado». No hallando la menor alusión a estos hechos en otros documentos o relaciones, creo que se deben considerar como pura invención.

Santiago, salía de La Serena, por el camino de tierra, el capitán Diego Sánchez de Morales, antiguo regidor del cabildo de esa ciudad, con poderes del general Aguirre para pedir en su nombre el gobierno de Chile. Por el momento, sin embargo, no pudieron hacer oír sus reclamaciones: la audiencia de Lima estaba absorbida en los complicados trabajos que le imponía la pacificación del Perú.[61]

6. Villagrán desobedece el fallo de los letrados y se apodera por la fuerza del gobierno

La sentencia de los letrados llegó a Santiago en la tarde del 3 de octubre. El Cabildo abrió el pliego que la contenía, y en el acto la puso en conocimiento de Francisco de Villagrán. En la mañana siguiente era pregonada en la plaza y en las calles con gran aparato y con el carácter de ley que todos estaban obligados a obedecer. Esa sentencia disponía que Villagrán partiese inmediatamente, a la cabeza de las tropas que pudiese reunir, a socorrer las ciudades de la Imperial y de Valdivia; y que si en el plazo de siete meses no llegaba una provisión de la Audiencia que designara la persona que debía mandar, fuese reconocido el mismo Villagrán por el cabildo de Santiago como gobernador de la Nueva Extremadura.[62]

Aquella inesperada resolución, al paso que desairaba las pretensiones de Aguirre, no satisfacía tampoco la ambición de Villagrán. Sin embargo, después del solemne juramento que éste había prestado, no parecía posible que se negase a obedecer el fallo de los jueces árbitros. Los capitulares de Santiago, a lo menos, debieron creerlo así, pero no tardaron en sufrir el más doloroso desengaño.

---

61 El nombramiento de Riberos como representante del cabildo de Santiago, consta del libro de acuerdos de la corporación, y tiene la fecha de 22 de septiembre de 1554. La misión de Sánchez de Morales, como agente de Aguirre, permanecía totalmente desconocida. En el Archivo de Sevilla encontré una carta suya al Consejo de Indias, escrita en Lima el 31 de enero de 1555, para darle cuenta de las competencias sobre el gobierno y la falta de cumplimiento del testamento de Valdivia, con perjuicio de Aguirre. Allí dice lo que sigue: «Yo, como vecino y conquistador, he venido de parte de las ciudades de La Serena y Santiago del Estero para que se mande cumplir lo dispuesto por Valdivia. Se ha visto el negocio y no se ha proveído aún, siendo necesaria la presteza».

62 La sentencia de los letrados, que sería un documento curioso por su forma, se ha perdido o existe en algún archivo, ignorada de los historiadores. Pero si se desconoce su texto, se sabe lo suficiente acerca de su contenido por la referencia que a ella hacen otros documentos.

El día siguiente de pregonada la sentencia de los árbitros en las calles de Santiago, esto es, el 5 de octubre, el mariscal Villagrán convocaba al Cabildo a la casa en que él tenía su habitación. Por inusitada que fuese esta convocación, los capitulares no pudieron excusarse de concurrir, sin duda por el aparato de fuerza armada que Villagrán había puesto en movimiento. El mariscal los recibió en su dormitorio, dejando en la sala vecina a los caballeros y capitanes que habían acudido a prestarle ayuda en el complot que meditaba. Villagrán expuso allí que en virtud de la resolución de los letrados, estaba dispuesto a salir a campaña con la mayor presteza para socorrer las ciudades del sur; pero que para ello era indispensable que el Cabildo dispusiera que los tesoreros del rey le suministraran los fondos necesarios para organizar la expedición. El mariscal agregó que la negativa del Cabildo a esta justísima exigencia, lo pondría en el caso de hacerse recibir inmediatamente, y por la fuerza, en el cargo de gobernador. Su petición envolvía, pues, una amenaza que no podía dejar de alarmar al Cabildo. Los capitulares contestaron con firme entereza, que dando Villagrán las fianzas de estilo, podría sacar de las cajas reales todo el oro que hubiese para emplearlo en el equipo de sus tropas.

Sin duda, Villagrán había esperado recibir una negativa que lo autorizase a emplear la fuerza para apoderarse del mando superior. La respuesta del Cabildo contrariaba sus planes, pero no lo desconcertó. Pasando adelante en sus exigencias, declaró terminantemente que, además de entregársele el oro que necesitaba, era preciso que se le recibiera inmediatamente por el cabildo de Santiago en el cargo de capitán general y justicia mayor de la gobernación, como lo había sido por los cabildos del sur. Los capitulares rechazaron esta proposición con toda energía. Recordaron a Villagrán el juramento solemne que había prestado en la iglesia mayor de someterse al fallo de los letrados, lo hicieron responsable de los trastornos y alborotos que podían seguirse a su desobediencia, y declararon que solo en la sala del Cabildo podían celebrar acuerdos sobre asuntos tan graves, y no en un lugar a donde se les había llevado contra su voluntad y donde se hallaban retenidos como presos y sin libertad para tomar sus deliberaciones. Fue inútil que Villagrán reiterase su petición, los capitulares se mantuvieron inflexibles en su negativa.

Llamando entonces en su ayuda a los caballeros y capitanes que estaban en la sala inmediata, el mariscal declaró resueltamente que se hacía recibir por la fuerza. Los capitanes y soldados que acababan de entrar, especialmente el maestre de campo Alonso de Reinoso y Juan de Figueroa, secundaron con gran determinación la exigencia de Villagrán. Todos ellos lo reconocían como su capitán general y justicia mayor, y estaban resueltos a sostenerlo con las armas. El Cabildo, impotente para resistir más largo tiempo, se limitó a declarar «que vista la fuerza que el dicho señor general hace, le recibían y recibieron contra su voluntad al uso y ejercicio del cargo de justicia mayor y capitán general de esta ciudad de Santiago, como él lo pide y manda, por la dicha fuerza que les hace».[63] Aquel golpe de Estado elevaba a Villagrán al puesto que había codiciado desde ocho meses atrás.

Pero su elevación por medio de un motín, a la vez que lo comprometía seriamente delante del rey y de las autoridades superiores del Perú, no lo revestía tampoco en Chile del prestigio conveniente para gobernar con completa autoridad. El mismo Villagrán tuvo que reconocerlo en breve. Cuando comenzó los aprestos para organizar la columna expedicionaria que pensaba llevar al sur, recurrió a los oficiales reales o tesoreros del rey para que les suministrasen el dinero que necesitaba. Su demanda fue desechada, y el pretendido gobernador se vio de nuevo arrastrado a recurrir a la violencia. «Un día estábamos en la fundición quintando, dicen los oficiales reales, y entró (Villagrán) con ciertos hombres, y nos requirió le diésemos el oro que estaba en la caja real; y nosotros se lo defendimos con requerimientos y apelaciones para ante el rey. Y no embargante esto, nos quebrantó la caja, y forciblemente, sin poderlo nosotros resistir, por estar como estaba poderoso, sacó de la caja 38.625 pesos, diciendo así convenir al servicio de Su Majestad, con los cuales hizo 180 hombres.»[64]

---

63 Cabildo de 5 de octubre de 1554.
64 Carta de los oficiales reales al rey, de 10 de septiembre de 1555. Mariño de Lobera, en el capítulo 50 de su crónica, ha hecho una relación de estos sucesos, que se acuerda bastante bien con los documentos contemporáneos, en cuanto a los accidentes, pero no en el encadenamiento general de los sucesos. Refiere que Villagrán estaba hospedado en la casa de Juan Jufré, que citó al Cabildo pretextando hallarse enfermo y tener que tratar negocios de gran importancia; y que engañados por esta estratagema, los capitulares concurrieron a la citación. Pero Mariño de Lobera cuenta las violencias de Villagrán como sucesos ocurridos antes de someter al fallo de árbitros las competencias de los caudillos. Los libros del Cabildo, que seguimos en estas páginas, constituyen un documento incontrovertible para fijar el orden y la cronología de estos hechos.
En la edición que ha dado Gay en el tomo I de sus *Documentos* de la carta de los tesoreros de Santiago, hay un notable error que conviene rectificar. Se hizo esa edición por una

Estos actos de violencia no consolidaban el gobierno de Villagrán. Por el contrario, su efímero poder no tenía más consistencia que la que le daba el apoyo de sus soldados. Villagrán comenzó a temer por las consecuencias de estos repetidos desacatos. Debiendo partir con sus tropas a socorrer las ciudades del sur, corría riesgo de ver desconocida de nuevo su autoridad durante su ausencia, y lo que aún era peor, entregado el gobierno a su rival Francisco de Aguirre. Inquieto por este peligro, no vaciló, a pesar de la altivez de su carácter, en dirigirse al Cabildo en términos respetuosos y casi de súplica para pedirle que sancionara el poder de que él mismo se había investido. Su solicitud, o requerimiento, como se decía, fue leída en el Cabildo el 17 de octubre. Después de justificar su conducta como impuesta por los cabildos de las ciudades del sur que le habían reconocido por gobernador, y de declarar que creía que el juramento que él mismo prestó en la iglesia de Santiago no tenía valor alguno por cuanto no es válido lo que se jura cuando de ello puede resultar daño contra el servicio de Dios o de Su Majestad, acababa por solicitar que libre y espontáneamente lo recibiese el Cabildo en el cargo de capitán general y justicia mayor, o que a lo menos no recibiese en él al general Aguirre ni a ninguna otra persona que no tuviese nombramiento del rey o de la Audiencia.[65] Dos días después, el Cabildo, con una entereza incontrastable, resolvía «que se guarde y cumpla lo que los letrados han resuelto».[66] En virtud de esta formal decisión, Villagrán partía poco después para el sur con sus 180 soldados, y con el simple carácter de general del ejército de operaciones, mientras el Cabildo reasumía el mando superior de todo el distrito de Santiago, tal como lo tenía antes del 5 de octubre.

---

copia tomada del tomo 86 de la colección de manuscritos de Muñoz. En ella se dice que Villagrán sacó de las cajas reales 388.625 pesos, suma enorme que jamás pudieron reunir los tesoreros, y que equivaldría a más de un millón de nuestra moneda. No acertando a dar crédito a esa cifra, que está en contradicción con las más autorizadas noticias, examiné ese documento en la copia auténtica de Muñoz, y el original, que existe duplicado en el Archivo de Indias. En las tres partes leí claramente 38.625 pesos.
Posteriormente, en 1865, ese documento fue publicado en las págs. 566-571 del tomo III de la Colección de Torres de Mendoza, con el grave error en el encabezamiento de darlo como carta del cabildo de Santiago y sin mencionarlo en el índice final del tomo. El texto es, sin embargo, fiel a la copia de la colección de manuscritos de Muñoz; y allí se dice también 38.625 pesos. El error de la edición de Gay ha decuplicado esta suma, haciendo creer que la caja real de Santiago tenía en esos años un caudal que no corresponde con la pobreza del país.

65 Cabildo de 17 de octubre de 1554.
66 Cabildo de 19 de octubre de 1554.

7. Frustrada tentativa del general Aguirre para apoderarse del mando

El Cabildo llegó a creer restablecida la tranquilidad y recuperado su prestigio después de este implícito desistimiento de Villagrán. Pero si por parte de este caudillo no había nada que temer en ese momento, no sucedía lo mismo por el lado del otro competidor. El general Francisco de Aguirre permanecía en La Serena, firmemente resuelto a desconocer la legalidad de todos los actos del cabildo de Santiago. Su carácter impetuoso y arrebatado lo inclinaba a reclamar con las armas el título de gobernador a que le daba derecho el testamento de Valdivia; pero las tropas que estaban a sus órdenes no habrían podido batirse con las que obedecían a Villagrán. El convencimiento de su debilidad, lo obligó a disimular su encono; mas cuando supo que su competidor había partido para el sur, y que Santiago quedaba casi indefensa, se decidió a hacer sentir su poder.

El 30 de noviembre llegaban a Santiago dos emisarios suyos con carta para el Cabildo. En ella hacía la exposición de los hechos que favorecían sus pretensiones, y reclamaba en términos conminatorios que se le reconociese en el rango de capitán general. Esa carta fue leída públicamente en la plaza de la ciudad, y produjo la excitación que era de esperarse. El mismo día contestó el Cabildo oponiéndose resueltamente a las exigencias de Aguirre. Como en las pretensiones de éste había un peligro verdadero para la paz pública, acordó, además, el Cabildo consultar al vecindario sobre las medidas que debían tomarse. El pregonero de la ciudad, desde la puerta de la iglesia, a la salida de misa, convocó a sus vecinos y moradores a un cabildo abierto que debía celebrarse ocho días después en el recinto de la misma iglesia mayor.[67]

Estas asambleas populares, autorizadas, como hemos dicho, por las leyes y por la práctica de los ayuntamientos españoles de la Edad Media, solo se convocaban en circunstancias muy extraordinarias, en que la ley no trazaba claramente la línea de conducta que debía seguir el Cabildo o, cuando, como en este caso, se quería pedir la cooperación eficaz de todos los habitantes de la ciudad. Ahora se celebró el cabildo abierto el sábado 8 de diciembre, día de solemne festividad religiosa. Los capitulares y los vecinos más importantes que entonces había en la ciudad se reunieron en la capilla principal de la iglesia.

---

67 Cabildo de 30 de noviembre de 1554.

El escribano de cabildo hizo la exposición de los hechos concernientes a las competencias entre los generales Aguirre y Villagrán, anunció que según las últimas noticias se preparaba una agresión armada contra Santiago, y acabó por pedir la protección y ayuda de los vecinos para atender a su defensa. Sin vacilar, los concurrentes aprobaron la conducta del Cabildo, y declararon solemnemente que cada vez que se les llamase en nombre «del servicio de Dios y del rey, acudirían con sus armas y caballos para ayudar como leales vasallos a sustentar esta ciudad en paz y en justicia.» Sin duda alguna, Aguirre no contaba con amigos y parciales en Santiago; pero en esta enérgica declaración de los vecinos debió también influir la conminación que hizo el Cabildo de que perderían sus repartimientos de indios los que no acudiesen a la defensa de la ciudad.[68] Después de este acuerdo, se restableció la confianza en que el orden público no sería alterado.

Parece, en efecto, que la enérgica contestación dada por el Cabildo a las reclamaciones de Aguirre contuvieron a éste por un momento; pero antes de mucho se le ofreció un nuevo pretexto en que apoyar sus pretensiones. El 8 de octubre de 1554, el ejército de la audiencia de Lima había derrotado en el sur del Perú al rebelde Hernández Jirón. Ignorándose el paradero de éste después de su desastre, se le buscaba tenazmente por todas partes. Llegó a creerse que se hubiera fugado a Chile o a Tucumán, y con este motivo la Audiencia despachó por tierra un emisario que comunicase estos sucesos a Francisco de Aguirre para que en los territorios que gobernaba cerrase el paso a los rebeldes fugitivos del Perú, a fin de que no viniesen a alterar el orden público. El impetuoso caudillo de La Serena llegó a creer que aquella comisión importaba el reconocimiento de su título de gobernador de Chile, y dando quizá más importancia a este negocio que a la captura de Hernández Jirón, puso sobre las armas las tropas de su mando resuelto a hacerse recibir por el cabildo de Santiago en el carácter de capitán general.

La noticia de estos aprestos llegó a Santiago el 2 de enero de 1555. Inmediatamente se reunió el Cabildo para hacer frente al peligro que amenazaba la tranquilidad pública. Para contar con gente que defendiese la ciudad, ordenó que nadie saliera de ella sin licencia, bajo pena de muerte y de confiscación de bienes. Encargó al capitán Rodrigo de Quiroga y al cura González

---

68 Cabildo de 8 de diciembre.

Marmolejo que fuesen al encuentro de Aguirre para averiguar la verdad acerca de sus propósitos y para disuadirlo de continuar su marcha en son de guerra. Estos comisionados debían entregar al caudillo del norte una carta del cabildo de Santiago en que se le conminaba con la pena de muerte y confiscación de bienes y de ser tenido por aleve y traidor al rey, si intentaba algo contra la ciudad. A las tropas que, según se suponía, acompañaban a Aguirre, se les recomendaba bajo las mismas penas que se apartaran de él y se reuniesen al capitán Rodrigo de Quiroga.[69]

Fueron aquellos días de la mayor perturbación y sobresalto para la ciudad. El Cabildo, compuesto en su mayor parte de soldados de gran resolución, desplegó una energía incontrastable. Los alcaldes Rodrigo de Araya y Alonso de Escobar, tomaron el mando de las tropas que a gran prisa se organizaron en Santiago. Se mandó que todos los habitantes de la ciudad estuviesen acuartelados en los puntos que se les designase, y que se hiciesen armas y pertrechos[70] o, más propiamente, algunas picas y mazas, que eran las únicas que podían fabricarse en el país. Santiago volvió a tomar el aspecto de campamento que tenía en los peores días de la guerra contra los indios.

La anunciada agresión de los soldados del norte estaba más próxima de lo que se creía, pero tenía proporciones menores de las que se le habían atribuido. El 7 de enero entraban en la ciudad dieciséis jinetes provistos de armas blancas y de seis arcabuces, y mandados por Hernando de Aguirre, el hijo del caudillo de La Serena. Los arcabuceros traían las mechas encendidas, en actitud provocadora. Sin intimidarse por esta actitud, los alcaldes acudieron a someterlos con el solo prestigio de su autoridad. Los soldados de Aguirre abocaron sus arcabuces sobre aquellos funcionarios; y quizá habría comenzado la lucha sin el respeto que impuso a los primeros la actitud resuelta del pueblo. El capitán agresor y los suyos fueron desarmados y conducidos a la sala del Cabildo para tomarles cuenta de sus actos.

No podían ser menos satisfactorios los descargos que dio el capitán Aguirre para justificar su conducta. Expuso que venía de La Serena por ciertos negocios de su padre, y a entregar al cabildo de Santiago la copia de una carta de la audiencia de Lima referente al alzamiento de Hernández Jirón, y al peligro de

---

69 Cabildo de 2 de enero de 1555.
70 Cabildo de 5 de enero de 1555.

una invasión de éste en el norte de Chile. El Cabildo resolvió que Hernando de Aguirre se volviera solo a La Serena, y que los dieciséis hombres que lo habían acompañado en esta frustrada tentativa, quedasen en Santiago en calidad de prisioneros y fuesen distribuidos entre los vecinos para que no pudiesen comunicarse ni preparar una nueva asonada.[71] Con estas medidas de templada energía, el Cabildo había salvado otra vez más el orden público y escarmentado seriamente a los que con una altanera arrogancia habían creído imponer su voluntad.

8. Entereza del Cabildo en esas circunstancias; la tranquilidad parece restablecida

Pero este triunfo del Cabildo no hacía desaparecer todo motivo de inquietud. Muy al contrario de ello, la situación se hacía más embarazosa y alarmante cada día. Era de temerse que Aguirre renovara con mayores elementos sus tentativas para asaltar el mando. Hernández Jirón, que en su rebelión en el Perú había llegado a contar a su servicio cerca de 1.000 hombres, podía, aun después de su derrota, invadir el territorio de Chile con algunos centenares de sus parciales, y era difícil si no imposible oponerle en este país una resistencia eficaz. Por último, como si no sobraran estos motivos de alarma, no solo no se tenía noticia alguna del resultado de la campaña en que estaba empeñado Villagrán en la región del sur sino que se anunciaba que los indios de la parte central de Chile, conocedores de la perturbación de los castellanos, se disponían a sublevarse.

Ante todos estos peligros, el cabildo de Santiago desplegó la más resuelta energía. Mandó fabricar picas, lanzas y rodelas para armar a los que no tenían espadas y arcabuces, dispuso que cada domingo, o en los días que conviniese, se hicieran ejercicios militares en que debían tomar parte todos los pobladores de la ciudad, y acordó que esas tropas tuviesen un capitán encargado del mando militar, y que llevasen «pífano y atambor, pues es usanza de guerra». La columna de los defensores de Santiago debía usar en los alardes o ejercicios militares y en los combates el estandarte real que estaba guardado en el convento de San Francisco.[72] El mando de esta columna, por petición de los vecinos y moradores de la ciudad, fue confiado el capitán Rodrigo de Quiroga,

---

71   Cabildo de 7 de enero de 1555.
72   Cabildo de 12 de enero de 1555.

que gozaba del prestigio de hombre de orden y que en todas las dificultades y competencias que se siguieron a la muerte de Valdivia, había probado un carácter tan entero como modesto. Al aceptar el cargo ante el Cabildo, Quiroga manifestó «que él siempre ha servido a Su Majestad en dondequiera que se ha hallado, y así está presto de cada y cuando se ofreciere en lo hacer con su persona, y hacienda y amigos».[73]

Mientras tanto, Francisco de Aguirre seguía a la cabeza de su gente en la ciudad de La Serena, preparándose, ya para resistir a Hernández Jirón en el caso que intentara invadir el territorio de su mando, ya para imponer al cabildo de Santiago, y hacerse recibir en el cargo de capitán general de la gobernación. Al saber el resultado desastroso de la empresa que había confiado a su hijo, se inflamó de cólera, y en el momento resolvió enviar a Santiago al capitán Juan Martín de Guevara con una carta para el Cabildo. Reclamaba en ella que inmediatamente se le devolvieran los dieciséis hombres que se le retenían prisioneros, para engrosar con ellos las tropas con que pensaba resistir a la invasión de los rebeldes del Perú. Los términos de la carta de Aguirre eran poco tranquilizadores. En ella decía, nada menos, que a él no le importaba nada que hubiera en Santiago 300 o 500 soldados, lo que envolvía una arrogante amenaza.

Guevara llegó a Santiago el sábado 26 de enero. Apenas impuestos del contenido de la carta que traía, los capitulares acordaron que el siguiente día se celebrase otro cabildo abierto para imponer al pueblo de tan graves ocurrencias y oír su dictamen acerca de lo que debía hacerse en tal situación. La reunión se celebró, en efecto, en la sala capitular el domingo 27 de enero de 1555. Después de darse cuenta del asunto que la provocaba, se acordó que cada uno de los vecinos convocados diera su opinión sobre si debían devolverse o no los soldados que reclamaba Aguirre. Cuatro de ellos[74] opinaron que la vuelta de esos hombres a La Serena envolvía los más serios peligros; que iba a alentar las ambiciones de Aguirre y a inducirlo a renovar sus tentativas armadas contra la ciudad. Los restantes, con cortas divergencias en sus pareceres, fueron de opinión que el Cabildo, como encargado del gobierno y defensa de la ciudad,

---

73 Cabildo de 14 de enero de 1555.
74 Fueron éstos: Pedro Gómez de don Benito, el antiguo maestre de campo de Valdivia; el capitán Juan Bautista Pastene; Luis de Cartagena, el primer escribano que tuvo el cabildo de Santiago y Rodrigo de Vega Sarmiento, nombrado por el rey veedor y factor del real tesoro.

y como mejor impuesto de la situación, resolviera por sí solo lo que fuese más conveniente «al servicio de Dios y de Su Majestad y a la paz y quietud de la tierra». Por lo demás, todos ellos estaban dispuestos a prestar favor y ayuda a la defensa de la ciudad contra cualquiera tentativa con que se pretendiese alterar el orden establecido.[75]

Con este acuerdo, el Cabildo quedaba autorizado para resolver lo que fuere más conveniente. Deseando evitar alborotos y complicaciones, determinó que partiese a La Serena el capitán Rodrigo de Quiroga, llevando consigo los soldados de Aguirre que voluntariamente quisiesen volver a servir bajo las banderas de este caudillo. Quiroga, además, fue autorizado para amonestar a Aguirre en nombre de la paz pública y del real servicio, que no saliese de aquella ciudad, y que esperara allí la decisión del rey sobre el gobierno de Chile, decisión que después de los repetidos avisos que se habían enviado al Perú y a España, debía llegar de un momento a otro. Esta resolución, por otra parte, satisfacía al emisario de Aguirre. En efecto, el capitán Guevara dio su palabra de que estorbaría a ese caudillo el venir sobre Santiago en son de guerra; y que en caso de hacerlo, él mismo sería su enemigo y se mostraría como tal.[76] A juzgar por los sucesos posteriores, la conducta generosa del cabildo de Santiago produjo el efecto que se buscaba. El general Francisco de Aguirre no volvió a amenazar la ciudad de Santiago; pero muy seguramente, en esta determinación entraba por mucho el convencimiento de que las fuerzas de su mando no habrían bastado para hacerlo entrar en posesión del gobierno que ambicionaba.

Pero, si por este lado parecían desvanecerse los peligros de la situación, sobraban los motivos de alarma y de inquietud. Un día se anunció que se había visto gente armada a la salida del desierto de Atacama y, aunque la noticia era falsa, se creyó que estaba próxima la anunciada invasión de los rebeldes fugitivos del Perú. Se supo en Santiago que en los campos del sur de la región comprendida en su distrito, los indios se habían alzado o, más propiamente, que algunas tribus cometían actos de hostilidad contra los indígenas que se habían mostrado más pacíficos.[77] Poco más tarde, habiendo tomado cuerpo estos primeros síntomas de resistencia, se hablaba de un levantamiento general de los indios, que produjo serios temores. Aun, llegó a anunciarse que Villagrán,

---
75 Acta del Cabildo Abierto de 27 de enero de 1555.
76 Cabildo de 28 de enero de 1555.
77 Cabildo de 30 de enero de 1555.

de quien no se tenían comunicaciones ni noticias seguras, había sufrido nuevos descalabros en Arauco.[78] Las alarmas e inquietudes de la ciudad de Santiago parecían no tener término.

El Cabildo, sin embargo, no perdió su entereza. Redobló su vigilancia en la ciudad, mandó que se continuaran sin descanso los ejercicios militares y siguió suministrando armas a los individuos que estaban desprovistos de ellas. Para pacificar a los indígenas, hizo salir al capitán Juan Jufré con diez soldados de caballería, y luego le envió el auxilio de otros diez a cargo de uno de los regidores de la ciudad, recomendando a uno y otro que no pasaran más allá del río Maule, que era donde acababan los términos de Santiago.[79] Temiendo, además, que el levantamiento de los indígenas fuese causa de que la ciudad no pudiera proveerse de víveres, decretó el 22 de febrero que durante dos meses se suspendieran las ordenanzas que prohibían cargar a las mujeres indígenas, para que éstas sirviesen en acarrear los bastimentos.

Este período de alarmas y de angustias se prolongó por algunos días más; pero luego comenzaron a llegar a Santiago noticias más tranquilizadoras. El capitán Juan Jufré había reprimido con actividad y energía los primeros síntomas de rebelión de los indios de este lado del Maule.[80] Por comunicaciones venidas del Perú en un buque que llegó a Valparaíso en los últimos días de marzo, se supo que Hernández Jirón, capturado más de un mes después de su derrota, había sido decapitado en Lima, lo que importaba el restablecimiento de la paz en ese país, y la renovación de las comunicaciones con Chile. Por último, los temores que se abrigaban por la suerte de la expedición de Villagrán en el territorio araucano, se desvanecieron completamente. Lejos de haber sufrido las derrotas que se habían anunciado anteriormente, podía considerársele vence-

---

78   Cabildo de 15 de febrero de 1555.
79   Cabildo de 30 de enero y 22 de febrero de 1555.
80   En el Cabildo del 1 de mayo de 1555 se hace de paso referencia a esta intentona de levantamiento de los indios y al correctivo que se le aplicó. Se dice allí que la sublevación tuvo por causa los malos tratamientos que Villagrán dio a los indios que sacó de Santiago y su distrito en octubre anterior, para llevarlos al sur; y que habiéndose alzado, «fue necesario darles una guazabara (un combate), como se les dio, para los desbaratar». El libro del Cabildo no da más pormenores sobre el castigo de los indios, que debió ser, como era de ordinario, duro y sangriento.

dor de los indios.[81] La tempestad que se había desencadenado sobre la colonia comenzaba a desaparecer.

Creyendo vencidas las dificultades de la situación, el Cabildo mandó recoger las armas que había distribuido entre los vecinos, e hizo suspender todo el aparato militar en medio del cual había vivido la ciudad desde diciembre anterior. Quedaba, es verdad, pendiente la competencia de los caudillos sobre el mando superior de la colonia; pero se esperaba confiadamente que de un día a otro llegaría del Perú la resolución tanto tiempo pedida, y que ella restablecería la calma y la tranquilidad en todo el país y permitiría consumar la pacificación de los territorios del sur.

---

81 Cabildos de 1 y de 9 de abril de 1555. Aunque todos estos hechos han sido contados otras veces con extensión y con bastante exactitud, he creído que debía referirlos prolijamente para dar a conocer algunos pormenores desconocidos antes de ahora, o para rectificar pequeños accidentes.

Capítulo XIV. El gobierno acéfalo: los cabildos encargados del gobierno de sus respectivos distritos (1554-1556)

1. Los defensores de la Imperial y de Valdivia sostienen con ventaja la guerra contra los indios; horrores de esta lucha. 2. El hambre y la peste acosan a los indios rebelados; segunda campaña de Villagrán contra ellos. 3. Nuevas exigencias de Villagrán para que se le entregue el gobierno de Chile; se opone a ellas el cabildo de Santiago. 4. Llega a Chile la resolución de la audiencia de Lima, por la cual manda que los alcaldes de los cabildos conserven el gobierno en sus distritos respectivos. 5. Los cabildos acuerdan pedir el nombramiento de un gobernador. 6. Repuéblase la ciudad de Concepción y es destruida por segunda vez. 7. Peligros que amenazan a la colonia durante algunos meses.

1. Los defensores de la Imperial y de Valdivia sostienen con ventaja la guerra contra los indios; horrores de esta lucha

¿Qué suerte corrían, entre tanto, las ciudades de la Imperial y de Valdivia, únicos asilos que quedaban a los españoles en la región del sur? Amenazadas constantemente por los indios, esas ciudades habían pasado por terribles días de prueba en que los conquistadores desplegaron sus grandes dotes militares y su constancia admirable para soportar todas las fatigas.

Mandaba en la Imperial el capitán Pedro de Villagrán, primo, como hemos dicho, del general que tenía el mando superior de las tropas. En enero de 1554, cuando este último pasó por aquella ciudad en marcha para Concepción, había hecho concebir la esperanza de que pronto aplicaría un terrible escarmiento a los indios rebeldes, y de que la Imperial y Valdivia no quedarían largo tiempo en peligro de verse acometidas. Sin embargo, pasaron los meses, y en lugar de los refuerzos esperados, solo llegó, transmitida por los indios, la funesta noticia del descalabro sufrido por los españoles en las alturas de Marigueñu.

Los defensores de la Imperial no tuvieron que discutir largo tiempo el plan que debían adoptar. No había retirada posible ni era posible tampoco capitular con un enemigo que no sabía hacer más que la guerra sin cuartel. No quedaba otro arbitrio que la resistencia a todo trance y, en último resultado, resignarse a morir causando el mayor daño posible al enemigo. Pedro de Villagrán, sus capitanes y soldados lo comprendieron así, y se prepararon para oponer la más enérgica y tenaz resistencia. Sus tropas no alcanzaban a cien hombres,[82] pero poseían buenos caballos y algunos perros bravos y vigorosos, que debían ser poderosos auxiliares en los combates. Villagrán colocó avanzadas en las alturas inmediatas, construyó palizadas en las avenidas de la ciudad y esperó resueltamente el ataque de los indios, que según todas las probabilidades, no podía tardar mucho.

Los enemigos, sin embargo, tardaron largo tiempo en presentarse delante de la Imperial. Esos indios, tan astutos para preparar una sorpresa, tan activos y resueltos para marchar al combate, no tenían el desarrollo intelectual necesario para comprender las grandes operaciones estratégicas. Faltábales, por otra parte, esa cohesión de tribus que constituye el sentimiento de nacionalidad y que une a los pueblos para defender como suyo el territorio que pueblan sus hermanos. Sin duda alguna, el caudillo que los capitaneaba, el diligente y sagaz Lautaro, había resuelto limpiar de invasores todo el territorio, y sabía quizá cuánto habría importado aprovecharse rápidamente de los triunfos obtenidos para caer sin tardanza sobre los establecimientos españoles que todavía quedaban en pie. Pero este plan no podía penetrar claramente en la turba de bárbaros indisciplinados que formaban su ejército. Para ellos, las victorias alcanzadas habían producido todo el resultado que podían esperar, esto es, la expulsión de los españoles del suelo de la tribu, la destrucción de las casas y fortalezas que habían edificado en él, la venganza de los ultrajes que les habían inferido y la repartición de un botín que para esos salvajes era de un valor extraordinario. Después de esto, poco les importaba que las tribus vecinas quedasen subyugadas por sus opresores.

Solo este conocimiento del estado social de los indios explica su tardanza para continuar las operaciones militares. Saqueada y destruida la ciudad de Concepción en los últimos días de febrero, o tal vez en los primeros días de marzo, los vencedores de Marigueñu pasaron más de un mes en fiestas y borracheras, de tal suerte que solo a mediados de abril pudo Lautaro reunir sus fuerzas para caer sobre la Imperial. Sus huestes marcharon con orden hasta ponerse a 3 leguas de la ciudad. Cuando sus defensores se preparaban para

---

82 Mariño de Lobera, capítulo 51, supone que Pedro de Villagrán tenía bajo sus órdenes 252 soldados españoles, lo que casi no puede atribuirse más que a un error de copia. Los defensores de la Imperial, después de haber sacado algunos soldados Francisco de Villagrán en enero de 1554, no podían pasar de 80 a 100 hombres.

sostener un combate de dudoso resultado, visto el gran número de los asaltantes, sobrevino el 23 de abril una gran tempestad de viento y lluvia, acompañada de truenos y relámpagos, que sembró la desorganización y el espanto entre los indios. Supersticiosos y groseros, aquellos bárbaros vieron, sin duda, en los accidentes de aquella tormenta, un pronóstico seguro de derrota, y desistiendo de su propósito, se volvieron a sus casas en completa dispersión.[83] Después de esta frustrada tentativa, fue imposible por entonces sacar nuevamente a campaña a los indios de las serranías de Tucapel y de Purén, que eran los que formaban el núcleo de la formidable insurrección.

Los españoles, por su parte, vieron también en aquel fenómeno meteorológico, ordinario y frecuente en esos lugares a entradas del invierno, la intervención de un poder sobrenatural en favor de su causa. Contaban, al efecto, que la Virgen María, acompañada por un anciano respetable, había bajado del cielo en una nube luminosa, y había mandado a los indios que volviesen a sus hogares. La fe que los castellanos prestaron a este portentoso milagro, alentó su confianza y los estimuló a tomar la ofensiva contra los indios de aquella comarca. Esos indios se habían pronunciado por la insurrección, abandonando los establecimientos en que los españoles habían planteado algunos trabajos industriales, pero no se habían atrevido a atacar a los conquistadores. Pedro de Villagrán, sin embargo, quiso aterrorizarlos eficazmente para no darles tiempo de congregarse y de amenazar la ciudad.

Con este objetivo, dispuso frecuentes correrías en los campos vecinos. Sus capitanes hacían a los salvajes una guerra de exterminio. Quemaban las casas, lanceaban a sus habitantes y los perseguían con la más obstinada tenacidad sin perdonar la vida a uno solo. Muchos indios, creyendo sustraerse a la persecución, se internaban en los bosques y formaban fortines o palizadas para su defensa. Los españoles los buscaban en esos lugares, destruían sus parapetos y lanzaban contra los fugitivos los perros bravíos, cebados en la persecución de los indios, a quienes destrozaban irremediablemente. Algunas tribus de bárbaros buscaron un asilo en las islas del lago salobre de Budi, situado un poco al

---

83 Don Alonso de Ercilla, aunque poco inclinado a creer en prodigios sobrenaturales, ha contado este suceso como un milagro del cielo en favor de los españoles, fijando expresamente el día en que tuvo lugar, en la estrofa 18 del canto IX de *La Araucana*. El lector encontrará allí la descripción completa del pretendido milagro que han repetido los cronistas posteriores.

sur de la Imperial y a corta distancia del mar. Villagrán fue a buscarlos a esos lugares, penetró hasta las mismas islas, y sus soldados y sus perros hicieron una espantosa carnicería de más de 1.000 indios, muchos de los cuales perecieron ahogados en el lago queriendo huir de sus perseguidores. Estas campeadas, que duraban diez o más días, no tenían otro objetivo que el no dejar indio vivo, para sembrar el terror en todo el territorio y libertar a la ciudad del peligro de verse atacada. Nada pinta mejor la falta de cohesión de esas tribus, que el hecho de que en esta guerra de destrucción y de exterminio, los españoles eran ayudados por cuerpos de indios auxiliares que estaban a su servicio y que peleaban con todo encarnizamiento contra sus propios hermanos.

En Valdivia se repitieron en menor escala estas persecuciones de los indígenas. Los indios de las inmediaciones eran menos belicosos todavía, de manera que, aunque inquietados por la sublevación, no se atrevieron a tomar la ofensiva, y se limitaron a fugarse a los bosques. Los españoles de la ciudad los persiguieron cuanto les era dable, matando sin piedad a los que encontraban a mano.[84]

Durante los ocho meses que duró aquella situación, las ciudades de la Imperial y de Valdivia pudieron comunicarse entre sí, y no estuvieron absolutamente incomunicadas con los españoles del norte. El cabildo de Santiago, venciendo todas las dificultades en que lo ponían los problemas del gobierno, envió por mar en dos ocasiones socorros y auxilios a los defensores de esas dos ciudades. El cabildo de la Imperial pudo así despachar a Santiago un emisario con comunicaciones para los capitulares de Santiago y para la audiencia de Lima en que daba cuenta del estado de la guerra en las regiones del sur.[85]

2. El hambre y la peste acosan a los indios rebelados; segunda campaña de Villagrán contra ellos

Los indios de la región de Tucapel, de Purén y de Angol, los promotores del gran levantamiento, y los vencedores de Valdivia y de Francisco de Villagrán, pasaban después de sus victorias, por una situación aflictiva y cruel. Habían derrotado a sus enemigos; pero la guerra les costaba horriblemente caro.

---

84 Góngora Marmolejo, capítulo 20.
85 Cabildo del 14 de agosto de 1554. El emisario de La Imperial fue Pascual de Ibaceta, que luego tomó carta de vecindad en Santiago, y en octubre de 1556 fue nombrado escribano de su Cabildo.

Sus campos habían sido asolados, sus sembrados destruidos en gran parte, abandonados en otras, muchas de sus habitaciones incendiadas, sus ganados extinguidos o dispersados, y un gran número de hombres muertos en las batallas. El invierno de 1554 había traído el hambre, y con ella horrores que apenas se pueden describir. Los indios de la costa hallaron su alimento en los peces y mariscos del mar; los del interior, mucho menos afortunados, los buscaron en las yerbas y raíces del campo. Obedeciendo a sus más bárbaros instintos, se daban caza unos a otros para comerse, y se vio, dicen los antiguos cronistas, que las madres devoraban a sus propios hijos.[86]

86

«Tal madre hubo que al hijo muy querido
al vientre le volvió do había salido».

dice Ercilla, en la estrofa 21, canto IX de *La Araucana*.
Ercilla y Góngora Marmolejo, capítulo 20, que han dado cuenta de estos hechos, parecen creer que el canibalismo de esos indios era accidental, y que fue originado por el hambre y la miseria de esos días. Góngora Marmolejo añade que esta alimentación les producía una gran palidez en el rostro por la cual se reconocía a los que habían comido carne humana. La verdad es que los indios eran antropófagos, que se comían a los enemigos prisioneros en las batallas; y que fuera de este canibalismo guerrero, se devoraban unos a los otros cuando les faltaban otros alimentos. Este hecho, comprobado por sagaces observadores, parece menos sorprendente en nuestro tiempo, después de los prolijos estudios que la ciencia social ha hecho de cuarenta años a esta parte. El canibalismo ha sido en todos los lugares una costumbre inherente a cierto estado de barbarie de las sociedades salvajes, y sus huellas han podido descubrirse con bastante seguridad.
La crónica de Mariño de Lobera, capítulo 51, ha contado estos mismos horrores del hambre de 1554, con rasgos que demuestran la ignorancia de los españoles de ese siglo, aun de los que tenían alguna ilustración, en lo que se refiere a la estructura y a la fisiología del cuerpo humano. «Hubo indio, dice esa crónica, que se ataba los muslos por dos partes, y cortaba pedazos de ellos comiéndolos a bocados con gran gusto».
Esta ignorancia no era, como podía creerse, el patrimonio de los soldados que se hacían cronistas. Nicolás Monardes, célebre médico de Sevilla, escribió por esos años una *Historia medicinal de las cosas que se traen de nuestras Indias Occidentales que sirven en la medicina*, Sevilla, 1574, primera edición completa, que tuvo mucha boga en su siglo, y que en nuestro tiempo se consulta con interés por más de un motivo. En la segunda parte de esta obra, fol. 73 y ss., inserta una carta escrita al autor desde Lima por un Pedro de Osma y de Jara y Zejo, destinada a darle a conocer algunas producciones americanas de que no hablaba Monardes en las primeras ediciones de su obra. En esa carta hallamos el pasaje siguiente: «El año de 1558 en Chile se cortaron ciertos indios presos las pantorrillas para comérselas, y las asaron para ello, y lo que es más de admiración, que se pusieron en lo cortado unas hojas de ciertas hierbas, y no les salió gota de sangre teniéndolas puestas; y lo vieron esto muchos entonces, en la ciudad de Santiago, presente el señor don García

A los rigores del hambre se añadieron los más terribles todavía de una espantosa epidemia de que hablan los escritores contemporáneos con tan vagos colores que no alcanzamos a explicarnos, y de cuyos estragos nos dan noticias que no acertamos a creer. «Entrando la primavera, dice uno de ellos, les dio en general una enfermedad de pestilencia que ellos llaman chavalongo, que en nuestra lengua quiere decir dolor de cabeza, que en dándoles los derribaba, y como los tomaba sin casas y sin bastimentos, murieron tantos millares que quedó despoblada la mayor parte de la provincia... En repartimiento que había más de 12.000 indios, añade con una exageración inconcebible, no quedaron treinta.» Algunos bárbaros, acosados por el hambre y por las enfermedades, deponían su natural altivez y acudían a la Imperial a pedir una limosna a los cristianos, llevando una cruz en la mano para mover el corazón de éstos.[87] La

---

de Mendoza, que fue cosa que admiró a muchos». El doctor Monardes cree perfectamente en ésta y en las otras noticias que contiene esa carta, y la recomienda encarecidamente a sus lectores.

[87] Góngora Marmolejo, capítulo 20. No es posible con las escasas noticias que nos ha dejado este cronista, caracterizar razonadamente esta epidemia. La palabra chilena chavalongo o chavalonco, que Góngora Marmolejo traduce exactamente por dolor de cabeza, significa, según el vocabulario del padre Valdivia, modorra, esto es, el estado de postración y de fiebre que acompaña a muchas dolencias. No era propiamente una enfermedad determinada, sino un síntoma común a muchas enfermedades. Los españoles, que tomaron esta palabra de los indios, la emplearon para designar las grandes fiebres, y aun en nuestro tiempo hemos visto usada la palabra chavalongo como sinónimo de fiebre tifoidea.

Algunos cronistas han querido ver en esta epidemia la primera aparición de la viruela, enfermedad desconocida en América, y que hizo más tarde los más horribles estragos entre los indígenas de Chile. Aunque esta opinión ha sido seguida por algunos historiadores modernos, nosotros la creemos infundada. La viruela era perfectamente conocida de los españoles, y sin duda alguna que Góngora Marmolejo habría dado este nombre a la enfermedad. La primera epidemia de viruela en Chile se hizo sentir a fines de 1561 y principios de 1562.

Por lo que toca a los estragos de la epidemia mal conocida de 1554, nosotros creemos que las relaciones que nos quedan han llegado al último exceso de la exageración. Góngora Marmolejo dice en el lugar citado que donde había un millón de indios no quedaron 6.000. Estamos persuadidos de que toda la población indígena de Chile en la época de la conquista no alcanzaba a medio millón. El cronista Córdoba y Figueroa, libro II, capítulo 13, que conoció los antiguos archivos de la Imperial, cita dos documentos del siglo XVI, en los cuales dos encomenderos de esa ciudad señalaban los daños que les causó la epidemia. Uno de ellos, Pedro Olmos de Aguilera, dice que de 12.000 indios que tenía en repartimiento no le quedaron más de cien. Otro, Hernando de San Martín, asegura que de 800 indios que le estaban encomendados, solo se salvaron ochenta. Basta observar la desproporción que hay entre una y otra aseveración, para tenerlas por sospechosas. Por lo demás, una y otra son tan exageradas, que no hay criterio que pueda aceptar tales cifras.

crítica histórica no puede aceptar estas noticias de los estragos de la epidemia sino reduciéndolos a proporciones inmensamente menores; pero es un hecho que el verano que siguió a sus grandes triunfos, los indios estuvieron atacados por dos enemigos terribles: el hambre y la peste.

En esas circunstancias hizo el general Francisco de Villagrán su nueva campaña contra los indios rebelados. Había salido de Santiago, como ya dijimos, a fines de octubre de 1554. Lo acompañaban 180 soldados españoles y un numeroso cuerpo de indios de servicio, que servían principalmente de bestias de carga, y a quienes se daba un trato horrible. Villagrán pasó el Biobío a fines de noviembre, y tomando los caminos de la costa, penetró en el territorio enemigo en la estación más favorable para las operaciones militares, y esperaba, sin duda, tener que empeñar frecuentes batallas con los indígenas a quienes suponía envanecidos con sus recientes triunfos. Sin embargo, parece que en ninguna parte encontró una resistencia formal.[88] Su arribo a la Imperial, en momentos en que nadie lo esperaba, fue objeto de fiestas y regocijos. Hubo juego de cañas, como si se celebrara un triunfo espléndido sobre los enemigos. Villagrán, sin embargo, no permaneció muchos días en la ciudad. Felicitó a sus capitanes y soldados por la valiente defensa que habían hecho durante tantos meses, envió a Valdivia un corto refuerzo de tropas con el licenciado Gutiérrez de Altamirano,[89] que lo acompañaba desde Santiago, y él mismo salió de nuevo a campaña con una columna de cien soldados.

Una mortandad de esa clase, aun aceptando el cómputo de Hernando de San Martín, que es el menos exagerado, habría costado a los indios la pérdida de nueve décimos de su población, y los habría reducido a la más absoluta impotencia para continuar la guerra. En la población española no se hizo sentir esta epidemia; al menos no hay vestigios de ello en los antiguos documentos.

88 El cronista Antonio de Herrera, que escribía medio siglo después su famosa *Historia general*, teniendo a la vista las relaciones originales, que de ordinario sigue fielmente, pero que a veces confunde, dice, dec. VIII, libro VII, capítulo 7, que en esta campaña Villagrán sostuvo numerosos combates con los indios, los cuales usaban «como si fueran propias», las armas quitadas a los castellanos, incluso los arcabuces. En ninguna otra parte encuentro esta noticia, que parece desmentida por las otras relaciones, y que seguramente es un error.

89 El licenciado Altamirano había sido antes justicia mayor de Valdivia por nombramiento del gobernador de este nombre. Por causas que desconocemos, se había trasladado a La Serena en 1553, y de allí fue llamado en enero de 1554 por el cabildo de Santiago para pedirle su consejo. Hemos referido en el capítulo anterior su intervención en las competencias entre Aguirre y Villagrán. Por último, en octubre de 1554 salía con éste a campaña, y

Dando enseguida su vuelta al norte, el general Villagrán penetró en el valle central del territorio, y llegó hasta los llanos de Angol, donde un año antes existía la ciudad de los Confines. Los indios no estaban en situación de sostener la guerra ni las campeadas de los españoles les dieron lugar de reunirse en ninguna parte para reorganizar sus fuerzas. Villagrán quería hacer una guerra de destrucción y de exterminio con que pensaba aterrorizar a los bárbaros y ponerlos en la imposibilidad absoluta de volver a tomar las armas. Los pocos sembrados de los indios eran inexorablemente destruidos, y sus chozas incendiadas; pero los castellanos no consiguieron, sin embargo, ventajas positivas sobre el enemigo. Pedro de Villagrán en las inmediaciones de la Imperial y el licenciado Altamirano en los alrededores de Valdivia, imitaban el ejemplo del general, y si no alcanzaron grandes triunfos, aseguraron, al menos, la tranquilidad en esas ciudades, manteniendo alejados a los indios que habían pretendido hostilizarlas.

3. Nuevas exigencias de Villagrán para que se le entregue el gobierno de Chile; se opone a ellas el cabildo de Santiago

Estas duras hostilidades se prolongaron hasta entradas del otoño de 1555, sin lograr reducir a los indios y sin poder siquiera obligarlos a presentar batalla. Sin embargo, los españoles tenían confianza en la severidad del escarmiento; pero se acercaba la época del año en que no era fácil seguir haciendo estas correrías. Por otra parte, se aproximaba el plazo en que según el fallo de los letrados debía entregarse el gobierno a Francisco de Villagrán si antes no había llegado una resolución de la audiencia de Lima. Este general resolvió, en consecuencia, suspender por entonces las operaciones de la guerra y dirigirse a Santiago con una parte de sus tropas. Antes de ponerse en marcha, ordenó al capitán Gaspar de Villarroel que se adelantase con una escolta a reclamar del Cabildo de la capital que se le pusieran en posesión del gobierno.

Los capitulares de Santiago no se hallaban dispuestos a acceder a esta exigencia. Estaban al corriente de los últimos sucesos del Perú, y sabían que la audiencia de Lima, libre de los cuidados que le había impuesto la sublevación de Hernández Jirón, debía resolver de un día a otro las competencias suscitadas en Chile por la vacancia del gobierno. En esta situación, creían intempestivo, y

---

luego era despachado nuevamente como justicia mayor de Valdivia, y encargado de dirigir su defensa.

hasta expuesto a perturbaciones y alborotos, el crear un poder que probablemente no debía durar más que algunos días. Habiendo recibido una carta que sobre este asunto le escribió desde el camino el capitán Villarroel, contestó el Cabildo negándose a lo que pedía el general, y recomendando a éste que continuase el castigo de los indios rebelados.[90] Villarroel, sin embargo, avanzó hasta Santiago, y entregó al Cabildo las comunicaciones que traía del general Villagrán. Los capitulares insistieron firmemente en su negativa, apoyándose en las mismas razones, esto es, en que esperaban la resolución de la audiencia de Lima que no podía tardar mucho.[91]

Cuando se creía que esta respuesta pondría término a las exigencias del general, se presentó en Santiago el 29 de abril el capitán Gabriel de Villagrán a reclamar de una manera más apremiante todavía, que se cumpliese el fallo de los letrados. Ese capitán venía provisto de amplios poderes de su sobrino Francisco de Villagrán, y pedía que sin demora se le entregase el mando de la gobernación como lo habían hecho las ciudades del sur. «No conviene, contestó el Cabildo, que el general venga a esta ciudad hasta que lleguen los navíos que se esperan del Perú, que será en breve, por donde sabremos la voluntad de Su Majestad, y aquélla se cumplirá. Hasta entonces no conviene que haya novedad en esta ciudad para la paz y quietud de ella.»[92]

Esta contestación no satisfizo al capitán Villagrán. Le parecían tan claros los derechos de su sobrino al gobierno de Chile, estando para expirar el plazo de siete meses que fijó la sentencia de los letrados (dada el 2 de octubre de 1554), que repitió su demanda en forma de requerimiento;[93] y como de nuevo se viese desatendido en sus pretensiones, asumió en sus reclamos un tono descomedido y conminatorio. Con fecha de 2 de mayo se presentó al Cabildo no ya como peticionario sino con voz de mando, e imponiéndole una multa de 50.000 pesos de oro si no reconocía a su poderdante en posesión del gobierno. El Cabildo, sin embargo, no se dejó intimidar por esta amenaza. Conservando incontrastable toda su energía, mandó devolver aquel requerimiento, añadiendo por toda contestación que el capitán Villagrán «hablase en lo que pidiese como debía de hablar con un cabildo, donde no, que al que hizo el escrito, si hiciese otro de

---

90 Cabildo de 9 de abril de 1555.
91 Cabildo de 12 de abril de 1555.
92 Cabildo de 29 de abril de 1555.
93 Cabildo de 1 de mayo de 1555.

la manera, lo castigarían por alborotador del rey por esto y por otras cosas que merece ser castigado».[94] Aquella firme entereza del Cabildo hizo desistir de sus exigencias al arrogante capitán, y mantuvo la tranquilidad pública sin alteración alguna en el gobierno de la ciudad.

4. Llega a Chile la resolución de la audiencia de Lima, por la cual manda que los alcaldes de los cabildos conserven el gobierno en sus distritos respectivos

Pero aquella situación no podía prolongarse mucho tiempo más sin grave peligro de la paz interior. La audiencia de Lima, rodeada de numerosos afanes, teniendo que atender primero al allanamiento y castigo de los rebeldes del Perú, y luego a recompensar a los que habían sido fieles al rey durante las últimas revueltas, y a reorganizar la administración pública, no había podido consagrar mucho tiempo a los negocios de Chile. Por otra parte, la resolución de la competencia que en este país se había suscitado por el mando superior de la colonia, ofrecía las mayores dificultades. Residían en Lima dos agentes de Chile que sostenían pretensiones encontradas. Francisco de Riberos, representante del cabildo de Santiago, pedía que se hiciera cumplir el fallo de los letrados, es decir, que se diera el mando de la gobernación a Francisco de Villagrán. Diego Sánchez de Morales, comisionado por el cabildo de La Serena, reclamaba que se mandara obedecer el testamento de Valdivia, y que, en consecuencia, se entregase el gobierno al general Aguirre. En defensa de sus intereses respectivos, cada uno de estos agentes representaba que la tranquilidad de Chile y el afianzamiento de la conquista dependían de que fuese nombrado el pretendiente por cuyos derechos abogaba.

Por otra parte, los poderes de la audiencia de Lima, eran provisorios. Gobernaba accidentalmente el Perú, por muerte del virrey don Antonio de Mendoza, y esperaba que el soberano enviase un nuevo virrey. No queriendo confiar el gobierno de Chile a ninguno de los pretendientes, se abstuvo también de nombrar un mandatario extraño, reservando al virrey que viniese de España la libertad de hacer la elección. Dando cuenta de estos problemas, la Audiencia explicaba su resolución en los términos siguientes: «Hanse dado por ningunos

---

94   Cabildo de 2 de mayo de 1555. El requerimiento del capitán Villagrán no se conserva, y solo se conoce por el corto resumen que contiene el acta del Cabildo.

los nombramientos (de Villagrán y de Aguirre) y mandado que no usen de ellos, y respondido a los cabildos, y escrito a ellos que deshagan la gente y tengan toda conformidad, sin hacer guerra a los dichos indios, y que las cosas estén en el estado que estaban al tiempo de Valdivia».[95] La situación anormal en que se hallaba el gobierno del Perú fue causa de que se tomara una determinación que no resolvía nada, y que podía dar lugar a las más serias complicaciones.

Había llegado en esos momentos a Lima un caballero de Sevilla llamado Arnao Segarra y Ponce de León, que debía seguir su viaje a Chile. Era éste uno de tantos pretendientes a los destinos públicos de Indias, a quien el soberano había concedido el empleo de contador de su real tesoro y el cargo de regidor perpetuo del cabildo de Santiago.[96] La audiencia de Lima, teniendo que tomar razón de ese nombramiento, entregó a Arnao Segarra las comunicaciones que tenía que enviar a Chile. Este agente zarpó del Callao a mediados de febrero de 1555. Pero la navegación, como lo hemos dicho en otras ocasiones, era tan dificultosa por las corrientes y los vientos del sur, que el piloto que ponía un mes escaso en llegar de Valparaíso al Callao, se consideraba feliz si podía hacer el viaje de vuelta en tres meses. Segarra llegó a su destino el 22 de mayo, y se presentó en Santiago en la tarde del día siguiente, jueves 23, con los pliegos de que era portador.

Era éste un día de fiesta solemne. Los españoles celebraban la Ascensión del Señor; pero era tal la importancia que se atribuía a esas comunicaciones, y tal la impaciencia de todos por conocer la resolución tanto tiempo esperada, que el Cabildo acordó reunirse sin pérdida de momento a entradas de la noche.

---

95   Carta de la audiencia de Lima al Consejo de Indias, de 5 de febrero de 1555. La resolución definitiva de la Audiencia, sin embargo, no fue expedida sino el 13 de dicho mes.

96   El nombramiento de Arnao Segarra tiene la fecha de Madrid a 9 de junio de 1554, y está publicado en el libro del Cabildo. Por otra provisión de la misma fecha, que permanece inédita en el Archivo de Indias, se le hicieron ciertas concesiones que revelan que era hombre de condición superior al común de los aventureros que pasaban a América. Se le permitió traer cuatro criados para su servicio y tres negros esclavos exentos del pago del derecho que por éstos se cobraba. El príncipe don Felipe, que firma la provisión, lo eximió del derecho de almojarifazgo, o de aduana, por los objetos que él y su mujer trajesen, hasta por la suma de 1.000 pesos de oro, y mandó al gobernador de Chile que «sin perjuicio de los indios ni de otro tercero alguno, deis al dicho Arnao Segarra tierra y solares en que edifique como a los otros de esa tierra». Por otra provisión posterior, se le permitió traer «seis cotas de malla, seis ballestas, seis arcabuces, seis puñales y seis dagas».

En los documentos originales, su nombre está escrito Segarra, y no Cegarra, como se lee en la edición de los libros del Cabildo y de algunos cronistas.

Arnao Segarra exhibió primero los reales títulos por los cuales se le nombraba contador del tesoro y regidor del Cabildo; y una vez admitido al ejercicio de estos cargos, presentó la provisión de la Audiencia. Los capitulares, uno en pos de otro, y por orden de rango, tomaron el pliego cerrado que la contenía, lo besaron respetuosamente, lo pusieron sobre sus cabezas en señal de sumisión a sus mandatos, y declararon que estaban resueltos a cumplirla el pie de la letra, sin que faltase cosa alguna, como leales vasallos del rey.

La lectura de aquella provisión, sin embargo, no podía dejar contento a nadie. Tomando el nombre del rey para dar su resolución, la Audiencia anulaba igualmente los nombramientos hechos por Pedro de Valdivia o por los cabildos, y mandaba que tanto Aguirre como Villagrán desarmasen la gente que tenían a su servicio sin nuevas gestiones y sin reclamación. Resolvía que se mantuvieran las cosas en el estado en que estaban a la época de la muerte de Valdivia, sin intentar nuevos descubrimientos y conquistas y sin expedicionar contra los naturales; y que si los indios intentaren algo contra los pueblos de los españoles, procurasen éstos conservarse con el menor daño posible del enemigo. Disponía, además, que los vecinos de Concepción repoblasen esta ciudad; y que las de la Imperial y de Valdivia se refundiesen en una sola, por la dificultad de sostener a ambas. Por lo que toca al gobierno del país, la Audiencia mandaba que los alcaldes ordinarios de cada ciudad usaran los cargos de administración dentro de sus respectivos distritos.[97]

Como es fácil comprender, esta resolución, haciendo desaparecer la unidad de acción en el gobierno de la colonia, iba a mantener las cosas en un estado provisorio, y probablemente a crear dificultades y complicaciones que la Audiencia habría debido evitar. El Cabildo, sin embargo, la recibió con respeto, y solo por ser avanzada la noche, no la hizo publicar inmediatamente.[98] El día siguiente fue pregonada en las calles de la ciudad con gran aparato como ley cuyo cumplimiento obligaba a todos los vasallos del rey. Llamado poco después al Cabildo el capitán Gabriel de Villagrán, se le leyó ceremoniosamente y se le dio una copia para que la comunicase a las ciudades del sur y al general que le había confiado sus poderes.[99]

---

97   La provisión de la audiencia de Lima, de fecha del 13 de febrero de 1555, está publicada en el libro del Cabildo después de la sesión de 28 de mayo.
98   Cabildo de 23 de mayo de 1555.
99   Cabildo de 28 de mayo.

5. Los cabildos acuerdan pedir el nombramiento de un gobernador

En todas partes fue obedecida la resolución de la audiencia de Lima. El general Villagrán, sin conocerla todavía, había anunciado al cabildo de Santiago que se ponía en marcha para hacerse cargo del gobierno; pero se le comunicó nuevamente aquella decisión,[100] y esto bastó para que no insistiese otra vez en sus exigencias. El general Aguirre, por su parte, no puso tampoco obstáculo a su cumplimiento; pero el cabildo de La Serena descubrió que este estado de cosas ofrecía un peligro que afectaba igualmente a todos los colonos. La provisión de la Audiencia contenía estas palabras: «Lo cual todo queremos y es nuestra voluntad que se cumpla hasta que por Nos se provea de persona que gobierne esa dicha provincia». Así, pues, ese régimen provisorio debía durar solo hasta que la Audiencia o el virrey que lo reemplazase, quisiesen nombrar un gobernador para Chile.

Ahora bien, ¿quién sería ese gobernador? Era de temerse que la Audiencia o el virrey, deseando poner término a las competencias de los caudillos de Chile, nombrase a un extraño, a algún capitán del Perú cuyos servicios en las guerras civiles quisieran premiar con este codiciado puesto. Ese gobernador vendría rodeado de servidores y de favoritos que sin haber corrido los peligros y sacrificios de la conquista, se repartirían los cargos públicos y las encomiendas de indios con perjuicio de los conquistadores. Esto era lo que había pasado en otras partes de América, y esto era lo que debía suceder en Chile. El cabildo de La Serena, alarmado por este peligro, despachó inmediatamente a Santiago a uno de sus regidores, llamado Antonio de Villadiego, con comunicaciones y poderes para concertar con el cabildo de Santiago la única manera de resguardarse contra este peligro. Consistía este arbitrio en ponerse todos de acuerdo, no en la designación de un hombre, sino para pedir a las autoridades del Perú que el nombrado fuese precisamente «una persona de los de esta tierra, porque así conviene al bien de ella».[101]

Se hallaban entonces en Santiago muchos miembros de los cabildos de las destruidas ciudades de Concepción, de los Confines y de Villarrica, y algunos de la Imperial. Todos ellos, movidos por un peligro que les era común, cele-

---

100 Cabildo de 7 de junio.
101 Cabildo de 8 de junio.

braron una sesión general con el cabildo de Santiago el día 16 de agosto. Solo La Serena y Valdivia, las ciudades más apartadas de Santiago, no estuvieron representadas en aquella asamblea. Todos los concurrentes estuvieron de acuerdo en que se pidiese a la Audiencia por gobernador a uno de los hombres de Chile; pero la asamblea, compuesta en su mayor parte de capitulares de las ciudades del sur, fue más lejos todavía, y acordó que se pidiese para este cargo al general Francisco de Villagrán.[102] Esta designación era, como se comprende, una transgresión del propósito primitivo.

Cuando llegó el caso de escribir a la audiencia de Lima, el cabildo de Santiago tomó una resolución diferente. Nombró por apoderado suyo en el Perú al mismo contador Arnao Segarra y Ponce de León «para que por Nos y en nuestro nombre, decían sus poderes, y como tal Cabildo, pueda pedir a Su Majestad y al Ilustrísimo señor visorrey de las provincias del Perú, si en ellas lo hubiere, y a los señores de la Real Audiencia de los Reyes, que provean para el gobierno de esta tierra a una persona de las que en ella hay, pues son en quien concurren las calidades y partes que se requieren; y que no pueda pedir en manera alguna persona de las que al presente están fuera de la tierra, por lo mucho que conviene que la gobierne quien la haya visto y tenga bien entendido, para que en el gobierno de ella Dios y Su Majestad se sirvan».

Una petición de esta naturaleza habría probado a la audiencia de Lima que el cabildo de Santiago no obedecía en sus gestiones al espíritu de bandería, y que buscaba solo la tranquilidad y el bienestar de la colonia. Evidentemente, estos sentimientos elevados eran los que movían a los capitulares; pero queriendo también probar que no estaban apasionados por ninguno de los dos caudillos, y creyendo, sin duda, que el nombramiento de Villagrán o de Aguirre ofrecía inconvenientes, tomó, además, el Cabildo otra determinación. Acordó que con Arnao Segarra fuese al Perú otro emisario encargado de dar cuenta de los sucesos de Chile, y «que se escriba otra (carta) a los señores de la Real Audiencia, pidiendo a Rodrigo de Quiroga para que gobierne esta tierra, si su alteza fuere de ello servido, por ser cosa que conviene al servicio de Dios y de Su Majestad, y bien de esta tierra».[103] Quiroga, a juicio de los capitulares, reunía todas las condiciones necesarias para que la Audiencia le confiare el mando de la Nueva

---

102 Cabildo de 16 de agosto de 1555.
103 Cabildos de 10 y 13 de septiembre.

Extremadura. Era uno de sus primeros conquistadores, y no se había apasionado en las disensiones y banderías que se siguieron a la muerte de Valdivia.

Pero el general Villagrán no había descuidado la defensa de sus intereses. En cumplimiento de la provisión de la audiencia de Lima, vivía en Santiago sin mando alguno militar. En esta ciudad había estrechado relaciones de amistad con el contador Arnao Segarra. Cuando éste se disponía a partir para Lima, Villagrán lo empeñó para que sostuviese sus pretensiones ante la Audiencia, y, aun, lo proveyó del dinero que podía necesitar en estas gestiones.[104] Así, pues, el agente del cabildo de Santiago, era a la vez el abogado particular de uno de los pretendientes al gobierno.

6. Repuéblase la ciudad de Concepción y es destruida por segunda vez

La audiencia de Lima, como ya dijimos, había ordenado que en Chile se suspendieran las expediciones militares contra los indios, y que las ciudades existentes se mantuviesen estrictamente a la defensiva. Pero había ordenado también que se repoblase la ciudad de Concepción; y los vecinos de ella, que se hallaban en Santiago, tenían deseos de que se realizase este mandato con la esperanza de volver al goce de sus propiedades y de sus repartimientos de indios. La estación de invierno era, sin embargo, tan desfavorable a la ejecución de esta empresa que fue necesario aplazarla por algunos meses.

Apenas llegada la primavera, los vecinos de las ciudades del sur que se hallaban en Santiago, se prepararon para ponerse en camino. El Cabildo dispuso que marcharan reunidos, «porque no yendo así, se gasta toda la comida que hay, y después no habrá comida hasta que se coja la nueva».[105] Reglamentando más prolijamente todavía estas operaciones, ordenó que la marcha se hiciera en dos cuerpos que debían salir de la ciudad con cortos intervalos, y ocho días después de todo su distrito, que terminaba en el río Maule. Recomendó

---

104 Góngora Marmolejo, que ha dado cuenta de este hecho, confunde como sucede en muchos otros pasajes de su historia el tiempo en que tuvo lugar, y supone que la comisión de Arnao Segarra fue dada inmediatamente después de haber pronunciado su fallo los letrados sobre la competencia entre Villagrán y Aguirre, siendo que entre uno y otro suceso medió un año entero.
105 Cabildo de 30 de septiembre.

activamente que no se les permitiese maltratar a los naturales, ni llevar indios, esclavos y ganado de Santiago.[106]

Estas órdenes del Cabildo no se pudieron cumplir puntualmente por las dilaciones consiguientes en los aprestos. Al fin se organizó una columna de sesenta y ocho hombres, de los cuales solo treinta y uno habían sido antiguos pobladores de Concepción. Tomaron el mando de esa fuerza los capitanes Juan de Alvarado y Francisco de Castañeda, alcaldes ordinarios del último Cabildo de esa ciudad, a quienes correspondía el gobierno de ese distrito en virtud de la resolución de la audiencia de Lima. Los administradores del tesoro real de Santiago les suministraron los fondos necesarios para vestir y armar esa gente, y para equipar el navío San Cristóbal, que debía conducir a Concepción a algunas mujeres, así como las municiones, los víveres y demás objetos que era difícil transportar por tierra. La columna partió de Santiago el 1 de noviembre de 1555.

La marcha de los repobladores de Concepción se hizo sin grandes inconvenientes. El capitán Castañeda mandó ahorcar a un soldado que había herido a uno de sus compañeros, y este acto de rigor contribuyó a mantener la disciplina de los expedicionarios. Después de atravesar el río Maule el 13 de noviembre, y de practicar diversos reconocimientos para observar las disposiciones de los indios, llegaron a su destino el 24 de ese mes. El general Villagrán los había acompañado hasta las orillas del Itata.[107]

El sitio en que se había levantado Concepción no era entonces más que un montón de escombros y de ruinas. Sin detenerse en inútiles lamentaciones, los castellanos acometieron llenos de entusiasmo y de confianza la reconstrucción de la ciudad, comenzando por repartir solares para las casas y por hacer un cercado de palizadas para ponerse a cubierto de los ataques de los indios. Aun esta precaución parecía innecesaria. El capitán Juan de Alvarado, que salió con quince hombres a visitar los antiguos repartimientos de las inmediaciones, encontró a los indios de paz, y en apariencia dispuestos a volver a servir a sus amos. Los alcaldes llegaron a persuadirse en los primeros días de que habían alcanzado la realización de sus propósitos, sin hallar dificultades que vencer.

---

106 Cabildo de 11 de octubre.
107 Mariño de Lobera, capítulo 53.

Antes de mucho, esta confianza comenzó a desaparecer. A pesar de la aparente sumisión de los indios de los alrededores, los espías de los españoles percibieron síntomas de un levantamiento formidable. Los alcaldes de Concepción se apresuraron a pedir auxilio a Santiago; pero esos auxilios, que se hallaban a mucha distancia, debían tardar en llegar, mientras que la insurrección estaba, puede decirse así, a las puertas de la ciudad. En efecto, los indios de la comarca habían dado aviso de todo a los guerreros del otro lado del Biobío, y éstos, libres ahora de la epidemia y del hambre que los había asolado el verano anterior, estaban sobre las armas y próximos a entrar en campaña. Lautaro, el astuto e incansable enemigo de los españoles, se puso al frente de estas huestes. Los indios esperaban cosechar un botín tan rico y abundante como el que habían recogido dos años atrás.

Al amanecer del 12 de diciembre,[108] se dejaron ver en las alturas de una loma vecina a Concepción numerosos y apretados escuadrones de indios que se presentaban en actitud hostil. Los bárbaros habían avanzado sin ser sentidos durante las tinieblas de la noche. Llevaban sobre sus hombros gruesos postes de madera que clavaron en el suelo para formar una trinchera, y numerosos palos o garrotes cortos para lanzar a la cabeza de los caballos enemigos. Estableciéronse en un lugar conveniente, teniendo a sus espaldas una quebrada en que podían defenderse con ventaja en caso de ser arrojados de sus posiciones. En ésta, como en otras ocasiones, los bárbaros habían desplegado un admirable tino para elegir el lugar del combate.

Los castellanos vacilaron un instante sin saber qué partido tomar para embestir al enemigo. Hallándose en tan corto número, algunos pensaban asilarse en el buque que se encontraba en el puerto. El capitán Alvarado, sin embargo, dispuso la carga contra las posiciones enemigas, haciendo avanzar a sus infantes protegidos por la caballería. Al acercarse a la improvisada fortaleza de los indios, fueron recibidos con la más formidable resistencia. Los bárbaros lanzaron sobre las cabezas de los caballos una verdadera lluvia de garrotes arrojadizos, que los obligaba a remolinear; los pocos jinetes que

---

108 Da esta fecha Góngora Marmolejo diciendo, capítulo 21, «un día de vísperas de Santa Lucía». Mariño de Lobera, capítulo 53, dice que el asalto de la nueva ciudad fue el jueves 4 de diciembre de 1555. Parece que en este pasaje hay simplemente un error de copia. El 4 de diciembre de ese año no fue jueves, pero sí lo fue el día 12, fecha que sin duda quiso indicar el cronista.

lograron pasar adelante, fueron recibidos en las puntas de las lanzas de dos gruesos destacamentos de indios que defendían los extremos de la palizada. Cuatro soldados españoles, uno de los cuales, Pedro Gómez de las Montañas, era regidor del Cabildo y gozaba de la reputación de valiente, cayeron en este primer ataque y fueron descuartizados por los indios sin que sus compañeros pudieran socorrerlos. Los infantes, entretanto, peleaban denodadamente en frente de la palizada, pero tampoco consiguieron obtener ventaja, y recibieron muchas heridas. La pérdida de aquellos cuatro hombres comenzó a producir el desaliento entre los españoles; y la convicción de que no podían romper las filas del enemigo, los inclinaba a replegarse al fortín que habían construido en la ciudad, donde esperaban defenderse en mejores condiciones detrás de las trincheras que tenían preparadas.

Los indios, por su parte, cobraron mayor confianza. Al ver la retirada de los españoles, cargan en tropel sobre ellos hasta obligarlos a encerrarse en sus palizadas; pero allí encuentran una desesperada resistencia que costó la vida a muchos de sus guerreros. Alentados por estas ventajas, algunos castellanos se atrevieron a salir de las trincheras para resistir el empuje de los bárbaros y estimular el valor de los suyos, pero sucumbieron bajo el peso de las armas de los numerosos enemigos. Así pereció, entre otros resueltos soldados, el clérigo Nuño de Ábrego, el antiguo cura de Santiago, que en la pelea había dado pruebas de valiente.[109] Después de haber muerto muchos indios, él y los que lo acompañaban se encontraron cercados por todas partes por los indios y murieron batiéndose hasta el último momento.

Pero era imposible la prolongación del combate bajo circunstancias tan desfavorables para los españoles, y teniendo que luchar con un enemigo ensoberbecido e inmensamente superior. El desaliento cundía en sus filas al ver la inutilidad de la resistencia. Unos se replegaban a la playa a buscar un terreno plano en que poder hacer maniobrar sus caballos; otros no pensaban más que en buscar un asilo en el buque. En esos momentos, todo era confusión y pavor. Un soldado español, viendo alejarse el batel en que se retiraban algunos de sus

---

[109] Ercilla, que ha descrito este combate con mucho colorido poético en el canto IX de *La Araucana*, habla también de la muerte de un clérigo que sucumbió peleando, estrofa 76, pero lo nombra padre Lobo, confundiéndolo con aquel clérigo Juan Lobo, que se hizo célebre luchando contra los indios en la defensa de Santiago, en 1541. Góngora Marmolejo y Mariño de Lobera lo llaman Hernando y Nuño de Ábrego.

camaradas, se echó al mar con un caballo pretendiendo llegar a nado hasta el navío; y habría perecido en esta desesperada tentativa si no se le presta un oportuno socorro. La ferocidad implacable de los vencedores, que no perdonaba a nadie, había aterrorizado hasta ese punto a los fugitivos.

La jornada costaba a los españoles la pérdida de una tercera parte de sus fuerzas. Todavía tuvieron que pasar por nuevos peligros en su retirada los que seguían el camino de tierra. Los indios habían tenido la precaución de cortar los senderos que conducían al norte, atravesando árboles y maderos firmes y resistentes que dificultaban la marcha de los caballos, y exponían a los hombres a ser víctimas de las emboscadas. Allí perecieron algunos de los fugitivos, pero el mayor número logró abrirse paso. Afortunadamente para ellos, esta persecución no se sostuvo largo tiempo. Los indios, ávidos de botín, se apresuraban a volver al asiento de la ciudad a repartirse las ropas, las armas y los víveres de los castellanos.[110] Los edificios comenzados por éstos en los pocos días que habían permanecido allí, fueron arrasados hasta los cimientos.

7. Peligros que amenazan a la colonia durante algunos meses

Este desastre venía a producir de nuevo la más espantosa perturbación en la colonia. Después de los últimos meses de quietud, el Cabildo había creído alejada la era de los peligros para la estabilidad y afianzamiento de la conquista. La repoblación misma de la ciudad de Concepción había sido anunciada en los primeros días a Santiago como una prueba del sometimiento de los indígenas de aquellos lugares. Pero no hacía mucho tiempo que se había recibido esta noticia, cuando Lope de Landa, uno de los regidores de Concepción, se presentaba al cabildo de Santiago (18 de diciembre) para anunciarle los peligros que corría la nueva ciudad, y para pedirle auxilios que enviar en su socorro.[111] Lope de Landa recibió 3.000 pesos de oro para preparar esos auxilios; pero antes

---

110 Este combate ha sido referido con gran verdad en su conjunto por Ercilla en el canto citado de su poema, aunque ha engalanado la descripción con episodios poéticos de buen efecto en su obra, pero que la historia no puede recoger. Las descripciones de Góngora Marmolejo, capítulo 21, y de Mariño de Lobera, capítulo 53, se diferencian entre sí en algunos accidentes. El primero dice que los españoles perdieron en la jornada diecinueve hombres, y el segundo cuarenta y uno. En el bosquejo general del combate, hemos seguido con preferencia al primero que es mucho más claro y completo. Según el libro del cabildo de Santiago, los españoles muertos en el combate fueron treinta.

111 Cabildo de 18 de diciembre de 1555.

de partir, llegaba a Santiago el 23 de diciembre la funesta noticia del desastre sufrido en Concepción.[112] Los soldados que habían podido salvarse de aquel desastre, se hallaban entonces en las orillas del Maule, agobiados de cansancio y de fatiga, y necesitados de recursos para continuar su marcha a Santiago.

La entereza de los capitulares de Santiago no se doblegó, sin embargo, por esta desgracia. Acordó socorrer a los fugitivos y despachar los dos buques que entonces había en Valparaíso, uno al Perú a llevar la noticia del desastre, y a pedir los auxilios que se necesitaban, y el otro a las ciudades del sur. Debía éste poner sobre aviso al capitán Pedro de Villagrán, que mandaba en la Imperial, y al licenciado Altamirano, que gobernaba en Valdivia, para que mantuvieran la defensa de estas ciudades contra la insurrección de los indios.[113] Se esperaba que esos capitanes salvasen ahora esas poblaciones como las habían salvado el año anterior. Aunque el desempeño de aquella comisión era de la mayor urgencia, fue necesario aplazarlo cerca de un mes para obtener de los oficiales

---

112 Cabildo de 23 de diciembre de 1555. El acta de esta sesión dice que la noticia del desastre de Concepción fue comunicada a Santiago por una carta escrita desde el Maule. El libro original del Cabildo nombra al autor de esa carta; pero el nombre está escrito en abreviatura y con una letra de difícil interpretación. Yo leo, sin embargo, F o F de Villagrán.

En 1731 el corregidor de Santiago, don Juan Luis de Arcaya, comprendiendo que el primer libro del Cabildo se hacía cada día más ininteligible, mandó sacar una copia, y confió este trabajo al padre franciscano fray Gregorio Farías, natural de Valdivia, «religioso memorable por su gran literatura», dice una nota de la copia. Puede verse acerca de éste una curiosa reseña biográfica en El Chileno instruido en la historia de su país por fray Javier Guzmán, lec. 96, pág. 847. La copia ejecutada por el padre Farías, que ha servido para la publicación de ese libro del Cabildo, en el tomo I de la Colección de historiadores de Chile, es generalmente buena, y solo en aquellas partes en que la escritura es casi ininteligible o en ciertas abreviaturas, he notado algunas interpretaciones que no me han parecido perfectamente exactas. En este pasaje, el padre Farías ha incurrido en un ligero error traduciendo ese nombre por Pedro de Villagrán. Este capitán, como se sabe, se encontraba entonces en la Imperial, donde mandaba la guarnición española y sostenía la guerra contra los indios. La misma acta del Cabildo dice más abajo que se avise el desastre a «la Imperial y a los demás pueblos de arriba», y que se envíe «comisión a P de Villagrán para que los entretenga y haga espaldas a la tierra de adelante».

En cambio, Francisco de Villagrán se hallaba entonces sin mando, en virtud de la resolución de la audiencia de Lima. Pero, como ya dijimos, había salido de Santiago acompañando a las tropas que iban a repoblar a Concepción. Como se dijera entonces que los indios de las inmediaciones del Maule estaban sublevados, debió quedarse en esos lugares con las pocas fuerzas destinadas a reprimir esa sublevación.

113 Cabildo de 25 de diciembre de 1555.

reales otros 2.000 pesos de oro que eran indispensables para el equipo de aquel buque.[114]

Desgraciadamente, no era éste el único motivo de perturbaciones y de inquietudes que entonces tuviese el cabildo de Santiago. Desde días atrás se temía la insurrección de los indios del norte del Maule, que los españoles seguían llamando con el nombre de poromabcaes, con que los peruanos denominaban a los bárbaros fronterizos.[115] En efecto, en aquellos lugares los indígenas habían asaltado a un español, y muerto a dos yanaconas de servicio; y en la alarma que estos sucesos debieron producir, no era extraño que se temiera una rebelión general relacionada con el alzamiento del sur. El Cabildo, para reprimir en tiempo oportuno cualquier movimiento, había encargado al capitán Juan Jufré el castigo de los indios que se decían alzados en los campos vecinos del Maule, y luego hizo salir contra ellos a otros tres capitanes.[116] Las instrucciones que se les dieron dejan ver que se quiso escarmentarlos enérgicamente.

Pero al mismo tiempo que se hablaba de este alarmante alzamiento, se temía seriamente por la suerte que podían correr las ciudades de la Imperial y de Valdivia, y circulaban en Santiago noticias de otro orden, que debían aumentar la alarma. Por cartas llegadas de La Serena se anunciaba que en el Perú habían renacido las antiguas alteraciones civiles,[117] lo cual no podía dejar de producir graves complicaciones en Chile. Parecía que se habían desencadenado de nuevo todas las calamidades sobre la colonia. Aquellos meses debieron vivir sus pobladores en la más constante zozobra.

Sin embargo, todos estos motivos de alarma y de inquietud desaparecieron gradualmente antes de entradas del invierno. Las ciudades del sur desarmaron con tesón y con buen éxito las hostilidades de los indígenas. Los indios de Lautaro, vencedores de los españoles en Concepción, no supieron aprovecharse de su victoria ni del terror que habían producido en la colonia; y en vez de acometer nuevas empresas, dejaron pasar el tiempo en que una vigorosa campaña habría podido procurarles un triunfo más decisivo. Juan Jufré, después de castigar a los indios del Maule con el rigor que los conquistadores empleaban en esas expediciones, estaba de vuelta en Santiago a mediados de abril de

---

114 Cabildo de 13 de enero de 1556.
115 Véase la parte I, capítulo 3, nota 16.
116 Cabildo de 9 de diciembre de 1555.
117 Cabildo de 3 de febrero de 1556.

1556.[118] Por último, se supo que los sucesos del Perú no tenían la gravedad que se les había atribuido. El Cabildo y el vecindario de Santiago entraban en un período de paz relativa que, sin embargo, no era más que una tregua a tantas fatigas y a tantas inquietudes.

En esos momentos llegaba a Chile una nueva resolución de la audiencia de Lima que venía a dar otra forma al gobierno de la colonia, haciendo desaparecer esa administración incoherente y débil de los cabildos y de los alcaldes dentro de sus respectivos distritos.

---

118 Cabildo de 13 de abril de 1556.

Capítulo XV. El gobierno acéfalo; nombramiento de gobernador para Chile; derrota y muerte de Lautaro (1556-1557)

1. Jerónimo de Alderete desempeña en la Corte la misión que había llevado de Chile. 2. Es nombrado gobernador de Chile con ampliación de sus límites territoriales hasta el estrecho de Magallanes. 3. Villagrán es nombrado por la audiencia de Lima corregidor y justicia mayor de Chile; asume este cargo y va a La Serena a hacerse reconocer. 4. Por muerte del general Alderete, el virrey del Perú nombra gobernador de Chile a su hijo don García Hurtado de Mendoza. 5. Lautaro, a la cabeza de un cuerpo de guerreros, emprende una campaña al norte del río Maule. 6. Sale a su encuentro Pedro de Villagrán; combate de Mataquito; Lautaro se vuelve al sur. 7. El corregidor Francisco de Villagrán parte a socorrer las ciudades del sur; disturbios que su ausencia estuvo a punto de producir en Santiago. 8. Nueva campaña de Lautaro contra Santiago; segunda batalla de Mataquito; derrota y muerte de Lautaro.

1. Jerónimo de Alderete desempeña en la Corte la misión que había llevado de Chile

Más de dos años habían transcurrido desde la muerte de Valdivia. La colonia había sido sacudida por los más terribles desastres y, sin embargo, su gobierno permanecía acéfalo y entregado a manos de los poderes locales que no podían dar vigor a la acción administrativa. Los cabildos, como contamos, habían pedido a la audiencia de Lima un gobernador que viniese a poner término a las competencias de los caudillos y a dar unidad al poder. Habían solicitado que ese funcionario fuese uno de los conquistadores de este país, temiendo que un gobernante advenedizo llegase con servidores y allegados a quienes habría de favorecer con perjuicio de los primeros pobladores. Pero hacía muchos meses que esperaban en la mayor incertidumbre la resolución superior que habían solicitado con tanto empeño.

Mientras tanto, hacía más de un año que el rey de España, adelantándose a los deseos de los cabildos de Chile, había dado en propiedad el gobierno de este país a uno de los más caracterizados capitanes de su conquista. Pero eran entonces tan difíciles y tan lentas las comunicaciones entre la metrópoli y sus apartadas colonias, que los pobladores de Chile solo aguardaban las resoluciones que pudieran venir de Lima.

El favorecido con el nombramiento real era el general Jerónimo de Alderete. Se recordará que este personaje había partido de Chile a fines de octubre de 1552.[119] Iba, como dijimos en otra parte, comisionado por el gobernador Pedro de Valdivia para pedir al rey de España las gracias y mercedes a que se creía merecedor, y llevaba al soberano la primera remesa de oro de Chile. Por más diligencia que puso, Alderete empleó en su viaje un año entero. Solo llegó a España en octubre de 1553.[120] La causa de esta tardanza no consistía solo, como podría creerse, en las dificultades del viaje y en el atraso en que entonces se hallaba todavía el arte de la navegación sino en el sistema de comunicaciones que la metrópoli había adoptado con sus colonias. América y España no podían comunicarse más que por las flotas, o reuniones de buques que marchaban en conserva, y en épocas determinadas, una vez al año, por temor a los corsarios que corrían los mares en busca de los tesoros de las Indias.

Alderete se trasladó sin demora a Valladolid, residencia entonces de la corte de España. Allí fue recibido favorablemente por dos motivos que lo abonaban a la consideración del gobierno. Había servido en el Perú en la campaña contra Gonzalo Pizarro, esto es, había contribuido a afianzar el dominio de la Corona en ese rico país. Llevaba también una remesa de 60.000 pesos de oro, cantidad casi insignificante para las premiosas necesidades del rey, cuyas guerras consumían todos los tesoros de América, pero que hacía esperar que Chile produciría nuevas cantidades del codiciado metal. En esos momentos, la monarquía española estaba regida por el príncipe don Felipe de Austria, tan famoso más tarde con el nombre de Felipe II. El príncipe regente se hallaba revestido por el emperador, su padre, de «autoridad soberana, para mercedes, proveer oficios, dignidades, tratar paces y treguas sin limitación»;[121] y Alderete pudo iniciar sus negociaciones con toda actividad.

En representación de Valdivia y de los cabildos de Chile, presentó al soberano una serie de memoriales en que fundaba las numerosas peticiones que estaba encargado de hacer. Obtuvo sin dificultad el título de ciudades para los

---

119 Capítulo 11, tomo I, pág. 315.
120 Encuentro la fecha del arribo de Alderete a España en una carta del célebre Bartolomé de Las Casas al Consejo de Indias, escrita en Sevilla el 25 de octubre de 1553. En esta carta da cuenta de que acaba de llegar a ese puerto la flota de Indias, y enseguida agrega: «Viene por procurador de Chile el general Alderete, uno de los que vinieron de Chile al Perú contra Gonzalo Pizarro, antiguo allá y fiel siempre».
121 Cabrera, *Historia de Felipe II*, Madrid, 1619, libro I, capítulo 3, pág. 13.

diversos pueblos fundados en Chile, con privilegio de armas y de blasones para cada uno de ellos;[122] consiguió una reducción en el impuesto que se pagaba sobre el oro;[123] la exención del apremio personal a los conquistadores por razón de deudas,[124] la facultad concedida a los cabildos para entender en las apelaciones de las causas civiles que no pasasen de 300 pesos de oro,[125] y otras providencias de menor importancia. El príncipe regente aceptó también las recomendaciones que los cabildos hacían del bachiller González Marmolejo, y acordó pedir al papa la creación de un obispado en Chile, y proponer a ese eclesiástico para ocupar este puesto. Del mismo modo, aprobó la conducta de Pedro de Valdivia, a quien escribió una carta para recomendarle que siempre empleara igual celo en el servicio del rey.[126] Pero cuando se trató de premiar a éste, el príncipe se limitó a ofrecerle en una nota puesta al margen de un memorial de Alderete, el hábito de caballero de la orden de Santiago, y un título de Castilla, de conde o de marqués, con el vasallaje de una parte del territorio que había conquistado;[127] pero no pareció dispuesto a acordarle las otras gracias que solicitaba. Aun esos premios, acordados cuando ya Valdivia había muerto, no alcanzaron a sancionarse.

Las negociaciones de Alderete, por más premiosas que fueran sus exigencias, sufrieron en breve una interrupción. En julio de 1554, el príncipe partía para Inglaterra a celebrar su casamiento con la reina María Tudor, enlace en que la ambición quimérica de Carlos V había creído ver un mayor engrandecimiento del poder de su familia.[128] El gobierno de España quedó confiado a la

---

122 Cédulas de 9 y 18 de marzo de 1554.
123 Cédula de 21 de febrero.
124 Cédula de 18 de marzo.
125 Cédula de 9 de abril.
126 Esta carta lleva la fecha de 10 de mayo de 1554.
127 Entre los documentos relativos a la misión de Alderete, que se conservan en el Archivo de Indias, hay un apunte suelto y sin firma por el cual aparece que en 27 de abril de 1554 se acordó dar a Valdivia el nombramiento de adelantado de Chile, con el hábito de la orden de Santiago y un título nobiliario. Debiendo consultarse este negocio con el Consejo de Indias, sufrió, sin duda, dilaciones, y luego ocurrió la partida del príncipe regente para Inglaterra.
128 Cuentan los antiguos historiadores ingleses que entre los ricos obsequios que el príncipe español llevó a su real consorte, el que más maravilló al pueblo de Londres fue uno que consistía en una considerable cantidad de barras de oro y de plata del Nuevo Mundo. Esas barras atravesaron la ciudad en carros descubiertos para ser depositadas en la Torre de Londres. El oro llevado de Chile por Alderete que, según la expresión de Valdivia, había costado cada grano muchas gotas de sudor a los conquistadores, y que costaba, además,

princesa doña Juana, reina viuda de Portugal. Pero eran tan limitados los poderes de ésta que estaba obligada a consultar todo asunto administrativo con sus consejeros o con el mismo príncipe regente, a pesar de ser entonces muy lentas y difíciles las comunicaciones con Inglaterra. Por otra parte, el carácter mismo de la princesa era un obstáculo poderoso al pronto despacho de los negocios de gobierno, por urgentes que fuesen. Refiere un célebre historiador que por exceso de devoción y de recato, la princesa se presentaba a las audiencias con la cabeza cubierta por un manto, y que jamás se descubría el rostro.[129] Aunque joven y de clara inteligencia, a juicio de sus contemporáneos, por la limitación de sus poderes y por las condiciones de su carácter, la princesa doña Juana hacía sentir tan poco su acción administrativa que el despacho de todos los negocios de mediana gravedad estaba sometido a largas dilaciones. Alderete se vio forzado a suspender por entonces la gestión de los negocios que se le habían encomendado.

2. Es nombrado gobernador de Chile con ampliación de sus límites territoriales hasta el estrecho de Magallanes

En esas circunstancias llegó a España la noticia de la muerte de Valdivia. El buque que la llevaba naufragó en la costa de África en enero de 1555, y en él pereció el capitán Gaspar Orense, comisionado, como dijimos,[130] por los cabildos de Chile para dar cuenta al rey de los graves sucesos de este país. La correspondencia que ese buque llevaba fue extraída del fondo del mar; y en ella iba entre otras cartas, una de Villagrán al rey, en que haciendo valer sus servicios, pedía el gobierno de Chile. Esta petición, como se recordará, estaba apoyada con el voto de los cabildos de las ciudades del sur.

Alderete se creía con mejores títulos que nadie para ocupar este puesto. Queriendo adelantarse a todos los competidores que pudieran aparecer, inició sus gestiones desde el primer momento con la mayor actividad. La princesa gobernadora no estaba facultada para conceder cargos de esa naturaleza sin

---

quién sabe cuánta sangre y cuántas vidas a los infelices indios, fue aplicado a esta manifestación de vanidad nacional con que el ambicioso Emperador pensaba extender el prestigio y el predominio de su raza por medio de una combinación matrimonial que no había de producir resultado alguno.
129 Fray Enrique Flores, *Memorias de las reinas católicas*, Madrid, 1761, tomo II, pág. 859.
130 Capítulo 13, § 2, pág. 28.

la aprobación del regente.[131] Sin vacilar, Alderete emprendió viaje a Inglaterra para presentarse al príncipe don Felipe, y para solicitar de él la gobernación que había quedado vacante por muerte de Valdivia. Sus honrosos antecedentes, los servicios que había prestado como conquistador y como soldado del rey en las revueltas del Perú, y las recomendaciones que de él hacían tanto el finado gobernador como los cabildos de Chile, le sirvieron grandemente en esta ocasión. Las pretensiones de Alderete fueron bien acogidas por el príncipe y por sus cortesanos. A principios de marzo de 1555 el regente despachaba desde Londres el mandato terminante de que sus delegados de Valladolid extendiesen en favor de ese capitán el título de gobernador de Chile. Alderete obtuvo, además, el hábito de la orden de Santiago, con que los reyes solían premiar a sus más distinguidos servidores.

Durante su residencia en Londres, Alderete se entretenía en referir a los caballeros españoles que formaban el séquito del príncipe, las vicisitudes de las guerras de América. Describía las bellezas de estos países, las penalidades de la conquista, el valor indomable de los indios de Chile y el campo de hazañas, de glorias y de riquezas que aquí se abría al heroísmo y a la pasión de los castellanos por las lejanas aventuras. Estas relaciones excitaban gran entusiasmo entre aquellos señores. Uno de los pajes del príncipe, joven de veintiún años solamente, se sintió apasionado por esa carrera de gloriosos peligros, y solicitó permiso para partir a Chile en compañía de Alderete. Era don Alonso de Ercilla y Zúñiga, el futuro cantor de *La Araucana*, que había de alcanzar con sus magníficos versos uno de los más altos renombres de la literatura castellana.

Alderete estaba de vuelta en Valladolid a fines de marzo de ese año. Oído el parecer del Consejo de Indias, la princesa gobernadora le otorgó el 31 de ese mes el título de adelantado de la provincia de Chile. Expidió, además, en favor de Alderete, otras provisiones por las cuales lo autorizaba para traer a Chile a su esposa, doña Esperanza de Rueda, y a las personas de su familia que quisieran acompañarlo, así como las mujeres que hubiere menester para su servicio, y veinte criados o compañeros. Se le permitió igualmente sacar las armas, joyas y demás cosas que pudiese necesitar.

Pero esta resolución dio lugar a un serio reparo de parte de Alderete. El título de adelantado de Chile, expedido a su favor, era, en cuanto al fondo, la

---
131 Cabrera, obra citada, libro I, capítulo 4, pág. 19.

reproducción del que en 31 de marzo de 1552 había acordado el rey a Pedro de Valdivia. Ese título dejaba entender que la gobernación de Chile tendría los mismos límites que el presidente La Gasca le había fijado en 1548, y que, por tanto, debía extenderse solo hasta el paralelo 41 de latitud sur. Alderete reclamó formalmente de esta restricción. Según él, la provincia de su mando debía dilatarse hasta la extremidad austral de América para asegurar a España el dominio exclusivo del mar del sur, construyendo fortificaciones en el estrecho de Magallanes.

Esta reclamación fue recibida desfavorablemente por el Consejo de Indias. Era tal el desconocimiento que se tenía de la naturaleza de estas regiones, y tal la ignorancia que entonces reinaba acerca de las cuestiones más elementales de geografía física, que los directores de la administración colonial de España estaban persuadidos de que en las frías comarcas de las inmediaciones del estrecho de Magallanes se producían las especias que los portugueses estaban usufructuando en los ardientes archipiélagos de Asia. El Consejo de Indias pretendía que al sur de Chile había un rico territorio en que podía establecerse otra gobernación.[132] Cuando el príncipe regente tuvo noticia de estas diferencias,

---

132 Esta exigencia del Consejo de Indias parece estar fundada, en cierto modo, en las solicitudes anteriores de Alderete. En uno de los memoriales que éste presentó a la Corte poco después de su arribo a España, había pedido, contrariando en este punto las instrucciones de Valdivia, «que pues él (Alderete) ha navegado hasta el estrecho y conoce aquella costa, cuyo descubrimiento es utilísimo, se capitule con él y se le dé la gobernación desde los fines de la de Valdivia cuanto duren las costas del sur y del estrecho». En la minuta escrita para resolver lo pedido en este memorial, se leen las palabras siguientes: «Que Alderete ha venido aquí y ha informado a Su Majestad de lo del estrecho, y de la importancia que es acabarle de descubrir y poblarle y hacer algunas fortalezas, así por la noticia que los portugueses tienen a poner allí el pie, como porque se sabe que cerca de allí hay cantidad de especería y es de la misma calidad. Por éstos y otros reparos parece bien conceder al dicho Alderete la gobernación de la parte del estrecho y que se haga con él la capitulación que se acostumbra». Este acuerdo del Consejo tiene la fecha de 27 de abril de 1554. El viaje a Inglaterra del príncipe don Felipe impidió, sin duda, que se llevase a efecto.

El padre jesuita Diego de Rosales, que ha contado con los mayores errores que es posible concebir, las negociaciones de Alderete en la corte de España para obtener el título de gobernador, refiere en el capítulo 9, libro IV de su *Historia general de Chile*, que el título de reino que durante los tiempos coloniales se daba a nuestro país, provino de una conversación que tuvo Alderete con Carlos V en Flandes, en la cual el Emperador habría dicho: «Pues hagamos reino a Chile». La anécdota es de pura invención; ni Alderete estuvo en Flandes ni conversó nunca con Carlos V. A Chile se le daba de tiempo atrás el título de reino en numerosos documentos emanados del cabildo de Santiago. Por no alargar esta nota, nos limitaremos a citar dos de ellos: los poderes conferidos a Francisco de Riberos,

las resolvió en favor de Alderete. En conformidad con esta resolución, la princesa gobernadora firmó el 29 de mayo de 1555 nuevas cédulas de nombramiento. «Tenemos por bien, decía en ellas, de ampliar y extender la gobernación de Chile de como la tenía Pedro de Valdivia otras 170 leguas poco más o menos, que son desde los confines de la dicha gobernación que tenía el dicho Pedro de Valdivia hasta el estrecho de Magallanes.» Por otra provisión, de la misma fecha, la princesa encargaba a Alderete que, en llegando a Chile, mandara reconocer y explorar la región del estrecho que desde entonces formaba parte de su gobernación.[133]

3. Villagrán es nombrado por la audiencia de Lima corregidor y justicia mayor de Chile; asume este cargo y va a La Serena a hacerse reconocer

La noticia de este nombramiento llegó a Lima a principios del año siguiente de 1556. Súpose entonces que Alderete quedaba en España haciendo los aprestos para su viaje, pero se suponía con razón que tardaría algunos meses en llegar a Chile. Mientras tanto, los cabildos de este país reclamaban empeñosamente de la audiencia de Lima el nombramiento de un gobernador interino que diese cohesión y fuerza a la administración. Había en esos momentos en aquella ciudad dos agentes de Chile. El más caracterizado de ellos, el contador Arnao Segarra y Ponce de León, apoyaba resueltamente las pretensiones de Villagrán como el hombre de prestigio y de resolución capaz de organizar los elementos de defensa y de reprimir el levantamiento de los indios. La Audiencia, por provisión de 15 de febrero de 1556, confió a Villagrán el cargo de corregidor y justicia mayor de la gobernación de Chile.[134] Con esta designación

---

en 1554, y a Arnao Segarra y Ponce de León, en 1555, para gestionar en su representación cerca de la audiencia de Lima.

133 Estos últimos documentos han sido publicados por don Miguel L. Amunátegui en *La cuestión de límites entre Chile y la República Argentina*, tomo I, capítulo 9.

134 El nombramiento de Villagrán está publicado en el libro del cabildo de Santiago, en sesión de 11 de mayo de 1556. En este nombramiento no se dice una palabra de que la Audiencia supiese ya que el rey había nombrado a Alderete gobernador propietario. Sin embargo, además de que esta circunstancia se infiere del orden de las fechas y de haber dado a Villagrán el simple título de corregidor, los cronistas Herrera, dec. VIII, libro VII, capítulo 8 y Góngora Marmolejo, capítulo 22, lo dicen expresamente.

En esta determinación de la Audiencia debió influir alguna recomendación venida de la corte de España, que nosotros no conocemos. En efecto, el soberano se había mostrado

creía satisfacer lealmente los deseos expresados por el mayor número de los pobladores de este país.

Cerca de tres meses tardó en llegar a Chile la resolución de la audiencia de Lima. Éste era, como sabemos, el menor tiempo que entonces empleaban los buques que venían del Callao a Valparaíso. El portador de esas comunicaciones era un mercader español, llamado Diego Volante, que venía a establecerse en Chile. Reunido el Cabildo el 11 de mayo, se recibieron allí los pliegos de la Audiencia con todas las formalidades de estilo en semejantes circunstancias. Los capitulares, según su orden de jerarquía, besaron y pusieron sobre sus cabezas aquella provisión; y después de declarar que estaban dispuestos a obedecer lo que se les mandase, procedieron a su lectura. En el mismo día el general Villagrán fue reconocido en el carácter de corregidor y justicia mayor de la gobernación. Como lo mandaba la Audiencia, el nuevo mandatario prestó las fianzas de resultas de su administración y el juramento solemne de ejercer bien y fielmente el cargo que se le confiaba, y «de procurar el servicio de Dios y de Su Majestad».[135]

Villagrán permaneció en Santiago todo el invierno de 1556. La estación era poco favorable para acometer empresas militares contra los indios del sur, para lo cual, por otra parte, se esperaban los refuerzos de tropas que, según se creía, debían llegar del Perú. Además de esto, la tranquilidad parecía en cierta manera restablecida. Los indígenas se mantenían en paz; y, aun, los guerreros de Lautaro no se habían atrevido a emprender nuevas campañas después de la segunda destrucción de Concepción en diciembre del año anterior.

En cambio, el general Francisco de Aguirre recibió con disgusto el nombramiento que la audiencia de Lima había hecho en favor de su rival. El cabildo

---

favorable a Villagrán. El 31 de marzo de 1555, el mismo día que la princesa gobernadora nombraba a Alderete adelantado de Chile, expedía en favor de Villagrán el título de mariscal o, más propiamente, la confirmación de este título, que le había dado Valdivia. El 29 de mayo, después de firmar el segundo nombramiento de Alderete con la ampliación de los límites de su gobernación, la princesa escribía una carta a Villagrán en que aprobaba su conducta y le ofrecía tener memoria de sus servicios para premiarlos. Decíale que, habiendo nombrado antes a Alderete gobernador de Chile, no había podido atender debidamente su petición y la de algunos cabildos de este país. En el mismo sentido escribió la princesa a estos cabildos. Estas comunicaciones eran expedidas por la princesa gobernadora, según órdenes expresas del príncipe regente que desde Londres seguía entendiendo en todos estos negocios.

135 Cabildo de 11 de mayo de 1556.

de La Serena no había, según parece, prestado el reconocimiento formal del nuevo corregidor, a que estaba obligado por el mandato de la Audiencia. Había, por otra parte, en esa ciudad, alarmas e inquietudes; y algunos de sus vecinos llamaban a Villagrán para que fuese a restablecer la tranquilidad. El impetuoso general no tardó mucho en tomar una determinación. Poniéndose a la cabeza de treinta hombres, partió para el norte a mediados de septiembre.[136]

La ausencia de Villagrán se prolongó tres meses. No halló en La Serena la menor resistencia. El Cabildo lo reconoció formalmente en su cargo de jefe interino de toda la gobernación, y aceptó como teniente corregidor de la ciudad y de todo su distrito al licenciado Juan de Escobedo, elegido para este puesto por el mismo Villagrán. Pero el general Aguirre, siempre altivo y obstinado, se sustrajo a prestar reconocimiento y sumisión a su rival. Al saber que éste se acercaba a La Serena, se había retirado a Copiapó, y se mantuvo allí sin querer obedecer las órdenes reiteradas con que lo llamaba Villagrán. Esta actitud envolvía un serio peligro para la tranquilidad de aquellos lugares. El corregidor, amparado como estaba por un título perfectamente legal, y concedido por los verdaderos representantes del rey, habría marchado a Copiapó en persecución de su competidor, sin dos graves sucesos que venían a complicar inesperada-

---

[136] No es posible poner en duda el viaje de Villagrán a La Serena, por más que de él no hable el cabildo de Santiago. Lo refiere Mariño de Lobera, capítulo 50, confundiendo la época en que tuvo lugar, y Góngora Marmolejo, capítulo 22, diciendo expresamente que se hizo en la primavera de 1556. En efecto, del libro del cabildo de Santiago, se ve que el corregidor, que tenía la costumbre de presidir sus sesiones, deja de hacerlo después de la de 14 de septiembre, y solo vuelve a presidir el Cabildo más de tres meses después, esto es, el 22 de diciembre, si bien aparece que el día anterior, esto es, el 21 de diciembre, ya estaba en Santiago. Este período de tres meses es el que a nuestro entender ha empleado Villagrán en el viaje a La Serena de que hablan aquellos cronistas.

Don Alonso de Ercilla, contando las operaciones militares que tuvieron lugar al sur de Santiago en aquella primavera, quiere explicar la razón por que el general Villagrán no tomó parte en ellas, y dice (*La Araucana*, canto XI, estrofa 46) que el corregidor se hallaba enfermo. Ercilla no estaba entonces en Chile y, además, no debe exigirse en su poema la escrupulosa prolijidad de la historia. Mientras tanto, consta de una manera evidente que Villagrán estaba ausente de Santiago en esa época. En los cabildos de 7 y de 14 de diciembre se dice que se habían recibido cartas del corregidor; pero la redacción de esas actas es tan imperfecta que no se indica de dónde venían esas cartas ni se hace un resumen de su contenido. Sin embargo, la carta a que se hace referencia en la primera de esas actas, venía junto con otra carta de la audiencia de Lima que había llegado a La Serena por el camino de tierra. La destrucción casi completa del antiguo archivo del cabildo de La Serena, cuando esta ciudad fue incendiada en 1680 por el corsario inglés Sharp, no permite esclarecer más estos hechos con el apoyo de documentos incontrovertibles.

mente la situación. En el sur, la guerra de los indios rebelados había tomado un carácter muy alarmante hasta el punto de correr peligro la ciudad de Santiago. Por el norte, el mismo general Aguirre le comunicaba que había llegado por tierra un soldado español que traía del Perú comunicaciones de la más alta importancia. El virrey, que había llegado hacía poco a ese país, acababa de nombrar un gobernador para Chile, y este funcionario debía llegar en muy corto tiempo más.

4. Por muerte del general Alderete, el virrey del Perú nombra gobernador de Chile a su hijo don García Hurtado de Mendoza

Estamos obligados a suspender la narración de estos sucesos para dar cuenta de los hechos que habían dado lugar a esta última determinación.

Hemos contado al principio de este capítulo que en mayo del año anterior, el rey había nombrado gobernador de Chile al general Jerónimo de Alderete. Terminados sus aprestos en España, tuvo éste todavía que esperar la partida de la flota que zarpaba de Sanlúcar de Barrameda el 15 de octubre de 1555. Uno de los buques que componían el convoy, fue destinado para Alderete, su familia y las personas que venían a Chile en su compañía. En la misma flota se embarcó don Andrés Hurtado de Mendoza, tercer marqués de Cañete, y caballero de alta posición, que venía a América con el rango de virrey del Perú.

GOBIERNO ACÉFALO

1. Francisco de Aguirre. 2. Juan Gómez. 3. El licenciado Altamirano. 4. Rodrigo de Quiroga. 5. Francisco de Villagrán. 6. Juan Godínez. 7. El licenciado De las Peñas.

Después de algunos días de navegación, la flota fue asaltada por una violenta tempestad. La mayor parte de los buques que la componían pudo seguir su viaje sin dificultad; pero el que montaba Alderete sufrió tales averías, que le fue forzoso volver a Cádiz a repararse, y no pudo emprender de nuevo su viaje sino en los primeros días del mes de diciembre.[137] En esta ocasión, estuvo libre de tempestades. Llegó a Nombre de Dios, atravesó sin contratiempo la región

---

137 Constan estos hechos de una real cédula firmada en Valladolid por la princesa gobernadora el 24 de diciembre de 1555. Refiere allí lo que dejamos contado en el texto, y manda a los oficiales reales de Tierra Firme que suministren a Alderete 2.000 pesos de oro para

del istmo y se embarcó de nuevo en Panamá para seguir su viaje a Chile. El infeliz adelantado se creía libre de los riesgos de tan largo y penoso viaje; pero acometido por una fiebre violenta, sucumbió en frente de la pequeña isla de Taboga, a 6 leguas de aquel puerto, en abril de 1556. Sus parientes y compañeros continuaron su viaje a Chile.[138]

El fallecimiento del adelantado Alderete volvía a dejar vacante el gobierno de Chile; pero esta vez el Perú tenía a su cabeza un virrey que venía de España provisto de las más amplias facultades que el soberano acostumbraba confiar a sus representantes de América. En efecto, desde que hubo llegado a Lima (29 de junio), Hurtado de Mendoza, en medio de los complicados afanes que le imponía la pacificación definitiva de ese virreinato, trató de imponerse de las cosas de Chile para remediar la situación precaria a que había llegado después de la muerte de Valdivia. Las competencias de los caudillos que se disputaban el mando, los triunfos repetidos de los indígenas sobre los conquistadores y la desorganización consiguiente a estos contrastes, necesitaban, según él, un esfuerzo enérgico y vigoroso, y un cambio completo en el personal de su gobierno. El virrey, por otra parte, dominado por el orgullo aristocrático de su raza, miraba con desprecio a los oscuros aventureros castellanos que se habían ilustrado en la conquista de estos países, pero que conservaban las pasiones propias de su educación y del medio social en que habían vivido. Resuelto a aplicar un remedio eficaz a las desgracias de Chile, determinó enviar a este

---

auxiliarlo en su viaje y para indemnizarlo por el importe de los gastos que había hecho en Cádiz.

El inca Garcilaso de la Vega, que escribía más de medio siglo después la segunda parte de sus *Comentarios reales del Perú*, refiere en el libro VIII, capítulo 3, que la nave que montaba Alderete se incendió en el mar por el descuido de una cuñada de éste, la cual, siendo muy devota, tenía luz en su cámara para rezar, y agrega que en este incendio perecieron muchas personas y entre ellas un hijo de Alderete. Aunque este viaje está referido en varios documentos de ese tiempo, tales como la correspondencia del virrey Hurtado de Mendoza y varios memoriales y peticiones de la familia de Alderete, en ninguna parte he hallado la menor noticia de aquel incendio. Diego Fernández, más conocido con el nombre de el Palentino, por ser natural de Palencia, escritor contemporáneo, ha contado con bastante exactitud el viaje de Alderete en la parte II, libro II, capítulo 3 de su *Historia del Perú*, Sevilla, 1571, y tampoco menciona este incidente. Creo que la historia del incendio del buque de Alderete es uno de los tantos cuentos que abundan en las historias de Garcilaso, y que si no es una pura invención, es el resultado de una confusión con un hecho análogo ocurrido a cualquier otra persona.

138 Carta del virrey Hurtado de Mendoza al rey, escrita en Lima en 15 de septiembre de 1556.

país un considerable refuerzo de tropas, y poner a la cabeza del gobierno a su propio hijo, don García Hurtado de Mendoza. El 21 de julio de 1556 expidió una circular de pocas líneas a los cabildos de Chile, en que les anunciaba la determinación que, de acuerdo con la audiencia de Lima, había tomado sobre el gobierno de este país. En ella les comunicaba que don García llegaría a Chile en abril del año siguiente.

Ésta era la comunicación que el general Francisco de Aguirre había recibido en Copiapó, y que éste se había apresurado a transmitir al corregidor Villagrán, que se hallaba en La Serena.[139] La resolución del virrey venía a poner término a las competencias y rivalidades de esos dos capitanes. Villagrán, que estaba en posesión legal del mando, debió sentir un amargo desengaño al ver burladas sus esperanzas por el nombramiento hecho en la persona de un hombre que no había servido al rey en las penosas guerras de la conquista, y que debía su elevación solo al rango de su cuna. Sin embargo, el respeto que inspiraban las órdenes emanadas del rey y de sus más altos representantes, sofocó el natural resentimiento del ambicioso caudillo. Villagrán no profirió una sola queja. Recibió con aparente contento al emisario que venía del Perú, y le obsequió un tejo de oro para recompensarlo por las fatigas del viaje que acababa de hacer.

---

139 Góngora Marmolejo, capítulo 22. Al leer en este cronista la relación de este hecho de que no se encuentra mención clara y directa en los documentos contemporáneos, y al comparar que según esa relación Villagrán debió saber en La Serena en noviembre de 1556 que don García Hurtado de Mendoza venía de gobernador a Chile, mientras el nombramiento de éste solo fue extendido en Lima el 9 de enero de 1557, se creería que Góngora Marmolejo ha incurrido en una de esas confusiones y anacronismos que no son raros en las historias primitivas, y muy frecuentes en los cronistas posteriores.

Sin embargo, basta recorrer la carta de don Andrés Hurtado de Mendoza al rey, de 15 de septiembre de 1556, para convencerse de que en esa época ya el virrey tenía resuelto el viaje de su hijo a Chile, y que solo lo había retardado por los aprestos que era preciso hacer. Esta carta, de que conservo copia en mis colecciones de documentos inéditos, ha sido publicada en la Colección de Torres de Mendoza, tomo IV, págs. 84-111.

Más todavía. El doctor Suárez de Figueroa ha publicado en el libro I de sus *Hechos de don García Hurtado de Mendoza*, Madrid, 1613, la carta circular del virrey a los cabildos de Chile, en que les da cuenta de que su hijo vendría pronto en el carácter de gobernador, pero ha omitido la fecha de ese documento. Esta fecha es, como decimos en el texto, 21 de julio de 1556.

Aunque tenemos a la vista la edición original de Suárez de Figueroa, como es uno de los libros más raros de la literatura española, preferimos citar la reimpresión que nosotros mismos hicimos en el V tomo de la Colección de historiadores de Chile. La carta del virrey a los cabildos de Chile está en la pág. 16 de dicho tomo.

Teniendo que contestar las cartas del virrey y de su hijo, Villagrán se mostró dispuesto a obedecer sumisamente sus mandatos. En vista de tan favorables disposiciones, el emisario dio la vuelta al Perú en un buque que estaba para zarpar del puerto de Coquimbo, mientras el corregidor se ponía en marcha para el sur a comunicar a los cabildos de las otras ciudades el próximo arribo del nuevo mandatario.[140]

5. Lautaro, a la cabeza de un cuerpo de guerreros, emprende una campaña al norte del río Maule

Durante la ausencia del corregidor Villagrán, habían tenido lugar en el sur de Chile sucesos de la más alta trascendencia. La misma ciudad de Santiago había estado amenazada por una invasión de los indios de guerra, que pasamos a referir.

En el invierno de 1556 los indígenas de Arauco habían estado en paz, contentos, al parecer, con haber destruido por segunda vez Concepción. Las ciudades de la Imperial y de Valdivia no habían sido tampoco eficazmente atacadas, de manera que se creía que nada perturbaría la tranquilidad de esa región mientras los españoles no emprendiesen una nueva campaña.

Pero Lautaro, el infatigable enemigo de los invasores, no podía estar quieto, y había concebido una empresa que revela el arrojo de su ánimo y la sagacidad de su inteligencia. Al ver que después de tantos meses corridos desde el desastre de Concepción los españoles no se atrevían a renovar las hostilidades, Lautaro creyó, sin duda, que las repetidas derrotas los habían desmoralizado

---

[140] Góngora Marmolejo, capítulo 22. Es indudable que Villagrán cumplió lealmente este encargo. En el acta del Cabildo de 7 de diciembre se leen las palabras siguientes: «En este cabildo se abrieron una carta del señor visorrey de las provincias del Perú, y otra del licenciado Juan Fernández, y otra del general Villagrán, y por mí el escribano fueron leídas a los dichos señores estando todos juntos». El acta no hace la menor referencia a lo que decían esas cartas ni al lugar desde donde escribía Villagrán. El encadenamiento lógico de los sucesos, sirve para explicar lo que la imperfecta e incompleta redacción del acta ha dejado de decir. Aquellas tres cartas que llegaban juntas a Santiago, venían de La Serena y comunicaban el nombramiento de don García Hurtado de Mendoza.
El licenciado Juan Fernández, de que habla el acta citada, era uno de los oidores de la audiencia de Lima a quien el virrey Hurtado de Mendoza había nombrado asesor letrado de su hijo, con quien debía venir a Chile. Véase la carta citada al rey, de 15 de septiembre de 1556. Más tarde fue reemplazado por otro oidor de la Audiencia, el licenciado Hernando de Santillán, que fue el que acompañó a don García.

y arruinado, y que era posible arrojarlos definitivamente de todo el territorio y repartirse sus despojos. Su plan se reducía a sacar de Arauco un cuerpo de guerreros, sublevar en su camino a los indios sometidos del norte, y caer por fin sobre Santiago, centro hasta entonces de los recursos del enemigo, donde tal vez esperaba no hallar una resistencia sólida.[141]

Sin duda alguna, Lautaro habría querido tener a sus órdenes un ejército considerable para ejecutar esta campaña. Pero esa empresa lejana no podía interesar mucho a los indios de Arauco, poco amigos de apartarse de sus tierras, y satisfechos, además, con verlas libres de extranjeros. Lautaro formó solo una hueste de 600 hombres bien determinados y resueltos, y a su cabeza cruzó el Biobío en los primeros días de la primavera. El animoso caudillo vestía los despojos quitados al enemigo en los anteriores combates. Montaba un brioso caballo, cubría su cabeza con una celada y llamaba a sus tropas con una trompeta. En su marcha, incitaba a las poblaciones indígenas, por medio de ardorosos discursos, a sacudir el yugo de los opresores de su suelo. La hueste invasora engrosaba su número en algunas partes; pero en donde los indios se mostraban remisos para acudir a la guerra, los campos eran talados, las familias perseguidas y esparcidos el terror y la desolación. Después de pasar cautelosamente el Maule, cayó de improviso sobre un asiento de minas que tenían los castellanos cerca de aquel río, mató a dos de ellos, y puso a los otros en desordenada fuga. En ese lugar recogió las herramientas que los españoles usaban en los lavaderos de oro y convocó a los indios comarcanos para hacerlos entrar

---

[141] Algunos cronistas e historiadores posteriores han atribuido en esta ocasión a los indios un vasto plan de operaciones, suponiendo una combinación entre Lautaro y Caupolicán para destruir a los españoles. Según ese plan, mientras el primero marchaba sobre Santiago, el segundo se dirigiría con un ejército formidable a atacar la Imperial y Valdivia. Aunque esta doble operación no supone verdaderamente una gran inteligencia, no era propia del estado social ni de la falta de cohesión que tenían las tribus indígenas. Por otra parte, en los cronistas contemporáneos no se encuentra el menor vestigio de esta combinación. Góngora Marmolejo ni siquiera nombra a Caupolicán hasta bajo el gobierno de Hurtado de Mendoza; y Ercilla, aunque ha realzado en su poema la figura opaca de ese indio para constituirlo en héroe épico, no lo hace intervenir en estos sucesos. Además, nada indica en los hechos subsiguientes que se ejecutara ese plan. Lautaro, es verdad, marchó al norte; pero nadie atacó la Imperial ni Valdivia. El padre Miguel de Olivares, cronista del siglo pasado, en el capítulo 23 del libro II de su *Historia de Chile*, para hacer adaptar los hechos a aquella pretendida combinación, transporta a 1556 los sucesos ocurridos en 1554, esto es, el ataque dirigido contra la Imperial y desbaratado por una tempestad, que nosotros hemos referido con su fecha precisa (23 de abril de 1554) en el capítulo 14, § I.

en sus planes. Montado en su caballo, Lautaro refería a los indígenas las victorias que había alcanzado sobre los castellanos y convidaba a todos a reunirse a sus filas para consumar la destrucción y el exterminio del enemigo común.

6. Sale a su encuentro Pedro de Villagrán; combate de Mataquito; Lautaro se vuelve al sur

Delante de Lautaro huían todos los que no querían tomar parte en su temeraria empresa. Muchos de esos fugitivos, así indios como españoles, llegaron hasta Santiago, y comunicaron la noticia de la temible invasión. Aunque se creía que los enemigos no se atreverían a atacar la ciudad, temiose por la suerte de las estancias y de los ganados que los españoles tenían en los campos vecinos. El Cabildo se reunió apresuradamente el 5 de noviembre para arbitrar los medios de conjurar este peligro. Parece que en esos momentos la caja real estaba desprovista de fondos. Los capitulares repartieron entre ellos mismos el donativo de un pequeño subsidio para el socorro de los soldados. Mandaron, también, que cada vecino de la ciudad pusiera un hombre sobre las armas para marchar contra el enemigo. Hallándose ausente el corregidor Villagrán, el Cabildo tuvo, además, que tomar otras medidas para proveer a la defensa de Santiago.[142]

En circunstancias como éstas la antigua legislación castellana autorizaba a los cabildos no solo para levantar tropas sino para nombrarles un jefe que salía a campaña con el pendón de la ciudad. Ese jefe tenía el título de cabdillo o caudillo; y la ley había fijado las condiciones del individuo que se eligiese para este cargo, y los deberes que debía desempeñar.[143] El cabildo de Santiago designó por caudillo de la ciudad a Diego Cano, capitán valiente y experimentado en la guerra contra los indios. Los capitulares «proveyeron y mandaron, y le dieron

---

[142] Hemos dicho en una nota anterior que Ercilla, *La Araucana*, canto XI, estrofa 46, tratando de explicarse la ausencia del corregidor Villagrán en los primeros sucesos de esta campaña, refiere que estaba enfermo, aserción que han copiado muchos cronistas posteriores. Góngora Marmolejo, que refiere en el capítulo 12 que el corregidor estaba en La Serena en la primavera de 1556, cuenta en el mismo capítulo, sin duda por descuido, que él mismo dispuso la partida de las tropas que marcharon contra Lautaro. La ausencia de Villagrán en esa época está comprobada por los libros de acuerdos del cabildo de Santiago, como ya dijimos. Sin embargo, la redacción de sus actas es tan vaga e incompleta que ellas constituyen un documento histórico útil, pero deficiente.

[143] El código de las *Siete partidas*, tít. 23, part. II, contiene varias leyes concernientes a los caudillos designados para el mando de tropas.

poder y comisión para que vaya con la gente a parte y lugar que más conviene a la pacificación y sosiego y paz y quietud de esta ciudad y naturales de ella».[144] Tres o cuatro días después salía de Santiago el capitán Diego Cano con veinte jinetes a contener la invasión de los indios enemigos que venían sembrando la alarma en los campos del sur. Aquélla era solo la vanguardia, puede decirse así, de las fuerzas que se habían reunido en la ciudad.

Lautaro, entretanto, había avanzado hasta las márgenes del Mataquito, donde se detuvo, sin duda, con el propósito de engrosar sus fuerzas. Este río, saliendo del valle central, se abre paso por la espesa cordillera de la Costa formando un valle largo y pintoresco, pero angosto y encerrado por montañas que le imprimen, sobre todo en su primera parte, un curso tortuoso. Describe, en efecto, una especie de semicírculo antes de dirigirse derecho hacia el mar.[145] A entradas de ese recodo del valle de Mataquito, al lado izquierdo de este río y en el sitio denominado Peteroa, se había colocado Lautaro apoyando sus espaldas en el cerro, y abriendo delante de su campo un ancho foso. Como calculaba que los españoles habían de querer atacarlo en esos lugares, aprovechándose de la ventaja que les daba su caballería, el astuto jefe de los indios había hecho

---

144 Cabildo del 5 de noviembre de 1556. El acta de esta sesión señala el nombre del caudillo designado por el Cabildo, pero está escrito con caracteres tan ininteligibles que no es posible descifrarlo con completa certidumbre. Fray Gregorio Farías, que en 1731-33 interpretó y copió el primer libro del Cabildo, según ya dijimos en una nota anterior, ha traducido ese nombre por Diego García Altamirano; y, en efecto, la forma de la escritura no choca precisamente con esta interpretación. Pero ni en las antiguas crónicas ni en los documentos he hallado la menor indicación acerca de este capitán.
Por mi parte, en el libro original del Cabildo yo he leído Diego Cano y una palabra más que me ha sido imposible descifrar. Como, en efecto, había un valiente capitán de este nombre y como, además, en las crónicas primitivas aparece que éste salió de Santiago mandando las tropas que marcharon al encuentro de Lautaro, me persuado de que mi interpretación es exacta.

145

...A la corva ribera del río claro
Que vuelve atrás en círculo gran trecho,
Después hasta la mar corre derecho.

La Araucana, canto XI, estrofa 47. El calificativo de claro que el poeta da al río Mataquito, ha sido causa de que algunos cronistas posteriores lo hayan confundido con otro río, afluente del Maule, que corre más al sur, y al cual se dio más tarde el nombre de río Claro.

trabajar en las inmediaciones muchos hoyos grandes para que los jinetes no pudieran llegar hasta su campo sin desmontarse.

Después de cuatro días de marcha, aproximadamente el 14 de noviembre, Diego Cano y sus veinte jinetes estuvieron a la vista del campamento de Lautaro. En el paso de una ciénaga de aquel valle, los indios les salieron al encuentro, y los obligaron a sostener un combate desventajoso por las condiciones del terreno para los soldados de caballería. Los españoles sufrieron la pérdida de un hombre, y muchos de ellos salieron estropeados y heridos. Considerándose irremediablemente destrozados si prolongaban el combate, abandonaron el campo y volvieron apresuradamente a Santiago. Los indios vencedores en este primer encuentro, desollaron el cadáver del castellano que había quedado en el campo, llenaron el cuero de paja y lo colgaron de un árbol.[146]

El capitán Pedro de Villagrán, el esforzado y feliz defensor de La Imperial, había llegado poco antes a Santiago y mandaba las otras fuerzas que habían quedado organizándose en la ciudad. Al saber el desastre de la columna exploradora de Diego Cano, juntó a toda prisa sus tropas hasta completar unos cuarenta soldados de caballería, y marchó resueltamente sobre el enemigo. Aprovechando las noticias que tenía acerca de las posiciones de éste, fue a acampar una noche a corta distancia de ellas, esperando sin duda empeñar el combate al amanecer del día siguiente.

Fue aquélla una noche de alarmas y de inquietudes para los soldados castellanos. Temerosos de verse atacados de sorpresa, mantuvieron en su campo la más esmerada vigilancia. Hubo un momento en que un ruido extraño les hizo creer que se acercaba el enemigo. Se dio la voz de alarma, y los soldados se dispusieron al combate; pero en vez de los guerreros de Lautaro se presentó solo un caballo que éstos habían soltado intencionalmente, haciéndole tomar la carrera, para producir la confusión entre sus contrarios. Esta burla dejaba ver que los indios estaban prevenidos para la pelea.

Al amanecer estuvo Pedro de Villagrán sobre las posiciones de Lautaro, que se hallaban ahora mejor fortificadas. Esto no impidió que los castellanos, dejando sus caballos que no podían servirles en aquel terreno, echaran pie a tierra para atacarlas decididamente. Los indios, por una estratagema de guerra bien

---

[146] Góngora Marmolejo, capítulo 22; Mariño de Lobera, capítulo 54; Ercilla, canto XI, estrofa 43.

ejecutada, los dejaron avanzar sin oponerles la menor resistencia y, aun, simulando que se retiraban. Pero cuando los españoles estuvieron cerca del fuerte, sonó la trompeta de Lautaro, y en el acto salieron de los parapetos de éste dos escuadrones de guerreros que envolvieron a aquéllos por todas partes. Los soldados de Villagrán pelearon heroicamente con sus arcabuces, sus espadas y sus lanzas, determinados a vencer o a vender caras las vidas. Un soldado llamado Andrés, eslavo de origen según unos, lombardo según otros, dotado de vigor y de arrojo sobrehumanos, hacía prodigios en torno suyo sembrando las cuchilladas y la muerte entre sus desnudos enemigos. Los castellanos, sin embargo, acosados por el número, se vieron obligados a retroceder, pero los indios los persiguieron largo trecho y con tanta insolencia que a un soldado le arrancaron de sus espaldas la rodela con que se resguardaba de las flechas.

Villagrán quería tomar algunas horas de descanso para renovar el combate el día siguiente. En efecto, al amanecer se acercó de nuevo al fuerte en que se había defendido Lautaro. El campo estaba desierto. Los indios, sea por escasez de víveres, sea porque no se sintiesen con fuerzas para resistir un segundo ataque o, lo que es más probable, por la desorganización de sus hordas, habían abandonado sus posiciones durante la noche, y emprendido su marcha al sur por entre los bosques, entonces casi impenetrables, de la cordillera de la Costa, en donde era imposible toda persecución.[147] La terrible invasión de las huestes araucanas quedaba así desorganizada.

---

147 Góngora Marmolejo, capítulo 22. Ercilla, que ha contado extensamente este combate en los cantos XI y XII, refiere que Villagrán, cuyos soldados habían sufrido mucho en la pelea, emprendió en la noche la retirada a Santiago en derrota casi completa, después de haber intentado ganarse a Lautaro por medio de un mensajero español que lo había conocido al servicio de Valdivia. Añade el poeta que Lautaro había preparado contra los españoles una hábil maniobra, que consistía en inundar su campamento por medio de un canal o brazo del río. Los indios no habrían abandonado sus posiciones para replegarse al sur sino cuando vieron que los españoles se habían retirado. Hay, pues, gran divergencia entre Góngora Marmolejo y Ercilla sobre el desenlace de este combate, pero nos parece más aceptable la versión del primero, por cuanto la que da el cantor de *La Araucana* no explica por qué los indios vencedores y desembarazados de enemigos que huían delante de ellos, habrían desistido de su empresa.

7. El corregidor Francisco de Villagrán parte a socorrer las ciudades del sur; disturbios que su ausencia estuvo a punto de producir en Santiago

En esas circunstancias volvía a Santiago el corregidor Francisco de Villagrán. Venía de La Serena dispuesto a comunicar a las ciudades del sur el nombramiento del nuevo gobernador, a prestarles los socorros que pudieran necesitar, y a disponerlo todo para entregar el mando a su sucesor en las mejores condiciones posibles. En Santiago permaneció solo un mes (de mediados de diciembre de 1556 a mediados de enero de 1557). Después de entender en varios asuntos administrativos, reunió una columna de unos ochenta soldados, y a su cabeza se puso en marcha para el sur.

El viaje del corregidor dio lugar a dificultades y complicaciones que estuvieron a punto de convertirse en motín. Antes de partir de Santiago, Villagrán había delegado sus poderes en el capitán Juan Jufré para que siguiera entendiendo en la administración de justicia. En virtud de esta autorización, Juan Jufré se hizo promulgar el 20 de enero de 1557, teniente corregidor de la ciudad de Santiago. El Cabildo, por su parte, había nombrado poco antes asesor letrado, y como tal, consejero para la administración de justicia, al licenciado Hernando Bravo Villalba. El 21 de enero, el Cabildo se reunía para tratar ese asunto de competencia de autoridades, y con el dictamen del mismo licenciado Bravo declaraba que el nombramiento del corregidor Villagrán no lo autorizaba para nombrar sustituto. En virtud de este acuerdo, se comunicó a Juan Jufré que se abstuviera, bajo pena de fuertes multas, de entender en la administración de justicia hasta que el corregidor fuese prevenido de lo que pasaba.

Alcanzado en su camino, en el tambo de Cucaltegüe (probablemente Talcarehue, a orillas del río Tinguiririca), e impuesto de estas ocurrencias, Villagrán expidió, el 24 de enero, una nueva provisión, en que haciendo valer los poderes de su cargo, confiaba al capitán Jufré el nombramiento de teniente de corregidor y justicia mayor de Santiago, sus términos y jurisdicción por el tiempo que durase su ausencia. Fuerte con esta resolución, Juan Jufré se dirigió al Cabildo el 27 de enero. Veinticinco hombres armados, capitaneados por el valiente capitán Alonso de Reinoso, apoyaban sus pretensiones y se mantenían agolpados a la puerta de la casa consistorial, en actitud poco tranquilizadora. El Cabildo, sin embargo, conservó su entereza; pero habiendo llamado a sus acuerdos a otros tres licenciados, y habiendo oído de éstos un informe contrario al que algunos días antes había dado Bravo Villalba, el capitán Jufré fue admitido a prestar el juramento y a entrar en las funciones de teniente de corregidor.[148] La ciudad se salvó así de los escándalos y motines a que pudo dar lugar esta competencia por un cargo que solo podía durar unos cuantos meses.

Mientras tanto, el corregidor Villagrán proseguía su viaje al sur. Esta campaña lo mantuvo ocupado durante los meses más rigurosos del verano. Recorrió todo el territorio que había sido teatro de la guerra, y socorrió las guarniciones de las dos ciudades que quedaban en pie; pero en ninguna parte encontró la menor resistencia de parte de los naturales. A fines de marzo, como se acercara el tiempo en que debía llegar a Chile el nuevo gobernador, Villagrán dispuso la vuelta a Santiago. Creía, sin duda, dejar en la más completa quietud aquella región en que los conquistadores habían experimentado tantos descalabros.

8. Nueva campaña de Lautaro contra Santiago; segunda batalla de Mataquito; derrota y muerte de Lautaro

¿Qué hacía, entretanto, Lautaro, el enemigo infatigable de los españoles? ¿Por qué no había salido al encuentro del corregidor Villagrán, ni puesto problema alguno a su fácil campaña en los territorios del sur?

Después de la jornada de Mataquito, Lautaro, como dijimos, se había retirado al sur por entre los bosques de la cordillera de la Costa. Repasó el Maule y fue a establecerse en los campos vecinos a la desembocadura del Itata.[149] En esta región, sometida poco antes a los españoles y ahora libre de la presencia de los conquistadores, el activo caudillo llamó a las armas a los indios comarcanos. Lautaro les ofrecía llevarlos al norte por los caminos que él mismo había recorrido, y destruir en una corta campaña los últimos asilos del poder español. Rehecha su hueste con nuevos auxiliares, e impuesto, sin duda, de que, a consecuencia de la campaña de Villagrán en los territorios del sur, Santiago debía hallarse casi desguarnecida, emprendió otra vez su marcha al norte lleno de confianza y de resolución.

---

148 Cabildos del 21 y 27 de enero de 1557. Este último contiene íntegro el segundo nombramiento de Juan Jufré. Los tres letrados que informaron en favor de las pretensiones de éste, fueron el licenciado Ortiz, Antonio de las Peñas, que entonces estaba de vuelta del Perú, y Juan de Escobedo que, sin duda, había vuelto de La Serena con Villagrán.
149 Ercilla, canto XII, estrofas 42, 43 y 44.

Las hordas invasoras avanzaron sin hallar resistencia hasta el mismo valle de Mataquito, que habían ocupado en la campaña anterior. Por muchas que fueran las precauciones de Lautaro para ocultar sus movimientos, su reaparición al norte del Maule había sembrado la alarma, y debía encontrar en esos lugares la resistencia de los castellanos. El impetuoso caudillo, persuadido de lo limitado de sus fuerzas y de sus elementos militares para pelear en campo abierto con un enemigo prevenido, resolvió mantenerse a la defensiva en esos lugares. En la margen boreal del Mataquito, y en la falda de los empinados cerros que por esa parte cierran el valle, construyó Lautaro apresuradamente una especie de campo fortificado. Espesas trincheras de palizadas y de troncos, y un ancho foso defendían ese campo por el lado del valle; pero sus espaldas, apoyadas en la montaña, que solo ofrecía pasos muy difíciles, estaban mucho menos resguardadas. En esas posiciones, Lautaro, que contaba con los víveres suficientes para la campaña, pudo persuadirse de que era invencible.

La ciudad de Santiago volvió a pasar por días de la mayor inquietud ante el nuevo peligro de invasión. En esos momentos casi no tenía tropas para su defensa; pero consiguió formar una columna de treinta soldados castellanos y de numerosos indios auxiliares.[150] A mediados de abril salían de Santiago estas escasas fuerzas bajo el mando del capitán Juan Godínez.

En esos mismos días, el corregidor Francisco de Villagrán atravesaba el Maule de vuelta de su expedición al sur. Los indios sometidos de esta región le comunicaron que Lautaro se hallaba acampado en el valle de Mataquito. Sin la menor vacilación, Villagrán concibió la idea de atacarlo en sus posiciones. Impuesto de que habían salido tropas de Santiago, el corregidor dispuso que el capitán Godínez lo esperara sin comprometer combate, para marchar unidos sobre el enemigo en el mayor número posible. La empresa, sin embargo, presentaba las más serias dificultades. El ataque de frente a las posiciones de Lautaro habría llevado a los españoles a un desastre seguro, no solo porque los indios estaban bien fortificados detrás de sólidas trincheras sino porque la

---

150 Ercilla, canto XII, estrofas 59 y 60. El libro del cabildo de Santiago no da noticia alguna acerca de estos aprestos. Este silencio explica indirectamente la época en que se tuvo noticia en la ciudad de la segunda invasión de Lautaro. Después de la sesión celebrada el 9 de abril, el Cabildo no vuelve a reunirse en todo ese mes. Seguramente, desde ese día y sin consultar el acuerdo de los capitulares, el teniente de corregidor Juan Jufré organizó la columna que salió de Santiago bajo las órdenes del capitán Godínez.

caballería iba a verse inutilizada por los hoyos y cortaduras practicadas en el valle. Por la espalda, el ataque presentaba dificultades de otro orden. El campo de Lautaro se apoyaba en las bases de las empinadas y montuosas serranías denominadas de Caune. Para llegar hasta allí por ese lado, era necesario hacer un largo y penoso rodeo por la montaña, y ese camino exigía un conocimiento del terreno que no podían tener los españoles. Un indio de servicio se ofreció en esas circunstancias a servirles de guía.

Conforme a este plan, las tropas españolas que venían del sur siguieron su camino por el valle central hasta llegar al norte del río Teno, dejando a su izquierda las posiciones en que se defendía el enemigo. Allí se juntaron con las fuerzas que mandaba el capitán Godínez. Se cuenta que cuando Lautaro supo que los castellanos habían pasado de largo a pocas leguas de su campamento, sin intentar atacarlo, se persuadió de que le tenían miedo, y que ni por un instante creyó que pudiera ser amenazado por las serranías que tenía a sus espaldas. Mientras tanto, Villagrán y Godínez, partiendo de Teno, penetraron en la montaña para tomar el camino de las Palmas,[151] que hasta ahora conserva su nombre. Marchaban de noche, en silencio y con todas las precauciones necesarias para llegar a las posiciones enemigas sin ser sentidos. Era tanta la confianza de los indios de que no podían ser atacados por esa parte, que allí no tenían ni centinelas ni avanzadas. Los españoles estuvieron sobre ellos antes del amanecer del 29 de abril; pero esperaron la primera luz del día para empeñar el combate.[152]

El asalto de las posiciones de Lautaro fue impetuoso e irresistible. Los jinetes españoles, descolgándose de las alturas, penetran de improviso en el campo fortificado de los indios, cogen a éstos desprevenidos y desarmados, envuel-

---

[151] De todos los antiguos historiadores es el cronista Herrera el que ha dado mejores noticias sobre las marchas que precedieron a esta jornada. Véase la dec. VIII. libro VII, capítulo 8. La simple lectura de esas páginas deja ver que este cronista, que no podía tener un conocimiento cabal de la topografía de esa región, ha seguido fielmente algún documento contemporáneo que no ha llegado hasta nosotros. Esas noticias nos parecen tan claras, que hasta leerlas a la vista de un mapa para comprender perfectamente estas operaciones.

[152] Esta fecha está consignada por uno de los actores en esta jornada, por el capitán Mariño de Lobera, en el capítulo 55 de su crónica, y dice así: «Sucedió esta felice victoria en el año 1555, jueves último del mes de abril». La designación equivocada del año no puede atribuirse sino a un error de copia. El último jueves de abril de 1557 fue el día 29. Esta fecha, por lo demás, guarda perfecta concordancia con el encadenamiento general de los sucesos.

tos en confusos pelotones, dormidos unos, ebrios otros, y hacen en ellos en el primer momento una espantosa carnicería. Cuatrocientos indios auxiliares que acompañaban a los castellanos los ayudaban eficazmente en esta obra de destrucción y de exterminio. El impetuoso Lautaro intenta en vano organizar la resistencia, pero luego cae mortalmente herido por la flecha de uno de los indios auxiliares, según unos, o por la espada de uno de los soldados españoles, según otros, y muere dejando a los suyos en esa espantosa confusión precursora de un desastre irreparable.

Sus guerreros, sin embargo, no se desanimaron, y mantuvieron la resistencia largo tiempo más. Saltando las palizadas que habían construido para su defensa, corren al llano y allí renuevan la pelea con la más heroica resolución. Los castellanos los siguen de cerca; uno de ellos, llamado Juan de Villagrán, pariente del corregidor, es derribado de su caballo y perece a manos de los indios. Sus compatriotas vengan esta muerte haciendo en los dispersos la más espantosa matanza. No pusieron término a la batalla y a la persecución de los fugitivos sino cuando creyeron que no quedaba ninguno con vida.[153] Las crónicas contemporáneas hacen subir a más de 600 el número de los indios muertos. Los castellanos no perdieron más que uno de los suyos, pero casi todos ellos salieron heridos o estropeados de aquella encarnizada refriega.

La victoria de Villagrán había sido completa y definitiva. Después de esta feliz jornada, los indios de guerra no se atrevieron a renovar empresas de ese género, y Santiago pudo creerse para siempre libre de las invasiones de aquellos formidables enemigos. La hueste vencedora fue recibida en la ciudad con el contento que debía inspirar tan espléndido triunfo; pero Villagrán, en vez de recibir el premio a que era merecedor por tan señalados servicios, iba a ser víctima pocos días más tarde de una de las injusticias más inicuas e injustificables de que haya recuerdo en nuestra historia.

En cambio, el caudillo enemigo, muerto oscuramente en la pelea después de una carrera de victorias en que probó el temple acerado de su alma y la pene-

---

153 Esta jornada ha sido referida sumariamente y sin muchos accidentes por Góngora Marmolejo, capítulo 22; por Mariño de Lobera, capítulo 55 y por Antonio de Herrera en el lugar citado. Ercilla, que la ha contado en los cantos XIII, XIV y XV, la ha embellecido con todos los recursos de la poesía y con hermosos episodios que la historia no puede recoger. Figura entre éstos el cuadro de los amores de Lautaro con una india llamada Guacolda, en el cual el poeta ha prestado a esos bárbaros los sentimientos tiernos y patéticos que solo se hallan entre las gentes de una civilización mucho más adelantada.

tración de su inteligencia, ha obtenido el premio que alcanzan los más grandes héroes. La posteridad ha parecido olvidar los defectos y los vicios de su raza y de su barbarie, para no recordar más que la exaltación de su patriotismo y su odio a la dominación extranjera y a la servidumbre. El nombre de Lautaro, engrandecido por la epopeya y por la tradición, ha llegado hasta nosotros casi despojado de toda sombra, y como el tipo puro de los más nobles sentimientos del hombre, el amor ardiente a la libertad y a la independencia. Dos siglos y medio más tarde, cuando estas colonias, sacudidas por un impulso común, dieron el primer grito de emancipación de la metrópoli, el nombre de Lautaro fue invocado como un símbolo de regeneración política, y adquirió un nuevo brillo perpetuado por la historia y por la leyenda.

Capítulo XVI. Hurtado de Mendoza: su arribo a Chile.
Desembarco en Concepción; primeros combates (1557)

1. Antecedentes biográficos de don García Hurtado de Mendoza; parte del Callao con el cargo de gobernador de Chile. 2. Llega a La Serena y se recibe del gobierno; prisión de Francisco de Aguirre. 3. Don García se hace reconocer por gobernador en Santiago y manda apresar a Francisco de Villagrán. 4. Grandes preparativos para abrir la campaña contra los indios rebeldes del sur. 5. Arriba Hurtado de Mendoza a la bahía de Concepción; desembarca en la isla de la Quiriquina, y luego en el continente, donde construye un fuerte para su defensa. 6. Reñida batalla que sostiene en ese fuerte; los indios son obligados a retirarse. 7. Recibe el gobernador los refuerzos que esperaba de Santiago y se prepara para abrir la campaña.

1. Antecedentes biográficos de don García Hurtado de Mendoza; parte del Callao con el cargo de gobernador de Chile

El día en que Francisco de Villagrán obtenía la importante victoria de Mataquito, se hallaba ya en Chile el personaje que debía reemplazarlo en el mando. El nuevo gobernador traía refuerzos considerables de tropa, venía con un séquito numeroso de funcionarios y servidores, y estaba rodeado del brillo prestigioso de uno de los nombres más ilustres de España. Su arribo a Chile abría una nueva era a la conquista y a la colonización del país.

Don García Hurtado de Mendoza pertenecía por su nacimiento a esa altiva nobleza castellana que creía descender de los compañeros de don Pelayo; que se juzgaba emparentada con el Cid, y que recibía de los mismos reyes el tratamiento de «pariente». Su familia, dividida en veintidós ramas diversas, reunía más de treinta títulos de Castilla, y había producido centenares de hombres ilustres en las armas, en la diplomacia y en las letras.[154] Hijo segundo del marqués de Cañete, y más tarde el heredero de este título, por haber muerto sin sucesión masculina su hermano mayor, don García nació en Cuenca el 21 de julio de 1535, y recibió en el castillo de su padre la educación que solía darse a los nobles de su clase, esto es, poca ciencia, pero gran desarrollo de los sentimientos caballerescos de la época, manifestados principalmente por

---

154 Alonso López de Haro, *Nobiliario jenealójico de los reyes y títulos de España*, Madrid, 1622, libro X, capítulo 14, tomo II. pág. 349 y ss.; Villar y Pascual, *Diccionario genealógico de las familias ilustres de España*, Madrid, 1860, tomo V, págs. 317-410.

una lealtad absoluta al rey, por el fanatismo religioso y por el desdén hacia los pecheros y plebeyos.

Aunque don García no había cumplido veintidós años cuando fue nombrado gobernador de Chile, ya se había distinguido en el servicio militar. En 1552 se había fugado de la casa paterna no para correr borrascosas aventuras, sino para servir a su rey en una expedición que se preparaba contra la isla de Córcega insurreccionada por los franceses para sacarla del dominio de Génova. En esa campaña demostró su valor, y luego se ilustró aún más en el sitio de la ciudad de Siena, en Toscana, que quería desprenderse del protectorado español. Después de los primeros combates, don García recibió el honroso encargo de llevar a Carlos V, establecido entonces en Bruselas, la relación oficial de aquellos sucesos. Habiendo atravesado, al efecto, Alemania, con grave peligro de su vida o a lo menos de su libertad, por causa de las guerras religiosas en que estaba dividida, don García fue recibido favorablemente por el Emperador, y gratificado con un obsequio de 2.000 escudos.

Incorporándose en Bruselas en el ejército imperial con dos de sus hermanos, don García se halló al lado de Carlos V en la batalla de Renty contra los franceses (agosto de 1554). El joven militar se habría labrado en aquellas guerras la brillante posición a que lo llamaban su valor y los títulos de su familia; pero supo que su padre acababa de ser nombrado virrey del Perú, y volvió a España a pedirle que lo trajese a América. El viejo marqués de Cañete, orgulloso por los servicios militares de su hijo, le había perdonado su deserción de la casa paterna, y accedió gustoso a su demanda. Estando para embarcarse en el puerto de San Lúcar, don García cayó enfermo; pero su fuerza de voluntad se sobrepuso a todo; y contra el dictamen de los médicos que se oponían a este viaje, se trasladó a bordo, y partió de España convencido, al parecer, de que en América se abría un ancho campo de gloria para su nombre y de útiles servicios para su rey.

En esos dos años de penosas campañas en Europa, don García había adquirido una gran experiencia militar. Su carácter había ganado también una solidez que rara vez se alcanza en tan temprana juventud. Cuando el virrey quiso poner remedio a los desastres de Chile, no halló mejor arbitrio que confiar a su hijo el gobierno de este país. «Tengo entendido que me hará falta, escribía al rey, porque aunque es mozo es reposado paréceme que prueba acá bien. No sé si con el parentesco me engaño.»¹⁵⁵ En esta designación no debe verse solo una muestra del alto aprecio que el virrey hacía de las prendas de su hijo sino el deseo de poner orden en los negocios de Chile, arrancando su gobierno de manos de los oscuros soldados de la conquista, cuyos defectos conocía y se exageraba el aristocrático marqués. Don Andrés Hurtado de Mendoza, como casi todos los señores de su raza y de su siglo, estaba persuadido de que el gobierno de los pueblos no podía ser respetable y respetado si era dirigido por hombres de modesta alcurnia. «No sé, decía en la misma carta que acabamos de citar, cómo Alderete había de poder llegar a aquella provincia, ni cómo la había de gobernar, porque Vuestra Majestad tenga entendido que conviene que este cargo y otros semejantes se encarguen a personas a quienes tengan respeto.»

Hasta esta época eran muy pocos los colonos de las provincias de América que pensaban en consagrarse a las tareas industriales del comercio o de la agricultura. Los soldados españoles que habían servido en la conquista o en las guerras civiles y que no habían alcanzado un repartimiento de indios que les «diera de comer», no soñaban más que en revueltas o en nuevas expediciones que los enriqueciesen en poco tiempo. Ante este estado social, los gobernantes de las colonias en que los indígenas habían sido sometidos, lejos de empeñarse en atraer a ellas un mayor número de pobladores europeos, tenían vivo interés en deshacerse de una buena parte de los que ya había. Esto era lo que se llamaba «descargar la tierra». Francisco Pizarro, Vaca de Castro, el presidente La Gasca y el virrey don Antonio de Mendoza, se habían esforzado por «descargar la tierra» del Perú de esos obstinados perturbadores del orden público que no querían labrarse una posición en el trabajo pacífico y honrado. El marqués de Cañete profesaba las mismas ideas. Así, pues, queriendo «descargar la tierra»,

---

155 Carta del marqués de Cañete al rey, Lima, 15 de septiembre de 1556. Muchos de los antiguos cronistas y, aun, algunos de los historiadores modernos han supuesto que el cabildo de Santiago había pedido al virrey del Perú que diese a su hijo el cargo de gobernador de Chile. No hay nada en los documentos que autorice esta invención. Más aún, en Chile se ignoraba que hubiese llegado al Perú el marqués don Andrés Hurtado de Mendoza y que hubiese muerto Alderete, cuando ya don García estaba designado para reemplazar a este último. Es posible, sin embargo, que los militares de Chile que entonces se hallaban en Lima, pidieran por sí mismos y sin autorización del cabildo de Santiago, el nombramiento de don García. Así, al menos, lo cuentan algunos de los cronistas primitivos y Ercilla en las estrofas 12, 13 y 14 del canto XIII de *La Araucana*.

como decía al rey de España en la carta citada, mandó levantar la bandera de enganche en las diversas ciudades del Perú con el propósito de formar un cuerpo de 500 soldados que acompañasen a su hijo en la expedición que preparaba.

A fines de 1556 se habían reunido en Lima más de 500 caballos y 450 hombres.[156] Figuraban entre éstos algunos capitanes de distinción, probados unos en las guerras del Perú, otros recién venidos de Europa. De estos últimos debemos nombrar a don Felipe de Mendoza, hijo natural del virrey y, por tanto, hermano de don García, y a don Alonso de Ercilla y Zúñiga, el insigne cantor de *La Araucana*. Con fecha de 9 de enero de 1557, firmó el virrey el título de gobernador de Chile en favor de don García Hurtado de Mendoza, concediéndole la misma latitud de atribuciones y toda la extensión territorial que el rey había acordado a Alderete. Queriendo rodear a su hijo con el prestigio del poder, el marqués creó una escolta especial para la guarda de su persona, honor que no habían tenido hasta entonces los mandatarios de Chile. Para que don García no se confundiera con el vulgo de los conquistadores, dispuso el virrey que gozase del sueldo anual de 20.000 pesos de oro, pero con el encargo expreso de que no tomaría para sí encomienda de indios ni repartimientos de tierra, si bien estaba provisto de amplias facultades para hacer concesiones de esta clase en favor de sus capitanes.

Quiso también el virrey rodear a don García de autorizados consejeros. Obedeciendo a las ideas de su siglo y a sus propias convicciones, eligió estudiadamente al confesor de su hijo, y puso al lado de este último un número considerable de frailes, en cuyas doctrinas debería inspirarse en el desempeño de su cargo, y de cuyas predicaciones esperaba también el virrey la conversión y el sometimiento de los indios al vasallaje del rey de España. El marqués de Cañete creía candorosamente que si los indígenas de Chile se habían sublevado y dado muerte a sus opresores era, ante todo, porque en este país no había habido buenos religiosos que les predicasen el cristianismo y que les enseñasen que la sumisión a los conquistadores era el mejor medio de ganar el cielo. Pensando también arreglar la administración de justicia, el virrey resolvió que viniese a Chile con el cargo de teniente general, esto es, en el rango de segun-

---

156 Da estas cifras precisas el mismo don García Hurtado de Mendoza en una relación de sus servicios escrita en Lima en 1561. Este documento, de autoridad incontestable, rectifica las divergencias que a este respecto se hallan en las diversas relaciones.

do del gobernador y, por tanto, con las funciones de juez superior, uno de los oidores de la audiencia de Lima. Después de ciertas vacilaciones, la elección recayó en el licenciado Hernando de Santillán, hombre probo, pero mal avenido con algunos de sus colegas de la Audiencia, por no haber sido exitoso en las operaciones militares que había dirigido durante las últimas guerras civiles del Perú. Asignose a este funcionario el sueldo anual de 3.000 pesos de oro, con la obligación de no tomar para sí encomiendas ni repartimientos.

Para dotar convenientemente a la expedición, se hicieron también, por cuenta del tesoro real, grandes acopios de armas, de municiones y de todas las cosas que podían ser útiles para la campaña. El virrey no reparaba en gastos para hacer estos aprestos. Chile no había recibido hasta entonces una provisión igual de objetos de esa naturaleza. Las armas traídas por don García bastaron para abastecer el ejército de Chile durante muchos años. El equipo personal del gobernador, sus ropas, sus armas, su menaje eran de un lujo y de una abundancia de que no tenían la menor idea los conquistadores de este país.

Estando todo pronto para la partida, y no habiendo buques suficientes para la gran cantidad de caballos que se había reunido, don García dispuso que los jinetes, en número de 300 hombres, partieran por tierra. Dioles por jefe a don Luis de Toledo, caballero castellano, hijo del clavero de la orden de Alcántara.[157] Las tropas de infantería, que alcanzaban a 150 hombres, se embarcaron en tres naves. Con ellas venía, además, un galeón y otros barcos menores cargados de armas, municiones y pertrechos. El convoy zarpó del Callao el 2 de febrero de 1557. Hasta los últimos momentos de la partida, el virrey estuvo al lado de su hijo para expresarle toda la emoción de su cariño y para darle sus consejos de buen gobierno.

2. Llega a La Serena y se recibe del gobierno; prisión de Francisco de Aguirre

Dadas las condiciones en que por entonces se hacían estos viajes, la navegación de don García fue corta y feliz. El 5 de marzo el convoy se hallaba en Arica. El gobernador permaneció allí cuatro días tomando diversas providencias para despachar algunos emisarios que llevasen ciertas instrucciones al capitán

---

157 Los españoles llamaban clavero de las órdenes militares al caballero a cuyo cargo estaba la custodia y defensa del principal castillo o convento de la orden.

don Luis de Toledo, que seguía su viaje por tierra.[158] Por fin, el 23 de abril, la escuadrilla echaba sus anclas en el puerto de Coquimbo.[159] Inmediatamente don García envió a tierra un mensajero para que llevase a Francisco de Aguirre una carta del virrey en que le recomendaba a su hijo. Algunos días antes había llegado a La Serena don Luis de Toledo con las tropas de caballería, que habían hecho el viaje por tierra, venciendo mil dificultades, pero sin desgracia alguna. Aguirre y Toledo pasaron inmediatamente al puerto, y no habiendo mejor embarcación para trasladarse a bordo, tomaron una de las balsas de cueros de lobos marinos que los indios de esas localidades usaban para pescar. En las naves fue recibido Aguirre con una salva de artillería, y al son de músicas militares que hasta entonces habían desconocido los escuadrones de los conquistadores de Chile. Cuando después de algunos momentos de estudiado retardo se presentó don García con todo el boato de que venía revestido, Aguirre lo saludó respetuosamente y le besó la mano en señal de acatamiento. «Lo que más ha aliviado, le dijo el gobernador, la pena del virrey, mi padre, al separarse de mí para enviarme a esta jornada, era el saber que hallaría en esta tierra un sujeto de la experiencia y canas de vuestra merced, de quien, en todo lo que se ofrezca al servicio de Su Majestad, habré de tomar consejo y parecer.» Enseguida, para demostrarle que aquello no era una vana lisonja, comenzó a informarse de Aguirre de los sucesos de Chile, y le pidió que, como hombre conocedor de la tierra, le indicase todo lo que creyera útil para la pacificación de los indios.

Procediose luego al desembarco. Después de tomar algún descanso, don García y los principales personajes de su comitiva se pusieron en viaje para

---

158 Constan estos hechos en los documentos relativos a las cuentas de los gastos de la expedición de don García en que aparecen los libramientos de las cantidades gastadas para comprar tres caballos y una silla para el emisario del gobernador. De esos documentos aparece que el valor de esos artículos había bajado mucho respecto del que tenían algunos años atrás.

159 La *Crónica* de Mariño de Lobera destina la primera parte del libro segundo a la historia del gobierno de don García Hurtado de Mendoza. Revisada y rehecha esta crónica en Lima por el jesuita Escobar, siendo virrey del Perú el mismo don García, y bajo los auspicios de éste, tiene en esta parte un gran valor histórico, como lo demostraremos más adelante. En el capítulo 2, al referir el arribo de don García a Coquimbo, dice la crónica que llegó el 18 de abril; pero se empeña en recordar que era viernes, día que siempre fue próspero para ese personaje. Ahora bien, el 18 de abril de 1557 fue domingo de Pascua de Resurrección. El viernes siguiente fue el 23 de abril. Esta fecha se comprueba con un documento auténtico, el acta del recibimiento oficial de don García por el cabildo de La Serena, que tuvo lugar dos días después, el 25 de abril, domingo de Cuasimodo.

la ciudad. En el puerto estaban prontos los caballos, y en La Serena se había preparado el más solemne recibimiento que podía hacerse. Al llegar a la plaza mayor, Aguirre se bajó de su caballo, y tomando de la brida el que montaba don García, lo condujo hasta la puerta de la iglesia, donde los viajeros iban a dar gracias a Dios por el feliz término de su navegación. «He sufrido, señor Francisco de Aguirre, dijo el gobernador, que vuestra merced haya traído de la rienda mi caballo por la autoridad real que represento, que de otra suerte no lo permitiera, estimando, como es justo, su persona.» Don García aceptó el hospedaje que Aguirre le había preparado en su propia casa. El viejo conquistador no se había detenido en gastos para recibir a su huésped con toda la esplendidez que podía usarse en aquella ciudad.

Cuando hubo desembarcado sus tropas, y cuando adquirió la confianza de que su voluntad podría cumplirse sin hallar el menor asomo de resistencia, Hurtado de Mendoza abandonó aquel aire de moderación y de modestia de las primeras horas para poner en ejercicio el plan de gobierno que traía preparado según los consejos de su padre. El domingo 25 de abril, se reunió el Cabildo de la ciudad. Don García hizo leer la provisión del virrey, y en el acto fue reconocido oficialmente en el carácter de gobernador y capitán general de las provincias de Chile. Pocas horas más tarde, así que hubo comido, distribución que los conquistadores tenían a mediodía, el gobernador montó a caballo, y acompañado por algunos de sus oficiales, salió de paseo por los alrededores del pueblo. Durante su ausencia debía consumarse el golpe pérfido y desleal que traía meditado contra Aguirre.

Los panegiristas de don García han tratado de justificar su conducta refiriendo varios accidentes de sospechosa autenticidad. En la misa mayor que se celebró aquel día, se había colocado, según cuentan, un sitial o asiento de preferencia, para el gobernador, y otro más apartado para su teniente Santillán. Aguirre fue colocado en una banca, junto con tres de los capitanes que acababan de llegar del Perú. Se añade que el viejo conquistador vio en esto una ofensa, y que al salir del templo dijo a sus amigos: «Si como somos veinte fuéramos cincuenta, yo revolvería hoy el hato». Se ha referido también que Aguirre consentía en que sus criados le diesen el tratamiento de señoría, delante del gobernador, siendo éste el único que podía recibirlo. Se ha contado, por otra parte, que Aguirre, invitado por don García para que lo acompañase en la guerra contra los indios del sur, no había mostrado muchos deseos de hacerlo, lo que daba que temer que meditase alborotos y revueltas en ausencia del gobernador. En todos estos accidentes puede haber alguna parte de verdad; pero es lo cierto que con ellos o sin ellos, el gobernador habría puesto en ejecución el plan que le había aconsejado el virrey su padre.

En efecto, en esa misma tarde sus oficiales apresaban a Aguirre en la ciudad sin que nadie se atreviera a oponer resistencia. Enseguida, se le condujo al puerto, y se le trasladó a bordo de uno de los buques de la flotilla para enviarlo pocos días después al Perú. Cuando don García regresó a su habitación, halló fielmente cumplidas sus órdenes. La tranquilidad no se había alterado un solo instante en La Serena. Nadie se habría atrevido a murmurar siquiera contra aquel acto de autoridad, estando la ciudad dominada por 450 soldados que obedecían decididamente al nuevo gobernador.[160]

3. Don García se hace reconocer por gobernador en Santiago y manda apresar a Francisco de Villagrán

Pero esto no era más que el primer paso del plan con que don García había resuelto tomar posesión del gobierno. Le faltaba todavía hacerse reconocer en Santiago, que era el centro principal y la ciudad más importante de toda la gobernación. En realidad, no podía temer la más ligera oposición de parte de Villagrán. Como se recordará, éste había mostrado desde meses atrás una absoluta sumisión a las resoluciones del virrey. En la misma ciudad de La Serena, don García había hallado cartas del corregidor Villagrán en que le protestaba su obediencia. Pero el carácter autoritario y desconfiado del nuevo gobernador no debía darse por satisfecho con esto solo. Dispuesto a ejecutar invariablemente el plan que traía del Perú, el 27 de abril hizo partir para Santiago a uno de los oficiales de toda su confianza, el capitán Juan Remón, con treinta buenos soldados. Traía éste un poder suficiente para recibirse del mando de la gobernación en representación de don García, e instrucciones precisas y ter-

---

[160] Mariño de Lobera, *Crónica del reino de Chile*, libro II, capítulo 2. Suárez de Figueroa, *Hechos de don García Hurtado de Mendoza*, libro I. Debemos advertir que estas dos autoridades no constituyen en realidad más que una sola. Como lo explicaremos más adelante, es evidente que el doctor Suárez de Figueroa tuvo a la vista una copia de la crónica de Mariño de Lobera revisada y rehecha por el padre Escobar, y que ella le sirvió de guía principal y casi única para escribir la historia de la campaña de don García en Chile.

minantes para desempeñar este encargo sin vacilaciones y sin miramientos.[161] Juan Remón era un militar que se había distinguido en las últimas guerras civiles del Perú por su celo y por su resolución en el servicio de la causa del rey.

La ciudad de Santiago disfrutaba en esos días de la más absoluta tranquilidad. El pueblo no salía aún de las horas de satisfacción y de contento que produjo la destrucción de las hordas de Lautaro en la jornada de Mataquito. En la mañana del 6 de mayo el capitán Remón penetraba por sus calles con gran aparato militar. Sus soldados traían cargados sus arcabuces, y llevaban en sus manos las mechas encendidas como si se tratase de tomar por asalto una ciudad enemiga. El capitán Remón y sus soldados fueron a desmontarse a casa de Villagrán. El corregidor se hallaba en ese momento en misa, en la iglesia de San Francisco; pero advertido de lo que pasaba, fue a saludar al emisario del nuevo gobernador. El Cabildo fue convocado inmediatamente para hacer la entrega solemne del mando.

Aunque nada hacía presumir que alguien quisiese suscitar dificultades ni provocar alborotos, el capitán Remón ocupó la sala capitular con sus soldados. Tenían éstos las mechas encendidas en sus manos, y ostentaban una actitud amenazadora.[162] Leyose allí la provisión del virrey del Perú por la cual nombraba

---

161 El poder y las instrucciones de Juan Remón llevan las fechas de 26 y 27 de abril, y están publicadas en el libro del cabildo de Santiago, en acuerdos de 6 y de 29 de mayo de 1557. En algunas crónicas antiguas, en Diego Fernández, en Herrera y en Garcilaso, se llama Ramón a este capitán. Al nombrarlo Remón, sigo los documentos en que aparece su propia firma. El capitán Juan Remón era un oficial muy reputado por sus servicios en las guerras civiles del Perú.

162 Carta al rey de los oficiales reales de Santiago, de 6 de diciembre de 1559. Este precioso documento, inédito hasta ahora, de que tomé copia en el Archivo de Indias, aunque contraído principalmente a los negocios relacionados con la administración de la real hacienda, da mucha luz sobre el gobierno de don García, y tendré que citarlo repetidas veces en las páginas siguientes.

El acta de acusación de don García, en el juicio de residencia que se le siguió en 1562, refiere estos hechos con accidentes y colorido que no carecen de interés. Dice así: «3 Ítem. Se le hace cargo al dicho don García que estando esta ciudad quieta y pacífica y esperándole para le recibir, envió a esta ciudad de Santiago con gran alboroto al capitán Juan Remón con muchos arcabuceros y alabarderos, y le dio su poder para que en su nombre se recibiese por gobernador y le mandó y dio por instrucción que así con mano y gente armada entrase en esta ciudad en el Cabildo, y tomase las varas y al mariscal Francisco de Villagrán que a la sazón era corregidor y justicia mayor en este reino por Su Majestad, y a los alcaldes ordinarios de ella. Y así el dicho Juan Remón entró con mano armada y se hizo recibir por fuerza estando las mechas de veinte arcabuces encendidas dentro del aposento del Cabildo, de tal manera que caían las pavesas de las mechas encendidas sobre el libro

gobernador de Chile a don García Hurtado de Mendoza. Obedecida sin discusión por el Cabildo, Juan Remón, previo el juramento de estilo, fue recibido en el ejercicio de esas altas funciones en representación del gobernador. Exhibiendo entonces otra provisión firmada por don García, el capitán hizo reconocer allí mismo por teniente de gobernador de Santiago a Pedro de Mesa, comendador de la orden de San Juan, y uno de los caballeros que acababan de llegar del Perú al lado del nuevo mandatario. El cambio de gobierno se consumó, pues, con todo este aparato de violencia, pero sin que ocurriera el menor disturbio.

Villagrán había creído, sin duda, que sus anteriores servicios, la espléndida victoria que acababa de obtener sobre los indios, y más que todo, la sumisión a los mandatos del virrey de que había hecho alarde, lo harían merecer la consideración y la confianza del nuevo gobernador. Villagrán, sin embargo, se engañaba como se había engañado Aguirre. En cumplimiento de una orden terminante de don García, el ilustre caudillo fue sometido a prisión en la misma tarde por el capitán Remón, y custodiado por guardias que impedían toda comunicación. Villagrán, cuyos relevantes servicios no habían bastado para salvarlo de esta injusticia y de este ultraje, no profirió una sola queja. «Señor capitán, dijo resignadamente a Juan Remón, el señor gobernador no necesitaba de este aparato de la fuerza para hacerme ir a donde él quisiese. Habría bastado una orden suya para que yo la cumpliese sin vacilar.» Todo esto no impidió el que se consumase aquella injusta humillación. En la mañana siguiente, Villagrán fue trasladado a Valparaíso bajo la custodia de una fuerte guardia. Allí lo esperaba un buque que don García había enviado para transportarlo a Coquimbo.

Los caudillos rivales, Aguirre y Villagrán, fueron retenidos prisioneros en la misma nave. Ante su común desgracia, ambos depusieron sus odios y reanudaron la vieja amistad de los primeros tiempos de la conquista. «Mire vuestra merced, señor general, dijo Villagrán al saludar a su antiguo compañero, lo que son las cosas del mundo, que ayer no cabíamos los dos en un reino tan grande, y hoy nos hace don García caber en una tabla.» Enseguida, los dos capitanes se estrecharon entre sus brazos con toda la emoción que producía el recuerdo de la confraternidad de otros días y la vista de la injusticia de que los hacía víctima la arrogancia del mancebo que sin más título que su nacimiento, venía

---

y mesa del Cabildo, y así tomó las varas al dicho corregidor y las de los alcaldes así por comisión del dicho don García, en todo lo que hubo gran escándalo y alboroto».

a arrancarlos del país que ellos habían conquistado con tantos sudores y con tantas fatigas.[163]

En el mismo séquito de don García hallaron los dos antiguos conquistadores quienes se interesasen por ellos, y quienes, reconociendo la injusticia de que eran víctimas, hubieran querido interceder porque se les dejase en libertad. Se pensaba tal vez en utilizar su experiencia en los negocios administrativos y militares de Chile. El gobernador, sin embargo, fue inflexible. Prohibió resueltamente que se le hablase sobre este asunto. Pedro Lisperguer, caballero alemán de cierto prestigio, a quien se había encargado la custodia de los presos, se atrevió con todo a interceder por ellos. Don García, contrariado por esta exigencia, resolvió que Lisperguer marchase al Perú al cuidado de los presos, y que por entonces no volviese a Chile. Esta arrogante resolución puso término a todas las diligencias que hubieran querido hacerse en favor de aquellos dos caudillos.

En cumplimiento de este invariable plan de conducta, Aguirre y Villagrán fueron transportados a Lima. Allí se les restituyó al goce de su libertad, pero se les prohibió expresamente volver a Chile. El marqués de Cañete, que solo quería mantenerlos lejos de los lugares en que pudiesen suscitar oposición al gobierno de su hijo, les suministró los recursos necesarios para que llevasen en el Perú una vida decente, como convenía a su posición y a sus servicios.[164]

---

163 Cuenta esta anécdota la crónica de Mariño de Lobera, en el citado capítulo 2. El doctor Suárez de Figueroa, al pasarla a su libro, pone esas palabras en boca de Aguirre, ampliándolas en forma de uno de esos discursos sentenciosos y retóricos a que eran tan aficionados los historiadores españoles de los siglos XVI y XVII, pero que pecan no solo contra la verdad sino contra la verosimilitud.

164 La prisión y extrañamiento de los generales Aguirre y Villagrán eran de tal manera injustos que fueron generalmente condenados por los contemporáneos. El rey mismo desaprobó esta medida, como lo veremos más adelante. Algunos antiguos historiadores la han censurado con franqueza, como puede verse en la obra tantas veces citada del cronista real Antonio de Herrera, que cierra con estos hechos las noticias concernientes a Chile que allí ha consignado.

Sin embargo, los panegiristas de don García han tratado de justificarlo agrupando incidentes de sospechosa autenticidad para probar que había razón para desconfiar de la lealtad de ambos generales o, alegando, como lo hace Suárez de Figueroa, los principios de «buen gobierno», que no puede detenerse ante consideraciones. El jesuita Escobar, que revisaba y rehacía esta parte de la crónica de Mariño de Lobera bajo los auspicios del mismo don García, ha buscado, además, una razón de moralidad, diciendo que se quería enviar a los dos generales a España para que se reuniesen a sus mujeres, como quería hacerlo el rey con todos sus súbditos de América. Esta explicación singular está fundada en un hecho falso. En 27 de noviembre de 1553, por provisión expedida en Valladolid por el príncipe don

4. Grandes preparativos para abrir la campaña contra los indios rebeldes del sur

Aquella estación era la menos propicia para abrir la campaña contra los indios rebelados del sur. El invierno, tan riguroso en estas regiones, empantanaba los campos, engrosaba extraordinariamente el caudal de los ríos y hacía imposible el movimiento de las tropas. Pero el gobernador ardía en deseos de hacer sentir su poder a los bárbaros y de demostrar a los conquistadores que, aunque joven, no era un mandatario de aparato. Puso todo su empeño en precipitar los aprestos para comenzar la guerra en los primeros días de la primavera. Su voluntad, firme e impetuosa, quería sobreponerse a los obstáculos que pudieran oponerle los hombres y la naturaleza.

Para reunir todos los elementos militares de que podía disponer en el país, mandó que por el camino de tierra partieran para Santiago las tropas de caballería con una porción considerable de sus infantes. Tenían por jefes a los capitanes don Luis Toledo y Julián de Bastidas, buenos soldados y hombres de toda la confianza de don García. Debían estos oficiales comunicar a los enco-

---

Felipe, se había dado permiso a «doña María de Torres, mujer de Francisco de Aguirre, para pasar a Chile a juntarse con su marido, con dos hijas doncellas y un hijo, eximiéndola del derecho de almojarifazgo, por los objetos que llevase hasta la suma de 1.500 ducados». Se la autorizó, además, para sacar joyas de oro labrado, cadenas, botones y otras cosas para ella y para sus hijas hasta el valor de 1.500 pesos, debiendo sí pagar derechos por esto último.

El capitán encargado de la custodia de los generales Aguirre y Villagrán, Pedro de Lisperguer, era alemán de Worms, y fue fundador de una familia muy influyente en Chile en el siglo XVII. En el libro en que se tomaba razón de las provisiones reales, encontré esta partida referente a su persona: «Valladolid, enero 14 de 1554. El rey da licencia a Pedro Lisperguer, alemán, para que pase al Perú y a Chile, y para que lleve para servicio de su persona y criados seis cotas de malla con sus mangas y caraqueses y morriones y guantes, y seis coseletes, y quince arcabuces, y treinta hierros de lanzas con sus astas, y diez ballestas, y doce hierros de templones y partesanas con sus astas y cuatro docenas de espadas, y seis rodelas y dos adargas y seis sillas jinetas, y cuatro de la brida, sin que en ellos os sea puesto impedimento alguno».

El rigor sistemático de don García para con los generales Aguirre y Villagrán se habría hecho extensivo a los amigos y parciales de éstos si hubieran dado algunas muestras de simpatía por ellos. Aun sin este antecedente, el capitán Pedro de Villagrán, el defensor de la Imperial, habría sido seguramente alejado de Chile como primo hermano del corregidor. Pero ese capitán, calculando quizá que podría ser víctima de persecuciones del nuevo gobernador, se había trasladado poco antes al Perú, y permaneció allí todo el gobierno de Hurtado de Mendoza. Solo volvió a Chile en 1561.

menderos y vecinos de la capital la orden del gobernador de formar un cuerpo de soldados lo más considerable posible para marchar al sur, a fin de dar a los indios un golpe definitivo que pusiese término a todas las resistencias. Santiago aprestó en esta ocasión cerca de 300 hombres.[165] Rodrigo de Quiroga, y como él algunos otros encomenderos que hasta entonces no habían concurrido a la guerra de Arauco, así como los capitanes que accidentalmente se hallaban en la ciudad, tomaron las armas en esta ocasión. A pesar del riguroso invierno, se pusieron en marcha para el sur, con el propósito de estar reunidos al gobernador a principios de la primavera.

Como ha podido observarse en la relación de los sucesos anteriores, el gobierno estrictamente legal de las colonias españolas ofrecía no pocas dificultades. Las ordenanzas reales, sobre todo en materias de administración de fondos, eran tan severas que, como lo hemos visto, los gobernadores, al disponer los gastos, estaban sometidos, puede decirse así, al beneplácito de los tesoreros, los cuales a su vez debían, según la ley, dar cuentas muy estrictas. A ejemplo de su padre en el Perú,[166] don García venía a Chile bien resuelto a sobreponerse a todas esas dificultades, desorganizando autoritariamente las resistencias. Calculando que los oficiales reales pondrían en más de una

---

165 El cabildo de Santiago, en carta dirigida al rey en 30 de agosto de 1567 para darle cuenta de los esfuerzos y sacrificios hechos por la ciudad y sus vecinos para servir en la guerra de Arauco, le dice lo siguiente: «Venido que fue el gobernador don García de Mendoza a estas provincias, salieron de esta ciudad al pie de 300 hombres y todos los más vecinos de ella, a la pacificación y guerra de los indios de Arauco y Tucapel, en la cual jornada gastamos suma de pesos de oro». Entre los encomenderos que entonces salieron de Santiago para la guerra del sur, figuraban: Rodrigo de Quiroga, Alonso de Escobar, Francisco de Riberos, Diego García de Cáceres, Pedro de Miranda y Juan Godínez, fuera de otros muchos capitanes que antes de la rebelión de los indios habían tenido sus encomiendas en la región del sur.

166 Parece que el marqués de Cañete estaba sinceramente convencido de que no se podía gobernar bien el Perú sujetándose a las leyes y ordenanzas dictadas por la Corona, y que creyendo servir mejor al rey, estaba siempre resuelto a hacer lo que en conciencia hallaba bueno, sin someterse a fórmulas legales. Cuenta el inca Garcilaso de la Vega que habiéndosele representado en una ocasión que uno de sus actos podía dar lugar a que los perjudicados concurriesen al rey, y a que éste los oyese y reprobase su conducta, el virrey contestó: «Un año han de gastar en ir, y otro en negociar y otro en volver; y cuando traigan en su favor las provisiones que quisieren, con besarlas y ponerlas sobre mi cabeza y decir que las obedezco y que el cumplimiento de ellas no ha lugar, les pagaré. Y cuando vuelvan por sobrecartas, y las traigan, habrán gastado otros tres años; y de aquí a seis, Dios sabe lo que habrá». *Comentarios reales del Perú*, libro VIII, capítulo 7. La anécdota puede ser inventada, pero el hecho que ella explica era verdadero.

ocasión problemas a la entrega del dinero que necesitaba para continuar la guerra, mandó que los tres pasasen al sur, entregando la administración del real tesoro al capitán Jerónimo de Villegas, militar conocido en las guerras civiles del Perú, y hombre de toda la confianza del gobernador. Los términos en que dio esa orden eran de tal modo imperiosos, y Pedro de Mesa, el justicia mayor de Santiago, estaba tan resuelto a cumplirla, que fue forzoso obedecer. Aun, uno de esos funcionarios que tal vez se atrevió poco más tarde a oponer objeciones, fue enviado al Perú.[167] Desde entonces no tuvo inconvenientes el nuevo gobernador para usar con entera libertad de los fondos del tesoro real para los gastos de la guerra.

Los agentes de don García tenían, además, el encargo de reunir en Santiago víveres y provisiones para el ejército. En cumplimiento de este encargo, tomaron a los encomenderos muchos caballos y cantidades considerables de maíz, de fréjoles y de trigo para enviar en un buque a Concepción. Aunque estas contribuciones de guerra eran exigidas a título de donativo voluntario, más tarde dieron origen a quejas y a acusaciones en que muchos de los contribuyentes

---

[167] Carta citada de los oficiales reales de 6 de diciembre de 1559. Los tres funcionarios que desempeñaban estos cargos en 1557, a la época del arribo a Chile de Hurtado de Mendoza, eran: Juan Núñez de Vargas, tesorero; Rodrigo de Vega Sarmiento, factor y veedor y Arnao Segarra, contador. Todos habían venido de España con nombramiento dado por el rey. El tesorero Vargas fue desterrado al Perú por orden de don García, interpuso sus quejas en Lima ante el virrey, y no obtuvo la reparación que solicitaba. De estos tres funcionarios, solo el contador Segarra volvió al desempeño de su cargo, y como tal firmó la carta al rey que contiene estas noticias, y que en realidad es una acta de acusación contra el gobierno de don García. Todos estos hechos constan, además, en el proceso de residencia de este último.

Jerónimo de Villegas, cuya conducta funcionaria en la administración del tesoro dio lugar a los incidentes de que hablaremos más adelante, era un militar de cierto renombre en las guerras civiles del Perú, que le habían ocasionado no pequeñas amarguras. El historiador Diego Fernández cuenta el siguiente suceso ocurrido en el Cuzco en 1547, que pinta los horrores de esas luchas: «Dijeron a Gonzalo Pizarro que doña María Calderón, mujer del capitán Jerónimo de Villegas, hablaba mucho y que decía que muchas más victorias (que Gonzalo Pizarro) habían alcanzado los romanos, y que al fin se habían perdido y que mucho mejor se perderían los que eran tiranos y contra su rey. Por lo cual fue Francisco de Carvajal una mañana a su casa, y estando ella en la cama, le dijo: "Señora comadre (porque a la verdad lo era), ¿no sabe cómo la vengo a dar garrote?". Ella pensó que se burlaba con ella, y le dijo que era un borracho, y que ni aun de burlas quería que se lo dijese, y que se fuese con el Diablo. Finalmente, Carvajal hizo que dos negros la ahogasen, y así muerta la hizo colgar con una soga de su misma ventana». *Historia del Perú*, par. I, libro II, capítulo 81, fol. 127.

reclamaban el pago de sus especies. Del mismo modo, los delegados del gobernador se apoderaron del oro de algunos comerciantes para sufragar los gastos de la guerra.[168]

Queriendo dar tiempo a la organización de las fuerzas de Santiago, que debían marchar al sur junto con la caballería de su ejército y al envío de esos auxilios, Hurtado de Mendoza permaneció en La Serena hasta fines de junio. Empleó este tiempo en tomar diversas medidas de administración interior y en consolidar el prestigio y el respeto de su autoridad. El gobernador, que a pesar de sus veintidós años había demostrado, según sus panegiristas, una rara austeridad de costumbres y una rigidez y reserva de carácter que no se interrumpía jamás ni siquiera por algunos ratos de efusión y de franqueza, quería revestir su poder de formas adustas y severas a que no estaban acostumbrados los conquistadores. Su biógrafo cuenta a este intento un hecho que pinta su inexorable severidad. «Venía en su compañía Gonzalo Guiral, noble y rico perulero, y queriendo cierto día entrar en la cuadra donde estaba el general, un paje le detuvo diciendo tenía orden de avisar primero. Impaciente Guiral, hizo fuerza; y porque el muchacho le resistía, le dio bofetón. Mandole prender don García, y sordo a muchas intercesiones, hizo le clavasen la mano en parte pública.»[169]

---
168 Constan estos hechos del proceso de residencia de don García.
169 Suárez de Figueroa, libro I, pág. 26 de la segunda edición. Esta pena se aplicaba en la plaza pública, en el rollo o picota de la ciudad. El verdugo clavaba allí la mano del reo, y éste permanecía algún tiempo en esa actitud a la vista del pueblo.
El hecho contado por Suárez de Figueroa es cierto; pero conviene saber cómo lo explican los adversarios de don García. He aquí lo que dice el acta de la acusación del proceso de residencia: «148 Ítem. Se le hace cargo al dicho don García que no otorgaba las apelaciones, que daba y ejecutaba los autos en que sin embargo de las dichas apelaciones se ejecutase lo que él mandase, y así lo hizo en el pleito de Gonzalo Guiral, que no queriendo el licenciado Santillán, su teniente, sentenciar el pleito porque no había justicia para condenar al dicho Gonzalo Guiral, le tomó la causa y lo sentenció el dicho don García a enclavarle la mano y en destierro de todo el reino porque había habido ciertas palabras con un paje muy niño del dicho don García, que no había ochos años, y le dio un bofetón como a un niño, porque no le dejó entrar por la puerta a hablar al dicho don García. Y ejecutó la sentencia sin embargo de la apelación. Y por que callase le dio 200 pesos de la caja real de La Serena, de manera que lo pagó la hacienda real de Su Majestad el agravio que él hizo». Y en otra parte del mismo proceso se lee lo que sigue: «51 Ítem. Se le hace cargo al dicho don García que dio otra libranza de 200 pesos a Gonzalo Guiral, el cual los recibió de la caja real, porque habiéndole condenado a enclavar la mano y en destierro de este reino, y habiéndole ejecutado la sentencia, sin embargo de la apelación que interpuso, por que callase y se fuese, le dio de la hacienda de Su Majestad los 200 pesos, por manera que lo pagase todo la hacienda y patrimonio real de Su Majestad».

El gobernador era, por otra parte, el tipo acabado de esos caballeros españoles que en la administración y en la guerra representaron la política de Felipe II. Adusto, seco, sombrío por carácter, rebelde a los consejos de los otros, desdeñoso con la mayor parte de los capitanes que lo rodeaban, inflexible para hacer cumplir su voluntad, sin consideración por la ley y por el respeto que se debe a los demás hombres, poco escrupuloso en la elección de los medios para ejecutar sus planes, don García Hurtado de Mendoza estaba, además, dominado por una devoción que rayaba en el fanatismo. «La primera cosa en que don García dio orden en la ciudad de La Serena, dice un cronista contemporáneo, fue que se pusiese el Santísimo Sacramento en la iglesia mayor, que hasta entonces no le había por temor de las inquietudes de los indios, proveyendo él de las cosas necesarias y convenientes resguardos para ello. Y mandó dar principio a esto con celebrar la fiesta de Corpus Christi, que hasta entonces no se había hecho, lo cual se efectuó el día de San Bernabé, en el cual salió don García con su guarda de a pie con lucidas libreas y muchos lacayos y pajes con las mismas, que eran de paño amarillo con fajas de terciopelo carmesí y pestañas de raso blanco, y con pífanos y atambores, chirimías y trompetas, salió a la plaza. Y por otra parte sacó otra guarda de a caballo, donde iba el capitán Juan de Biedma, natural de la ciudad de Úbeda, y en su acompañamiento iban muchos caballeros y soldados con muy preciosos atavíos, a todos los cuales y a los mismos de su guarda mandó que fuesen con el Santísimo Sacramento, y él se fue solo con un paje a un arco triunfal, al tiempo que había de pasar el Santísimo Sacramento, se tendió en el suelo y pasó el sacerdote por encima de él, lo cual hizo el gobernador por la edificación de los indios.»[170] Don García estaba persuadido de que las fiestas religiosas tenían una eficacia irresistible para la reducción de los indios.

El licenciado Juan de Herrera, en la sentencia que dio en Valdivia el 10 de febrero de 1562, condenó a don García a devolver a la caja real los 200 pesos y a pagar, además, al tesoro una multa de cincuenta marcos de plata por la injusticia cometida.

170 *Crónica* de Mariño de Lobera, capítulo 2. El mismo hecho ha sido contado por Suárez de Figueroa, y celebrado por el poeta Pedro de Oña en su *Arauco domado*, canto III, quien dice en la estrofa 40 que el sacerdote pasó por encima de don García.
«Tratando con el pie su cuerpo humano
pues el de Dios trataba con la mano».
En 1557 la fiesta de Corpus cayó en 17 de junio. Es posible, sin embargo, que don García la hiciese adelantar al día de San Bernabé, 11 de junio, por estar ya de partida para el sur.

Antes de embarcarse para el sur, el gobernador separó de sus tropas un cuerpo de cien soldados, que dejó en La Serena bajo el mando del capitán Juan Pérez de Zurita. Debía éste esperar allí la vuelta del verano para pasar las cordilleras, e ir a cimentar su autoridad en la lejana provincia de Tucumán, donde las competencias y rivalidades que perturbaron a Chile habían producido también complicaciones y trastornos. Terminados estos arreglos, el gobernador embarcó en dos de sus buques los 180 hombres que quedaban a su lado, y se dispuso a darse a la vela para Concepción.

5. Arriba Hurtado de Mendoza a la bahía de Concepción; desembarca en la isla de la Quiriquina, y luego en el continente, donde construye un fuerte para su defensa

Los hombres más conocedores del país habían recomendado a don García que no emprendiese cosa alguna en esa estación. Parece que los vecinos de Santiago habían solicitado que el gobernador pasase el invierno en esta ciudad y, aun, se cuenta que muchos de ellos se trasladaron a Valparaíso a esperar su arribo. Pero el arrogante mozo estaba impaciente por ir al encuentro de los indios de guerra, y parecía creer que su actividad había de adelantar la marcha natural de las estaciones. El 21 de junio zarpaba del puerto de Coquimbo en viaje directo a la bahía de Concepción.[171]

---

[171] Ni los documentos ni las crónicas, en general muy poco prolijas en cronología, fijan la fecha de la partida de don García. Ercilla, que formaba parte de la expedición, la ha indicado claramente en las estrofas 65 y 66 del canto XV de *La Araucana*. Dice así:

«El Sol del común Géminis salía
Trayendo nuevo tiempo a los mortales,
Y del solsticio por Cenit hería
Las partes y región septentrionales,
Cuando es mayor la sombra al mediodía
Por este apartamiento en las australes,
Y los vientos en más libre ejercicio
Soplan con gran rigor del austral quicio.
»Nosotros, sin temor de los airados
Vientos, que entonces con mayor licencia
Andan en esta parte derramados,
Mostrando más entera su violencia,
A las usadas naves retirados,
Con un alegre alarde y apariencia
Las aferradas áncoras alzamos

Es probable también que don García, fatigado por los tres meses de navegación que había empleado para llegar del Callao a Coquimbo, quisiera, de acuerdo con sus pilotos, aprovechar los vientos del noroeste que soplan en el invierno, para llegar en corto tiempo a Concepción. Pero estos vientos adquieren con frecuencia en nuestras costas durante esta estación, una intensidad terrible y producen formidables tempestades. Esto fue lo que ocurrió en esa ocasión. El viento, desencadenado con gran fuerza, agitó el mar de una manera tan extraordinaria que Hernán Gallego, uno de los pilotos de la expedición, que había navegado desde su niñez, y muy experimentado en la navegación del Pacífico, decía que jamás había visto una tormenta más furiosa. La escuadrilla estuvo a punto de perecer. El viento derribó los mástiles de la nave que montaba don García, hizo una abertura en sus costados y la puso en peligro de estrellarse contra los arrecifes de la costa. Torrentes de lluvia dificultaban la maniobra. Hubo una noche, sobre todo, en que los navegantes creyeron perecer. La maestría de los pilotos, interpretada por los expedicionarios como la protección del cielo, los salvó de una muerte que parecía inevitable.[172] La escuadrilla entraba al fin a la bahía de Concepción cuando el tiempo comenzaba a serenarse.

Don García mandó desembarcar su gente en la pequeña isla de la Quiriquina, que cierra esa espaciosa bahía. Los indios que la poblaban quisieron en el primer momento rechazar el desembarco; pero a la vista del número considerable de soldados castellanos que se acercaban a tierra, se desbandaron apresuradamente.[173] Los españoles, después de pasar una noche horrible por no tener albergue alguno contra el viento y la lluvia, construyeron allí chozas provisorias para guarecerse de la intemperie de la estación, y pasaron dos meses enteros rodeados de las más duras privaciones, obligados a alimentarse con las escasas provisiones que traían en sus naves, en gran parte humedecidas por el agua

---

Y al noroeste las velas entregamos».

Se ve por estas octavas que Ercilla poseía las nociones cosmográficas que era posible adquirir en su tiempo. En otras partes de su poema emplea igualmente los signos del zodíaco para fijar las fechas de los sucesos que cuenta. Véase entre otras la estrofa 37 del canto XII.

172   Ercilla ha hecho una magnífica descripción de esta tempestad en los cantos XV y XVI de su poema. Pedro de Oña, por su parte, la ha descrito también extensamente, pero con menos numen en los cantos III y IV del *Arauco domado*.

173   Al narrar este desembarco, Ercilla refiere en las estrofas 23, 24 y 25 que un prodigioso fenómeno celeste ocurrido en ese instante espantó a los indios.

del mar durante la navegación. El suelo de la isla no producía otra comida que nabos que, aunque introducidos poco antes por los conquistadores, se habían propagado con maravillosa abundancia. «No hallaron los nuestros, dice un antiguo cronista, leña alguna de que poder servirse; pero como la providencia del Señor es en todo tan copiosa, ha proveído a esta isla de cierta especie de piedras que sirven de carbón, y suplen totalmente sus efectos, y de éstas se sirvieron los nuestros para sus guisados.»[174] Era la lignita que entonces debía hallarse en la isla en las capas más superficiales del terreno.

Con la esperanza de someter a los indios isleños por la benevolencia y por la paz, el gobernador ordenó a sus soldados que no los persiguiesen ni les causasen daño. Don García no había tenido hasta entonces contacto alguno con los salvajes americanos, y como muchos hombres de su siglo, estaba persuadido de que era posible reducirlos al vasallaje del rey de España por medio de la predicación religiosa y de un trato más benigno que el que ordinariamente les daban los conquistadores. Animado por este pensamiento, trató de atraerlos amistosamente, y les repartió víveres, ropas y chaquiras. Los bárbaros recibían gustosos esos dones, y hacían manifestaciones de paz y de sumisión. Algunos indios del continente, atraídos por estos obsequios, pasaban también a la isla, y se mostraban igualmente dóciles y sumisos. Todos ellos seguían con curiosidad los aparatos militares y las maniobras en que se ejercitaban los soldados españoles.

A los dos buques que tenía don García se unió poco más tarde otro enviado de Valparaíso. Llevaba éste abundantes provisiones compradas en parte por cuenta del tesoro real o suministradas por los encomenderos y vecinos

---

[174] *Crónica* de Mariño de Lobera, libro II, capítulo 2. Oña celebra igualmente como un prodigio de la naturaleza la existencia del carbón de piedra en aquella isla. Véanse las estrofas 45 y 46 del canto IV del *Arauco domado*. La última describiendo antojadizamente ese combustible, dice así:

«Hallose toda la ínsula sembrada
en copia tal, cardumen y caterva
que en abundancia frisa con la yerba,
de un género de piedra encarrujada;
la cual una con otra golpeada
produce vivo fuego y lo conserva,
sin que se mate en más de mediodía,
que tanto tiempo en sí lo ceba y cría».

de Santiago como contribución de guerra. Comunicaba también la noticia de que habían salido de esta ciudad, por los caminos de tierra, los refuerzos de tropa que iban a cargo de don Luis de Toledo. En esos momentos la primavera principiaba a aparecer, y el tiempo se mostraba más favorable. El gobernador, después de haber hecho reconocer desde sus embarcaciones la costa vecina, dispuso en los últimos días de agosto,[175] el desembarco de 130 hombres en el continente.

Aunque los indios de aquellas inmediaciones parecían pacíficos y tranquilos, don García no descuidó ninguna precaución para estar prevenido contra cualquier ataque. Eligió para su campamento una loma extendida y plana, situada al lado sur del sitio en que se había levantado Concepción, desde donde se dominaban con la vista los campos vecinos. Ejecutose el desembarco con toda regularidad, antes de amanecer, de suerte que la primera luz del día encontró a los españoles en posesión del terreno en que querían establecerse. Inmediatamente dieron principio a los trabajos de fortificación. Don García mandó hacer un ancho y profundo foso para rodear su campamento por el lado de tierra, y plantar enseguida una estacada de troncos y maderos para cerrar su campo. Los españoles, cualquiera que fuese su rango, trabajaron en aquella

---

[175] Esta fecha está fijada por Ercilla, según sus gustos cosmográficos, en los versos siguientes de la estrofa 23 del canto XVII:

«Y aunque era en este tiempo cuando
virgo alargaba aprisa el corto día,
las variables horas restaurando
que usurpadas la noche le tenía».

¿Cuánto tiempo estuvo don García en la isla de la Quiriquina? La *Crónica* de Mariño de Lobera, capítulo 2, libro II, dice «algunos días». Góngora Marmolejo, capítulo 24, y una información de méritos de don García, formada por la audiencia de Lima, en 1561, que tendremos que citar muchas veces, dicen cuarenta días. Oña, *Arauco domado*, canto IV, estrofa 50, dice dos meses. Ercilla, *Araucana*, canto XVII, estrofa 18, y el licenciado Diego Ronquillo, en una *Relación* que también tendremos que citar con frecuencia, dicen más de dos meses. Como estos dos últimos acompañaban al gobernador, su aseveración debe tomarse por verdadera. Pero además, el mismo don García dice esto propio en la relación de sus servicios escrita en Lima en 1561. Según nuestro cómputo, el gobernador partió de La Serena el 21 de junio, desembarcó en la Quiriquina antes de fines de ese mes, y pisó el continente al terminar agosto, probablemente el último día.

Oña, en la estrofa 52 del canto citado, dice que desembarcaron en Penco 180 hombres. Ercilla en la estrofa 19 dice que solo fueron 130, en cuyo número estaba él mismo.

obra con sus propias manos con tanto tesón que después de poco más de un día de incesante tarea, el campamento estaba regularmente defendido. Los historiadores han contado que no bastando las herramientas que tenían los españoles, don García hizo usar las piezas de su vajilla de plata para remover la tierra sacada de los fosos.[176] Para la defensa del campo, colocáronse convenientemente seis piezas de artillería, y se distribuyeron los soldados para la guarda de las trincheras. Dentro del recinto fortificado, se levantaron chozas de madera y paja que debían servir de tiendas de campaña. Los indios de los alrededores, atraídos por los donativos que les repartía el gobernador, acudían allí en son de amigos, y fingían estar sumisos a los invasores. Así, pues, durante los primeros días pudo creerse que no había que temer las hostilidades de los indígenas, cuando, por el contrario, esos mismos obsequios habían estimulado la codicia instintiva de los salvajes, incitándolos a la guerra para recoger un nuevo botín.

6. Reñida batalla que sostiene en ese fuerte; los indios son obligados a retirarse

En efecto, el arribo de los españoles a aquellos lugares había despertado desde los primeros días las inquietudes de los indios comarcanos. Era ésa la estación en que éstos comenzaban sus siembras; pero a la vista del enemigo, abandonaron sus trabajos y se convocaron para volver a la guerra. Tenían por jefe a Qeupolicán o Cupolicán, según lo llaman los antiguos documentos, o Caupolicán, nombre más sonoro adoptado por Ercilla en su inmortal poema, y seguido más tarde por la generalidad de los historiadores. Este indio, señor o cacique de Palmaiquén, guerrero obstinado y resuelto, había hecho, sin duda, sus primeras armas contra los castellanos en las campañas anteriores; pero su personalidad estaba oscurecida hasta entonces por la de Lautaro, de quien era digno sucesor por el valor y por la tenacidad, ya que no por la inteligencia y por la fortuna.

Impuestos de todos los movimientos de los invasores, sabiendo lo que pasaba en el campo de éstos por los mismos indios que iban a recibir los obsequios que les repartía el gobernador, los guerreros araucanos se aprestaban para la

---

176 Mariño de Lobera, libro II, capítulo 2; Suárez de Figueroa, libro I; Oña, *Arauco domado*, canto IV, estrofa 58.

lucha alentados por una confianza ciega en el triunfo. Los españoles, en efecto, carecían en esos momentos de caballería, que era la base más sólida de su poder militar, y el elemento de guerra que más amedrentaba a los indios. Por esta causa se habían abstenido de salir de su fuerte y de hacer reconocimientos en los campos vecinos, lo que los tenía del todo ignorantes de los aprestos del enemigo. Los indios debieron persuadirse de que los españoles, mucho peor armados que en las campañas anteriores, por el hecho de faltarles los caballos, estaban, además, dominados por el miedo, puesto que no se atrevían a abandonar sus trincheras. Su cavilosa malicia de salvajes debió también sugerirles la sospecha de que la impotencia y el miedo habían inspirado la conducta humana y generosa que usaba don García, y de que los dones que se les distribuían no eran más que un expediente para engañarlos, ya que los españoles no estaban en situación de reducirlos por las armas. No era extraño que creyesen que un día de combate habría de procurarles un espléndido botín y desligarlos de sus opresores.

Seis días no más pasaron los españoles en su fuerte sin ser inquietados por los indios. Al amanecer del 7 de septiembre[177] vieron llegar por el recuesto de la loma que ocupaban, un numeroso ejército enemigo, que algunos cronistas hacen subir a la exagerada cifra de 20.000 hombres, y que otros reducen a solo 3.000. Los indios lanzaban gritos atronadores de amenaza y de provocación, y marchaban resueltamente al asalto de las fortificaciones de don García. Los castellanos, aunque ignorantes de los proyectos del enemigo, no habían descuidado nunca la custodia de sus puestos, de manera que desde el primer

---

177 Da esta fecha la *Crónica* de Mariño de Lobera en el capítulo 2 del libro II. Góngora Marmolejo, escritor contemporáneo y casi siempre exacto, dice 15 de agosto. Preferimos la primera de esas autoridades no solo porque aquella crónica es la mejor fuente de noticias acerca del gobierno de Hurtado de Mendoza sino porque ella se relaciona con la indicación de Ercilla, que hemos recordado en una nota anterior, y según la cual el desembarco de los españoles en el continente tuvo lugar a fines de agosto.
Algunos cronistas e historiadores posteriores han fijado la fecha de esta batalla en el 10 de agosto, queriendo apoyarse en Ercilla. Cuenta este poeta en los cantos XVII y XVIII que la víspera del asalto tuvo un éxtasis durante el cual asistió en espíritu a la famosa batalla de San Quintín y oyó de boca de un personaje sobrenatural la profecía de las grandes glorias que debía alcanzar la España bajo el reinado de Felipe II. La circunstancia de haberse dado esa batalla el 10 de agosto de 1557, y el hecho de intercalar Ercilla este episodio antes de referir el asalto de los indios al fuerte en que él se hallaba, ha hecho creer que el poeta recordaba ambos sucesos por haber ocurrido un mismo día. La lectura muy prolija de esos cantos no me autoriza para aceptar esa interpretación.

instante estuvieron listos para la defensa. El gobernador, sin perturbarse por el peligro y, por el contrario, demostrando un tino y una sangre fría casi inconciliables con su extremada juventud, tomó tranquilamente todas las disposiciones del caso y mandó que sus artilleros y sus arcabuceros no rompieran sus fuegos sino cuando el enemigo se hubiese aproximado bastante, para que así, a corta distancia, no se perdiese un solo tiro. El mismo don García, revestido de una brillante armadura de acero, se colocó de manera que asomando su cabeza sobre las palizadas que rodeaban su campo, pudiese ver los movimientos de los indios y disponer las operaciones de sus soldados.

El combate estuvo a punto de comenzar con una irreparable desgracia para los españoles. Una piedra lanzada por una honda de los indios cayó sobre la sien izquierda de don García, y lo derribó al suelo casi sin sentido. Por fortuna, la celada que cubría su cabeza había amortiguado el golpe. El impetuoso capitán, repuesto en un instante de aquel peligroso accidente, se puso de nuevo de pie y mandó romper el fuego de sus cañones y de sus arcabuces cuando los indios estaban inmediatos a sus trincheras. Las balas cayeron sobre los apretados pelotones de bárbaros haciendo estragos espantosos; pero lejos de desanimarse, cobraron éstos nuevo furor, y embistieron contra las palizadas de los españoles con una resolución indomable. Aunque diezmados por el fuego repetido que se les hacía sin perder tiro, muchos de ellos asaltaron denodadamente las trincheras y penetraron en el recinto del fuerte a empeñar la lucha cuerpo a cuerpo. Allí fueron recibidos con las puntas de las lanzas y con el filo de las espadas, pero por largo rato mantuvieron indecisa la suerte del combate.

Los españoles que habían quedado en la isla y los que permanecían embarcados en las naves, al percibir la batalla en que estaba comprometido el gobernador, se apresuraron a bajar a tierra para prestarle auxilio. Pero, para llegar a la loma en que estaba trabado el combate, les era necesario atravesar un corto espacio de tierras bajas vecinas a la playa. Allí fueron asaltados por una manga de indios resueltos y valerosos, y tuvieron que empeñar una ruda pelea en que las armas de los europeos hacían horribles destrozos sobre los desnudos salvajes sin conseguir hacerlos retroceder. Se combatía con el mismo ardor en la playa y en lo alto; y la batalla más y más encarnizada, no parecía llegar tan pronto a un término definitivo.

Hubo un instante en que los castellanos de la altura se creyeron en el serio peligro de no poder continuar la resistencia. La pólvora se acababa, y sus cañones y arcabuces estaban a punto de enmudecer. Advertidos de este peligro, los pocos castellanos que quedaban a bordo habrían querido enviar a don García un oportuno auxilio; pero parecía imposible hacerlo llegar hasta la loma, teniendo por necesidad que atravesar por entre los combatientes que peleaban en la llanura. Un clérigo, conocido con el nombre de padre Bonifacio, tan valiente y decidido como el mejor de los soldados, acometió determinadamente esta riesgosa empresa. Bajó a tierra con dos botijas de pólvora, y venciendo todos los peligros, las llevó al fuerte de los castellanos para que se mantuviese el mortífero fuego que había de decidir aquella reñidísima jornada.[178]

La batalla duraba seis horas. Los indios habían perdido centenares de guerreros; sus muertos llenaban los fosos que rodeaban el fuerte. Pero, a pesar de sus impetuosos y repetidos ataques, no lograban doblegar la valentía indomable de los castellanos, siempre firmes en sus puestos, y luchando, cubiertos de golpes y de heridas, con el mismo ardor de las primeras horas de la mañana. Rechazados vigorosamente del recinto del fuerte los que habían logrado asaltarlo, los indios se hallaron de nuevo expuestos al fuego que se les hacía con toda la actividad de que eran susceptibles los cañones y los arcabuces de ese tiempo. Les fue forzoso ceder el terreno y, luego, introducida la confusión en sus filas, entregarse a una desorganizada retirada. La victoria de los castellanos habría sido completa si hubieran podido perseguir a los fugitivos. Pero no tenían un solo caballo; y don García, a pesar de la impetuosidad indisputable de su valor, era demasiado discreto para empeñarse en una persecución a pie, que podía convertirse en una segunda batalla bajo las peores condiciones para sus soldados.[179]

---

[178] Este incidente, que tuvo, sin duda, una gran influencia en el desenlace de la jornada, está referido por Oña en las estrofas 85 y 86 del canto VI del *Arauco domado*.

[179] La batalla del fuerte de Penco, como la han llamado algunos historiadores, ha sido contada por los dos cronistas antiguos, Góngora Marmolejo, capítulo 24 y Mariño de Lobera, libro II, capítulo 2. Suárez de Figueroa ha seguido a este último, completando su relación con accidentes y episodios tomados de *La Araucana*. La narración de Ercilla, consignada en los cantos XIX y XX, es extensa y prolija, y ha sido generalmente seguida por el mayor número de los historiadores. Abunda en pormenores y episodios que extravían la atención del lector sin darle una idea perfectamente clara del conjunto de la lucha. En esos detalles, en que se cuentan los combates personales entre los castellanos y los indios, y en que da a éstos nombres creados por su fantasía, hay muchos de la más dudosa autenticidad. Su

7. Recibe el gobernador los refuerzos que esperaba de Santiago y se prepara para abrir la campaña

Los españoles no habían perdido un solo hombre en la jornada; pero tenían numerosos heridos, y estaban, además, extenuados de cansancio y de fatiga. Don García comprendió muy bien que un nuevo ataque de los indios podía serle desastroso, y sin darse un solo momento de descanso, hizo reparar las palizadas del fuerte y tomó todas las medidas para mantener la más activa y eficaz vigilancia. El mismo día hizo partir al norte uno de sus buques bajo el mando del diestro piloto Juan Ladrilleros con encargo de acercarse a la costa, y de ver modo de ponerse en comunicación con las tropas que venían de Santiago para que acelerasen su marcha. El retardo de éstas tenía tan intranquilo al gobernador, que en su impaciencia había resuelto quitar el mando al capitán Juan Remón, a quien acusaba de remiso en el cumplimiento de sus deberes, y a cuya demora atribuía las complicaciones de su situación.

Sin embargo, ni Remón ni ninguno de sus capitanes eran culpables de este retardo. Habían salido oportunamente de Santiago, y en otras circunstancias habrían llegado a Concepción en el tiempo preciso. Pero aquel invierno había sido extraordinariamente riguroso. Las lluvias abundantes y repetidas habían obligado a los expedicionarios a detenerse muchas veces en su marcha. Los campos empantanados estaban intransitables y los ríos muy crecidos no daban paso por ninguna parte. Después de fatigas indecibles, habían llegado al río Maule. Sabiendo o sospechando el aprieto en que se hallaba el gobernador, se desprendió un destacamento de cien hombres, mandado por el capitán Juan Remón, y se adelantó a marchas forzadas para llegar cuanto antes a Concepción.

Era, en efecto, de suma urgencia el arribo de ese socorro. Los castellanos vivían encerrados dentro del recinto de su fuerte y pasaban en continua alarma,

---

narración se cierra con un episodio en que refiere la historia poética de una india que en la noche se acerca al campo de batalla buscando el cadáver de su esposo, y a la cual presta sentimientos tiernos y delicados que solo se encuentran en las personas de una civilización mucho más adelantada. El episodio de Tegualda, aunque agradable y patético, no tiene la menor verosimilitud. Pedro de Oña, que ha destinado a referir este combate los cantos V y VI del *Arauco domado*, ha imitado a Ercilla describiendo numerosos combates personales, y destinando el canto siguiente a un episodio del carácter del de Tegualda, que adolece de los mismos inconvenientes, y que, además, tiene mucho menos vigor poético.

obligados a mantener la más estricta vigilancia de día y de noche. Don García desplegó en esos días un celo superior a toda fatiga para recorrer a toda hora los puestos de los centinelas, y una ruda severidad para castigar cualquier descuido.[180] Este estado de alarma y de inquietud era por otra parte muy justificado. Los indios, después de esperar en vano que los españoles alentados por su triunfo abandonasen sus fortificaciones para ir a buscarlos en campo abierto, se disponían para dar un segundo ataque. Su ejército, engrosado sin duda con nuevos auxiliares, se dirigía sobre el fuerte de los castellanos. Notado este movimiento, los soldados de don García se pusieron sobre las armas y se prepararon a la pelea. De repente se observó que los indios se ponían en retirada, pero, por otro lado, se acercaba un cuerpo de gentes que la distancia no permitía distinguir. Eran los cien soldados españoles que se habían adelantado a sus compañeros. La vista de este refuerzo había determinado la retirada de los bárbaros y salvado el fuerte de un segundo ataque.[181]

---

[180] Pedro de Oña, canto VIII, estrofas 52-58, ha referido la historia de un centinela llamado Rebolledo a quien don García encontró dormido en su puesto. Después de despertarlo con su espada causándole una grave herida, el gobernador dispuso que el infeliz soldado fuera ahorcado inmediatamente. Los ruegos de algunos de los suyos, y más que todo el convencimiento de la falta que podía hacerle un solo hombre en esas circunstancias, lo indujeron al fin a perdonarle la vida. Suárez de Figueroa ha tomado de Oña este episodio, y le ha dado cabida en el libro II de los *Hechos de don García Hurtado de Mendoza*.
El incidente referido por Oña es efectivo; pero entre los contemporáneos hubo muchos que vieron en él un acto de atolondramiento desdoroso para el gobernador, y digno de castigo. En la acusación del proceso de residencia se lee lo que sigue: «143. Ítem. Se le hace cargo al dicho don García que sin causa dio de cuchilladas a Antonio de Rebolledo y le hirió en un brazo el dicho don García, por lo que el dicho Antonio de Rebolledo se fue de este reino, y el dicho don García que le había hecho agravio, le pidió perdón; y por ser tan mal tratado se fue el dicho Rebolledo de este reino por el agravio y fuerza que del dicho don García recibió». El juez de esta causa consideró culpa grave en este cargo.

[181] Góngora Marmolejo, capítulo 24, dice que los castellanos partidos de Santiago llegaron al campamento de don García el 15 de septiembre. Mariño de Lobera, libro II, capítulo 3, dice que los primeros cien hombres llegaron «un jueves a 13 días del mes de septiembre»; y esta fecha ha sido seguida en la misma forma por Suárez de Figueroa. Conviene advertir aquí que hay un error de detalle. El 13 de septiembre de 1557 no fue jueves, sino lunes. Por otra parte, no nos parece posible que en solo cuatro días, del 7 al 13 hubiera habido tiempo para que llegara a Juan Remón el aviso del combate y para que éste se trasladara del Maule a Concepción. Creemos, por tanto, o que este capitán apresuró su marcha sin tener noticia del combate de 7 de septiembre o que llegó a Concepción después del día 13.

Don García recibió ese refuerzo con el mayor contento. Los cañones del fuerte lo saludaron con una estrepitosa salva, y el mismo gobernador salió a recibir a los soldados que llegaban en su socorro. Sin embargo, durante algunos días el gobernador fue inexorable en su severidad con el capitán Juan Remón, a quien prohibió secamente que se le presentase. Fue necesario que los capitanes Rodrigo de Quiroga y Julián de Bastidas, que habían llegado con ese refuerzo, refiéresen al gobernador las peripecias y contrariedades del viaje para que se aplacase su encono.[182] Esta arrogante terquedad de don García, muchas veces injusta respecto de algunos de sus capitanes y servidores, debía atraerle no pocos enemigos. Así, sucede que a la vez que sus panegiristas aplauden ciegamente cada uno de sus actos, el gobernador tuvo entre sus contemporáneos duros y ásperos censores.[183] El capitán Remón, aunque vuelto a la gracia de su jefe, recibió más tarde otras ofensas y acabó por volverse al Perú profundamente disgustado.

Antes de muchos días, llegó al cuartel general español el capitán don Luis de Toledo con el resto de los auxiliares que habían salido de Santiago. El gobernador llegó a contar más de 600 hombres, perfectamente armados, que formaban el ejército más numeroso y mejor equipado que hasta entonces hubiera habido en Chile. Tenía a su disposición cerca de 1.000 caballos, seis buenos cañones, armamento abundante y una rica provisión de municiones. El campamento de los castellanos, cubierto de tiendas de campaña, había tomado el aspecto y la vida de una ciudad de nueva creación. De allí salieron algunas partidas exploradoras sin encontrar indios de guerra en todos los alrededores.

En efecto, los habitantes de aquella comarca parecían haber comprendido que era imposible resistir al poder formidable que ostentaban los castellanos. Muchos indios se acercaron al cuartel general, y fueron favorablemente recibidos por el gobernador. Algunos de ellos presentaron a don García un caballo que habían tomado a los españoles en el combate después del cual fue destruida la ciudad de Concepción, y recibieron en retorno, junto con la promesa de

---

182 Mariño de Lobera, libro II, capítulo 3; Góngora Marmolejo, capítulo 24.
183 El cronista Góngora Marmolejo, después de referir en el capítulo 24 el mal recibimiento hecho al capitán Remón, agrega lo que sigue: «En este tiempo don García estaba tan altivo como no tenía mayor ni igual. Libremente disponía en todas las cosas como le parecía, porque en el tratamiento de su persona, casa, criados y guardia de alabarderos estaba igual al marqués su padre; y como era mancebo de veinte años, con la calor de la sangre levantaba los pensamientos a cosas grandes».

no hacerles mal, los obsequios que los españoles solían darles. El gobernador les encargó, además, que llevasen un mensaje de paz a los indios del otro lado del Biobío.

Estos mismos parecieron estar animados de disposiciones menos hostiles. Un indio joven, llamado Millalauco, partido del campamento de Caupolicán, se presentó en esos días en el cuartel general de los españoles.[184] El mensajero araucano llegaba a comunicar a don García que sus compatriotas estaban reunidos en una numerosa junta, que allí discutían si debían deponer las armas y someterse a los conquistadores o continuar la guerra. Pedía, en consecuencia, que no se rompiesen las hostilidades hasta que no se tomase una determinación que podía poner término a la lucha desastrosa. El gobernador, admirado de la expedición y de la soltura con que el indio desempeñaba su misión, lo recibió benignamente, le obsequió un traje de grana y seda y lo despachó con el encargo de tranquilizar a Caupolicán. Debía comunicarle que los españoles querían ante todo la paz y que, por tanto no ejercerían acto alguno de hostilidad si no eran provocados por los indios. El mensajero partió con esta respuesta, pero no volvió más al campo de los castellanos. Todo aquello no había sido más que una estratagema de guerra para imponerse de los recursos de los invasores y para retardar su acción, dando así tiempo a preparar mejor la resistencia.

Aunque el numeroso ejército de que disponía el gobernador le infundía plena confianza en la suerte de la campaña, los soldados de experiencia en la guerra de Arauco tenían menos fe. Ellos conocían de sobra los peligros de esa lucha, el valor indomable de los indios, sus mañas y artificios para preparar fatales emboscadas. El mismo don García, queriendo presentarse ante el enemigo con un poder irresistible, mandó que se le reunieran los soldados veteranos que desde años atrás defendían con tanta audacia y con tan buen éxito las ciudades del sur. Dispuso con este propósito que el experimentado capitán Francisco de

---

184 Ercilla cuenta, cantos XVI y XVII, que la misión de Millalauco tuvo lugar en la isla de la Quiriquina, cuando los españoles no habían desembarcado en el continente. Mariño de Lobera, que la refiere con diversos accidentes, libro II, capítulo 3, la coloca, como lo hacemos nosotros por parecernos la versión más probable, después de la victoria de los españoles en el fuerte de Penco. Suárez de Figueroa, que conoció estas dos relaciones, ha contado la misión de Millalauco como ocurrida en el continente, inmediatamente después del desembarco de don García y, por tanto, antes de la batalla. Con este motivo, el retórico historiador pone al terminar el libro I, en boca del mensajero araucano un largo y laborioso discurso de no mal efecto literario, pero absolutamente impropio en la historia.

Ulloa, seguido por algunos soldados de caballería, partiese para la Imperial, y que reuniendo allí todos los hombres que pudieran salir a la guerra, volviera a juntarse con él en el momento de abrir la campaña. Por grandes que fuesen los peligros que ofrecía esta comisión, teniendo que atravesar una extensa porción de territorio de que estaba enseñoreado el enemigo, Ulloa la desempeñó satisfactoriamente.

Don García no limitaba su ambición a la conquista y pacificación del territorio araucano. Quería, además, asentar sólidamente su dominio en todo el territorio comprendido en su gobernación. Así como en La Serena no había vacilado en desprenderse de cien hombres para que fuesen al otro lado de las cordilleras a someter la lejana provincia de Tucumán, desde su campamento de Penco preparó otra expedición para reconocer y ocupar la región vecina al estrecho de Magallanes. Dos navíos y un bergantín fueron preparados para esta empresa. Confió el mando de ellos al piloto Juan Ladrilleros, y puso a su lado al capitán Francisco Cortés Ojea, que en 1553 había reconocido aquellos lugares. Los expedicionarios salieron en noviembre de la bahía de Concepción. Su viaje, memorable para la historia de la geografía, se hallará referido más adelante.[185]

---

185 En el capítulo 19, § 3 a 7.

Capítulo XVII. Hurtado de Mendoza: campaña de Arauco. Fundación de Cañete y repoblación de Concepción (1557-1558)

1. Don García Hurtado de Mendoza pasa el río Biobío a la cabeza de todas sus tropas. 2. Batalla de las Lagunillas o de Biobío. 3. Marcha el ejército español al interior del territorio araucano. 4. Batalla de Millarapue. 5. Reconstrucción del fuerte de Tucapel. 6. Combates frecuentes en los alrededores de esta fortaleza. 7. Fundación de la ciudad de Cañete y repoblación de Concepción. 8. Combate del desfiladero de Cayucupil.

1. Don García Hurtado de Mendoza pasa el río Biobío a la cabeza de todas sus tropas

Desde mediados de octubre de 1557, don García estaba listo para abrir la campaña contra los indios.[186] Distribuyó sus tropas en compañías, poniendo a la cabeza de cada una de ellas un capitán de toda su confianza, y dejó bajo sus inmediatas órdenes otra de cincuenta arcabuceros montados. El importante cargo de maestre de campo, correspondiente al de jefe de estado mayor de los ejércitos modernos, fue confiado al capitán Juan Remón. Formó, además, el gobernador una especie de compañía o columna de doce clérigos y frailes,

---

186 Cuenta el cronista Góngora Marmolejo, que en esos momentos, estando para partir don García, llegó a Concepción el presbítero Rodrigo González Marmolejo, obispo presentado por el rey para la diócesis de Santiago, llevando doce buenos caballos de silla y un navío cargado de bastimentos. Habría sido éste un donativo generoso con que quería contribuir para la prosecución de la guerra. El presbítero González Marmolejo era, como se sabe, uno de los encomenderos más ricos de Santiago, y tenía una crianza de caballos. Por otra parte, no sería extraño que quisiera congraciarse con el gobernador, a quien se suponía de un valimiento ilimitado en la Corte, y cuyo padre se mostraba muy predispuesto contra ese sacerdote. Pero, además de que este hecho no se halla consignado en los otros escritores contemporáneos, no encontramos la menor referencia a él en la correspondencia de don García al rey, ni en la que dirigía al virrey su padre. Góngora Marmolejo ha confundido este donativo con el que recibió el gobernador de los encomenderos de Santiago cuando se hallaba en la Quiriquina, y que, como ya dijimos, era un donativo forzoso, arrancado a esos encomenderos por los agentes de don García. En este donativo cupo una buena parte al obispo electo González Marmolejo que era quizá el hombre más rico de la colonia. Según el proceso de residencia de don García, la cuota pagada por el futuro obispo alcanzó a 10.500 pesos en: trigo, maíz, ovejas, puercos, manteca y otras especies. Este donativo, sin embargo, no le conquistó el favor ilimitado de don García. En efecto, como las leyes existentes prohibieran a los obispos tener encomiendas, aunque el presbítero González Marmolejo no hubiera entrado en posesión de la mitra, el gobernador le mandó quitar el rico repartimiento de indios que tenía en Quillota, y se lo dio a Juan Gómez de Almagro.

que debía marchar en formación, a la vanguardia del ejército, pero detrás de los exploradores, llevando en alto una cruz como signo seguro de victoria. Uno de ellos era el licenciado Vallejo, maestre escuela de la catedral de Charcas y confesor de don García.

La devoción del gobernador se manifestaba también en otras demostraciones. Aquellos toscos soldados, tan dispuestos a violar los más vulgares principios de humanidad, debían asistir a todas las distribuciones religiosas, a las pláticas y sermones que se hacían en el campamento, y confesarse y comulgar con frecuencia. «Estos sacramentos, dice un escritor contemporáneo, son las armas más principales para vencer a los enemigos.»[187] Don García habría considerado una blasfemia digna de la hoguera el que se le hubiese observado que los araucanos, sin llevar cruces en sus ejércitos y sin conocer la confesión y la comunión, habían seguido desde cuatro años atrás una carrera casi no interrumpida de los más singulares triunfos.

Deseando infundir confianza a sus soldados, y demostrarles que los indios eran enemigos despreciables, el gobernador ejecutó un acto de temerario arrojo que pudo haberle costado caro. Seguido de veinticinco arcabuceros de su compañía y de cinco jinetes, atravesó el Biobío en una barca, dejó a aquéllos al cuidado de la embarcación en la ribera sur del río, y él, seguido de los otros cinco compañeros, se internó 2 leguas en el territorio enemigo. Esta correría inútil y temeraria no encontró la menor contrariedad. Los indios de guerra no andaban por aquellos lugares; y don García pudo volver a su campamento sin necesidad de desenvainar la espada.[188]

---

187 *Crónica* de Mariño de Lobera, libro II, capítulo 3.
188 Carta de don García al marqués de Cañete, virrey del Perú, escrita en la ciudad de Cañete el 24 de enero de 1558. El hecho referido en el texto puede razonablemente ponerse en duda. No se halla consignado en los cronistas contemporáneos, y consta solamente de la relación del mismo gobernador que acabamos de citar. Esta relación, reunida por Muñoz en su valiosa colección de manuscritos, fue copiada por don Claudio Gay y publicada en el tomo I, págs. 180-186, de Documentos. Después ha sido insertada en el tomo II de la Colección de historiadores de Chile, y en el IV de la Colección de documentos inéditos de Torres de Mendoza.
Debemos advertir que las cartas de don García Hurtado de Mendoza son documentos del más escaso mérito literario, de tal suerte que si no existieran otras relaciones acerca de estos mismos sucesos, apenas podríamos formarnos idea de ellos. Por la amplitud de noticias, por el colorido y la vida de la relación y por el donaire en el decir, las cartas de Valdivia les son inmensamente superiores.

Pero si era posible ejecutar esta operación, el paso del río por todo el ejército ofrecía mayores dificultades. Las tropas españolas constaban de 600 hombres; y a más de un copioso material de guerra, tenían que llevar cerca de 1.000 caballos, provisiones de boca, una cantidad considerable de puercos enviados de Santiago para alimento de la tropa y como 4.000 indios auxiliares reunidos, en su mayor parte en los campos vecinos a Concepción. El transporte de estas fuerzas y de todo este material de guerra de un lado a otro del anchuroso Biobío debía ocupar algunos días, durante los cuales los araucanos podían atacar con ventaja a los españoles. Para desorientar al enemigo, el gobernador mandó gente a cortar maderas para la construcción de balsas algunas leguas más arriba del lugar por donde tenía determinado pasar el río. Mientras los indios esperaban ver llegar a los españoles y se disponían a disputarles el paso, don García hacía entrar por la embocadura del Biobío las embarcaciones menores de sus naves llevando una parte de sus tropas, para dejarlas en tierra en la ribera opuesta, a corta distancia del mar. El resto de su ejército salió del campamento en la noche del 1 de noviembre, y desde el amanecer del día siguiente comenzó a pasar el río sin ser inquietado por el enemigo que se hallaba mucho más arriba.[189] El gobernador activaba este trabajo con toda la energía de su juventud y de su impaciencia. Un marinero italiano de la isla de Lipar, que servía en las embarcaciones, rendido de fatiga por el exceso de trabajo, se escondió para tomar algún descanso y algún alimento. Don García, sin querer oír excusas, mandó ahorcarlo; y como no se hallara en las inmediaciones un árbol en que ejecutar esta orden, sacó su propia espada y la pasó al alguacil para decapitar al culpable. Los ruegos de los frailes que acompañaban al gobernador salvaron a aquel marinero de una muerte segura. A pesar de todo el impetuoso empeño de don García, el paso del río ocupó seis días casi completos.[190]

---

189 Góngora Marmolejo, capítulo 25, refiere que el capitán Juan Bautista Pastene, que debía haber llegado recientemente de Santiago, dirigió en esas circunstancias la construcción de una balsa que sirvió eficazmente para pasar los caballos. Las otras relaciones no contienen esta noticia.
190 Carta citada de Hurtado de Mendoza. Mariño de Lobera, libro II, capítulo 3; Góngora Marmolejo, capítulo 25; Suárez de Figueroa, libro II.

2. Batalla de las Lagunillas o de Biobío

El 7 de noviembre se halló reunido en la ribera sur del Biobío todo el ejército español. A las tropas salidas de Concepción se había reunido el refuerzo de la Imperial, compuesto de cincuenta o sesenta veteranos de gran experiencia en la guerra, y de una provisión de ganado de cerda, que, por lo que se ve, se había propagado rápidamente en las ciudades del sur. El gobernador emprendió la marcha el mismo día, dejando alguna tropa al cuidado de las embarcaciones que quedaban en el río.

Delante del ejército, y como a media legua de distancia, marchaban cincuenta hombres bien montados que, repartiéndose por todos lados, debían servir de exploradores. Enseguida iban los doce sacerdotes llevando levantada la cruz, dando así a la marcha del ejército el aspecto de una procesión religiosa. Detrás de ellos seguía don García escoltado por la compañía de su guardia y, luego, todo el ejército convenientemente distribuido. El estandarte real era llevado en el centro por el alférez general don Pedro de Portugal y por el licenciado Santillán, teniente de gobernador. Cada compañía tenía, además, su estandarte particular que llevaba el alférez, puesto de honor y de confianza inferior solo al de capitán o jefe de ella. Comparado con las escasas huestes de Valdivia, el ejército de don García, tanto más numeroso, perfectamente equipado, provisto de cascos y corazas relucientes, de las mejores armas de ese tiempo y de músicas militares, debía ofrecer un golpe de vista capaz de imponer y de desalentar a enemigos menos empecinados y resueltos que los arrogantes guerreros araucanos.

Después de una corta marcha, sin alejarse mucho de las orillas del río, para tomar el camino de Arauco, el ejército fue a acampar en un llano cubierto aquí y allá por algunos grupos de árboles. Al lado del campamento se extendía una laguna de poco fondo, bordeada en su mayor parte por las laderas de los últimos cerros que se desprenden de la cordillera de la Costa.[191] Esos campos se veían enteramente desiertos. Nada parecía indicar que hubiese el menor peligro

---

[191] Ercilla ha indicado el sitio del campamento en la estrofa 6 del canto XXII de *La Araucana*. Comparando las noticias consignadas en las crónicas y documentos con los mapas modernos, se ve que don García ha debido pasar el Biobío, a muy corta distancia del lugar donde hoy se levanta Concepción, y que una vez en la orilla opuesta siguió la misma dirección que lleva ahora el camino que conduce a Coronel y Lota. La laguna de que se habla en el texto o, más bien, la serie de pequeñas lagunas, ha sido conocida de tiempo atrás con el nombre de San Pedro, que también tienen los campos vecinos, por la denominación de un fuerte que levantaron más tarde los españoles a orillas del río.

en pasar allí la noche, y los soldados se prepararon para tomar algunas horas de descanso. Sin embargo, don García fue advertido, probablemente por los indios auxiliares, de que el enemigo se hallaba en las inmediaciones. Deseando evitar un combate nocturno, que podía ser peligroso para su ejército, el gobernador subió a un cerro vecino, con la intención de explorar el campo; y no descubriendo cosa alguna que le infundiese recelos, mandó avanzar al capitán Reinoso con unos veinte jinetes para adelantar la exploración.

Los indios de guerra, en efecto, estaban allí cerca. Después de haber esperado a los españoles para atacarlos en el paso del río algunas leguas más arriba, se habían visto burlados en su expectativa; y dirigiéndose al poniente por entre las serranías de la costa, venían a cortarles el camino para el interior de sus tierras. Dos soldados castellanos que se habían apartado del ejército para coger frutillas en el campo, fueron asaltados por un número considerable de indios. Uno de ellos, llamado Hernando Guillén, que trató de defenderse, fue inhumanamente descuartizado por los bárbaros. El otro, nombrado Román Vega Sarmiento, mucho más afortunado, logró salvarse de sus manos y llevar al campamento el aviso de la proximidad del enemigo.

El capitán Reinoso también se había encontrado con los indios por otro lado. Hallándose a una legua del cuartel general, se vio de repente acometido por espesos pelotones de bárbaros contra los cuales no podía empeñar batalla con los escasos soldados que lo acompañaban. Dando a su campamento el aviso de lo que ocurría, Reinoso comenzó a retirarse; pero las condiciones del terreno, la abundancia de charcos y de pantanos, no permitían a sus caballos andar tan aprisa como convenía para sustraerse a la persecución. En algunos pasos se vio obligado a dar cara a los enemigos para escarmentar a los que estaban más obstinados en perseguirlo. Aunque en estos choques los españoles no perdieron un solo hombre, el solo hecho de su retirada envalentonaba a los indios y les hacía concebir confianza en la suerte de la jornada.

La alarma estaba dada en el campamento español. Los soldados corrían a reunirse bajo sus banderas respectivas; pero reinaba por todas partes la inquietud y la turbación producidas por la fama del valor indomable de los indios y por la inexperiencia del general en jefe. Don García, en efecto, sabiendo que se había visto al enemigo avanzar por dos partes diferentes, se limitó a formar sus tropas y a mandar que el maestre de campo Juan Remón se adelantase con otros treinta hombres a reforzar a Reinoso y a observar lo que pasaba por ese lado. Este auxilio habría servido para favorecer la retirada de las primeras tropas empeñadas en el combate; pero el ardor de los soldados comprometió imprudentemente la batalla.

En efecto, apenas llegados a la vista del enemigo, los soldados de Remón, uno de ellos llamado Hernán Pérez de Quezada, andaluz de nacimiento, salió de la fila preguntando en alta voz:

«¡Ah!, señor maestre de campo, ¿a qué hemos venido aquí?»

—«Buena está la pregunta —contestó Remón—, ¿a qué habíamos de venir sino a pelear?»

—«Pues, entonces, ¡Santiago! y a ellos», repuso Hernán Pérez, arremetiendo impetuosamente a los indios con todos los soldados que formaban las fuerzas de Remón y de Reinoso. Aquella carga de cincuenta magníficos caballos, montados por jinetes tan intrépidos como esforzados, fue verdaderamente terrible. Los indios que habían perseguido a los castellanos, atropellados por los caballos, heridos por las lanzas y por las espadas, se vieron obligados a volver caras dejando el suelo cubierto de cadáveres, para ir a reunirse al grueso de su ejército. Los españoles los siguieron largo trecho haciendo destrozos en sus grupos, pero llegaron en la persecución a estrellarse contra una masa más numerosa y más compacta de bárbaros; y convencidos de que no la podrían romper con tan poca gente, les fue forzoso, a su vez, emprender la retirada. No pudiendo marchar tan ligero como convenía, por causa de las ciénagas, eran atacados resueltamente por los indios que los perseguían sin descanso, y estaban obligados a defenderse a pesar del cansancio que les había producido tan obstinada pelea. Muchos de ellos fueron gravemente heridos en aquella retirada. El valeroso Hernán Pérez, después de recibir muchas lanzadas, fue salvado por los suyos casi moribundo.

Don García, entretanto, permanecía en su campamento sin tomar una medida eficaz para rechazar el ataque de los bárbaros. No era, sin embargo, el valor lo que faltaba al joven general. Cuenta él mismo que al saber que el maestre de campo había empeñado la batalla, y que los indios lo tenían en aprieto, montó a caballo para acudir en persona al sitio del peligro; pero que los soldados y en particular los clérigos y frailes que lo rodeaban, se asieron de las riendas de su caballo pidiéndole que no se separase del campo. Ante esta resistencia, se limitó a despachar dos compañías de cincuenta hombres cada una, a cargo de los capitanes Rodrigo de Quiroga y Pedro del Castillo, en auxilio de los españoles comprometidos en la batalla. Aun estas fuerzas no bastaron para contener el empuje de los indios, que seguían avanzando hacia el campamento español.

Los bárbaros aparecían también por otras partes, y amenazaban al cuartel general. Pero aquí había tropas más numerosas, estaban formadas en orden y se sentían dispuestas a no ceder un solo paso. En su primer empuje, los indios, orgullosos con las ventajas alcanzadas ese día, cebados con la confianza de obtener una victoria completa, llegaron a estrellarse contra las filas del ejército de don García. Recibidos a pie firme por los soldados castellanos, no pudieron resistir largo tiempo el fuego de los arcabuces y las puntas de las picas, y se vieron forzados a retraerse al pie del cerro, y cerca de la laguna y de los pantanos que se extendían a su derecha.[192] Aquella posición era perfectamente escogida para sostener una vigorosa resistencia; pero allí mismo fueron atacados con la energía que los españoles sabían emplear en los lances más apurados.

Mientras el capitán Francisco de Ulloa, a la cabeza de una compañía de jinetes, amagaba a los indios por el lado del cerro, la infantería española, mandada personalmente por don Felipe de Mendoza, el hermano natural del gobernador, los atacaba de frente por en medio de las lagunas y pantanos en que los bárbaros habían creído hallar una defensa. Los castellanos penetraron en la ciénaga con el agua y el barro hasta la cintura, según la expresión de Ercilla, que era de su número; rompieron los fuegos de arcabuz y cargaron con sus espadas haciendo grandes estragos entre los indios que, sin embargo, se defendieron por largo rato con el mayor denuedo. Pero ante la superioridad de las armas de los europeos, y sobre todo de la regularidad y del orden de su ataque, toda resistencia era imposible. Los indios comenzaron a retroceder y, luego, tomaron

---

[192] Ercilla, que ha contado esta batalla con la animación y el colorido que pone en la descripción de los combates, ha referido este incidente en la estrofa 28 del canto XXII. Dice así:

«Iban los araucanos tan cebados
que por las picas nuestras se metieron;
pero vueltos en sí, más reportados,
el ímpetu y la furia detuvieron,
y al punto recogidos y ordenados,
la campaña al través se retrajeron
al pie de un cerro a la derecha mano
cerca de una laguna y gran pantano».

la retirada entre los árboles que cubrían las faldas del cerro. La persecución de los fugitivos era peligrosa y difícil. No solo había gran riesgo en aventurarse a renovar el combate entre los bosques de la montaña sino que la hora avanzada de la tarde no permitía prolongar más tiempo la jornada en aquellos lugares escabrosos. Los españoles, dejando el campo sembrado de cadáveres de enemigos, volvieron al campamento con algunos prisioneros.[193]

Uno de éstos fue víctima de un atroz castigo. Don Alonso de Ercilla, que ha consignado este triste episodio, cuenta que un indio a quien llama Galvarino, capturado en el combate por haberse adelantado a sus compañeros, fue conducido al campamento español. Hasta entonces el gobernador había usado de humanidad con los indios, pero creyendo producir un escarmiento, mandó que a éste le cortasen las dos manos. La orden se ejecutó sin demora. El indio soportó la mutilación sin proferir un quejido, conservando en su rostro la más imperturbable serenidad. Dejado en libertad por sus verdugos, Galvarino pedía que le diesen muerte y, luego, prorrumpiendo en imprecaciones contra los opresores de su raza, corrió a juntarse a los suyos para excitar su venganza.[194]

---

193 Esta jornada, que los historiadores han denominado batalla de las Lagunillas o de Biobío, ha sido brillantemente descrita por Ercilla en el canto XXII de *La Araucana*, y contada con bastante claridad en la crónica de Mariño de Lobera, libro II, capítulo 3. Góngora Marmolejo, que la ha referido con menos prolijidad en el capítulo 25, la ha dado a conocer bien en sus principales accidentes. La relación que contiene la carta citada de don García al virrey, su padre, es muy sumaria y desordenada, pero contiene pormenores que ayudan a dar un conocimiento cabal de los hechos. Suárez de Figueroa, que escribía medio siglo después, que no conocía el país en que estos hechos tuvieron lugar, y que por esto mismo ha incurrido en frecuentes errores geográficos, no ha hecho en esta parte más que cambiar la redacción de la crónica de Mariño de Lobera, agregándole algunos accidentes tomados de Ercilla. La descripción que se halla en los cantos X y XI del *Arauco domado* no carece de animación ni de colorido poético.

La crónica citada dice que la batalla tuvo lugar el 10 de octubre de 1557, fecha que ha copiado fielmente Suárez de Figueroa, en lo que hay un error que quizá es solo de pluma, escribiendo octubre por noviembre. En efecto, aunque la carta de don García no da la fecha del combate, de ella se desprende que tuvo lugar el 7 de noviembre. Dice allí que el 1 de ese mes salió de Concepción; el 2 comenzó el paso del Biobío, operación que demoró seis días, el último de los cuales tuvo lugar la batalla, cuando apenas se habían alejado un poco de su ribera, según se desprende de los documentos, y como lo dice expresamente el licenciado Diego Ronquillo en la *Relación* de que hablaremos más adelante.

194 El episodio de la mutilación de Galvarino ocupa solo las diez últimas estrofas del canto XXII de *La Araucana*, y constituye uno de los más animados y vigorosos cuadros de este poema. Además de que el hecho ha sido referido en globo por los cronistas contemporáneos, lleva todo el carácter de verdad. Desde luego, Ercilla advierte que él presenció lo que cuenta.

La batalla de las Lagunillas, o del Biobío, como también se la denomina, era una victoria de las armas españolas, en que los vencedores no habían tenido más que un solo soldado muerto, pero en que sacaron numerosos heridos, muchos de ellos de gravedad. Sin embargo, esa victoria distaba mucho no solo de ser decisiva, sino de atemorizar a los indios. Además de que el grueso del ejército de éstos había podido retirarse sin ser molestado y sin que se hubiesen tomado las medidas del caso para cortarles el camino de los cerros, en la pelea misma los indios habían hecho retroceder durante la primera parte de la jornada a una buena porción de la caballería de los castellanos, lo que no podía dejar de exaltar el orgullo guerrero de esos bárbaros. Por esto mismo, el día siguiente de la jornada, en el cuartel general español se hacían entre los jefes cargos y acusaciones que no podían dejar de introducir las rivalidades y la desmoralización. El mismo don García, después de oír las excusas que daban algunos capitanes para explicar el hecho de haber comprometido la batalla y de haberse retirado delante de los indios, dijo con la arrogancia que le daban su rango, su juventud y su nacimiento, «que no había ninguno de ellos que tuviese plática de guerra a las veras, sino al poco más o menos, y que vía y sabía que no entendían la guerra, por lo que de ellos había visto, más que su pantuflo».

Pedro de Oña, que escribía su *Arauco domado* en Lima bajo los auspicios de don García Hurtado de Mendoza, entonces virrey del Perú, y para ensalzar a este alto personaje, no solo no desmiente a Ercilla sino que cuenta en el canto XII el mismo hecho con mayor amplitud y con otros pormenores, uno de los cuales es que la ejecución tuvo lugar con gran aparato, y después que aquel indio reprochó su traición a los indios que servían como auxiliares de los españoles. Para justificar la dureza del gobernador, Oña supone que Galvarino era el indio que había dado muerte alevosa al soldado Guillén al comenzar la batalla. Suárez de Figueroa introdujo el mismo incidente en el libro II de los *Hechos de don García*; y después de él lo han contado casi todos los cronistas e historiadores subsiguientes.

El licenciado Diego Ronquillo, que acompañó a Hurtado de Mendoza en esta campaña, es autor de una curiosa, pero muy sumaria *Relación de lo ocurrido en Chile durante el tiempo que asistió en dicho reino*. No cuenta allí la mutilación de Galvarino, que en realidad no podría entrar en el estrecho cuadro que se había trazado en ese escrito, pero sí refiere que a los indios que cayeron prisioneros en esta jornada, se les dejó en libertad después de haberles hablado don García y los frailes que lo acompañaban, en favor de la paz y de haberles requerido que comunicasen a sus compatriotas las intenciones pacíficas del gobernador. Es probable que ésta fuera la suerte de los otros prisioneros, puesto que solo se habla del castigo de uno solo.

La *Relación* de Ronquillo, conservada en la Biblioteca Nacional de Madrid, fue publicada por don Pascual de Gayangos como apéndice de la historia de Góngora Marmolejo, y ha sido reproducida en el tomo II de la Colección de historiadores de Chile.

«Entre los presentes, añade el mismo cronista, tenido fue por blasfemia grande para un mancebo reptar capitanes viejos y que tantas veces habían peleado. Fue causa lo que aquel día dijo para que desde allí adelante en los ánimos de los hombres antiguos fuese mal quisto.»[195]

3. Marcha el ejército español al interior del territorio araucano

Por los indios prisioneros en la batalla, supo el gobernador que pocas leguas más adelante tenía el enemigo un fuerte. Persuadido de que allí le presentaría un segundo combate, don García dispuso en la mañana siguiente la marcha inmediata de su ejército. En efecto, en lo alto de la serranía de Andalicán,[196] que interrumpe el camino más o menos llano de la costa, halló un fuerte de palizadas que sus soldados ocuparon sin resistencia. Los indios lo habían desamparado replegándose al interior, de tal suerte que no se veía un solo enemigo en todas las inmediaciones. En aquel lugar se estableció el cuartel general de los españoles, y se mantuvo allí durante dos días para curar los heridos de la jornada anterior. Aunque de allí salieron algunas partidas exploradoras a reconocer los campos vecinos, todas ellas llevaban el encargo expreso de don García de no hacer daño alguno en los sembrados ni en las habitaciones de los indios. Antes de partir de este sitio, se supo en el campamento que un temporal de norte había destruido la embarcación que los expedicionarios habían dejado en el Biobío, con pérdida de tres soldados y de otros tantos negros. La retirada al norte en caso de un contraste, se hacía, pues, mucho más difícil; pero este contratiempo no los desalentó un instante, tanta era la confianza que tenían en su poder y en sus recursos.

Al recomenzar la marcha hacia el sur, los asaltaba, sin embargo, un justo temor. Tenían delante la terrible cuesta de Marigueñu o de Villagrán, teatro de uno de los más espantosos desastres que habían experimentado los españoles. En sus ásperas laderas, en los tupidos bosques y en los espesos matorrales que las cubrían, podían los indios haber preparado peligrosas emboscadas. Fue necesario comenzar por hacer prolijos reconocimientos; sin embargo, el enemigo no se presentó por ninguna parte. En esos funestos parajes, los españoles encontraron el suelo cubierto con los huesos insepultos de sus compatriotas;

---

195 Góngora Marmolejo, capítulo 25.
196 Hemos dicho que la serranía de Andalicán es la de Colcura, en cuyas faldas inferiores está hoy situado Lota.

pero llegaron hasta los llanos de Laraquete y de Arauco sin encontrar la menor resistencia.

Quince días permanecieron allí los expedicionarios. Don García había tenido la precaución de hacer salir de la bahía de Concepción dos buques cargados de provisiones que seguían a su ejército. En el puerto de Arauco se desembarcaron los víveres necesarios para las tropas, lo que permitía cumplir escrupulosamente la orden de no tocar las comidas de los indios. El gobernador, en efecto, persistía en su quimérico plan de reducir a los bárbaros por la benevolencia y las promesas amistosas. Los prisioneros que tomaban sus avanzadas eran tratados afectuosamente, y después de darles ropas y otros obsequios, eran puestos en libertad para que llevasen a sus caudillos palabras de paz y de conciliación. Muy pocos de ellos volvían al campamento, y éstos llegaban a comunicar las amenazas y fieros de sus jefes que no pensaban más que en pelear, y que tenían la confianza de destruir el nuevo ejército invasor como habían destruido el de Valdivia.

Continuando su marcha al sur, el mismo don García tuvo ocasión de convencerse de la ineficacia de sus sistemas de reducción, y de que las amenazas de los indios no eran simples bravatas. Las partidas que se alejaban de su campo estaban obligadas, con frecuencia, a sostener rudos combates con los indios que las asaltaban. Una de ellas, mandada por el contador Arnao Segarra y Ponce de León, que como todos los empleados civiles servía en el ejército en las ocasiones de guerra, fue atacada por un escuadrón de indios. Después de un corto combate, los bárbaros se refugiaron a una ciénaga donde dieron muerte a un español que imprudentemente los había perseguido hasta allí. El gobernador, reprochando este contratiempo a Arnao Segarra, envió nuevas fuerzas en contra de esos indios; pero éstos habían abandonado el sitio, y no fue posible darles alcance. Los castellanos, en cambio, hallaron en unas chozas vecinas uno de los cañones que cuatro años atrás habían quitado los araucanos al ejército de Villagrán en la cuesta de Marigueñu. Los bárbaros conservaban esa pieza como trofeo de victoria, pero no sabían hacer uso de ella.

Mientras tanto, a cada instante se confirmaban las noticias que se tenían de los aprestos bélicos de los indios. Un reconocimiento practicado por Rodrigo de Quiroga hizo saber que al lado de la montaña había un camino cerrado por muchos árboles tendidos en el suelo, lo que hacía sospechar que allí se había preparado una emboscada. Siendo imprudente marchar por esa parte, el ejército siguió por el camino inmediato a la costa hasta un lugar llamado Millapoa o Millarapue, 3 o 4 leguas al sur del sitio en que se había levantado el fuerte de Arauco. En la tarde del 29 de noviembre, don García acampó allí con todas las precauciones que podía inspirarle el temor de la proximidad del enemigo.

4. Batalla de Millarapue

Al amanecer del siguiente día, 30 de noviembre, las trompetas y chirimías despertaban al campamento de los castellanos. El ejército debía oír la misa de cada mañana antes de recomenzar la marcha. Los acordes de las músicas militares fueron contestados a la distancia por los desapacibles sonidos de las bocinas de los indios y por una amenazante gritería. Un cuerpo de 8 a 10.000 guerreros araucanos, después de caminar toda la noche para dar una sorpresa nocturna al campo de don García, llegaba al amanecer. Creyendo que las músicas militares eran la señal de que habían sido descubiertos en su marcha, lanzaban sin recelo los gritos y alaridos de rabia con que solían entrar en combate.

Los indios se presentaban por tres puntos diferentes. Caupolicán, montado en un caballo blanco y llevando en sus hombros una capa de grana, probablemente obsequio de don García a alguno de los indios que lo habían visitado, era quien mandaba aquel ejército y, en efecto, marchaba al frente de una división. Los españoles, por su parte, corrieron inmediatamente a formar sus filas, y en poco rato estuvieron en situación de entrar en combate. Pero les fue forzoso aguardar al enemigo que se hallaba lejos todavía, y que avanzaba por terrenos accidentados en los cuales no habría podido hacerle daño la artillería si hubiese roto sus fuegos.

Cuando los enemigos se hubieron acercado algo más al campo español, el mismo don García con una buena parte de su infantería y con sus cañones, se dispuso a rechazar el ataque del cuerpo más numeroso de los indios que encimaba una loma situada en frente de su ala derecha. Pero apenas empeñado el combate por esta parte, el gobernador comprendió que el verdadero peligro estaba en su ala izquierda. Una gruesa división araucana avanzaba resueltamente por ese lado. La caballería española, mandada por don Luis de Toledo, que había empeñado el ataque contra esa división, no había podido romperla «por estar tan cerrada y tener tan bien ordenada la piquería, dice un contemporáneo, como si fueran soldados alemanes muy cursados y expertos en semejantes ocasiones». Los indios despedían nubes de flechas y de piedras lanzadas con sus hondas, y aquellos maderos cortos o garrotes que, arrojados a la cabeza de los caballos, los hacían encabritarse y retroceder, sin que los jinetes pudieran dominarlos. Al ver el conflicto en que por este costado se hallaba su caballería, el gobernador hizo revolver sus cañones, y abocándolos contra una ladera en que se hacía fuerte esa división, mandó romper los fuegos. Las balas iban dirigidas «con tanta destreza, dice el mismo cronista, que a las primeras rociadas se abrió el escuadrón dividiéndose en varias partidas, dando entrada con facilidad a la caballería, la cual desbarató a los enemigos alanceando a muchos de ellos y poniendo a los demás en huida con mucha presteza».

Pero la batalla se sostenía con todo ardor en la derecha del campo castellano. Los indios, reforzándose en una ondulación cubierta de árboles que hacía el terreno entre dos lomas, se defendían vigorosamente contra los ataques de los infantes. El combate estaba allí muy encarnizado, y los dos bandos se disputaban el campo con singular arrojo. Cuando los castellanos creían que empezaban a arrollar al enemigo en ese sitio, los indios recibieron el refuerzo de nuevas mangas de guerreros de la otra división que todavía no había entrado en la pelea. Hubo un momento en que el triunfo de los araucanos pareció inevitable en este lado. El maestre de campo Juan Remón alentaba a los suyos casi sin resultado, cuando llegó en auxilio de los españoles otra compañía de arcabuceros. Servía en ella el valeroso don Alonso de Ercilla, el insigne cantor de *La Araucana*. Incitado por su nombre por el maestre de campo, para entrar prontamente en la pelea a conquistar la gloria a que aspiraban los buenos caballeros, don Alonso, seguido de algunos de los suyos, se lanzó resueltamente al bosque que cubría la quebrada. El combate fue renovado con mayor ardor; pero en esos momentos, don García, vencedor de los bárbaros que lo habían atacado por el flanco izquierdo, acudía con nuevas fuerzas por ese lado y, arrollando una encarnizada resistencia, decidía la victoria completa en todo el campo. Dos horas después de mediodía, los indios huían en todas direcciones, perseguidos tenazmente por los españoles, dejando cerca de 1.000 muertos y cerca de otros tantos prisioneros tomados en la fuga.[197]

197 La batalla de Millarapue ha sido contada con bastante claridad en la crónica de Mariño de Lobera, libro II, capítulo 4, que nos sirve de guía principal en lo que dejamos escrito en el texto, y que ha sido fielmente seguida por Suárez de Figueroa. La relación de Ercilla,

Los vencedores creyeron que esta sangrienta jornada escarmentaría definitivamente a los indios, haciéndoles comprender que el poder de los españoles era irresistible. En efecto, éstos tenían muchos heridos y habían perdido algunos caballos y probablemente también algunos indios auxiliares; pero no contaban un solo castellano muerto. De entre los centenares de prisioneros cogidos en la pelea, don García hizo apartar veinte o treinta que parecían caciques o caudillos y mandó ahorcarlos en los árboles vecinos. De este número fue el indio Galvarino que, con sus brazos mutilados después de la batalla anterior, había vuelto a la guerra, y con fogosos discursos incitaba a los suyos a pelear sin descanso contra sus opresores. Los contemporáneos han referido con los más animados colores la energía heroica desplegada por este indio delante de los opresores de su patria, y la valentía con que afrontó el último suplicio. Otro cacique que había servido a los españoles en tiempo de Valdivia, y por el cual se interesaron algunos de los capitanes castellanos, viéndose llevado a la horca, pidió por única gracia que lo colgasen del árbol más alto para que todos vieran que había muerto en defensa de su suelo.[198] Uno de los antiguos cronistas lo designa con el nombre de Libanturén.

---

consignada en los cantos XXV y XXVI, está recargada de episodios y de combates personales que distraen la atención del lector, y no le permiten comprender bien el conjunto de las operaciones. Menos precisa, aunque mucho más corta, es la descripción de Góngora Marmolejo, capítulo 26.
La carta antes citada de don García Hurtado de Mendoza no destina a esta batalla más que unas pocas líneas, y ellas son de tal manera confusas que no explican nada. Así, refiriéndose, sin duda, al principio del combate, dice: «y no se pudo jugar el artillería por estar en unas quebradas»; lo que haría creer que los cañones no fueron de la menor utilidad en esta jornada, si las otras relaciones no sirvieran para explicar mejor las cosas.

[198] La ejecución de estos prisioneros está contada con riqueza poética por Ercilla en el canto XXVI. La consignan también Góngora Marmolejo y Mariño de Lobera en los lugares citados. Don García, en la carta dirigida al virrey, dice simplemente estas palabras: «Yo hice justicia de veinte o treinta caciques que se cogieron vivos, que eran los que traían desasosegada la tierra». El licenciado Ronquillo en la relación citada dice, sin embargo, lo que sigue: «Se tomaron algunos indios e indias, y los vi soltar y no les hacer mal tratamiento, y los frailes tenían de esto y el dicho don García mucho cuidado». Parece que este licenciado tenía interés en ocultar los horrores de la guerra para encomiar la humanidad del gobernador.

5. Reconstrucción del fuerte de Tucapel

Aquel desastre quebrantó el poder de los indios, pero no doblegó su entereza. Retirados a los bosques de la cordillera de la Costa, rechazaron todas las proposiciones de paz que don García les hizo por medio de los prisioneros a quienes devolvía su libertad. A los mensajeros que pedían su sumisión a los conquistadores, el empecinado Caupolicán contestó enérgicamente que aun cuando fuese con tres hombres había de continuar la guerra contra los opresores de su patria. En su arrogancia indomable, mandó desafiar formalmente a don García, «como si él fuera hombre de gran punto», dice el mismo gobernador.[199]

Mientras tanto, el día siguiente de la batalla de Millarapue, esto es, el 1 de diciembre, don García proseguía sus trabajos militares. Comenzó por celebrar en su campo una fiesta religiosa para dar gracias al cielo por la victoria que acababa de obtener, y que más que al valor de sus soldados y a la superioridad de sus armas, atribuía a la protección divina. Enseguida, despachó 150 soldados a explorar los campos vecinos. Éstos volvieron luego sin haber hallado un solo indio en todas las inmediaciones. Habían llegado hasta el sitio en que el enemigo había estado acampado antes de dar la batalla. Hallaron allí los restos de los horribles banquetes de los bárbaros, huesos y cabezas de soldados españoles, probablemente merodeadores cogidos por los indios en los bosques, y devorados ferozmente en las fiestas en que éstos se preparaban para el combate.[200] Pero esos lugares habían sido abandonados, y todos esos campos estaban absolutamente desiertos.

No habiendo nada que hacer allí, el ejército emprendió su marcha al sur el 2 de diciembre. El gobernador redobló su vigilancia para que ningún soldado se apartase de la columna, y tomaba todas las precauciones del caso para impedir cualquier sorpresa. En el camino hallaron los conquistadores gran abundancia

---

199 Carta citada al virrey, marqués de Cañete.
200 La crónica de Mariño de Lobera, libro II, capítulo 5, refiere que en el campamento de los indios, los exploradores «hallaron algunos huesos y cabezas frescas de españoles, cuyas carnes habían los indios comido rabiosamente». El hecho no es en manera alguna improbable, puesto que los bárbaros eran antropófagos y tenían la costumbre de comerse a los prisioneros de guerra; pero ni esa crónica ni ninguna de las relaciones que conocemos, dice cómo ni dónde fueron tomados los españoles cuyos tristes despojos se hallaron en el campamento de los indios. Seguramente eran soldados dispersos que se alejaban del cuartel general inducidos por el espíritu de merodeo, y que caían en las emboscadas de los indios. Las repetidas órdenes del gobernador para prohibir estas correrías aisladas, prueban que eran frecuentes en el ejército español.

de mantenimientos no solo en los sembrados de los indios, que entonces comenzaban a llegar a su madurez, sino en las casas y cuevas donde éstos habían ocultado sus provisiones. Don García, abandonando el sistema de no tocar la propiedad del enemigo, y convencido de que esa conducta no daba los resultados que esperaba, tomó en estos lugares los víveres necesarios para la manutención de sus tropas.

Después de tres jornadas de marcha, sin hallar en ninguna parte enemigos ni resistencia, el ejército llegó a acampar al sitio mismo donde cuatro años atrás habían sido destrozados y muertos el gobernador Valdivia y todos sus compañeros. Fue aquél un día de dolor y de tristes recuerdos para los expedicionarios. Hubieran querido encontrar en esos lugares un ejército enemigo para vengar aquel sangriento desastre; pero todo parecía desierto en los alrededores. Los indios habían quemado sus propias casas, ocultando sus víveres, para asilarse en los bosques, firmemente rebeldes a toda proposición de someterse a los conquistadores. A corta distancia de ese sitio quedaban todavía en pie las ruinas del fuerte de Tucapel, que había construido Valdivia, y que sus soldados habían tenido que abandonar. Allí trasladó don García su campamento; y desplegando una actividad febril, en tres días de incesante trabajo, hizo construir un muro de piedra y barro con dos torreones a sus extremos para colocar la artillería. El foso del antiguo fuerte, que no había sido cegado por los indios, fue adaptado al resguardo de la nueva fortificación. Esta obra militar construida tan apresuradamente, solo podía constituir una defensa contra los ataques de esos bárbaros que tenían tan escasos elementos de guerra.

6. Combates frecuentes en los alrededores de esta fortaleza

Don García se lisonjeaba, sin duda, con la idea de que la fundación de esta fortaleza asentaría la dominación española en esta región del territorio. Sin embargo, los indios se mostraban cada día más obstinados en su sistema de guerra. La experiencia les había enseñado que no debían atacar a los españoles en su campamento, y se conservaban retraídos en los bosques y en las montañas; pero cada vez que podían caer sobre un destacamento castellano, renovaban la lucha con el mismo tesón, demostrando así que estaban resueltos a soportarlo todo antes que someterse a sus antiguos opresores.

Los actos de clemencia que solía ejercer el gobernador con los indios que apresaban sus partidas de exploradores, no servían para desarmarlos. El capitán Francisco de Ulloa, encargado de reconocer la costa cerca de la embocadura del río Lebu, para deshacer las juntas de indios que hallase en las inmediaciones, había encontrado en una quebrada cerca del mar un gran número de ellos ocupados en recoger marisco. Habiendo aprehendido a muchos de ellos con sus mujeres y sus niños, los llevó al campamento de don García. Allí fueron tratados humanamente, y despachados enseguida a llevar a los suyos palabras de paz. Pero, como lo observa un antiguo cronista, esta conducta no hacía más que ensoberbecer a los indios que «por ser bárbaros no entendían el intento de quien por tal camino pretendía averiguarse con ellos».

Los españoles estaban obligados a batirse cada día con las partidas de indios que andaban en las inmediaciones. En una ocasión llevaron éstos su insolencia hasta acercarse al fuerte de Tucapel, y sorprendieron a cuatro soldados que andaban en el campo. Solo uno de ellos logró escaparse de las manos de los indios, y llevar al fuerte la noticia de la proximidad del enemigo. En el acto salieron de la plaza algunos jinetes en persecución de los indios; pero éstos se metieron en un espeso bosque y fue imposible darles alcance. Este contratiempo era tanto más sensible para los españoles cuanto que uno de los tres soldados muertos era el único herrero que había en el ejército para la compostura y reparación de las espadas.

Al oriente de Tucapel, en las faldas occidentales de la cordillera de Nahuelbuta, en un sitio llamado Cayucupil, se habían reunido los bárbaros en número considerable para celebrar una de esas juntas en que, en medio de fiestas y borracheras, trataban los negocios de guerra. Instruido don García de estos aprestos, resolvió sorprender y castigar a los indios. Dispuso con este objetivo que saliesen de la plaza dos compañías, una de infantes y otra de jinetes, bajo las órdenes de su hermano don Felipe de Mendoza y del capitán Alonso de Reinoso; y que, marchando de noche, cayesen de improviso sobre el campo enemigo. La oscuridad de la noche y lo montuoso del camino que debían recorrer, retardó, sin embargo, su marcha y los tuvo desordenados y dispersos hasta el amanecer. Los indios, por su parte, estaban tan descuidados, contra su costumbre, que no tenían avanzadas en las inmediaciones de su campo. Al despuntar el día, los soldados de Mendoza y de Reinoso pudieron reunirse y caer de sorpresa sobre los indios desprevenidos. En el primer ataque introdujeron el pavor y la confusión, lanceando a los enemigos que encontraban a mano. Pero la hora oportuna para una victoria decisiva había pasado. Los indios, perfectos conocedores de las localidades, buscaron su salvación en la fuga en los bosques de la montaña vecina, y fue imposible darles alcance. En su precipitación, dejaron abandonados sus bastimentos que recogieron los españoles para transportarlos a Tucapel, donde debían ser de gran utilidad.

El desbarate de otra de esas juntas de guerra de los indios, estuvo a punto de costar muy caro a los conquistadores. Se habían congregado, a fines de diciembre de 1557, a pocas leguas al sur del campamento, en el valle regado por el río Paicaví. Eran en su mayor parte los mismos indios apresados pocos días antes por el capitán Francisco de Ulloa y puestos en libertad por el gobernador. El capitán Rodrigo de Quiroga, encargado de recorrer aquellos lugares, salió con solo cuarenta hombres de caballería. Los indios, por su parte, estaban prevenidos de su marcha, y se limitaron a ocultarse en las inmediaciones y a dejar pasar libremente a los españoles sin oponerles estorbo alguno. Cuando Quiroga dio la vuelta, se encontró encerrado en una quebrada por un numeroso cuerpo de enemigos que le obstruía el paso. Los indios se habían provisto de unos gruesos tablones que usaban a manera de escudos para ponerse a cubierto de las balas de los arcabuces. En el primer momento, sin embargo, doce jinetes mandados inmediatamente por el valeroso Alonso de Escobar, consiguieron abrir el camino para toda la columna poniendo a los indios en dispersión; pero nuevas mangas de guerreros acudían presurosos a auxiliar a éstos, y volvían a cerrar el paso a los españoles.

Hubo un momento en que la situación de los castellanos llegó a ser casi desesperada. Los indios lanzaban gritos aterradores, y creían segura su victoria. Quiroga, sin embargo, no se desanimó; y, aunque casi convencido de que iba a ser derrotado, quiso al menos que el enemigo pagase caro su triunfo. «¡Ea, compañeros y amigos!, gritaba a los suyos, hasta ahora hemos peleado por la victoria; ahora vamos a pelear por nuestras vidas.» Los castellanos, alentados por el ejemplo y por las palabras de su ardoroso jefe, se batieron con tal denuedo que lograron desconcertar al enemigo, matándole alguna gente, y abrirse paso para llegar al campamento de don García. Allí fueron recibidos con una salva de artillería para celebrar este acto de audacia que había salvado a cuarenta hombres de un desastre que parecía inevitable. Aunque el altanero gobernador era muy poco inclinado a aplaudir la conducta de sus subalternos, no pudo menos de decir a Rodrigo de Quiroga: «De capitanes tan valerosos como vuesas mercedes, no esperaba yo menos de lo que veo».[201]

7. Fundación de la ciudad de Cañete y repoblación de Concepción

A pesar de esta obstinada resistencia de los indios y de esta incesante repetición de combates, don García estaba persuadido de que antes de mucho completaría la sumisión de todo el país. «Yo creo, escribía al virrey su padre, que la principal causa de no venir éstos de paz es por el gran miedo que tienen de pensar que según los males que han hecho han de ser castigados, y en acabándoseles una frutilla que tienen en el monte, con que hacen chicha y se emborrachan, vendrán todos de paz porque no pueden dejar de hacerlo, porque estamos señores de todas las comidas que tienen en el campo y casas.» En esta confianza, estaba resuelto no solo a repoblar las ciudades fundadas por Valdivia sino a establecer otras nuevas.

Al lado sur del fuerte de Tucapel, a orillas de un pequeño río que se desprende de la cordillera de la Costa por la quebrada de Cayucupil, y al cual los indios llamaban Togol-Togol, halló don García un sitio llano y ameno vecino a aquellas pintorescas serranías. De acuerdo con sus capitanes, eligió ese lugar para establecer una ciudad, cuyos cimientos se echaron en los primeros días de enero. Diole el nombre de Cañete de la frontera, en recuerdo del título nobiliario de su padre, y de una plaza fuerte de España situada en el señorío de su familia.[202]

En esos mismos días se daba principio a la repoblación de la ciudad de Concepción, dos veces destruida por los indios. El gobernador había despachado de su campamento de Tucapel 150 hombres bajo el mando del capitán

---

201 Estos frecuentes combates en los alrededores de Tucapel, están prolijamente contados en la crónica de Mariño de Lobera, libro II, caps. 5 y 6. Este capitán asistió a la jornada de Paicaví al lado de Quiroga. Los cuenta también con menos incidentes y con algunas variaciones Góngora Marmolejo en el capítulo 27, y los recuerda muy sumariamente el mismo don García en la carta citada. Suárez de Figueroa, en la narración de estos sucesos, sigue casi invariablemente la crónica de Mariño de Lobera.
202 La pequeña ciudad de Cañete en la provincia de Cuenca, célebre en la historia moderna de España por la resistencia que allí organizaron los carlistas durante la guerra civil en 1839 y 1840. El padre de don García, el virrey don Andrés Hurtado de Mendoza, fundó también la ciudad de Cañete en el Perú.

Jerónimo de Villegas, soldado de toda su confianza, que además de su carácter militar desempeñaba a su lado el cargo de administrador del tesoro. Por más que los indios no estuvieran en situación de atacar al grueso del ejército español, se mantenían armados, como hemos dicho, en todos los campos vecinos y atacaban a las columnas o partidas que se alejaban del campamento. El capitán Villegas tuvo por esto que hacer su marcha con las mayores precauciones. Sabiendo que los indios lo esperaban en la cuesta de Marigueñu o de Villagrán, donde podían despedazarlo, se vio forzado a dar un largo rodeo. Atravesando la cordillera de la Costa un poco al norte del campamento de los suyos, se dirigió al Biobío para pasarlo a muchas leguas de su embocadura; lo atravesó en balsas construidas provisoriamente, y sin haber sido inquietado por el enemigo durante su marcha, llegó en los primeros días de 1558 al sitio en que se había levantado Concepción. Después de repartir los solares a los nuevos vecinos que debían establecerse allí, el 6 de enero plantó en la plaza la cruz, erigió el rollo o picota, como lo hacían los españoles en las nuevas fundaciones, y nombró el Cabildo con sus alcaldes, regidores y demás funcionarios.[203] Aquellos pobladores se prepararon para dar principio al cultivo de los campos y renovar las plantaciones que habían sido destruidas por los indios.

    La repoblación de esa ciudad fue el origen de una medida violenta del gobernador que ofendió a los primeros conquistadores perjudicándolos en sus aspiraciones y en sus intereses. Al decretar el repartimiento de las tierras y de los indios de la comarca vecina, don García no tomó en cuenta para nada las concesiones hechas por Valdivia en 1550. Lejos de eso, después de consultarse con los letrados que lo acompañaban, había hecho pregonar solemnemente que esos repartimientos estaban vacos por haberlos abandonado sus antiguos encomenderos cuando despoblaron Concepción en 1554 sin haber tratado primero de resistir la rebelión de los indios. La segunda repartición se hizo en conformidad con esta disposición de don García. Los beneficiados fueron en su mayor parte soldados nuevos en la guerra, hombres valientes y meritorios, sin duda, pero que no habían tomado parte en las primeras campañas de la

---

203 El cronista Góngora Marmolejo, capítulo 27, fija la fecha de la tercera fundación de Concepción en 5 de enero de 1558. Los cronistas que conocieron el acta de la fundación, la fijan el 6; pero en Córdoba y Figueroa, libro II, capítulo 19, que tuvo a la vista esos antiguos documentos, se lee, tal vez por error de copia, 16 de enero.

conquista.²⁰⁴ Esta conducta del gobernador no podía dejar de producir celos y rivalidades entre sus capitanes, ni de dar lugar, como dio en efecto, a las quejas y acusaciones de algunos de los viejos conquistadores.

8. Combate del desfiladero de Cayucupil

Los españoles habían arrollado hasta entonces todas las resistencias que les opusieron los indios; pero su situación era extremadamente difícil, y tenían que vencer dificultades de otro orden. Al lado del cansancio que debía producirles aquel continuo combatir, comenzaron a experimentar privaciones que ponían a prueba su constancia y su entereza. Aunque siempre vencedores en los combates, no eran en realidad dueños más que del campo que pisaba su ejército. Aquel estado de cosas casi equivalía a hallarse bloqueados por el enemigo.

La escasez de víveres comenzaba a ser alarmante. Por más provisiones que hubiera llevado don García para su campaña, la manutención de su ejército y de los numerosos auxiliares que lo seguían, debían agotarlas prontamente. Los bastimentos tomados al enemigo satisfacían, en parte, esta necesidad, pero consistían solo en maíz y un poco de trigo, cuyo cultivo, introducido pocos años antes por los españoles, había sido continuado, aunque en pequeña escala, por los indios. El ejército acampado en Cañete llegó a pasar cuarenta días sin probar un bocado de carne.²⁰⁵

En aquellas circunstancias, toda su esperanza de socorro debía cifrarse en las dos ciudades del sur: la Imperial y Valdivia. Esas dos pobres poblaciones que desde 1554 estaban casi incomunicadas con el resto de la colonia, que habían pasado cuatro años consecutivos con las armas en la mano, llegaron, sin embargo, a constituir un valioso depósito de recursos para los acantonamientos en que se hallaba el ejército conquistador. En efecto, la industria de los españoles, a pesar de tantas contrariedades, se había aumentado considerablemente en aquellos lugares. En la Imperial se había desarrollado la crianza de cerdos.

---

204 Entre los favorecidos con los nuevos repartimientos había, sin embargo, algunos capitanes que servían desde el tiempo de Pedro de Valdivia; pero Hurtado de Mendoza no se proponía premiar otros servicios que los que se habían prestado bajo su gobierno. Uno de ellos, el capitán don Pedro Mariño de Lobera, aunque favorecido en esta ocasión, ha tenido la honradez de censurar la conducta de don García, de quien, por otra parte, era un ardiente admirador. Véase su *Crónica*, libro II, capítulo 9.
205 Carta de don García al virrey su padre, Cañete, 24 de enero de 1558.

En Valdivia, cuyos alrededores fueron menos amagados por los indios, el cultivo del trigo había prosperado.

Don García recurrió a aquellas ciudades en busca de los socorros que necesitaba. A mediados de enero despachó veinte soldados de caballería bajo las órdenes del capitán don Miguel de Velasco y Avendaño para que le trajeran de la Imperial una partida de cerdos a cuenta de los impuestos que los vecinos de esa ciudad debían haber pagado al rey. El capitán Diego García de Cáceres debía adelantarse hasta Valdivia, tomar el mando de esta ciudad y remitir a Cañete un cargamento de trigo para alimento de la tropa y para semilla con que hacer los nuevos sembrados. El buque que acompañaba a los españoles en esta expedición, debía dirigirse a aquel puerto para prestar este servicio.

La pequeña columna de Avendaño no tuvo que experimentar contraste alguno durante su marcha. Los habitantes de la Imperial la recibieron con gran satisfacción, y le suministraron los víveres que pedía, 1.500 cerdos y numerosas cargas de granos y de galletas.[206] El camino de la costa era el más directo para volver a Cañete; pero está cortado por numerosos riachuelos que arrastran un caudal bastante considerable para hacer dificultoso su paso a las piaras de cerdos. Por esta razón, sin duda, estaba convenido que Avendaño volviese por el valle central hasta Purén, y que de allí pasase a Cañete atravesando la cordillera de la Costa por el desfiladero donde nace el río Cayucupil o Togol-Togol, en cuyas márgenes estaba asentada esa ciudad.[207] Don García había encargado a los suyos que cuidasen ese socorro de ganado tanto como sus propias vidas.

---

206 Ercilla, que formaba parte de la columna de Avendaño, ha contado esta expedición en las últimas estrofas del canto XXVII de *La Araucana*. Dice así una de ellas:

«Aunque con riesgo, sin contraste alguno
los peligrosos términos pasamos,
y en tiempo aparejado y oportuno
a la Imperial ciudad salvos llegamos,
donde a los moradores de uno en uno
con palabras de amor los obligamos
no solo a dar graciosa la comida,
pero a ofrecer también hacienda y vida.»

207 Hablando de este río, sobre cuyas márgenes fue fundada la ciudad de Cañete, dice Ercilla, canto XXX, estrofa 25, «que muda de nombre en cada asiento». En efecto, era llamado alternativamente Cayucupil, Togol-Togol, Nuelas, y más adelante, cuando sus aguas son engrosadas considerablemente con las que salen del lago Nalalhue, toma el nombre de

Los astutos guerreros de aquellas inmediaciones supieron que los castellanos esperaban este socorro. Para adormecer toda sospecha, en la víspera del día en que debía llegar el ganado, enviaron a Cañete emisarios de paz a hacer al gobernador las más artificiosas protestas de obediencia y sumisión. Don García los recibió benignamente, les hizo los obsequios de ropa que acostumbraba dar a los indios en estas conferencias y los despachó después de encargarles que representasen a los suyos la conveniencia de poner término a una guerra tan inútil como sangrienta. Pero la experiencia había enseñado al gobernador lo que valían las promesas de esos bárbaros; y lejos de confiar en sus palabras, mandó que en la medianoche se pusieran sobre las armas cien hombres, y que ocultando sus movimientos, marchasen bajo las órdenes del capitán Alonso de Reinoso al desfiladero de Cayucupil por donde debía llegar el socorro que traía el capitán Avendaño. El resultado demostró cuán fundada era la previsión del gobernador.

El capitán Reinoso desempeñó esta comisión con toda la actividad que solía poner en los negocios de guerra. Al amanecer del 20 de enero estaba en la entrada del desfiladero a tiempo que por el lado opuesto llegaba el capitán Avendaño con sus ganados y bagajes. A pesar de los reconocimientos que hicieron practicar, ni uno ni otro habían visto un solo enemigo en los alrededores. Pero cuando hubieron llegado a la parte más estrecha, allí donde las laderas escarpadas la encerraban por cada lado, y donde el arroyo que corría por el fondo apenas permitía andar dos hombres de frente, la columna española se vio repentinamente acometida por un turbión de indios que desde las alturas lanzaban gritos terribles de guerra y de sangre. Inmediatamente cayó sobre los castellanos una lluvia de flechas, de maderos y de piedras que echando al suelo a muchos de ellos, introdujo entre todos la mayor confusión. El ganado se desbandaba, las cargas eran tiradas por tierra, los soldados desenvainaban rabiosos sus espadas, pero toda lucha parecía imposible en esas condiciones. Los castellanos debían resignarse a morir sin tener siquiera la satisfacción de vender caras sus vidas; y, sin embargo, no desesperaron de alcanzar la victoria.

Pero los indios, seguros de su triunfo y cegados por la codicia más desenfrenada, no supieron aprovecharse de las ventajas de su situación. Temiendo

---

Paicaví. En este punto, como de ordinario, las indicaciones geográficas de Ercilla, por sumarias que sean, son de la más admirable precisión.

que se les escapara el botín que pensaban recoger en la jornada, comenzaban a bajar de las alturas, y embistiendo impetuosamente sobre los yanaconas o indios de servicio que cuidaban del ganado y de las cargas, principiaron a repartirse el botín. Mientras tanto, el valiente Reinoso reunía a los mejor dispuestos de sus soldados. Con ellos, y escalando las laderas de la montaña por penosos despeñaderos, llegaba a las alturas y rompía el fuego de arcabuz sobre los indios. Aprovechándose de la desorganización del enemigo, los españoles de la quebrada se rehicieron y ayudaron al ataque. Después de cuatro horas de combate se introdujo la más espantosa confusión entre los mismos indios que un momento antes se creían vencedores. Desconcertados por la impetuosidad de los castellanos, y viendo tendidos en el campo a algunos de los suyos, los indios tomaron la fuga con las cargas y bagajes que habían arrebatado, y fueron a ocultarse en los bosques de las montañas vecinas, donde toda persecución era imposible.

En la tarde de ese mismo día entraban los expedicionarios a Cañete. Volvían vencedores de los indios en una jornada en que debieron sucumbir, pero todos estaban heridos o estropeados, y solo traían consigo una parte del convoy que habían sacado de la Imperial. El gobernador, sin embargo, los recibió en triunfo. Sus cañones los saludaron con una salva, y las músicas militares hicieron oír los acordes de victoria. El valiente Reinoso, el héroe de la jornada, fue agraciado con el premio que más codiciaban los conquistadores. «Le di a escoger, dice don García, de los repartimientos que tenía vacos, el que mejor le pareciese.»[208]

---

208 La batalla de la quebrada de Purén, como se la denomina ordinariamente, o del desfiladero de Cayucupil, como debiera llamársela, ha sido contada por Góngora Marmolejo, capítulo 27, y por Mariño de Lobera, libro II, capítulo 7; pero es preferible a todas la descripción que hace Ercilla en el canto XXVIII. El poeta fue actor en esta jornada, y de los primeros que subieron a las alturas con el capitán Reinoso.
La fecha exacta de la jornada, 20 de enero de 1558, aparece de una antigua información de servicio de Nuño Hernández, uno de los militares españoles que mejor pelearon ese día. Don García Hurtado de Mendoza, en su carta al virrey, de 24 de enero de ese año, habla de este suceso como recién ocurrido. Mariño de Lobera, en el capítulo citado, dice que tuvo lugar «el jueves 20 de marzo». Suárez de Figueroa, que en la relación de estos sucesos ha tenido por guía principal, y casi única, aquella crónica, repite esta misma fecha. Sin embargo, el 20 de marzo de 1558 fue domingo, mientras que el 20 de enero fue efectivamente jueves, lo que hace creer que en aquella equivocación hay solo un error del copista.
Hablando del convoy que sacó de la Imperial el capitán Avendaño, Ercilla y Góngora Marmolejo dicen solamente que iba en él una cantidad considerable de ganado. La crónica de Mariño de Lobera especifica que eran más de 2.000 vacas, lo que haría creer que en

esos años ya se había propagado considerablemente el ganado vacuno, que, sin embargo, era todavía muy escaso en todo Chile. La relación citada del mismo gobernador desvanece por completo este error. Dice allí que ese ganado era «obra de 1.500 cabezas de puercos».

Capítulo XVIII. Hurtado de Mendoza: exploración de la región del sur hasta Chiloé. Captura y muerte de Caupolicán; fundación de nuevas ciudades (1558-1559)

1. Don García Hurtado de Mendoza emprende la exploración de los territorios del sur. 2. Los araucanos, engañados por un indio traidor, atacan Cañete y son rechazados con gran pérdida. 3. Marcha de los españoles al través de los bosques del sur; descubrimiento del archipiélago de Chiloé. 4. Practicado el reconocimiento de esa región, don García da la vuelta al norte y funda la ciudad de Osorno; injusticias cometidas contra los antiguos encomenderos de Valdivia. 5. Proclamación de Felipe II como rey de España; don Alonso de Ercilla y don Juan de Pineda condenados a muerte por el gobernador, y luego indultados. 6. Captura y muerte de Caupolicán. 7. Batalla de Quiapo. 8. Repoblamiento de Arauco y de Angol.

1. Don García Hurtado de Mendoza emprende la exploración de los territorios del sur

Dos meses de combates casi diarios en los alrededores de Cañete habían hecho creer a don García que aquellos indios eran indomables; pero confiado en el poder de las armas españolas, pensaba también que los frecuentes desastres que había sufrido el enemigo lo habían reducido casi a la impotencia, y que bastaban pequeñas guarniciones para mantener tranquilas esas localidades. Los últimos triunfos de sus soldados robustecieron esta convicción.

El gobernador, por otra parte, ardía en deseos de partir para la región del sur. Quería visitar los establecimientos que allí tenían fundados los españoles y consolidar la conquista en esa parte, dilatándola más allá todavía de los territorios que en años atrás habían explorado Valdivia y sus capitanes. En el campamento español se hablaba con entusiasmo de la riqueza de ese país, donde, según se decía, abundaban los lavaderos de oro, y había indios más sumisos y dispuestos al trabajo de las minas. Don García esperaba hallar allí un teatro de gloria para su nombre de conquistador y un campo abundante para premiar los servicios de sus capitanes.

Por otra parte, los indios del sur de Valdivia comunicaban que en las costas más australes de Chile se habían visto algunos buques europeos, cuyo número hacían subir a siete u ocho. Probablemente, esta noticia tenía su origen en la expedición del piloto Ladrillero, enviada por el mismo don García a reconocer el estrecho de Magallanes; pero se exageraba tanto el número de las naves, que el gobernador llegó a persuadirse de que eran portugueses que pensaban establecerse en los dominios españoles. Dando cuenta de sus sospechas sobre el particular, el gobernador, con aquella arrogancia castellana tan frecuente entre los capitanes de ese siglo, escribía al rey que estaba dispuesto a marchar al sur y a arrojar de esa región a los extranjeros, «para que sepan, agregaba, que en cualquier tiempo y parte tiene Vuestra Majestad criados y vasallos que saben bien defender su tierra, pues tengo aquí soldados y municiones no solamente para echar de ahí la armada del rey de Portugal, pero la de Francia que estuviera con ella».[209]

A fines de enero de 1558, don García, persuadido de que por entonces los indios no se hallaban en estado de acometer nuevas empresas militares, se dispuso para marchar al sur con el mayor número de sus tropas. Confió el mando de Cañete y de su comarca al capitán Alonso de Reinoso, puso bajo sus órdenes una reducida guarnición que, sin embargo, se consideraba suficiente para su defensa, y le dejó víveres para dos meses. Reinoso debía no solo conservar la tranquilidad de la comarca contra las agresiones de los indios sino atender al establecimiento definitivo de la ciudad.

El gobernador emprendió su viaje atravesando la cordillera de la Costa por la cuesta de Purén, y recorriendo enseguida el valle central hasta las márgenes del Cautín y la ciudad de la Imperial. En toda su marcha no halló la menor resistencia de parte de los indios que parecían vivir en la más completa tranquilidad. En la Imperial comenzó a ocuparse en los trabajos administrativos para poner orden en la desorganización consiguiente al abandono en que aquella ciudad había estado durante cuatro años de incomunicación casi absoluta con el resto de la colonia.[210]

---

209 Carta de Hurtado de Mendoza al rey, escrita en Cañete el 10 de enero de 1558. Esta carta, muy poco noticiosa sobre los sucesos de la conquista, se refiere principalmente a los proyectos que abrigaba don García. El original se encuentra, no en el Archivo de Indias de Sevilla, sino en el de Simancas, donde fue dejado en un legajo de papeles de estado, marcado con el número 130. En 1855 fue publicada en Madrid en el tomo XXVI, págs. 217-220, de la Colección de documentos inéditos para la historia de España.
210 Ercilla, canto XXX, estrofa 31.

2. Los araucanos, engañados por un indio traidor, atacan Cañete y son rechazados con gran pérdida

Apenas instalado en la Imperial, y cuando sus tropas no habían tomado aún el descanso necesario ni se habían repuesto de las miserias de los días anteriores, supo don García que los indios de las inmediaciones de Cañete estaban otra vez sobre las armas, y que amagaban de nuevo la ciudad. En el acto dispuso que el capitán don Miguel de Velasco y Avendaño partiese por los caminos de la costa con treinta soldados a reforzar la guarnición de Cañete. Caminando sin descanso de noche y de día, y con no pocas alarmas por la actitud de los indios, este destacamento entró a la ciudad a tiempo de prestar muy útiles servicios.[211]

En efecto, los indios se mantenían en pie de guerra en las inmediaciones de Cañete. Impuestos por sus espías de que el gobernador había partido para el sur y de que esa ciudad quedaba con una escasa guarnición, habían concebido el plan de apoderarse de ella. En los momentos en que llegaba ese refuerzo, Reinoso tenía tendido un lazo a los indios de guerra, y se preparaba para darles un golpe tremendo el día siguiente. Los auxiliares que acababa de recibir iban, pues, a tener una buena oportunidad para desenvainar sus espadas.

Un indio yanacona, que los contemporáneos nombran alternativamente Andresillo y Baltasar, salía con frecuencia de la ciudad en servicio de los conquistadores. Cortaba leña en el bosque, segaba pasto para los caballos y llevaba la vida miserable de los esclavos. En esas frecuentes salidas solía verse con los indios de guerra, e instado por éstos para que abandonara el servicio de los españoles, Andresillo concibió un plan de la más negra perfidia con que esperaba, sin duda, alcanzar su libertad. Ofreció al capitán Reinoso atraer por engaño a la plaza de Cañete el mayor número posible de guerreros araucanos, haciéndoles creer que de un solo golpe podrían concluir con toda la guarnición española. Cuenta Reinoso que en el primer momento dudó de la sinceridad de

---

211 Ercilla, canto XXX, estrofas 32 y 33. El insigne poeta, que había salido de Cañete con el gobernador, formaba parte de este destacamento, y pudo ser testigo y actor de los sucesos que pasamos a referir. Góngora Marmolejo, capítulo 28, dice que el refuerzo enviado por don García era de 60 hombres mandados por don Miguel de Velasco y Avendaño. Mariño de Lobera, libro II, capítulo 11, le da 80 hombres y por jefe a Gabriel de Villagrán, todo lo cual reproduce fielmente Suárez de Figueroa. Ercilla dice solo 30 hombres y no nombra a su jefe. La relación citada del licenciado Ronquillo da igualmente 30 hombres al socorro enviado de la Imperial, y menciona a Avendaño como su capitán.

Andresillo; pero conociendo su astucia y su inclinación por toda especie de fraudes, lo alentó en sus propósitos haciéndole los más lisonjeros ofrecimientos si llevaba las cosas a buen término.

Andresillo, en efecto, salió libremente de la ciudad. Fue a buscar las juntas de indios enemigos para alentarlos a caer de sorpresa sobre Cañete. Demostroles que esta empresa no presentaba ninguna dificultad si se elegía una hora oportuna para el asalto. Los españoles, según él, tenían la costumbre de pasar la noche en vela y sobre las armas para estar prevenidos contra cualquier ataque del enemigo; pero a mediodía, rendidos por el insomnio y fatigados por el calor, se entregaban al descanso dejando la ciudad completamente indefensa. Andresillo aseguraba a los suyos que odiando profundamente a los opresores de su raza, deseaba su exterminio y estaba dispuesto a contribuir a él preparando un ataque que no podía dejar de producir el más completo triunfo.

Los indios se dejaron persuadir por los discursos de Andresillo. Se ha contado que queriendo éstos comprobar la verdad de aquellas revelaciones, acordaron que uno de los suyos, fingiendo querer vender a los españoles la fruta que llevaba en un canasto, visitase la fortaleza a la hora conveniente para el asalto. El traidor Andresillo facilitó este reconocimiento para acabar de desterrar toda desconfianza del ánimo de los indios. Reinoso, por su parte, preparaba con el mayor esmero la ejecución de los menores detalles de aquel plan. El emisario volvió al campo enemigo satisfecho de todo lo que había visto. No cabía duda de que a mediodía los españoles se entregaban al descanso, completamente desprevenidos para rechazar un asalto repentino e impetuoso. Quedó convenido entre los bárbaros el momento en que debían llevarlo a cabo. Fue tan ciega su confianza en la suerte de la sorpresa que iban a ejecutar que, aunque indudablemente supieron que en la noche anterior los españoles habían recibido el refuerzo enviado de la Imperial, no desistieron de su propósito.

El capitán Reinoso, tan activo como resuelto, tomaba, entretanto, todas las disposiciones necesarias para aplicar a los indios un terrible castigo. Cargó sus cañones, distribuyó convenientemente sus arcabuceros, mandó que su caballería estuviese lista para la persecución de los fugitivos, y dispuso que las puertas de la fortaleza quedasen abiertas, y sin un solo soldado para su defensa. Bajo aquellas apariencias de abandono todo el mundo estaba sobre las armas en el campamento español.

A la hora convenida, los indios ocultos hasta ese momento en las laderas vecinas a la ciudad, cayeron sobre ella a carrera precipitada y en el mayor silencio, queriendo impedir que se diese la alarma. Nada les hacía presumir el peligro que los amenazaba; pero al embocar por las puertas de la fortaleza, truena la artillería, rómpense los fuegos de arcabuz; y las balas, cayendo sin perderse una sola en los apiñados escuadrones de bárbaros, hacen en ellos la más espantosa carnicería, y siembran el campo de cadáveres y de miembros humanos.[212] No hubo un solo tiro que se perdiese ni nunca se vio morir tantos hombres con una sola descarga, dice un testigo presencial. Ercilla compara los estragos a la explosión de una mina; pero sus horribles destrozos no bastaron para hacer retroceder a los impertérritos guerreros araucanos. Apenas repuestos de la primera sorpresa, volvieron al ataque sedientos de sangre y de venganza. Las nuevas descargas de los cañones y de los arcabuces de la plaza los desorganizan otra vez a tiempo que la caballería, cargando impetuosamente, viene a aumentar la matanza y a producir la dispersión. Perseguidos en el campo, muchos perecen en las puntas de las lanzas o bajo el filo de las espadas. «Solo escaparon, dice un antiguo cronista, los que tuvieron buenos pies ligeros.» De los prisioneros tomados en la jornada, trece que parecían jefes fueron condenados a muerte y ejecutados sin compasión. Se les amarró en hilera, y una descarga de artillería acabó con ellos.[213]

---

212 Ercilla ha descrito esta matanza en los valientes versos que siguen, canto XXXII, estrofas 7 y 8.

«¿Quién podrá referir el grave daño,
La espantosa y tremenda artillería,
El nublado de tiros turbulento
Que descargó de golpe en un momento?
«Unos vieran de claro atravesados,
Otros llevados la cabeza y brazos,
Otros sin forma alguna machucados,
Y otros barrenados de picazos;
Miembros sin cuerpo, cuerpos desmembrados,
Lloviendo lejos, trozos y pedazos,
Hígados, intestinos, rotos huesos,
Entrañas vivas y bullentes sesos.»

213 Este dramático combate, y la traición que lo preparó, han sido contados con poca diferencia en los detalles por la crónica de Mariño de Lobera, libro II, capítulo 11; por Góngora Marmolejo, capítulo 28, y por don Alonso de Ercilla en los cantos XXXI y XXXII. La relación de este insigne poeta, hermoseada con el más rico colorido, tiene, además, otro mérito:

Reinoso había creído que este tremendo castigo iba a aterrorizar definitivamente a los indios, haciéndoles reconocer su impotencia para resistir por más largo tiempo a la dominación de los conquistadores. No sucedió así, sin embargo. Indóciles y rebeldes a toda sujeción, quedaron vagando en los bosques en pequeñas partidas, y matando a los soldados dispersos que encontraban en sus correrías. De Cañete salieron diversos destacamentos en persecución de

> revela un alma grande que condena caballerescamente la traición y que recomienda la clemencia con acentos que parecen salir del corazón. Suárez de Figueroa que, en todo lo que se refiere a Chile en sus *Hechos de don García Hurtado de Mendoza*, sigue casi invariablemente la crónica de Mariño de Lobera, reproduce, sin embargo, en esta parte de su libro una carta del capitán Reinoso al gobernador, en que le da cuenta de todos estos sucesos. Pero, aunque todo hace creer que Suárez de Figueroa tuvo a la vista la carta original entre los papeles de familia de don García, es indudable que, por una licencia que solían tomarse los historiadores de su siglo, modificó su redacción dándole formas literarias enteramente análogas a las de su libro y que no son en manera alguna las de un soldado. En ninguna de las relaciones auténticas hay la menor indicación de la fecha en que tuvo lugar este combate. La reproducción fiel y completa de la carta de Reinoso habría podido resolver esta duda; pero ni Suárez de Figueroa ni los cronistas anteriores daban mucha importancia a la cronología. Leyendo con mucho detenimiento a Ercilla, y cotejando sus escasas indicaciones cronológicas con las fechas perfectamente conocidas, puede decirse, sin temor de equivocarse mucho, que el asalto de Cañete tuvo lugar en los últimos días de enero o en los primeros de febrero de 1558.
>
> Otra duda histórica. ¿Quién mandaba a los indios en esta jornada? Caupolicán, dice el mayor número de los historiadores posteriores, explicando que el traidor Andresillo se entendió con él para incitarlo a caer sobre la ciudad. Sin embargo, ni la carta de Reinoso ni las crónicas contemporáneas de Mariño de Lobera y de Góngora Marmolejo nombran para nada a Caupolicán en estos sucesos. Solo Ercilla, que es el que ha dado más cuerpo a la personalidad de este caudillo para convertirlo en héroe de epopeya, refiere que estuvo en negociaciones con Andresillo, y en los sumarios de sus cantos, más que en el texto mismo, dice que Caupolicán dirigió el ataque. En la estrofa 21 del canto XXXII, añade:
>
> «que no venía
> capitán ni cacique señalado,
> visto que el general usado había
> de fraude y trato entre ellos reprobado;
> diciendo ser vileza y cobardía
> tomar al enemigo descuidado,
> y victoria sin gloria ni alabanza
> la que por bajo término se alcanza.»
>
> Con esta ficción poética, Ercilla ha revestido a los guerreros araucanos de sentimientos completamente falsos ante la luz de la historia, haciéndolos aparecer como paladines de los libros de caballerías.

los indios para acabar de dispersarlos. Recorrían los campos de día y de noche; pero el enemigo burlaba diestramente a sus perseguidores, y esas campeadas no daban el resultado apetecido.[214]

3. Marcha de los españoles al través de los bosques del sur; descubrimiento del archipiélago de Chiloé

El gobernador se hallaba, entretanto, en la Imperial. Creyendo, sin duda, que el desastre sufrido por los indios era más trascendental, se resolvió a seguir su viaje a la región austral que quería reconocer. En Valdivia fue recibido con gran acatamiento, y pasó algunos días ocupado en los trabajos administrativos. Allí también los indios, aunque mucho menos belicosos que los que vivían en los alrededores de Cañete, resistían cuanto les era dable la dominación de los conquistadores. Pocos días antes del arribo de don García, habían dado muerte a dos españoles que habían salido al campo a preparar su recibimiento. El nuevo gobernador de la ciudad, el capitán Diego García de Cáceres, tuvo que emprender su persecución con una partida de jinetes.[215] Este accidente revelaba que la dominación española no podía mantenerse en toda esa región sino con fuertes destacamentos en cada ciudad, y que aun así esos destacamentos no eran dueños más que del terreno que pisaban. Pero el gobernador tenía tanta confianza en el poder de sus recursos militares, que no soñaba más que en mayores conquistas y en nuevas fundaciones de ciudades.

Dirigiéndose primero hacia la cordillera, don García fue a visitar Villarrica. Los antiguos vecinos de esta ciudad habían vivido desde su despoblación, en 1554, asilados en la Imperial. Temerosos de que les cupiera igual suerte que a los de Concepción, esto es, que el gobernador los condenase a perder sus encomiendas por haberlas desamparado en el momento de la rebelión sin tratar de defenderlas de los indios, volvieron a establecerse allí, y en esas circunstancias comenzaban a reconstruir sus habitaciones. No se demoró mucho tiempo aquí don García. Atravesando el valle de Villarrica, llegó al lago de Banco, conocido entonces por los españoles con el nombre de Valdivia; y al comenzar la segun-

---

214 Ercilla, que se ocupó en esas campeadas en los días subsiguientes al asalto de Cañete, ha dado cuenta de ellas en las estrofas 27-31 del canto XXXII. Poco después partió al sur a juntarse a don García, lo que le permitió tomar parte en la exploración de la región austral, que ha referido más adelante.
215 Mariño de Lobera, libro II, capítulo 9; Góngora Marmolejo, capítulo 29.

da mitad de febrero emprendió desde allí su marcha por caminos que ningún europeo había explorado hasta entonces.[216]

De las ciudades del sur habían acudido numerosos soldados españoles a engrosar la columna expedicionaria. La esperanza de descubrir regiones en que «hallar qué comer», como se decía entonces, debía influir en el ánimo de muchos de los aventureros que corrían a tomar parte en esa jornada; pero otros iban movidos, como don Alonso de Ercilla, por el deseo de ver tierras nuevas y desconocidas. Don García llegó a tener a su lado cerca de 200 hombres.

Jamás los conquistadores de Chile habían acometido una empresa más difícil y penosa que esta expedición. Apenas apartados de aquel lago, entraron en la región de las selvas impenetrables, donde no había sendero alguno, y donde cada paso imponía las mayores fatigas a los expedicionarios. Bosques tupidos de árboles gigantescos, fuertes enredaderas enlazadas entre sus ramas y espesos matorrales en que crecen sobre todo los coligües (chusquea) que obstruyen el camino y desgarran los vestidos del viajero, obstaculizan a cada instante su marcha. El suelo accidentado y disparejo, surcado por ríos o arroyos de penoso paso, estaba, además, cubierto en sus partes bajas de grandes y numerosos pantanos en que los hombres y los caballos se atollaban a cada rato. Estas dificultades, ordinarias y constantes en aquella región, eran mucho mayores en ese momento. El invierno de 1557, como se recordará, había sido excepcionalmente lluvioso. La humedad conservada por el espeso follaje de los árboles y por la temperatura templada que limita la evaporación, y mantenida por las frecuentes lluvias que caen en el verano, convertía grandes extensiones de esos terrenos bajos en charcos y lodazales.

Nada, sin embargo, podía enfriar el ardoroso entusiasmo del gobernador. Guiados por el curso del Sol, los expedicionarios se iban abriendo paso durante algunos días por entre riscos desprendidos de las alturas vecinas. Al romper la marcha, llevaron por guías algunos indios que habían tenido interés en extraviarlos, y que luego tomaron la fuga dejando abandonados a los expedicionarios en un lugar en que era igualmente difícil retroceder que pasar adelante.[217] El

---

216 Ercilla, obedeciendo a sus gustos cosmográficos, fija esta fecha recordando que el Sol entraba en la constelación del Pez. Véase el canto XXXV, estrofa 11.
217 *La Araucana* de Ercilla, único documento seguro para conocer esta expedición, dice lo que sigue, canto XXXV, estrofa 10:

cuarto día de marcha por entre bosques desiertos y escabrosos, los españoles encontraron una tribu de indios miserables que se presentaban en son de amigos. Trataron de persuadir a los expedicionarios a que se volviesen atrás, demostrándoles que el país en que querían penetrar era pobre y desprovisto de alimentos, y que solo hallarían una sierra tras otra, y bosques interminables y deshabitados. Aunque la apariencia de aquellos salvajes parecía confirmar esta relación, don García y sus compañeros pensaron que se les quería engañar con una miseria fingida, y resolvieron seguir adelante. Los indios los acompañaron dos jornadas; pero al volverse atrás, se quedó uno de ellos con los españoles para servirles de guía.

Los expedicionarios marchaban mecidos por las más lisonjeras ilusiones. «Los cerros, los montes, las asperezas y riscos del camino, dice Ercilla, parecían senderos fáciles y llanos.» Viajaban por entre cumbres, hondos valles y ásperas cordilleras, formando proyectos quiméricos de conquista que les hacían sobrellevar alegres todos los sufrimientos. El indio que les servía de guía les había hecho concebir la esperanza de llegar pronto a una región menos inhospitalaria; pero al amanecer del cuarto día desapareció dejando a los españoles perdidos en las selvas y con sus provisiones próximas a concluirse. Otros hombres se habrían creído perdidos en aquel desamparo. Don García y los suyos resolvie-

---

«Caminamos sin rastro algunos días,
de solo el tino por el Sol guiados,
abriendo pasos y cerradas vías
rematadas en riscos despeñados,
las mentirosas fugitivas guías
nos llevaron por partes engañados,
que parecía imposible al más gigante
poder volver atrás ni ir adelante.»

La crónica de Mariño de Lobera, libro II, capítulo 10, refiere que don García hizo ahorcar a un cacique y a otros indios que los habían extraviado en su marcha. El hecho no es en manera alguna improbable; pero no está contado por Ercilla.

Refiere igualmente esa crónica que a poco de comenzada esta marcha, y antes de encontrar las mayores dificultades de la jornada, los españoles llegaron «a un gran lago cerca de la costa, donde entra un río muy caudaloso llamado Purailla», que después de algunos afanes, pasaron en piraguas de los indios. Algunos geógrafos modernos que conocieron esta indicación por el libro de Suárez de Figueroa, donde estas noticias tienen una redacción diferente, han creído que el río Purailla es el que nosotros llamamos Maullín; pero los datos consignados en la crónica no coinciden con la situación de este río. Ercilla, por otra parte, no habla de ningún río caudaloso en toda la descripción que hace de esta marcha.

ron hacer frente a todas las penalidades futuras de la campaña, continuando imperturbables su marcha hacia el sur.

Allí, sin embargo, comenzaron las mayores dificultades del camino. «Jamás la naturaleza, dice Ercilla, amontonó tanto estorbo para impedir el paso del hombre.» Los arcabucos o bosques eran cada vez más espesos, y los breñales más ásperos. Los soldados tenían que cortar con hachas y machetes las ramas de los árboles para abrirse paso, y que romper a veces con picos y azadones las peñas y los matorrales para que los caballos pudieran asentar el pie con seguridad. El cielo mismo parecía conjurado contra ellos. Ocurrieron días nublados en que faltaba la luz en la tupida selva; sobrevinieron tempestades de lluvia y de granizo que lo empapaban todo, las ropas y el suelo. La gente y las bestias se atascaban a cada paso en los pantanos. A pesar de todo, aquellos hombres de fierro, con sus manos y sus pies cubiertos de dolorosas lastimaduras, con sus vestidos desgarrados en los matorrales del camino, con el calzado roto por los riscos y los troncos de los árboles, extenuados ellos mismos por el hambre y la fatiga, bañados en sudor, en sangre y en lodo, según la propia expresión de Ercilla, anduvieron todavía siete días en las selvas sin tener un lugar seco y descubierto en que reclinar sus estropeados cuerpos. Al fin, una mañana límpida y despejada, como las que suelen seguirse en aquellos lugares a los días de sombrías tempestades, los españoles divisaron desde una altura un pintoresco archipiélago, y al pie del monte y de la áspera ladera que pisaban, se extendía un hermoso golfo. Los castellanos cayeron de rodillas para dar gracias al cielo por haber llegado sanos y salvos a aquel paraje donde esperaban hallar el término de sus sufrimientos. Era el 24 de febrero de 1558, segundo día de cuaresma, llamado entonces comúnmente la Cananea. Por esta circunstancia, los exploradores denominaron a aquellas islas archipiélago de la Cananea, nombre que fue completamente olvidado muy poco después.[218]

---

218 Aun cuando don García Hurtado de Mendoza ha dado cuenta de este viaje en algunas de sus cartas o relaciones, y aun cuando se hace referencia a él en otros documentos de ese tiempo, todas las noticias consignadas en esas piezas son de tal manera vagas y generales que casi se limitan a decir en globo que fue preciso soportar muchos padecimientos para llegar hasta el archipiélago de Chiloé. No se busquen allí indicaciones geográficas o cronológicas porque no se hallará nada de eso. En cambio, nos queda la relación consignada por Ercilla en los cantos XXXIV, XXXV y XXXVI de *La Araucana* y, aunque menos precisa en sus indicaciones de lo que son otros pasajes del ilustre poeta, constituye un documento de gran importancia, y de tanto más valor cuanto que es la única fuente auténtica

que contenga algunos pormenores y detalles. Por esta razón la hemos seguido fielmente, reproduciendo con frecuencia sus mismas palabras.

¿Cuál fue el itinerario que siguió don García desde Villarrica hasta el archipiélago de Chiloé? La lectura atenta de Ercilla y el cotejo constante de su relación con todos los documentos geográficos de que hemos podido disponer, y que son muy abundantes, nos inclina a creer que los expedicionarios de 1558, extraviados intencionalmente por los indios que debían guiarlos, hicieron su viaje por las faldas de los Andes, bordeando en largos trechos las orillas occidentales de los grandes lagos. Vamos a dar las razones de esta hipótesis histórico-geográfica, seguros de que algunas de ellas a lo menos habrán de parecer de verdadero peso.

1.ª Los expedicionarios partieron de Villarrica, como lo dice expresamente Ercilla, es decir, casi de las faldas mismas de la cordillera, y siguieron su viaje al sur por lugares enteramente diversos a los que había reconocido la expedición de Villagrán cuando trataba en 1554 de fundar una ciudad donde hoy existe Osorno. Ercilla dice que la expedición de don García caminaba por un mundo nuevo.

2.ª Si el viaje de don García se hubiera hecho por el valle central, habría encontrado en el camino cuatro grandes ríos: el Bueno, el Pilmaiquén, el Ralhue y el Maullín, cuyo paso no puede hacerse a vado después que sus caudales respectivos se han engrosado con numerosos afluentes. Ercilla no habla una sola palabra de ríos caudalosos en toda esta marcha. En cuanto al Purailla, de que habla la crónica de Mariño de Lobera, las noticias que acerca de él consigna, colocándolo en la primera parte del camino y suponiendo que desemboca en un lago, más que al Maullín, como lo han creído algunos geógrafos, parece referirse a alguno de los ríos que forman el lago de Riñihue. Caminando los expedicionarios de 1558 por las faldas de los Andes, y a largos trechos por las orillas occidentales de los grandes lagos, no han debido encontrar serias dificultades en el paso de los ríos, porque allí éstos no tienen un caudal de agua que los haga intransitables, como sucede un poco más abajo cuando se han engrosado con nuevos afluentes.

3.ª En toda su descripción, Ercilla habla de cerros, de montañas, de cordilleras, de hondos valles; y estas circunstancias no pueden razonablemente aplicarse a las ondulaciones y accidentes que se hallan en el valle central del territorio de esa región.

4.ª La vuelta de los expedicionarios de 1558 se verificó por el valle central. Ercilla tiene cuidado de advertir que este camino es muy diferente del primero.

La fecha precisa del día en que los españoles llegaron a la vista del archipiélago, da lugar también a alguna observación. Dice la *Crónica* de Mariño de Lobera, libro II, capítulo 10: «llegaron el segundo domingo de cuaresma, por cuyo respecto se le puso por nombre el archipiélago de la Cananea, porque en aquel tiempo se leía en la Iglesia el evangelio que trata de ella en la segunda domínica de cuaresma». Ahora bien, el segundo domingo de cuaresma de 1558 fue el 9 de marzo; y mientras tanto Ercilla dice expresamente que después de emplear algunos días en recorrer la costa vecina al archipiélago, los españoles dieron la vuelta al norte el último día de febrero. Esta contradicción de fechas se explica fácilmente. El jesuita Escobar, que dio nueva redacción y nueva forma a la *Crónica* de Mariño de Lobera, olvidó decir que si bien es cierto que se llamaba entonces Cananea al segundo domingo de cuaresma, que también se llama «de reminiscere», se daba el mismo nombre de Cananea al primer jueves de cuaresma, al que sigue inmediatamente al miércoles de ceniza, como puede verse en el *Glossaire des dates ou des noms peu connus de certains jours de la semaine et du mois*, que forma uno de los tratados preliminares de *L'art*

181

EJÉRCITO CONQUISTADOR
Soldado de infantería

4. Practicado el reconocimiento de esa región, don García da la vuelta al norte y funda la ciudad de Osorno; injusticias cometidas contra los antiguos encomenderos de Valdivia

Sin tardanza bajaron los expedicionarios al vecino llano para acercarse a las riberas del mar. El campo estaba cubierto de unos arbustos, llamados guñi por los indígenas, cuyas bayas rojizas, la mejor de las frutas silvestres de Chile (la murta o murtilla de los españoles, myrtus uñi de los botánicos) sirvieron para aplacar el hambre de los españoles. Pero apenas llegaron a la playa, tuvieron alimentos más útiles y más variados. Se hallaban entonces en las pintorescas orillas del tranquilo golfo de Reloncaví. Los habitantes de las islas vecinas, indios pacíficos y hospitalarios, acudieron en sus ágiles piraguas a ofrecer generosa y espontáneamente a los españoles todo lo que podían obsequiar, maíz, frutas de la tierra, pescado y carne de guanaco. Ercilla, que observaba las costumbres de los bárbaros con la ardiente fantasía del poeta, que creía descubrir en los feroces y pérfidos araucanos no solo guerreros denodados que defendían su libertad y su patria con heroísmo incontrastable sino, también, paladines dignos

---

de verifier les dates de los benedictinos franceses. El jueves denominado Cananea de 1558 cayó en 24 de febrero, día que coincide perfectamente con la cronología de Ercilla.

Hemos dicho más arriba que fuera de los cantos citados de *La Araucana* no hay ningún documento que contenga noticias auténticas y medianamente prolijas acerca del viaje de don García Hurtado de Mendoza hasta el archipiélago de Chiloé. El lector puede tal vez dudar de esta aseveración leyendo en el tomo I de los *Documentos* de la obra de don Claudio Gay, págs. 221-225, una relación titulada *Viaje de don García Hurtado de Mendoza al sur de Valdivia y fundación de Osorno*, que se dice sacada de un libro de apuntes del historiador don José Pérez García. Esa relación es simplemente un fragmento de los *Hechos de Hurtado de Mendoza*, por Suárez de Figueroa, obra escrita y publicada en Madrid en 1613, y que no conoció don Claudio Gay. Es una narración de segunda mano basada sobre lo que a este respecto dice la crónica de Mariño de Lobera, con modificación de la redacción y de algunos accidentes. Esas páginas no pueden figurar en una colección de documentos auténticos.

El licenciado Francisco Cano de Torres, el biógrafo de don Alonso de Sotomayor, ha escrito también una *Historia de las órdenes militares*, Madrid, 1629, en que ha hecho entrar muchos sucesos de la conquista de América. Refiere en el capítulo 3 del libro III sumariamente las campañas de don García en Chile, y allí cuenta esta expedición tomando todas las circunstancias del relato de Ercilla.

de los libros de caballerías, vio en los humildes isleños de aquel archipiélago, los últimos representantes de aquella quimérica edad de oro pintada en los idilios de la antigüedad clásica. «La sincera bondad de esas gentes sencillas, dice, dejaban ver que la codicia no había penetrado en aquella tierra. El robo, la injusticia y la maldad, fruto ordinario de las guerras, no habían inficionado allí la ley natural.» Ercilla, como casi todos los poetas y los filósofos de su tiempo, creía que los conquistadores habían llevado todos los vicios a esas sociedades primitivas en que solo eran conocidas hasta entonces las sencillas virtudes de una vida patriarcal y llena de poesía.[219] Esta fantástica manera de estudiar la vida de los salvajes era tan opuesta al propósito de civilizar a los indios como las mismas crueldades ejercidas por los soldados de la conquista.

Aquellos isleños, movidos por la curiosidad que despertaba en ellos la vista de estos extranjeros, de sus ropas y de sus armas, hicieron más todavía para obsequiarlos. Pusieron a su disposición una piragua grande que debía servir a los españoles para explorar las islas y la costa vecinas. Diez españoles se acomodaron en esa embarcación. Iba por jefe de ellos aquel licenciado Julián Gutiérrez de Altamirano, conocido por su carácter aventurero y emprendedor, que acababa de dejar el gobierno de la ciudad de Valdivia para agregarse a la columna expedicionaria.[220] Don Alonso de Ercilla, deseoso, como dice, de conocer el último término de esta jornada, era uno de los diez exploradores. Prosiguiendo el reconocimiento de la costa occidental de aquel golfo, visitaron tres islas pequeñas; y doblando después al occidente, llegaron hasta la isla

---

219 El poeta completa su pensamiento en la octava siguiente, canto XXXVI, estrofa 14:

«Pero luego nosotros, destruyendo
todo lo que tocamos de pasada,
con la usada insolencia el paso abriendo,
les dimos lugar ancho y ancha entrada;
y la antigua costumbre corrompiendo,
de los nuevos insultos estragada,
plantó aquí la codicia su estandarte
con más seguridad que en otra parte.»

220 Siete meses más tarde, en septiembre de 1558, llegaban a estos parajes algunos de los marinos que volvían de la exploración del estrecho, que había dirigido el capitán Ladrillero. Los indios les hablaron de los españoles que habían visitado esa región, y nombraban particularmente a Altamirano. Véase la relación del escribano Goizueta, que tendremos que citar muchas veces al hablar de aquella exploración.

grande de Chiloé, donde bajaron a tierra.[221] La exploración había durado tres días: Altamirano y su gente habían desembarcado en varios puntos, y volvían con la noticia de que no había paso alguno para continuar por tierra el viaje proyectado hasta las regiones del estrecho. La columna expedicionaria habría podido llegar a la isla de Chiloé en las piraguas de los indios; pero era imposible transportar los caballos.

Apoderose de los expedicionarios una gran tristeza al saber esta noticia. Sus ilusiones de aventuras y de conquistas en un país que la imaginación de los exploradores se complacía en representárselo tan rico como ameno, se desvanecían completamente. Pero otro sentimiento contribuía a contristar a los compañeros de don García. Era necesario dar la vuelta y afrontar de nuevo los sufrimientos infinitos que acababan de soportar en su viaje. Llegaron a temer que en este viaje por los horribles senderos que habían recorrido con tantas dificultades, no salvaría un solo hombre con vida.[222] Su situación era tanto

---

[221] Los exploradores desembarcaron en la isla grande de Chiloé, en una playa arenosa entrecortada por espesos bosques. Ercilla cuenta que internándose en la tierra, escribió con su cuchillo en el tronco de un árbol, una estrofa que decía así:

«Aquí llegó donde otro no ha llegado,
Don Alonso de Ercilla que el primero
en un pequeño barco deslastrado,
con solo diez pasó el desaguadero;
el año de 58 entrado
sobre 1500 por febrero
a las dos de la tarde, el postrer día
volviendo a la dejada compañía.»

Sin aceptar que esta estrofa haya sido materialmente tallada en el tronco de un árbol, le damos su importancia histórica por cuanto marca con toda seguridad la fecha del día en que se terminó aquella exploración, 28 de febrero de 1558.

[222] Ercilla ha expresado perfectamente estos sentimientos en algunas de sus estrofas del canto XXXVI. Las relaciones de don García, siempre sumarias, secas y descoloridas, no contienen informaciones geográficas, ni dan la menor idea de las fatigas de la expedición, ni de los sentimientos que agitaban a los expedicionarios. He aquí como cuenta esta campaña en la relación sin fecha que hemos citado. «Pasé adelante de los términos de Valdivia, última ciudad que era entonces de aquella gobernación, hacia el estrecho de Magallanes para descubrir y conquistar la tierra que dicen de los Coronados, en el cual camino pasé muy gran trabajo, atravesando mucha tierra adentro, hasta que llegué a un archipiélago, y por ser tan grande que llegaba desde la mar a la sierra no pude pasar más adelante, y por no tener barcas en que pasarlo, y así di la vuelta.»

más penosa cuanto que el invierno que tanto se adelanta en aquellas regiones, amenazaba alcanzarlos en su retirada por entre los bosques y lodazales que tenían que atravesar.

En medio del abatimiento que esta perspectiva debía producir en el ánimo de los españoles, un indio joven de aquellas islas se ofreció espontáneamente a guiarlos por otro camino mejor. Emprendieron la marcha por el valle central, atravesando bosques extensos y tupidos, cruzando ríos caudalosos y venciendo obstáculos que, sin embargo, parecían ligeros en comparación de las dificultades vencidas anteriormente.[223] Habiendo atravesado el río Ralhue, que los españoles llamaron de las Canoas, sin duda, por haberse servido para cruzarlo de las embarcaciones de los indios, reconocieron la misma región que Francisco de Villagrán había explorado en 1553 con el designio de fundar una ciudad.

Era este país tan abundantemente poblado que don García calculaba en 80.000 el número de los indios que habitaban la comarca. Habría bastado esta sola circunstancia para que los españoles pensasen en establecerse en este lugar con la esperanza de obtener buenos repartimientos; pero además de la belleza de los campos, que parecían adaptables a la agricultura y a la ganadería, creyeron hallar los indicios de ricos lavaderos de oro. El 27 de marzo de 1558, el gobernador echaba allí los cimientos de una ciudad, a la cual daba el nombre de Osorno, en recuerdo del nombre del condado de su abuelo materno don García Hernández Manrique. Señaló ochenta vecinos para la nueva población, instituyó

---

[223] Ercilla, empeñado en abreviar su relación, no consagra a la vuelta de los expedicionarios más que unos cuantos versos.

«Pareciendo el camino aunque cerrado
fácil con la memoria del pasado.»

Dice en la estrofa 30 del canto XXXVI, y luego agrega:

«Cumplió el bárbaro isleño la promesa,
que siempre en su opinión estuvo fijo,
y por una encubierta selva espesa
nos sacó de la tierra como dijo.
Voy pasando por esto a toda prisa,
huyendo cuanto puedo el ser prolijo;
aunque fueron muchos los trabajos,
es menester echar por los atajos.»

cabildo, repartió la tierra y los indios, y dejando el gobierno de la ciudad y de su distrito en manos del licenciado Alonso Ortiz, siguió su marcha para Valdivia.

En esta última ciudad se detuvo don García hasta pasada la Pascua de Resurrección, es decir, hasta después del 10 de abril. Entre otros asuntos administrativos que allí lo ocuparon, fue uno de ellos la reformación de los repartimientos, nombre que se daba al despojo antojadizo de los que estaban en posesión de encomiendas. El gobernador quería favorecer a sus amigos y parciales en la distribución de los indios. Pero en Valdivia no podía hacer valer las razones que había alegado para quitar sus encomiendas a los antiguos vecinos de Concepción. Los pobladores de aquella ciudad no solo no la habían dejado abandonada a manos de los indios sino que la habían defendido durante cuatro años de guerra y de penalidades. Don García, para paliar el despojo de esos encomenderos, declaró nulas todas las concesiones hechas por Francisco de Villagrán, por cuanto este gobernador no había tenido nombramiento real, sino solo la delegación de poderes que le habían conferido los cabildos. Estas injusticias con que el gobernador lastimaba los intereses de los viejos conquistadores para favorecer a los capitanes que habían venido a Chile en su compañía, dieron lugar a muchas quejas, y fueron el origen de numerosas acusaciones que ofendían el honor y la dignidad de don García. Como lo veremos más adelante, se dijo y, aun, se intentó probar judicialmente que por medio de su servidumbre vendía por dinero las concesiones que hacía en nombre de la autoridad real que desempeñaba.[224]

5. Proclamación de Felipe II como rey de España; don Alonso de Ercilla y don Juan de Pineda condenados a muerte por el gobernador, y luego indultados

Después de esta penosa campaña a la región del sur, los expedicionarios llegaban a la Imperial a mediados de abril para tomar allí sus cuarteles de invierno. Encontraron en esta ciudad una noticia a que no podían dejar de dar gran importancia, y que, sin embargo, había llegado a Chile con más de dos años de atraso. El 16 de enero de 1556 había renunciado Carlos V en Bruselas la corona de España en favor de su hijo Felipe II, y éste había tomado las riendas del

---

[224] *Crónica* de Mariño de Lobera, libro I, capítulo 10; Góngora Marmolejo, capítulo 29. *Sumario del juicio de residencia seguido a don García en 1562*, Ms.

gobierno.²²⁵ La transmisión del mando de un soberano a otro, suceso de gran importancia y origen de ostentosas fiestas en los países monárquicos, tenía, aun, una significación mucho mayor bajo el régimen absoluto en que el carácter personal del monarca ejercía una influencia decisiva en la marcha del gobierno. El pueblo español, hostigado por las exacciones y los impuestos con que los mantenía gravado el Emperador para hacer frente a las continuas guerras euro-

225 Don Antonio Ferrer del Río, al frente de la edición de *La Araucana*, publicada en Madrid en 1866 por la Real Academia Española, ha puesto una biografía de Ercilla, que es, sin disputa, la mejor que se conoce, pero que debiera rehacerse en la parte concerniente a Chile para corregir los errores de detalle que contiene en historia y en geografía. Hablando de los sucesos que vamos a narrar en el texto, dice en la biografía y más particularmente en la Ilustración IV, que ha puesto al fin de la obra, que es absurdo suponer que las fiestas que tuvieron lugar en Chile en abril de 1558 fuesen para celebrar la proclamación de Felipe II, que había tenido lugar más de dos años antes. Ferrer del Río cree más probable que esas fiestas tendrían por causa la noticia de la victoria alcanzada por las armas españolas en San Quintín, en agosto de 1557.
Aunque esta aseveración del ilustrado biógrafo español no merezca una larga rectificación, debemos detenernos un momento en este punto para demostrar cuán grande era la incomunicación de las colonias españolas con la metrópoli a mediados del siglo XVI.
El 16 de enero de 1556, el mismo día de su abdicación en Bruselas, firmaba Carlos V una circular en que comunicaba este suceso a todas las ciudades de sus reinos. El día siguiente firmaba Felipe II otra circular para anunciar su elevación al trono. En España no se recibió la noticia sino a fines de marzo siguiente.
A América no llegó, sin embargo, sino un año después. El cabildo de México recibió los despachos reales el 5 de abril de 1557; y estando el virrey ausente de la ciudad, se retardó la proclamación del nuevo soberano hasta el 4 de junio siguiente, como se lee en el padre Andrés Cabo, *Los tres siglos de México*, México, 1852, libro IV.
Al Perú no llegaron las comunicaciones que avisaban tan graves ocurrencias sino a fines de julio de 1557. El 25 de este mes se hizo en Lima la jura solemne del nuevo monarca, como puede verse en el acta oficial de la ceremonia publicada por don Luis Torres de Mendoza en las págs. 395-402 del tomo IV de la Colección de documentos inéditos de Indias. Esta ceremonia, por lo demás, ha sido extensamente descrita por Diego Fernández, en su *Historia del Perú*, Sevilla, 1571, part. II, libro II, capítulo 3.
Las comunicaciones entre el Perú y Chile eran, como sabemos, muy raras y, además, sumamente lentas, sobre todo en los viajes al sur. Así, mientras que un buque que iba de Valparaíso al Callao empleaba un mes en el viaje, gastaba a lo menos tres meses en la vuelta del Callao a Valparaíso. Aun, en la estación en que reinan constantemente los vientos del sur, de septiembre a marzo, solía emplearse un tiempo doble o más, como lo hemos señalado en algunos de los viajes de que hemos hecho mención antes de ahora. Se comprenderá, pues, cómo la noticia de la coronación de Felipe II no llegó a Chile hasta abril de 1558. El acta del cabildo de Santiago del 7 de ese mes, no deja lugar a duda a este respecto. Existe, además, en el Archivo de Indias de Sevilla la copia legalizada del acta de la proclamación hecha en La Serena el 8 de mayo de 1558, que contiene los más curiosos detalles sobre esa ceremonia.

peas en que vivía envuelto, había celebrado con entusiasmo el advenimiento del nuevo soberano, aguardando una era de paz y de bienestar. Sus esperanzas, como sabemos, fueron burladas de la manera más cruel.

En las colonias de América, la elevación de Felipe II dio origen a aparatosas ceremonias, paseos de estandartes, jura solemne del nuevo soberano, paradas militares y fiestas religiosas. Apenas llegadas a Santiago las provisiones reales, el licenciado Hernando de Santillán, que mandaba en Santiago con el título de teniente gobernador, hizo celebrar la jura de Felipe II el 7 de abril, que era Jueves Santo, con toda la solemnidad conciliable con la escasa población de la ciudad y con sus mezquinos recursos. Un mes más tarde, el domingo 8 de mayo, el licenciado Juan de Escobedo, teniente gobernador en La Serena, celebraba en esta ciudad una fiesta análoga con el aparato y el lujo que le era posible emplear. En estas ceremonias en que se hacía de rodillas el juramento de fidelidad al nuevo monarca, los altos funcionarios de la colonia se empeñaban en revestir la autoridad real de un carácter sagrado.

Don García mandó preparar grandes fiestas en la Imperial para hacer la proclamación de Felipe II. Dispuso juegos de sortijas y de cañas, especies de torneos militares a que eran muy aficionados los capitanes españoles, y en que lucían su destreza en el manejo de la lanza y del caballo. En la metrópoli, los reyes y los príncipes tomaban parte en estos juegos con no poco peligro de su vida.[226] Don García Hurtado de Mendoza, con todo el ardor de la juventud y con la arrogancia de caballero y de soldado, tenía gran pasión por estas fiestas y por todas aquéllas en que podía ostentar su vigor y su agilidad. Preciábase de ser un eximio jugador de pelota, y creía que en el manejo de las armas no tenía rival en su campo. Así, pues, el día de la justa en la plaza de la Imperial, salió a caballo por una puerta excusada de su casa, con el rostro cubierto por la visera de su casco, como si quisiera no ser conocido en el palenque. Iban a su lado don Alonso de Ercilla y un caballero de Córdoba llamado Pedro Olmos de Aguilera. Otro capitán sevillano, llamado don Juan de Pineda, que también llegaba armado para tomar parte en la justa, metió atropelladamente su caballo entre los que montaban los dos compañeros de don García. Aquel acto de

---

226 El adusto Felipe II fue en su juventud muy aficionado a estos juegos en que le gustaba lucir su pretendida maestría en el manejo de las armas. En 1550 recibió en Bruselas un golpe en la cabeza que lo trajo al suelo sin sentido, y que curó en parte su manía de luchar en justas y torneos.

juvenil atolondramiento podía ser también una provocación que entre aquellos impetuosos capitanes daba siempre lugar a riñas y pendencias. Ercilla, lleno de cólera, echó mano a la espada «nunca sin razón desenvainada», dice él mismo. El capitán Pineda sacó también la suya. La lucha se iba a empeñar entre ambos jóvenes, no por mero aparato como en el torneo que se preparaba, sino para lavar con sangre una ofensa que en el ardor del momento creían grave.

Nada era más fácil que impedir este duelo quijotesco, propio de jóvenes y de militares en un siglo en que la exaltación de las ideas caballerescas hacía dirimir con las armas en la mano las pendencias más frívolas. Habría bastado que el gobernador les impusiese moderación para que aquel lance hubiese quedado cortado. Pero don García, sea que viese en la conducta de los capitanes un delito del más punible desacato a su autoridad o que creyese que aquel acto era la señal de un motín contra su persona, perdió toda calma, se puso furioso, y cogiendo la maza que pendía del arzón de su silla, arremetió contra los contendientes, descargando rudos golpes sobre los hombros de Ercilla, que era el que estaba más cerca, y profiriendo las más terribles amenazas. Los dos capitanes corrieron a asilarse a una iglesia que estaba vecina, pensando sustraerse así a la saña del encolerizado gobernador.[227]

Pero don García no quiso respetar el sagrado asilo. Ercilla y Pineda fueron arrancados de la iglesia y entregados presos bajo la custodia del capitán don Luis de Toledo. Se les notificó que se preparasen a morir como cristianos, y por orden del gobernador se dispuso todo para que en la mañana siguiente fueran

---

227 Este episodio, a que solo hace alusión Ercilla en el canto XXXVI de *La Araucana*, ha sido contado con diversidad de accidentes por los cronistas primitivos. Nosotros seguimos principalmente a Góngora Marmolejo, capítulo 29. Los panegiristas de don García, el padre Escobar, en la crónica de Mariño de Lobera, y Suárez de Figueroa, que escribieron cuando Ercilla había adquirido una gran nombradía con la publicación de su poema, se han empeñado en justificar por medios diversos al gobernador. Don Miguel Luis Amunátegui, en un erudito artículo titulado «Hurtado de Mendoza y Ercilla», publicado en la *Revista de Santiago* (1872) tomo I, págs. 248-262, ha comparado casi todas las diversas versiones que se han dado de este suceso. Por nuestra parte, vamos a transcribir la parte que a él se refiere, de un documento inédito hasta ahora, el proceso de residencia de don García Hurtado de Mendoza, seguido en Valdivia en 1562. Dice así:
«144. Ítem. Se le hace cargo al dicho don García que quiso matar con una porra en la ciudad Imperial a don Alonso de Arcila don Juan de Pineda; y fue tras ellos por los matar con ella, que fue y eran términos muy ajenos y fuera de justicia». El licenciado Juan de Herrera, juez de la residencia, le puso «culpa grave» por esta falta en la sentencia de la causa. Estas palabras confirman la versión de Góngora Marmolejo, que es la que seguimos nosotros.

decapitados en la plaza pública. Don García mandó que nadie le hablara de perdón. Los reos pasaron la noche recibiendo los auxilios espirituales de sus respectivos confesores como reos que aguardan una muerte inevitable.

La ciudad iba a presenciar una de esas sangrientas ejecuciones que contristan a todo el mundo. Ercilla y Pineda no habían cometido ninguno de esos crímenes que hacen odioso al reo, y eran, además, queridos por todos sus camaradas. Sin embargo, la sentencia o, más propiamente, el mandato del gobernador, era irrevocable. Pero a la mañana siguiente, don García conmutaba la pena de muerte impuesta a aquellos dos capitanes por la de prisión hasta que se presentara la oportunidad de hacerlos salir del país desterrados a perpetuidad. Aunque los panegiristas del gobernador se han empeñado en representarlo como un personaje inaccesible a toda influencia, y en especial a la de las mujeres, parece que fueron algunas señoras de la Imperial quienes alcanzaron que se suspendiese la ejecución.[228] Ercilla y Pineda fueron retenidos en prisión

---

228 Góngora Marmolejo, capítulo citado. Según la crónica de Mariño de Lobera, la sentencia de muerte fue pronunciada por don Luis de Toledo, y don García suspendió la ejecución. Suárez de Figueroa pretende justificar a su héroe de otra manera. Dice que el gobernador, creyendo que el arrebato de aquellos dos capitanes era la señal de un motín premeditado, los condenó a muerte; pero que convencido de que no había habido premeditación alguna, revocó su orden.

Dos cronistas de las órdenes religiosas han contado este mismo hecho con los errores de detalle que se encuentran en casi todas esas crónicas. Fray Antonio de la Calancha en su *Crónica moralizada de la orden de San Agustín en el Perú*, Barcelona, 1638, libro II, capítulo 33, y su continuador fray Bernardo de Torres en su *Crónica de la provincia peruana del orden de hermitaños de San Agustín*, Lima, 1657, pág. 15, han supuesto una doble pendencia entre Ercilla y Pineda, una en la plaza y otra al día siguiente en el recinto de la iglesia, donde desenvainaron sus espadas en presencia del gobernador y de los sacerdotes, por cuyo escándalo se les condenó a muerte. Uno y otro, muy aficionados a propagar los más extraordinarios prodigios, suponen que el drama se desenlazó por un milagro, la intervención sobrenatural de san Agustín, que en la noche movió el corazón de don García a la clemencia, por cuya causa don Juan de Pineda se hizo fraile agustino el año siguiente en el convento de Lima. Son tales las invenciones de todo este pasaje en ambas crónicas que hay motivos para dudar hasta de la verdad de este último incidente, y para creer que este capitán es el mismo Juan de Pineda que murió poco después en la guerra araucana, bajo el gobierno del presidente Bravo de Savaria.

El proceso de residencia de don García, que hemos citado en otras ocasiones, explica la conmutación de la sentencia en los términos siguientes: «147. Ítem. Se le hace cargo al dicho don García que se gobernaba y gobernó por una doncella que es la que por la pesquisa secreta consta de su nombre, y se daban papirotes en las narices el uno al otro, jugando a... (no se entiende el manuscrito) estando a una ventana que los que pasaban los veían, y permitía y permitió que entrase dicha doncella de noche por una ventana, y

durante algunos meses, con cargo de asistir a las funciones de guerra, hasta que se presentó la oportunidad de embarcarlos para el Perú.

6. Captura y muerte de Caupolicán

La ciudad de la Imperial fue el asiento del gobierno durante algunos meses. Don García pasó allí todo el invierno descansando de las fatigas de las campañas anteriores y viviendo con la ostentación que era conciliable con el estado de pobreza de la colonia. Su casa, que debía ser una habitación modesta con techo de paja, tenía, según los contemporáneos, el carácter de un palacio por las guardias, por el ceremonial y por el boato y la largueza con que se trataba el gobernador. La paz no fue interrumpida, los indios del distrito de la ciudad se mantenían tranquilos y sumisos.

No sucedía lo mismo en los términos de la vecina ciudad de Cañete. Reinoso, que mandaba allí, estaba obligado a vivir con las armas en la mano y a hacer por sí o por medio de sus capitanes, frecuentes correrías en los campos inmediatos para perseguir las partidas de indios guerreros que los recorrían sin cesar. Habiendo tenido noticia de que en una quebrada de la cordillera de la Costa había un campamento enemigo, y que allí debía hallarse Caupolicán, a quien se daba por uno de los jefes principales de la insurrección de los indígenas, Reinoso organizó una campeada que debía dar un resultado memorable.

Confió la empresa al capitán don Pedro Velasco y Avendaño, soldado valiente, infatigable para perseguir a los indios, y cruel para tratarlos después de la batalla. Avendaño apartó cincuenta buenos soldados, «los más de ellos vizcaínos», dice un antiguo cronista, y tomó por guías algunos indios conocedores del terreno, que se prestaron a acompañarlo con la esperanza de recobrar su libertad. Los expedicionarios partieron de Cañete poco después de anochecer para

---

estando encerrado en su casa, y habiendo mandado hacer justicia de don Alonso de Arcilla y don Juan de Pineda, por intercesión de la dicha doncella y otra mujer que fue con ella, lo dejó de hacer y se estuvo con ellas jugando toda la noche, estando los dichos caballeros confesándose para hacer justicia de ellos». Como en este juicio de residencia no se oyó a don García, no se halla la defensa que él habría hecho contra tales cargos, y que habría servido para dar más luz sobre este episodio. Sea como se quiera, no se puede reducir a más humanas proporciones el milagro de la aparición de san Agustín que cuentan los padres Calancha y Torres.

No es posible fijar la fecha precisa de estos sucesos, por falta de indicación segura en los documentos y en los antiguos cronistas, pero se puede asegurar que tuvieron lugar en la segunda mitad de abril de 1558.

ocultar sus movimientos y para caer sobre el campamento enemigo antes de venir el día. El camino era detestable, áspero, accidentado, cubierto a trechos de espeso bosque. La noche oscura y tempestuosa casi no les permitía avanzar en su marcha. Sin embargo, nada podía contener el ardor de los soldados de Avendaño. Venciendo resueltamente todas esas dificultades, llegaron antes de amanecer a vista de una quebrada en que estaban acampados los enemigos. Los fuegos de las rancherías de los indios no dejaban lugar a duda de que la fatigosa expedición se había logrado.[229]

Los indios estaban desprevenidos. Las condiciones topográficas del lugar, oculto en el corazón de una montaña cubierta de árboles, y en una áspera quebrada recorrida por un torrente; las dificultades del camino para llegar hasta ese sitio, y hasta la circunstancia de ser la noche sombría y lluviosa, habían dado a Caupolicán y los suyos tal confianza de que no podían ser sorprendidos allí, que contra la costumbre casi invariable de esos bárbaros, habían descuidado todas las medidas de precaución para estar advertidos de los movimientos del enemigo. A fin de no malograr el asalto y de impedir la fuga de los indios, Avendaño mandó desmontar su tropa y dispuso que sus soldados avanzasen a pie, sin hacer el menor ruido y que no empeñasen el ataque sino cuando las rancherías estuviesen rodeadas por todas partes.

El asalto se efectuó con la mayor regularidad. Los españoles, armados de espadas y de rodelas, atacaron las chozas de los bárbaros con el ímpetu irresistible que empleaban en tales casos, dando muerte a los primeros indios que quisieron salir a la defensa. Toda resistencia parecía inútil. Caupolicán, sin embargo, armado de una maza que manejaba con gran vigor, trató de defenderse resueltamente. Herido en el brazo por una cuchillada, le fue forzoso entregarse prisionero. Igual suerte corrieron los otros indios que no habían muerto en el primer momento de la lucha. El aprehensor de Caupolicán fue un

---

229 Aunque Ercilla no tomó parte en esta empresa, recogió las noticias de sus camaradas y ha formado de la captura y muerte de Caupolicán uno de los más hermosos cuadros de su poema en los cantos XXXIII y XXXIV. Refiere que fue un solo indio el que se ofreció a llevar a los españoles al campamento enemigo, y supone que ese indio traidor no quiso por ruegos ni por amenazas llegar hasta el mismo sitio en que estaba Caupolicán, limitándose con recomendar a los castellanos que siguiesen el curso de un arroyo. El poeta ha querido con este accidente, que parece de pura invención, dar realce a la figura del jefe araucano, pintando el terror que inspiraba a los mismos que lo entregaban en las manos de los españoles.

mestizo, natural del Cuzco, llamado Juan de Villacastín, que figuraba entre los más valientes soldados españoles.

La captura del caudillo araucano debía tener una gran importancia a juicio de los conquistadores. Sin embargo, al principio los castellanos no conocieron todo el valor de la presa que habían hecho. Caupolicán ocultaba obstinadamente su nombre, y sus compañeros se guardaron bien de revelarlo. Todos ellos fueron amarrados con fuertes ligaduras para ser conducidos a Cañete. Cuando los soldados saqueaban y destruían las chozas de los indios, distinguieron a una mujer con un niño en brazos que a carrera tendida quería salvarse en el bosque vecino. Alcanzada en su fuga, y traída a la presencia de los españoles, la india, al descubrir a Caupolicán entre los presos, prorrumpió en horribles imprecaciones, reprochando sobre todo al cacique prisionero su cobardía por haberse dejado tomar vivo. «No quiero, dijo, ser la madre del hijo de un padre infame»;[230] y agitada por la más vehemente exaltación, arrojó al suelo al niño que llevaba en sus brazos. Era una de las mujeres de Caupolicán. Este rasgo de varonil energía, que tal vez es una simple ficción poética del insigne cantor de *La Araucana*, le ha dado un lugar brillante en las páginas de la historia de aquella lucha heroica.

Al caer la tarde entraba Avendaño a Cañete con los prisioneros cogidos en el combate. Fue aquél un día de regocijo y fiesta para todo el campamento español. Parece que desde el primer momento quedó decidida la suerte del caudillo araucano. Caupolicán debía morir en un aparatoso y cruel suplicio para escarmiento de los indios rebeldes. Un antiguo cronista cuenta que la ejecución

---

230

«Que yo no quiero título de madre
del hijo infame del infame padre.»

dice Ercilla al terminar el discurso que pone en boca de la india, en el canto XXXIII, estrofa 83. El poeta refiere que el niño fue recogido por los españoles y dado a criar a otra mujer. La crónica de Mariño de Lobera, libro II, capítulo 11, arreglada después de la publicación de *La Araucana*, consigna el mismo hecho y cuenta que la india lanzó al niño sobre «un peñasco haciéndolo pedazos cruelmente», circunstancia que ha sido reproducida por Suárez de Figueroa, sin más aditamento que dar el nombre imaginario de Guedén a aquella mujer, a quien Ercilla nombra Fresia. Góngora Marmolejo no consigna este episodio al referir la captura de Caupolicán, lo que hace sospechar que toda la historia de la india sea una ficción poética de Ercilla. Sea como se quiera, la historia lo ha recogido como verdad.

se retardó algunos días; que el cacique prisionero se dio trazas para demorarla ofreciendo entregar algunas prendas que habían pertenecido a Valdivia: el casco, la espada y una cadena de oro con un crucifijo; que Reinoso aguardó en vano que un mensajero trajese estos objetos, y que convencido de que todo aquello era «entretenimiento y mentira», dio la orden de muerte.[231]

La historia consigna la relación del suplicio de Caupolicán con todos los dramáticos incidentes de que lo ha revestido Ercilla para dar más realce al héroe de su epopeya. El caudillo araucano despliega en estas circunstancias la más noble entereza. Descubre lleno de orgullo su verdadero nombre, se declara el enemigo implacable de los españoles y el autor de la muerte de Valdivia, y sin desdoro de su dignidad, pide que se le perdone la vida. Sabiendo que debe morir sin remedio, conserva su serenidad, recibe cristianamente el agua del bautismo, y perece tranquilo e inalterable en medio de los mayores tormentos, sin lanzar un quejido, sin dejar ver en el rostro el menor signo de dolor.

Las cosas pasaron probablemente de muy diversa manera. Sin duda, Caupolicán demostró en este último trance la obstinada entereza con que los guerreros de su raza afrontaban la muerte, y con que sufrían los más crueles y refinados martirios; pero su ejecución no debió estar rodeada de los accidentes con que el poeta ha embellecido su cuadro. Es, sin embargo, fuera de duda que el suplicio de Caupolicán fue verdaderamente horrible. Se le hizo morir empalado, es decir, se le sentó en un palo aguzado que introduciéndose en su cuerpo, le destrozó las entrañas y le arrancó la vida en medio de los más crueles sufrimientos. Un numeroso concurso de gente presenciaba en la plaza de Cañete este bárbaro suplicio. Un cuerpo de indios auxiliares lanzaba sus saetas sobre el caudillo moribundo. Los españoles creían indudablemente que esta salvaje ferocidad iba a decidir la pacificación de la tierra.[232]

---

231 Góngora Marmolejo, capítulo 28.
232 Un cronista posterior, el padre Diego de Rosales, que incurre en muy numerosos y graves errores en todo lo que se refiere a la conquista, al referir la muerte de Caupolicán, en el capítulo 19, del libro IV de su *Historia general del reino de Chile*, sigue casi fielmente la relación de Ercilla; pero supone que habiéndose convertido al cristianismo el caudillo araucano, se le conmutó la pena de empalamiento en la de garrote, y que, por tanto, murió ahorcado. Esta versión enteramente antojadiza, no tiene la menor seriedad ni puede apoyarse en documento alguno, ni en ningún cronista primitivo. El suplicio de Caupolicán en el palo en que se le hizo expirar es un hecho que no puede ponerse en duda. Ercilla lo contaba en la tercera parte de *La Araucana*, publicada en 1589. Góngora, que escribió su libro en 1575, y que, por tanto, solo conoció la primera parte de ese poema, que era

La personalidad de Caupolicán, realzada sobre todo por el poema de Ercilla, aparece mucho más pálida a la luz de la crítica y de la historia. Los mismos españoles del tiempo de la Conquista, acostumbrados a ver ejércitos más o menos organizados y con un jefe a la cabeza, no acertaban a comprender que la sublevación de los indios de Chile fuese el levantamiento en masa de muchas tribus que se reunían para dar una batalla, pero que no tenían cohesión suficiente para someterse a la voz de un caudillo reconocido por todas ellas. De ahí provino, sin duda, la idea de suponer a la insurrección araucana la existencia de un jefe superior, y de atribuirle la dirección del levantamiento y de todas las operaciones militares. Seguramente Caupolicán no fue más que uno de esos caudillos de tribu. Se ilustró en una o más jornadas de la guerra; y por su valor y por su constancia, llegó a tener cierto ascendiente entre sus compatriotas. Su crédito y su importancia fueron exaltados por los españoles cuando en la embriaguez de sus triunfos, tuvieron la ilusión de creer que la captura y la muerte de ese cacique importaba el término definitivo de la conquista. Los documentos antiguos hablan raras veces de él. Su nombre no está comprobadamente ligado a

la única que se había publicado entonces, refirió el mismo hecho en el capítulo 28 de su *Historia de Chile*, que, como sabemos, permaneció inédita, y no ha sido conocida sino en nuestro tiempo. Así, pues, dos contemporáneos de esos sucesos, que los refirieron algunos años más tarde, sin tener la menor comunicación entre sí, y sin saber lo que escribía el otro, refirieron la misma cosa. Los panegiristas de don García, el padre Escobar y Suárez de Figueroa, empeñados en disimular los horrores de su gobierno, aunque escribieron después de Ercilla, no se han atrevido a desmentirlo en ese pasaje, pero se limitan a decir que Caupolicán sufrió la pena capital sin especificar el suplicio.
Parece que el suplicio de Caupolicán excitó el horror de muchos de los contemporáneos. Así, Ercilla al terminar de referirlo, agrega:

«Que si yo a la sazón allí estuviera,
la cruda ejecución se suspendiera.»

Aunque esta ejecución fue ordenada por Reinoso, sin conocimiento del gobernador, no es extraño que los panegiristas de éste quisieran encubrirla.
No sucede lo mismo con el accidente del bautizo de Caupolicán. Góngora Marmolejo no dice una palabra de él; pero lo refiere Ercilla y lo han copiado el padre Escobar y Suárez de Figueroa. La idea de que el caudillo araucano, prisionero y encadenado, se dejó instruir por los frailes españoles en los dogmas del cristianismo, y que regularmente impuesto de ellos pidió el bautismo, podía ser muy del gusto de los lectores del siglo XVI, pero es inaceptable para los que conocen el carácter y la condición moral de esos bárbaros.
No hay dato alguno para fijar la fecha exacta del suplicio de Caupolicán; pero es indudable que tuvo lugar a entradas del invierno de 1558.

más que a uno que otro hecho de la insurrección; pero su gloria, basada, sobre todo, en los magníficos cantos de *La Araucana*, es indestructible. Caupolicán es para la posteridad el heroico defensor de la independencia de su patria y el organizador de una resistencia indomable, que era en realidad la obra espontánea de la masa de la población indígena.[233] Pero cualquiera que sea su papel en la insurrección de los indios, la historia no puede aceptar como verdaderas

---

[233] Después del primer estallido de la insurrección araucana, de la muerte de Valdivia y de la derrota de Villagrán en Marigueñu, los españoles daban por instigador y jefe del levantamiento al indio Lautaro. Así se anunció en Santiago, y así se comunicó al Perú. Los cronistas Diego Fernández y Antonio de Herrera que en vista de los primitivos documentos escribieron lo que acerca de estos sucesos cuentan el primero en su *Historia del Perú*, y el segundo en su *Historia general*, no hablan más que de Lautaro, y no nombran una sola vez a Caupolicán. El cronista Góngora Marmolejo, contemporáneo de esos sucesos, y que escribía en presencia de las noticias de cada día, no menciona a Caupolicán casi más que para contar su muerte. El héroe principal, o único, del levantamiento de los araucanos y de sus grandes triunfos, es, según él, Lautaro.

El más antiguo documento en que he visto el nombre de Caupolicán data de 1558, del mismo año de su muerte. Es la carta del gobernador Hurtado de Mendoza al virrey su padre. Cuenta allí que ese cacique era uno de los principales capitanes de los indios sublevados, y que envió mensajeros para desafiar al gobernador español, amenazándolo con que haría con él lo mismo que había hecho con Valdivia. Entonces había muerto Lautaro, y los españoles, persuadidos siempre de que los indios tenían un jefe superior y único, asignaron este puesto a Caupolicán, que, sin duda, no era más que uno de los numerosos caudillos, quizá el más prestigioso. Pero quien ha creado por completo la alta y tradicional personalidad de Caupolicán, es don Alonso de Ercilla. Tratando de conciliar el efecto épico con la narración de los sucesos históricos, ha hecho intervenir a ese caudillo en casi todos los accidentes de la insurrección desde sus primeros días, haciéndolo elegir general de los indios y suponiéndole una intervención que no consta de los documentos ni de las crónicas. Sin el poema de Ercilla, y estando reducidos a no conocer los hechos de la conquista más que por las otras fuentes, Caupolicán sería una figura descolorida y muy subalterna, lo que no sucedería con Lautaro cuyas campañas constan de los documentos y de las crónicas primitivas.

Sin embargo, el poder del genio poético de Ercilla ha formado un héroe cuya gloria y cuya popularidad son indestructibles. El padre Escobar, rehaciendo en Lima la crónica de Mariño de Lobera, aceptó de ordinario la versión de Ercilla, y dio importancia a la personalidad de ese caudillo. Suárez de Figueroa, escribiendo en Madrid en 1613 los *Hechos de don García Hurtado de Mendoza*, fue más lejos todavía. Cediendo al gusto literario de su tiempo, ha hecho un retrato fantástico de Caupolicán, de formas retóricas, calcadas sobre los retratos que se hallan en los historiadores del siglo de oro de la literatura latina, que también sirvieron de modelo a Mariana y a Solís. «Así feneció, dice Suárez de Figueroa, este varón (Caupolicán) lustre de su patria, y en razón de gentil el más digno que entre ellos se conocía entonces. Fue, mientras vivió, amador de lo justo, desapasionado premiador, templado en el vino, blandamente severo, ágil, animoso y fortísimo por su persona. Observó pocas palabras. No le alteró la próspera fortuna, ni le aniquiló la adversa, mostrando hasta

las noticias que se dan de grandes combinaciones estratégicas de éstos, de operaciones concertadas de dos o más cuerpos de tropas para obrar simultáneamente en diversos puntos del territorio, ni nada que suponga una previsión anticipada de largo tiempo. El poder de los indios consistía en su arrojo, superior a todo peligro; en la constancia inalterable aun después de los mayores contrastes, y en su astucia para aprovechar las circunstancias del momento en una emboscada o en un asalto. Si además de estas dotes hubieran poseído la inteligencia para combinar planes más vastos y ataques simultáneos, y sobre todo cohesión de todas las tribus para hacerlos ejecutar, en pocos meses se habrían desligado de sus opresores, a pesar de la superioridad de éstos en estrategia y en elementos de guerra.

7. Batalla de Quiapo

Por el momento pudieron creer los españoles que la captura y muerte de Caupolicán había puesto término a la guerra. Después de batallar incesantemente todo el verano, los indios se mantuvieron quietos durante el invierno de 1558. Aun muchos de ellos, acosados quizá por el hambre, fingieron dar la paz, frecuentaron las ciudades españolas y se mostraban inclinados a vivir en sujeción. Pero, apenas llegada la primavera, cuando los españoles intentaron construir otras habitaciones en Cañete, los indios comenzaron a inquietarse de nuevo y a reunirse en los campos vecinos en actitud hostil. El gobernador de la plaza, el capitán Alonso de Reinoso, debió comprender entonces que la ejecución de Caupolicán había sido un sacrificio estéril, y que la muerte de un caudillo, por grande que fuese el prestigio que le suponían sus enemigos, no ponía término a la rebelión.

Alarmado con la actitud de los indios, Reinoso mandó en el mes de octubre reforzar y ensanchar el fortín de Cañete a fin de estar prevenido para la defensa. Hizo salir algunos destacamentos para recorrer las inmediaciones, pero las noticias que éstos comunicaban eran por demás alarmantes. Uno de esos destacamentos, mandado por Rodrigo Palos, había sido desbaratado en la quebrada de Cayucupil con pérdida de algunos caballos. En vista de este peligroso estado de cosas, Reinoso envió dos mensajeros a dar cuenta a la Imperial

---

en la muerte la magnanimidad que tuvo en la vida». Nos parece imposible forjar un retrato menos apropiado al asunto y al personaje.

de aquellas ocurrencias. Don García despachó en el momento un refuerzo de cincuenta hombres bajo las órdenes de don Luis de Toledo. Este auxilio fue tan oportuno, que los indios que preparaban un ataque a la ciudad en esa misma noche, desistieron de su proyecto al ver a los castellanos convenientemente reforzados.

Tres días después llegaba el gobernador a Cañete con 200 hombres. La situación de los españoles cambió por completo en las inmediaciones de la ciudad. Pudieron continuar los trabajos iniciados en la construcción de casas; pero luego supieron que los infatigables araucanos se reunían otra vez en son de guerra y en número bastante considerable para recomenzar la lucha. «Dio pena a todos, dice el cronista Góngora Marmolejo, ver que de nuevo se había de volver a hacer la guerra.» En efecto, era preciso abrir los ojos a la luz de la evidencia. El sometimiento de los indios había sido una simple ilusión de los conquistadores. Convencidos los indios de que no podrían asaltar la ciudad de Cañete, que se hallaba bien guarnecida, se habían retirado a la costa vecina, y establecido su campo en un lugar llamado Quiapo. Detrás de un gran barranco y de ciénagas y pantano de muy difícil paso para la caballería, construyeron una extensa trinchera de palizadas en que podían defenderse 8.000 hombres. Los indios reunieron allí junto con las armas que ellos usaban, los cañones y arcabuces que habían quitado a los españoles en los anteriores combates, y tenían, además, alguna pólvora con que habrían podido utilizarlos. Pero esos bárbaros se habían formado tal idea del mecanismo de las armas de fuego que no tenían la menor noción de su alcance ni comprendían que era menester apuntarlas cuidadosamente para que los tiros pudiesen herir al enemigo.

Don García no vaciló en ir en persona a atacar a los indios en su campamento de Quiapo. Dejó setenta hombres para la defensa de Cañete bajo las órdenes del capitán Juan Martín de Riva, y él partió para la costa con Alonso de Reinoso a la cabeza de 300 soldados. Después de dos jornadas de marcha, los españoles llegaron a la vista de las posiciones enemigas y trataron en vano de someter a los indios por medio de mensajeros de paz. Reconocido el terreno, colocaron convenientemente sus tropas, y en la noche del 13 de diciembre de 1558 rompieron el fuego de cañón con bala rasa y con alcancías, nombre que los españoles daban a ciertas ollas de barro llenas de alquitrán y de otras materias encendidas destinadas a comunicar el fuego en el campo enemigo.

Los efectos de este bombardeo no fueron apreciables. Los indios que también hacían sus disparos sin el menor acierto,[234] lanzaban sin cesar los más espantosos alaridos de provocación y de guerra, y se tiraban al suelo, de manera que las balas de los españoles pasaban sin herirlos. Por otra parte, don García no llevaba más que dos cañones, y ésos eran de tan poco calibre que las balas no pudieron romper las palizadas enemigas.

En la mañana siguiente (14 de diciembre) fue necesario empeñar el ataque de una manera más eficaz y decisiva. Don García dividió sus tropas en dos cuerpos, tomó personalmente el mando de uno de ellos para atacar de frente, y confió el otro, compuesto principalmente de infantes, al capitán Gonzalo Hernández Buenos Años para que ocultando sus movimientos por medio de un rodeo, cayera sobre la espalda del enemigo cuando estuviera empeñado el combate. En la noche se habían construido apresuradamente puentes portátiles de madera para pasar el barranco que se extendía en frente de las trincheras enemigas.

La pelea se empeñó como estaba dispuesto. Don García, dejando defendido su campo, embistió resueltamente contra las posiciones de los indios, y fue a estrellarse contra las palizadas donde se sostuvo el combate con todo tesón. Algunos cuerpos de indios que le habían salido al paso, fueron arrollados por los españoles, y en su persecución comenzaron a entrar éstos en las posiciones enemigas abriéndose camino en las palizadas. Cuenta un viejo cronista que hubo un momento en que el gobernador se halló en el mayor peligro por haberse adelantado a los suyos, pero que luego llegaron algunos de éstos y entre ellos aquel italiano Andrés, que se había hecho tan famoso por su valor y sus fuerzas físicas, y que ellos contuvieron el ímpetu de los bárbaros. A pesar de todo, la situación de los castellanos era crítica, y su derrota habría sido quizá inevitable, si la otra división no llega en tiempo oportuno a cumplir el encargo que se le había dado.

Hernández Buenos Años, en efecto, no se había quedado atrás. Sin ser visto por el enemigo a quien tenía muy ocupado el combate de frente, atravesó una ciénaga, y llegando a las palizadas del fuerte, arrancó algunos postes dando paso franco a sus soldados. Una vez allí rompen el fuego de arcabuz sobre los indios y producen entre ellos la más espantosa confusión. Viéndose estre-

---

234 Este hecho consta de la relación sin fecha de don García que hemos citado.

chados por todas partes, los bárbaros trataron de retirarse a una quebrada cubierta de cañas, donde esperaban repararse; pero perseguidos sin descanso, se dispersaron en completa desorganización dejando el campo sembrado de cadáveres y un número considerable de prisioneros. El terrible Reinoso fue inflexible en el castigo de aquellos infelices. Más de 700 de ellos fueron ahorcados sin piedad en el mismo campo de batalla. El mismo don García, que había comenzado la guerra proclamando los principios de humanidad, y que había querido reducir a los indios con palabras de paz y con la predicación evangélica, estaba convencido de la absoluta inutilidad de esos medios. En el recinto del fuerte ocupado por los indios, hallaron los españoles una abundante provisión de víveres y de armas y los arcabuces y cañones de que se habían apoderado en los anteriores combates.[235]

8. Repoblamiento de Arauco y de Angol

Este espantoso desastre produjo entre los indios el supersticioso convencimiento de que don García era invencible. «En ventura de este mozo, sucede bien todo lo que manda», decían aquellos bárbaros.[236] Fingieron, por tanto, mostrarse de paz, esperando que se presentara otra ocasión de volver a tomar

---

235 Ercilla, aunque retenido todavía en prisión, se halló en la batalla de Quiapo, pero solo la menciona al fin de su poema, al contar que poco después fue embarcado en un buque mercante que se hacía a la vela para el Perú. En cambio, Góngora Marmolejo en el capítulo 30 y la crónica de Mariño de Lobera, libro II, capítulo 11, la refieren extensamente, aunque con algunas divergencias en los detalles. A pesar de estar basada en esta última crónica, la descripción del combate hecha por Suárez de Figueroa es infiel, confusa y oscura. En cambio, la más clara y comprensiva es la de Góngora Marmolejo.
La crónica de Mariño de Lobera dice en esta parte que entre los despojos quitados a los indios en esta jornada se hallaron cinco cañones de bronce perdidos por los españoles en Marigueñu. La carta relación en que don García hace la reseña de sus servicios habla solo de dos cañones.
Esa crónica, así como otras relaciones encomiásticas de don García, aplauden en esta ocasión la humanidad del gobernador, que mandó suspender la ejecución de algunos de los prisioneros condenados a muerte por Reinoso. El hecho de que fueron ejecutados 700 indios está consignado por Góngora Marmolejo. Además, en el proceso de residencia tantas veces citado, se lee lo siguiente: «150. Ítem. Se le hace cargo al dicho don García que acabado de vencer a los indios de Arauco permitió y consintió que matasen estando él presente más de cien indios, y los ahorcaban los soldados, y les ponían en un hoyo la cabeza abajo y los pies arriba, y así los mataban, que fue gran inhumanidad matar a su presencia los indios vencidos».
236 Góngora Marmolejo, capítulo 30.

las armas con ventaja. De nuevo creyeron los españoles que la comarca quedaba pacificada y, en efecto, durante más de un año reinó una tranquilidad turbada solo por alteraciones parciales y de poca consecuencia.

Terminadas las fiestas religiosas que invariablemente hacía celebrar el gobernador después de cada victoria, para dar gracias al cielo por la protección que le dispensaba, se trasladó con sus tropas al sitio en que Valdivia había fundado en años atrás el fuerte de Arauco. Allí mandó levantar una nueva fortaleza, capaz de contener una guarnición considerable y con espaciosas caballerizas. Esta construcción, en que se hacía trabajar a los indios, avanzó rápidamente. Teniendo que atender a los asuntos administrativos de la colonia, el gobernador partió para Concepción a mediados de enero de 1559, dejando al capitán Reinoso el mando, de las tropas que quedaban al sur del Biobío. Alonso de Reinoso había sido elevado al rango importante de maestre de campo. El capitán Juan Remón, que desempeñó este cargo en los primeros días de la campaña, había dado la vuelta al Perú, al parecer disgustado con don García, cuyo carácter altanero humillaba a sus subalternos.

La residencia del gobernador en Concepción fue señalada por varias medidas de administración interior, de algunas de las cuales tendremos que ocuparnos más adelante; pero no se descuidaron tampoco los intereses de la guerra o, más propiamente, de la pretendida pacificación del país. Los primeros días de tranquilidad relativa, cuando los conquistadores pudieron obligar a los indios a concurrir a los trabajos de los campos y de los lavaderos de oro, renacieron las ilusiones de grandes riquezas en tales o cuales puntos del territorio, y la ambición de ocupar otros. Solicitado por los antiguos encomenderos de los llanos de Angol, donde Valdivia había fundado la ciudad de los Confines, don García mandó que el capitán don Miguel de Velasco con cuarenta soldados fuese a repoblarla. Diósele el nombre de los Infantes de Angol.

Todo hacía creer que se abría para los españoles una época de bonanza en aquella región. Don García, participando de esta confianza, pasó todo el invierno en Concepción en medio del boato de su pequeña Corte, viviendo en una espaciosa casa que había hecho construir cerca del mar, estimulando el trabajo de los campos y de las minas y repartiendo sus favores y sus dones entre los más fieles de sus servidores. En la primavera visitó de nuevo los establecimientos del otro lado del Biobío;[237] pero cuando creía que sus servicios iban a ser generosamente remunerados por la Corona, recibió las desconsoladoras noticias de que hablaremos más adelante.

---

[237] El 31 de agosto de 1559 databa en Arauco una carta al Consejo de Indias que se conserva en los archivos de Sevilla. En ella daba cuenta en términos generales de los progresos de la pacificación, y se extiende sobre todo en explicar los gastos personales que ha hecho en la conquista.

Los últimos sucesos de las campañas de don García, bastante claros en los libros de los cronistas primitivos, Góngora Marmolejo y Mariño de Lobera, y en la biografía escrita por Suárez de Figueroa, se encuentran envueltos en las más enredadas complicaciones en las obras de los cronistas e historiadores de fines del siglo pasado. Así, el capítulo 8 del libro III del *Compendio de la historia civil del reino de Chile* de don Juan Ignacio Molina, casi no contiene un solo hecho que pueda encuadrarse en la verdadera historia. Esta confusión es todavía mucho mayor en la obra inédita todavía de don José Pérez García, en que, sin embargo, se descubre en otras partes un espíritu investigador. La *Historia de Chile*, que lleva el nombre de don Claudio Gay, adolece, al referir estos sucesos, de los mismos o mayores defectos. Esta historia, bastante buena en los capítulos referentes a Valdivia, que fueron escritos por el mismo Gay, decae extraordinariamente en toda la segunda mitad del tomo primero. Este laborioso sabio, agobiado por el trabajo que le imponía la organización de la parte de su obra referente a la historia natural, suspendió la redacción de la historia civil poco después de la muerte de Valdivia, y encomendó este trabajo al literato español don Pedro Martínez López que hasta entonces había sido el traductor de sus manuscritos. Martínez López, falto de preparación para esta obra, casi no hizo más que dar una forma diferente y revestir con un lenguaje pretencioso y lleno de arcaísmos a la historia de Pérez García, exagerando en esta parte sus errores.

El origen de los errores de Molina y de Pérez García es el haber dado crédito de historia a la continuación de *La Araucana* por Santisteban Osorio, poema pobrísimo bajo el aspecto literario y en que no hay un solo hecho verdadero. Al hablar más adelante de los historiadores de este primer período, tendremos ocasión de volver sobre este punto.

Capítulo XIX. Hurtado de Mendoza; expediciones lejanas: Tucumán, Magallanes, Cuyo (1557-1561)

1. Estado de la provincia de Tucumán cuando don García tomó el mando de Chile. 2. Campañas y conquistas del capitán Juan Pérez de Zurita. 3. Envía el gobernador de Chile una escuadrilla a reconocer el estrecho de Magallanes. 4. Aventuras y naufragios del capitán Cortés Ojea. 5. Los expedicionarios construyen un bergantín para volver a Chile; impresión producida por las noticias que comunicaban. 6. El capitán Juan Ladrillero explora los canales y archipiélagos de la costa occidental de la Patagonia. 7. Penetra en el estrecho de Magallanes, lo reconoce hasta cerca de la boca oriental y da la vuelta a Chile. Noticias bibliográficas sobre la exploración de Ladrillero (nota). 8. Expedición conquistadora a la región de Cuyo; fundación de las ciudades de Mendoza y de San Juan.

1. Estado de la provincia de Tucumán cuando don García tomó el mando de Chile

Don García Hurtado de Mendoza, como casi todos los mandatarios españoles del tiempo de la Conquista, daba gran importancia a la extensión territorial de su gobernación, y aspiraba a explorarla y someterla toda a su dominio efectivo. Sus provisiones administrativas, los poderes que solía confiar a sus subalternos, empezaban de ordinario con estas palabras: «Don García Hurtado de Mendoza, gobernador y capitán general de estas provincias de Chile y sus comarcanas, de norte a sur desde el valle de Copiapó hasta la otra parte del estrecho de Magallanes, y de este a oeste 150 leguas,[238] como se las dio y señaló por gobernación al adelantado don Jerónimo de Alderete». Así, pues, aunque el objeto principal de la comisión que en nombre del rey le había confiado el marqués de Cañete era someter a los indios rebelados de Arauco, don García no había descuidado un instante estas empresas lejanas en los territorios extremos de su gobernación, comprometiendo en ellas elementos que le habrían sido de gran utilidad en la guerra difícil y penosa que tenía que sostener.

---

238 No se tome esta cifra como un descuido o error de impresión por los que recuerden el ancho dado a la gobernación de Chile por los documentos anteriores. Don García Hurtado de Mendoza creía que sus dominios se extendían 150 leguas de este a oeste. Véase entre otros documentos el poder dado al capitán Castillo para poblar en el territorio de Cuyo, de que vamos a hablar más adelante.

Al poco de haber llegado a Chile, y cuando hacía sus aprestos para la campaña de Arauco, apartó de sus tropas cien hombres y los dejó en La Serena para que bajo las órdenes del capitán Juan Pérez de Zurita fueran a hacer reconocer su autoridad en la apartada provincia de Tucumán. Se recordará que esta región había sido sometida en nombre de Pedro de Valdivia, y como parte de su gobierno, por el general Francisco de Aguirre, que había fundado la ciudad de Santiago del Estero.

Pero Aguirre había vuelto a Chile en los primeros meses de 1554, creyendo venir a tomar el mando superior de este país. Su reemplazante en el gobierno de aquella provincia fue su primo hermano, el capitán Juan Gregorio de Bazán. Aunque Aguirre hubiera querido enviarle socorros para adelantar aquella conquista, las complicaciones en que se halló enredado en Chile con motivo de las competencias sobre el mando, le impidieron hacerlo. Pero deseando conservar a todo trance el título de gobernador de esa región, recomendaba en 1555 a su lugarteniente que, aunque llegase algún pretendiente a ese gobierno con provisiones de la audiencia de Lima, se negase a entregarle el mando para dar tiempo a entablar las gestiones y protestas que amparasen su derecho.

Sin embargo, eran tales las penalidades por que pasaban esos conquistadores en medio de su aislamiento, que el capitán Bazán, creyendo que ese país era sumamente pobre y que no compensaba los esfuerzos que se hacían para reducirlo, estuvo inclinado a abandonarlo. La entereza de algunos de sus subalternos lo indujo a desistir de esta resolución. Mientras tanto, los españoles estaban obligados a vivir con las armas en la mano para contener a los indígenas, y a sostener constantes combates. La escasez de su número y hasta la miseria en que vivían, estimulaban las frecuentes agresiones de los indios; pero Bazán y sus compañeros supieron reprimirlos con la más incontrastable energía.

Pero ese capitán no conservó por largo tiempo el mando interino de la provincia. El gobernador propietario, aun en medio de la escasez de recursos de todo género, había logrado enviar a Tucumán algunos socorros con su sobrino Rodrigo de Aguirre, y confió a éste el mando que hasta entonces había desempeñado el capitán Bazán. Este nombramiento dio origen, como vamos a verlo, a serios trastornos que vinieron a hacer más alarmante la situación de ese país.

Se recordará que en años atrás, el capitán Juan Núñez del Prado había querido fundar allí un gobierno propio, independiente de Pedro de Valdivia.[239] Batido primero por Francisco de Villagrán, apresado y remitido a Chile por Francisco de Aguirre, aquel capitán se trasladó al Perú, donde la real audiencia de Lima lo repuso en el título de gobernador. Sin embargo, Núñez del Prado no volvió nunca a Tucumán. Tal vez la muerte lo sorprendió cuando se preparaba para ir a recuperar su gobierno. Pero de todas maneras su nombre sirvió para encabezar allí una revolución. Algunos de sus parciales cayeron de improviso sobre la ciudad de Santiago del Estero en la noche del 24 de septiembre de 1557, apresaron a Rodrigo de Aguirre, e invocando la resolución de la Audiencia, proclamaron un nuevo gobernador.

El Cabildo de la ciudad, reunido el día siguiente, desplegó la más firme entereza. Como los revolucionarios no pudieran exhibir el título oficial de Núñez del Prado, aquel cuerpo se negó resueltamente a reconocerlo como gobernador, y sobre todo a obedecer a los que en su nombre habían hecho la revolución. En esas circunstancias llegaron comunicaciones de Chile que debían datar de muchos meses atrás. El general Francisco de Villagrán hacía saber en ellas que la audiencia de Lima lo había nombrado corregidor y justicia mayor de toda la gobernación; y en esta virtud confiaba el mando de la provincia de Tucumán al capitán Miguel Ardiles, que era hombre de toda su confianza, y muy bienquisto, además, entre sus compañeros de armas. Todo el mundo lo reconoció en este cargo. Tanto Rodrigo de Aguirre como los soldados que habían hecho la revolución en nombre de Núñez del Prado, le prestaron obediencia. Ardiles, por lo demás, supo afianzar la concordia, y habría adelantado la conquista si hubiera recibido los auxilios que le eran indispensables.[240]

2. Campañas y conquistas del capitán Juan Pérez de Zurita

Tal era el estado de aquella lejana provincia cuando después de un largo y penoso viaje llegó el capitán Juan Pérez de Zurita[241] a Santiago del Estero en mayo de 1558. Al presentarse allí en nombre de don García Hurtado de

---

239 Véase el capítulo 10, § 7 y capítulo 13, § 4.
240 El lector puede encontrar más amplios detalles sobre estos sucesos en la *Historia de la conquista del Paraguay, Río de la Plata y Tucumán* por el padre Pedro Lozano, libro IV, capítulo V.
241 O Sorita, como escriben algunos antiguos documentos.

Mendoza, que a su rango de gobernador de Chile unía la circunstancia de ser hijo del omnipotente virrey del Perú, el nuevo gobernador fue recibido favorablemente por todos los partidos. Pérez de Zurita, por otra parte, estaba animado de un espíritu ajeno a los odios y rivalidades del mayor número de los capitanes, y llegaba resuelto a hacer justicia a todos, a corregir los abusos y a consumar la sumisión de los indígenas.

Comenzó por cambiar el nombre de la provincia. En lugar de Nuevo Maestrazgo de Santiago, como entonces se le llamaba, la denominó Nueva Inglaterra, en honor de la esposa del príncipe heredero del trono de España. Reformó los repartimientos dados por Aguirre, creyendo premiar mejor los servicios de los primeros conquistadores, y «dar de comer», como entonces se decía, a los capitanes que lo habían acompañado en su expedición. Pérez de Zurita tomó para sí una valiosa encomienda, con la intención, sin duda, de establecerse definitivamente en el país.

Después de varias expediciones para reconocer el territorio que estaba sometido a su gobierno, y para reducir a los indios que hasta entonces hostilizaban a los conquistadores, Pérez de Zurita fundó por medio de sus capitanes tres nuevas ciudades: la de Londres, en el valle de Quinmivil; la de Córdova, en el valle de Calchaqui, a 40 leguas de aquélla, y la de Cañete, en el sitio en que antes había existido la ciudad del Barco. Redujo algunas tribus de indios, por tratos amistosos, y combatió a otras con tanta actividad como energía. Marchando hacia el norte, atacó a los indios diaguitas, que vivían cerca del río Bermejo; y habiéndose refugiado éstos en las sierras, los persiguió rápidamente en esos lugares y los obligó a someterse. Con mayor felicidad todavía redujo a los pobladores de Catamarca, manteniendo en todas partes el prestigio de sus armas y de su poder.

Sin embargo, allí, como en casi todas las nuevas colonias, los capitanes españoles estaban expuestos a las sublevaciones y revueltas de sus subalternos. Mientras Pérez de Zurita andaba en campaña, un teniente suyo, Juan de Berzocana, a quien había dejado en Santiago del Estero; trató de levantarse contra su jefe; pero fue reprimido. Pérez de Zurita pudo continuar su empresa de conquistas y de pacificación, y someter a los indios juríes que poblaban las inmediaciones del río Salado, y que se habían levantado contra los encomenderos españoles; pero nuevas sublevaciones de sus subalternos vinieron a complicar su acción y a producir serios trastornos, como vamos a verlo.

En 1560 llegaba al Perú don Diego López de Zúñiga, conde de Nieva, a reemplazar al marqués de Cañete en el cargo de virrey. Impuesto de los servicios de Pérez de Zurita, y creyendo que la región que estaba conquistando se hallaba muy apartada de Chile, resolvió separarla de esta gobernación, y dar su mando a ese capitán sin más dependencia que la del virrey. La provincia fue llamada Tucumán, nombre tomado de Tucumano con que era conocido el jefe de los indios calchaquis, o de Tucma que los indígenas daban a todo ese país. Los conquistadores, sin embargo, descontentos con las rigurosas medidas tomadas por su jefe para impedir el maltrato de los naturales, y sabiendo que en Chile había ocurrido un cambio de gobernador, preferían estar sometidos a éste. Los habitantes de Londres se revelaron en 1561 contra Pérez de Zurita, enviaron sus emisarios a Chile para acusar a ese jefe, y se aprestaron a la resistencia. Aquella sublevación no duró largo tiempo. Pérez de Zurita, procediendo con la mayor energía, marchó sobre esa ciudad, cuya guarnición en su mayor parte se pasó a sus banderas, y allanadas todas las resistencias, mandó ahorcar a dos de los capitanes más comprometidos en la rebelión. Uno de ellos era Rodrigo de Aguirre, el sobrino del fundador de La Serena. Pero si el gobernador tuvo la fortuna de someter a sus subalternos, no pudo conservarse largo tiempo más en el mando de la provincia. En 1561 el nuevo gobernador de Chile lo reemplazaba por otro capitán, que debía adelantar la obra de la conquista de esos países.[242]

3. Envía el gobernador de Chile una escuadrilla a reconocer el estrecho de Magallanes

Al mismo tiempo que don García Hurtado de Mendoza empleaba una parte de sus tropas en estas lejanas conquistas, destinaba a la exploración del estrecho de Magallanes algunos de los buques que habrían podido serle muy útiles en sus campañas contra los indios rebelados de Arauco. Don García estaba persuadido de que, como reemplazante de los títulos y encargos que el rey había confiado a Jerónimo de Alderete, él no podía desentenderse de llevar

---

[242] No entra en nuestro plan el extendernos en todos los pormenores de estas conquistas, imperfectamente conocidas además, por la deficiencia de los documentos. El lector, sin embargo, puede hallar más amplias noticias en el capítulo 6, libro IV, de la obra citada del padre Lozano.

a cabo aquella empresa. En efecto, el 29 de mayo de 1555, el mismo día que se firmaba el nombramiento de Alderete para gobernador de Chile, la princesa regente hacía extender una real cédula en que le mandaba expresamente que, llegando a este país, hiciera reconocer las tierras de la otra parte del estrecho de Magallanes. Según las ilusiones de la Corte, y las erradas noticias que se tenían de la distribución de los climas y de la vegetación, se esperaba hallar allí una región abundante en especiería, y las valiosas producciones que los portugueses recogían en los archipiélagos de la india oriental. «Porque nos deseamos, decía esa real cédula, saber las tierras y poblaciones que hay de la otra parte del dicho estrecho, y entender los secretos que hay en aquella tierra, vos mando que de las dichas provincias de Chile enviéis algunos navíos a tomar noticia y relación de la calidad de aquella tierra, y qué cosas se crían, y qué manera de vivir y costumbres tienen los que la habitan, y si es isla, y qué puertos hay en ella, y de qué manera se navega aquella costa, y si hay monzones o corrientes, y a qué parte o qué curso hacen.»

A poco de haber llegado a Chile, y cuando apenas había reunido su ejército para emprender la campaña de Arauco, en octubre de 1557, don García Hurtado de Mendoza, creyendo que la primavera sería la estación propicia para este viaje, dispuso la partida de una escuadrilla exploradora. Hizo aprestar para esto dos naves y un pequeño bergantín,[243] puso a bordo de ellos sesenta hombres, y confió el mando de la expedición al capitán Juan Ladrillero, marino viejo y experimentado que el marqués de Cañete le había recomendado como hombre capaz de cualquiera empresa. El capitán Francisco Cortés Ojea, que en 1553 había hecho el mismo viaje en la expedición de Ulloa, tomó el mando de una de las naves.

Los expedicionarios pasaron primero al puerto de Valdivia a tomar las provisiones necesarias para el viaje. Terminados estos aprestos, el miércoles 17 de noviembre se hicieron a la vela con rumbo al sur y con viento favorable para la exploración, y un poco alejados de la costa. Después de ocho días de navegación, experimentó la escuadrilla una de esas violentas tempestades, frecuentes

---

243 Aunque en la correspondencia de don García y en la relación de la expedición escrita por el escribano Goizueta se habla de estos tres buques, en el curso del viaje no se mencionan más que dos: el San Luis, mandado por Ladrillero, y el San Sebastián, que tenía por capitán a Cortés Ojea. Parece que el llamado bergantín era un pequeño barquichuelo, y que éste se destrozó en los primeros días de la navegación.

en aquellos mares, que la llevó cerca de tierra en una bahía que los exploradores denominaron de Nuestra Señora del Valle. Esta bahía, que no conserva el nombre que le dieron sus primeros exploradores, está situada en la costa oriental de la isla de la Campana, y sobre el canal de Fallos, que la separa de la isla Wellington. El capitán Ladrillero bajó a tierra y entró en relaciones con los indios que recorrían esos archipiélagos en ágiles piraguas, y cuyos usos y trajes describieron los exploradores con rara exactitud. Uno de ellos fue embarcado en la nave capitana para que sirviese de intérprete en el resto del viaje.

Detenidos en ese lugar por el mal tiempo, los viajeros recomenzaron su exploración el 6 de diciembre; pero no se habían alejado aún de aquellas islas cuando en la noche del 9 del mismo mes, las dos naves se separaron para no volverse a juntar. La capitana había pasado adelante, arrastrada por el viento norte; y la San Sebastián, después de una noche de peligros e inquietudes, descubrió su aislamiento en la mañana siguiente. Todos los esfuerzos del capitán Cortés Ojea para alcanzar a la otra nave, o para comunicarse con Ladrillero por medio de señales y de cruces puestas en tierra con cartas en que indicaba su paradero, fueron ineficaces. Muchos de los tripulantes de la San Sebastián debieron creer que la capitana había perecido en un desastroso naufragio.

4. Aventuras y naufragios del capitán Cortés Ojea

Comenzó entonces para Cortés Ojea y sus compañeros una serie de aventuras y de sufrimientos en que casi es imposible seguirlos paso a paso. La San Sebastián se halló perdida en ese laberinto de islas y de canales que rodean la costa occidental de la Patagonia, y expuesta a todos los peligros de esos mares procelosos, de los bancos y de las rocas, peligros inmensamente mayores en una época en que la hidrografía de esa región era absolutamente desconocida y en que los navegantes no poseían los elementos con que la ciencia y la industria de nuestro tiempo han facilitado estas audaces exploraciones. El diario de navegación de Cortés Ojea refiere con vivo colorido todos los accidentes de este viaje, describe con verdad la vida de los salvajes que halló en esos archipiélagos, y con rasgos bastante precisos los lugares que visitó. Pero los reconocimientos de aquella región, incompletos hasta ahora, no permiten señalar con toda seguridad el itinerario de los exploradores. Es, sin embargo, fuera de duda que, después de perder dos anclas y casi todas las amarras del buque y de luchar con todo género de dificultades con vientos contrarios y tempestuosos, con los témpanos de hielo que en esta estación se desprenden de los ventisqueros vecinos, con los fríos penetrantes que producen los vientos sures, aun, en medio del verano, y con la escasez de víveres, por cuanto la mayor cantidad de provisiones se hallaba en la nave capitana, los expedicionarios de la San Sebastián se encontraron a mediados de enero de 1558 al sur del canal que en las cartas modernas se designa con el nombre de Nelson, y que, aun, avanzaron más allá hasta los archipiélagos que se levantan al occidente de la isla de la Reina Adelaida.

Cortés Ojea se hallaba, puede decirse así, en la boca del estrecho. Sus observaciones le daban con bastante aproximación la latitud del lugar; pero los hombres que treparon a las cumbres más empinadas de esas costas solo divisaban grupos de islas rodeados por un mar siempre inquieto y borrascoso, y por ninguna parte distinguían el canal que buscaban. El resultado de este reconocimiento desalentó a la tripulación y produjo conversaciones contradictorias sobre lo que debía hacerse. El capitán Cortés Ojea convocó a consejo el 23 de enero, y allí expuso a los suyos la situación verdadera: «He visto, dijo, el buen ánimo que vuestras mercedes han tenido para descubrir la mar del norte, como nos fue mandado. Pero hemos llegado a los 52° y medio, donde debíamos hallar el estrecho, y no lo vemos. Con los temporales y vientos, hemos perdido dos anclas y las amarras que traíamos, por lo cual no estamos en situación de seguir adelante para buscarlo. Invernar en esta tierra con el bastimento que tenemos, es echarnos a morir, porque no tenemos más que bizcocho para seis meses, tasado por la ración que se da cada día, pues ni el trigo ni la harina que hay alcanza para ese tiempo. Si hemos de demorarnos aquí nueve meses para tener tiempo favorable para dar la vuelta, ¿qué hemos de comer en este tiempo y qué hemos de llevar para nuestro regreso? Y aun hallando comidas, ¿qué anclas y qué amarras tendremos para asegurarnos durante las tempestades del invierno? En el caso que bastasen las que tenemos, ¿con qué podremos contar para nuestra vuelta? Los clavos y herramientas que nos habrían servido para reparar nuestras averías estaban en la capitana, y hemos empleado fierros de herraduras para cerrar las aberturas por donde se nos entraba el agua al pañol. Invernar aquí es perdernos, e ir a la mar en el estado en que nos hallamos es irnos a ahogar. Entre estos dos males, elijamos el menor: expongámonos a la muerte por salvar la vida; y aprovechemos el primer tiempo bueno que Dios nos diere para volver a Chile y dar noticia de nuestras desgracias, que de otra manera no se sabrá nunca el resultado de nuestro viaje». El parecer del capitán, que presentaba el cuadro conciso, pero verdadero de los peligros de la situación, fue aprobado por todos sus compañeros.

Cuatro días después, el 27 de enero, la San Sebastián se hacía a la vela con rumbo al norte. Un piloto medianamente experimentado en la navegación de aquellos mares, habría hecho este viaje en aquella estación en muy pocos días. Le habría bastado alejarse de la costa para tomar altura, y dejádose arrastrar por los vientos sures entonces reinantes. Pero los pilotos de esa época conocían muy poco estas nociones rudimentarias de meteorología tan comunes en nuestro tiempo, y preferían navegar allegados a la costa, donde, sin embargo, los amenazaban peligros de toda clase. Cortés Ojea vivió en medio de ellos, tanto a la ida como a la vuelta. Más de una vez sus marineros se creyeron perdidos, e imploraban al cielo que les perdonase sus culpas. Los expedicionarios llevaban consigo algunos indios de servicio arrancados de Chile con la violencia acostumbrada en tales casos. En uno de esos temporales, creyéndose próximos a morir en un horrible naufragio, y en medio de la turbación y del desconcierto, se apresuraron a bautizar a esos pobres indios «porque sus ánimas se salvasen», dice el diario de navegación.

Pero la vuelta fue más penosa todavía. Si los exploradores hubieran penetrado resueltamente en los pintorescos canales que separan esos archipiélagos del continente, habrían evitado al menos una parte de los peligros del viaje navegando por un mar tranquilo y bonancible; pero seguían su viaje al occidente de las islas, donde el océano siempre inquieto y agitado, ofrece a la navegación los mayores riesgos. La San Sebastián recibía agua por cuatro aberturas; sus velas, muchas veces rasgadas y remendadas, servían para poca cosa, y a cada paso era sacudida por los vientos y por la reventazón de las olas. Sin embargo, arrastrada por los vientos, destrozada y desgaritada, continuó avanzando hacia el norte en medio de constantes temporales hasta el 15 de febrero. La tempestad más que la voluntad de los hombres, llevó la nave en un estado inservible a una caleta abrigada de una isla que, sin embargo, los exploradores tomaron al principio por tierra continental.[244] «En la cual caleta, dice el diario de navegación, no hallamos más fondo ni más ancho de lo que habíamos menester. Así estábamos de baja mar en seco y de pleamar nadando. Y luego que llegamos, hicimos de dos pipas y del árbol mayor una balsa con que nos acabamos de amarrar con toda la jarcia que pudimos desatar, y en esto ocupamos este día y en rezar nuestras devociones, dando a Dios gracias por las milagrosas mercedes con que nos hizo alegres, como lo fuimos en este puerto.»

5. Los expedicionarios construyen un bergantín para volver a Chile; impresión producida por las noticias que comunicaban

Pero si los expedicionarios habían salvado de perecer ahogados en el mar, su situación en tierra distaba mucho de ser halagüeña. En aquella isla desierta se hallaban en el mayor desamparo que es posible imaginar. No podían esperar socorros de ninguna parte, y ni siquiera tenían un batel para hacer llegar a Chile la noticia de su naufragio. Cortés Ojea y sus compañeros desplegaron en esas circunstancias la entereza y la energía que los exploradores españoles sabían poner en juego en los mayores contrastes. Sin vacilación resolvieron construir un bergantín y, aunque no tenían entre ellos un solo hombre capaz de dirigir una obra de esta clase, cada cual se ofreció gustoso a desempeñar la parte que le tocara en la tarea común. El contramaestre Pedro Díaz y un calafate llamado Esteban se pusieron a la cabeza del trabajo.

El suelo que pisaban, empapado por las lluvias que caen casi constantemente en aquella región, era un verdadero lodazal en que era difícil avanzar algunos pasos, y en que no había un sitio seco para reclinarse. Los náufragos comenzaron por acarrear piedra de la playa para hacer senderos, y para formar

---

244 No es posible fijar con precisión cuál sea esta isla a que arribaron los exploradores en el estado más desastroso. «Tiene esta isla, dice el diario de navegación en las notas correspondientes al 27 de febrero, más de una legua de largo, norte sur, obra de un tercio de ancho este oeste, cuyas riberas son montuosas con algunos que tiene bien altos; lo demás es un desierto llano de sola piedra tosca lavada y gastada de los recios aguaceros.» Más tarde, cuando los náufragos salieron de la caleta en que se habían albergado, dice el diario en la nota de 29 de julio, lo que sigue: «Esta isla do invernamos, está en 49° y dos tercios»; «la cual, agrega la nota de 3 de agosto, hallamos era de 14 leguas de largo norte sur; y creímos primero que era de solo una legua, porque la creímos cortada por un valle de tierra baja al cual por tierra no podíamos llegar por ser el paso de peña tajada». Estas indicaciones hacen creer que es una de las islas situadas al occidente de la de Wellington; pero esa región es hasta ahora muy imperfectamente conocida.

terrenos más altos donde hacer barracas en que guarecerse del viento, del frío y de la lluvia y en que guardar las provisiones que sacaban de su destrozada nave. Los bosques de la isla les suministraron maderas abundantes para estas construcciones. Aligeraron la nave de toda su carga, y enseguida la desarmaron cuidadosamente para aprovechar todas sus tablas y clavos. Mientras unos cortaban los árboles en el bosque para la construcción del bergantín, otros pescaban en la playa para el alimento de los operarios.

Apenas iniciados estos trabajos, los náufragos fueron visitados por algunos indios de los que recorren esos archipiélagos. Pero en lugar de traerles algún socorro, esos miserables salvajes venían a pedirles qué comer. Los españoles, en medio de su precaria situación, les distribuyeron algunos víveres y otros objetos que despertaban su codicia, y les pidieron que trajesen algunos de los animales con cuyas pieles se vestían esos indios. Volvieron, en efecto, en mayor número, pero no con los socorros pedidos, sino con el propósito de robar las escasas provisiones de los náufragos. Para desligarse éstos de tan incómodos huéspedes, tuvieron que ahuyentarlos con sus armas como a animales inútiles y dañinos. Aun así, esos bárbaros volvían a aparecer en la isla con el mismo propósito, siempre que creían a los españoles desprevenidos para defender sus alojamientos.

Después de dos meses de incesante trabajo, estuvo concluido el bergantín. Como debe suponerse, no era más que un tosco lanchón descubierto en que apenas había espacio para los hombres que debían tripularlo y para los pocos víveres que debían servirles durante el viaje de vuelta. Pero la estación era la menos propicia para darse a la vela. Los vientos del norte no los habrían dejado avanzar en la dirección que necesitaban. Forzoso les fue permanecer allí los días más crudos y rigurosos del invierno, en medio de nublados casi constantes, de una temperatura glacial que apenas les permitía alejarse a ratos del fuego y de las mayores privaciones de todo género. El viento helado quebraba las ollas de barro en que habían preparado sus comidas, tan luego como las retiraban del fuego. Las lluvias y el frío obligaban a los españoles a vivir casi constantemente encerrados en sus chozas.

Al fin, en los últimos días de julio, el tiempo se presentaba más bonancible. El día 25 fue lanzado al mar el bergantín, y cuatro días después zarpaba de la caleta que había dado asilo a los españoles. La navegación se hacía a vela y remo, venciendo mil dificultades, sufriendo tormentas y vientos contrarios, y deteniéndose en las noches para no exponerse a zozobrar. Pero nada podía debilitar la energía incontrastable de los expedicionarios. A fines de septiembre, después de infinitas fatigas, se hallaron en la parte norte del archipiélago de Chiloé, cuando sus provisiones estaban totalmente agotadas. Pero allí hallaron indios mucho menos bárbaros que los que habían visto en la región del sur.

Por ellos supieron que sus compatriotas habían visitado ese país en el verano anterior, y oyeron hablar de algunos de los capitanes que habían acompañado a don García Hurtado de Mendoza en su exploración. Esos indios, tímidos y desconfiados al principio, suministraron a Cortés Ojea algunas provisiones, con que pudo llegar hasta Valdivia el 1 de octubre de 1558.[245]

La vuelta de los expedicionarios después de un año de las más peligrosas fatigas, causó una penosa impresión entre los conquistadores de Chile. No se tenía la menor noticia de Ladrillero ni de la nave capitana; y llegó a creerse que, sin duda, habían perecido víctimas de las horribles tempestades de que hablaba Cortés Ojea. Las dificultades que éste había hallado en su viaje lo justificaban de sobra de no haber alcanzado el objetivo que el gobernador había tenido en vista al disponer esta empresa. Más aún, la circunstancia de haber llegado los expedicionarios a las mismas latitudes en que debía estar la boca occidental del estrecho sin poder hallarla, dio lugar a las más singulares explicaciones. Se creyó que en aquella región se había producido algún cataclismo extraordinario que había modificado el contorno de los continentes. Llegó a suponerse que alguna isla removida por los vientos y las tempestades había encallado en la boca del estrecho obstruyendo su entrada.[246] Durante algunos meses estas

---

245 Las aventuras y penalidades de este viaje están prolijamente narradas en la *Relación de las derrotas y navegación del capitán Francisco Cortés Ojea con el navío San Sebastián al descubrimiento del estrecho de Magallanes*, escrita y certificada por el escribano de la nave Miguel de Goizueta. Enviada a España por don García Hurtado de Mendoza, esta relación está guardada en el Archivo de Indias. Fue copiada por don Claudio Gay en 1849 y publicada en el II tomo, págs. 55-98 de *Documentos* que acompañan a su *Historia de Chile*. Cotejada y corregida esa edición en vista de otras copias, ha sido reimpresa por don Miguel Luis Amunátegui en el tomo I, págs. 388-425 de *La cuestión de límites entre Chile y la República Argentina*, con oportunas notas geográficas de la Oficina hidrográfica de Chile, e inserta, además, en el tomo V del *Anuario hidrográfico*.
246 Don Alonso de Ercilla se hallaba todavía en Chile cuando llegó de vuelta Cortés Ojea, pero partió poco después para el Perú, sin conocer el resultado definitivo de la exploración de 1558. En el primer canto de *La Araucana* describe el territorio de Chile, y hablando del

conjeturas debieron tener gran circulación entre los gobernantes y los pobladores de Chile.

6. El capitán Juan Ladrillero explora los canales y archipiélagos de la costa occidental de la Patagonia

Pero si Cortés Ojea no tuvo la fortuna de llegar al término deseado de su viaje, el capitán Ladrillero había sido mucho más feliz. Su campaña de reconocimiento, al paso que prueba que ese piloto era un explorador de primer orden, importaba un progreso inmenso en el desarrollo de los conocimientos geográficos acerca de esta parte del continente americano. Pero la política recelosa y desconfiada de la metrópoli, ocultando cautelosamente esos descubrimientos, dejó oscurecida durante tres siglos la gloria del entendido y osado descubridor.

Hemos contado que en la noche del 9 de diciembre de 1557 los vientos del norte separaron las dos naves que formaban la escuadrilla confiada a Ladrillero. La nave capitana, San Luis, que él montaba, había pasado adelante, y no volvió a tener noticias del buque que dejaba atrás. Su diario de navegación, que no contiene noticias históricas acerca de los incidentes del viaje, nos permite, sin embargo, seguir su itinerario al través de los intrincados canales y archipiéla-

---

estrecho de Magallanes, alude a la expedición de Cortés Ojea, en la estrofa 9, en los términos siguientes:

«Por falta de pilotos, o encubierta
causa quizá importante y no sabida
esta secreta senda descubierta,
quedó para nosotros escondida,
ora sea yerro de la altura cierta,
ora que alguna isleta removida
del tempestuoso mar y viento airado
encallando en la boca la ha cerrado.»

Don Martín Fernández de Navarrete, *Colección de los viajes y descubrimientos*, tomo IV, pág. 14 y Humboldt, *Histoire de la géographie du nouveau continent*, tomo V, not. B, han reprochado a Ercilla el que hallándose en Chile en 1558 no hubiese dado mejores noticias de las exploraciones que entonces mismo se hacían en el estrecho. Este reproche es absolutamente injusto. Cuando a principios de 1559 salía De Ercilla de Chile, no se tenían más noticias acerca del resultado de esta exploración. Aunque el año siguiente se rectificaron victoriosamente esas noticias, hubo, como veremos más adelante, el más vivo interés en mantenerlas reservadas.

215

gos que recorrió con rara felicidad y que ha descrito con verdadero talento de marino.

Ladrillero, después de recorrer en toda su extensión el canal Fallos que, como hemos dicho, separa la isla de la Campana de la de Wellington, volvió a hallarse en las aguas del océano, y siguiendo su exploración al sur, reconoció las costas occidentales del archipiélago de la Madre de Dios. En la parte austral de este archipiélago, se abre el canal denominado de la Concepción, en las cartas modernas. Sea que Ladrillero creyese que era la boca del estrecho de Magallanes, lo que no parece probable, o que quisiese reconocer esos lugares buscando tal vez la nave que había dejado atrás, penetró resueltamente en ese canal, y continuó la exploración con rumbo al norte. La navegación ofrecía allí los peligros de los bajíos y de las rocas, pero el mar es bonancible sobre todo en los meses de verano en que los vientos del sur permiten seguir el rumbo que llevaban los exploradores. Ladrillero avanzó hasta el extremo del canal Eyre «donde se acaba entre unas sierras nevadas, dice el diario de navegación, donde hallamos tantas islas de nieve, que había algunas que tenían siete estados de alto, y del tamaño de un solar, y otras menores y más pequeñas que no podíamos pasar, aunque el brazo tenía legua y media de ancho». Eran los témpanos de hielo que en el verano se desprenden del majestuoso ventisquero que cierra por el norte el canal Eyre.

No hallando paso por allí, Ladrillero dio la vuelta al sur y penetró enseguida en el canal Mesier de los geógrafos modernos, que describe con inteligente precisión. Ese largo canal, que separa el continente de la isla de Wellington, llevó a los exploradores al golfo de Penas, y de allí a la extremidad boreal de la isla de la Campana, desde donde habían comenzado el reconocimiento de esas islas. Hasta entonces, Ladrillero no había hecho otra cosa que circunnavegar los archipiélagos que hay allegados a las costas de Chile entre los paralelos 47 y 51. El objetivo de su viaje era ir mucho más adelante para explorar el estrecho de Magallanes y las tierras circunvecinas.

En los últimos días de diciembre,[247] la nave San Luis volvió a emprender su viaje al sur, surcando las aguas del océano a poca distancia de las islas, y llevada por vientos blandos del norte. En esta segunda tentativa, Ladrillero llegó hasta

---

247 Las copias que conocemos del diario de Ladrillero dicen «postrero día del mes de febrero». Es un error evidente de la copia de Muñoz, de donde se sacaron aquéllas, o tal vez de los manuscritos más antiguos que sirvieron de original a Muñoz. Basta seguir paso a paso el

el canal Nelson de los geógrafos modernos, y creyendo, sin duda, encontrar allí la boca del estrecho que buscaba, penetró en él determinadamente. Comienza aquí la parte más curiosa quizá de sus notables exploraciones. Continuando su reconocimiento hacia el noroeste, visitó primero los canales llamados de San Esteban y de Sarmiento; y entrando enseguida en el estrecho conocido ahora con el nombre de Collingwood, fue a hallarse en medio de ese dédalo de canales sin salida que solo volvieron a ser explorados por los geógrafos de nuestro siglo, recibiendo algunos los nombres significativos de canal de la Última Esperanza y de la Obstrucción, y bahía del Desengaño. Ladrillero reconocía esa región con todo el tino de un geógrafo experimentado. Leyendo su derrotero de navegación delante de una buena carta geográfica, se puede seguir paso a paso su itinerario, a pesar de algunos pequeños errorcillos de detalle que más que al autor deben atribuirse a las copias imperfectas que conocemos. La hidrografía, la descripción general de las tierras vecinas, la dirección de las cordilleras y de las montañas, el aspecto de las llanuras, las condiciones climatológicas, los animales que vieron los exploradores y las costumbres de los habitantes están estudiadas con una prolija exactitud que es raro encontrar en los exploradores del siglo XVI. Los reconocimientos practicados tres siglos más tarde por eminentes exploradores han venido a confirmar la exactitud de las notas geográficas de aquel viejo piloto.

    Ladrillero empleó probablemente todo el mes de enero de 1558 en este laborioso reconocimiento. Cuando se convenció de que aquellos tranquilos canales no tenían salida para el océano Atlántico, o para la mar del norte, como entonces se decía, volvió sobre sus pasos y entró de nuevo al océano. A su salida del estrecho de Nelson, y habiendo cambiado allí su rumbo al sur, Ladrillero habría debido encontrar en las islas vecinas a la nave San Sebastián que, como se recordará, había permanecido cerca de una isla del archipiélago vecino hasta el 27 de enero. Parece indudable que detenido por la exploración de los canales interiores que acababa de visitar, solo se acercó a las islas que están cerca de la boca del estrecho entrado ya el mes de febrero. Ladrillero, por otra parte, creyendo, sin duda, que el verano estaba muy avanzado, no se detuvo

---

    itinerario de Ladrillero para convencerse de que a fines de febrero de 1558 se hallaba muy lejos de aquellos lugares.

en el reconocimiento de aquellas islas, de tal suerte que según su derrotero, no habría podido afirmar si formaban o no parte del continente.

7. Penetra en el estrecho de Magallanes, lo reconoce hasta cerca de la boca oriental y da la vuelta a Chile. Noticias bibliográficas sobre la exploración de Ladrillero

En esta tercera tentativa, Ladrillero fue recompensado con un éxito completamente feliz. Allegándose a la costa de la isla denominada de la Desolación, penetró resueltamente en el estrecho de Magallanes, y comenzó su prolijo reconocimiento. Después de explorar la primera parte de esos canales, fue a fondear a un puerto «que está en 53° y medio largos», y que denominó de Nuestra Señora de los Remedios. Por las noticias un poco vagas de esta parte del derrotero de Ladrillero, se puede creer que ese puerto es el canal mal explorado todavía de Sea Shell, o la bahía Snowy, que está más adelante. Llegados allí el 22 de marzo, los exploradores se detuvieron hasta el 22 de julio.

No es posible explicarse satisfactoriamente esta larga suspensión de las operaciones de reconocimiento. El derrotero de la navegación de Ladrillero, que señala precisamente esas fechas, no dice una palabra sobre las causas de este retardo, como no da detalle alguno acerca de la historia de la exploración ni de los sufrimientos y aventuras de los viajeros. Un antiguo cronista cuenta confusamente y por noticias tradicionales, que iba en la nave de Ladrillero un portugués llamado Sebastián Hernández, vecino de la ciudad de Valdivia, que en 1553 había penetrado al estrecho en la expedición de Francisco de Ulloa. Ese portugués, alarmado con las dificultades del viaje, trató de persuadir al capitán a que se volviese a Chile, pronosticándole que seguir adelante era marchar a una muerte segura. Como Ladrillero se mostrase inflexiblemente resuelto a terminar su atrevida exploración, Hernández intentó producir una sublevación para obligar a su jefe a regresar a Chile. Descubierta la trama, Ladrillero hizo ahorcar al portugués en una entena, y restableció la quietud en su tripulación.[248] Es probable que este conato de levantamiento y esta ejecución perentoria y rápida con que se le puso término, sucesos ambos muy frecuentes en las exploracio-

---

248 *Crónica* de Mariño de Lobera, libro II, capítulo 8. Las escasas noticias que acerca de este viaje se encuentran en la referida crónica, contienen graves errores y no dan idea clara de la expedición. Esas noticias están reproducidas en el libro de Suárez de Figueroa.

nes españolas del tiempo de la Conquista, tuvieran lugar durante la estadía de Ladrillero en aquel puerto.

En vez de consignar en esta parte de su derrotero hechos de ese orden, el capitán Ladrillero da solo noticia del clima, de la meteorología del estrecho durante el invierno y de la vida y usos de los salvajes que nosotros conocemos con el nombre de fueguinos. Pero el 23 de julio, cuando los días más largos y más claros le permitieron adelantar la exploración, volvió a hacerse a la vela hacia el oriente reconociendo prolijamente todas las inflexiones y contornos de las costas del estrecho. El martes 9 de agosto de 1558, habiendo llegado al golfo que el canal forma después de la llamada Primera Angostura, y a corta distancia de su boca oriental, el capitán Juan Ladrillero tomó posesión con las formalidades usadas por los españoles, del estrecho y de las tierras colindantes, en nombre del rey de España, del virrey del Perú y del gobernador de Chile, don García Hurtado de Mendoza. Consumado este acto posesorio, dio la vuelta a Chile para comunicar su descubrimiento.

Las peripecias de esta segunda parte del viaje son enteramente desconocidas. El importante derrotero del capitán explorador, único documento digno de fe que existe sobre esta expedición, termina resumiendo las noticias técnicas sobre la navegación del estrecho, y no contiene ningún suceso que nos dé a conocer las aventuras del viaje ni la época del arribo de Ladrillero a los puertos de Chile. Aun falta la fecha en que fue terminado y firmado el derrotero, fecha que nos habría servido para fijar aproximadamente la época de su vuelta. Se sabe solo que a mediados de 1559, Ladrillero había llegado ya al puerto de Concepción.[249]

---

[249] En carta escrita desde Arauco en 30 de agosto de 1559 al Consejo de Indias, don García Hurtado de Mendoza dice que ya había dado cuenta anteriormente de las ocurrencias de Chile, «y cómo había descubierto la navegación y estrecho de Magallanes que Su Majestad por cédula real mandó descubrir y navegar, de que tanto bien resultará a estos reinos». En otras cartas suyas vuelve a hacer referencias al viaje de Ladrillero como uno de los más señalados servicios de su gobierno en Chile, pero en ninguna de ellas he encontrado la menor noticia ni la menor referencia a los hechos relacionados con la expedición ni a la época en que regresaron los exploradores.

La crónica de Mariño de Lobera, después de referir equivocadamente en el capítulo citado que los expedicionarios partieron de Concepción a fines de julio de 1558, y que Ladrillero regresó a este puerto más de dos años después en el estado más desastroso, dice que solo volvían con el capitán un marinero y un negro, «los cuales, agrega, venían tan desfigurados que no había hombre que los conociese. Y así por más regalo que les hicieron

La exploración llevada a término por ese intrépido e inteligente piloto había resuelto más de un importante problema. Había demostrado que la navegación del estrecho de Magallanes, en un sentido opuesto a aquél en que hasta entonces se había hecho, aunque difícil y penosa, era practicable. Las observaciones recogidas por Ladrillero, por otra parte, probaban el ningún fundamento de las ilusiones que los consejeros del rey se habían forjado acerca de la riqueza de esa región, en que se esperaba hallar las valiosas producciones de los archipiélagos de Asia. El hábil explorador, sin contar con los conocimientos científicos que son vulgares en nuestro tiempo ni con los instrumentos de observación que hoy usan los más modestos viajeros, había demostrado que el clima riguroso de la región del estrecho, la hacía poco apta para tener una agricultura productiva y floreciente. Los indios mismos de ese país, cuyas costumbres ha descrito con raro acierto, eran los salvajes más miserables y groseros que los españoles hubiesen hallado en el continente americano, y por esto mismo los menos reducibles a los trabajos industriales que impone una civilización superior. Así, pues, la corte de España no debió ver en el resultado de esta expedición más que un triste desengaño y un serio peligro para la seguridad de sus posesiones del Pacífico, la apertura de un camino que podían recorrer las naves enemigas que quisiesen venir a disputarle las riquezas que se extraían del Perú. En vista de ese resultado no se volvió a hablar de los descubrimientos de Ladrillero; y la gloria de este hábil explorador quedó sepultada durante siglos bajo el polvo de los archivos.[250] Ahora mismo no tenemos más luz acerca de sus viajes que

---

no fue posible volver en sí alguno de ellos, porque todos murieron dentro de pocos días, no habiendo sacado otro efecto de su viaje». Estas noticias no pueden aceptarse como perfectamente verdaderas sino después de seria comprobación.

Suárez de Figueroa, al referir la expedición de Ladrillero en las primeras páginas del libro III de los *Hechos de don García Hurtado de Mendoza*, no ha tenido a la vista documento alguno, y se ha limitado a seguir fielmente, pero sin citarla, la crónica entonces inédita de Mariño de Lobera. Y, sin embargo, esas escasas noticias fueron todo lo que por largos años se conoció acerca de tan importante y curiosa expedición.

250 Hemos citado los versos de *La Araucana* por los cuales se ve que don Alonso de Ercilla a la época de la publicación de su poema y, aun, de las reimpresiones que durante su vida se hicieron en el siglo XVI, no tenía la menor noticia del descubrimiento de Ladrillero. El padre jesuita José de Acosta, diligentísimo investigador de fines del siglo XVI, y uno de los más juiciosos escritores de esa época sobre las cosas del nuevo mundo, discute en el capítulo 10, libro III de su *Historia natural y moral de las Indias*, las diversas opiniones sobre la existencia del estrecho de Magallanes, y aunque menciona la expedición de Ladrillero, cuyo diario dice que leyó, no destina a ella más que unas cuentas líneas.

la que arroja su derrotero, documento del más alto valor para la historia de la

---

El padre jesuita Bartolomé de Escobar que pocos años más tarde rehacía en Lima la crónica de Mariño de Lobera bajo la inspiración de don García Hurtado de Mendoza, fue, según creo, el primer escritor que habló del viaje de Ladrillero, y eso en los términos poco precisos a que hemos hecho referencia en la nota anterior. Su libro, sin embargo, permaneció inédito por más de dos siglos y medio; pero de las noticias consignadas allí se aprovechó Suárez de Figueroa para la obra que dio a luz en Madrid en 1613. Entonces no había ya interés en ocultar las exploraciones de Ladrillero. El estrecho de Magallanes, cerrado, puede decirse así, durante veinte años, de 1558 a 1578, había sido recorrido varias veces por españoles y extranjeros después de la célebre expedición de Drake, que burló todos los planes de la corte de España para tener secreto ese paso. El cronista Antonio de Herrera, en su dec. V, libro X, capítulo 7, publicada en 1615, hizo una referencia de unas pocas líneas a esta expedición; y después de él diversos historiadores de los progresos de la geografía recordaron en términos generales, sin precisión alguna y con frecuentes errores, los reconocimientos practicados por aquel piloto.

En 1782, el infatigable investigador don Juan B. Muñoz exploraba los Archivos de Indias depositados entonces en Simancas, y encontró dos copias antiguas del derrotero de Ladrillero, pero no el original. Muñoz hizo sacar para sí una copia, sometiendo a prolijo examen aquellos dos manuscritos. Aunque bajo su dirección, estos trabajos se ejecutaban con la más esmerada escrupulosidad, se escaparon algunos errores de detalle que tal vez existen en las copias antiguas. Con el título de *Indias, Viajes*, organizó Muñoz tres volúmenes de su importante colección de documentos manuscritos, y en el segundo de ellos reunió la copia del diario de la expedición de Cortés Ojea que hemos citado, y el derrotero del capitán Ladrillero. De la colección de manuscritos de Muñoz se han sacado las copias de estos documentos que se han traído a Chile.

Pocos años más tarde el manuscrito de Ladrillero fue examinado por don José Vargas y Ponce, ocupado entonces en escribir la *Noticia de las expediciones al Magallanes desde su descubrimiento*, que publicó en 1788 en la *Relación del último viaje al estrecho de Magallanes*. Vargas y Ponce ha dado allí una noticia muy sumaria del viaje de Ladrillero, pero sin poder apreciar toda su importancia geográfica. La razón de este descuido es muy sencilla. Antes de la publicación de las cartas levantadas durante la exploración inglesa que dirigieron los capitanes Parker King y Fitz-Roy de 1826 a 1834, era absolutamente imposible seguir el itinerario de Ladrillero al través de los intrincados canales que recorrió. En vista de los mapas de las costas patagónicas que hasta entonces existían, Vargas y Ponce debió limitarse a recordar solamente en unas pocas líneas el viaje de ese explorador, que no era posible comprender sino en el terreno mismo o delante de una buena carta, que entonces no existía.

Pero aun después de la publicación de las cartas inglesas, el viaje de Ladrillero no fue debidamente estudiado por no haberse dado publicidad a su derrotero. Hace pocos años, un célebre sabio alemán, autor de algunos trabajos muy notables sobre la historia de la geografía, Juan Jorge Kohl, publicaba en una revista de Berlín una serie de artículos muy eruditos que en 1877 reunía en un volumen con el título de *Geschichte der entdeckungreisen und Schiffarten zur Magellan's strasse und zu den ihr benachbarten Ländern und Meeren* (*Historia de los descubrimientos y navegaciones al estrecho de Magallanes y a las tierras y mares vecinos*, Berlín, 1877) y allí ha consagrado una sola página, 69-70, a la relación del viaje de Ladrillero, sin dar otras noticias que las que hallaba en el libro de Vargas

221

y Ponce. Kohl no sabía que existe el derrotero escrito por el célebre explorador, y no pudo apreciar la importancia de sus reconocimientos.

La historia de la geografía de esta parte de América debe a don Miguel Luis Amunátegui el servicio de haber dado a luz por primera vez este valioso documento en el I tomo, págs. 427-456, de *La cuestión de límites entre Chile y la República Argentina*, a continuación del diario de la expedición de Cortés Ojea, que publicó limpiándolo de muchas incorrecciones que se hallan en la primera edición que hizo don Claudio Gay.

La oficina hidrográfica de Chile dispuso que se hiciera un prolijo estudio de ese documento y, en efecto, le puso algunas notas sumamente útiles. Uno de los oficiales de la marina chilena, don Ramón Guerrero Vargas, muerto demasiado temprano y cuando había mucho que esperar de su contracción por este género de estudios, había comenzado una serie de ensayos con el título de *Los descubridores del estrecho de Magallanes y sus primeros exploradores*, en que a la luz de los más modernos trabajos hidrográficos, compara las relaciones primitivas. En el tomo VI del *Anuario de la oficina hidrográfica de Chile*, Santiago, 1880, reimprimió el derrotero de Ladrillero, con notas y comentarios que permiten seguir el viaje del atrevido explorador en aquel laberinto de islas y de canales, y lo acompañó de una carta geográfica que facilita el cabal conocimiento de aquella importante exploración. El utilísimo estudio de ese joven marino ha restituido al capitán Ladrillero la gloria de que lo había despojado la política recelosa de España manteniendo oculto el derrotero de sus descubrimientos.

Pero no todo está hecho en esta obra de reparación. El nombre de Ladrillero debe ser asignado a alguna de las redes de canales que él navegó antes que nadie, y que ahora tienen nombres que no recuerdan nada. La vida del infatigable explorador debe ser estudiada en un trabajo especial y puesto al alcance del mayor número de lectores. El estudio de don Ramón Guerrero Vargas, escrito esencialmente técnico, puede servir de punto de partida para el trabajo de que hablamos.

No es difícil procurarse algunas noticias biográficas acerca de este hábil explorador. Juan Ladrillero, o Juan Fernández Ladrillero, como se llama más comúnmente, era natural de Moguer, en la provincia de Huelva en España. Había hecho once viajes de la metrópoli a las Indias cuando en 1535 obtuvo en Sevilla, previo el examen exigido, el título profesional de piloto. En el Depósito Hidrográfico de Madrid existe en copia un curioso documento que contiene muchas noticias para conocer la vida y los viajes de este navegante, pero que desgraciadamente no hice copiar y, por tanto, no he tenido a la vista al escribir estas páginas. Ese documento se titula «Relación de los viajes y descubrimientos en que se ha hallado Juan Fernández Ladrillero por los mares del norte y del sur desde el año 1535 que fue examinado de piloto en Sevilla». Después del viaje de exploración en el estrecho de Magallanes, Ladrillero siguió navegando en los mares de América. En 1574 se hallaba en Nueva España, donde el 13 de diciembre de ese año prestaba una declaración jurídica sobre lo que sabía o había oído acerca del pretendido estrecho de Anian, que debía servir de comunicación entre el océano Pacífico y el Atlántico, al norte de California. Véase el *Examen histórico de los viajes apócrifos de Ferrer Maldonado, Juan de Fuca y Bartolomé Fonte* por don Martín Fernández de Navarrete, Madrid, 1848, pág. 41.

Por lo demás, el olvido en que había caído la exploración de Ladrillero y la de su predecesor Francisco de Ulloa, de que hemos hablado, capítulo II, tiene una explicación muy sencilla. «Sucede con los descubrimientos geográficos, dice Humboldt, lo mismo que con los de las ciencias físicas. Las tentativas coronadas de buen éxito pero largo tiempo aisladas,

geografía, pero casi enteramente técnico y desprovisto de las noticias históricas que habrían hecho apreciar los sacrificios y los padecimientos de los expedicionarios en una exploración que ha debido durar unos veinte meses, y en una región de clima excesivamente duro y privada, además, de recursos.

8. Expedición conquistadora a la región de Cuyo; fundación de las ciudades de Mendoza y de San Juan

Réstanos todavía referir una tercera expedición dispuesta por don García Hurtado de Mendoza fuera del centro de las operaciones principales de su gobierno. Como se sabe, el territorio sometido bajo su mando se extendía al otro lado de los Andes, y en esa vasta extensión de sus dominios no se había intentado más conquista que la región del norte cuyo mando estaba confiado al capitán Pérez de Zurita. Sin embargo, muchos de los conquistadores de Chile que habían acompañado al general Villagrán a su vuelta del Perú en 1551, conocían los campos del sur y creían que ése era un país abundante en población y de una rara feracidad, donde podrían «hallar qué comer» muchos capitanes castellanos. Don García, que nada deseaba tanto como extender sus conquistas, encargó la exploración y reducción de ese país a uno de sus favoritos, al capitán Pedro de Mesa, aquel comendador de la orden de San Juan a quien había confiado en 1557 el cargo de su teniente gobernador en Santiago.

Mesa, sin embargo, no pudo desempeñar esta comisión. El estado de su salud no le permitió emprender un penoso viaje al través de las cordilleras por caminos que solo una vez habían recorrido los españoles. Don García dio entonces (22 de noviembre de 1560) el mando de la empresa al capitán Pedro del Castillo, que había estado a su lado durante toda la campaña de Arauco con el carácter de alférez o abanderado de la compañía que mandaba en persona el mismo gobernador. Pedro del Castillo reunió sesenta hombres, eligió un escribano y algunos clérigos, y en diciembre siguiente partió para la región de Cuyo por el camino conocido con el nombre de Uspallata. Según sus instrucciones, debía fundar allí algunos pueblos, pero se le mandaba expresamente que no se entrometiera en los territorios sometidos bajo la autoridad de Pérez de Zurita.

---

han quedado desapercibidas o condenadas al olvido. Solo cuando los descubrimientos se suceden sin interrupción y se ligan entre sí, se coloca el primer eslabón de la cadena en el punto en que comienza a no estar interrumpida».

Castillo no encontró la menor resistencia de parte de los naturales que poblaban aquella región. Eran tribus casi nómades que vivían desparramadas en extensísimas llanuras, sin cohesión alguna e incapaces de reunirse para rechazar a los invasores. Después de recorrer aquellos campos, y creyendo próxima la entrada del invierno, el capitán conquistador buscó sitio aparente para fundar una población a corta distancia de un río que baja de la cordillera, y el 2 de marzo de 1561 echó los cimientos de una ciudad. Diole el nombre de Mendoza, en honor del gobernador de Chile que había ordenado aquella conquista. Pedro del Castillo repartió solares y tierras a sus compañeros, encomendándoles, además, los indios de la comarca; organizó cabildo y dio principio a la construcción de una iglesia.

No hacía un año que se había comenzado esta población cuando el gobernador de la provincia tuvo que entregar el mando a un sucesor que venía de Chile. En febrero de 1561, don García Hurtado de Mendoza volvió al Perú, como contaremos más adelante. El general Francisco de Villagrán, que vino a reemplazarlo, removió a muchos de los funcionarios que aquél había nombrado. Con fecha de 27 de septiembre de ese mismo año confió el cargo de teniente gobernador de Cuyo al capitán Juan Jufré, soldado de los primeros días de la conquista de Chile y amigo íntimo de Villagrán. Jufré se puso en viaje en la primavera siguiente, y tomó sin resistencias ni dificultades el gobierno de la provincia.

Uno de sus primeros cuidados fue cambiar el sitio y el nombre de la ciudad que había fundado su antecesor. A pretexto de que estaba «metida en una hoya y no darle los vientos que son necesarios y convenibles para la sanidad de los que en ella viven y han de vivir y perpetuarse en ella», buscó otro sitio que consideraba más aparente a «dos tiros de arcabuz, poco más o menos», de la primera ubicación. El 28 de marzo de 1562, el mismo Juan Jufré, «alzó con sus manos un árbol gordo por rollo y picota y árbol de justicia, para que en él se ejecute la real justicia», y con las solemnidades de estilo en tales casos, dio por principiada la fundación. Por ser aquel día Sábado Santo, mandó que la nueva ciudad se llamase la Resurrección, ordenando «que en todos los autos y escrituras públicas y testamentos y en todos aquéllos en que se acostumbra y suelen poner con día, mes y año, se ponga su nombre como dicho tiene y no de otra manera, so pena de la pena en que incurren los que ponen en escrituras públicas nombre de ciudad que no está poblada en nombre de Su Majestad y sujeta a su dominio real». A pesar de estas severas prescripciones, en que no debe verse más que el deseo de hacer olvidar el nombre de don García, la ciudad siguió denominándose Mendoza.

Poco tiempo más tarde, el capitán Juan Jufré, habiendo oído hablar de ricos lavaderos de oro en los lugares vecinos, salía a recorrer la parte norte de la provincia que se le había dado en gobierno. El 13 de junio del mismo año fundó la ciudad de San Juan, donde instituyó cabildo, repartió solares e indios, y señaló sitio para cinco iglesias. Allí, como en Mendoza, esta fundación no presentó dificultades de ningún género ni fue necesario sostener guerra con los naturales. Se puede decir que éstas fueron las conquistas más pacíficas del gobierno de don García Hurtado de Mendoza y de su sucesor Francisco de Villagrán. Sus soldados no hallaron allí por entonces la abundancia de riquezas minerales que ante todo buscaban en sus conquistas, pero, en cambio, se dedicaron a la crianza de ganado y a la agricultura, y mediante el riego artificial, desconocido hasta entonces en aquella región, obtuvieron considerables beneficios y formaron de esas ciudades dos centros considerables de población.[251]

---

251 Hasta ahora, todos los historiadores y cronistas que han referido estos sucesos han incurrido en equivocaciones más o menos graves. Recientemente, en 1880, un distinguido investigador y coleccionista argentino, don Manuel Ricardo Trelles, ha publicado en el tomo II, págs. 105-129 de la *Revista de la biblioteca pública de Buenos Aires*, cinco documentos copiados en los Archivos de Indias de Sevilla que permiten restablecer la verdad. Esos documentos son los nombramientos de los capitanes Del Castillo y Jufré y las tres actas de fundación de esas ciudades, Mendoza, la Resurrección y San Juan. El editor ha tenido el esmero de publicar junto con esos documentos, la reproducción de los planos en que constan los repartimientos de solares y de lotes de campo, y en que están escritos los nombres de los primeros pobladores.
Por lo que pueda interesar a algunos lectores, anotaremos aquí que el licenciado Diego Ronquillo, autor de una sumaria relación histórica que hemos citado algunas veces y que tendremos que citar más adelante, era uno de los compañeros del capitán Juan Jufré en estas conquistas.

Capítulo XX. Hurtado de Mendoza: su administración civil (1559-1560)

1. Don García Hurtado de Mendoza recibe cédula de su separación del gobierno de Chile. 2. Las violencias y atropellos de su administración le creaban una situación muy desagradable para el día de su caída. 3. Desagrado con que recibió la noticia de su separación del mando; confía el gobierno interino a Rodrigo de Quiroga. 4. Don García se traslada a Santiago; trabajos administrativos de su gobierno; la tasa de Santillán. 5. Construcción de hospitales y de iglesias; se da principio a la catedral de Santiago. 6. Fiestas y diversiones públicas; el paseo del estandarte. 7. Descuido completo de todo lo que se relaciona con el fomento de la ilustración de la Colonia. Aislamiento de Chile y proyecto para ponerlo en comunicación más inmediata con el Perú.

1. Don García Hurtado de Mendoza recibe cédula de su separación del gobierno de Chile

A principios de 1560 don García Hurtado de Mendoza pudo lisonjearse con la ilusión de que había puesto término a la conquista y pacificación de todo el territorio chileno. Así lo anunciaba en sus cartas al rey, así lo pensó su padre, el virrey del Perú, y así lo creyeron también los españoles establecidos en Chile, juzgando que se abría para la colonia una época de paz y de prosperidad. Por todas partes se hablaba de nuevos descubrimientos de terrenos auríferos, y en todas partes se daba impulso a los trabajos de los lavaderos de oro.

El gobernador había creído que cualesquiera que fuesen las acusaciones que sus émulos y enemigos llevasen a la Corte, el rey no podría dejar de reconocer la importancia de sus servicios, ni de darles el premio correspondiente. Pero don García se engañaba lastimosamente. Sobran motivos para creer que Felipe II había desaprobado desde el primer día su nombramiento para el cargo de gobernador de Chile, sea porque lo estimase como un acto de favoritismo del marqués de Cañete que confiaba a su propio hijo, y a un hijo de veintidós años de edad, una empresa importante que exigía gran experiencia de la guerra, sea porque juzgase que la elevación de ese joven importaba una postergación ofensiva para los soldados envejecidos de la conquista. Agréguese a esto que la conducta autoritaria del mismo marqués de Cañete en el Perú había producido numerosas quejas, y que la Corte estaba predispuesta en contra suya. Don García pasó por el disgusto de que el rey no contestase ninguna de sus cartas, como solía hacerlo con sus buenos servidores, y como el gobernador creía merecerlo, no solo por la importancia de sus servicios sino por sus antecedentes de familia. El orgulloso descendiente de los marqueses de Cañete y de los condes de Osorno se sintió ofendido cuando se vio tratado como la generalidad de los servidores del rey, cuando recibió de la Corte órdenes secas y perentorias, comunicadas en lenguaje imperativo por los secretarios de las oficinas administrativas.[252]

A principios de 1560, hallándose todavía en Concepción, recibió don García una carta de Felipe II; pero esa carta era un golpe mortal para su ambición y para su orgullo. Decía así textualmente: «El rey. Don García de Mendoza, nuestro gobernador de las provincias de Chile. Porque nos enviamos a mandar al marqués de Cañete, vuestro padre, nuestro visorrey de las provincias del Perú que venga a nos servir en estos reinos de Castilla, y así en su lugar habemos proveído por nuestro Visorrey de aquella tierra a don Diego de Acevedo, y porque convendrá que vos os vengáis en compañía del dicho marqués, vuestro padre, habemos acordado de proveer en vuestro lugar por nuestro gobernador de esas provincias a Francisco de Villagrán.[253] Yo os encargo y mando que llegado que sea a esa tierra, y tomado que haya el gobierno de ella, por virtud de las provisiones que de Nos lleva, os vengáis luego a estos reinos de España.

---

252 En carta escrita en Arauco el 30 de agosto de 1559, don García Hurtado de Mendoza decía al Consejo de Indias lo que sigue: «Por el mes de julio pasado de este año recibí dos provisiones de Su Majestad con una carta de Ochoa de Lugando en que dice me las manda inviar, y tenga cuidado de su cumplimiento y de dar aviso del recibo, la una sobre la tasación de los tributos de los indios, y la otra sobre que no se carguen en estas provincias y se guarden en todo las provisiones de Su Majestad sobre ello dadas, que vienen en ella insertas. Y he sentido mucho que siendo yo criado de Su Majestad desde el día que nací, y habiéndolo sido y siéndolo mis padres y abuelos y todos mis antecesores y estando sirviendo a Su Majestad en tierras tan remotas y apartadas, pasando grandes trabajos y riesgos de mi persona, no mereciese alcanzar tan gran favor y merced de que Su Majestad me mandara escribir las guardase y cumpliese, y en lo que más había de servir... Suplico a Vuestra Señoría me haga merced de escribir lo que Su Majestad manda que yo haga, porque no me excederé de ello, y la orden que manda se tenga en algunas cosas... porque de la dilación se recibe daño, y que en particular los criados de Su Majestad seamos honrados y favorecidos como criados, pues es razón, fuera de nuestros méritos y servicios, de ser aumentados de los demás en semejantes merecimientos».
253 El nombramiento de De Villagrán fue firmado por el rey en Bruselas el 20 de diciembre de 1558. En esa época habían transcurrido solo algunos meses desde que Felipe II supo que el marqués de Cañete había enviado a su hijo por gobernador a Chile.

Y porque podría ser que algunas personas os quieran poner algunas demandas del tiempo que habéis gobernado esas provincias, y conforme a las leyes de nuestros reinos los debemos mandar oír y hacer justicia, dejaréis procurador con vuestro poder bastante con quien se hagan los autos necesarios, y así mismo dejaréis fiadores abonados para estar a derecho, con apercibimiento que vos hacemos que no dejando el dicho procurador, en vuestra ausencia y rebeldía serán oídos los que algo os quisieren pedir y se les hará cumplimiento de justicia. Y no dando las dichas fianzas, mandamos al nuestro gobernador y otras justicias de las dichas provincias que os secuestren de vuestros bienes el valor de la tercia parte del salario de un año que habéis llevado con el dicho oficio, o lo que más les pareciere conforme a las demandas que contra vos hubiere o se esperare que habrá, según las informaciones que de ellos hubiere. Fecha en Bruselas, a 15 días del mes de marzo de 1559. YO EL REY». Por otra real cédula de la misma fecha, Felipe II mandaba en términos semejantes al licenciado Hernando de Santillán que se trasladase a Lima para someterse a la residencia que a él como a los otros oidores de la Audiencia de esa ciudad, iban a tomar dos funcionarios enviados de España.

2. Las violencias y atropellos de su administración le creaban una situación muy desagradable para el día de su caída

Esta real provisión importaba para don García Hurtado de Mendoza una humillante destitución. No solo él y su padre eran separados violentamente de los cargos que habían ejercido, y por cuyo desempeño creían merecer la más amplia aprobación de su conducta, sino que a pesar de su rango de grandes señores, se les sometía a la ley común de pasar por un juicio de residencia en que iban a ser oídas todas las acusaciones que quisieran hacerles sus enemigos. Por grande que fuera el acatamiento que el gobernador rindiera a la autoridad real, esta orden de Felipe II produjo en su ánimo la más dolorosa decepción y lo exasperó hasta el extremo.

Aunque don García estaba persuadido de que bajo su administración no había descuidado un solo instante los intereses bien entendidos de la Corona, sabía demasiado bien que de ordinario no se había sometido a las formas legales, más aún, que las había violado abiertamente persiguiendo a unos y premiando a otros, no por la antigüedad de sus servicios, sino por el mérito o demérito que había creído hallar en ellos, como había sucedido en la remoción de los repartimientos. Su carácter impetuoso y arrebatado lo había precipitado a actos de violencia que habían de reprochársele severamente en el proceso que se le siguiese. Se recordará la atropellada condenación en la Imperial de los capitanes don Alonso de Ercilla y don Juan de Pineda, caballeros nobles que dejaban muchas simpatías en el ejército de Chile. En los primeros días de su gobierno, hallándose acampado en el fuerte de Penco, había dado de cuchilladas a un soldado llamado Antonio de Rebolledo a quien halló dormido en su puesto; y, aunque don García se arrepintió de este acto de cólera, indigno de su posición, ese soldado se volvió al Perú para convertirse en uno de los más incansables acusadores del gobernador.[254] En Concepción había dado golpes con su espada al licenciado Alonso Ortiz, su lugarteniente en la ciudad;[255] y al mismo licenciado Hernando de Santillán, su asesor letrado y justicia mayor de toda la gobernación, lo había tratado con palabras descomedidas e injuriosas, o con destempladas amenazas.[256] En muchas ocasiones, don García se había abocado al conocimiento de las causas que estaban sometidas a la justicia ordinaria imponiendo penas severas por su sola voluntad o sustrayendo de los jueces legales a algunos de sus servidores a quienes quería favorecer. En el castigo de las ofensas que se hacían en su persona o a las prerrogativas de su cargo, don García había desplegado una severidad que iba hasta la dureza y

---

[254] Como hemos dicho en otra parte, el poeta Oña en el canto VIII de su *Arauco domado* y el historiador Suárez de Figueroa, en el libro II de los *Hechos de don García* han referido este incidente para elogiar la vigilancia del gobernador en presencia del enemigo. Sin embargo, él forma el capítulo 143 de la acusación del proceso de residencia.

[255] He aquí como está referido este incidente en el proceso de don García: «141. Ítem. Se le hace cargo al dicho don García que dio muchas cuchilladas al licenciado Alonso Ortiz, su lugarteniente, en medio del día, con la espada fuera de la vaina, llevando preso a Rodrigo Álvarez en la ciudad de la Concepción, que fue cosa de gran escándalo y mal ejemplo echar mano a su espada contra su teniente y teniendo la vara de la justicia en las manos, la cual le mandó quitar en la calle oprobiosamente, por do la justicia fue tenida en poco, y el dicho don García hizo lo susodicho por vengar cierto enojo que tenía contra el dicho licenciado».

[256] El proceso de residencia cuenta este hecho de la manera siguiente: «142. Ítem. Se le hace cargo al dicho don García que trató mal al licenciado Santillán, su lugarteniente, y le dijo que le ahorcaría y otras palabras muy feas, y le dijo: "a estos letrados dándoles el pie se toman la mano", siendo oidor de Su Majestad, y la causa fue por una botija vacía, que fue cosa muy notada en todo este reino».

algunas veces hasta la injusticia, como se recordará en el caso de aquel Gonzalo Guiral a quien por su sola voluntad hizo clavarle una mano en la picota.[257]

HURTADO DE MENDOZA Y SUS COMPAÑEROS

A este respecto, las crónicas y los documentos consignan algunos hechos que sirven para caracterizar la justicia de ese tiempo y el temple de alma del gobernador. Don García, envanecido por la nobleza de su nombre, tenía la costumbre de tratar de vos a sus subalternos, aun a algunos que se habían ilustrado por buenos servicios, y que gozaban del respeto de sus compañeros. En una conferencia que tuvo con el capitán Juan de Alvarado, éste tuvo la entereza de protestar contra ese tratamiento, expresando a don García que él también era caballero hidalgo y que se le debía tratar de vuesa merced (equivalente al usted que nosotros usamos). El gobernador soportó esta protesta; pero al día siguiente un soldado arrojó en el aposento de don García una carta anónima en que le reprochaba el tratamiento despreciativo que daba a sus subalternos. Sin más averiguación, hizo apresar al capitán Alvarado, y se dispuso a darle un severo castigo; pero cediendo a las representaciones de algunas personas, se limitó a desterrarlo del país.[258] Según este sistema de castigos rápidos y expeditos, el licenciado Santillán, en su carácter de justicia mayor del reino, procesó en Santiago a algunos soldados que derramaban cartas con noticias falsas y desfavorables al gobernador. Descubierto uno de ellos, apellidado Ibarra, fue ahorcado perentoriamente.[259]

La altanería de carácter de Hurtado de Mendoza, la convicción de su superioridad sobre las personas que lo rodeaban, le habían acarreado muchos enemigos que debían incomodarlo el día en que lo viesen en desgracia. Cuando leyó la carta anónima de que hemos hablado más arriba y cuando vio que las quejas de algunos de sus subalternos eran motivadas por las injusticias de los repartimientos, por el poco caso que hacía del mayor número de los viejos

---

257 Véase lo que sobre el particular hemos contado en el capítulo 16, pág. 191.
258 Góngora Marmolejo, capítulo 27. El proceso de residencia consigna este hecho en los término siguientes: «188. Ítem. Se le hace cargo al dicho don García que hizo agravio a Juan de Alvarado, y sin causa le embarcó y desterró para Orán sin le hacer proceso ni haber causa que justa fuese».
259 Góngora Marmolejo, capítulo 31.

conquistadores y por la protección que dispensaba a los que habían venido del Perú en su compañía, reunió en su habitación a los que creía descontentos, y los reprendió en los términos más descomedidos y ultrajantes. «Yo no podía engañar, les dijo, a los caballeros que venían en mi compañía, y por eso les he dado de comer en lo mejor que había en el país. En Chile no he hallado cuatro hombres a quienes se les conociese padres. Si Valdivia y Villagrán los engañaron, quédense bien engañados.» Y poniendo término a la plática con un insulto más grosero todavía, dio vuelta las espaldas, y los dejó lastimados y confusos.[260] Aquellos rudos soldados no sabían olvidar estos ultrajes y habían de esperar el día de la venganza.

El gobernador debía temer más aún el juicio de residencia por los cargos que pudieran hacérsele por la administración del tesoro real. Como veremos más adelante, don García, seguramente hombre honrado y desprendido, había manejado la hacienda pública sin sujetarse a las leyes estrictas y severas con que el rey quería impedir los fraudes, y sin pararse en gastos para llevar adelante la conquista. Creía que las necesidades de la guerra justificaban sus procedimientos, y que la distancia a que se hallaba de la metrópoli impedía que llegasen hasta el rey las quejas a que diera lugar su administración. Para conseguir este resultado, el gobernador no retrocedía ante ninguna consideración. Violaba la correspondencia de sus subalternos y de los colonos, y no dejaba salir de Chile más cartas que las que no llevaban una sola acusación en contra de su gobierno y de sus parciales.[261] Se comprende que el día en que

---

260 Góngora Marmolejo, capítulo 27.
261 Este hecho está comprobado por dos documentos. Entre los cargos que contiene el proceso de residencia de don García, se halla el siguiente: «127. Ítem. Se hace cargo al dicho don García que mandó que saliesen a los caminos sus criados a tomar todas las cartas y provisiones que se trujesen, y en efecto tomaron por su mandado y le trajeron más de 2.000 cartas. Y se jactaba y alababa y escribía que tomaba gran gusto en ver cartas ajenas. Y el fin de tomar todas las cartas era el hecho que no se pudiese saber en España de la manera que gobernaba».
Los oficiales reales de Santiago, es decir, los tesoreros del rey, en la carta antes citada de 6 de diciembre de 1559, dicen lo que sigue para justificarse de no haber escrito antes al soberano sobre los sucesos de Chile: «Y aunque fuera justo escribir antes, no lo hemos hecho porque eran tantas las espías que andaban sobre las cartas por mandado del gobernador para abrirlas y ver lo que iba en ellas, que no hemos osado escribir hasta ahora. Y porque con la nueva venida del visorrey don Diego de Acevedo estos negocios han parado algo, teniendo entendido que ésta podría llegar a noticia de Vuestra Majestad, hemos acordado de escribir y dar aviso de lo que somos obligados».

se vio amenazado el poder y el prestigio de don García, debían estallar las más violentas acusaciones.

3. Desagrado con que recibió la noticia de su separación del mando; confía el gobierno interino a Rodrigo de Quiroga

Desde mediados de 1559, los soldados y negociantes que llegaban del Perú contaban que el virrey, marqués de Cañete, había caído del favor de Felipe II. Referíase que muchos de los individuos que el virrey había desterrado a España estaban volviendo al Perú con gracias y pensiones de la Corona. Súpose por fin, antes de terminar ese año, que el rey, temiendo que la administración tirante y autoritaria del marqués de Cañete produjese nuevas convulsiones en aquel país, lo había separado del mando, y nombrado virrey a don Diego de Acevedo, noble caballero de Salamanca que acompañaba a Felipe II en los Países Bajos, y debía llegar en breve al Perú. Anunciábase, además, que el mismo don García sería removido del gobierno de Chile, y que en su reemplazo volvería a este país el general Francisco de Villagrán.

Estas noticias produjeron desde el primer momento cierta agitación entre los colonos de Chile. Los enemigos del gobernador no ocultaron su contento. Algunos vecinos de Valdivia, probablemente los despojados de sus encomiendas por mandato del gobernador, recorrieron en la noche las calles de la ciudad con hachones de carrizo para anunciar la próxima vuelta de Villagrán. Don García no pudo reprimir su cólera. Mandó azotar a dos individuos que habían esparcido la noticia;[262] y condenó a los vecinos de Valdivia que se habían apresurado a celebrarla, a servir en la plaza de Cañete, donde era preciso vivir día y noche con las armas en la mano por temor a los amenazantes levantamientos de los indios.[263]

Pero cuando la noticia fue pública en todo el reino, cuando el mismo gobernador recibió la cédula por la cual se le separaba del mando, no solo disimuló su despecho sino que mostró una notable entereza. Don García, a pesar de sus

---

262 Este hecho está consignado en esta forma en los cargos del proceso de residencia: «140. Ítem. Se le hace cargo al dicho don García de Mendoza que sabiendo que venía por gobernador el dicho mariscal Francisco de Villagrán, porque lo dijo Juan de Oropesa y Mari López, les mandó prender y facer procesos, e hizo que sus tenientes se le hiciesen, y les dio tormento y condenó indebidamente a dar 300 azotes, y los envió presos a la Audiencia Real contra toda orden de derecho, en que recibieron agravio notorio los susodichos».
263 Góngora Marmolejo, capítulo 31.

defectos, hijos del orgullo y de las preocupaciones aristocráticas que lo hacían creerse superior a los hombres que lo rodeaban, y de su elevación al rango de gobernador en una edad en que no se pueden tener la calma y el reposo para el mando, poseía cualidades notables como militar y como administrador y se había hecho querer de muchos de sus subalternos, no solo de los que con él habían venido del Perú sino de algunos de los viejos soldados de Chile, en quienes había creído reconocer méritos relevantes, y cuyos servicios premió generosamente.[264] Debiendo partir para Santiago, el gobernador repartió entre sus amigos, los caballos de su propiedad y algunas preseas de valor, y los reunió a todos para despedirse de ellos. Con este motivo les pronunció un sentido discurso que nos ha transmitido un antiguo cronista. «Es el mandar tan envidioso de suyo, dijo don García, y todo gobierno presente tan odioso, que aunque en esta tierra tengo muchos amigos, sé que tengo más enemigos; pero en verdad, ninguno de ellos dirá que me he hecho rico en Chile; a mí ni a mis criados he enriquecido, antes algunos amigos míos, por seguirme gastaron sus haciendas, y se han quedado sin ellas; y yo no he podido darles otras, ni tengo de qué recompensarles como yo quisiera.»[265] Aquellos viejos soldados se mostraron enternecidos al separarse del joven general que los había mandado durante tres años de tan duras y penosas pruebas.

Pero si estas manifestaciones de simpatía y de lealtad de parte de muchos de sus capitanes, pudieron confortar a don García en su desgracia, el sentimiento de su dignidad de gobernador y de caballero, y el temor de los ultrajes que podían inferirle sus enemigos y rivales, lo llevaron a desobedecer expresamente la real cédula de Felipe II que hemos dejado copiada. De propósito deliberado, resolvió no esperar en Chile el arribo de su sucesor. Temía con razonable fundamento que Francisco de Villagrán, al recibirse del gobierno, tratase de humillarlo para vengarse de la prisión y del destierro a que el mismo don García lo había condenado tres años antes. Para sustraerse a esas vejaciones, firmó en Concepción, el 7 de junio de 1560, el nombramiento de gobernador interino en favor de Rodrigo de Quiroga, cuyo carácter y cuyos antecedentes lo hacían res-

---

[264] Figuraban entre éstos: Rodrigo de Quiroga, Francisco de Ulloa, Alonso de Reinoso, Vicencio del Monte, don Pedro y don Miguel A. Velasco y Avendaño.
[265] Góngora Marmolejo, capítulo 32.

petable ante los amigos y ante los adversarios de don García.²⁶⁶ Quiroga, que desde un año atrás se hallaba en Santiago desempeñando el cargo de teniente de gobernador de la ciudad, no debía asumir el mando superior del reino sino después de la partida del gobernador.

4. Don García se traslada a Santiago; trabajos administrativos de su gobierno; la tasa de Santillán

Hasta entonces, Hurtado de Mendoza parecía resuelto a ponerse prontamente en viaje para el Perú sin detenerse más en Chile. Pero en esos momentos llegaron noticias que le permitían esperar que su padre quedaría algún tiempo más al frente del virreinato. El sucesor que el rey le había designado, acababa de fallecer en Bruselas cuando hacía sus preparativos de viaje para el Perú.²⁶⁷ Creyendo don García que la permanencia de su padre en el gobierno del virreinato robustecía su propia autoridad y lo ponía fuera del alcance de las persecuciones de sus enemigos, se determinó a permanecer algún tiempo más en Chile y a trasladarse a Santiago, que no había visitado una sola vez durante

---

266 Rodrigo de Quiroga no entró en funciones hasta febrero del año siguiente. Su nombramiento parece perdido junto con el libro del cabildo de Santiago que lo registraba.
267 Los enemigos de don García contaban que éste había sabido con gran contento la muerte del personaje que debía reemplazar a su padre. La pasión los llevó a formular cargos que casi no es posible aceptar. Junto con la noticia del fallecimiento de don Diego de Acevedo, nombrado por Felipe II virrey del Perú, llegó a Chile la de la muerte de Carlos V, ocurrida en septiembre de 1558. Entre las acusaciones hechas a Hurtado de Mendoza en el proceso de residencia, aparece la siguiente: «129. Ítem. Se le hace cargo al dicho don García que luego que supo la muerte del emperador don Carlos, nuestro señor, que está en gloria, y sabiéndose que era justamente muerto don Diego de Acevedo, questaba proveído por virrey del Perú, de lo cual le vinieron dos mensajeros por la posta a le pedir albricias, porque en efecto todo era alargar el tiempo de ser Visorrey el marqués de Cañete, su padre, y él así mismo pensaba ser más tiempo gobernador de este reino, y el uno de estos mensajeros que era Esteban de Rojas, su criado y despensero, se dio tanta prisa que se le cayó su sombrero por el camino. Y porque no le tomase el otro la ventaja entró sin el sombrero por medio del pueblo, destocado con gran alegría, y llegó donde estaba el dicho don García pidiendo albricias a grandes voces, diciendo que era muerto Su Majestad y el dicho don Diego de Acevedo; de lo cual se regocijó mucho y le dio albricias al dicho Rojas el dicho don García, y mandó que le sacasen oro los indios de Camacho toda una demora, que le valió más de 400 pesos. Y (al) otro día mandó jugar las cañas, que fue cosa que pareció muy mal, y fue muy notada (que) en sabiendo la muerte de nuestro rey y gran monarca se hiciese regocijo, lo cual hizo el dicho don García entendiendo que había de ser alargado el tiempo de su gobernación en esta tierra».

su gobierno. En noviembre de 1560 se hallaba en la capital entendiendo en los negocios administrativos.[268]

Aun en medio de las premiosas atenciones de la guerra, el gobernador no había descuidado los intereses del régimen interior de la colonia. Después de sus primeras victorias sobre los indios rebelados, y cuando a fines de 1557 creyó que podía repoblar las ciudades que habían sido destruidas, y someter de nuevo a los indígenas a los trabajos a que los reducían los conquistadores, comisionó al licenciado Hernando de Santillán, su asesor letrado y teniente de gobernador, para que estudiase el régimen a que debían ser sometidos esos trabajos. Santillán, después de permanecer algunos días en Concepción, en la época en que se repoblaba esta ciudad, se trasladó a Santiago, e hizo, como se le había encomendado, la visita de los establecimientos españoles para observar la condición de los indios y poner remedio al mal trato que se les daba.[269]

Todo hace creer que el licenciado Santillán era un hombre de espíritu tranquilo y de corazón recto; y que la miserable existencia a que estaban sometidos los indígenas debió despertar su compasión. Pero no le era dado suprimir por completo el servicio personal de los indígenas sin provocar un trastorno general en todo el país, semejante a las convulsiones que habían agitado el Perú cada vez que se había intentado una reforma más o menos radical en la materia. Aparte de la convicción general que se tenía de que era imposible reducir a los indios a la vida civilizada ni convertirlos al cristianismo sin obligarlos a trabajar para tenerlos en contacto con los españoles, ese trabajo de los indígenas había llegado a ser el único premio que se podía dar a los conquistadores. Las concesiones de terrenos y los lavaderos de oro no habrían servido de nada a los españoles si éstos no hubieran tenido también indios que hacer trabajar en la agricultura y en las minas. El mismo rey, cuyas cédulas recomendaban con mucha frecuencia el buen trato de los naturales, estaba interesado en la conservación de aquel estado de cosas. Las rentas de la Corona consistían casi exclu-

---

268 La pérdida del libro del cabildo de Santiago correspondiente al período corrido entre 1557 y 1566, no nos permite fijar la fecha precisa del arribo del gobernador a la capital; y los cronistas que conocieron ese libro se limitan a decir que don García fue muy bien recibido por los capitulares de la ciudad. El nombramiento hecho en 22 de noviembre de 1560 en la persona del capitán Pedro del Castillo para encargarle la conquista de la provincia de Cuyo, de que hablamos en el capítulo anterior, deja ver que en esa época se hallaba ya en Santiago.
269 *Crónica* de Mariño de Lobera, libro II, capítulo 9.

sivamente en esa época en el quinto de los metales preciosos que se extraían de las minas, y la supresión del servicio personal de los indios habría traído por resultado la suspensión de las faenas y de la producción. El licenciado Santillán tuvo que someterse a todas estas consideraciones y que limitar su acción a la reforma prudente, pero parcial de lo que existía, tratando de remediar en lo posible la miserable condición de los indígenas.

A principios de 1559 se hallaba de vuelta en Concepción. Como resultado de sus estudios, llevaba un proyecto de ordenanza destinado a establecer las limitaciones del derecho de los encomenderos sobre los indios de servicio y a instituir algunas garantías en favor de éstos. El gobernador le prestó su sanción el 20 de enero, y desde entonces comenzaron a regir con fuerza de ley y con el nombre de tasa de Santillán, con que es conocida en la historia. Llamose así porque era la tasación del tributo de trabajo a que estaban obligados los indios sometidos al sistema de encomienda.[270]

No conocemos el texto de esa ordenanza; pero las noticias que nos dan los antiguos cronistas bastan para apreciar sus disposiciones, y para estimar el tratamiento que entonces recibían los indios y que don García se propuso mejorar. Establecíase el sistema de mita, esto es, que en vez de echar al trabajo a todos

---

270 La tasa de Santillán no ha llegado hasta nosotros en su forma original. Según consta de un acuerdo celebrado en Santiago por la Real Audiencia en 28 de septiembre de 1609, no se hallaban en esta ciudad las ordenanzas del licenciado Santillán, y se esperaba encontrarlas en La Serena. No es temerario suponer que los encomenderos, cuyos intereses o, más propiamente, cuya codicia perjudicaban esas ordenanzas, y que por esto mismo no fueron nunca cumplidas con regularidad, las destruyesen más tarde para que no pudieran ponerse en vigor.
El padre Diego de Rosales, que probablemente las conoció por referencias, ha dado en el capítulo 20 del libro IV de su *Historia general* un extracto que debe ser fiel en el fondo. Suárez de Figueroa, en el libro I de sus *Hechos de don García*, refiere que apenas desembarcado en La Serena, el gobernador dictó una ordenanza para el buen trato de los indios, que extracta en sus rasgos principales. Como entre ambos extractos hay muchas analogías, y como, en efecto, don García habla en su correspondencia de esta ordenanza dictada en La Serena, infiero que la tasa de Santillán no es más que la ampliación de aquélla haciéndola extensiva particularmente a los encomenderos de Santiago. Así, pues, en nuestra exposición nos guiamos por lo que dicen esos dos historiadores.
Hemos referido, § 2 de este mismo capítulo, un altercado entre el gobernador y el licenciado Santillán. Parece que esta dificultad tuvo lugar en esta época. En efecto, el mismo día 20 de enero de 1559 en que don García firmaba esta ordenanza, firmó el nombramiento de Rodrigo de Quiroga para teniente gobernador de la ciudad de Santiago. El licenciado Santillán se trasladó a La Serena, con el mismo cargo de teniente gobernador de todo el reino.

los indios de un repartimiento, se fijaba un turno en el servicio, quedando obligado el jefe de la tribu a enviar a la faena un hombre de cada seis vasallos para la explotación de las minas, y uno de cada cinco para los trabajos agrícolas. Este trabajador, a quien hasta entonces no se le había pagado salario alguno, debía ser remunerado con la sexta parte del producto de su trabajo, y esta cuota se le debía pagar regularmente al fin de cada mes. Hasta entonces el indio de servicio estaba obligado a procurarse sus alimentos cultivando la tierra en los meses en que se suspendía la demora, es decir, de octubre a enero; la ordenanza dispuso que los trabajadores fueran mantenidos por sus amos, y reglamentaba su alimentación disponiendo que tres veces a la semana se les diera carne y que también se les proporcionaran las herramientas para el trabajo. Al mismo tiempo que la nueva ordenanza consignaba una vez más las prescripciones anteriores por las cuales se eximía a las mujeres del trabajo obligatorio y del cargufo de los víveres que se llevaban a las faenas, fijaba dos reglas limitativas del servicio personal de los hombres estableciendo que quedarían exentos del tributo de trabajo los menores de dieciocho años y los mayores de cincuenta, y que en ningún caso se podría emplear a los indios como bestias para el transporte de cargas, según se había usado hasta entonces. Se prohibía a los encomenderos exigir de los indios cualquiera cosa, declarando que éstos no estaban obligados a hacer pago alguno en especies, y sí solo a someterse al trabajo reglamentado por la ordenanza; y se mandaba, además, que en los litigios de los vasallos, el amo se guardase de apoderarse de la cosa disputada, como, según se deja ver por esta disposición, era práctica corriente.

En cambio del derecho que la tasa de Santillán daba a los encomenderos sobre el trabajo de los indígenas, la misma ordenanza les imponía sus obligaciones. Debían hacer sembrados para socorrer a los indios en sus necesidades, curarlos cuando estuvieren enfermos, hacerles enseñar la religión cristiana, proporcionarles misa y otras fiestas religiosas, eximirlos de todo trabajo los domingos y días festivos, y tratarlos en todas circunstancias por medio de la persuasión, suprimiendo los horrorosos castigos que se acostumbraba aplicarles. Para vigilar por el fiel cumplimiento de estas disposiciones, la ordenanza confirmaba lo que se había dispuesto en tiempo de Valdivia para que con el título de alcaldes de minas hubiese en los asientos de lavaderos ciertos funcionarios encargados de la administración superior.

Esta ordenanza, inspirada en los sentimientos de templanza y de compasión que inspiraron también muchas leyes dictadas por la Corona, era, sin duda alguna, un beneficio para la raza indígena, dada la obligación del trabajo personal y el estado de servidumbre que había impuesto la conquista. Pero la ordenanza de don García, como las leyes de los monarcas, fueron ineficaces para establecer una organización puramente artificial que las dos partes, los amos y los vasallos, tenían interés en destruir. Los indios, habituados a la ociosidad de la vida salvaje, se resistían cuanto les era posible al trabajo, y muchos preferían vagar en los bosques o dejarse matar en las sublevaciones. Los españoles, por su parte, se habían formado tal idea del carácter de sus vasallos, de su rudeza, de su falsía y de su obstinación, que no tenían reparo en violar la ordenanza y las leyes, y en tratar a esos miserables indios, o a lo menos al mayor número de ellos, con una gran dureza. En el curso de nuestra historia veremos cómo se desobedecían esas disposiciones humanitarias, y cómo la raza indígena, agobiada por el trabajo y por los malos tratamientos, fue reducida a una notable disminución.

Don García, sin embargo, se hacía grandes ilusiones acerca de los resultados de esta ordenanza, aunque la consideraba provisoria por cuanto no se tenía noticia del número exacto de indios que formaban cada repartimiento, y se carecía de otros antecedentes para establecer un régimen definitivo. Creía que este orden regular que aliviaba la condición de los indígenas, iba a permitirles dedicarse por su cuenta al cultivo de la tierra y a la crianza de ganados, de tal suerte que mediante el trabajo saldrían de su miserable situación, y vendrían a ser ricos. Sus cartas al rey, al darle cuenta de la reforma planteada, revelan su convencimiento de haber procurado los medios para alcanzar la civilización y el bienestar de los indios.[271] El gobernador no podía imaginarse que, aun, en el

---

271 Carta citada de don García al rey, de 30 de agosto de 1559. En esta carta hace el gobernador un resumen de la ordenanza, mucho más compendioso que el que hemos podido formar con los extractos de los historiadores Rosales y Suárez de Figueroa. Allí, sin embargo, hallo una variación de detalle que conviene dar a conocer. Dice que solo quedaba obligada al trabajo «la sexta parte de los indios casados que hubiese de dieciocho años hasta cuarenta», en vez de los cincuenta de que habla el padre Rosales.
Según la legislación española, solo se consideraban contribuyentes los indios casados, estableciendo así que este estado era el signo de haber llegado a la mayor edad. En este sentido, la palabra casado era sinónima de contribuyente. Hablando Ercilla del valle de Cautín en la declaración de algunas voces que precede a *La Araucana*, dice que

caso que se cumpliese fielmente la ordenanza, la ignorancia y la imprevisión de los indios no les permitirían utilizar el fruto de su trabajo.

5. Construcción de hospitales y de iglesias; se da principio a la catedral de Santiago

Durante su gobierno, dictó también don García otras providencias en favor de las clases necesitadas y de los indígenas. A imitación de su padre que fundaba en Lima asilos para los enfermos pobres y para los dementes, él cuidaba que en cada nueva población se fundase un hospital. En las ciudades establecidas al otro lado de las cordilleras, se cumplió también esta prescripción con toda regularidad. En La Serena, donde los primeros fundadores habían descuidado esta atención, se estableció el hospital el 14 de agosto de 1559 bajo los auspicios del licenciado Santillán en su carácter de teniente gobernador y justicia mayor del reino.[272]

El mismo o mayor celo desplegó don García en la fundación de iglesias, y en dar al culto todo el esplendor conciliable con el estado de pobreza del país. En sus cartas a Felipe II, recordaba estas fundaciones como uno de los más señalados servicios de su gobierno. «No gasto un peso de la hacienda real, le decía en una ocasión, ni le gastaré si solo en pagar clérigos y sacristanes, y proveer de vino y cera a las iglesias a cuenta de los diezmos de ellas entretanto que llega la elección de obispo de estas provincias que es cosa que no se puede dejar

---

«tenía 300.000 indios casados de servicio». Y en el canto VII, estrofa 58, hablando de Concepción, dice:

«Cien mil casados súbditos servían
a los de la ciudad.»

La codicia de los encomenderos explotó artificiosamente esta condición exigida por la ley tanto en Chile como en las otras colonias, en la reglamentación del trabajo de los indios y de las mitas. El viajero inglés Tomás Gago, fraile dominico y misionero en América en la primera mitad del siglo XVII, dice que los españoles para hacer trabajar a los indios desde la pubertad, los casaban a los catorce años de edad y a veces a los doce, alegando «que no hay nación que esté más temprano dispuesta a la generación ni que más pronto se desarrolle en conocimientos y malicia». Gago, *A new survey of the West India*, etc., Londres, 1648, part. III, capítulo 16.

272 El acta de esta fundación ha sido publicada por don Manuel Concha en la pág. 385 de su *Crónica de la Serena desde su fundación hasta nuestros días*, 1549-1870, Serena, 1871.

de proveer.»²⁷³ Aunque, como veremos más adelante, no es exacto que don García no echara mano del tesoro real para otros gastos que los del culto, es lo cierto que en medio de los afanes de la guerra y de la administración, prestó una atención preferente a la creación de nuevas iglesias y al establecimiento de las órdenes monásticas.

Aunque el rey había pedido al papa la erección de un obispado en Santiago de Chile y, aunque cediendo a las recomendaciones que se le hacían desde el tiempo de Valdivia, había presentado para este cargo al cura González Marmolejo, la Santa Sede no había resuelto nada sobre el particular. Felipe II, sin embargo, persuadido de que no podía tardar la resolución pontificia, mandó por una real cédula que se preparase el templo que debía servir para catedral. En esos momentos, la iglesia mayor que se había levantado en Santiago, con tanto trabajo y tantos sacrificios, estaba viniéndose al suelo por defectos de su construcción.²⁷⁴ Don García aprovechó su permanencia en Santiago para hacer ejecutar esta obra. Reunió entre los vecinos y particulares más de 20.000 pesos de oro, puso mano al trabajo con voluntad resuelta, y antes de partir para el Perú dejó comenzada la nueva construcción.²⁷⁵

6. Fiestas y diversiones públicas; el paseo del estandarte

Don García dio también durante su gobierno gran importancia a las fiestas públicas que venían a interrumpir el tedio de la vida triste y monótona de los primeros colonos. En esa época no habría sido posible implantar en Chile las lidias de toros, por las cuales tenían los españoles tan decidida afición. El ganado vacuno, introducido en Chile en 1548 y con solo veinte animales, se había propagado poco todavía en el país y tenía un precio tan elevado, que no era prudente sacrificarlo en esos sangrientos y costosos combates. En cambio, los españoles celebraban de vez en cuando juegos de cañas y de sortija, especies de torneos en que los jinetes desplegaban su destreza en el manejo del caballo

---

273 Carta citada de 30 de agosto de 1559.
274 Véase el acta del cabildo de Santiago de 20 de marzo de 1557.
275 Consta este hecho de la información de servicios de don García formada por la audiencia de Lima en 21 de agosto de 1561. Este documento fue publicado por Suárez de Figueroa en el libro III de sus *Hechos de don García*, don Claudio Gay lo reproduce, juzgándolo inédito, en la pág. 226 del tomo I de sus *Documentos*.

y de las armas.[276] Estos juegos, muy gustados por la nobleza española, formaban el encanto de los campamentos y de los soldados. El mismo don García, a pesar del estiramiento que le imponía su rango de gobernador y de general en jefe, tenía tanta afición por este género de diversiones, que para ostentar su maestría de jinete y de soldado, no desdeñaba de salir a jugar cañas y sortija con sus subalternos.

La misma pasión tenía el gobernador por el juego de pelota, a que eran muy aficionados los españoles. Trajo del Perú una cantidad considerable de pelotas para generalizar este juego. En Santiago mandó deshacer un cancel o cercado, que servía para guardar municiones, a fin de que sirviese de plaza en que pudiera jugarse cómodamente. Esta innovación, que seguramente fue muy del agrado del mayor número de los habitantes de Santiago, le atrajo, sin embargo, más tarde, apasionadas acusaciones.[277]

Aparte de estas fiestas, los vecinos de Santiago comenzaban a tener otro género de pasatiempos en las solemnidades y procesiones religiosas. A imitación de lo que entonces se hacía en España, se dispuso que los gremios de artesanos hicieran comparsas especiales con aparatos y efigies adornadas por ellos, que contribuían a hacer más vistosa la fiesta. Es curioso lo que a este

---

276 En los juegos de cañas salían los jugadores divididos en cuadrillas que, después de algunas escaramuzas, se dirigían unas contra otras lanzándose las cañas que llevaban preparadas. La destreza de los jugadores consistía no solo en lanzar las cañas con acierto sino en parar los golpes con las adargas o escudos de cuero que llevaban en el brazo izquierdo. Aunque este juego era poco peligroso en sí mismo, daba lugar a golpes y caídas del caballo.
Los juegos de sortija eran menos peligrosos, pero exigían mayor destreza. Se colocaban anillos de fierro de una pulgada o poco más de diámetro, ensartados en barras delgadas que pendían de una cuerda, a la altura de unos tres metros del suelo. Los jugadores debían llegar allí a todo galope de sus caballos, y la destreza consistía en ensartar con la lanza una de esas sortijas.
277 En los capítulos de acusación contra el gobernador, se lee lo siguiente: «175. Ítem. Se le hace cargo al dicho don García que jugaba y jugó a la pelota y naipes, y trajo más de 3.000 pelotas para que se vendiesen por los mercaderes con quien tenía tratos y contratos en este reino y en cuyo poder estaban las mercaderías, y hacía que se vendiesen a excesivos precios las dichas pelotas y las otras mercaderías con que trataba y contrataba en este reino.
»176. Ítem. Que deshizo un cancel que estaba hecho a costa de Su Majestad para guardar las municiones, y por que se vendiesen las pelotas y se usase el dicho juego de pelota, hizo deshacer el dicho cancel en perjuicio de la hacienda de Su Majestad».
Este cargo debió parecer tan infundado al juez de la causa, que a pesar de su severidad en los otros puntos de su sentencia, dio por absuelto de él al gobernador.

respecto leemos en el acta del Cabildo de 2 de mayo de 1556. «En este dicho día, dice, se acordó que para la fiesta de Corpus Christi, que ahora viene, se les manda a todos los oficiales de sastres, calceteros, carpinteros, herreros, herradores, zapateros, plateros, jubeteros (los que hacían o remendaban los jubones), que saquen sus oficios e invenciones, como es costumbre de se hacer en los reinos de España y en las Indias; y que dentro de cinco días primeros siguientes parezcan ante el señor alcalde Pedro de Miranda a declarar los que lo quieran hacer y sacar las dichas invenciones, so pena de cada 6 pesos de buen oro, aplicados para las fiestas y regocijos de la procesión del dicho día, demás de que a su costa se sacará la fiesta e invención que a sus mercedes (los capitulares) les pareciere; y que así se apregone para que haya lugar y tiempo de hacer a costa de los dichos oficios.»[278]

Pero la fiesta más solemne de esos días, y que se perpetuó con mayor aparato todavía durante todo el régimen de la Colonia, era el paseo del estandarte real. El cabildo de Santiago había recibido del rey, en 22 de junio de 1555, junto con el título de noble y leal ciudad, el privilegio de armas que ésta debía usar. «Son, dice el acta, un escudo en campo de plata, y en este escudo un león pintado de su mismo color, con una espada desenvainada en una mano, y ocho veneras del señor Santiago en la bresla a la redonda, y al principio del privilegio está pintado el señor Santiago y arriba de todo el privilegio las armas reales de Su Majestad.»[279] Sancionado así el nombre de la ciudad por provisión real, y colocada bajo la advocación del apóstol Santiago, el Cabildo acordó el 23 de julio de 1556, que en cada aniversario de éste «se regocijen por la fiesta de tal día, y que para ello se nombre un alférez, el cual nombraron que lo sea el capitán Juan Jufré, vecino y regidor de esta dicha ciudad, para que sea tal alférez hasta que Su Majestad o el gobernador de este reino provean otra cosa. Y que

---

278 Cabildo de 2 de mayo de 1556.
279 Cabildo de 22 de junio de 1555. El escudo de armas de Santiago fue concedido por Carlos V el 5 de abril de 1552, y el título de noble y leal el 31 de mayo del mismo año. Gil González Dávila, en su Teatro eclesiástico de la primitiva iglesia de Indias, Madrid, 1649, tomo II, pág. 145, da estas fechas con un error de diez años, poniendo 1562 en vez de 1552. Estas armas han sido reproducidas algunas veces por el grabado, y pueden verse en el Mapa jeográfico de la América Meridional de don Juan de la Cruz Cano y Olmedilla, Madrid, 1776.
El rey concedió igualmente título de ciudad a Valdivia, la Imperial y Villarrica en 9 de marzo de 1554, y privilegio de armas el 18 del mismo mes y año. Iguales concesiones se hicieron a Concepción y La Serena.

el dicho capitán Juan Jufré haga a su costa un estandarte de seda, y que en él se borden las armas de esta ciudad y el apóstol Santiago encima de su caballo». El estandarte, que debía estar preparado de antemano, fue entregado solemnemente al capitán Jufré en la tarde del 24 de julio, bajo juramento de servir con él a Su Majestad todas las veces que se ofreciere, llevado con gran aparato, y con una comitiva numerosa de jinetes, a la iglesia mayor, y paseado enseguida en las calles de la ciudad. Desde ese día, esa cabalgata, que se repetía invariablemente cada año, pasó a ser la fiesta más popular y más concurrida de la Colonia. Todas las clases sociales tomaban parte en la celebración de esta fiesta; y los hombres de posición se empeñaban en ostentar en sus cabalgaduras, en sus armas, en sus trajes y en sus arreos todo el lujo que les era posible procurarse. El cargo de alférez real pasó a ser uno de los más codiciados en la ciudad. A él cabía el honor de guardar en su casa el estandarte real.[280]

7. Descuido completo de todo lo que se relaciona con el fomento de la ilustración de la Colonia. Aislamiento de Chile y proyecto para ponerlo en comunicación más inmediata con el Perú

Un hecho digno de notarse y que caracteriza perfectamente el espíritu de la conquista y de los primeros tiempos de la Colonia en nuestro país, es que al paso que se gastaba el dinero en estas fiestas de carácter más o menos militar, y que se levantaban iglesias por todas partes hasta el punto de construirse cuatro y cinco en ciudades que, como Mendoza y San Juan, solo tenían treinta vecinos cada una, no se le ocurría a nadie la idea de fundar una escuela para la educación de los mismos hijos de los conquistadores.[281] Inútil sería buscar

---

[280] Véase el acuerdo del cabildo de Santiago de 23 de julio de 1556, y el acta de la entrega del estandarte el día siguiente.

[281] Según el plano de la distribución de solares en Mendoza, de que hemos hablado, esta ciudad se fundó con 33 vecinos, y tuvo cuatro templos: la iglesia mayor o parroquial, San Francisco, Santo Domingo y La Merced, a cada una de las cuales se le asignó un solar de una cuadra cuadrada para convento. La ciudad de San Juan fue fundada con solo 23 vecinos, y tuvo cinco iglesias: la parroquial, Santa Ana, Santo Domingo, San Francisco y La Merced.

El padre Gil González Dávila, en su dedicatoria a Felipe IV de la obra que hemos citado en una nota anterior, dice que en la época en que se publicó, había en América 840 conventos de frailes, sin contar las catedrales, iglesias parroquiales, monasterios de monjas y ermitas; y que un gobernador de Nueva Granada, Andrés Díaz de Venero, 1564-1575, fundó cuarenta pueblos y 400 iglesias o ermitas.

en los documentos que nos quedan acerca de esta época la menor referencia a una medida cualquiera que tuviese por objeto propender al fomento de la ilustración.

Aunque don García Hurtado de Mendoza, hijo y nieto de marqueses y de condes, habría debido tener una cultura intelectual muy superior a la de los toscos y rudos soldados de la conquista, muchos de los cuales ni siquiera sabían leer y adquirían renombre solo por el empuje de su brazo y la entereza de su carácter, estaba bajo aquel aspecto a la misma altura que el mayor número de los grandes señores españoles de su siglo, y no poseía más conocimientos que el vulgo de los capitanes que servían a su lado. Pero, aun, sin esta circunstancia, no sería posible formular contra él una acusación por este descuido del progreso intelectual de la colonia. Las ideas que a este respecto llevaron los colonos ingleses de la Nueva Inglaterra, que mandaban crear una escuela en cada aldea, no eran las ideas españolas del siglo XVI. En España se creía que la difusión de las luces envolvía un peligro para la conservación de la fe y para la estabilidad de la monarquía. La instrucción, según las ideas corrientes, no debía ser el patrimonio de todos; y las universidades encargadas de darla, tenían por objetivo no formar hombres ilustrados, sino teólogos y jurisconsultos, que sostuviesen el trono y el altar. Aun esta enseñanza estaba reservada para los grandes pueblos, y en América del Sur fue durante muchos años el patrimonio de la ciudad de Lima, que era la segunda metrópoli de las colonias españolas de esta parte del Nuevo Mundo.

En cambio, don García se preocupó por el desarrollo de otro orden de intereses en la colonia que gobernaba. La reforma de los repartimientos, según la tasa de Santillán, le hacía esperar que los indios, haciéndose agricultores y ganaderos, saldrían de su condición miserable y pasarían a ser pobladores acomodados y tranquilos, ilusión que si supone un completo desconocimiento del estado social de la colonia, deja ver un propósito sano y una noble aspiración. El reconocimiento del estrecho de Magallanes por el capitán Ladrillero, había, según él, de abrir un nuevo camino al comercio de estos países, y abaratar el precio entonces excesivo de los artículos europeos.[282]

---

[282] «Se ha descubierto la navegación y estrecho de Magallanes, decía el gobernador al Consejo de Indias en carta de 30 de agosto de 1559, de que tanto bien y aumento resultará a estos reinos y los del Perú por los precios moderados a que valdrán todas las cosas en ellos.»

El aislamiento a que estaba reducida la provincia de Chile, la dificultad de sus comunicaciones con el Perú de que dependía y de donde debía recibir socorros, preocuparon también a don García y al virrey su padre. Hemos recordado en varias ocasiones que si el viaje de Valparaíso al Callao ocupaba veinticinco o treinta días, la vuelta, retardada por los vientos reinantes y por la corriente del océano, exigía tres y más meses. El padre de don García, el marqués de Cañete, había pensado remediar este estado de cosas por medio de dos galeras que a la vez que sirviesen de presidio de criminales, serían aplicadas a la navegación del mar del Sur. Los galeotes recogidos en México, Guatemala, Nueva Granada y el Perú serían obligados a servir de remeros de esas embarcaciones. El virrey encontraba tantas ventajas a su proyecto, que no vaciló en mandar construir una de aquellas naves, y en pedir a las colonias vecinas que le enviasen los malhechores que debían tripularla.[283] Creemos, sin embargo, que no llegó a ensayarse siquiera este sistema de navegación, casi absolutamente inaplicable a un viaje de 400 leguas en pleno océano. El plan del marqués de Cañete debió ser abandonado como quimérico; y los progresos alcanzados por la náutica muy pocos años más tarde, gracias al sencillo, pero importante descubrimiento de Juan Fernández, vinieron a hacer innecesario el volver a pensar en esos arbitrios.

---

283 Carta del marqués de Cañete al rey, de 15 de septiembre de 1556.

Capítulo XXI. Hurtado de Mendoza: administración financiera; fin de su gobierno (1559-1561)
1. Brillante perspectiva que el descubrimiento de América abría a la industria española; estado desastroso de la hacienda pública a mediados del siglo XVI. 2. Las cortes de Castilla, para poner remedio a la pobreza creciente de España, piden al rey que prohíba la exportación a América de los productos manufacturados. 3. Prohibición impuesta a los extranjeros de establecerse en América; trabas creadas al libre comercio. 4. La primera población española en América se consagra principalmente al trabajo de las minas; las perlas y los metales preciosos suministran a la Corona sus principales entradas. 5. Los reyes de España se apoderan con frecuencia de los tesoros de particulares que iban de las Indias; influencia de estas violencias en la colonización de América. 6. Empeño de los reyes por incrementar las entradas que les producían las Indias; concesiones hechas a los encomenderos de Chile, e instrucciones dadas a Alderete para aumentar el producto de las minas. 7. Administración financiera de don García; los ingentes gastos de la guerra le impiden enviar a España socorros de dinero. 8. Imposición de donativos forzosos a los encomenderos y comerciantes; vida ostentosa del gobernador y su pobreza al dejar el mando. 9. Al saber la muerte de su padre, don García se marcha al Perú. Sus trabajos para comprobar sus servicios y para obtener la remuneración a que se creía merecedor. 10. Juicio de residencia seguido en Chile contra don García Hurtado de Mendoza; el rey aprueba su conducta. Noticias acerca del licenciado Hernando de Santillán (nota).

1. Brillante perspectiva que el descubrimiento de América abría a la industria española; estado desastroso de la hacienda pública a mediados del siglo XVI

El descubrimiento y la conquista de América coincidieron con una época de grandeza política para España, y abrieron un halagüeño porvenir para su industria y para su riqueza. Ocupada durante largos siglos en su guerra contra los moros, había llamado muy poco la atención de Europa, pero constituida en esta época en una monarquía compacta, tomó de repente una preponderancia incontestable entre los estados del Viejo Mundo. La fundación de su vasto imperio colonial vino a consolidar y a fortalecer el prestigio de su grandeza. «En los dilatados dominios del rey de España, se decía a mediados del siglo XVI, no se pone el Sol jamás.»[284]

La creación de este imperio colonial iniciaba también para la metrópoli una era de prosperidad industrial. España iba a tener un vasto mercado para sus manufacturas, y a obtener, en cambio, los ricos productos de las Indias occidentales. En efecto, después de los grandes descubrimientos, y sobre todo, después de las conquistas de México y del Perú, afluían a España abundantes y repetidas remesas de oro, de plata, de perlas y de piedras preciosas. Las fábricas españolas, que gozaban de la reputación de ser las primeras de Europa, se vieron tan recargadas de pedidos de mercaderías manufacturadas, que con seis años de anticipación tenían vendidos sus productos para la exportación a las nuevas colonias.[285] La ciudad de Sevilla, que pasó a ser el centro de este movimiento comercial, alcanzó al grado de la más asombrosa riqueza. «Sevilla, dice un escritor español del siglo XVI, es la puerta y puerto principal de toda España... De sesenta años a esta parte que se descubrieron las Indias occidentales, se le recreció una ocasión tan oportuna para adquirir grandes riquezas que convidó y atrajo a algunos de los principales a ser mercaderes, viendo en ello cuantísima ganancia. Así de este tiempo acá, los mercaderes se han aumentado en número. Así el trato de ella es uno de los más célebres y ricos que hay el día de hoy o se sabe en todo el orbe universal; es como centro de todos los mercaderes del mundo. Por lo cual todo lo mejor y más estimado que hay en las otras partes antiguas, aun de Turquía, viene a ella, para que por aquí se lleve a las nuevas, donde todo tiene tan excesivo valor.»[286]

---

284 Entre las fórmulas inventadas para dar a conocer la extensión de los dominios españoles, no es la menos curiosa ni la menos característica, una que hallamos en *La Política indiana* del célebre jurisconsulto don Juan de Solórzano Pereira, libro I, capítulo 8, n.º 19. Dice allí que en los estados del rey de España «no hay hora del día y de noche en que no se estén diciendo misas, cantando salmos y alabanzas a Dios, respecto de que cuando en unas partes de las provincias católicas amanece, en otras anochece, o es hora de tercia, vísperas o maitines». Solórzano tiene cuidado de advertir que esta observación no es suya, sino de Tomás Bozio, célebre teólogo italiano del siglo XVI, que la consignó en su tratado *De signis eclesiæ Dei*, Roma, 1591, 2 vol. en fol., y que veía en este hecho el cumplimiento de antiguas profecías.
285 Campomanes, Discurso sobre la educación popular, Madrid, 1775, § 19, pág. 406.
286 Fray Tomás de Mercado, fraile dominicano, *Suma de tratos y contratos*, Salamanca, 1569, libro IV, capítulo 3. Este libro curioso, varias veces reimpreso en el siglo XVI, es un documento importante para apreciar las ideas económicas de la época, y para conocer la historia del comercio. Su autor, que residió algunos años en México, fue un teólogo de

En medio de esta era de prosperidad se elaboraba lentamente la decadencia y la postración de España que, sin embargo, no vinieron a ser visibles sino muchos años más tarde. Contra lo que era de esperarse, el oro y las perlas de América no enriquecieron a la metrópoli. A mediados del siglo XVI, el pueblo español soportaba una situación miserable, vivía encorvado bajo el peso de enormes impuestos que no podía cubrir y pagaba un doloroso tributo a todos los errores económicos y políticos de la época. El tesoro real había llegado al último grado de pobreza, y reducía a los reyes, en medio del brillo aparente de la monarquía, a una situación casi vergonzosa.

América había comenzado a producir ingentes entradas al erario real, pero ellas habían llegado a ser insuficientes para las premiosas necesidades de la Corona. Envuelto en costosas e incesantes guerras políticas y religiosas que tenían por teatro una gran parte de Europa, apremiado, además, por los gastos de representación de la dignidad imperial y real, Carlos V consumía indiscretamente esos tesoros, estaba siempre urgido por la escasez de fondos, no reunía las cortes o asambleas de sus estados más que para pedir nuevos subsidios, y vivía, según su propia expresión, «con el agua hasta encima de la boca»,[287] contrayendo deudas que no podía pagar, reclamando nuevos impuestos, y echándose en muchas ocasiones sin el menor escrúpulo sobre los bienes de sus súbditos.

Esta situación, lejos de experimentar un cambio favorable, se agravó considerablemente desde los primeros días del reinado de Felipe II. La renovación de las guerras en Francia y en Italia, y los gastos de la Corte más considerables e inmoderados todavía, mantenían al tesoro en un estado de déficit que se agravaba cada año. Nada pinta mejor sus angustias que las reformas propuestas para remediarlas. El consejo de hacienda del soberano propuso entre otras medidas que se vendiesen hasta mil cartas o patentes de hidalguía a personas de cualquier rango, «sin excepción ni defecto de linajes ni otras máculas», sacándolas al mercado gradualmente, y al precio de 5.000 ducados cada una, para que la abundancia de patentes ofrecidas en venta, no rebajaran su valor. Se propuso igualmente la venta de jurisdicciones perpetuas, de terrenos baldíos de los municipios y de nuevos cargos de regidores y de escribanos que

---

reputación. En este libro, dedicado al consulado de Sevilla, examina las operaciones mercantiles a la luz de la teología.
287 Carta de Carlos V a la princesa gobernadora, escrita en Yuste en 1 de abril de 1557.

se crearían en las ciudades principales, la imposición de empréstitos forzosos a los prelados y a los particulares, la venta de varios pueblos a grandes señores de la monarquía, a quienes se traspasaba el derecho de imponer y de percibir sus contribuciones, la prohibición bajo pena de confiscación de extraer dinero para Roma, la suspensión de pago a los acreedores del Estado y la legitimación por dinero de los hijos de los clérigos, dándoles, además, por precios módicos cartas de hidalguía.[288] Todos estos arbitrios, en su mayor parte contrarios a la moral y opuestos a los buenos principios de gobierno, merecieron la aprobación del rey, y se plantearon activamente, pero no dieron el resultado que se esperaba de ellos.

2. Las cortes de Castilla, para poner remedio a la pobreza creciente de España, piden al rey que prohíba la exportación a América de los productos manufacturados

Sería largo y fuera de nuestro propósito el señalar aquí todas las causas que crearon este estado de cosas, y que frustraron las esperanzas que el descubrimiento de América había hecho nacer. Pero hay algunas de ellas ligadas con nuestro asunto, y que debemos tomar en consideración.

Hemos dicho que en los primeros tiempos de la colonización, la industria española apremiada por una gran demanda de sus productos, no alcanzaba a satisfacer los pedidos del comercio. Una situación semejante habría estimulado en nuestro tiempo la producción y con ella la riqueza pública. Pero la España del siglo XVI no se halló en estado de resolver esa situación por un aumento de trabajo. Las guerras incesantes habían desarrollado un espíritu militar como no se había manifestado nunca en ningún otro pueblo, y alejaba de las pacíficas ocupaciones industriales a muchos millares de hombres útiles. Se ha dicho sin exageración que toda la inteligencia del país que no estaba empleada al servicio de la Iglesia, se consagró al servicio de las armas.[289] Los jurisconsultos y los literatos eran en su mayor parte militares de oficio o de circunstancias, y se

---

[288] El lector encontrará una exposición bastante clara y documentada de todos estos arbitrios en los capítulos 2 y 5 del tomo XIII de la *Historia general de España* de don Modesto Lafuente. Conviene advertir que los volúmenes que este autor ha destinado al reinado de Felipe II (XIII y XIV), son de los que revelan un estudio más prolijo y mayor esmero en su extensa obra.

[289] Buckle, *History of the civilisation in England*, capítulo 15.

batían como tales así en América como en Europa. Aun los mismos eclesiásticos peleaban como soldados o mandaban como generales, y tenían a honor el distinguirse en las batallas. «Las guerras santas contra los infieles, dice un célebre historiador, perpetuaron en España el indecoroso espectáculo de los eclesiásticos militantes, hasta una época muy moderna, y mucho después de haber desaparecido del resto de la Europa civilizada.»[290]

Esta sola causa habría bastado para debilitar el poder industrial de España; pero había, además, otras que influyeron considerablemente. Las inclinaciones aristocráticas del pueblo español, la aspiración de todos a ser tenidos por hidalgos y la facilidad de obtener una patente, sea por servicios militares, sea por compra, habían engendrado el desdén por los trabajos industriales, que se dejaban a cargo de la gente más miserable, de los moriscos y de los extranjeros. Los errores del sistema de gremios industriales complicaban el trabajo libre e impedían toda competencia. La abundancia de días festivos en que era prohibido el trabajo, estimulaba la ociosidad y limitaba la producción. Así, pues, la demanda extraordinaria de artículos manufacturados que había creado la colonización de América, sin aumentar la producción en una escala correspondiente, dio por resultado inmediato una alza alarmante en el valor de las cosas, que enriquecía a unos pocos, pero que abrumaba al mayor número de los consumidores.

Se trató de buscar el remedio contra esta situación. Los arbitrios propuestos revelan los sufrimientos del pueblo español y las ideas económicas de la época. En vez de estimular la producción que habría enriquecido a la nación, se trató de impedir que se exportaran a América las manufacturas fabricadas en España. Ocupáronse de este asunto las cortes de Castilla reunidas en Valladolid en 1548. «Vemos, decían las cortes, que alza el precio de los víveres, paños, sederías, cordobanes y otros artículos que salen de las fábricas de este reino, siendo necesarios a sus naturales. Sabemos también que esa carestía no consiste sino en la exportación de géneros a las Indias... Tan grande ha llegado a ser el mal,

---

290 Prescott, *Historia del reinado de los reyes católicos*, trad. Sabau y Larroya, part. I, capítulo 5, tomo I, pág. 258. Más ampliamente examina estas costumbres y gustos militares del clero español don Antonio Ferrer del Río, en su notable *Historia del levantamiento de las comunidades de Castilla*, Madrid, 1850, capítulo 9, págs. 212-214. Conocidas esas costumbres, no debe extrañarse que muchos de los eclesiásticos españoles que pasaron a América fuesen inclinados al ejercicio de las armas, y que algunos adquiriesen reputación como capitanes y como soldados.

que no pueden ya los habitantes con lo caro de los víveres y de todos los objetos de primera necesidad. Notorio es e incontestable que las Indias abundan en lana superior a la de España, ¿por qué no se fabrican los indianos sus paños?... Muchas de sus provincias producen seda... ¿por qué no hacen terciopelos y rasos?... ¿No hay en el Nuevo Mundo bastantes pieles para su consumo y aun para el de estos reinos? Suplicamos a Vuestra Majestad prohíba se exporten estos artículos.»[291]

3. Prohibición impuesta a los extranjeros de establecerse en América; trabas creadas al libre comercio

Carlos V desoyó estas representaciones; pero él, así como sus antecesores y sucesores, cayeron en el error opuesto que consistía en mantener a las nuevas colonias dependientes del comercio de España. Buscaban en este sistema la protección de la industria de la metrópoli y el aumento de las entradas de la Corona. Sujetándose a las ideas económicas de su siglo, los reyes crearon en breve un sistema de administración que no impidió el empobrecimiento de España, y que fue fatal para el progreso y prosperidad de las colonias y contrario a los mismos intereses del tesoro real.

Desde los primeros días del descubrimiento de América, los reyes habían prohibido a los extranjeros no solo comerciar sino residir, aunque fuera accidentalmente en estas regiones. Esta prohibición, natural en una época en que se creía que las riquezas y el comercio de un territorio solo podían ser explotados por los súbditos del soberano del país, había sido sancionada por la autoridad espiritual de la Santa Sede. Alejandro VI, por su célebre bula de donación, imponía la pena de excomunión latæ sententiæ a cualquier persona que sin permiso de los Reyes de Castilla viniese a negociar a las Indias;[292] y ampliando pocos meses más tarde esta prohibición, la hizo extensiva no solo a los comerciantes sino a los que únicamente pretendiesen navegar, pescar o descubrir nuevas tierras.[293] Como si esta medida no fuese bastante para

---

291 Las palabras que van entre comillas son simplemente un extracto de la petición Nº 214 de las cortes de Valladolid. El lector puede hallar el texto original, mucho más extenso, en la ilustración XI del Elogio de la reina católica doña Isabel por don Diego de Clemencín, publicado en el VI tomo de las Memorias de la real academia de la historia, Madrid, 1821. Véanse las págs. 279 a 281.
292 Bula de 4 de mayo de 1493, § 8, en Navarrete, Colección, tomo II, pág. 28.
293 Bula de 25 de septiembre de 1493, en Navarrete, tomo II, pág. 404.

limitar la población europea en las nuevas colonias, los monarcas pusieron desde el principio numerosas trabas a los mismos españoles que querían pasar a América. Solo el rey y en ciertos casos la Casa de Contratación de Sevilla, podían dar este permiso que era, a lo menos, largo y engorroso obtener. Al que no cumplía con este requisito, se le condenaba a la pena de expulsión del país y a la confiscación de sus bienes, la quinta parte de los cuales debían darse al denunciante.[294] Aun en los principios, estos permisos se daban solo a los castellanos. La reina Isabel, recordando que el descubrimiento de las Indias se había hecho a costa de los reinos de Castilla y de León, recomendaba en su testamento que solo a los naturales de estos reinos se les permitiera negociar en los países recién conquistados.

Pero esta exclusión no podía ser tan absoluta. Fernando el Católico, originario y rey de Aragón, permitió a sus nacionales, mientras fue regente de Castilla, negociar y establecerse en América.[295] Bajo el reinado de Carlos V se relajó algo más todavía la observancia de las primeras leyes. Este soberano permitió con frecuencia a sus súbditos no españoles, esto es, a los flamencos, alemanes e italianos, el pasar a América y el tomar parte en las conquistas.[296] Las cortes de Castilla, alarmadas con estas concesiones, reclamaron en 1523 y en 1548 contra estos permisos, pidiendo que no se permitiese a los extranjeros el comercio en las Indias. Así, pues, estas restricciones tan contrarias al desarrollo

---

[294] Véase la ley I, título XXVI, libro IX de la *Recopilación de las leyes de Indias*. Esta ley es la reproducción de las primeras ordenanzas que se dieron sobre la materia y que datan de 1501.

[295] Estos permisos, sin embargo, eran puramente graciosos y personales. Solo en 1585, en las cortes de Monzón, reconoció Felipe II a los aragoneses los mismos derechos que tenían los castellanos para pasar a las Indias. En cédula de 1564, que citaremos más adelante, con todo, este derecho de los aragoneses, parece estar implícitamente reconocido.

[296] «Y después la Cesárea Majestad extendió más la licencia, y pasan ahora (a las Indias) de todos sus señoríos, y de todas aquellas partes que están debajo de su monarquía», Oviedo, *Historia general de las Indias*, libro III, capítulo 7. En efecto, además de haber contratado la conquista de Venezuela con una casa de comercio alemana, Carlos V dio muchos permisos personales a alemanes, flamencos e italianos para pasar a América. En Chile encontramos entre otros a Lisperguer y a Pastene. La presencia de los extranjeros en los tiempos de la Conquista es menos aparente, porque éstos españolizaban sus nombres, probablemente traduciéndolos al castellano. Así, uno de los compañeros de Valdivia, regidor y persona de nota en Santiago, era Bartolomé Flores. Nadie creería al ver este nombre que éste era extranjero; y, sin embargo, consta por una representación suya que era alemán de Nüremberg.

de la prosperidad industrial, y tan desfavorables a los verdaderos intereses del rey y de sus colonias, no eran, como podría creerse, una organización artificial creada por la ley, sino la expresión genuina de las ideas económicas de la época. Felipe II, sometiéndose a estos principios, que también eran los suyos, sancionó estas prohibiciones.[297]

La reglamentación de las operaciones comerciales obedecía al mismo sistema. En los principios, los españoles viajaban a las Indias y comerciaban con ellas en naves sueltas a su riesgo y ventura. La Casa de Contratación establecida en Sevilla por los Reyes Católicos, tenía la supervigilancia de todo lo que se relacionaba con el comercio y con la navegación a las Indias. En su doble carácter de tribunal y de oficina de administración, ejercía jurisdicción privativa sobre todos los mercaderes, capitanes o maestres de naves y marineros, y cuidaba del cumplimiento de las ordenanzas de navegación y de comercio en las colonias. Tan amplia fue la jurisdicción que el rey dio a esa oficina que, aunque por cédula de 15 de enero de 1529 concedió a varios puertos de España el derecho de despachar buques a las Indias, impuso a todos ellos la obligación de volver a Sevilla para que sus operaciones estuviesen vigiladas por la Casa de Contratación.[298]

Esta limitada libertad de navegación no duró largos años. Cuando esas naves comenzaron a llegar cargadas con los tesoros del Nuevo Mundo, se suscitó un grave temor. Se vio que estaban expuestas a ser presa de las expediciones pirá-

---

297 Las prohibiciones de los reyes para que no se permitiera a los extranjeros establecerse en América, están consignadas en muchas reales cédulas. La repetición de ellas revela que eran frecuentemente desobedecidas. En una de 30 de abril de 1564, citada por Antúnez y Acevedo, *Memorias históricas*, Madrid, 1797, pág. 269, Felipe II mandaba lo que sigue a los gobernadores de Indias: «De aquí en adelante no consentiréis estar en ellas los que de nuevo fueren (habla de los portugueses) y lo mismo haréis con otro cualesquier extranjeros que han ido fuera de estos reinos de Castilla y Aragón».
Estas prohibiciones eran tan severas que los naturales de Navarra, incorporados a la corona de España en 1512, necesitaron cédula especial para que se les permitiese pasar a las Indias. Tiene fecha de 28 de abril de 1553.
298 Esta real cédula muy poco conocida, se halla publicada íntegra en el apéndice n.º 1 de las *Memorias históricas sobre la legislación y gobierno del comercio de los españoles con sus colonias en las Indias occidentales* por don Rafael Antúnez y Acevedo. La historia del comercio de América bajo el régimen colonial está por escribirse todavía. La obra de Antúnez y Acevedo, así como las de Ustáriz y de Veitía y Linaje no son más que materiales más o menos ordenados. En aquel verdadero mar de reales cédulas que se completan, se modifican o se derogan unas a otras, hay campo para un prolijo e interesante estudio. En estas páginas no queremos hacer otra cosa que señalar los rasgos principales que hacen a nuestro objeto.

ticas o de las escuadras de las naciones enemigas de España. Surgió entonces la idea de limitar el tráfico, de reunir las naves en flotas, que harían los viajes en períodos determinados y defendidas por buques de la marina real. Pero si estas precauciones fueron útiles para la seguridad de las mercaderías, el régimen que ellas crearon, tan opuesto a la libertad de comercio, era un golpe terrible a la prosperidad y desarrollo de la industria en la metrópoli y en las colonias.

4. La primera población española en América se consagra principalmente al trabajo de las minas; las perlas y los metales preciosos suministran a la Corona sus principales entradas

Todas estas causas contribuyeron a limitar la población europea en América. Por otra parte, los colonos españoles en su inmensa mayoría, tenían las ventajas y los inconvenientes de su raza, de sus costumbres, de sus preocupaciones y de sus instituciones sociales y políticas. Se ha creído descubrir en su sistema colonial un plan artificiosamente elaborado para fundar y mantener nuevas provincias condenadas a vivir bajo la sumisión perpetua y la explotación duradera de la metrópoli. Nada, sin embargo, está más lejos de la verdad, sobre todo en los primeros tiempos. España daba a sus colonias todo lo que podía darles: su espíritu, su sangre, sus instituciones; y si su colonización no fue más fecunda, la culpa no es de un sistema fríamente meditado sino de la propia educación y de las propias ideas del pueblo colonizador.[299]

Vigorosos y enérgicos para soportar los mayores sufrimientos, dispuestos a acometer las más arriesgadas empresas para adelantar la conquista eran, en cambio, poco constantes para los trabajos industriales, o tenían por ellos una marcada aversión. Es cierto que desde el principio importaron las semillas y los animales útiles de Europa para propagarlos en América, que tuvieron algunos

---

299 En un libro moderno español, en que desgraciadamente estos hechos no están estudiados con toda la prolijidad que se requiere, encuentro, sin embargo, muy bien expresada esta apreciación general: «Si colonizar es fundar sociedades con el mismo espíritu y la propia sangre de las metrópolis; dar la mano a pueblos atrasados, o mejor aún, extraños al movimiento general de la civilización; llevar, en una palabra, el genio propio a remotos países prodigando en ellos esfuerzos y sacrificios, y haciéndolos entrar por estos medios en la consideración, la simpatía y el respeto de los pueblos cultos, ¿cómo podría negarse a España el primer puesto entre las naciones colonizadoras?». Y más adelante añade: «A América llevamos en los siglos pasados, todo nuestro carácter y todo nuestro modo de vivir; llevamos cuanto aquí teníamos por bueno». Rafael M. de Labra, *La colonización en la historia*, Madrid, 1877, capítulo 13, tomo II, págs. 84 y 85.

artesanos para satisfacer las necesidades más premiosas de los colonos; pero en general desdeñaban la cultura agrícola y el ejercicio de las artes manuales, prefiriendo a todo la explotación de las minas en que esperaban hallar espléndidos beneficios mediante el trabajo forzado de los indios. Aquí, como en España, el espíritu militar de la mayoría de la población, y el desdén aristocrático por el trabajo industrial, eran causa de atraso y de empobrecimiento cuando no de alteraciones de la tranquilidad pública. Así, se ve a los gobernadores españoles, aun a los más sagaces e inteligentes, empeñados no en aumentar la población europea en las colonias, sino en disminuirla enviándola a lejanas expediciones o haciéndola volver a Europa por un motivo o por otro. Esto es lo que se llamaba «descargar» o «desaguar la tierra». El virrey del Perú, marqués de Cañete, se felicitaba en una de sus cartas al soberano de que aparte de la gente que enviaría a expediciones lejanas, iba a echar fuera de ese país «por lo menos más de 300 hombres». Y para demostrar al rey qué clase de gente era la que hacía falta en América, le agregaba más adelante: «Vuestra Majestad mande que gente llana, con sus herramientas y aderezos para labrar y sembrar, y no con armas para entrar en las batallas como hasta aquí, puedan pasar».[300] En efecto, consumada la conquista, América no necesitaba de capitanes y soldados, ni de hidalgos arrogantes, desdeñosos de los trabajos de la paz, sino de labradores e industriales.

Se comprende que bajo semejante estado de cosas, con una población diminuta y poco inclinada a los trabajos pacientes de la agricultura, con un comercio limitado y sometido a tantas trabas, las rentas de la Corona debían ser muy escasas. Lo eran en verdad; pero el rey reclamaba para sí la quinta parte de los metales preciosos sacados de las minas, o de las perlas cogidas en el mar, y del oro o joyas quitados a los indios en las expediciones militares. Este quinto, que llegó a ser muy considerable después de los descubrimientos de México y del Perú, formaba casi la única entrada que las nuevas conquistas proporcionaban al soberano a mediados del siglo XVI.

---

300 Carta de don Andrés Hurtado de Mendoza al rey de 3 de noviembre de 1556, publicada en la Colección de Torres de Mendoza, tomo IV, págs. 111-123.

5. Los reyes de España se apoderan con frecuencia de los tesoros de particulares que iban de las Indias; influencia de estas violencias en la colonización de América

Si los reyes se hubieran limitado a percibir el quinto de esos productos, no habrían hecho más que ejercer un derecho legítimo de soberanía. Pero envueltos en guerras interminables, y queriendo sostener un fastuoso tren para dar prestigio a su majestad, esas rentas legales se hacían nada; y Carlos V, primero, y Felipe II enseguida, recurrieron a medidas que importaban el más violento e injustificable despojo, y un daño enorme para los capitanes y soldados que dilataban sus dominios en el Nuevo Mundo. Por cédula de 17 de septiembre de 1538, Carlos V mandaba tomar en Sevilla todos los tesoros que hubiesen llegado en la última flota de las Indias, cualesquiera que fuesen sus dueños, para satisfacer, decía, las gravísimas necesidades de la guerra del turco. En esa ocasión se arrebataron a la esposa de Pedro de Valdivia 200.000 maravedises (cerca de 400 pesos de oro) que éste le enviaba del Perú para su sustento. Aunque el rey anunciaba allí que esas cantidades serían pagadas al cabo de seis años, la experiencia había enseñado a los españoles cómo se cubrían en esa época las deudas de la Corona.[301]

Estos actos siguieron repitiéndose bajo el reinado de Carlos V. Se había esperado que la elevación del nuevo soberano pondría término a estos vergonzosos expedientes que despojaban a los conquistadores y al comercio, del fruto de sus sacrificios y de su trabajo. Pero uno de los primeros actos de Felipe II reveló que no había nada que esperar de los reyes. En 1556 la flota de Indias había llevado a Sevilla cerca de 1.550 millones de maravedises, de los cuales solo 261 y uno pertenecían a la Corona, y los restantes a mercaderes, particulares y difuntos. Por orden de Felipe II, la princesa gobernadora escribió con fecha de 1 de marzo de 1557 a los oficiales de la Casa de Contratación lo que sigue: «Yo vos mando que luego que ésta recibáis, sin que haya dilación alguna deis y entreguéis a Hernán López del Campo, mi factor general, y a Francisco

---

301 En los libros copiadores de las provisiones reales de la administración de Indias, abundan las cédulas que demuestran la actividad que el soberano ponía en recoger el oro de América que por cualquier título creía pertenecerle. Sirva de ejemplo el siguiente extracto de una cédula de Madrid, de 21 de diciembre de 1539: «Que pues es llegado Hernán Ponce de León, que trae mucho oro del Perú, y entre ello 13.500 castellanos que debía a don Diego de Almagro, de quien el rey es heredero, deténgase todo».

de Vega en su nombre, todo el oro, y plata, y barras, y tejuelos, y monedas que hubieren quedado y al presente estuvieren en esa casa, así para mí como para mercaderes y pasajeros y de bienes de difuntos, sin descontar ni sacar cosa alguna para cumplir ni pagar cualesquiera cédulas y libranzas y otras cosas que os hayamos mandado pagar y cumplir por cualesquiera cédulas o libranzas». El rey, como de costumbre, debía dar a los particulares bonos o certificados por el dinero que se les quitaba, para pagarles más tarde sus valores.

Sin embargo, los mercaderes de Sevilla, influyentes y empeñosos, prefiriendo su oro a los bonos del rey, que no se les pagaban nunca, se hicieron entregar sus tesoros por los oficiales de la Casa de Contratación. Nada explica mejor el extravío del criterio moral de la monarquía absoluta que las quejas de los reyes por esta desobediencia. Felipe II la calificó de «atentado no solo contra la fortuna del soberano, sino contra su honor y su reputación», y a sus autores de «enemigos de su país». Pero el anciano Carlos V, asilado entonces en el monasterio de Yuste, fue más lejos todavía. Lleno de cólera escribió a su hija la princesa gobernadora para pedirle el más ejemplar castigo de los llamados culpables. «En verdad, le decía en carta de 1 de abril de 1557, si cuando lo supe yo tuviera salud, yo mismo fuera a Sevilla a ser pesquisidor de dónde esta bellaquería procedía, y pusiera a todos los de la Contratación en poste, y los tratara de manera que yo sacara a luz este negocio, y no lo hiciera por tela ordinaria de justicia, sino por lo que convenía por saber la verdad, y después por la misma juzgara los culpados, porque al mismo instante les tomara toda su hacienda y la vendiera, y a ellos les pusiera en parte donde ayunaran y pagaran la falta que habían hecho. Digo esto con cólera y con mucha causa.» En los despachos que hacía escribir al secretario de Estado, Carlos V, como si todavía fuera rey, le ordenaba la prisión de los denominados culpables y el secuestro de sus bienes. «En verdad, decía su secretario particular al transmitir estas órdenes, la indignación del Emperador es tan grande y me dicta expresiones marcadas de violencia tan sanguinaria, que me perdonaréis si mi lenguaje no es tan medido como debiera ser.»

El castigo de los infractores de aquella orden de despojo fue puntualmente ejecutado. Los funcionarios que habían cometido el delito de entregar a sus propios dueños el dinero que había llegado de las Indias, fueron destituidos de sus cargos y encerrados en la fortaleza de Simancas, donde uno de ellos murió víctima de los malos tratamientos que le había infligido el populacho. Sin embargo, toda la severidad desplegada por la Corte no alcanzó a obtener la devolución del dinero. Carlos V, temeroso de que el año siguiente los comerciantes de Sevilla repitiesen el mismo acto, redobló sus cartas a la princesa gobernadora para que se tomasen con anticipación todas las precauciones del caso. Tanto celo se puso, que se despachó una nave a las islas Azores a comunicar a la flota que venía de las Indias, las instrucciones bajo las cuales debía efectuar el desembarco del tesoro.[302] En 1557, la Corona entró en posesión de la remesa anual del oro que se enviaba de América.

Pero si estos vergonzosos expedientes suministraban valiosos auxilios al erario real, empobrecían al comercio y producían una violenta indignación. En 1558, cuando llegó a Sevilla la flota de las Indias, Carlos V acababa de morir, y Felipe II se hallaba en Flandes preocupado en la terminación de la paz con Francia, y en medio del múltiple duelo que le creaban la muerte de su padre, de su esposa, la reina de Inglaterra, y varias otras personas de su familia. La princesa gobernadora, no queriendo echar sobre sí la responsabilidad de un nuevo despojo, dispuso que el tesoro de las Indias fuese entregado ese año a sus verdaderos dueños. Justificando su conducta ante los ojos del rey, tuvo que explicar las razones que había tenido para dictar esta medida. Esas razones, consignadas en su correspondencia, eran simplemente «los grandes inconvenientes que de tomar y detener estos dineros resultan, y el agravio y gravísimo daño que se les hace (a los mercaderes y particulares), el cual sería en lo presente muy mayor porvenir sobre habérseles tomado tantas veces y tan gran suma, y estar los mercaderes tan quebrados, y las personas y vecinos de las Indias tan escandalizados, y en términos que sería acabarlos de destruir, principalmente no habiendo, como en efecto no hay, cómo satisfacerles y darles juros, por no los haber en ninguna manera, y que así sería tomarles su hacienda sin esperanza de la poder cobrar».[303]

---

302 Este incidente, que referimos en vista de los documentos, ha sido contado por los historiadores que, después de curiosas e importantes investigaciones, han podido rehacer la historia de los últimos años de la vida de Carlos V. Véase, entre otros, Prescott, *The life of Charles the fifth after his abdication, book III*, interesante estudio publicado como apéndice a su edición de la célebre obra de Robertson.

303 Carta en cifra de la princesa gobernadora a Felipe II, Valladolid, 17 de diciembre de 1558.

Por obvias que fueran las razones en que se apoyaba la princesa, y por grandes que fueran los daños que estos injustificables despojos irrogaban al comercio, Felipe II siguió usando este expediente cada vez que lo creía justificado por la situación siempre precaria del tesoro real. En 1570, las cortes reunidas en Córdoba, representaron enérgicamente al rey los males inmensos que se seguían de este sistema. Parece que entonces se puso límite a aquel escandaloso abuso; pero ya el comercio y la industria de España, heridos por todos lados, entraban en un período de decadencia de que no habría podido salvarlos sino un cambio radical en todo el sistema financiero, hecho en nombre de los principios de la libertad que nadie comprendía en esa época.

Los hechos que acabamos de referir, quizá con más extensión de la que conviene al asunto especial de nuestro libro, merecen, sin embargo, ser conocidos, y tienen una importancia capital en nuestra historia. Ellos explican las violencias con que Pedro de Valdivia se apoderaba del dinero de sus gobernados, y explicarán los hechos análogos de don García Hurtado de Mendoza que vamos a contar más adelante. Estos escandalosos despojos de los bienes acumulados con tanto trabajo por algunos de los conquistadores, tuvieron mucha influencia en la colonización de estos países. Hemos dicho que casi en su totalidad los capitanes de la conquista no pensaban en establecerse definitivamente en estos países. Querían hacer fortuna con la mayor rapidez posible y volverse a España a disfrutar de sus riquezas. Esto fue lo que sucedió en los primeros tiempos; pero desde que los reyes comenzaron a apoderarse arbitrariamente de los capitales que los conquistadores llevaban a la metrópoli, nació naturalmente la idea de establecerse para siempre en estos países y de fundar en ellos casas y familias que pasaron a ser el fundamento y la fuerza de las nuevas colonias. La emigración de los conquistadores o, más propiamente, su vuelta a España, fue casi insignificante desde que el gobierno de la metrópoli puso en ejercicio estas medidas con que los despojaba del dinero que habían acumulado.

6. Empeño de los reyes por incrementar las entradas que les producían las Indias; concesiones hechas a los encomenderos

de Chile, e instrucciones dadas a Alderete para aumentar el producto de las minas

Si apremiados por la escasez de dinero para hacer frente a tantas guerras y a tan urgentes gastos de representación, los reyes de España no trepidaban en recurrir a arbitrios que reprueban el honor y la moral, en la percepción de los impuestos legales, debían manifestar, como es fácil comprenderlo, el empeño más interesado y decidido, y no habían de detenerse ante consideración alguna para solicitar auxilios y donativos extraordinarios.

Los documentos que nos quedan revelan sobre este particular los hechos más curiosos. La emperatriz Isabel, esposa de Carlos V, no trepidaba en escribir a Francisco Pizarro una carta autógrafa para pedirle que le enviase esmeraldas del Perú.[304] En 1556, Felipe II anunciaba a los gobernadores de América su exaltación al trono de España. Al comunicárselo al virrey de México, le recomendaba que aprovechase «esta ocasión para pedir de nuestra parte a los españoles, vecinos, conquistadores y pobladores y otras personas que tuvieren comodidad y posibilidad, que nos ayuden sin hacerles premia ni torcedor». Con la misma fecha el rey despachaba a ese virreinato a un fraile de su confianza para que estimulase a los españoles y a los indios a contribuir con sus dineros a fin de que el donativo pedido fuese bueno, y de que llegase a España con toda brevedad.[305]

La recaudación de los impuestos en Indias estaba a cargo de los empleados del tesoro, u oficiales reales, cuyas funciones determinadas rigurosamente por la ley, los ponían en la obligación de dar la cuenta más estricta y escrupulosa, y los sometían a la más comprometente responsabilidad por cualquiera falta. A cargo de ellos estaban, como hemos dicho, las fundiciones del oro y de la

---

304 La carta contestación de Pizarro, de 28 de febrero de 1539, fue copiada por Muñoz, y se halla inserta en el tomo III, pág. 140 de la Colección de Torres de Mendoza. Pizarro enviaba a la Emperatriz seis esmeraldas, pero cuando éstas llegaron a España, aquélla acababa de morir.

305 Carta de Felipe II al virrey de México, Bruselas, 17 de junio de 1556, copiada por Muñoz e inserta por Torres de Mendoza en el tomo IV, pág. 403 de su Colección. En el tomo VI de esta misma Colección, págs. 554-560, hay una instrucción dada en Lima en 16 de julio de 1590 por don García Hurtado de Mendoza, entonces virrey del Perú, al oidor Alonso Maldonado de Torres para recoger en las provincias del interior «el servicio gracioso», esto es, uno de esos frecuentes donativos que el rey pedía a sus vasallos así indios como españoles de América. Es un documento valioso para apreciar esta faz de la historia financiera de las colonias del Nuevo Mundo.

plata; y en el momento de practicar esta operación debían apartar el quinto del rey. Los monarcas, sin embargo, además de los visitadores que solían enviar para someter a examen las operaciones de los oficiales reales, empleaban con frecuencia las misiones secretas o disimuladas que acostumbraban confiar a algunos eclesiásticos. En 1535 pasó a Lima don fray Tomás de Berlanza, obispo de Panamá, a arreglar las primeras diferencias que se habían suscitado entre Pizarro y Almagro por la limitación de sus gobernaciones. Ese prelado llevaba, además, el encargo profundamente reservado de levantar una información secreta para investigar cómo había sido administrada y beneficiada la hacienda real en el reparto de los cuantiosos tesoros que produjo la conquista y, en efecto levantó un largo proceso acerca del cual no dio conocimiento a Pizarro sino cuando, recogidas cavilosamente las declaraciones de muchos testigos, fue necesario oír los descargos del gobernador y de los guardadores del tesoro.[306] Don fray Vicente Valverde, primer obispo del Cuzco, tenía encargo reservado del rey de velar por la administración del tesoro real y de informar al soberano sobre todo lo que a este punto se refiriera.[307] El rey creía que estos agentes secretos, especie de espías de la codiciosa política de la Corte, defendían bien sus tesoros de la rapacidad verdadera o supuesta, o de los descuidos de sus propios empleados.

    La administración de la hacienda real en Chile estaba sometida a estos mismos principios, es decir, a buscar, antes que todo, en las nuevas colonias los recursos para satisfacer las grandes y premiosas necesidades de la corte de España. Pero Chile no era un país que ofreciera las expectativas de riqueza que habían hecho concebir México y el Perú. En Chile no había una población indígena que desde muchos siglos atrás hubiese extraído de la tierra y conservado en los templos, en los palacios y en los enterratorios las grandes cantidades de metales preciosos que desde los primeros días hicieron tan productiva la conquista de aquellos países. Así, pues, el arribo a España de Jerónimo de Alderete en los últimos meses de 1553, fue para los reyes una verdadera decepción. Después de doce años de guerra y de infinitas diligencias, Alderete llevaba

---

306 Este proceso, de alguna utilidad para la historia, ha sido publicado en la Coleccion citada de Torres de Mendoza, tomo X, págs. 237-332.
307 Véase la carta de este prelado al rey de 20 de marzo de 1539, documento importante de la colección de Muñoz, publicado por Torres de Mendoza en el tomo III, págs. 92-137.

apenas poco más de 60.000 pesos de oro, cantidad pequeña en comparación de los productos de otras colonias, y que en España pareció casi insignificante.

Esta primera impresión fue confirmada por los informes del mismo emisario que iba de Chile. Alderete tenía gran confianza en la riqueza futura de este país, pero demostraba que la guerra no había permitido explotar las minas, y que mantenía a los conquistadores en el estado más lastimoso de pobreza, cargados de deudas y con la expectativa de grandes trabajos para consumar la reducción del país. El príncipe gobernador, después de oír estos informes, hizo dos concesiones a los españoles de Chile. Mandó que no se les pudiera reducir a prisión por deudas, ni quitarles sus armas, sus caballos, tres de sus esclavos, sus casas, ni los muebles más indispensables para la vida.[308] Dispuso igualmente, en vista de las dificultades que era necesario vencer en el trabajo de las minas, que durante cinco años los encomenderos de Chile no pagasen a la Corona más que la décima parte de los productos que recogiesen en los lavaderos en vez del quinto a que estaban obligados. «Y cumplidos los dichos cinco años, agrega la cédula, se pagará el noveno, y así descendiendo en cada un año hasta llegar al quinto; pero del oro que hubiere de rescate y cabalgadas (campeadas), o en otra cualquier manera, desde luego habéis de cobrar el quinto de todo ello, y si hubiere oro de sepulturas habéis de cobrar el cuarto.»[309]

Pero el rey no perdía la esperanza de sacar de Chile mayores tesoros que los que hasta entonces había producido este país. Así, cuando nombraba a Alderete gobernador de Chile, en mayo de 1555, la princesa gobernadora le daba un pliego de instrucciones de lo que debía hacer al recibirse de su gobierno. Recomendábale el buen trato de los naturales; pero le encarecía sobre todo el mayor cuidado en el beneficio de las minas, «de manera que se ponga mucha diligencia en la labor de las dichas minas, lo más presto que se pueda; avisán-

---

308 Real cédula de 18 de marzo de 1554, publicada en el *Proceso de Valdivia*, págs. 338-339. Esta concesión, que no importaba sacrificio alguno a la Corona, había sido empeñosamente solicitada por los cabildos de Chile, y era la repetición de excepciones análogas decretadas en favor de los conquistadores del Perú y de otras provincias. Alderete había solicitado también que el rey confirmase los nombramientos de regidores perpetuos de los cabildos de Chile que había hecho Valdivia; pero como cada uno de los nombrados debía pagar a la Corona el precio en que se vendían esos cargos, el príncipe don Felipe, por cédula de 9 de marzo de 1554, acordó solo conceder a los interesados un plazo de cuatro años para que hicieran sus gestiones, esto es, para que efectuaran el pago.
309 Real cédula de 21 de febrero de 1554.

dome de lo que en ello hiciéredes, y proveyendo que todo el provecho que de ellas se pudiere haber y sacar, venga a estos reinos con la mayor presteza que se pueda, para ayuda a las necesidades que, como veis, tengo. Y también tendréis cuidado de saber si en aquellas provincias habrá otras algunas cosas de que se pueda sacar provecho para socorro de mis necesidades».[310] Según el espíritu de éste y de los demás documentos que versan sobre la misma materia, los mejores gobernadores de las provincias americanas, eran los que procuraban más oro para el erario real.

7. Administración financiera de don García; los ingentes gastos de la guerra le impiden enviar a España socorros de dinero

Desde este punto de vista, don García Hurtado de Mendoza fue un mal gobernador, porque no satisfizo las aspiraciones y deseos de la corte de España. En nombre del servicio público y de los intereses de la conquista y de la pacificación del país, gastó sumas considerables del tesoro de los reyes y no envió a la metrópoli los auxilios y socorros que se pedían con tanta urgencia.

Como se recordará, las conquistas se hacían en América por cuenta y riesgo de los conquistadores. El rey o sus delegados, en su carácter de propietarios titulares de todo el territorio de las Indias en virtud de la donación del papa, les daban una patente o autorización para conquistar, en que se les reconocía el derecho de gobernar y de explotar las provincias que hubiesen sometido; pero los conquistadores no solo debían arriesgar sus personas sino también hacer los gastos de la empresa, reconocer la soberanía del rey y repartir con éste los productos. Los monarcas españoles habían inventado el sistema más barato y más fructífero de conquista; y, sin embargo, siempre hallaron capitanes que, halagados con la esperanza de enriquecerse en poco tiempo, se disputaban esas concesiones. Solo cuando la conquista estaba consumada, solía el rey asignar a los gobernadores una renta que debía pagar el tesoro.

El marqués de Cañete, virrey del Perú, teniendo que atender a la conquista de Chile, se apartó por completo de estas prácticas. Al disponer la expedición de don García, quiso que todos los gastos de la empresa fuesen hechos por la

---
310 Estas instrucciones han sido publicadas por Torres de Mendoza en el tomo VII, págs. 346-437 de su Colección citada.

hacienda real.³¹¹ En vez de la renta de 2.000 pesos que el rey había asignado a Valdivia y a Alderete con el cargo de gobernador, el virrey fijó a su hijo un sueldo de 20.000 pesos.³¹² En el equipo de las tropas, en la compra de caballos, armas y municiones, y en la dotación de los frailes que debían acompañar a don García, gastó también el virrey sumas considerables. Aparte de esto, el gobernador quiso traer un copioso surtido de ropa y de chaquiras para obsequiar a los indios, y todos estos objetos, que entonces tenían un valor subido en el Perú, fueron pagados por el tesoro real. El virrey, además, creyendo que en Chile no hubiera disponible dinero para los gastos de la guerra, resolvió que don García trajese algunas sumas; y, por una combinación que probablemente surtió buenos resultados, pero que también dio origen a las más graves inculpaciones, ese dinero fue invertido en artículos de comercio para ser vendidos en Chile. Para cubrir estos gastos, las cajas reales de Lima tuvieron que desembolsar más de 38.000 pesos de oro.³¹³ El equipaje personal de don García, sus lujosos vestidos, su suntuosa vajilla de plata labrada, fueron costeados con su propio peculio.

Desde que el gobernador llegó a La Serena, comenzó a disponer de los pocos fondos que allí tenían reunidos los tesoreros del rey. La imperiosa voluntad de don García no se sujetaba a las formas legales ni a consideración alguna. Bastábale creer que un gasto estaba autorizado por las necesidades

---

311 Informe de la real audiencia de Lima sobre los servicios de don García, de 21 de agosto de 1561.
312 El virrey, en carta al rey de 15 de septiembre de 1556, le dice lo siguiente: «Porque el salario que Vuestra Majestad señaló a Alderete fue teniendo respeto a que tenía indios en la gobernación, que no era pequeño inconveniente, y éstos le valían mucho, y don García no los ha de tener, se le acrecentó a 12.000 pesos, porque aun con esto queda duda si se podrá sustentar, y certifico a Vuestra Majestad que si fuera con otro, me parece que me alargaría a más». El virrey, sin embargo, se alargó a más, y mandó que a su hijo se le pagaran 20.000 pesos cada año, según aparece del proceso de residencia.
El cronista Góngora Marmolejo, que también dice que el sueldo de don García era de 20.000 pesos, refiere en el capítulo 32 que el gobernador no cobraba esta renta que el tesoro de Chile no habría podido pagarle. Este hecho es inexacto, porque como se ve en el proceso citado, el gobernador se hacía pagar puntualmente. Lo que hay de cierto es que don García vivía con el boato de príncipe, que gastaba su sueldo y el dinero de su familia, y que era muy desprendido para socorrer a sus parciales y servidores. Estos hábitos ostentosos y de largueza para gastar, eran comunes a casi todos los grandes señores españoles de esa época.
313 Proceso de residencia de don García, art. n.º 110.

de la guerra o de la administración, para que lo decretase y lo hiciese ejecutar. Al prepararse para abrir la campaña del sur, dispuso, como se recordará, que su caballería marchase por tierra, y que unida a los refuerzos que pudieran juntarse en Santiago, fuera a reunírsele a Concepción. Estos aprestos exigían desembolsos de dinero; y era de temerse que los oficiales reales de Santiago se negaran a entregarlo. La ley autorizaba a esos funcionarios a desobedecer en estos casos, haciéndolos personalmente responsables por cualquiera entrega de fondos que no estuviese estrictamente arreglada a las ordenanzas dictadas por el rey. Para evitar toda resistencia a sus mandatos, don García, como contamos en otra parte, nombró juez de cuentas al capitán Jerónimo de Villegas, y mandó que los tres oficiales reales marchasen al sur a prestar sus servicios en el ejército.[314]

Estas medidas violentas allanaron las dificultades. El capitán Villegas sacó todo el oro que había en las cajas reales; y los tesoreros provisorios que puso, no se atrevieron a rechazar en adelante ninguna orden de pago dictada por el gobernador. «Libraba en la caja real lo que le parecía, a lo cual por los oficiales no se osaba replicar ni pedir lo que convenía a la real hacienda. Los gastos que el dicho don García dice que se hicieron en la guerra de los indios, fue sin orden de oficiales, porque no había más razón de librar el dicho gobernador por las razones que a él le parecían, y los oficiales dar el oro.»[315] Durante más de dos años, el gobernador dispuso libremente y sin contrapeso alguno del tesoro real para todos los gastos de la guerra, para premiar a sus servidores, para la construcción de iglesias y para cubrir las pensiones a los clérigos y frailes que formaban su séquito.

Pero este orden de cosas no podía durar indefinidamente bajo el régimen de fiscalismo que el rey había implantado en América. Cuando la audiencia de Lima tuvo noticias de estos hechos, trató de ponerles término resueltamente. Se sabía entonces que el marqués de Cañete estaba en desgracia en la Corte, y que un nuevo virrey venía de España a reemplazarlo en el mando del Perú. La Audiencia avisó a los oficiales reales de Chile que el gobernador no tenía

---

314 Véase el capítulo 16 § 4.
315 Carta de los oficiales reales de Santiago a Felipe II, de 6 de diciembre de 1559. Firman esta carta: Juan Fernández Alderete, Arnao Segarra y Ponce de León y Francisco Álvarez. Los hechos denunciados están comprobados en el proceso de residencia de don García, con las cifras de los gastos.

facultad para disponer de los dineros de la real hacienda y que, por tanto, esos funcionarios debían no solo poner atajo a tales gastos sino tomar cuenta estricta por los que se habían hecho anteriormente. Este mandato venía a crear los mayores problemas a don García, desprestigiando su autoridad y sometiendo sus actos a un juicio que lastimaba su orgullo, y que lo comprometía ante el rey.

Parece que Villegas se había conducido con poca delicadeza en la gestión de estos negocios. Después de tomar el dinero de las cajas reales, había partido para el sur en 1557, había repoblado Concepción, y quedó mandando en esta ciudad durante dos años. Riñó con el gobernador porque éste no le daba los repartimientos a que se creía merecedor; y don García lo mandó trasladarse a Santiago y someterlo a juicio. Sobre él pesaba, además, la responsabilidad directa por la mayor parte de los gastos hechos, por cuanto era él quien había tomado el oro de las arcas reales y quien había recibido el valor de las libranzas giradas por don García a favor de algunos particulares, y que Villegas había comprado a sus dueños por un precio inferior. Los oficiales reales se dirigieron contra él; pidieron la entrega de los libros de la real hacienda y la exhibición de los títulos en virtud de los cuales había intervenido en estos asuntos. Amenazado por este proceso, Villegas pensó en irse al Perú, sin duda, a buscar el amparo del virrey; pero arraigado por los oficiales reales, «se escondió y huyó. Y hanse hecho todas las diligencias posibles para le hallar, dicen esos funcionarios, y hasta ahora no ha parecido».[316] Todos estos incidentes formaban una situación llena de complicaciones para don García.

De antemano había comprendido el gobernador los inconvenientes de esta situación, y sobre todo el desprestigio que debía acarrearle ante el rey la circunstancia de no haber enviado durante su gobierno ninguna remesa de oro para la Corona. A mediados de 1559, trataba de justificarse de esta grave omisión. «Yo he tenido grandísimo deseo de enviar a Su Majestad algún socorro para ayuda a los grandes y continuos gastos que se ofrecen, escribía don

---

316 Carta citada de los oficiales reales a Felipe II. Un documento de fecha posterior nos da a conocer el triste fin del capitán Villegas. Como el rey seguía recomendando a sus tesoreros la cobranza de cuanto dinero se debía al tesoro real, los oficiales de Santiago le decían en carta de 3 de septiembre de 1564, entre otras muchas cosas, lo siguiente: «En los 682 pesos de García Díaz, parece haberlos pagado por libranzas de don García, y mandamiento de Jerónimo de Villegas que, como juez de cuentas, se tuvo el alcance, y se obligó a ello, y parece que el Villegas será obligado a pagarlos. El cual se tornó loco y salió un día de la Concepción a escondidas solo, y nunca más pareció y no dejó bienes ningunos».

García al Consejo de Indias; y lo he procurado hacer por todas las vías a mis posibles. No se ha podido juntar ninguna cosa, porque con algunos gastos que se han ofrecido en la población y pacificación y estar los naturales y españoles sin comidas, no se ha podido en estos dos años que ha que yo entré más que asentarlos y hacer sementeras y casas y heredades en los pueblos de españoles y en ponerles la demora pasada para esta que entra de aquí a dos meses, (lo) que acá no se tiene por poco según que en las tierras nuevas se suele tardar en venir a hacer esto. Y también los quintos y rentas de Su Majestad después que yo entré en este reino valen la mitad menos por haber Su Majestad hecho merced a los vecinos de ella que como quintaban el oro lo diezmasen por cinco años, y otros cinco adelante lo fuesen bajando al noveno y octavo hasta llegar a dejarlo en el quinto. De esta demora adelante enviaré siempre a Su Majestad la más cantidad que fuese posible, sin que acá se retenga ninguna cosa, porque como está hecha la pacificación y población ha más de siete meses, que ni en sustento ni en otras cosas no gasto un peso de la hacienda real, ni le gastaré si solo en pagar clérigos y sacristanes y proveer de vino y cera a las iglesias a cuentas de los diezmos de ellas.»[317] El gobernador no decía toda la verdad en estas comunicaciones porque no estaba en su interés el especificar los costos de la guerra que él había dirigido, y que según los documentos contemporáneos pasaban de 200.000 pesos. Pero se lisonjeaba con la ilusión de que el territorio chileno quedaba pacificado para siempre y sometidos definitivamente los indomables indios araucanos. Don García creía leal y confiadamente que en pocos años más, Chile sería una de las colonias más ricas y florecientes del rey de España, y que podría suministrar cuantiosos tesoros a la Corona. Entonces mismo se hablaba de nuevos descubrimientos de terrenos auríferos al norte de Santiago, en el valle de Choapa, en las ciudades del sur y en varios otros puntos del territorio. Todos soñaban que iban a entrar en una era de prosperidad y de abundancia de metales preciosos.

---

317 Carta de don García al Consejo de Indias, Arauco, 30 de agosto de 1559. Poco antes que don García se recibiese del mando había partido para el Perú el capitán Pedro de Villagrán llevando una remesa de oro que enviaban al rey los tesoreros de Santiago. Los documentos que tengo a la vista no expresan el monto de esa suma; pero grande o pequeña, ella era un mal antecedente para el nuevo gobernador que no pudo hacer otras remesas análogas durante el tiempo de su administración. En el proceso de residencia de don García se dice, art. 96, que éste tuvo gran pesar al saber que bajo el gobierno de su antecesor se había enviado ese dinero a España.

8. Imposición de donativos forzosos a los encomenderos y comerciantes; vida ostentosa del gobernador y su pobreza al dejar el mando

Don García no miró con más respeto la fortuna de los particulares. En este punto el gobernador profesaba los mismos principios que los reyes de España; y cada vez que creyó que la guerra o los intereses públicos exigían una requisición o un despojo, los decretó con la más imperturbable tranquilidad. En Santiago y en el sur, él y sus capitanes exigieron como contribución de guerra considerables donativos: de trigo, de maíz, de ganado de cerda y de caballos. Las cantidades recolectadas con este objetivo revelan cómo, a pesar de los constantes trabajos de la guerra y la poca afición de los conquistadores por las laboriosas faenas de la agricultura, el suelo feraz de Chile había correspondido a los primeros cultivos.[318]

Estas contribuciones pesaban sobre los encomenderos, y podían ser consideradas como una simple retribución por los repartimientos de tierras y de indios que se les habían dado. Pero don García no se detuvo allí. Cuando necesitó más oro que el que había en la caja real o los artículos de comercio que habían importado a Chile algunos mercaderes, no vaciló en quitárselos por medio de la violencia. Nosotros, dicen los oficiales reales de Santiago, «veíamos que por su mandado, el teniente gobernador, Pedro de Mesa, tomaba las llaves de las tiendas a los mercaderes, y les tomaba sus haciendas y mercaderías, echándolos presos y agravándoles las prisiones si no se las querían dar».[319] Se

---

318 En el proceso de residencia de don García se detallan todas estas contribuciones por las cuales se le hacían cargos.
319 Carta citada de los oficiales reales de 6 de diciembre de 1559. El hecho referido en el texto con las breves palabras de este documento está, además, consignado en el proceso de residencia con mucha más extensión, en la forma siguiente: «169. Ítem. Se le hace cargo al dicho don García de Mendoza que para librar y sacar de la caja real lo que quiso, tenía y puso por teniente al dicho comendador Pedro de Mesa a quien dio poder para que librase en su nombre en la caja real como está dicho, demás de la cantidad contenida, por mandado del dicho don García. El dicho Pedro de Mesa prendió y tuvo presos en esta ciudad la mayor parte de los mercaderes que fueron Pablo Serna, Alonso de Escobar, Alonso Niño, Blas Álvarez, Juanes de Mortado Camporrey, Esteban de Noli, Francisco Luis, Juan Ruiz, Martín Gutiérrez, Bartolomé de Medina, Bartolomé del Cabo y otros muchos, y les tomaron las llaves de sus tiendas, y en efecto contra su voluntad les tomaron sus haciendas y les llevaron a la cárcel y les tomaron las mercaderías en más de 15.000 pesos, y no se los han pagado. Todo lo cual permitió y mandó el dicho don García, so color que eran para la

estiman en más de 15.000 pesos de oro las cantidades obtenidas de esta manera, suma enorme si se considera la pobreza del reducido y miserable comercio de Chile en esa época.

Pero en lo que demostró el gobernador menos respeto por la fortuna de los particulares, fue en la distribución y en la reforma de los repartimientos. Legalmente, don García, que no tenía un nombramiento directo del rey, carecía de atribuciones especiales para entender en estos asuntos. Sin embargo, la arrogancia orgullosa de su carácter y el deseo de premiar a sus servidores, lo llevó no solo a dar nuevos repartimientos a muchos de los capitanes que había traído del Perú sino a quitar los que tenían algunos de los viejos conquistadores para favorecer con ellos a sus parciales. El gobernador y sus panegiristas han dicho que en esta distribución procedía movido por un sentimiento de la más estricta justicia, premiando no la antigüedad sino el mérito verdadero, y con el acuerdo de personas graves y de los frailes y clérigos de quienes se aconsejaba en los asuntos de gobierno. Lo cierto es, sin embargo, que esas medidas, con que lastimaba los intereses de antiguos soldados, para favorecer a sus adeptos, produjeron una gran perturbación en la colonia, y provocaron en el mismo ejército quejas y murmuraciones que pudieron tomar un carácter de sedición.[320] Llegó a tal punto el desdén de don García por los caudillos y soldados que habían comenzado la conquista, que la infeliz viuda de Pedro de Valdivia, aunque amparada por una cédula del rey para entrar en posesión de los repartimientos que fueron de su esposo, se vio desatendida en sus legítimas pretensiones, y tuvo que recurrir de nuevo a la Corte para pedir reparación.[321] Don García, por lo demás, como hemos referido, no había disimulado su altanero desprecio por la mayor parte de los viejos compañeros de Villagrán y de Valdivia.

---

gente que iba con él. Y con aquellas mercaderías les pagaba los salarios, y otras cosas que libraba en la caja».

320 Los hechos que sobre este punto consignan las crónicas de Mariño de Lobera y de Góngora Marmolejo, y que hemos dado a conocer, están latamente ampliados en el proceso de residencia de don García, donde se da cuenta detallada de los favorecidos y de los perjudicados.

321 Véase el *Proceso de Valdivia*, págs. 327 y 328. Los agravios inferidos por don García a doña Marina Ortiz de Gaete están consignados, además, en varios pasajes del proceso de residencia tantas veces citado, particularmente en los núms. 126 y 128.

Estos despojos arbitrarios, este favoritismo en el reparto de los beneficios de la conquista, habían de acarrear más tarde a don García las más tremendas acusaciones. Los damnificados y los ofendidos dijeron que el gobernador había introducido en la administración la más espantosa inmoralidad, que daba mejores repartimientos al que le pagaba más dinero, que se guardaba el producto de los donativos y de las contribuciones de guerra, y que disponía del tesoro real y de los bienes de los particulares en provecho suyo y de sus parciales y allegados, incluso su hermano natural don Felipe de Mendoza. Nosotros no hemos hallado la comprobación precisa de esas acusaciones. Hemos reconocido en don García un mandatario violento, arrebatado, autoritario, dispuesto a imponer sobre todo su voluntad, sin miramiento por los hombres ni por las formas legales a que debía sujetarse. Pero no hemos encontrado en él al traficante indigno de los favores que podía dispensar.

Don García había introducido en torno suyo esos hábitos de lujo, de ostentación y de derroche de la nobleza castellana del siglo XVI, que pretendía competir con el fausto de los reyes. Su renta de 20.000 pesos anuales que le pagaban las cajas reales, lo que le producían los valiosos repartimientos de tierras y de indios que su padre le asignó en el Perú, y los auxilios pecuniarios que le enviaba su familia, todo era gastado por él en la especie de Corte que había formado a su alrededor, y en socorrer largamente a muchos de sus servidores. No era extraño que quien disponía pródigamente de lo suyo, gastase también sin miramiento la hacienda real cuando creía que esos gastos redundaban en provecho de la conquista, en premio de los hombres que creía buenos servidores o en pagar frailes y clérigos por los cuales tenía tan gran veneración. Menos extraño es todavía que al terminar su gobierno se encontrase escaso de recursos, no solo sin una fortuna propia sino cargado de deudas.

En efecto, desde mediados de 1559, ya don García representaba al rey su pobreza, y reclamaba los mismos premios que pedía el vulgo de los conquistadores, es decir, los hidalgos pobres o los oscuros aventureros que después de grandes sacrificios no habían podido enriquecerse en las Indias. «Con los grandes gastos que hice en caballos y armas y cosas para esta jornada y con los socorros que ha sido necesario hacer a los soldados de esta tierra y otros muchos que no se han podido excusar, escribía al Consejo de Indias, he gastado de más del salario que con el cargo se me señaló, más de 30.000 castellanos que debo a personas particulares en esta tierra y en Perú, sin otros muchos que cada día me voy empeñando por servir a Su Majestad, y sustentar esta tierra, sin que de todo ello me hayan quedado ni unos manteles en que comer. Y por ser todo hecho en servicio de Su Majestad y pensar que el marqués de Cañete, mi padre, lo pagará de su hacienda por mí, lo daba por bien empleado. Y ahora con la merced y favor que Su Majestad le ha hecho de darle licencia para irse a su casa y (por) hallarse con alguna necesidad, no acude a la mía, y quedo en esta tierra cargado de deudas, y sin remedio de poderlas pagar, ni entretenerme ni poder salir de estas partes a suplicar a Su Majestad me haga merced. Suplico a Vuestra Señoría que pues por mi persona y servicios no merezco menos que los demás a quien Su Majestad la hace cada día, me haga merced de conceder a lo que de mi parte se le suplicare que con ello podré mejor servir a Su Majestad que con la proveza que ahora tengo. Y los servicios hechos por mi padre en el Perú y los míos y de nuestros pasados que siempre han hecho y haremos a la corona real de España, son dignos de remuneración con que pueda pasar conforme a mi calidad.»[322] Más tarde, sus exigencias eran más premiosas todavía.

9. Al saber la muerte de su padre, don García se marcha al Perú. Sus trabajos para comprobar sus servicios y para obtener la remuneración a que se creía merecedor

Hemos dicho en el capítulo anterior que desde mediados de 1560 estaba don García listo para partir al Perú. Las noticias que recibió antes de fines de ese año vinieron a confirmarlo en esta determinación. Supo primero que Felipe II había nombrado virrey del Perú a don Diego López de Zúñiga, conde de Nieva, y que éste debía llegar en breve a hacerse cargo del gobierno. Algunos meses más tarde, probablemente en enero de 1561, recibió una noticia más grave todavía. Su padre, el marqués de Cañete había fallecido en Lima.[323] Esta noticia, aparte

---

322 Carta de don García, de 30 de agosto de 1559.
323 La crónica de Mariño de Lobera, libro II, capítulo 13; Suárez de Figueroa en sus *Hechos de don García*, libro III y Garcilaso de la Vega, en la II parte de los *Comentarios reales del Perú*, libro VIII, capítulo 15, dicen que Hurtado de Mendoza supo en Chile la muerte de su padre, y que esta noticia lo determinó a apresurar su viaje al Perú, pero ninguno de ellos fija expresamente la época de la muerte del virrey. Mientras tanto, la generalidad de las cronologías de los virreyes del Perú, la que insertaron don Jorge Juan y don Antonio de Ulloa, al fin de su célebre *Relación histórica del viaje*, etc., la de don Cosme Bueno al frente de su *Descripción del arzobispado de Lima*; y todas las que se han publicado posteriormente

del natural sentimiento que debía producirle la pérdida de su padre, le hizo comprender que le faltaba la poderosa protección que aquel alto funcionario habría podido dispensarle. Don García no quiso permanecer más largo tiempo en Chile, desde que su situación comenzaba a hacerse embarazosa. Francisco de Villagrán, nombrado por el rey para sucederle en el gobierno, podía volver a Chile de un día a otro; y era de temerse que queriendo vengarse de los ultrajes que había recibido, infiriese a don García desaires y ofensas que serían muy aplaudidas por todos los que quedaban descontentos. El gobernador, que tenía la más triste idea del carácter y de los sentimientos de la mayor parte de los capitanes de la conquista, no quiso exponerse a ser víctima de sus venganzas. Su orgullo aristocrático no podía someterse a soportar tales humillaciones de los mismos hombres a quienes había tratado con el más altanero desprecio.

Para sustraerse a este peligro, el gobernador dispuso su partida con toda reserva. A fines de enero de 1561 salió de Santiago a visitar las faenas de lavaderos de oro que los españoles tenían establecidas en Quillota. Desde allí comunicó al Cabildo de la capital, con fecha de 3 de febrero, que se marchaba al Perú, y que, en virtud de un nombramiento que él mismo había firmado en

---

en ese país, dicen que el marqués de Cañete murió en 1561. El ilustrado escritor peruano don Manuel de Mendiburu ha determinado más precisamente esta fecha diciendo en su *Diccionario histórico biográfico del Perú*, tomo IV, pág. 298, que el virrey falleció en Lima el 30 de marzo de 1561.

Si esto fuera cierto, don García habría partido de Chile antes de que hubiese ocurrido la muerte de su padre, lo que agravaría más aún su desobediencia a las órdenes de Felipe II, que le mandaba esperar en Chile a su sucesor. Pero es lo cierto que los tres historiadores que hemos citado al principio de esta nota, están en la verdad, esto es, que don García supo en Santiago la muerte del virrey y que esta noticia lo determinó a acelerar su viaje al Perú.

En el Archivo de Indias de Sevilla, encontré un codicilo otorgado en Lima por don Andrés Hurtado de Mendoza, marqués de Cañete y virrey del Perú, el «sábado a las dos horas poco más o menos antes del alba, 14 de septiembre de 1560». En este codicilo nombra sus ejecutores testamentarios, el primero de los cuales es el conde de Nieva, que aún no había llegado a Lima. Creo que el virrey, que desde principios del mes estaba gravemente enfermo, murió ese mismo día o muy poco después. El 14 de noviembre de ese mismo año, los albaceas del virrey daban un poder a ciertos procuradores para seguir las gestiones judiciales, y allí no se le nombra sin agregar la cláusula «ya difunto». La noticia de su fallecimiento debió llegar a Chile en diciembre de 1560 o en enero de 1561.

El *Nobiliario genealógico de los reyes y títulos de España*, por Alonso López de Haro, Madrid, 1622, contiene en el segundo tomo una extensa reseña de la casa de los marqueses de Cañete formada sobre los papeles de familia. Allí dice (p. 354) que don Andrés Hurtado de Mendoza falleció en Lima en 1560; y ésta es la verdad.

junio del año anterior, el capitán Rodrigo de Quiroga debía tomar el mando de toda la provincia hasta que llegase el gobernador nombrado por el rey. Hurtado de Mendoza se trasladó enseguida al puerto que ahora se conoce con el nombre de Papudo. Había allí un buque pequeño, propiedad de Pascual de los Ríos, encomendero de La Ligua. El gobernador, acompañado por algunos servidores de confianza, tomó posesión de ese barco y mandó soltar velas para el Callao. Al partir, dejó una orden para que un comerciante de Santiago pagase 800 pesos de oro al dueño de la embarcación.[324]

Al marcharse de Chile de esta manera, Hurtado de Mendoza desobedecía expresamente la real cédula de Felipe II, que hemos dejado copiada en el capítulo anterior. No había esperado a su sucesor para entregarle el mando, como lo quería el rey; y si esta falta podía estar justificada por la inesperada muerte de su padre, su desobediencia era menos explicable en los otros puntos. Don García, en efecto, no dejaba fiadores que respondiesen por los cargos que contra él pudieran resultar en el juicio de residencia. Al partir, parecía protestar altamente contra tales procedimientos. La arrogancia natural de su carácter y de su alcurnia no le permitían someterse a juicio ante los oscuros letrados de esta pobre colonia. Creía, además, que la importancia de sus servicios era tan evidente, que todas las malas pasiones de sus acusadores no podrían oscurecerla. Confiaba sobre todo en que en España el prestigio y los antecedentes de su familia acallarían en todo caso cualesquiera quejas que se formulasen en América.

Llegado al Perú, don García se ocupó ante todo en justificar su conducta. Escribió o, más propiamente, hizo escribir por alguna persona más versada que él en esta clase de trabajos, un memorial al rey que contiene una reseña sumaria, pero muy bien hecha de su gobierno. Enumera allí sus servicios, y concluye

---

324 La partida precipitada de don García fue motivo de las más graves acusaciones en el proceso de residencia, y el juez de la causa le puso «culpa gravísima» por esta falta. He aquí uno de los cargos: «133. Ítem. Se le hace cargo al dicho don García que para irse de este reino tomó por fuerza a Pascual de los Ríos, vecino de esta ciudad de Santiago, un barco que tenía en La Ligua, donde tiene sus indios, y se fue con él. Y valiendo 2.000 pesos, no le quiso pagar sino 800 pesos, los cuales le mandó pagar en ropas en la tienda de Pedro Navarro, do tiene e tuvo su contratación. Y mandó a Bautista Ventura, su mayordomo, que tomase en sí el dicho barco y lo pagase, en lo cual de más del daño particular, fue gran perjuicio para este reino tomar el dicho barco, porque se proveían la mayor parte dél con el dicho barco». El juez de la causa resolvió que seis días después de notificada la sentencia, pagase don García otros 1.200 pesos de oro a Pascual de los Ríos.

con estas palabras: «De manera que con estas cosas se pacificó toda la tierra de Chile y se puso sacramento en las iglesias, que nunca lo había habido, y se fundaron muchos monasterios y hospitales, y iglesias, y con la gran diligencia que hice poner se han descubierto muchas minas las cuales labran los indios con gran contentamiento, y viendo que se les paga su trabajo con la orden que puse en sus tasas; y así comienzan a estar ricos y contentos; y los españoles ni más ni menos. Y, finalmente, de la tierra más pobre y perdida de las Indias, y de la gente más descontenta y sin esperanza de remedio, está ahora al presente una de las buenas de ella, y cada día irán en crecimiento. En la cual dicha jornada, demás de los trabajos que he pasado, he gastado más de 140.000 pesos, todos en servicio de Su Majestad y de ellos debo más de 60.000».[325] No podía presentarse un cuadro más lisonjero de los resultados de la administración de Hurtado de Mendoza, ni más halagüeño para el rey de España. Desgraciadamente, distaba mucho de ser la copia fiel del original. Ni Chile quedaba pacificado ni las riquezas de que allí se hablaba eran reales y efectivas. El tiempo se encargó en breve de desvanecer las ilusiones que hicieron concebir los informes de don García.

Comprendiendo que esta reseña de sus servicios, como hecha por él mismo, podía infundir alguna desconfianza, quiso, además, presentar en su favor otras pruebas más convincentes. A petición suya, la real audiencia de Lima levantó una información o probanza a que fueron llamadas a declarar muchas personas que, como testigos o por noticias seguras, estaban al corriente de la campaña de Chile y de los sucesos de la administración de don García. Parece que todos los testimonios recogidos le eran altamente favorables, y que en esta ocasión no se formuló ninguna queja contra su conducta. La Real Audiencia, al remitir esa información al rey en 21 de agosto de 1561, hizo, en virtud de los hechos que aparecían comprobados, un resumen compendioso si bien lleno de noticias, que constituye el documento más honorífico para Hurtado de Mendoza, pero que, sin embargo, no revela más que una faz de su gobierno.[326]

---

325 Este importante memorial se conserva original en el Archivo de Indias, de donde saqué la copia que he utilizado. Don Miguel L. Amunátegui, sirviéndose de otra copia que hizo tomar en dicho archivo don Benjamín Vicuña Mackenna, lo ha publicado íntegro en las págs. 357-361, del tomo I de *La cuestión de límites entre Chile y la República Argentina*.

326 La información de los servicios de don García Hurtado de Mendoza, levantada en agosto de 1561 por la audiencia de Lima, debía ser un documento histórico de verdadero interés que, sin duda, habría explicado muchos sucesos de su administración. Desgraciadamente

Estas informaciones no tenían por único objetivo el satisfacer un sentimiento de simple vanidad, o el deseo de desvirtuar los cargos que pudieran formularse contra su conducta. Don García buscaba, además, algo más positivo que eso; y como el mayor número de los conquistadores, solicitaba la gratificación pecuniaria de sus servicios. El virrey, su padre, le había asignado en el Perú los valiosos repartimientos de Callapa, Hayo-Hayo, Chuquicota y Machaca (situados en los distritos de Arequipa y del Cuzco) que debían producirle una renta anual de 20.000 pesos. El nuevo virrey, conde de Nieva, había anulado las concesiones hechas por su antecesor. Don García, perjudicado por esta resolución, pretendía que se le dejara en el goce de aquellos repartimientos, y para ello hacía valer sus servicios en las campañas de Chile. «En todo lo cual, decía con este motivo, yo trabajé y gasté mucho, de manera que consumí en aquella tierra más de 150.000 pesos. Y porque yo soy una de las personas beneméritas, y en quien puede caber la merced que se me hizo, y la que Vuestra Alteza fuere servido de hacerme, con que me pueda sustentar y pagar mis deudas, a Vuestra Alteza suplico sea servido de declarar no deberse entender conmigo el dicho auto; y si fuere necesario, de nuevo me haga merced o confirmación de los dichos indios, pues para ello tengo calidad y méritos.»[327] A pesar de estas representaciones, don García se volvía a España a principios de 1562 sin haber obtenido la confirmación de los repartimientos que le había dado su padre.

10. Juicio de residencia seguido en Chile contra don García Hurtado de Mendoza; el rey aprueba su conducta. Noticias acerca del licenciado Hernando de Santillán (nota)

Mientras tanto, se seguía en Chile el juicio de residencia según los antiguos usos jurídicos de España. Los mandatarios españoles, fueran virreyes, gobernadores o simples corregidores de las provincias o de los pueblos, estaban obligados a respetar las leyes o fueros, absteniéndose de toda violencia o extorsión, y debían al terminar su gobierno, contestar en juicio a todas las acusaciones

---

parece perdido o, al menos, no pude descubrirlo en los archivos de Indias. Existe sí el informe de la Real Audiencia con que fue acompañado aquel expediente. Fue publicado por Suárez de Figueroa en el libro III de sus *Hechos de don García*, y se registra, además, en el tomo I de los *Documentos* de Gay, que lo creía inédito, como ya dijimos en otra nota.

327 Este memorial de don García ha sido publicado por don Miguel L. Amunátegui en las págs. 355-357 del tomo I de *La cuestión de límites*.

que les hicieren los que se creyesen ofendidos.[328] Los reyes habían querido que esta práctica se introdujese en las Indias, no solo como una garantía en favor de sus vasallos sino como una salvaguardia de los derechos de la Corona, puesto que las acusaciones podían recaer sobre toda clase de faltas y muy especialmente sobre las que se referían al manejo del tesoro real. Felipe II, como hemos visto, al separar a don García del gobierno de Chile, le había ordenado que nombrase procuradores para responder en juicio, y fiadores que diesen garantía por las resultas.

Era ésta la primera vez que en Chile se iba a abrir un juicio de residencia. El licenciado Juan de Herrera, asesor letrado de Villagrán, nombrado por la real audiencia de Lima, tuvo el encargo de tramitar este proceso. Examinó detenidamente los libros de cuentas de los oficiales reales, y recogió todas las declaraciones que podían ilustrar su juicio. Los enemigos de don García acudieron presurosos a hacerle todo género de acusaciones, y antes de mucho se formó un voluminoso expediente público, fuera de una información secreta en que se tocaban los puntos concernientes a su vida privada. Reprochábasele haber malgastado a su antojo la hacienda real, haber cometido todo género de injusticias en la distribución de los repartimientos, haber negociado en ventas y contratos, y recibiendo dinero por favorecer a algunos individuos, haber cometido actos de violencia contra muchas personas, haber despojado a otras de sus bienes, y no haber guardado en su conducta el recato y la gravedad correspondientes a su cargo. El licenciado Herrera refundió estas acusaciones en 215 cargos, graves unos, ligeros e infundados los otros, y muchas veces referentes a unos mismos hechos; y el 10 de febrero de 1562 dio su sentencia en la ciudad de Valdivia. Don García no había tenido defensores ni había hecho oír sus descargos. La sentencia, absolviéndolo en algunos puntos, lo condenaba en los más; pero dejaba a cargo de la real audiencia de Lima el fallar definitivamente la causa. Según esa sentencia, don García debía ser detenido allí, dándole la ciudad por cárcel, hasta que se justificase de todas las acusaciones o pagase las penas pecuniarias a que fuese condenado.[329]

---

328 Martínez Marina, *Ensayo histórico-crítico sobre la legislación de Castilla*, libro V, § 10.
329 En los capítulos anteriores hemos aprovechado toda la luz que el proceso de residencia arroja sobre la historia de la administración de don García. No hemos conocido las declaraciones originales ni tampoco la información secreta, documentos quizá perdidos; pero sí hemos tenido a la vista la copia de los cargos tales como los resumió el licenciado Herrera,

Pero don García no se hallaba ya en el Perú. Había partido para España a dar personalmente cuenta al rey y al Consejo de Indias de sus campañas y de su gobierno en Chile. El prestigio de su familia, la información de sus servicios levantada por la audiencia de Lima y las recomendaciones que comenzaban a llegar de Chile escritas por algunos capitanes que le quedaron siempre fieles, hicieron que se mirasen con desdén y que se echasen al olvido las acusaciones forjadas por sus enemigos. Don García Hurtado de Mendoza fue considerado en la Corte el verdadero conquistador de un país que debía ser muy rico y muy productivo para la Corona, pero cuyos habitantes habían opuesto una resistencia heroica y de muchos años a toda dominación extranjera. Felipe II le confió honrosas comisiones; y cuando después de prestar nuevos servicios a la Corona, don García fue nombrado virrey del Perú en 1588, el soberano tuvo cuidado de recordarle en los términos más honrosos los servicios que había prestado en Chile, «que gobernastes loablemente, decía la real cédula, acabando por entonces aquella guerra, mediante la victoria que nuestro Señor fue servido daros en siete batallas que tuvistes con los indios, entre los cuales poblastes nueve ciudades». Estas palabras demuestran claramente que la conducta de don García había merecido la más amplia aprobación del monarca.[330]

     y la sentencia de éste. Esos cargos, tanto los graves como los más fútiles y, aun, aquellos que evidentemente eran inspirados por pasiones injustas, son antecedentes útiles y curiosos para conocer y apreciar esta época de nuestra historia. En las notas hemos cuidado de consignar los más importantes. Un gran número de ellos, los que se refieren a los gastos de su administración, no son más que la repetición de un mismo hecho, esto es, que por su sola voluntad mandaba pagar en las cajas reales sumas más o menos considerables, cada una de las cuales da lugar a un cargo, sistema que los hace elevarse a la suma de 215.

330 En el curso de esta historia tendremos que hablar de don García Hurtado de Mendoza como virrey del Perú. Aquí, por vía de nota, daremos algunas noticias acerca de su teniente gobernador, el licenciado Santillán, autor de las ordenanzas que llevan su nombre, relativas al servicio personal de los indios.

     Hernando de Santillán y Figueroa, natural de Sevilla, había servido en España como relator en las audiencias de Valladolid y de Granada. Pasó al Perú por los años de 1550, y desempeñó el cargo de oidor de la audiencia de Lima, en circunstancias bien difíciles, cuando por muerte del virrey don Antonio de Mendoza, ese tribunal tuvo que tomar el mando supremo. Estalló entonces la rebelión de Hernández Jirón, que la Audiencia tuvo que combatir. Los historiadores Fernández, Herrera y Garcilaso, que han contado esa rebelión, han referido la campana militar que conjuntamente con el arzobispo de Lima, dirigió el licenciado Santillán, y los sinsabores y peligros que le acarreó esa campaña.

     Después de haber residido en Chile los cuatro años que duró el gobierno de Hurtado de Mendoza, el licenciado Santillán volvió al Perú, pero no permaneció mucho tiempo en Lima. Fue promovido por Felipe II al puesto de presidente de la real audiencia de Quito. Dejando poco más tarde este cargo, abrazó la carrera sacerdotal, y mereció que el rey lo eligiese arzobispo de Charcas. El licenciado Santillán falleció en Lima en 1572, cuando estaba de viaje para entrar en posesión de ese puesto.

Así como otros letrados españoles, el licenciado Santillán tuvo el encargo, bajo el gobierno del virrey don Antonio de Mendoza, de estudiar las antiguas instituciones del Perú para descubrir los tributos que los indios pagaban a sus soberanos, y regularizar los que debían pagar al rey de España o a sus encomenderos. Escribió sobre esta materia un informe que había permanecido inédito hasta ahora, a pesar de su interés histórico. En 1879 ha sido publicado por el Ministerio de Fomento de Madrid, en un volumen que tiene por título: *Tres relaciones de antigüedades peruanas: relación por Fernando de Santillán*, por Juan de Santacruz Pachacuti y relación anónima, Madrid, 1879, 1 vol. en 8.º mayor, de 328 páginas, y 44 de introducción con noticias bastante curiosas por el revisor de la edición, don Marcos Jiménez de la Espada.

Capítulo XXII. Historiadores primitivos de la conquista de Chile[331]

1. Falta absoluta de noticias seguras sobre Chile, impresas antes de 1569. 2. *La Araucana* de don Alonso de Ercilla es la primera historia de Chile en el orden cronológico. 3. Valor histórico de esta obra. 4. La continuación de *La Araucana* por Santisteban Osorio no es una obra histórica, y ha servido solo para hacer caer en los mayores errores a los historiadores y cronistas que le han dado crédito. 5. Góngora Marmolejo: su *Historia de Chile*. 6. Mariño de Lobera: no conocemos su crónica primitiva. 7. El padre jesuita Bartolomé de Escobar: su revisión de la crónica de Mariño de Lobera. 8. Pedro de Oña: valor histórico de su *Arauco domado*. 9. El doctor Suárez de Figueroa: sus *Hechos de don García*. 10. La crónica perdida de Jerónimo de Vivar.

1. Falta absoluta de noticias seguras sobre Chile, impresas antes de 1569

Treinta y tres años después del descubrimiento de Chile por don Diego de Almagro, y veinte después de que los conquistadores estaban en tranquila posesión de la mayor parte de su suelo, no se tenían en España más que las ideas más vagas y extrañas sobre la naturaleza de este país y sobre las peripecias de su ocupación. El rey había recibido las valiosas relaciones de los jefes de la conquista; habían llegado a la Corte algunos capitanes que le suministraron prolijos informes; pero todo eso quedaba reservado en las oficinas de gobierno, de tal suerte que el pueblo español, incluyendo en esta denominación a los hombres más ilustrados de la metrópoli, no tenía conocimiento alguno exacto acerca de una colonia que la opinión del vulgo se empeñaba, sin embargo, en representar como extraordinariamente rica. Dos distinguidos cronistas que en América habían recogido buenos informes sobre los primeros sucesos de nues-

---

[331] En el curso de los capítulos anteriores hemos dado noticia por medio de notas, de los libros y autores que incidentalmente han tratado de los primeros tiempos de la historia de Chile, así como de las relaciones parciales destinadas a referir ciertos sucesos. En el presente capítulo vamos a hacer un examen un poco más detenido de los antiguos escritores que, por haberse consagrado especialmente a dar a conocer esos tiempos, merecen que se les denomine historiadores primitivos de Chile. Sería fuera de este lugar el hacer extensas biografías de esos escritores; pero deseamos establecer el grado de confianza que merece cada uno de ellos. Con estas indicaciones, así como con las que hemos dado en las notas anteriores, nos proponemos simplemente facilitar el trabajo de investigación de los que se dediquen al estudio de nuestra historia.

tra historia, Gonzalo Fernández de Oviedo y Pedro Cieza de León, murieron, el primero en 1557 y el segundo en 1560, sin haber alcanzado a publicar más que una parte del fruto de sus investigaciones.

Las noticias que por esos años se publicaban acerca de Chile revelan el más completo desconocimiento acerca de nuestro país. La *Historia general de las Indias* por Francisco López de Gómara, impresa en Zaragoza en 1552, aunque generalmente prolija y exacta, no consagra a la expedición de Valdivia más que algunas líneas de ningún valor, seguidas de las palabras siguientes como descripción de Chile: «Con todo este trabajo y miseria, descubrieron mucha tierra por la costa, y oyeron decir que había un señor dicho Leuchén Golma, el cual juntaba 200.000 combatientes para ir contra otro rey vecino suyo y enemigo que tenía otros tantos; y que Leuchén Golma poseía una isla, no lejos de su tierra en que había un grandísimo templo con 2.000 sacerdotes; y que más adelante había amazonas, la reina de las cuales se llamaba Guanomilla, que suena cielo de oro, de donde argüían muchos, ser aquella tierra muy rica; mas pues ella está, como dicen, 40° de altura, no terná mucho oro; empero ¿qué digo yo, pues aún no han visto las amazonas, ni el oro, ni a Leuchén Golma, ni la isla de Salomón, que llaman por su gran riqueza?».[332] Agustín de Zárate que publicó en Amberes en 1555 su *Historia del descubrimiento y conquista del Perú*, amplió estas noticias con algunos datos más o menos vagos e inexactos acerca de la geografía de Chile, repitiendo siempre las patrañas de la isla con templos servidos por 2.000 sacerdotes, de soberanos que mandaban 200.000 guerreros, de una región cuajada de oro y poblada únicamente por mujeres. «Y aunque muchas veces, agrega, se ha tenido muy cierta noticia de todo esto, nunca ha habido aparejo de poderlo ir a descubrir.»[333] Dos viajeros e historiadores extranjeros que pocos años más tarde describían estas regiones, el

---

[332] López de Gómara, *Historia general de las Indias*, capítulo 142. Aunque el libro de Gómara, a consecuencia, sin duda, de las noticias y juicios que contenía sobre las guerras civiles del Perú, fue retirado de la circulación en los dominios de Castilla por cédula del príncipe don Felipe de 17 de noviembre de 1552, se le reimprimió el año siguiente en Amberes, fue luego traducido al italiano y más tarde al francés, y hasta la época de la publicación de la obra de Herrera, fue quizá la principal fuente de información sobre la conquista de las Indias.

[333] Zárate, *Historia del Perú*, libro III, capítulo 2.

milanés Jerónimo Benzoni,[334] y el flamenco Levinio Apolonio,[335] no pudieron dar noticias más extensas ni mejores acerca de nuestro país.

Así, pues, cuando ya habían corrido los quince primeros años de la segunda mitad del siglo XVI, Chile era para los españoles y con mayor razón para el resto de los europeos, una región misteriosa acerca de la cual no se tenían más que noticias extravagantes y fabulosas, país abundantísimo en oro, poblado en parte por mujeres guerreras, dominado por reyes que contaban sus soldados por centenares de miles, y que tenían templos servidos por millares de sacerdotes. En esos años, un escritor catalán o aragonés llamado Cristóbal Calvete de Estrella, honrado por Felipe II con el título de cronista de Indias, escribía una historia latina del Perú y de Chile y, sin duda, había recogido mejores informaciones; pero no alcanzó a terminar su trabajo; y la parte que nos queda nos deja ver que su obra no habría servido de gran cosa para dar a conocer nuestro país.[336]

2. La Araucana de don Alonso de Ercilla es la primera historia de Chile en el orden cronológico

En esa situación apareció en Madrid en 1569 un pequeño volumen en 8º con el simple título de «La Araucana de don Alonso de Ercilla y Zúñiga». Era un poema de 1.146 octavas reales distribuidas en quince cantos, y escritas con una robustez de tono, y con una elegancia de forma que sería inútil buscar en los poemas narrativos publicados hasta entonces en lengua castellana. España pudo contar desde ese día con un genio capaz de ser comparado bajo muchos aspectos con los más grandes poetas épicos, y un notable tratado de historia y de geografía de una de sus más apartadas y desconocidas colonias. Esas valientes y elegantes estrofas en que se cantaba el heroísmo de los castellanos,

---

334 *Historia del Mondo Nuovo*, Venecia, 1565.
335 *De Peruvia regionis inter novi orbis provincias celeberrimæ inventione*, Amberes, 1566.
336 Con el título de *De rebus Indicis*, libri XX, la biblioteca de la Academia de la Historia de Madrid conserva el manuscrito de la obra incompleta de Calvete de Estrella, que mereció los aplausos de Ercilla en la estrofa 70 del canto IV de *La Araucana*. El examen de esos fragmentos, de que copié algunas páginas, me hace creer que el cronista no alcanzó siquiera a ocuparse en redactar los sucesos de la conquista de Chile. Lo que allí se cuenta sobre la conquista del Perú es de tan escaso valor que creo que la historia latina de este cronista, aun dado el caso de que hubiera alcanzado a terminarla y corregirla, casi no habría valido la pena de darla a luz.

obtuvieron una inmensa popularidad en toda España. Felipe II condecoró el año siguiente a su autor con la cruz de la orden de Santiago. Su libro, aunque solo era la primera parte de la obra que había emprendido, obtuvo el honor de ser reimpreso en Salamanca en 1574, en Amberes en 1575 y en Zaragoza en 1577. Creemos difícil que hasta entonces hubiese alcanzado otro libro español tan gran aceptación.

En el curso de esta historia hemos hablado muchas veces del autor de *La Araucana*. Nacido en Madrid, según la mayoría de sus biógrafos[337] el año de 1533, e hijo de un jurisconsulto de distinción y de prestigio, don Alonso de Ercilla y Zúñiga fue criado en el palacio real en la condición de paje del príncipe don Felipe, y recibió allí la educación más esmerada que pudiera darse a un caballero en ese siglo. Su poema revela que conocía regularmente la antigüedad clásica, la poesía italiana, la historia sagrada y lo que entonces podía llamarse la cosmografía. En el séquito del príncipe, Ercilla viajó de 1548 a 1551 por Italia, Alemania y Flandes,[338] y en 1554 lo acompañó a Inglaterra cuando iba a celebrar sus bodas con la reina María. Allí conoció a Alderete, con quien, como hemos contado en otra parte, se embarcó para América a fines de 1555.

Ercilla contaba entonces poco más de veintidós años. El espíritu militar y aventurero de los españoles de ese siglo, lo traía al Nuevo Mundo en busca no de riquezas, sino de gloria y de emociones heroicas en los lejanos países que la imaginación de los primeros exploradores se complacía en pintar como regiones encantadas. El teatro de sus campañas de soldado, fue la provincia de Chile, donde residió desde abril de 1557 hasta los primeros días de 1559. En

---

337 La generalidad de las biografías de Ercilla abunda en errores históricos y biográficos. La mejor de todas, la más extensa y la más estudiada, es la que ha puesto don Antonio Ferrer del Río al frente de la edición de *La Araucana*, publicada en Madrid en 1866 bajo los auspicios de la Academia Española y, sin embargo, deja que desear en la amplitud y en la seguridad de los detalles. Ferrer del Río, como la mayor parte de los biógrafos de Ercilla, dice que éste nació en Madrid. En el registro de pasajeros que salieron para América en 1555, hay una partida correspondiente a él, en que se especifican su nombre, su rango, su estado, y sus padres, y en que se dice que era «natural y vecino de Valladolid».

338 El cronista Calvete de Estrella, de que hemos hablado en una nota anterior, publicó en Amberes en 1552, *El felicísimo viaje del muy alto y muy poderoso príncipe Felipe*, un volumen de 335 hojas en folio destinado a describir pomposamente las fiestas y honores de que era objeto el príncipe; y que a pesar de ser de escaso valor histórico, es muy buscado y ha llegado a ser una curiosidad bibliográfica. En el folio 7 vuelto, hace la lista de los pajes que acompañaban al príncipe, y nombra a Ercilla «Don Alonso de Zúñiga», suprimiéndole el apellido paterno, que unos escribían Ercila y otros Arcila.

este tiempo, y después de haber permanecido dos meses en La Serena, Ercilla recorrió con las tropas de don García la región austral de nuestro suelo, desde Concepción hasta Chiloé, peleando como valiente en casi todas las batallas y encuentros que fue necesario sostener contra los indios rebelados, y se volvió al Perú, sin haber conocido más que esa porción del territorio, donde se sostenía entonces dura guerra. En las páginas anteriores, hemos cuidado de consignar todos los incidentes que pueden servir para dar a conocer la parte de su vida relacionada con la historia de Chile.

Cuenta Ercilla que durante las penosas campañas de Arauco, escribía cada noche los combates del día. Es posible que de esa manera recogiese ciertas notas, o escribiese algunos fragmentos; pero la composición general de su poema supone un trabajo más ordenado y sostenido; y debemos creer que no emprendió esta tarea de una manera metódica, sino a su vuelta a España en 1562. Su plan, según se deja ver en la misma obra, se reducía a describir el territorio chileno y a referir su conquista. En ese tiempo no se tenía de la historia la idea que nosotros tenemos, ni se exigía en esta clase de composiciones la severa exactitud y la minuciosa prolijidad que ahora son indispensables. Ercilla debió creer que la historia que se proponía escribir, sería mucho más popular e interesante si se la reducía a los rasgos más prominentes y heroicos, y se la engalanaba con el lenguaje pintoresco y armonioso de los versos y con algunos accidentes de pura imaginación. Pero aspirando solo a formar una historia en verso, su genio poético creó un poema narrativo que si no alcanzó a tener todo el esplendor y la magnificencia de la epopeya, posee al menos de común con este género de obras, el relieve de los caracteres, la pintura animada de los combates y las admirables arengas de sus héroes.

La primera parte de *La Araucana*, publicada, según ya dijimos, en 1569, es una obra esencialmente histórica, y contiene la relación de todos los sucesos ocurridos en nuestro país hasta la llegada del autor con don García Hurtado de Mendoza, en 1557. Ercilla había recogido estas noticias en su trato con los primeros soldados españoles que penetraron en Chile; y las expuso en la forma más natural, siguiendo fielmente el orden cronológico de los sucesos, fijando a veces las fechas con la más escrupulosa precisión, pero omitiendo los hechos y circunstancias que no era posible hacer entrar en un poema heroico. Su imaginación se limitó a embellecer los detalles, a crear algunos accidentes poéticos para engrandecer los hechos y a dar realce a los caracteres de sus héroes.

Cuando Ercilla quiso continuar su poema, modificó su plan primitivo. La segunda parte, impresa en 1578, y la tercera, dada a luz once años más tarde, son la historia poética de la conquista de Chile hasta fines de 1558, es decir, de todos los sucesos en que el poeta fue testigo y actor, pero adornada con episodios diversos, tan desligados algunos de ellos del asunto principal, que llegan a constituir uno de los más graves defectos literarios de aquella obra. Ercilla aspiraba entonces a hacer algo más elevado que un simple poema histórico; y este propósito aplicado a un asunto que no se prestaba para una epopeya de forma clásica, imperfeccionó notablemente su obra, que habría sido mejor bajo la sencillez de su plan primitivo.

La crítica puramente literaria se ha encargado muchas veces del examen del poema de Ercilla. Se han exaltado sus bellezas y se han exagerado sus defectos. Para unos, Ercilla es comparable a Homero y al Tasso en la pintura de los caracteres. Para otros, su poema, por la falta de una acción verdaderamente épica y concentrada en su exposición, en su nudo y en su desenlace, por sus episodios incoherentes, por la pobreza de su máquina, esto es, de lo sobrenatural que hace intervenir en la acción, y por el recargo de combates más o menos parecidos y largamente descritos, no pasa de ser una gaceta en verso cuya lectura es mortalmente fatigosa.[339] La verdad está en el término medio de estas apreciaciones. Si *La Araucana* no es una epopeya perfecta por su plan, por la falta de una acción determinada, por sus episodios extraños al asunto y por la abundancia de accidentes que fastidian al lector, hay en ella verdadero sentimiento poético, caracteres de un notable relieve, ardor en la pintura de algunos combates y una elevación de espíritu que nos hacen admirar el alma del poeta. Pero nosotros no tenemos para qué ocuparnos de esta obra bajo su aspecto literario. Nos proponemos solo recordar su valor de documento histórico después de haber comparado prolijamente en las páginas anteriores, cada uno de sus pasajes con las otras relaciones que nos quedan acerca de los mismos sucesos.

---

339 Sismondi, *De la littérature da midi de l'Europe*, capítulo 29, tomo III, pág. 456 de la edición de 1829.

DON ALONSO DE ERCILLA Y ZÚÑIGA

3. Valor histórico de esta obra

Si no es permitido asentar que *La Araucana* de Ercilla es la historia ordenada y regular de la conquista de Chile, no es posible tampoco poner en duda su valor y su importancia como fuente de información acerca de los hechos que cuenta.

Los cronistas antiguos, que escribieron poco después que él, así como los historiadores subsiguientes, y así como los críticos que mejor han estudiado el poema de Ercilla, han estado todos de acuerdo para reconocerle su indisputable valor histórico. El poeta ha contado en versos ordinariamente vigorosos y elegantes, los sucesos capitales de la conquista, encadenándolos en el mismo orden en que ocurrieron, y dando la preferencia a los hechos de un carácter heroico, que amplía y dilata con un detenimiento que perjudica a la claridad y sobre todo al interés de su poema. Fija las fechas con una prolijidad rara en esta clase de obras, individualizando a veces con cifras y nombres el día, el mes y el año,[340] o refiriéndose al estado del cielo el día del suceso por medio de los signos o constelaciones del Zodíaco.[341] Descuida los hechos de un orden civil

---

[340] En los capítulos anteriores hemos señalado dos de las fechas que Ercilla fija de esta manera: la tempestad, que el autor llama milagro, que dispersó el ejército araucano enfrente de la Imperial el 23 de abril de 1554, canto IX, estrofa 18, y el término de la exploración de la isla de Chiloé el 28 de febrero de 1558, canto XXXVI, estrofa 29.

[341] También hemos señalado muchas fechas indicadas por Ercilla de esta manera, y sus indicaciones nos han sido muy útiles para fijar la verdadera cronología. Para ello basta recordar la correspondencia de los nombres de los signos del Zodíaco con los meses del calendario. Don Andrés Bello ha traducido muy bien un conocido dístico latino aplicándolo a nuestro hemisferio en la forma que reproducimos enseguida como un auxiliar útil para entender la cronología de Ercilla.

«Libra, Escorpión, Sagitario
nos dan el tiempo florido;
Capricornio, Acuario, Peces,
el abrasador estío;
Aries, Tauro y los Gemelos,
el otoño en frutas rico;
Cáncer, León y la Virgen
la estación de lluvia y frío.»

Bello, *Cosmografía o descripción del universo*, pág. 38.

o les da escasa importancia, pero describe con toda minuciosidad los sucesos militares, la marcha de los ejércitos y los combates, presentándolos con gran verdad en su conjunto, señalando con frecuencia el tiempo que duraron y contando el número de los combatientes. En cambio, buscando el efecto poético, inventa, muchas veces, circunstancias fabulosas e increíbles, como la intervención de Lautaro en la batalla de Tucapel, donde supone el poeta que después de un hermoso y arrogante discurso, ese caudillo hace volver a la pelea a sus compatriotas y convierte en espléndida victoria una derrota desastrosa. Sea para dar animación a sus descripciones, sea para recordar los nombres de sus compañeros de armas, introduce en ellas un prodigioso número de incidentes y de combates personales de dudosa autenticidad, que alargan y complican su narración, que fatigan y abruman al lector, y que acaban por hacerle perder el hilo de la narración. El historiador puede descartar fácilmente estos pormenores inútiles o fabulosos, pero no puede dejar de aprovechar los grandes rasgos de los hechos, que están expuestos casi siempre con toda claridad.

La Araucana, hemos dicho, se limita casi exclusivamente a contar los sucesos militares, o solo hace referencias sumarias e incidentales a los acontecimientos civiles o administrativos que habría sido imposible revestir de formas poéticas. Bajo el carácter de simple crónica de hechos, es una historia deficiente e incompleta. Pero ese poema refleja perfectamente el carácter de los hombres de la conquista, su espíritu aventurero, su pasión por buscar lo desconocido, su admirable constancia para soportar todos los padecimientos, su fanatismo religioso, su codicia y su crueldad con los infelices indios. Así, pues, si la obra de Ercilla, como documento histórico, no alcanza a constituir una guía tan segura como habría sido una crónica de menos atavíos literarios, pero más noticiosa, es un auxiliar utilísimo para la comprobación de las otras relaciones, y que suministra, además, hechos que no se hallan consignados en otra parte, y nos ayuda a conocer el espíritu de los hombres y de los tiempos pasados.

Algunos de los críticos que han analizado *La Araucana* conceden fácilmente a Ercilla el mérito de haber dado a conocer el carácter, la vida y las costumbres de las tribus indígenas que sostuvieron la guerra contra los conquistadores españoles. A nuestro juicio, sin embargo, ésta es la parte más débil del poema. Ercilla, cediendo al deseo de presentar héroes dignos de la epopeya, juzgando a los indios con un criterio mal preparado para este género de observaciones, y obedeciendo a sus sentimientos caballerescos y poéticos, ha dado a esos bárbaros una organización y un espíritu que casi siempre se apartan de la verdad histórica. Pinta admirablemente el heroísmo con que los indios defendían su suelo y su independencia, el tesón incontrastable con que sostenían la lucha, su vigor en los combates, su desprecio por la muerte y por todos los padecimientos; pero les atribuye una cohesión, o espíritu de unión y de nacionalidad, que no tenían, y una elevación de alma que es imposible descubrir en los salvajes. Supone que todas esas tribus se prestaban gustosas a obedecer a un solo jefe elegido en asambleas en que se pronuncian arengas de una moderación y de una cordura dignas de hombres civilizados, y a que se siguen pruebas de vigor y de fuerzas físicas de la más absoluta imposibilidad, mediante las cuales se decide la elección. Así como el poeta arma en ocasiones a los indios con lanzas y mazas provistas de fierro, siendo que esos bárbaros no conocían siquiera el uso del cobre,[342] así como los hace fijar las fechas por las constelaciones del cielo como pudieran hacerlo los griegos y los romanos,[343] les atribuye ideas y sentimientos dignos de los héroes del Ariosto. Los amores de los indios son tiernos y poéticos; y en la guerra misma están animados de un espíritu que apenas está bien en los paladines de los libros de caballerías. Así, los caudillos araucanos no quieren ir al frustrado asalto de Cañete en enero de 1558 porque consideran indigno de valientes guerreros el apoderarse de una plaza por sorpresa.[344] Con estas ficciones ha falseado por completo la historia, pero ha realzado el carácter de sus héroes, convirtiéndolos en tipos dignos de admiración, y creando personajes imaginarios para los cuales inventa nombres y proezas falsas ante la historia y más falsas todavía ante la razón. El poeta, forjando estos héroes, ha creado tipos legendarios que, como Colocolo, Caupolicán, Lautaro, Rengo, Tucapel y Galvarino, han sido recordados siempre como símbolos del patriotismo y de las más sólidas y estimadas virtudes cívicas, consiguiendo

---

342 Véanse entre otros pasajes la estrofa 22 del canto II y la estrofa 68 del canto XXXII.
343

«Y el carro de Faetón resplandeciente
del Escorpio al Acuario ha discurrido.»

dice Lautaro, canto XII, estrofa 38, para explicar que andaba en campaña desde noviembre hasta febrero.
344 *La Araucana*, canto XXXII, estrofa 22.

imponer así sus poéticas ficciones en la tradición popular. Debe decirse, sin embargo, que en esta pintura de los indios es donde Ercilla ha revelado mejor su carácter de poeta y de caballero, lamentando con acentos que salen de su alma los horrores de la conquista, y dando vuelo a su imaginación en el cuadro de las sencillas virtudes que, como muchos otros poetas, atribuye a las sociedades primitivas.[345]

Se ha reprochado a Ercilla el carecer del sentimiento poético de las bellezas de la naturaleza. «Nada hace suponer en toda la epopeya de *La Araucana*, dice Humboldt, que el poeta haya observado de cerca la naturaleza. Los volcanes cubiertos de una nieve eterna, los valles abrasadores a pesar de la sombra de las selvas, los brazos de mar que se avanzan a lo lejos en las tierras, no le han inspirado nada que refleje la imagen.»[346] Esta observación es cierta solo

---

[345] De todos los juicios críticos sobre Ercilla, que hemos leído, ninguno nos parece más equivocado que uno que le atribuye una admiración ciega por la conquista hasta hacerle cantar las crueldades de sus compatriotas. Y ese juicio es, sin embargo, de uno de los más ilustres filósofos y críticos modernos, del célebre escritor alemán J. G. Herder. Dice así: «Las conquistas de México y del Perú, dirigidas por la codicia y por el fanatismo religioso más crueles, han encontrado también poetas para cantarlas. Cortés, Pizarro, Valdivia, el Diablo mismo, se convirtieron en héroes de la epopeya cristiana. ¿A qué sentimiento obedecías tú, bravo y buen Ercilla, cuando te propusiste cantar las crueldades de tus compatriotas contra los araucanos, tú que habías sido testigo ocular y que no podías desconocer el buen derecho, las virtudes y el valor de los enemigos? El orgullo nacional, una falsa noción de lo que se debe a la patria, a la religión y a la gloria de la Europa, te cegaban, mientras que el sentimiento de la humanidad despertaba algunas veces tu compasión y tu simpatía. ¡Cuán borradas debían estar las reglas del derecho y de la justicia para que actos de esta naturaleza pudiesen convertirse en epopeyas de la especie humana! Este frenesí duró medio siglo, y en una gran parte de la tierra se celebran aún estos productos, epopeyas en que no se respira más que codicia feroz y fanatismo arrogante». Herder, Werke, tomo XVIII, pág. 52, ed. de Stuttgart, 1830. Estas observaciones expresadas con tanta precisión y con tanta elegancia por el insigne crítico, son perfectamente exactas respecto de la conquista de América y del mayor número de sus antiguos historiadores y poetas que creían ver en los triunfos de los conquistadores españoles, la protección visible de Dios contra los poderes del infierno; pero, por una excepción digna de ser tomada en cuenta, no son aplicables a Ercilla, o no pueden aplicársele sin atenuarlas mucho. La parte moral de *La Araucana* es casi irreprochable, por más que el poeta participa de todas las preocupaciones religiosas y políticas de su siglo, por más que vea en la conquista una misión religiosa, en el poder absoluto de los reyes una manifestación de la autoridad divina. Pero su alma honrada condena enérgicamente las crueldades de los conquistadores, y sus sentimientos poéticos lo llevan a creer en esas fantásticas ilusiones de la edad de oro, llena de las más sencillas virtudes que él se figura descubrir entre los bárbaros.

[346] Humboldt, *Cosmos*, trad. fr. de Ch. Galusky, tomo II, pág. 68.

relativamente. Ercilla no tiene ese poder descriptivo de los grandes poetas para tomar las cosas en su conjunto y presentarnos a la vista un cuadro vivo de una región o de un país; pero en la pintura de los detalles, de las localidades en que se trabó un combate, de los senderos por donde se seguía una marcha, sabe agrupar con maestría los accidentes y hacernos descripciones tan precisas y a veces tan prolijas que pueden probarse en el mapa, y que son de la mayor utilidad para el que quiere darse cuenta cabal de los sucesos. En el curso de los capítulos anteriores habrá podido verse cuánto nos han servido los numerosos detalles topográficos que contiene el poema de Ercilla, para establecer la geografía de la conquista de Chile.

4. La continuación de La Araucana por Santisteban Osorio no es una obra histórica, y ha servido solo para hacer caer en los mayores errores a los historiadores y cronistas que le han dado crédito

Don Alonso de Ercilla falleció en Madrid el 29 de noviembre de 1594, cuando gozaba en la Corte de la consideración a que lo hacía merecedor su carácter, y de un alto prestigio literario acreditado entonces y más tarde por las numerosas reimpresiones de su poema.[347] Un joven escritor de la ciudad de León, caba-

---

[347] Don Antonio Ferrer del Río, que es el que mejor ha contado la vida de Ercilla durante sus últimos años, demuestra de una manera evidente, en su biografía citada, la falsedad de la leyenda de que el poeta vivió en Madrid pobre y oscuro, olvidado del rey y hasta desconsiderado como escritor. Muy al contrario de eso, Ercilla gozó de las consideraciones de sus contemporáneos.

Las reseñas bibliográficas que existen de las diversas ediciones de *La Araucana*, no dan una idea verdadera de la popularidad de este poema. La más copiosa de todas, publicada en la pág. 2 del tomo XVII de la Biblioteca de autores españoles de Rivadeneira, es inexacta y muy incompleta.

Por vía de nota, daremos aquí una noticia sumaria de las traducciones que conocemos de este poema:

1.º *Historiale beschrijvinghe der goudtrijcke landen in Chili ende Arauco, & Descripción histórica de las tierras de oro en Chile y Arauco, y las guerras de los naturales con los españoles*, traducción abreviada de Ercilla al holandés en 60 págs. 4º, hecha por J. J. Byl, y publicada en Roterdam en 1619.

2.º *Essay on epic poetry*, Ensayo sobre la poesía épica por William Hayley, Londres, 1782, contiene la traducción en verso inglés de extensos fragmentos de *La Araucana*. Esos fragmentos fueron reimpresos y añadidos con otros traducidos por el poeta estadounidense H. Boyd, en la traducción inglesa de la *Historia de Chile* del abate Molina, publicada en Middletown en 1808 (por R. Alsop).

llero de buena alcurnia, pero poeta detestable, impresionado con los cantos de Ercilla y deseoso de adquirir igual gloria, concibió la idea de continuar su poema y, en efecto, en 1597 publicó en Salamanca un volumen de las más pobres octavas castellanas con el título de *La Araucana, cuarta y quinta parte en que se prosigue y acaba la historia de don Alonso de Ercilla hasta la reducción del valle de Arauco en el reino de Chile*. Don Diego de Santisteban Osorio, éste era el nombre del poeta que pretendió completar a Ercilla, no había estado nunca en Chile ni tenía más noticias sobre la geografía y la historia de este país que las que había leído en la obra de su predecesor. Para continuarla y llevarla a término, inventó una serie de embrollados combates y de las más estrafalarias aventuras en que no se descubre ni sentimiento poético ni la menor noción histórica. Arma a los indios chilenos con corazas formadas de una concha de tortuga y con cascos hechos de la cabeza de una serpiente, pone en sus labios discursos con alusiones a la mitología griega y a la geografía de Asia, y puebla los bosques de Arauco de osos, tigres y panteras. Todo, excepto los largos y engorrosos episodios en que cuenta la historia de la conquista y de las guerras civiles del Perú, es allí contrario a la verdad y chocante al buen gusto. Es difícil hallar en los treinta y tres largos cantos de este libro algunos pasajes de cierto mérito literario.[348]

3.º *Die Araucana des Alonso de Ercilla*, Nüremberg, 1831, 1 vol. 8º. Traducción en octavas alemanas, elegante y fiel, a juicio de personas inteligentes, pero en que el traductor Winterling ha suprimido algunos pasajes del original.

4.º *L'Araucana, poëme héroïque de don Ercilla, traduit pour la première fois et abrégé du texte espagnol, par Gilibert de Merlhiac*, París, 1824, 1 vol. 8º. Traducción libre y muy abreviada.

5.º M. Hyacinthe Vinson, escritor francés contemporáneo, ha hecho una traducción completa de *La Araucana*, de que, sin embargo, no ha publicada más que los ocho primeros cantos, en Burdeos, 1846, 1 vol. 12.º, y el 1.º con el 37.º en Pondichery, en 1851, 1 vol. 8º.

6.º *L'Araucana, poëme épique espagnol traduit complétement pour la première fois en français par Alexandre Nicolas*, París, 1860, 2 vol. 12.º Traducción completa y cuidada, acompañada de notas y de introducciones literarias no siempre oportunas, pero que revelan una instrucción variada y la práctica del profesorado.

348 Lope de Vega que en su *Laurel de Apolo* recuerda cerca de 260 escritores de su tiempo, muchos de ellos del más escaso mérito, no hace la menor mención de Santisteban Osorio que, sin embargo, compuso otros poemas además de la continuación de *La Araucana*. El *Epítome de la biblioteca oriental y occidental*, pág. 85, del licenciado Antonio de León Pinelo, Madrid, 1629, catalogó este poema entre las obras históricas sobre Chile; y este falso concepto dio lugar a que se la reimprimiera el siglo siguiente.

El poema de Santisteban Osorio cayó en breve en el más completo olvido. Fuera de los humildes y oscuros rimadores que pusieron al frente de su obra algunas estrofas altisonantes en elogio del autor, no hubo, según creemos, nadie que lo recordara en una época en que los literatos y los poetas solían prodigarse las más pomposas alabanzas. La continuación de *La Araucana* sería en nuestro tiempo un libro enteramente desconocido, si un célebre erudito a quien debe la historia el valioso servicio de haber reimpreso muchas obras útiles, no hubiera cometido el error de tomarlo por un poema verdaderamente histórico. Don Andrés González de Barcía publicó en Madrid en 1733 una edición de *La Araucana*, que con justo título clasificaba entre las historias primitivas de la conquista de América. Para completarla, dio a luz dos años después la continuación de que tratamos, acompañándola de un índice alfabético prolijamente preparado, como solía hacerlo en sus otras ediciones, y revistiéndola de las apariencias de una crónica en verso.

No es extraño que algunos historiadores de la literatura española que no estaban al corriente de los sucesos de la conquista de Chile cayeran en el mismo error;[349] pero es inconcebible que los que hacían un estudio particular de los sucesos de nuestra historia, tomasen como verdad aquel tejido de absurdas y desordenadas invenciones. Sin embargo, esto fue lo que sucedió. Historiadores tan sagaces e inteligentes como el abate don Juan Ignacio Molina, y cronistas prolijos y laboriosos posteriores, se dejaron engañar por el poema de Santisteban Osorio, e introdujeron en la relación de los sucesos del gobierno de don García Hurtado de Mendoza una lamentable confusión.[350] Así, pues,

---

349 Véase Ticknor, *Historia de la literatura española*, trad. de Gayangos y Vedia, época II, capítulo 28, pág. 144.
350 Hemos dicho que casi todo el capítulo 8 del libro III *Compendio de la historia civil* de Molina es el resultado de esta confusión. La historia manuscrita de Pérez García, que supone un largo trabajo de investigación, ha incurrido en el mismo error, que se reproduce con modificaciones y, aun, con agravaciones en la *Historia política de Chile* que lleva el nombre de don Claudio Gay. En justificación de este laborioso sabio, conviene decir que casi no es responsable de esos errores. Don Claudio Gay, después de narrar los sucesos del gobierno de Pedro de Valdivia con todo el acopio de luces que arrojaban los documentos y libros conocidos hasta entonces, confió a manos de colaboradores subalternos la redacción de su obra, y estos colaboradores, que fueron don Pedro Martínez López y don Francisco de Paula Noriega, escribieron, aquél los sucesos ocurridos en Chile desde 1557 hasta 1600, y el segundo desde 1600 hasta 1808. Estos escritores tuvieron por guía casi única e invariable las historias de Pérez García y de Carvallo, y su relación adolece de casi todos los errores que registran estas crónicas. Véase sobre este particular lo que hemos dicho

ese libro, pobrísimo desde el punto de vista literario, nulo como trabajo histórico, no merece ser consultado por nadie, y ha servido solo para inducir en los más graves errores a los que le prestaron algún crédito.

5. Góngora Marmolejo: su Historia de Chile

La primera parte de *La Araucana* de don Alonso de Ercilla circuló en Chile uno o dos años después de publicada en Madrid. Los viejos conquistadores leyeron con avidez esas ardientes y elegantes páginas en que estaba consignada una porción de sus trabajos y de sus campañas. Pero esa primera parte no alcanzaba más que hasta el arribo de don García Hurtado de Mendoza en 1557 y, por otra parte, solo refería los más culminantes sucesos militares. Era, pues, una historia doblemente incompleta; pero su lectura hizo nacer la idea de escribir una crónica de menos aparato literario, pero más rica en noticias y dilatada hasta los sucesos más recientes.

Residía entonces en Santiago un viejo capitán que había militado en la mayor parte de las guerras de la conquista de Chile. Llamábase Alonso de Góngora Marmolejo, era natural de la ciudad de Carmona en Andalucía, y después de haber servido en el Perú, llegó a Chile en 1549 en el refuerzo de tropas que trajo Valdivia. Aunque tomó parte en muchas funciones de guerra, que ha contado como testigo presencial, su nombre nos sería casi del todo desconocido sin el libro que escribió, en que, sin embargo, habla rara vez de su persona. Góngora Marmolejo era, sin duda, un hombre de cierta cultura intelectual que sabía escribir con notable claridad y con cierta elegancia que de ordinario faltan en los documentos públicos y privados del tiempo de la conquista; y que poseía, además, una razón que debía elevarlo muchos codos sobre la gran mayoría de los contemporáneos. Sin embargo, no lo vemos figurar entre los regidores de los cabildos, ni entre los procuradores de ciudad, ni en ninguno de los cargos que requieren dotes más altas que las de los simples soldados. El hecho revela el poco aprecio que los conquistadores hacían de los hombres de inteligencia algo más cultivada. Por más diligencias que hemos hecho para encontrar

---

en *Don Claudio Gay, su vida y sus obras*, Santiago, 1876, capítulo 4, págs. 162-168. Don Miguel Luis Amunátegui, que en 1862 publicaba su notable *Historia del descubrimiento y conquista de Chile*, reconoció perfectamente el ningún valor histórico del poema de Santisteban Osorio, y pudo rectificar muchos de los errores en que incurrieron algunos de sus predecesores.

noticias concernientes a su vida, solo hemos podido descubrir que en 1575 Rodrigo de Quiroga, que acababa de recibirse nuevamente del gobierno de Chile, lo nombró «capitán y juez de comisión para el castigo de los hechiceros de los indios»; y que habiendo muerto Góngora Marmolejo en enero del año siguiente, el mismo gobernador nombró otro capitán para que reemplazase a aquél en ese cargo.

La lectura de la primera parte de *La Araucana*, hemos dicho, sugirió a Góngora Marmolejo la idea de coordinar sus recuerdos de la guerra de la conquista. Emprendió este trabajo por los años de 1572, y lo terminó el 16 de diciembre de 1575, pocos días antes de su muerte. Diole el título de *Historia de Chile*; y en ella hizo entrar todos los sucesos ocurridos en este país desde su descubrimiento hasta el mismo año en que terminaba su manuscrito.

Góngora Marmolejo es un soldado que sabe escribir claramente, sin pretensiones literarias, pero con una sencilla naturalidad que le permite contarlo todo sin hacerse trivial, y dar a su narración un colorido que no puede apartarse mucho de la fisonomía verdadera de los hechos. Su memoria, que debía ser prodigiosa, se revela por el encadenamiento ordenado de los sucesos y por la abundancia de pormenores; porque, si bien el estudio prolijo de los documentos permite hacerle algunas rectificaciones en una y otra cosa, esas rectificaciones no son en su mayor parte muy trascendentales, como no son tampoco muy numerosas. Dotado también de un juicio recto y de una notable honradez de carácter, Góngora Marmolejo se muestra equitativo y desapasionado en sus apreciaciones de los hombres y de los sucesos, de tal suerte que en la mayor parte de los casos, el historiador puede aceptar sus opiniones como la expresión de la verdad, o como algo que se le acerca mucho. Las frecuentes referencias que hace a los juicios y murmuraciones de sus contemporáneos y que nos permiten apreciar mejor los hechos, no alcanzan a desviarlo de su propósito justiciero e independiente. En su crónica no oculta los defectos de los jefes, pero tiene cuidado de señalar sus buenas cualidades y de reunir los antecedentes para que el lector pronuncie su fallo sin prevenciones y sin parcialidad.

Su crónica reúne, además, otras cualidades que revelan en Góngora Marmolejo un criterio seguro. No se hallan allí esas chocantes exageraciones que consisten en contar a los enemigos en todas ocasiones por decenas y por centenares de miles, pues si sus cifras son muchas veces muy elevadas, son casi siempre inferiores a las que se hallan en otras relaciones. Tampoco se encuentra en su libro esa abundancia de cuentos y de patrañas que con el nombre de milagros han hecho ridículas a otras crónicas. Sea obedeciendo a una inspiración de buen gusto literario, raro entre los escritores de su época, o sea por escasez de ilustración histórica, Góngora Marmolejo cuenta los hechos naturalmente, al correr de la pluma, sin complicar su narración, casi sin esas frecuentes referencias a la historia bíblica y a los griegos y romanos, que alargan y afean otros escritos. Del mismo modo, su deseo de escribir la verdad, no lo ha llevado a hacer pinturas fantásticas de los usos y creencias de los indios suponiéndoles una organización social y militar que no tenían, ni a falsear el carácter de la resistencia que opusieron a los conquistadores. Así, pues, por medio de este procedimiento sencillo, que consiste en contar lo que vio y lo que supo, buscando ante todo lo que creía verdadero y escribiéndolo con esa naturalidad que huye del aparato literario, compuso una obra altamente útil para la investigación histórica, y agradable para la lectura. La famosa *Historia verdadera de la conquista de la Nueva España* de Bernal Díaz del Castillo, que es la primera entre las crónicas de esta clase que posee la literatura española, no es propiamente superior a la modesta crónica de Góngora Marmolejo, sino por la grandiosidad de la escena y por el carácter épico, por decirlo así, de los personajes y de la acción.[351]

PRIMEROS CRONISTAS

---

[351] El manuscrito primitivo de la *Historia de Chile* se conserva al presente en la rica biblioteca de la Academia de la Historia de Madrid. Está copiado con dos letras diferentes, una de las cuales con que está escrito la mayor parte es, evidentemente del mismo autor, cuya firma autógrafa se ve allí. Parece que fue llevado a España en el siglo XVI, sin duda con la finalidad de imprimirlo; pero quizá no tuvo protector, y se conservó inédito en una biblioteca conventual. En el siglo pasado lo conoció el erudito bibliógrafo González Barcía, y dio cuenta de él en la reimpresión que hizo de la Biblioteca oriental y occidental de León Pinelo. Más tarde, don Juan Bautista Muñoz sacó una copia que se conserva en la biblioteca particular del rey. En 1850, don Pascual de Gayangos, utilizando el manuscrito original de la Academia de la Historia, la dio a luz en el 4º tomo del Memorial histórico español, acompañándolo de algunos otros documentos concernientes a la historia de Chile. El examen prolijo del antiguo manuscrito me demostró que los editores habían reproducido esa crónica con la más esmerada fidelidad, y que solo podría ofrecer desconfianza la interpretación de algún nombre indígena. Un ejemplar de esta edición sirvió de texto para la reimpresión que se hizo en Santiago en 1862 en el tomo II de la Colección de historiadores de Chile.

1. Don Alonso de Ercilla. 2. Doctor Cristóbal Suárez de Figueroa. 3. Alonso de Góngora Marmolejo. 4. Antonio de Herrera. 5. Diego Fernández (el Palentino). 6. Gonzalo Fernández de Oviedo. 7. Miguel de Olaverría.

6. Mariño de Lobera: no conocemos su crónica primitiva

Otro capitán contemporáneo llamado don Pedro Mariño de Lobera, se propuso igualmente consignar en una crónica los sucesos de la conquista. Nacido en la ciudad de Pontevedra, en Galicia, por los años de 1520, Mariño de Lobera pasó a América en 1545 y residió cerca de un año en la ciudad de Nombre de Dios. Estaba dispuesto a regresar a España cuando en 1546 llegó el licenciado De la Gasca con el cargo de presidente y pacificador del Perú. Mariño de Lobera recibió la comisión de marchar a México con pliegos para el virrey, don Antonio de Mendoza, en que, al paso que De la Gasca le comunicaba el encargo que le había confiado el rey, le pedía que no dejase salir de los puertos de Nueva España auxilio ni socorro alguno para los rebeldes del Perú. No es posible fijar con exactitud el tiempo que Mariño de Lobera permaneció en aquel país ni la época en que llegó al Perú y en que vino a Chile.[352] Se sabe sí que militaba aquí en tiempo de Valdivia, y por la crónica que lleva su nombre, así como por otras relaciones contemporáneas, se conocen mejor sus servicios militares en la conquista de Chile. Mariño de Lobera tomó parte en innumerables combates y desempeñó algunos cargos de confianza. En los capítulos anteriores hemos recordado algunas veces su nombre; y en el resto de nuestra historia tendremos ocasión de nombrarlo muchas veces más durante el siglo XVI, y de recordar sus servicios que, por otra parte, están individualizados en el curso de la crónica de que hablamos. Por ella consta que el capitán Mariño de Lobera desempeñaba el importante cargo de corregidor de la ciudad de Valdivia, en 1575 y 1576, cuando ocurrió un espantoso terremoto y el desbordamiento del lago de Riñihue,

---

352 Según la reseña biográfica de Mariño de Lobera que el jesuita Escobar puso al frente de su crónica, dice que ese capitán permaneció en México hasta que el virrey Mendoza vino a gobernar el Perú. Se sabe que este virrey entró a Lima el 12 de septiembre de 1551, y que poco después envió a Chile con don Martín de Avendaño y Velasco un destacamento de tropas auxiliares. Podría creerse que con ese refuerzo llegó a nuestro país el capitán Mariño de Lobera. Sin embargo, refiriendo en el capítulo 31 de la misma crónica la batalla de Andalién, que tuvo lugar el 24 de febrero de 1550, dice que Mariño de Lobera fue testigo y actor en esta jornada.

fenómenos ambos que están prolijamente descritos. Habiendo vuelto más tarde al Perú, falleció en Lima a fines de 1594.

Mariño de Lobera había consignado sus recuerdos de la guerra de Chile, como podía hacerlo un soldado de poco hábito en trabajos literarios, que escribía sin cuidar las formas, y con todos los vicios de lenguaje comunes a los naturales de la provincia de Galicia. Su manuscrito debía contener una relación tosca, sin duda, pero natural y sencilla de los hechos, y debía constituir un documento histórico de verdadera importancia. Pero ese manuscrito en su forma original no ha llegado hasta nosotros; y en su lugar tenemos una obra seguramente más ordenada y literaria, utilísima en ciertas partes, pero en que las modificaciones introducidas en la nueva redacción, al paso que han podido mejorar considerablemente ciertos períodos, han dañado a otros de una manera lamentable. En nuestra reseña bibliográfica de los historiadores primitivos, tenemos, pues, que examinar esta crónica en su nueva forma.

7. El padre jesuita Bartolomé de Escobar: su revisión de la crónica de Mariño de Lobera

Ésta es la obra del padre jesuita Bartolomé de Escobar. Nacido en Sevilla en 1561, e incorporado a la Compañía de Jesús a la edad de veinte años, el padre Escobar pasó poco más tarde al Perú, donde gozó de la amistad y confianza del virrey don García Hurtado de Mendoza.[353] Después de la muerte de Mariño de Lobera tuvo el virrey noticia de los manuscritos que éste había dejado; los hizo recoger y los entregó al padre Escobar para que los arreglase haciendo desaparecer los defectos de redacción. Éste fue solo el encargo aparente; pero don García, que estimaba en mucho sus servicios en Chile, y que creía que don Alonso de Ercilla, ofendido por el suceso de la Imperial, que hemos referido en otra parte, había tenido empeño en oscurecer la gloria que le cabía como general, debió recomendarle que ampliase la parte que en la crónica se destinara a su gobierno. Pero, si el virrey no le hizo este encargo, el padre jesuita, como verdadero cortesano, se propuso satisfacer ampliamente la vanidad de ese mandatario en la nueva forma que dio al manuscrito de Mariño de Lobera.

---

[353] El padre Escobar murió en España en 1624, dejando impresas tres voluminosas obras latinas sobre asuntos religiosos, cuya descripción puede verse en la *Bibliothèque des écrivains de la compagnie de Jésus de los PP. Backer*, tomo V, pág. 197. Imprimió también en español un volumen de *Sermones de la Concepción de nuestra señora*, Lisboa, 1622.

En la dedicatoria al mismo don García Hurtado de Mendoza, que el padre Escobar ha puesto al frente de su obra, declara que en general no ha hecho otra cosa que modificar la redacción y la forma del manuscrito primitivo, suprimiendo algunas cosas para evitar prolijidad; y que solo al referir el gobierno de don García se ha permitido hacer ampliaciones con la ayuda de otros documentos y con los informes de algunos testigos. Sin embargo, además de que en el curso de la obra se hallan suficientes indicaciones de que el autor consultó otras fuentes de información histórica, el solo examen de la crónica revela que al darle la nueva redacción la ha modificado sustancialmente. Es imposible que un contemporáneo, testigo y actor en los sucesos que narra, haya cometido los gravísimos y frecuentes errores que se encuentran en muchas de sus páginas, y las enormes exageraciones que allí abundan sobre todo en su primera parte. En estos accidentes se descubre la mano de un escritor extraño a los sucesos, que acoge sin criterio noticias tradicionales o consignadas en cartas de soldados ignorantes y poco respetuosos por la verdad.

Limitándonos por ahora al examen de la porción de este libro que alcanza hasta 1560, debemos distinguir en ella dos partes enteramente diferentes. Los sucesos relativos a la historia de Chile hasta antes del arribo de don García Hurtado de Mendoza, están contados con desorden, confundidos con un gran número de errores, y forman una relación que el historiador no puede aceptar sin reserva en ningún punto o, más propiamente, sin comprobación detenida y minuciosa. Hay allí noticias dignas de tomarse en cuenta, se hallan, aun, algunas fechas fijadas con toda precisión y exactitud, pero estos datos están agrupados al lado de otros enteramente inaceptables. Nosotros no hemos podido explicarnos esta confusión sino creyendo reconocer que el revisor del manuscrito de Mariño de Lobera, al modificar su crónica, no se limitó solo a mejorar la redacción sino que dio acogida a hechos tomados en otras fuentes, y que en muchas ocasiones cambió el orden positivo de los sucesos para hacerlos adaptarse a sus equivocadas informaciones.

Pero en la parte referente al gobierno de don García Hurtado de Mendoza, la crónica cambia completamente de aspecto. El padre Escobar pudo disponer de los papeles del mismo don García, y de los informes verbales que éste y algunos de sus compañeros de la guerra de Chile podían suministrarle. Escrita bajo el patrocinio del virrey, inspirada por él, y muy probablemente revisada línea a línea por el mismo don García, esta parte de la crónica constituye un documento histórico de la más alta autoridad, y casi se le podría considerar como las memorias del mismo gobernador. En el orden y encadenamiento de los sucesos, en los accidentes y detalles, hay una exactitud casi irreprochable. Los elogios prodigados a don García, la alabanza de casi todos sus actos, la defensa o la disculpa de sus faltas, al paso que dejan ver el espíritu de aquel alto personaje como inspirador del libro, pueden ofuscar a veces la verdad moral, pero no dañan a la verdad material de la historia. Así, aunque, como se habrá visto en las páginas anteriores, hemos podido disponer de abundantes documentos de comprobación, que nos han permitido contar muchos hechos desconocidos, y completar y ensanchar las noticias consignadas en esta parte de la crónica del padre Escobar, pocas veces hemos hallado motivo para rectificar las que contiene.

La *Crónica del reino de Chile*, tal como ha quedado después de la revisión del padre Escobar, no tiene ninguno de los caracteres que distinguen a las otras crónicas escritas por los soldados de la conquista. Su lenguaje, sin ser ameno ni pintoresco, tiene una soltura que supone una preparación literaria. Abundan los retruécanos y otros artificios de gusto dudoso. La narración está frecuentemente interrumpida con arengas, a veces largas y prolijas, y muchas veces de la más absoluta imposibilidad. El autor intercala reflexiones de poco alcance y que no siempre están relacionadas con el asunto principal. Pero todavía están más desligadas las frecuentes y pedantescas alusiones a la historia bíblica, a los griegos y a los romanos, con que suele llenar largas páginas.

Hay todavía otra particularidad que hacer notar. La obra del padre Escobar abre la serie de las crónicas milagrosas de Chile. Es cierto que los escritores anteriores, Valdivia en sus cartas y Ercilla en su *Araucana*, habían contado algunos milagros; pero el padre Escobar ha dado a lo maravilloso una importancia y un desarrollo desconocido hasta entonces, pero más o menos general en los escritores subsiguientes, sobre todo en los escritores eclesiásticos. Es innumerable la cantidad de milagros extraordinarios y de prodigios sobrenaturales que ha agrupado en sus páginas y que cuenta con un candor que casi no puede creerse sincero.[354] Es posible que algunos de esos prodigios se hallasen en

---

354 El criterio del padre Escobar en esta materia puede apreciarse por el hecho siguiente: Al paso que parece perfectamente convencido de la verdad de los prodigios más absurdos, encantos y hechizos, refiere con desconfianza en el capítulo 15 del libro II la historia de un

el manuscrito primitivo, pero es de creerse que el padre Escobar ha agregado muchos otros, colocándolos todos bajo su protección particular. A muchos de los lectores modernos parecerá tal vez fatigoso este hacinamiento de milagros que nadie cree en nuestro tiempo. Nosotros, por el contrario, hallamos en ellos datos seguros para apreciar el espíritu de los tiempos pasados. Ellos nos revelan que los conquistadores españoles estaban convencidos de que desempeñaban en América una misión divina, que el cielo los protegía abiertamente, y que los hombres más ilustrados que, como el padre Escobar, habrían debido corregir los extravíos de la opinión de sus contemporáneos, tenían interés en fomentarlos. Esos mismos milagros constituyen uno de los méritos de las viejas crónicas, por cuanto nos dan a conocer una faz de las ideas morales de los tiempos pasados.[355]

---

indio de la provincia de Cuyo, que daba de mamar a su hijo por haber muerto la madre. El padre Escobar no cree este hecho porque lo ha contado Mariño de Lobera apoyándose en el testimonio de muchas personas, sino como un milagro providencial, lo cual le da materia para llenar tres páginas de disertaciones sobre prodigios y milagros. Y, sin embargo, el hecho a que nos referimos no tiene nada de extraordinario. «Los machos, dice un célebre fisiologista, sea en la especie humana, sea en los animales, no tienen ordinariamente leche. Sin embargo, se encuentran algunos ejemplos de lo contrario. Son, en efecto, conocidos algunos casos de secreción lechosa y aun de lactación en el hombre». Longet, *Traité de physiologie*, París, 1869, tomo II, pág. 288. Véase en Humboldt, *Voyage aux régions équinoxiales*, tomo III, pág. 58, la exposición de uno de esos casos observado científicamente en Venezuela.

En un libro reciente, en la traducción francesa de la *Historia de los animales* de Aristóteles, que acaba de publicar M. J. Barthélemy Saint Hilaire, París, 1883, encuentro que este curioso hecho fisiológico no había pasado desapercibido al insigne filósofo griego. Dice éste así: «Hay también algunos hombres que después de la pubertad, dan un poco de leche si se oprimen los pechos, y que aun la dan en mayor cantidad cuando les mama un niño».

[355] Hemos dicho que la crónica primitiva de Mariño de Lobera no ha llegado hasta nosotros. La obra del padre Escobar, que la ha reemplazado, estuvo también a punto de perderse, sin embargo, de la que, según parece, se sacaron algunas copias. Creo indudable que el padre jesuita Diego de Rosales, que escribía a mediados del siglo XVII, conoció una de esas copias, y que ella le suministró datos sobre la conquista y lo hizo caer también en muchos de los numerosos errores que abundan en cada capítulo de la primera parte de su *Historia general del reino de Chile*. Otra copia, llevada a España por don García Hurtado de Mendoza, fue utilizada, como lo diremos más adelante, por el doctor Cristóbal Suárez de Figueroa.

Sin embargo, esta crónica parecía perdida hasta el año de 1864. Entonces, un caballero de Venezuela ofreció en venta al gobierno de Chile una copia antigua de su propiedad. Don Miguel Luis Amunátegui, oficial mayor del Ministerio del Interior en esa época, obtuvo los fondos para la compra, y la adquisición fue hecha por conducto de don Francisco Adolfo Varnhagen, el erudito historiador y diplomático brasilero, tan empeñoso en la conservación

8. Pedro de Oña: valor histórico de su Arauco domado

Al mismo tiempo que se escribía en Lima la crónica del padre Escobar, con el propósito de enaltecer la gloria de don García Hurtado de Mendoza, se componía en la propia ciudad y con idéntico objetivo un poema épico que dos reimpresiones modernas han salvado del olvido en que estaba sepultado, y lo han hecho en cierta manera popular. Publicose en Lima por primera vez en 1596 con el título de *Arauco domado*. Su autor era Pedro de Oña, natural de la ciudad de los Infantes de Angol, y en orden cronológico, el primero de los poetas de Chile.

Hijo de un capitán español que murió despedazado por los indios araucanos, Pedro de Oña pasó a Lima por los años de 1590, e hizo en la famosa universidad de San Marcos los estudios literarios, teológicos y legales que era posible hacer en las colonias españolas hasta obtener el título de licenciado. Aficionado desde temprano al cultivo de la poesía, se propuso cantar en un poema las guerras de Arauco. En esta determinación, por más que la dedicatoria de la obra y las licencias para su publicación digan otra cosa, no fue extraño, sin duda, el virrey. Don García Hurtado de Mendoza estaba profundamente agraviado con la publicación de *La Araucana* de Ercilla. Creía que este poeta había querido oscurecer su gloria, porque, si bien no lo atacaba directamente, había guardado silencio sobre la mayor parte de sus hechos militares y había dejado envuelta en sombras su participación en la campaña como general en jefe del ejército conquistador. El virrey debió creer que el licenciado Oña podía reparar esta injusticia y levantar en su honor un monumento capaz a lo menos de competir con *La Araucana*.

El estro poético de Oña no alcanzaba para tanto. Versificador fecundo y a veces fácil, dotado de cierto talento descriptivo, capaz de producir imágenes agradables y, aun, hermosas, desconocía por completo las condiciones de la poesía narrativa y más aún los caracteres de la epopeya; y su genio poético no alcanzaba a suplir lo que le faltaba en estudio y en conocimiento del arte. Compuso más de 16.000 versos distribuidos en octavas algo diferentes en su

---

y publicación de los viejos documentos históricos americanos. Él mismo trajo a Chile ese manuscrito y; aunque deteriorado en parte, sirvió de texto para la impresión que se hizo en el VI tomo de la *Colección de historiadores de Chile*. Así se salvó esta curiosa e importante crónica de una destrucción que habría sobrevenido más tarde o más temprano.

estructura exterior de las de Ercilla. Oña terminaba apenas sus estudios en la universidad de Lima cuando acometió esta obra, y escribió los diecinueve cantos que la componen, en unos cuantos meses, trabajando como a tarea, según él mismo lo dice, y como se comprueba por la época en que tuvo terminado su manuscrito. A esta precipitación deben achacarse en parte la falta de plan del poema y muchos de los defectos de detalle. Cuenta el autor el viaje de don García desde su partida del Perú, su permanencia en La Serena, su desembarco en la Quiriquina y los primeros combates con que abrió su campaña. Comienzan entonces los episodios que distraen al autor de su asunto principal, escenas de amor de los indios, lo acontecido en una rebelión de Quito y la victoria de una armada que, siendo virrey del Perú, hizo salir don García contra los corsarios ingleses. Estos episodios que forman la mayor parte del poema, son de tal manera desligados de la guerra de Arauco y dejan tan incompleta la acción, que Oña prometía una segunda parte que nunca se publicó y que probablemente ni siquiera comenzó.

En la porción verdaderamente histórica a que se refiere el asunto principal, hay una narración extensa y ordenada de los acontecimientos generalmente conocidos; pero apenas se halla uno que otro detalle que no esté consignado en otra parte. El poeta ha imitado a Ercilla en la pintura de los combates, amontona como éste nombres e incidentes que dañan al conjunto, pero no tiene el colorido ni la entonación del cantor de *La Araucana*. Las descripciones locales, a veces animadas y pintorescas, son puramente fantásticas, y no corresponden a la naturaleza ni a las producciones del suelo de Chile. La vida de los indios, sus usos, sus costumbres, sus ideas, se apartan absolutamente de la verdad. Los araucanos, según el poeta, aman como los pastores de las antiguas églogas, y en sus arengas no escasean sus alusiones a la mitología clásica. Más interés y más exactitud hay en los pasajes en que el poeta describe la triste condición de los indios que trabajaban en las faenas de los españoles y los malos tratamientos de que eran víctimas.

No hay, pues, en el *Arauco domado* una acción épica regularmente desenvuelta. El autor, como hemos dicho, olvida el asunto principal por los episodios; pero aparte de los que pintan en cuadros de pura fantasía los amores de los indios, todo el poema, así su acción capital como sus narraciones episódicas, está destinado a celebrar los hechos de don García, convertido en héroe único, por decirlo así. Su figura está trazada con poco discernimiento. El poeta ha querido darle realce sembrando sus cantos de las alabanzas más desmedidas y más altisonantes. En la paz y en la guerra, en la administración y en las batallas, don García es un dechado de todas las perfecciones. Oña lo compara con las divinidades del Olimpo, celebra su belleza física, aplaude su heroísmo, su humanidad y su prudencia; pero en medio de los más exaltados elogios, no alcanza a trazarnos un verdadero retrato, no diremos parecido al original, pero ni siquiera dotado de los caracteres que sirvan para distinguirlo clara y precisamente.[356] El recargo de las alabanzas hace dudar de la independencia del poeta, así como la dedicatoria del poema al hijo mayor de don García, y heredero de su título, deja ver que la familia de éste no era extraña a la inspiración de la obra. El historiador puede recoger algunos accidentes, y la confirmación de otros, pero no puede tomarlo por guía digna de confianza sino en muy limitadas ocasiones.[357]

---

[356] Este recargo de alabanzas tan exageradas como absurdas y del todo ineficaces para el objetivo, traen a la memoria la siguiente observación de Boileau en su sátira IX:

«Un poème insipide et sottement flatteur,
déshonore a la fois le héros et l'auteur.»

Observación aplicable a un gran número de pretendidas epopeyas de la antigua literatura castellana.

[357] El *Arauco domado* fue publicado en Lima en 1596, en un volumen de 335 páginas en 4º y con un retrato del autor grabado en madera. Se le reimprimió en Madrid en 1605; pero los ejemplares de ambas ediciones se habían hecho tan excesivamente raros, que el poema había llegado a ser casi desconocido. En nuestra época se han hecho dos reimpresiones que lo han popularizado, la una en Valparaíso en 1849, bajo la dirección del erudito literato argentino don Juan María Gutiérrez, y la otra en 1554, en el tomo XXIX de la Biblioteca de autores españoles de Rivadeneira.
Pedro de Oña, autor de otras poesías que no tenemos para qué recordar en este lugar, ha sido objeto de varios estudios literarios en que se ha hecho un prolijo examen de sus obras. Debemos señalar aquí los más notables de ellos. 1.º El de don Juan María Gutiérrez, publicado como prospecto de la reimpresión del poema, y refundido en sus *Estudios biográficos y críticos sobre algunos poetas sudamericanos anteriores al siglo XIX*, Buenos Aires, 1865. 2.º El de don Gregorio Víctor Amunátegui, publicado en dos artículos de *El correo del Domingo*, periódico de Santiago de 1862. 3.º El de don Adolfo Valderrama, publicado en su *Bosquejo histórico de la poesía chilena*, Santiago, 1865. 4.º El de don José Toribio Medina, que ocupa cuatro capítulos, VI a IX, del primer tomo de su prolija *Historia de la literatura colonial de Chile*, Santiago, 1878. El señor Medina ha publicado allí una esmerada reproducción del retrato de Oña.

9. El doctor Suárez de Figueroa: sus Hechos de don García

Don García Hurtado de Mendoza, como se ve, no había descuidado el hacer escribir la historia de sus acciones. Al mismo propósito responde otra crónica, desgraciadamente incompleta, compuesta, sin duda alguna, con su intervención, en el tiempo que fue virrey del Perú. Tristán Sánchez, contador de la real hacienda de Lima, escribió un libro en que se proponía referir la historia de las administraciones de algunos de los virreyes del Perú, y allí consignó la de don García con datos y documentos que debieron ser suministrados por este mismo o por sus allegados, y prodigó al virrey y a sus deudos las enfáticas alabanzas tan a gusto de la época y de los interesados.[358]

A su vuelta a España en 1596, don García, viejo, postrado por la gota, no pudo hacer valer sus servicios para obtener las recompensas a que se creía merecedor. Felipe II, enfermo y casi moribundo, no alcanzó a hacer nada por este servidor a quien profesaba, sin embargo, verdadera estimación. Su sucesor Felipe III subió al trono rodeado por una turba de pretendientes a quienes era preciso contentar con olvido de los buenos servidores de su padre. Don García no solo se vio desatendido en sus pretensiones sino que a pesar de su rango y de sus antecedentes, sufrió una desdorosa prisión por causa de un proyecto de casamiento de su hijo, que importaba la captación de un rico dote.[359] Es

---

358 Del libro de Tristán Sánchez solo se conservan las primeras partes de las historias de las administraciones de don Francisco de Toledo y de don García Hurtado de Mendoza. Esos fragmentos, escritos con poco arte y con los más desmedidos elogios, pero con noticias útiles para la historia, están reunidos en un volumen de letra del siglo XVII que se conserva en la sección de manuscritos de la Biblioteca Nacional de Madrid bajo el n.º l. 113 y con el título de *Indias: De virreyes y gobernadores del Perú*. El nombre del autor no aparece al frente del libro; pero por las indicaciones que hay en el texto se deduce que éste fue el referido contador de la real hacienda. Conservo una copia fiel de este escrito; pero conviene advertir que en 1867 ha sido publicado en el tomo VIII de la Colección citada de Torres de Mendoza.

359 Suárez de Figueroa, el biógrafo de don García, ha omitido el dar cuenta de esta prisión, pero el hecho no puede ponerse en duda. Don Luis Cabrera de Córdoba, cronista de los reyes Felipe II y Felipe III, llevaba un libro en que anotaba todos los sucesos que llegaban a su noticia y que podían interesarle para sus trabajos históricos. Ese libro ha sido publicado en Madrid en 1857 con el título de *Relaciones de las cosas sucedidas en la Corte de España desde 1599 hasta 1614*. En las notas concernientes al 29 de marzo de 1599, hallamos lo siguiente: «Habrá ocho días que salió de aquí, Madrid, un alcalde de corte a prender al marqués de Cañete, que estaba en un lugar suyo 6 leguas de aquí llamado Arjeta, porque habiéndose casado con doña Ana de la Cerda, viuda de don Enrique de Mendoza, hermano del duque del Infantazgo, de quien le quedaran dos hijas, y la mayor con un mayorazgo

probable que en esa época, cuando estaba más empeñado en comprobar sus servicios para alcanzar las recompensas que solicitaba, él mismo costeara la reimpresión que en 1605 se hizo en Madrid del poema de Pedro de Oña. Algunos años más tarde, en efecto, los herederos de don García citaban ese poema como documento justificativo de las hazañas que éste había ejecutado en el Nuevo Mundo. Hurtado de Mendoza murió en Madrid el 15 de octubre de 1609 sin haber alcanzado el premio que pedía al rey.

Por respeto a su memoria y por un legítimo orgullo de familia, su hijo don Juan Andrés de Hurtado, quinto marqués de Cañete, se empeñó en popularizar el conocimiento de las acciones de don García. Datan de esa época dos comedias en que se ponían en escena los sucesos de la conquista de Chile, y en las cuales se hacía representar a aquel personaje el papel de general de un valor extraordinario y de una consumada prudencia.[360] Estas comedias, apenas leídas en nuestro tiempo, tenían por fundamento histórico un libro mandado

---

de 12.000 ducados de renta, el padre dejó ordenado que ésta se casase con el hijo del duque de Feria, y estando el marqués prevenido de no tratar casamiento de ella con su hijo, tuvo maña cómo otorgase poder a la madre para desposarse por ella con el hijo del marqués, como se hizo, y habiéndolo sabido el Duque, se ha querellado al rey, y ha resuelto la dicha prisión».

Para que se comprenda mejor este pasaje, estamos obligados a dar algunas noticias genealógicas. Don García Hurtado de Mendoza se había casado en primeras nupcias con doña Teresa de Castro y de la Cueva, hija del conde de Lemos, en quien tuvo dos hijos, don Juan Andrés, heredero de su título, y una niña que murió de corta edad. Doña Teresa falleció en la navegación, cuando volvía del Perú a España en 1596, y fue sepultada en Cartagena de Indias. Después de ser virrey del Perú, y cuando ya pasaba de los sesenta años, se casó con doña Ana Florencia de la Cerda, viuda de don Enrique de Mendoza. De este matrimonio, don García tuvo una sola hija.

Don García pretendió enlazar al heredero de su nombre y de sus títulos con la hija de su segunda esposa doña Ana Florencia de la Cerda; pero el rey impidió este matrimonio, dejando así burladas sus esperanzas de un rico dote. El hijo de don García, que a la sazón era también viudo, se casó segunda y tercera vez, pero no volvió más a América.

Estas breves noticias servirán para desterrar el error de algún escritor subalterno de los últimos días de la colonia, que sin el menor fundamento ha dicho que don García Hurtado de Mendoza dejó descendencia en el Perú y en Chile.

360 Estas comedias eran Algunas hazañas de las muchas de don García Hurtado de Mendoza, marqués de Cañete, compuesta por la colaboración de nueve escritores, y reunida en las obras de don Juan Ruiz de Alarcón, que fue uno de ellos; y el *Arauco domado* de Lope de Vega. A mediados del siglo XVII se compuso todavía otra comedia sobre los mismos sucesos, con el título de *Los españoles en Chile* por Francisco González Bustos. Todas están basadas en los hechos que consigna el libro del doctor Suárez de Figueroa de que pasamos a hablar en el texto.

escribir también por el heredero de don García. «Deseando su hijo restaurar la memoria del capitán ilustre, lo fió, con elección muy acertada, a la pluma del maldiciente pero elegantísimo doctor Cristóbal Suárez de Figueroa, que compuso el libro de los *Hechos de don García Hurtado de Mendoza*, cuarto marqués de Cañete, y lo dedicó al gran favorito del rey Felipe III.[361]

Nacido en Valladolid por los años de 1578,[362] Suárez de Figueroa hizo sus estudios en España y en Italia, alcanzó el título de doctor en leyes y desempeñó durante veintisiete años muchos cargos judiciales. Su afición a la poesía y a las letras lo arrastró a escribir varios libros en prosa y en verso en que reveló más que otra cosa un sólido conocimiento del idioma y un verdadero poder para manejarlo con maestría y elegancia. Ligero por carácter, murmurador y pendenciero, vivió envuelto en cuestiones con muchos de los literatos de su tiempo; y por escasez de recursos, se encargó más de una vez en escribir o en traducir las obras que le encomendaban. Suárez de Figueroa no tenía la menor afición a las cosas de América, ni a su geografía ni a su historia, que desconocía por completo. «Las Indias, decía en uno de sus libros, para mí no sé qué tienen de

---

361 *Don Luis Fernández Guerra y Orbe, don Juan Ruiz de Alarcón y Mendoza*, Madrid, 1871, parte III, capítulo 2. Aunque esta obra voluminosa (de 550 páginas en 4°) sea uno de los escritos que más honran la erudición literaria de la España moderna, abundan en ella los errores en cuanto se refiere a la historia americana. Así, en la misma pág. 358, de donde copiamos esas líneas, dice que don García era virrey del Perú en 1605, cuando hacía nueve años que había dejado de serlo.

362 Fernández Guerra, en el libro citado, pág. 248, lo hace natural de Madrid. El mismo Suárez de Figueroa ha dado en uno de sus libros una especie de autobiografía. Allí dice: «Reconozco por patria a la villa que tuvo en España más nombre, por su hermosura y capacidad. Baña sus umbrales el Pisuerga, que solo por haberla visto muere contento de allí 2 leguas. No hay para qué me detenga a pintaros despacio a Valladolid». *El Pasajero*, Madrid, 1617, fol. 286.

Son tan contradictorias las noticias que se dan sobre la biografía de Suárez de Figueroa que ni siquiera se pueden fijar con rigurosa exactitud las fechas capitales. Los señores Gayangos y Vedia, traductores de la *Historia de la literatura española* de Ticknor, dicen que murió en 1616. Barrera y Leirado, autor del excelente *Catálogo del teatro antiguo español*, Madrid, 1860, dice que vivía en 1621. Yo he visto una carta autógrafa de Suárez de Figueroa, fechada en 22 de agosto de 1624. El importante catálogo de la biblioteca de Ticknor que citaremos más adelante, fija para su nacimiento y su muerte los años de 1586-1650. La primera de esas fechas es una evidente equivocación: Suárez de Figueroa publicó en 1602 su traducción del Pastor Fido de Guarini, y ésa no puede ser la obra de un mancebo de dieciséis años. Los documentos que hemos consultado, nos hacen creer que nació en 1578, o muy poco antes, y que murió poco después de 1624.

malo, que hasta su nombre aborrezco.»[363] Encargado por el quinto marqués de Cañete de escribir la vida de su padre, el doctor Suárez de Figueroa aceptó la comisión, como había aceptado otra de los padres jesuitas para arreglar o traducir una historia de las misiones en la India oriental, es decir, para satisfacer el deseo del que pagaba el trabajo; y a mediados de 1612 tenía terminado su libro.

Se comprende que una historia preparada de esta manera no podía ser un modelo de investigación. Sin embargo, Suárez de Figueroa formó un libro útil para la historia y notable por su forma literaria. En los archivos de la familia de don García encontró relaciones extensas de su gobierno en Chile y en el Perú, y abundantes documentos que completaban esas relaciones. Su papel se redujo a coordinar esas relaciones dándoles una redacción nueva y propia, y a prodigar a su héroe las alabanzas más desmedidas y constantes, disculpando o disimulando sus errores, y presentando solo el tipo más acabado de todas las virtudes. Suárez de Figueroa desempeñó su encargo de una manera que debió dejar satisfecho al marqués de Cañete. En nuestro tiempo, los desacompasados elogios de aquel libro, habrían hecho reír a la crítica literaria; pero en el siglo XVII se daban con más profusión y con menos criterio, y se recibían como moneda de buena ley. Los historiadores de Carlos V y de Felipe II habían dado el tono de esas altisonantes y desmesuradas alabanzas que debieron ser muy gustadas en esa época, y que hoy chocan hasta el criterio menos experimentado en los estudios literarios.

La historia del gobierno de don García en Chile ocupa solo la tercera parte del libro del doctor Suárez de Figueroa. El autor no conocía la historia ni la geografía de nuestro país, como no tenía la menor idea de sus habitantes ni estaba preparado por sus estudios anteriores para hacer investigaciones de este orden. Con todo, presentó un cuadro ordenado y noticioso de los sucesos, y formó una relación histórica que con justicia ha sido tomada por guía hasta que hace poco se ha descubierto la fuente original de donde sacó sus noticias. Ésta es la crónica de Mariño de Lobera reformada por el padre Escobar. Suárez de Figueroa no ha hecho otra cosa que transcribirla, suprimiendo las divagaciones inconducentes, y las alusiones a la historia antigua, y revistiéndola con una redacción vigorosa, elegante, a veces magistral, que soporta la comparación con las obras de los mejores hablistas de su tiempo. Ha utilizado, además, cua-

---

363 *El Pasajero*, fol. 197, vuelta.

tro o seis documentos que copia o que extracta, y algunas noticias tomadas de los poemas de Ercilla y de Oña; pero el fondo de su relación, el orden de los hechos, la casi totalidad de los incidentes, las fechas y los nombres, son tomados invariablemente de la crónica que hoy conocemos con el nombre de Mariño de Lobera. Pagando tributo al criterio literario de su tiempo, Suárez de Figueroa ha introducido por su cuenta máximas y reflexiones morales y políticas de escasa originalidad, arengas inverosímiles y retratos retóricos, aunque de pura fantasía; pero todos estos adornos no interrumpen la unidad histórica de su libro, y alteran muy poco la verdad material de los hechos. Ese libro, que fue un documento fundamental para nuestra historia hace pocos años, ha pasado a ser una relación de segunda mano después que se conoce la fuente primitiva.[364]

10. La crónica perdida de Jerónimo de Vivar

Al terminar esta revista debemos hacer mención de una crónica desgraciadamente desconocida, y que quizá tenía un alto interés histórico. Un erudito bibliógrafo de la primera mitad del siglo XVII, el licenciado Antonio de León Pinelo, habla de una *Historia de Chile* por Jerónimo de Vivar, secretario de Pedro de Valdivia, que se conservaba inédita. León Pinelo dice expresamente que él poseía en su biblioteca el manuscrito de esta crónica y, aun, la cita varias veces. Por esas citas se infiere que debía ser una obra de considerable extensión. Recordando la expedición de Francisco de Villagrán por el territorio de Tucumán cuando volvía del Perú en 1551, León Pinelo se refiere en una de sus obras al capítulo 110 del manuscrito del pretendido Jerónimo de Vivar.[365]

---

364 El libro del doctor Suárez de Figueroa fue publicado en Madrid en 1613 en un volumen de 324 págs. en 4°. Había llegado a ser tan excesivamente raro que el insigne y erudito historiador de la literatura española Jorge Ticknor, escribió en un ejemplar de su biblioteca: «This is one of the most curios volumes in Spanish literature. I never saw another copy». *Catalogue of the Spanish library requeathed by George Ticknor*, Boston, 1879. La rareza de este libro, y su indisputable utilidad para nuestra historia, sobre todo en esa época en que no se conocía la crónica llamada de Mariño de Lobera, me determinaron a reimprimirlo en 1864 en el V tomo de la Colección de historiadores de Chile junto con otros tratados históricos impresos anteriormente, pero no menos raros e interesantes. Al frente de él puse algunas noticias biográficas de Suárez de Figueroa recogidas en sus propios libros; pero entonces no pude indicar la fuente verdadera de sus informaciones acerca de nuestro país. El manuscrito de Mariño de Lobera o, más propiamente, del padre Bartolomé de Escobar, llegó a Chile cuando ya estaba impreso aquel volumen.

365 León Pinelo, Tratado de confirmaciones reales, Madrid, 1630, fol. 34 vuelta.

Inútil es buscar este nombre en los primeros documentos de la conquista de Chile ni en las crónicas referentes al gobierno de Valdivia. Ni las actas del Cabildo, ni las cartas del gobernador, ni los procesos que se siguieron para investigar su conducta, mencionan para nada a Jerónimo de Vivar. El secretario de Valdivia era Juan de Cardeña y Criada, que firma como tal muchas providencias administrativas. Aunque ligero y poco estimado por los soldados de la conquista, era un hombre hábil, de cierta ilustración, de ingenio agudo y de facilidad para escribir. A su pluma se debe la relación del viaje de exploración hecho por el capitán Pastene en 1544. Valdivia lo llamaba «mi secretario de cartas»; y era él, según parece, quien redactaba la notable correspondencia del jefe conquistador. Juan de Cardeña no se quedó en Chile mucho tiempo. Poco antes de la muerte del gobernador, se ausentó del país, y seguramente se volvió a España. No sería extraño que allí se hubiese ocupado en reunir sus recuerdos, que escribiese una extensa y prolija crónica, y que la firmase con el nombre supuesto de Jerónimo de Vivar. Esta hipótesis, que no tiene nada de improbable, hace más sensible aún la desaparición de ese manuscrito, que quizá daba una luz completa sobre la historia de la conquista de Chile, y que habría facilitado sobremanera el trabajo de investigación.

Parte III. La Colonia desde 1561 hasta 1610

Capítulo I. Gobierno de Francisco de Villagrán (1561-1563)

1. Los indios de Purén asesinan al capitán don Pedro de Avendaño; renuévase la guerra. 2. Llega a Chile Francisco de Villagrán y se recibe del mando. 3. Comienza su gobierno bajo malos auspicios: primera epidemia de viruela; renovación de la guerra de Arauco. 4. Las predicaciones de un religioso dominicano vienen a complicar la prosecución eficaz de la guerra. 5. El gobernador visita las ciudades del sur y cae gravemente enfermo; el licenciado Juan de Herrera, su teniente gobernador, instruye un proceso a los indios enemigos, y en virtud de la sentencia manda hacerles la guerra. 6. Prosecución de las operaciones militares: derrota de los españoles en Catirai o Mareguano. 7. Despoblación de Cañete; los indios ponen sitio a la plaza de Arauco que defiende heroicamente el capitán Lorenzo Bernal de Mercado. 8. Perturbaciones de la tranquilidad interior bajo el gobierno de Villagrán. 9. Desastres de las armas españolas en Tucumán. 10. Nuevas desgracias agravan las enfermedades del gobernador; muerte de Villagrán.

1. Los indios de Purén asesinan al capitán don Pedro de Avendaño; renuévase la guerra

Al separarse del gobierno en los primeros días de febrero de 1561, don García Hurtado de Mendoza llevaba al Perú e iba a comunicar a España la noticia de que el reino de Chile quedaba definitivamente pacificado. Desde Lima escribía a Felipe II que había puesto fin a la conquista de este país, que sus habitantes así españoles como indios vivían en perfecta paz, que unos y otros se enriquecían rápidamente, los primeros con el fruto de las minas recién descubiertas y los segundos con los salarios que se les pagaba por su trabajo. Hurtado de Mendoza no había vacilado en asegurar al rey que siendo Chile hasta hacía poco la tierra más pobre y perdida de las Indias, y sus pobladores los más descontentos y sin esperanza de remedio, había pasado a ser una de las mejores provincias del vasto imperio colonial de los españoles. Para completar este lisonjero cuadro del estado de prosperidad en que dejaba a Chile, el gobernador saliente comunicaba al soberano que había fundado muchas iglesias y conventos.[366] Felipe II, debió experimentar una viva satisfacción al recibir estas

---

[366] En la parte II, capítulo 21 § 9 de esta historia hemos copiado un fragmento de la correspondencia de don García en que se encuentran consignadas estas noticias.

noticias que halagaban, a la vez, su fanatismo religioso y su insaciable ambición de ensanchar sus estados con ricos territorios.

Sin embargo, todo aquello no pasaba de ser una ilusión. Contra esos anuncios de riquezas extraordinarias, Chile continuaba siendo una de las provincias más pobres de las Indias, y su miseria no encontraría remedio sino cuando contase con una población mucho más abundante y más laboriosa que la que formaba las huestes de la conquista. Por otra parte, la paz que se consideraba como definitiva, era puramente transitoria. La guerra con los naturales iba a encenderse de nuevo, a tomar mayores proporciones y a durar siglos enteros sin producir la pacificación definitiva de todo el país.

En efecto, apenas había partido de Chile el gobernador Hurtado de Mendoza, los araucanos estaban otra vez en abierta rebelión. El levantamiento comenzó por el asesinato de uno de los más distinguidos capitanes españoles. A fines de febrero de 1561, el gobernador de la plaza de Cañete, don Pedro de Avendaño y Velasco, acompañado solo por cuatro soldados españoles, se hallaba en el valle de Purén, donde poseía un vasto repartimiento de tierras y de indios. Ocupábase en hacer construir por éstos una casa para su habitación. Era don Pedro un «hombre cruel con los indios, dice un cronista contemporáneo, que recibía contento en matarlos, y él mismo con su espada los hacía pedazos». No es extraño que fuera aborrecido por los bárbaros a quienes había hecho una guerra implacable, y por sus vasallos a quienes trataba mal. Un día que los indios de trabajo volvían cargados de madera que acababan de cortar en los bosques vecinos, cayeron de improviso sobre el capitán Avendaño, y le dieron muerte con las mismas hachas que se les habían dado para la tarea. La propia suerte corrieron dos de los españoles que lo acompañaban. Los otros dos lograron huir y fueron a llevar la noticia de lo ocurrido a la inmediata ciudad de Angol.[367] Los indios de las cercanías se pronunciaron otra vez en abierta rebelión contra sus opresores.

La alarma se extendió con la mayor rapidez en toda la comarca. Mandaba en Angol don Miguel de Avendaño y Velasco, hermano del capitán asesinado. En el acto puso la guarnición sobre las armas, y dio aviso de todo al capitán general interino Rodrigo de Quiroga, que se hallaba en Concepción. «Fue cosa que no se puede decir, cuenta un viejo cronista, la presteza que se tuvo para castigar a

---

367 Góngora Marmolejo, capítulo 22; Mariño de Lobera, parte II, capítulo 13.

los indios rebelados.» A la necesidad de reprimir activamente la nueva insurrección, se añaden otras circunstancias que estimulaban a los jefes a obrar con la mayor energía. El capitán Avendaño, además de ser uno de los más prestigiosos soldados de la conquista, era yerno del gobernador Quiroga,[368] de suerte que un sentimiento natural de indignación y de venganza, estimuló su energía para ponerse prontamente en campaña. Salieron tropas de Angol y de la Imperial, y durante algunos meses, sin arredrarse por las lluvias del invierno, recorrieron aquellos campos castigando sin piedad a los indios rebelados que pudieron hallar a mano. Muchos de éstos fueron a asilarse en las vegas pantanosas de Lumaco, y allí lograron sustraerse a la persecución y mantener la resistencia.

2. Llega a Chile Francisco de Villagrán y se recibe del mando

En estas circunstancias llegaba a Chile el general Francisco de Villagrán con el nombramiento de gobernador que le había dado el rey. Este infortunado capitán, que había llevado siempre una vida de fatigas y de aventuras, veía al fin satisfecha su más ardiente ambición; pero no había de encontrar en el mando los goces ni la tranquilidad a que aspiraba y que exigía su salud debilitada más por los trabajos que por los años.

Se recordará que en 20 de diciembre de 1558, Felipe II había firmado en Bruselas el nombramiento de Villagrán para el cargo de gobernador de Chile. En ese título, el rey ratificaba la ampliación de los límites de esta provincia hasta el estrecho de Magallanes, y revestía al nuevo mandatario de la amplitud de poderes que la Corona confería a tales funcionarios. Por las instrucciones dadas en la misma fecha, el monarca encargaba, como era práctica en esos documentos, el buen trato de los naturales, el orden y regularidad en la administración, el adelanto de los descubrimientos, la persecución de los pecados públicos y el castigo de los blasfemos, hechiceros, alcahuetes, amancebados públicos, usureros y jugadores y, sobre todo, la recaudación y aumento de las entradas del tesoro real. Para asegurar el buen trato de los naturales, Felipe II

---

368 La mujer de don Pedro de Avendaño se llamaba doña Isabel de Quiroga, era hija natural del gobernador Rodrigo de Quiroga, y había nacido en Chile. Por los años de 1550, Quiroga contrajo matrimonio con Inés Suárez, la antigua compañera de Valdivia, tan famosa por su heroísmo en la defensa de Santiago en 1541. Inés Suárez daba a doña Isabel de Quiroga el tratamiento de hija, pero en realidad no era su madre. Poco tiempo después de la muerte de Avendaño, doña Isabel contrajo segundas nupcias con Martín Ruiz de Gamboa, primo hermano de su primer marido, y más tarde gobernador de Chile.

mandaba que se abriesen caminos y se construyesen puentes en los ríos, para que, pudiendo traficarse el país por recuas de mulas, dejase de convertirse a los indios en bestias de carga. Como medio de conversión de los bárbaros, el rey recomendaba a Villagrán que trajese a Chile algunos religiosos de la orden de San Francisco, los cuales gozaban en esa época de la reputación de ser los misioneros más ardorosos y eficaces.[369]

Más de dos años transcurrieron antes de que Villagrán se dispusiese para emprender su viaje a Chile. Esta tardanza era debida solo en parte a la lentitud de las comunicaciones entre España y sus colonias. A principios de 1560, Villagrán supo en Lima que el rey lo había nombrado gobernador de Chile; pero este título había sido entregado en la Corte a un eclesiástico llamado Agustín Cisneros, hermano de su esposa; y éste había resuelto trasladarse a América con toda la familia del nuevo gobernador. Sea por escasez de recursos, o por cualquiera otra causa, los deudos de Villagrán no pudieron emprender su viaje con la rapidez que habrían deseado, y solo llegaron a Lima a principios de 1561.[370] En esos momentos circulaban en el Perú las noticias más o menos fantásticas de grandes y ricos descubrimientos de minas de oro que acababan

---

[369] Estos dos documentos, característicos por su forma y por su fondo, han sido publicados algunas veces. El lector puede hallarlos en *La cuestión de límites entre Chile y la República Argentina* por don Miguel Luis Amunátegui, tomo II, págs. 16-22. El señor Amunátegui ha reproducido las instrucciones de Villagrán tomándolas del tomo 23 de la Colección de documentos de Indias de Torres de Mendoza. Cotejando esa reproducción con la copia que yo mismo tomé de ese documento en el Archivo de Indias, veo que se ha omitido el párrafo siguiente, que es el segundo de las instrucciones. «Otrosí, porque los naturales de aquellas provincias reciben mucho daño y perjuicio en sus vidas por las inmoderadas cargas que les echan, llevándolos de unas partes a otras, y para remedio de esto convendrá que se abran caminos y se hagan puentes con brevedad para que las recuas puedan ir libremente a todas partes, luego como llegáredes a aquella tierra daréis orden como así se efectúe, y se abran los caminos y se hagan puentes donde no los hubiere por la orden contenida en una nuestra cédula que con ésta se os entrega, porque nuestra determinada voluntad es que, dando orden en lo susodicho, por ninguna vía se carguen los dichos indios, porque cesen tantas muertes y daños como por esta causa se les puede recrecer. Y para la ejecución de lo susodicho veréis otra cédula que cerca de ello mandamos dar, que también se os entregará, hacerla heis cumplir y ejecutar como en ella se contiene».

[370] La familia de Villagrán se componía de su esposa doña Cándida Montesa, de un hijo llamado Pedro, que murió desastrosamente en la guerra de Arauco, de una hija casada con el capitán Arias Pardo de Maldonado, y de otros parientes suyos y de su mujer que esperaban hallar fortuna en Chile. Algunos documentos posteriores hacen referencia a un Álvaro de Villagrán que se da por hijo segundo del gobernador, y que, en realidad, era su hijo natural.

de hacerse en Chile. Francisco de Villagrán pudo hallar en Lima quienes le prestasen dinero para hacer sus aprestos de viaje, y encontró, además, algunos individuos dispuestos a acompañarlo a Chile, con la esperanza de enriquecerse en corto tiempo. Terminados sus preparativos, el gobernador zarpó del Callao en los primeros días de marzo.

Después de los tres meses que duraba esa navegación en las circunstancias más favorables, Villagrán desembarcaba en La Serena el 5 de junio de 1561.[371] Es probable que llegase dispuesto a vengar en su antecesor los injustos ultrajes que éste le había inferido en años atrás, cuando, sin causa ni pretexto, lo redujo a prisión y lo confinó al Perú; pero al pisar la tierra supo el nuevo gobernador que Hurtado de Mendoza había partido de Chile hacía cuatro meses y que este país estaba regido por un mandatario interino. El mismo día se hizo recibir en el rango de gobernador por el cabildo de La Serena; y el siguiente despachaba a Santiago a un representante suyo, provisto de amplios poderes para que a su nombre tomase el mando superior. Ese representante era el licenciado Juan de Herrera, escribano de Lima, muy versado en las prácticas judiciales, a quien la Audiencia había conferido el grado de teniente gobernador de Chile y asesor letrado del general Villagrán. El licenciado Herrera fue recibido sin problema alguno por el Cabildo de la capital el día 19 de junio. Las providencias dictadas por el nuevo gobernador eran recibidas en todas partes con el acatamiento debido al que representaba la autoridad real.

Los cronistas e historiadores, que más tarde han referido estos sucesos, cuentan que Francisco de Villagrán, alejado de Chile en 1557, pasó a España, que allí obtuvo el título de gobernador de Chile y que regresó a América con su familia. Molina, *Historia civil*, capítulo 8, libro III, va hasta decir que volvió a Chile por la vía de Buenos Aires. Todo esto no es más que uno de los innumerables errores de detalle que se encuentran en esos libros. Según se ve en los antiguos documentos, y se comprueba por los cronistas primitivos, Francisco de Villagrán permaneció en Lima durante todo el gobierno de don García Hurtado de Mendoza, y allí recibió su nombramiento de gobernador que le había agenciado su pariente el clérigo Cisneros, utilizando las recomendaciones que en favor suyo había en la Corte.

371 En carta dirigida a Felipe II desde Santiago el 15 de septiembre de 1561, Villagrán le dice que llegó a Chile el día de Corpus Christi, que ese año cayó en 5 de junio. Por el tenor de esta carta se ve que Villagrán había partido del Perú sin tener noticia alguna del viaje de su antecesor, y por tanto antes que éste hubiera llegado a Lima. Villagrán venía persuadido de que hallaría en Chile a don García Hurtado de Mendoza. Conviene advertir que la correspondencia de Villagrán, que solo consta de unas cuantas cartas de reducidísima extensión, es del más escaso interés y que apenas esclarece uno que otro hecho.

Villagrán permaneció algunos días más en La Serena. Desde allí dispuso que el capitán Gregorio de Castañeda, soldado antiguo en la conquista de Chile, pasase con algunas tropas al otro lado de las cordilleras, para hacer reconocer su autoridad en Tucumán y para tomar el mando de esta provincia que hasta entonces desempeñaba el capitán que en 1557 había enviado Hurtado de Mendoza. Tomando enseguida el camino de tierra, el gobernador se puso en marcha para Santiago, donde el Cabildo y sus antiguos compañeros de armas lo esperaban con grandes festejos.

Un antiguo cronista ha descrito con mucho colorido la entrada del gobernador en la capital. «La justicia y regimiento, dice, le tenían aparejado un recibimiento, el mejor que ellos pudieron, conforme a su posible. En la calle principal, por donde había de entrar, hicieron unas puertas grandes, a manera de puertas de ciudad, con un chapitel alto encima, y en él puestas muchas figuras que lo adornaban; y la calle toldada de tapicería, con muchos arcos triunfales, hasta la iglesia; por todas ellas muchas letras y epítetos que le levantaban en gran manera dándole muchos nombres de honor; y una compañía de infantería, gente muy lustrosa y muy bien aderezada, y por capitán de ella el licenciado Altamirano, y otra compañía de caballo con lanzas y dargas, y más de 1.000 indios, los más de ellos libres, con las mejores ropas que pudieron haber todos. En orden de guerra le salieron a recibir al campo fuera de la ciudad, a la puerta de la cual quedaba el Cabildo esperándole, con una mesa puesta delante de la puerta de la parte de afuera, cubierta de terciopelo carmesí, y baja a manera de sitial, con un libro misal encima para tomarle juramento, como es costumbre a los príncipes, que cierto, porque me hallé presente, toda la honra que le pudieron dar le dieron. De esta manera llegó a la puerta de la ciudad, encima de un macho negro, pequeño más que el ordinario, con una guarnición de terciopelo negro dorada, y una ropa francesa de terciopelo negro aforrada de martas, lo metieron en la ciudad como a hombre que querían mucho, y le habían tenido por amigo mucho tiempo. Después de las ceremonias del juramento lo llevaron a la iglesia debajo de un palio de damasco azul, llevándole dos alcaldes el macho por la rienda, y desde allí a casa del capitán Juan Jufré, que era su posada.»[372]

---

[372] Góngora Marmolejo, capítulo 33. La pérdida del libro del Cabildo en que estaban consignados los acuerdos de este año, no permite fijar con toda precisión el día de la entrada en Santiago del gobernador Francisco de Villagrán. Se sabe sí que el 19 de junio de 1561 había sido recibido como su teniente gobernador el licenciado Herrera. El solemne reci-

3. Comienza su gobierno bajo malos auspicios: primera epidemia de viruela; renovación de la guerra de Arauco

A pesar de este inusitado aparato con que era recibido el nuevo gobernador, y del contento con que lo saludaban sus antiguos compañeros de armas, el arribo de Villagrán coincidía con una época de desgracias que en todo o en parte debían atribuirse a culpa suya. El buque en que había llegado a La Serena trajo algunos enfermos de viruela. La epidemia se esparció rápidamente en todo el país causando incalculables estragos. Los indios, sobre todo, sufrieron sus consecuencias en las más alarmantes proporciones. La mortandad de los trabajadores hizo necesario el suspender las faenas de los lavaderos, lo que era una enorme contrariedad para los colonos. La superstición de los bárbaros, su creencia arraigada de que ninguna muerte era natural, y de que las enfermedades son producidas por hechizos, los persuadió fácilmente de que la epidemia era una simple hostilidad de los conquistadores. Los indios de guerra, particularmente, creían que no pudiendo los españoles someterlos por las armas a su dominación, habían traído aquella epidemia para extinguirlos en su totalidad.[373] Así, pues, esta horrible plaga que azotaba igualmente a los españoles, y que había venido a paralizar sus trabajos industriales, enardeció a los rebeldes de Arauco, excitó su rabia y los alentó para mantener la más enérgica y formidable resistencia.

Villagrán se había hecho, sin duda, la ilusión de venir a gobernar tranquilamente en Santiago, sin guerras y perturbaciones, como gobernaban en esa época los virreyes del Perú. Al partir de Lima, debía creer las noticias que allí se comunicaban acerca de la pacificación definitiva de Chile. En esta confianza y obedeciendo al errado sistema de extender sus dominios a lejanos territorios, como lo habían hecho sus predecesores, en La Serena se desprendió, como ya dijimos, de una parte de sus tropas para enviarlas a Tucumán. En Santiago apartó otro cuerpo de soldados, y poniéndolo bajo las órdenes del capitán Juan

---

bimiento de Villagrán debió tener lugar en julio o agosto del mismo año. Los alcaldes del Cabildo que prepararon y dirigieron esta ceremonia fueron Francisco de Riberos y Pedro de Miranda, ambos soldados antiguos de la conquista, vecinos de Santiago desde la época de su fundación en 1541 y, por tanto, compañeros de armas del nuevo gobernador.

373 Góngora Marmolejo, capítulo 33 y 34. Faltan en los documentos y en los cronistas primitivos datos precisos para estimar los estragos de esta epidemia.

Jufré, lo despachó a la provincia de Cuyo a reemplazar al jefe que allí mandaba en nombre de Hurtado de Mendoza, y a fundar nuevas poblaciones.[374] Estas lejanas empresas eran tanto más imprudentes cuanto que Chile volvía a experimentar una notable falta de soldados. La mayor parte de la gente que en 1557 trajo don García, regresaba al Perú, y con ella algunos de los capitanes que habían sido más útiles para sostener la guerra.[375]

Mientras tanto, la insurrección de los indios de Purén tenía alarmadas a las ciudades del sur, temerosas de que el levantamiento se extendiese a las provincias que estaban de paz. Con el deseo de ponerle atajo, Villagrán comenzó por enviar un destacamento de tropas bajo las órdenes de Alonso de Reinoso y luego despachó a su propio hijo con algún refuerzo. Poco más tarde, a fines de octubre, partió él mismo de Santiago en compañía de su teniente gobernador y de algunos religiosos. Después de una corta residencia en Concepción, se trasladó a la ciudad de Cañete a dirigir personalmente las operaciones militares.

4. Las predicaciones de un religioso dominicano vienen a complicar la prosecución eficaz de la guerra

La renovación de las hostilidades dio lugar a dificultades y complicaciones que debieron agitar mucho a los hombres de ese tiempo. La exposición de estos hechos que quizá pueden en nuestra época parecer frívolos, tiene una gran importancia para apreciar las ideas morales del siglo XVI.

Hemos contado en otra parte que don García Hurtado de Mendoza llegó a Chile en 1557 con una cohorte de clérigos y frailes que traía del Perú para que le ayudasen en la pacificación de los indios. Venían entre ellos dos religiosos dominicanos, fray Gil González Dávila y fray Diego de Chávez, que pasaron luego a Santiago. Antes de fines de ese mismo año, amparados por el gobernador, consiguieron echar las bases de la fundación de un convento de su orden,[376] y alcanzaron, el primero sobre todo, un alto prestigio de ciencia entre los incultos pobladores de la ciudad.

---

374 El nombramiento de Juan Jufré para esta comisión tiene fecha de 27 de septiembre de 1561. En la parte II, capítulo 19 § 8, hemos dado cuenta de esta expedición.

375 Este hecho está consignado en una extensa carta dirigida al rey por el capitán Juan Matienzo desde Valdivia el 1 de noviembre de 1573.

376 El padre dominicano fray Juan Meléndez, natural de Lima, es autor de una extensa historia de su orden en estos países publicada en Roma en 1681-82, en tres gruesos volúmenes con el título de *Tesoros verdaderos de las Indias, en la historia de la gran provincia de San*

Esos religiosos dependían de la diócesis de Charcas, erigida hacía poco tiempo. Su primer obispo, don fray Tomás San Martín, fue un fraile dominicano que había desempeñado un papel importante en las guerras civiles del Perú. Lastimado, al parecer, por el trato cruel que los conquistadores daban a los indios, pero en realidad deseando contribuir al afianzamiento de la paz en ese país, el obispo San Martín había dado unas instrucciones a los confesores para que reglaran su conducta en materias de repartimientos y de trabajo forzado de los indios. Se sabe que a consecuencia de aquellas guerras civiles, la mayor parte de los primeros conquistadores del Perú habían sido privados de sus repartimientos y que éstos habían sido dados en nombre del rey a los capitanes y funcionarios que habían ayudado a someter a Gonzalo Pizarro. El obispo San Martín declaraba allí «que según verdadera cristiandad y católica teología», los primeros conquistadores y descubridores poseyeron mal esos repartimientos, y no debían conservarlos «porque no guardaron las condiciones de buena guerra, ni conquistaron guardando ley natural ni divina ni humana, canónica ni civil, por servir su propio interés». Según el obispo, no sucedía lo mismo con los nuevos concesionarios, porque el rey, poseyendo de buena fe y sin conocer los horrores de la conquista, podía encomendar los indios a condición de que se les hiciera trabajar moderadamente. «No sabiendo el rey ni sus sucesores, dice con este motivo, los capítulos en que erraron los conquistadores, poséenla como cosa propia, y pasa ya como cosa juzgada y averiguada, y pasará hasta el fin del

---

Juan Bautista del Perú de el orden de predicadores, obra curiosa sobre todo por el innumerable caudal de milagros que contiene, y que ha llegado a hacerse sumamente rara. En el libro II, capítulo 7 y libro IV, capítulo 8 da noticia de la introducción de los dominicos en Chile, refiriendo que los padres González y Chávez llegaron a Santiago en 1552, y que luego fundaron su convento. Según esto, los dominicos habrían sido los primeros religiosos que se establecieron en Chile. Estas noticias han sido seguidas sin examen por los cronistas e historiadores posteriores. De los documentos antiguos y de los cronistas primitivos aparece otra cosa. Aquellos padres llegaron a Chile con don García Hurtado de Mendoza en 1557 y fundaron el convento de su orden cuando ya hacía cuatro años que lo tenían los franciscanos. Por lo demás, éstos y otros errores más graves todavía, son comunes, como ya hemos dicho, en las crónicas de las órdenes religiosas en América.

Mucho más exacto es don fray Baltasar de Obando, tercer obispo de la Imperial, más conocido con el nombre de Reginaldo de Lizárraga, en un libro que dejó manuscrito con noticias históricas y geográficas sobre Chile. Este prelado, dominicano él mismo, ha contado muy sumariamente la introducción de los frailes de su orden en Chile, pero dice expresamente que solo llegaron en 1557. «El primero, dice, que de nuestros religiosos entró en este reino con don García de Mendoza, fue el padre fray Gil González Dávila, varón docto, gran predicador y de muy esencial ejemplo.»

mundo, mientras que las Indias del Perú sean sujetas al rey de España. Y a esta causa, los que ahora poseen, guardando las leyes y condiciones que el rey les pone en la cédula de encomienda, paréceme que pueden llevar los tributos con buena conciencia tasados y moderados, tratando bien a los indios que así les fueren encomendados, y doctrinándolos en policía natural y cristiana, y en aquello que faltaren serán obligados a restitución.»[377] Toda esta doctrina era simplemente la teología y la confesión puestas al servicio del gobierno real y de los nuevos encomenderos, cuyos títulos no tenían ante la razón y la verdad un fundamento más sólido que los de sus predecesores.

Los primeros dominicos que llegaron a Chile, tenían que sujetarse a estas doctrinas sancionadas por el primer obispo de Charcas. Aunque el convento de Santiago no constaba más que de dos religiosos, uno de ellos, el padre González Dávila, usaba el título de prior. En este carácter, sin duda, escribió en 1559 un pequeño tratado sobre el trabajo personal de los indios.[378] Dos años más tarde, cuando Villagrán salía de Santiago a dirigir las operaciones militares, en vez de hacerse acompañar de frailes franciscanos, como se lo había recomendado Felipe II, llevó a su lado como consejero al padre González Dávila, que le iba a causar los más serios problemas.

En los primeros momentos, el gobernador se halagó con la idea de someter de nuevo a los indios sin apelar a las armas. Devolvía la libertad a los prisioneros que tomaban sus destacamentos, los obsequiaba y los hacía partir para llevar a los suyos las proposiciones de paz. Era la repetición del plan ensayado inútilmente por Hurtado de Mendoza en los principios de su gobierno. Este sistema aconsejado por el fraile dominicano, pero impugnado por los capitanes del ejército, produjo los más desastrosos efectos. Los indios sometidos de esa región, que se veían obligados a un duro trabajo, mientras los rebeldes vivían

---

377 La instrucción del obispo San Martín existe en copia en el Archivo de Indias. Ha sido también impresa con un título equivocado y con otros descuidos, en las págs. 348-62 del tomo 7 de la Colección de Torres de Mendoza. Es un documento curioso para la historia por las noticias que contiene acerca de la explotación de que se hacía víctimas a los indios.

378 El tratado del padre Gil González Dávila nos es desconocido. Solo tenemos noticia de él por lo que dice el padre jesuita Lozano en su *Historia de la compañía de Jesús de la provincia del Paraguai*, Madrid, 1755, libro V, capítulo V, n.º 10, según el cual ese escrito era una condenación de la manera como se practicaba en Chile el servicio personal de los indígenas. Seguramente era una dilucidación de las doctrinas consignadas en las instrucciones del obispo San Martín. Lozano y otros cronistas y aun algunos antiguos documentos, llaman a ese religioso Gil González de San Nicolás, que sin duda era su nombre conventual.

libres en sus selvas sin que se tratara de sujetarlos y, aun, recibiendo obsequios de sus antiguos amos, se alzaron todos «sin quedar indio ninguno de paz en aquella provincia», dice un antiguo cronista.

Fue necesario cambiar de plan de conducta, y prepararse para la guerra efectiva. Pero entonces, el religioso dominicano, cuyo celo parecía exaltarse con la contradicción, olvidó toda mesura. «Fray Gil, en las oraciones que hacía a los soldados, añade el cronista citado, les decía se iban al infierno si mataban indios, y que estaban obligados a pagar todo el daño que hiciesen y todo lo que comiesen, porque los indios defendían causa justa, que era su libertad, casas y haciendas, porque Valdivia no había entrado a la conquista como lo manda la iglesia, amonestando y requiriendo con palabras y obras a los naturales; en lo cual se engañaba, como hombre que no lo vido; porque yo me hallé presente con Valdivia al descubrimiento y conquista, en la cual hacía todo lo que era en sí como cristiano.[379] Volviendo a fray Gil, eran sus palabras dichas con tanta fuerza, que hacían gran impresión en los ánimos de los capitanes y soldados; y acaeció vez que Villagrán estaba hablando a algunos soldados que hiciesen lo que sus capitanes les mandasen, y alanceasen a los indios todos que pudiesen, fray Gil les decía que los que quisiesen irse al infierno lo hiciesen. Así era una grandísima confusión ver estas cosas, y que Villagrán no las remediase, y así se hacía la guerra perezosamente.»[380]

5. El gobernador visita las ciudades del sur y cae gravemente enfermo; el licenciado Juan de Herrera, su teniente gobernador, instruye un proceso a los indios enemigos, y en virtud de la sentencia manda hacerles la guerra

Mientras tanto, los indios de las inmediaciones de Cañete, como era natural que sucediera, se hacían más insolentes cada día. Los capitanes experimenta-

---

379 Hemos referido en la segunda parte, al contar la historia de las campañas de Valdivia, que este conquistador hacía siempre a los indios los requerimientos que según el dictamen de los letrados y teólogos españoles, debían preceder a todas las operaciones militares. Esos requerimientos, destinados a exigir de los indígenas la sumisión absoluta al rey de España en cumplimiento de la concesión pontificia, no produjeron, como sabemos, resultado alguno, pero esto no era culpa de Valdivia, el cual, según la expresión del cronista Góngora Marmolejo, «hacía todo lo que era en sí como cristiano». Ya sabemos lo que entendían por estas palabras los conquistadores del siglo XVI.
380 Góngora Marmolejo, capítulo 34.

dos en la guerra, y los encomenderos de esa ciudad, deseaban que Villagrán se alejara de ella con el fraile que le servía de consejero, para hacer efectivas y eficaces las hostilidades. El gobernador no pudo resistir a estas exigencias, que los encomenderos apoyaban, además, en la escasez de bastimentos para alimentar en esas circunstancias a toda la gente que había en la plaza. Villagrán partió, al fin, de Cañete con toda su comitiva y con la mayor parte de sus tropas para visitar las otras plazas que los españoles tenían en la región del sur. Su hijo Pedro y el capitán Alonso de Reinoso quedaron a la defensa de la ciudad con 120 soldados.

La visita del gobernador a aquellas provincias debía ser no solamente estéril para la conservación de la paz y el afianzamiento de la conquista, sino triste y lastimosa. Aunque Villagrán no contaba entonces más que cincuenta años de edad, su cuerpo estaba quebrantado por las enfermedades, y su espíritu abatido por las dificultades de la situación. Villagrán había poseído una salud robusta que hizo de él uno de los capitanes más vigorosos y activos de aquella falange de sólidos e incansables guerreros. Pero el exceso de trabajo, las fatigas de la guerra, las penalidades de las marchas en todas las estaciones del año, pasando días y noches en medio de bosques y pantanos, habían acabado por reducirlo a un estado casi vecino a la decrepitud. En esa condición visitó las ciudades de Angol, Imperial y Villarrica; pero en esta última, donde se hallaba en la pascua de Natividad,[381] fue atacado por una grave enfermedad, acompañada de horribles dolores gotosos, que lo puso a las puertas de la muerte y que lo retuvo mucho tiempo postrado en la cama. Cuando supo que los vecinos de Concepción le reprochaban el mantenerse lejos del teatro de las operaciones militares, el infeliz Villagrán, algo restablecido, pero imposibilitado para andar a pie o a caballo, se hizo conducir primero a la Imperial y enseguida a Angol para mostrar que no olvidaba los deberes de su cargo. Sentado en una silla, casi como un cadáver, el gobernador era transportado de un punto a otro por los indios de servicio. En Angol, donde llegaba en marzo de 1562,[382] pasó dos

---

381 Góngora Marmolejo, capítulo 34, dice por descuido pascua de Navidad de 1563, en lugar de 1561.
382 Los documentos y relaciones de la época del gobierno de Villagrán son generalmente deficientes y casi no fijan fechas. Góngora Marmolejo, dice que hallándose el gobernador enfermo en la Imperial, llegó de Santiago el capitán Juan Bautista Pastene a pedirle en nombre de esta ciudad que «enviase por su teniente a Pedro de Villagrán, su hijo, por respeto de no llevarse bien con el capitán Juan Jufré, a quien había dejado por su justicia

meses tendido en su lecho, tomando la zarzaparrilla, planta que los españoles habían encontrado en gran abundancia en la América tropical, cuyos usos terapéuticos aprendieron de los indios, y que empleaban en esa época como el primero de los medicamentos.[383] Cuando se hubo mejorado de sus males, Villagrán se hizo trasladar a la Imperial para pasar allí el invierno.

Mientras tanto, la guerra continuaba en las inmediaciones de Cañete. Los españoles hacían correrías en los campos vecinos, talaban los sembrados de los indios y sostenían frecuentes combates. El efecto de las predicaciones de fray Gil González Dávila comenzaba a desvirtuarse, y una resolución jurídica del carácter más original vino a dar a la lucha el carácter firme y decidido que había tenido en los tiempos anteriores.

Acompañaba a Villagrán en esta campaña el licenciado Juan de Herrera, su teniente gobernador. Profesaba éste, respecto a la guerra contra los indios, doctrinas diversas a las del fraile dominicano. El licenciado Herrera, como segundo del gobernador y como su reemplazante en el mando durante la enfermedad de Villagrán, sostenía que la persecución enérgica y eficaz de los bárbaros estaba autorizada por las leyes civiles y canónicas porque, si bien el rey después de oír a los teólogos y juristas de España, había recomendado que se tratase siempre de someter a aquellos por la predicación y los medios

---

mayor». Esta indicación no es cierta más que en parte. El 22 de mayo de 1562, Villagrán firmaba en la Imperial el nombramiento de su hijo para teniente gobernador de Santiago, por cuanto Juan Jufré se hallaba ausente. Hemos contado ya que Jufré había partido para el otro lado de los Andes a fines de 1561, y que en el año siguiente trasladaba a otro sitio la ciudad de Mendoza, y fundaba la de San Juan. El nombramiento de Pedro de Villagrán y las actas de las fundaciones en la provincia de Cuyo, nos sirven para restablecer la cronología de este período histórico, tan confusa y estropeada en los cronistas.

383 El lector encontrará noticias prolijas sobre el uso de la zarzaparrilla en el siglo XVI, en un libro muy curioso del doctor Nicolás Monardes, de Sevilla, que hemos citado en otra parte, la *Historia medicinal de las cosas que traen de nuestras Indias occidentales que sirven en la medicina*, Sevilla, 1574, fols. 18-23. «Es tanto, dice, el uso del agua de la zarzaparrilla el día de hoy que a cualquiera enfermedad se aplica, y ha venido a tanto que en cualquier achaque de reumas y corrimientos, ventosedades, mal de mujeres de la madre, o otro cualquier achaque que sea, como no sean fiebres o enfermedades agudas, luego toman agua simple de zarzaparrilla; y esto está el día de hoy tan puesto en el uso que así hallará agua cocida de zarzaparrilla simple en muchas casas como agua en las tinajas, y cierto hace grandes efectos y remedia largas e importunas enfermedades». Puede consultarse igualmente el *Libro que trata de la enfermedad de bubas*, por el doctor Pedro de Torres, Madrid, 1600, capítulo 32, donde se ensalzan en términos análogos las cualidades medicinales de esta planta.

de suavidad y dulzura, esas prescripciones no regían en el presente caso. Los indios de Chile, decía, habían dado la paz en tiempo de Valdivia, se habían reconocido vasallos del monarca español, habían aceptado la predicación del evangelio, y luego se habían sublevado incurriendo en el delito de infidelidad y poniéndose en la condición de súbditos rebeldes. Queriendo desvanecer todos los escrúpulos de los soldados sobre la justicia de las operaciones militares, se propuso demostrar legalmente que los indios de Chile estaban fuera del amparo de las leyes protectoras emanadas de la autoridad real. «Yo, como juez y teniente general de aquella provincia, dice el mismo licenciado Herrera, hice proceso en forma contra todos los dichos indios rebelados, y los llamé por edictos, y se creó fiscal, y se les puso acusación sobre las muertes y robos e insultos, y otros delitos que habían hecho y cada día hacían.»

Como es fácil comprender, este proceso singular debía seguirse sin la menor intervención de los acusados. Era inútil que la justicia española citase y emplazase por edictos y pregones a los indios de guerra para que acudiesen a hacer oír sus descargos y defensas. Los bárbaros, que no podían tener la menor idea de tales procedimientos, no pensaban más que en pelear para deshacerse de sus opresores, y no querían oír ni halagos ni amenazas. «Por su ausencia y rebeldía, añade el licenciado Herrera, hice citar y llamar a las personas que eran sus protectores, y que en público volvían por ellos, hasta venir a citar a fray Gil de San Nicolás, que era y fue el más principal religioso que por ellos volvía, el que más escrúpulos ponía, y predicaba que se iban los capitanes y soldados y jueces al infierno, y de palabra me dijo que Su Majestad, ni yo en su nombre, no éramos jueces porque no estaban seguros. En efecto, yo sustancié el proceso, e hice probanzas y vine a sentenciarlos a muerte y perdimento de bienes, y notifiqué la sentencia en los estrados y a los que pretendían. Y pasado el tiempo en que podían apelar, pronuncié otro auto en que en efecto dije que por cuanto convenía ejecutar la dicha sentencia e ir a prender los culpados, y que andaban salteando y matando por los caminos, y por andar con mano armada y yo no los poder prender ni castigar si no llevaba copia de gente y que fuese armada, y que para el dicho efecto convenía yo ir en persona y llevar hasta 200 hombres que fuesen apercibidos con un capitán que nombré. Y con esta orden fui a la guerra y di aviamiento y municiones y socorros a la gente que iba y fui a ejecutar lo susodicho.»[384] La guerra tenaz e implacable contra los indios de Arauco, quedó así sancionada por una sentencia que se creía legal y que debía acallar todo reato de conciencia.

6. Prosecución de las operaciones militares: derrota de los españoles en Catirai o Mareguano

Pasado el invierno de 1562, el valetudinario gobernador se puso en marcha para Valdivia dejando la dirección de las operaciones de la guerra a los capitanes que mandaban en Cañete y en Angol. Villagrán, que nunca había poseído la inteligencia superior para combinar vastos planes militares, se hallaba ahora, a causa de sus enfermedades, reducido a un estado de debilitamiento físico y

---

384 Habiendo pasado muy poco después a Lima el licenciado Juan de Herrera a dar cuenta del estado de la guerra de Chile y a pedir socorros, presentó dos cortos memoriales, uno en que apuntaba las medidas que podían tomarse para la pacificación de este país, y otro en que refiere sumariamente la historia de este proceso para justificar su conducta y para que no se pusieran inconvenientes ni cargos en la confesión ni a él ni a los capitanes y soldados que tomaban parte en la guerra. Ambos memoriales existían inéditos en la Biblioteca Nacional de Madrid, pero fueron publicados por don Pascual de Gayangos como apéndice a la historia de Góngora Marmolejo, y reimpresos con ésta en el tomo II de la *Colección de historiadores de Chile*. Existe, además, en la misma biblioteca una relación inédita de don Gaspar de Salazar de las cosas que vio mientras estuvo sirviendo en la guerra de Chile, esto es, de 1561 hasta los primeros días del gobierno de Bravo de Saravia, y en ella hace alusión a estas cuestiones, sin referirlas expresamente. A falta de otros documentos, estamos obligados a no dar más pormenores acerca de este proceso que los que consigna el licenciado Herrera y a no poder fijar la fecha precisa de la sentencia.
Ha dado éste un detalle característico de esos tiempos al terminar su memorial. «Cuando me vine a confesar en esta ciudad, dice Herrera, por saber que había ido a la dicha guerra y dado aviamiento y socorros para ella, no querían confesarme hasta que vieron lo susodicho letrados teólogos los más principales de esta ciudad, y así me absolvieron». De manera que el procedimiento del licenciado Herrera que hoy nos parece tan extraño, fue ampliamente aprobado como conforme a las leyes civiles y canónicas por los teólogos más ilustrados que había en Lima.
Por lo demás, no es difícil hallar en la historia de esos tiempos procesos análogos seguidos no ya contra los indios sino contra los animales. El padre jesuita Bartolomé de Escobar, revisor y casi puede decirse autor de la *Crónica* que lleva el nombre de Mariño de Lobera, cuenta en el capítulo 51 de la primera parte, que el año de 1556 apareció una plaga de ranas que duró quince días. «Y en cesando esta plaga, añade, vino también multitud de ratones que hervían por las casas y calles, de suerte que les pusieron pleito, dándoles defensor que alegase por su derecho, y habiéndoles convencido en juicio, los excomulgaron, y al instante murieron todos sin parecer alguno vivo en muchos días». Ya veremos que el proceso seguido contra los indios por el licenciado Herrera, no dio resultados tan maravillosos.

moral que lo hacía casi absolutamente inútil. Los vecinos de Valdivia, temerosos de que fuere a remover los repartimientos que había dado su antecesor, le hicieron todo género de agasajos; pero allí mismo la gota lo postró de nuevo en cama. Cuando su salud se hubo restablecido un poco, a mediados de octubre, se embarcó en un navío con unos cuarenta soldados para volver a Concepción, cuyos vecinos lo llamaban con instancias para que fuese a ponerse al frente del gobierno.

Los vientos contrarios lo llevaron a Chiloé.[385] Su buque estuvo a punto de perderse en aquellos canales, peligrosos siempre por sus bajíos y sus corrientes. Habiendo encallado en un banco de arena, situado en la embocadura de un río (probablemente el Pudeto), Villagrán mandó desembarcar sus tropas y sus caballos, y tuvo que permanecer algunos días en tierra. Mientras reconocían aquellas localidades, los españoles fueron asaltados una noche por un considerable número de indígenas, viéndose obligados a sostener un reñido combate que estuvo a punto de serles funesto. Pero desde que algunos de los castellanos, en medio de la oscuridad y de la sorpresa, lograron montar en sus caballos, restablecieron su superioridad militar, y pusieron a los bárbaros en completa dispersión. No teniendo qué hacer en esas islas, y siendo urgente acudir al verdadero teatro de la guerra, Villagrán volvió a embarcarse desde que su buque estuvo nuevamente a flote. Luego se dio a la vela para Concepción cuya situación había llegado a ser inquietante.

En efecto, la guerra había tomado mayores proporciones al sur del Biobío desde los principios de la primavera. Los indios, alentados, sin duda, por la flojedad con que sus enemigos los habían hostilizado en el verano anterior a causa de los quiméricos proyectos del fraile dominicano, estaban más arrogantes y atrevidos que nunca. Las serranías de la cordillera de la Costa, desde Tucapel hasta las orillas del Biobío, eran el centro de sus hostilidades, de donde salían a atacar los destacamentos españoles. En aquellos lugares era todo confusión

---

385 La relación de estos hechos que hace Góngora Marmolejo, capítulo 35, es contradictoria respecto de este viaje a Chiloé. Al paso que refiere que Villagrán encomendó al piloto que navegase a donde el tiempo lo quisiera llevar, cuenta que salió de Valdivia con el propósito de reconocer las costas del sur. Más natural me parece la versión de la *Crónica* de Mariño de Lobera en el capítulo 16, del II libro El viaje a Chiloé no tenía objeto alguno en esas circunstancias y, sin duda, el gobernador lo hizo contra sus deseos. Esta versión está conforme con lo que refiere el capitán Francisco de Ulloa en una carta dirigida a Felipe II en 11 de agosto de 1563.

y alarma. Los conquistadores comenzaban a desalentarse, y muchos de ellos acusaban al achacoso gobernador de ser la causa de las desgracias de esta situación. Una pequeña victoria alcanzada sobre los indios por un cuerpo de españoles que salió de Concepción bajo el mando del capitán Francisco de Castañeda, no había bastado para atemorizarlos. Lejos de eso, los bárbaros se habían reconcentrado en otro lugar de esas mismas montañas, y se fortificaban empeñosamente.

Villagrán se hallaba en Concepción en los primeros días de diciembre de 1562. Imposibilitado por sus enfermedades para salir personalmente a campaña, reunió las fuerzas de que podía disponer, las puso bajo las órdenes de su hijo Pedro de Villagrán,[386] y de su yerno Arias Pardo de Maldonado, y las hizo marchar a destruir un campo fortificado en que se reunían los indios cerca del Biobío. Los bárbaros, mucho más adiestrados ahora en el arte de la guerra, habían construido formidables palizadas, y habían abierto en los alrededores hoyos profundos y encubiertos para que cayeran los caballos. Nada, sin embargo, podía contener el ardor de los castellanos. El 8 de diciembre llegaron frente a las posiciones enemigas; y después de algunas escaramuzas militares, se desmontaron y emprendieron resueltamente a pie el asalto de aquellas trincheras.[387] En lo más encarnizado del combate, el capitán Pardo de Maldonado fue acometido por un violento y repentino ataque de parálisis que inmovilizó todos sus miembros, y que obligó a sus soldados a retirarlo del campo. Pero este desgraciado accidente no suspendió la pelea; lejos de eso, los castellanos siguieron luchando con el mismo empuje hasta que los indios, acosados por todas partes, abandonaron sus posiciones y se entregaron a la más desorde-

---

[386] Pedro de Villagrán, nombrado por su padre teniente gobernador de Santiago en mayo anterior, por ausencia de Juan Jufré, estaba de vuelta en Concepción en diciembre de 1562.

[387] Fija la fecha de esta jornada la *Crónica* de Mariño de Lobera, libro II, capítulo 17. Aunque según Góngora Marmolejo, el gobernador Villagrán de regreso de Chiloé, se hallaba en esta época en el fuerte de Arauco, he visto un despacho firmado por él en Concepción el 22 de diciembre de 1562.

No es fácil fijar, con los documentos y relaciones que poseemos, el sitio en que estaban atrincherados los indios y en que tuvo lugar este combate. Los cronistas primitivos no lo indican con precisión; la relación manuscrita antes citada de don Gaspar de Salazar, dice la quebrada de Lincoyán, y algunos cronistas posteriores señalan a Millapoa. De las diversas relaciones deduzco que debió efectuarse a poca distancia de la ribera izquierda del Biobío, cerca de donde este río ha engrosado su caudal con las aguas del Laja o Nivequetén.

nada fuga. La persecución de los fugitivos fue, como se acostumbraba en esta guerra, encarnizada y sangrienta.

Aquella victoria costaba caro a los vencedores. Aparte de la enfermedad del capitán Pardo de Maldonado, a quien fue necesario transportar a Concepción por el río, y que no recobró nunca completamente su salud, los españoles salieron heridos casi en su totalidad. Los combates anteriores, por otra parte, les costaban la vida de muchos soldados y la pérdida de algunos caballos arrebatados por los bárbaros que comenzaban ya a usar estos animales con singular destreza. Sin embargo, hubo un momento en que los castellanos, creyendo a los enemigos escarmentados con el último desastre, se lisonjearon con la esperanza de afianzar la paz. Todo aquello no debía pasar de ser una engañosa ilusión.

En efecto, antes de mucho se supo que los indios se reunían otra vez en esas cercanías, que habían formado otro fuerte y que de nuevo se mostraban insolentes y provocadores. El gobernador, que se había trasladado por mar al fuerte de Arauco, se hallaba, como de ordinario, enfermo y abatido. Desde la cama en que la gota lo tenía postrado, dispuso que el licenciado Gutiérrez de Altamirano, que desempeñaba las funciones de maestre de campo, marchase a atacar a los indios en sus posiciones. Pedro de Villagrán, el hijo del gobernador, recibió orden de reunirse al maestre de campo; y la columna expedicionaria llegó a contar noventa soldados, en su mayor parte jóvenes e impetuosos, pero poco experimentados en la guerra contra los indios. Algunos cronistas han hecho notar que muchos de esos soldados eran chilenos de nacimiento, e hijos de los primeros conquistadores.

La columna expedicionaria, seguida de un cuerpo de 500 indios auxiliares, salió de Arauco llena de entusiasmo y de resolución. Subió sin dificultad la cordillera de la Costa, conocida entonces con el nombre de Mareguano, pero al bajar a la región oriental, en el lebu, o territorio que los indios llamaban de Catirai, llegó el segundo día de marcha a la vista del fuerte en que los enemigos estaban atrincherados. Los indios se hallaban parapetados detrás de sólidas palizadas y en alturas de difícil acceso, y habían cavado hoyos profundos y encubiertos para que cayeran los caballos. El maestre de campo Altamirano, al descubrir esas posiciones, comprendió perfectamente el peligro que había en aventurar un ataque; pero el joven Villagrán, y con él los más impetuosos soldados de la división, creyeron que sería una vergonzosa cobardía el volver caras ante un ejército de bárbaros, y arrastrados por un ardor irreflexivo, decidieron el empeñar la batalla. Fueron inútiles las observaciones que contra ese ataque sugería la prudencia a los más experimentados de aquellos capitanes.

Mientras tanto, los guerreros araucanos estaban al corriente por sus espías del número y de los movimientos del enemigo que marchaba a atacarlos. Cuando divisaron a los castellanos, se mantuvieron quietos en sus posiciones, y los dejaron avanzar sobre sus trincheras sin disparar una piedra ni un dardo. Pero al acercarse a la palizada de los indios, los caballos comenzaron a caer en los hoyos encubiertos, y entonces llovieron sobre los jinetes las flechas y los golpes. El maestre de campo logró salir del foso en que había caído; pero el impetuoso Villagrán, que marchaba a la vanguardia, fue ultimado sin que pudieran socorrerlo sus compañeros que corrían igual suerte. Introdújose entre los asaltantes la más espantosa confusión. Los indios, por su parte, más envalentonados que nunca por el resultado de su estratagema, salieron de sus trincheras, y en medio del desorden, acometieron impetuosamente a los castellanos, lanceándolos sin piedad, y poniéndolos en la más completa desorganización. Más de cuarenta de éstos, y entre ellos algunos capitanes y soldados de gran reputación, sucumbieron miserablemente en aquella lucha desigual. Los que pudieron sustraerse a la matanza, confundidos y desalentados por el desastre, tomaron la fuga favorecidos por sus caballos, buscando unos el camino de Concepción y otros el de Angol, porque el que conducía a Arauco, al través de la cordillera de la Costa, estaba cerrado por los vencedores.[388] Los españoles

---

[388] Esta batalla ha sido contada más o menos sumariamente en algunas relaciones contemporáneas; pero existen dos descripciones más extensas y completas, que solo se diferencian entre sí por pequeños accidentes: la de Mariño de Lobera, libro II, capítulo 15 y la de Góngora Marmolejo, capítulo 36, que es la mejor.

No nos ha sido posible fijar con toda precisión ni el día ni el sitio de esta batalla por la deficiencia de los documentos. Sobre el primer punto, creo que la derrota de los españoles tuvo lugar a fines de enero o a principios de febrero de 1563. Acerca del sitio del combate, los antiguos cronistas dicen que fue en el lebu de Mareguano, lo que ha hecho creer a algunos historiadores posteriores que se trata de la cuesta de Marigueñu en que fue derrotado Francisco de Villagrán en 1554. Sin embargo, el Mareguano de que hablan las crónicas no parece ser un sitio determinado, sino toda o la mayor parte de la región formada por la cordillera de la Costa desde Arauco hasta el Biobío. Las faldas orientales de esta parte de la cordillera, que se extendían hasta las orillas del río Vergara, formaban el lebu de Catirai, y en un punto de éste, que antiguos documentos denominan quebrada de Lincoyán, estaba construido el fuerte en que fueron derrotados los españoles, como se comprueba por una referencia que a esta jornada hace el cronista Góngora Marmolejo

perdieron, además, junto con un número considerable de indios auxiliares, que pelearon valientemente en la batalla, muchos caballos y una gran cantidad de armas de que había de aprovecharse el enemigo.

7. Despoblación de Cañete; los indios ponen sitio a la plaza de Arauco que defiende heroicamente el capitán Lorenzo Bernal de Mercado

Este desastre, uno de los más funestos que hubieran sufrido los españoles desde los primeros días de la conquista, iba a ser el principio de un alzamiento general y terrible de los indios. El desventurado gobernador permanecía entretanto en Arauco, postrado en su cama, agobiado por los dolores gotosos que no le daban un momento de descanso; y quebrantado por las desgracias de su gobierno, y por la incertidumbre acerca del resultado de la expedición. Al cabo de algunos días llegaba a Arauco el capitán Lorenzo Bernal de Mercado, uno de los oficiales más acreditados de las huestes españolas. Iba de Angol, donde había visto llegar los restos salvados del desastre de Mareguano. Al entrar a la alcoba del gobernador, le dijo lleno de aflicción: «Vuestra señoría dé gracias a Dios por todo lo que hace: Pedro de Villagrán es muerto, y todos los que iban con él desbaratados». El atribulado padre mandó que lo dejaran solo, dio vuelta el rostro a la pared, y permaneció largo rato devorado por un dolor mudo y profundo.[389]

Pero las desgracias que habían comenzado a caer sobre su cabeza iban a repetirse sin interrupción y sin darle un solo momento de descanso. Los indios, envalentonados con la victoria, habían cobrado mayor arrogancia, y amenazaban a los españoles no solo en los campos sino en el mismo recinto de las ciudades. Una noche se atrevieron a hacer una entrada en Cañete, de donde se llevaron una buena parte del ganado que tenían los defensores de la ciudad, y enseguida dieron muerte en el campo a un capitán y a algunos soldados que habían salido en su persecución. Angol estaba también amenazada. Los españoles se veían reducidos a mantenerse a la defensiva. Todas las montañas de la

---

en el capítulo 53. Así se comprende que los fugitivos de esta derrota fueran a buscar su salvación en Angol, o en las orillas del Biobío para llegar a Concepción, por la dificultad de volver a pasar la cordillera de la Costa para refugiarse en el fuerte de Arauco.
389 Góngora Marmolejo, capítulo 37.

cordillera de la Costa, eran el centro de las correrías de los bárbaros, y no había medio de atacarlos en sus guaridas.

Ante los peligros de aquella situación, Villagrán, queriendo reconcentrar sus tropas, resolvió la despoblación de la ciudad de Cañete. Fue inútil que sus vecinos se opusieran a esta orden. Veían perderse sus casas, sus haberes y sus encomiendas, y creían que un esfuerzo de su parte podía salvarlos de una ruina segura. El gobernador, sin embargo, fue inflexible en su resolución.[390] Cañete fue abandonada por sus pobladores, en medio del desorden y de la perturbación que ese desastre debía producir. Llegados a Arauco, las mujeres y los niños fueron embarcados en un buque en que Villagrán, más debilitado y más enfermo que nunca, se trasladaba a Concepción. Solo debían quedar en aquellos lugares los hombres que pudieran empuñar las armas para combatir la formidable insurrección.

El abandono de Cañete, como era natural, vino a dar alas al levantamiento. Los indios cayeron sobre la ciudad desierta; y después de robar todo lo que hallaron, le prendieron fuego y la arrasaron hasta sus cimientos. Enseguida hicieron llamamiento general a las tribus vecinas, para consumar la expulsión definitiva de los conquistadores de todo su territorio. En la asamblea que celebraron con este objetivo, designaron por jefe de sus bandas a un indio principal, señor o cacique de un valle vecino, que había dado pruebas de hombre entendido en la dirección de la guerra. El antiguo cronista que ha referido todos estos sucesos con mayor prolijidad, da a este caudillo el nombre de Colocolo.[391] La guerra volvió a arder en toda aquella región como en los días más aciagos por que habían atravesado los castellanos en los años anteriores.

Un cuerpo formidable de guerreros araucanos marchó sobre la ciudad de Angol. Defendía esta plaza con solo un puñado de soldados españoles y un cuerpo de indios auxiliares, el valiente capitán don Miguel de Avendaño y Velasco, que tenía una gran experiencia en esta clase de guerra. Al ver que los

---

390 En carta de 27 de agosto de 1563, los capitulares de Cañete, establecidos en Concepción, daban cuenta al rey de la despoblación de aquella ciudad, ejecutada, decían, contra su voluntad, cuando se creían en situación de resistir a los indios, y previendo que esta medida, que califican de errada e imprudente, iba a producir males irreparables. Esa carta, que es una acusación violenta a Villagrán, que acababa de morir, y una petición para que se enviara de nuevo a Chile a don García Hurtado de Mendoza, no señala las fechas de la derrota de Mareguano ni de la despoblación de Cañete.
391 Góngora Marmolejo, capítulo 38.

enemigos se acercaban a la ciudad, resolvió salir a atacarlos a campo abierto para aprovechar el empuje de sus caballos; pero era tanta su inferioridad numérica que los españoles necesitaron emplear un valor más que humano para sostener la lucha. Aun así, hubo un momento en que la suerte del combate estuvo indecisa. El capitán español, derribado de su caballo, estuvo a punto de perecer a manos de los indios; pero socorrido en tiempo oportuno, siguió batiéndose brillantemente y acabó por dispersar a los bárbaros. Una india yanacona, llamada Juana Quinel, que había peleado con singular denuedo en las filas de los castellanos, fue paseada en triunfo por los vencedores. Los contemporáneos, y después de ellos los cronistas subsiguientes, no podían explicar esta sorprendente victoria sino atribuyéndola a la protección celeste y a la intervención de la Virgen María, que habría bajado del cielo para pelear al lado de los cristianos.[392] Después del rechazo de los indios, los españoles trasladaron sus habitaciones, que debían ser muy provisorias, a 2 leguas de distancia, buscando un sitio que fuese de más fácil defensa.

Pero lo más rudo de la guerra no estaba en esos lugares. La plaza de Arauco, que Villagrán había dejado provista de artillería y defendida por 115 soldados españoles, fue el objeto de reiterados y empeñosos ataques de los indios. Mandaban en ella el capitán Pedro de Villagrán, el primo del gobernador, que se había ilustrado por sus servicios desde los primeros días de la conquista, y Lorenzo Bernal de Mercado. Cuando vieron llegar sobre la plaza un ejército compacto de bárbaros, que se hace subir a la cifra seguramente exagerada de 20.000 hombres, esos dos valientes capitanes se aprestaron para la defensa. La lucha, sin embargo, comenzó mal para los españoles. Un destacamento que se aventuró a salir de las trincheras, fue batido por los indios y tuvo que replegarse con pérdida de un oficial distinguido llamado Lope Ruiz de Gamboa.[393] La artillería de la plaza apenas podía contener al enemigo. Un guerrero araucano, despreciando todo peligro, se acercó a los galpones de los españoles y puso

---

392 Góngora Marmolejo, capítulo 38. Mariño de Lobera, libro II, capítulo 18. El primero de estos cronistas ha consignado de paso la leyenda de la intervención de la Virgen María en la pelea; pero el padre jesuita Diego de Rosales, historiador del siglo siguiente, ha dado más amplitud a la narración del milagro, en su *Historia general*, libro IV, capítulo 16. Según Mariño de Lobera, capítulo 20, poco más tarde la Virgen y el apóstol Santiago peleaban por los españoles en el fuerte de Arauco.
393 Hermano de Martín Ruiz de Gamboa, que más tarde fue gobernador de Chile, y primo de don Miguel de Velasco, el defensor de Angol.

fuego a los techos de paja con un flecha inflamada. El incendio se propagó rápidamente introduciendo la más espantosa confusión en el campo castellano. Los defensores de la plaza tenían que luchar con las llamas que destruían sus habitaciones y con el humo que los sofocaba, y resistir a los ataques incesantes de los indios. Los caballos mismos, aterrorizados por el incendio, se soltaron de las pesebreras y corrían de un lado a otro aumentando la confusión y el desorden. Un capitán español, don Juan Enríquez, que por estar herido no pudo huir del cubo que habitaba, pereció ahogado por el humo. Los indios, torpes e inhábiles para aprovecharse del conflicto en que se hallaba el enemigo, lograron apoderarse de un cañón y de algunos arcabuces; pero dieron tiempo a los castellanos para cortar el fuego mediante la destrucción de una palizada que unía dos baluartes. Con un trabajo incesante de muchas horas, lograron éstos dominar el incendio en la noche; y, aunque habían perdido una gran parte de sus provisiones, no los abandonó su entereza y pudieron mantener por tres días más la defensa de la plaza.

Aquella enérgica resistencia los salvó por entonces. Los bárbaros, que habían creído concluir con los españoles en una sola jornada, no estaban prevenidos para pasar mucho tiempo en campaña. Por otra parte, era aquélla la estación de las cosechas, seguramente el mes de abril, y los indios debían volver a sus campos y recoger su maíz, sin el cual habrían tenido que pasar un invierno de hambre y de miseria. Así, pues, después de tres días de combates, se retiraron de Arauco dejando a los españoles en estado de reparar los desastres sufridos en el incendio. Resueltos a conservar la plaza, el capitán Bernal y sus esforzados compañeros se pusieron enérgicamente al trabajo, mientras Pedro de Villagrán se trasladaba por mar a Concepción para dar cuenta de estos graves sucesos y pedir auxilios de víveres y de tropas.

Pero la situación de esas provincias había llegado a ser sumamente peligrosa. El gobernador contaba con muy escasos recursos en Concepción, y a su vez temía que los indios de la comarca, incitados al levantamiento por sus compatriotas, cayeran sobre la ciudad el día que la viesen desguarnecida. A causa de este estado de cosas, le fue forzoso dejar a los defensores de Arauco sin socorro alguno, y sin más elementos que los que habían salvado de los combates y del incendio.

Las angustias de aquella plaza fueron mayores todavía antes de mucho tiempo. Después de algunos días de suspensión de hostilidades, que emplearon en hacer sus cosechas, los guerreros que mandaba Colocolo volvieron sobre Arauco el 26 de mayo, y tomando posiciones en las lomas vecinas, para no ser ofendidos por la artillería, le pusieron estrecho sitio. Los españoles tenían muy escasos víveres y, aunque habían trabajado un pozo, el agua que éste suministraba era insuficiente para satisfacer la sed de los hombres y de los caballos. Estaban en la necesidad de hacer frecuentes salidas nocturnas a proveerse de agua en un arroyo vecino. Los indios, por su parte, habían construido espesas trincheras en las inmediaciones para hostilizar a los españoles, de tal suerte que cada salida era un combate en que resultaban no pocos heridos. Todavía inventaron otro género de hostilidades: arrojaban al arroyo cadáveres y toda clase de inmundicias para corromper sus aguas; y cuando vieron que los españoles no tenían reparo en beberlas en ese estado, emprendieron un trabajo que hace honor a su inventiva militar. Cavaron un nuevo cauce al arroyo y desviaron sus aguas de manera que los defensores de la plaza se encontraron privados de ese elemento.

Lorenzo Bernal, sin embargo, estaba resuelto a todo antes que entregarse a aquellos bárbaros que no perdonaban la vida a los prisioneros. Defendió la plaza con la más incontrastable energía; limitó cuanto pudo la ración de víveres y de agua de sus soldados; y cuando las provisiones estaban al agotarse, mandó inhumanamente salir de sus cuarteles a los indios de servicio que hasta entonces habían sido fieles auxiliares de los sitiados. Fueron inútiles las lágrimas y las súplicas de esos infelices, que temían con razón ser robados y destrozados por los indios de guerra que cercaban la plaza. La orden se cumplió sin piedad ni consideración, enseñando así a los indígenas el poco caso que de ellos hacían los conquistadores. Pero la expulsión de esos pobres indios no podía mejorar mucho la condición de los sitiados. Por largo tiempo esperaron éstos que se les enviara algún socorro; pero ese auxilio no llegaba, y la guarnición se veía reducida a las últimas extremidades.

En vez de ese socorro, los defensores de Arauco recibieron una noticia que habría aterrorizado a hombres menos animosos. Una mañana, los indios que cercaban la plaza, paseaban en sus picas algunas cabezas ensangrentadas de españoles, e hicieron anunciar a los sitiados que Concepción acababa de ser tomada, que la insurrección estaba triunfante en todo el país, y que ya no quedaban cristianos en toda esa región. El hecho era falso, pero se presentaba con todas las apariencias de verdad. Sin desalentarse por tales noticias, el capitán Bernal de Mercado hizo contestar a los emisarios de los indios que estaba resuelto a no abandonar la plaza, y que si era cierto que habían sucumbido todos los españoles, él y sus compañeros se creían con fuerzas para mantener la conquista y para llevar a cabo en poco tiempo más la completa pacificación del territorio. Los indios, por su parte, sostuvieron con incontrastable firmeza el cerco de la plaza, a pesar de que las abundantes lluvias del invierno, siempre riguroso en aquellas latitudes, habían llegado a hacer casi insostenible su situación.[394]

8. Perturbaciones de la tranquilidad interior bajo el gobierno de Villagrán

Mientras los indios mantenían estrechado el sitio de Arauco, el infeliz Francisco de Villagrán, abrumado por los desastres de su gobierno y agobiado por sus dolorosas enfermedades, languidecía tristemente en Concepción. El infortunio no había cesado de perseguirlo un solo instante, y cada día llegaban a sus oídos noticias más o menos alarmantes de algún accidente desgraciado, o de alguna dificultad.

En efecto, los desastres de la guerra, el retardo que sufría la obra de la pacificación del país y el desconcierto general de la administración, habían producido los frutos más deplorables. En los pueblos australes del territorio, el desaliento de los españoles llegó a tomar proporciones amenazadoras. En la Imperial, un vecino llamado Martín de Peñaloza, soldado antiguo de la conquista, concibió el proyecto de abandonar el país y de ir a establecerse en una «tierra rica y próspera de oro y gente», situada al otro lado de las cordilleras. Secundado en este proyecto por Francisco Talaverano, se pusieron ambos de acuerdo con varios soldados de las otras ciudades que debían acompañarlos en

---

[394] Estos sucesos han sido referidos sumariamente en las relaciones inéditas que hemos citado anteriormente, de los capitanes Ulloa y Salazar, el último de los cuales servía entre los sitiados de Arauco. Pero los cronistas Góngora Marmolejo, capítulo 30 y Mariño de Lobera, libro II, capítulo 20 y 21, han contado con gran amplitud de pormenores y con pocas divergencias, todos los accidentes del sitio de Arauco, y de la vigorosa resistencia opuesta por el capitán Bernal. En nuestra relación hemos omitido un número considerable de pormenores cuya exposición nos habría obligado a llenar muchas páginas.

la empresa. Procediendo en todo con la mayor cautela, saliendo cada cual aisladamente de los lugares de su residencia, llegaron a reunirse en los llanos que se extienden al sur de Valdivia. Pero notada su ausencia, se produjo en todos aquellos lugares una extraordinaria alarma, como si se tratara de un levantamiento insurreccional de los mismos españoles. Sin pérdida de tiempo, salieron diversas partidas de soldados castellanos y de indios auxiliares de la Imperial, de Villarrica, de Valdivia y de Osorno, y emprendieron la más tenaz persecución de los fugitivos. Desalentados muchos de éstos, desesperando quizá de poder llegar a las regiones de que se les había hablado, comenzaron a desbandarse, dejando solos a los dos cabecillas de la empresa. La alarma, sin embargo, no desapareció con esto solo.

Peñaloza y Talaverano vagaron algunos días en los bosques del sur de Valdivia. Sorprendidos allí por las tropas que los perseguían, fueron llevados a esa ciudad y puestos a la disposición del capitán Juan de Matienzo, que mandaba en ella. Entre los soldados españoles de aquel siglo, la suerte de esos infelices no podía ser dudosa. Se les sometió a un juicio riguroso, se les aplicó el tormento con que entonces se iniciaba todo proceso criminal para arrancar las declaraciones al reo, y cuando se hubo descubierto el nombre de todos los implicados en aquella descabellada tentativa, se les condenó a muerte y se les ejecutó sin conmiseración.[395] El castigo de esos infelices, debía poner término

---

[395] La frustrada tentativa de Peñaloza y Talaverano ha sido contada en sus verdaderas proporciones, y casi sin divergencia en los detalles, por los dos cronistas primitivos, Góngora Marmolejo, capítulo 31 y Mariño de Lobera, libro II, capítulo 16. Sin embargo, en los documentos contemporáneos en que se hace referencia a estos sucesos, se habla de ellos como de un levantamiento para derrocar el gobierno existente. En una cédula de encomienda de 11 de marzo de 1578, Felipe II dice al agraciado Juan Ruiz de León las palabras siguientes: «Habiéndose ofrecido que Martín de Peñaloza se hubiera alzado en el reino de Chile contra nuestro servicio en el gobierno del mariscal Francisco de Villagrán, fuiste en busca del tirano (Peñaloza) con el general Gabriel de Villagrán, y te hallaste a le prender y castigar». En otro título de encomienda dado por el virrey del Perú, marqués de Montes Claros, en 28 de abril de 1615 a doña Antonia de Aguilera, pasa en revista los servicios prestados en Chile por los antepasados de ésta, y refiriéndose a los del capitán Pedro Olmos de Aguilera, dice lo siguiente: «Habiendo entendido que Martín de Peñaloza trataba de amotinarse, avisó el caso al general Gabriel de Villagrán, que era justicia mayor de aquel reino, y con orden fue tras el dicho Peñaloza corriendo desde la Imperial a los llanos de Valdivia 40 leguas de mucho trabajo por la aspereza de la tierra y peligros de los ríos hasta que le alcanzó y trajo preso, y se hizo justicia de él, que fue muy señalado servicio». Hemos dicho que en las informaciones de méritos, y en estos títulos de encomienda se exageran de ordinario los servicios de los interesados, y en estos casos se atribuye a

a las alarmas; pero los contemporáneos dieron a este suceso el carácter de una proyectada revolución de vastas ramificaciones. El gobernador Francisco de Villagrán, impuesto de los nombres de todos los cómplices de los dos españoles ajusticiados, halló más prudente disimular su culpabilidad para no producir nuevas y más peligrosas inquietudes. «De esta manera, dice un antiguo cronista, se deshizo un nudo que cierto si pasara adelante fuera muy dañoso para Chile».

No fue éste el único motivo de inquietudes que atribularon al desgraciado gobernador independientemente de los contrastes de la guerra contra los indios. A principios de 1563 se agitaba en Santiago una cuestión que debió conmover profundamente los ánimos, pero acerca de cuyo origen y de cuyo desenvolvimiento nos han quedado muy escasas noticias en los documentos de esa época.

Desempeñaba en la capital el cargo de vicario eclesiástico el presbítero Cristóbal de Molina, anciano de ochenta años, pero resuelto y animoso todavía, a juzgar por sus comunicaciones. Habiendo sabido que fray Gil González Dávila (aquel religioso dominicano que poco antes había acompañado a Villagrán como consejero de la reducción pacífica de los indios) profesaba ciertas doctrinas teológicas que el vicario juzgaba condenables o peligrosas y que aun en el púlpito había emitido algunas de esas opiniones, levantó una información sobre todos estos hechos.[396] En vista de esta información resolvió la prisión del fraile

---

los capitanes Ruiz de León y Olmos de Aguilera un papel más importante que el que en realidad desempeñaron. Pero esos títulos dejan ver un hecho incuestionable. Los contemporáneos dieron a aquella disparatada tentativa el carácter de una verdadera rebelión, y como tal debió perturbar mucho al gobierno del infortunado Francisco de Villagrán.

396 Las opiniones emitidas por fray Gil, que originaron aquella información y el mandamiento de prisión, no nos son conocidos más que por lo que acerca de ellas dice el vicario Molina en una carta dirigida a Felipe II en 30 de agosto de 1564, en las palabras siguientes: «Fray Gil González dijo en mi presencia y en presencia de otras personas que daba Dios reprobó sentido a los hijos por los pecados de sus padres, y que había quitado la luz de la gracia a los hijos de los gentiles por los pecados de sus padres, y que se condenaban los hijos y iban al infierno por los pecados actuales de sus padres; y decía en pláticas y en sermones que el papa no tenía poder en esta tierra y que el rey es un tirano y que Jesucristo no tiene poder en esta tierra». Es posible que el vicario, cuyo juicio no podía tener toda la firmeza necesaria a causa de su avanzada edad, fuese instrumento de algún intrigante que le arrastraba a estas competencias y que le hizo exagerar el alcance de las doctrinas de fray Gil González para desconceptuarlo cerca del rey. Pero si el religioso dominicano enseñaba realmente lo que se le atribuye, sería preciso reconocer que su razón estaba extraviada por la demencia. Desgraciadamente, no conocemos sobre este asunto otro documento que la carta citada que el lector hallará publicada en la pág. 507 de Los oríjenes de la iglesia

dominicano, y pidió ayuda a la justicia secular para dar ejecución a su mandato. Era teniente gobernador en Santiago, el capitán Juan Jufré, que acababa de volver de su expedición al otro lado de las cordilleras. Sea por amistad hacia el religioso dominicano o porque viese en la persecución de éste una temeraria injusticia, se negó a prestar al vicario eclesiástico el apoyo de la fuerza pública. De aquí se originó una ruidosa competencia de autoridades y una alarmante perturbación en toda la ciudad. Los frailes franciscanos, encabezados por su guardián fray Cristóbal de Ravanera, se pusieron de parte del religioso dominicano, sosteniendo las prerrogativas de los regulares, sobre los cuales, se decía, no tenía jurisdicción el vicario. El teniente gobernador Jufré fue hasta imponer arresto al clérigo Molina para arrancarle los documentos y declaraciones de la información que había instruido. El vicario, a su vez, lanzó excomunión contra los que se oponían a su autoridad; pero los funcionarios civiles, calificando los edictos eclesiásticos de libelos contra la justicia del rey, los arrancaban de los lugares en que habían sido fijados y hacían desprecio de ellos.

El gobernador Villagrán se hallaba entonces en Concepción postrado por sus enfermedades y atribulado por las desgracias de la guerra. Acababa de experimentar la pérdida de su hijo, y su ánimo, contristado además por la violenta e incurable enfermedad de su yerno, no podía tener tranquilidad para atender los negocios de gobierno, en los momentos en que las complicaciones y dificultades administrativas habrían exigido un juicio sereno y libre de otras preocupaciones. Al saber los disturbios que tenían lugar en Santiago, y la competencia de autoridades que agitaban la opinión, el gobernador se puso de parte del poder civil. Con fecha de 19 de marzo (1563), despachó de Concepción al licenciado Alonso Ortiz «para que remediase los escándalos y libelos contra la real justicia y el guardián de san Francisco, Ravanera».[397] Esta providencia acalló por enton-

---

chilena, Santiago, 1873, por el presbítero don Crescente Errázuriz. El señor Errázuriz se ha empeñado en dar a conocer en el capítulo 13 de ese importante libro la historia de esta curiosa cuestión; pero la falta absoluta de otros documentos no le ha permitido adelantar en este punto la investigación hasta dejar los hechos perfectamente esclarecidos.

397 La providencia dictada por Villagrán en Concepción el 19 de marzo de 1563 no se conserva en los archivos. Fue registrada en el folio 322 vuelto del tercer libro del cabildo de Santiago; pero este libro se ha extraviado. Don José Pérez García, que lo conoció, ha hecho en el capítulo II del libro XIV de su *Historia de Chile*, inédita todavía, el extracto que nosotros copiamos entre comillas. Por lo demás, este historiador, a pesar de sus prolijas investigaciones, no tuvo la menor noticia de estas competencias que originaron el decreto del gobernador Villagrán.

ces las competencias; y aunque el vicario Molina dio más tarde cuenta de todo al rey para obtener una resolución favorable a su autoridad, no parece que la Corte hiciese caso de sus pretensiones.

Pero nuevos escándalos y disturbios vinieron en breve a alterar otra vez la tranquilidad de la ciudad de Santiago. El capitán Francisco de Aguirre, el mozo, hijo del antiguo conquistador que había fundado la ciudad de La Serena, promovía en la capital, por motivos que nos son enteramente desconocidos, y que quizá estaban relacionados con las competencias de que acabamos de hablar, desacatos y resistencias contra la justicia real. El gobernador tuvo que intervenir también en estas dificultades. Por providencia de 17 de mayo,[398] mandó que su teniente gobernador, el licenciado Juan de Herrera, se trasladase a Santiago, «para que siga causa a Aguirre el mozo, y a todos los demás culpados en los desacatos y resistencias a la real justicia». La falta de documentos y el silencio de los cronistas, no nos han permitido conocer el origen ni el resultado de este proceso, que debió ser causa de perturbaciones en la colonia.

9. Desastres de las armas españolas en Tucumán

El gobierno de Villagrán había sido, como se ve, sumamente desgraciado y aun podría decirse calamitoso. Algunos de los capitanes más caracterizados de la conquista, sea obedeciendo a la pasión de las banderías que con tanta facilidad se formaban en las colonias españolas, sea por error de concepto, atribuían todos los contrastes a una sola causa: la incapacidad absoluta del gobernador. Sin querer tomar en cuenta el carácter de los indios araucanos, su tenacidad indomable para resistir la conquista, ni la falsía con que en ocasiones fingían someterse para levantarse de nuevo más enérgicos y resueltos, ni siquiera el hecho de que la guerra había recomenzado antes de que Villagrán se recibiera del gobierno, aquellos capitanes contaban que don García Hurtado de Mendoza había sometido todo el país, que los indígenas estaban completamente pacificados bajo su gobierno y que los desaciertos de su sucesor, o que su

---

[398] Este incidente no nos es conocido más que por otro pasaje de la historia manuscrita de Pérez García, en el lugar citado, en que da un extracto de la provisión de Villagrán, que se registraba en el folio 329 del tercer libro del Cabildo. La pérdida de este documento y la carencia de cualquiera otro relacionado con el mismo asunto, no nos permite explicar más prolijamente este hecho ni descubrir el origen de estas perturbaciones del orden público en la colonia.

mala estrella, habían producido la nueva sublevación que tenía a Chile al borde de su ruina. Muchos de ellos escribían sendas cartas al rey en que, después de referirle estos desastres con el más triste colorido, le pedían que volviese a confiar el gobierno a Hurtado de Mendoza.

En medio de esta excitación del descontento público, regresó a Chile el capitán Gregorio de Castañeda en los primeros meses de 1563, trayendo noticias de nuevas desventuras de las armas españolas en Tucumán.[399] Hemos contado más atrás que en junio de 1561, al desembarcar en La Serena, Villagrán había confiado a Castañeda el mando de aquella provincia que consideraba comprendida dentro de los límites de su gobernación. Los conquistadores estaban también allí divididos en bandos y facciones, y el gobernador anterior Juan Pérez de Zurita, aunque había hecho respetar su autoridad, había tenido que emplear medios violentos, y estaba malquisto de un gran número de sus subalternos.[400]

Castañeda comenzó su gobierno apresando por sorpresa al capitán Pérez de Zurita, que habría querido desconocer su autoridad, y enseguida se puso en viaje al norte y echó los cimientos de la ciudad de Nieva, en el valle de Jujuí (20 de agosto de 1561). Pero, mientras andaba ocupado en esta lejana expedición, los indios calchaquíes, ayudados por los diaguitas de Catamarca, volvieron a tomar las armas y atacaron los nuevos establecimientos españoles. Un destacamento de éstos, sorprendido en una emboscada, fue bárbaramente asesinado por los indios. En las ciudades se defendieron los castellanos con todo heroísmo, y aun obtuvieron ventajas sobre los enemigos; pero el número inmensamente superior de éstos, y la firmeza que desplegaron en la lucha, pusieron a aquéllos en las mayores tribulaciones.

En tal situación, Castañeda, inflexible en su propósito de someter a los indios, recurrió al arbitrio que los conquistadores empleaban en sus conflictos. Creyó despertar el terror sacrificando inhumanamente a todos los prisioneros; pero esas ejecuciones no hicieron más que enfurecer a los bárbaros y alentarlos para seguir la guerra sin descanso. Los pobladores de la naciente ciudad de Córdoba, acosados por los indios, burlados en su proyecto de capitulación,

---

399 Carta citada del capitán Francisco de Ulloa al rey.
400 Véase la parte segunda, capítulo 19 § 2 de esta *Historia*. En ese mismo capítulo § 8 referimos la campaña hecha a la provincia de Cuyo por el capitán Juan Jufré, bajo el gobierno de Francisco de Villagrán. Durante esa campaña se trasladó el asiento de la ciudad de Mendoza y se fundó la de San Juan.

resolvieron abandonarla; pero atacados de improviso cuando efectuaban su retirada, fueron muertos todos ellos con excepción de seis que alcanzaron su salvación después de las más penosas marchas. La guerra continuó con resultados varios durante algún tiempo. El gobernador Castañeda, convencido de que las fuerzas de su mando no bastaban para sujetar aquellos dilatados territorios, dio la orden de abandonar las nuevas poblaciones de Cañete y de Londres, situadas en el territorio de los calchaquíes, y de reconcentrar su gente en Santiago del Estero, donde se gozaba de mayor tranquilidad. En diciembre de 1562 sus tropas estaban reunidas en esta ciudad; pero dejando el mando en manos de un capitán nombrado Peralta, se puso en viaje para Chile a dar cuenta a Villagrán de las dificultades que había encontrado en su empresa, y de los desastres que había experimentado. En esa misma época, la reciente ciudad de Nieva era también abandonada por sus pobladores, incapaces de defenderla contra los ataques de los indios.[401]

10. Nuevas desgracias agravan las enfermedades del gobernador; muerte de Villagrán

Puede comprenderse la impresión que la noticia de estos desastres, añadidos a las desgracias de la guerra de Chile, debió producir en el ánimo debilitado y abatido del gobernador Villagrán. En esos momentos toda su atención y toda su inquietud estaban fijas en la plaza de Arauco donde un centenar de españoles se hallaba cercado por un ejército innumerable de bárbaros, y donde, según todo lo hacía presumir, debían sucumbir miserablemente de hambre o en la punta de las picas enemigas. Escaso de tropas y de recursos, el gobernador se encontraba en la imposibilidad de socorrer convenientemente aquella plaza. Pero, aun, en otras circunstancias, le habría sido muy difícil hacer llegar los auxilios que se necesitaban. La marcha por tierra desde Concepción hasta Arauco, teniendo que atravesar territorios montañosos y quebrados en que el enemigo podía organizar emboscadas, era excesivamente peligrosa. El envío de socorros por mar era también muy embarazoso, porque si bien solo mediaba una corta distancia entre esos lugares, faltaban buques para ello.

---

[401] No entra en nuestro propósito el referir estos sucesos sino en sus rasgos principales. El lector, por otra parte, hallará una relación bastante detallada de todos ellos en los capítulos 7 y 8 del libro IV de la *Historia de la conquista del Paraguai*, etc., del padre Pedro Lozano que hemos citado anteriormente.

Sin embargo, habiendo llegado a Concepción una pequeña embarcación que venía de Valdivia, Villagrán dispuso que ésta se dirigiese a Arauco a tomar noticias y probablemente a llevar algún socorro a los sitiados. Esa embarcación se acercó primero a la isla de Leochengo, que los españoles llamaban de Santa María. Los isleños, indios pacíficos hasta entonces, dejaron desembarcar a Bernardo de Huete, maestre de la embarcación y a algunos de los suyos; pero cuando éstos estuvieron en tierra, los mataron alevosamente, y enviaron sus cabezas a los guerreros que sitiaban a Arauco.[402] Los otros tripulantes que habían quedado a bordo, dieron apresuradamente la vuelta a Concepción, donde comunicaron la noticia de este nuevo contraste. Aunque el capitán Pedro de Villagrán efectuó poco más tarde un desembarco en aquella isla, y ejerció sobre sus pobladores las más terribles represalias, no le fue posible prestar socorros a la plaza sitiada. Al dar la vuelta a Concepción, pudo transportar en su nave a un emisario de los defensores de Arauco, encargado de representar al gobernador las penurias extraordinarias por que pasaban, y el peligro de sucumbir a manos de los feroces enemigos que los cercaban por todos lados, hostilizándolos sin darles un solo momento de descanso.

    El emisario de los defensores de la plaza de Arauco llegó a Concepción el 10 de junio, día de Corpus Christi. El gobernador, devoto fervoroso, como todos los conquistadores, había asistido, a pesar de sus achaques y sufrimientos, a la procesión solemne que ese día celebraban los españoles. Las noticias que pocas horas más tarde recibió de Arauco, lo postraron de nuevo en su lecho, y agravaron sus dolencias de una manera fatal. Tres días después se encontraba irremediablemente perdido. Hizo entonces sus disposiciones testamentarias. Dejaba a su esposa el goce de sus encomiendas de indios, únicos bienes que poseía, y el encargo de mandar decirle misas en todas las iglesias. A causa, sin duda, de los quebrantos de su salud, Villagrán estaba autorizado desde el año anterior por una provisión del virrey del Perú (de 17 de agosto de 1562) para designar la persona que en caso de muerte debía reemplazarlo en el gobierno mientras el soberano le nombraba un sucesor. Usando de esta facultad, legó

---

402 Fueron estos sangrientos despojos los que los indios presentaban a los defensores de la plaza, como contamos, para hacerles creer que habían sido derrotados y muertos todos los españoles que había en aquella región.

el poder con todas las formalidades del caso, a su primo Pedro de Villagrán.[403] Postrado en la cama por los dolores que le ocasionaba la gota, se hizo vestir, según una costumbre corriente de los españoles de esos siglos, el hábito de religioso franciscano; y pasó entregado a las prácticas de la más ardiente devoción. Falleció el 22 de junio de 1563 después de dar a su sucesor sus últimas instrucciones.[404] Su cadáver fue sepultado en la iglesia de San Francisco de Concepción, con toda la solemnidad posible.

«Era Francisco de Villagrán cuando murió, dice un antiguo cronista que lo conoció personalmente, de edad de cincuenta y seis años, natural de Astorga, hijo de un comendador de la orden de San Juan, llamado (Álvaro de) Sarria; su padre no fue casado; su madre (doña Ana de Villagrán) era una hijodalga principal del apellido de Villagrán. Gobernó con poca ventura, porque todo le salía mal. Era de mediana estatura, el rostro redondo con mucha gravedad y autoridad, las barbas entre rubias, el color del rostro sanguíneo, amigo de andar bien vestido y de comer y de beber; enemigo de pobres. Fue bien quisto antes que fuese gobernador, y mal quisto después que lo fue. Quejábanse de él que hacía más por sus enemigos a causa de atraerlos a sí que por sus amigos, por cuyo respeto decían era mejor para enemigo que para amigo. Fue vicioso de mujeres y mohíno en las cosas de guerra. Solo en la buena muerte que tuvo

---

403 El testamento del gobernador Francisco de Villagrán, así como la provisión en que designaba a su sucesor, fueron registrados en el libro tercero del cabildo de Santiago. La pérdida de ese libro no nos permite conocer esos documentos en su forma original, y estamos obligados a tomar estas noticias de la obra citada de don José Pérez García que los conoció y los extracta sumariamente.

404 La fecha exacta de la muerte de Francisco de Villagrán constaba del libro perdido del cabildo de Santiago, que conoció Pérez García, y está confirmada en la carta del capitán Francisco de Ulloa que hemos citado. La *Crónica* de Mariño de Lobera, libro II, capítulo 19, por un error de imprenta o de copia, dice 22 de julio; y Góngora Marmolejo, capítulo 42, la fija equivocadamente en 15 de julio. Ya veremos que su sucesor fue reconocido por el cabildo de Santiago el 29 de junio.

Góngora Marmolejo ha consignado en ese lugar las noticias que entonces debieron circular acerca de las causas determinantes de la muerte de Villagrán. Cuenta a este respecto que el bachiller Bazán, que lo asistía, le aplicaba unciones de azogue «preparado con otras muchas cosas», recomendándole que se abstuviese de beber agua, aunque tuviese mucha sed. Añade que, desobedeciendo esta prescripción, Villagrán se hizo pasar una redoma de agua y se la bebió, que inmediatamente se sintió mal, y el facultativo declaró que ya no había curación. Es posible que todo esto no pase de ser un cuento vulgar, como los que circulan frecuentemente en tales casos.

fue venturoso. Era amigo de lo poco que tenía guardarlo; más se holgaba de recibir que de dar».[405]

El infortunado Francisco de Villagrán murió, como ya dijimos, en la pobreza. Apenas hubo fallecido, los tesoreros del rey cobraban con el mayor empeño a sus herederos 50.000 pesos de oro que había tomado en la caja real para las necesidades de la guerra. Dando cuenta a Felipe II del resultado de esta cobranza, los tesoreros referían lo que sigue: «Francisco de Villagrán quedó tan pobre que quedó a deber más de 150.000 pesos a particulares, y su mujer padece mucha necesidad; y unos pocos de bienes que quedaron se hizo ejecución en ellos de parte de Vuestra Alteza por 2.000 pesos, y ha habido otras personas que se han opuesto a ella, y pretenden tener mejor derecho. Síguese la justicia. Hacerse han las diligencias posibles».[406] La esposa de Villagrán falleció pocos años más tarde sin haber conseguido mejorar notablemente su situación.[407]

---

405 A estos datos biográficos, debemos agregar otro. El cronista Antonio de Herrera, *Historia general*, dec. IV, capítulo 2, refiere que en 1538, estando Almagro preso en el Cuzco, los capitanes Alonso de Mesa y Francisco de Villagrán, fraguaron una conspiración para devolverle la libertad. Descubierta la trama, Hernando Pizarro mandó decapitar a Mesa, y Villagrán fue condenado a sufrir igual pena. La intervención de Gonzalo Pizarro le salvó la vida. Este hecho había sido referido por el cronista Pedro Cieza de León, de donde lo tomó Herrera; pero en la publicación que se ha hecho en Madrid en 1877 de La guerra de las Salinas, leo en el capítulo 59 que escribe Pedro de Villagrán. Ignoro si éste es un error de imprenta, o si en realidad el cómplice de Mesa fue el capitán de este último nombre.

406 Carta a Felipe II de los oficiales reales de Santiago de 3 de septiembre de 1564. Las deudas de Villagrán a favor de particulares provenían de los préstamos que había contratado en el Perú en 1561 para trasladarse a Chile.

407 Doña Cándida Montes, o Montesa, como escriben otros, falleció por los años de 1570, dejando vacante un extenso repartimiento de tierras y de indios que por causa del estado de guerra debía ser poco productivo.
Villagrán dejó, además, un hijo natural llamado Álvaro. Bajo el gobierno de Bravo de Saravia, en 1573, Álvaro de Villagrán reclamaba, con la protección del primer obispo de la Imperial, el repartimiento de su padre, como puede verse en *Los orígenes de la iglesia chilena*, capítulo 20, § 3, por don Crescente Errázuriz. A fines del siglo XVII, sus descendientes solicitaban la posesión de otro repartimiento en atención a los servicios prestados por sus mayores en la conquista de Chile.
La historia del gobierno de Francisco de Villagrán descansa principal y casi exclusivamente en las crónicas de Mariño de Lobera y de Góngora Marmolejo, acordes ambos en el fondo, pero divergentes en muchos detalles y, aun, en el orden de los sucesos. Ambas crónicas, casi no contienen más que hechos militares, y son deficientes o erradas en cronología. Los documentos que nos quedan, me han servido para completar el cuadro de los sucesos, restableciendo las fechas en cuanto es posible.

Los cronistas e historiadores posteriores han referido el gobierno de Villagrán con notables errores; sin embargo, la historia manuscrita de Pérez García, es útil para restablecer algunas fechas y varios accidentes que tomó del libro del cabildo de Santiago que ahora está perdido.

Capítulo II. Gobierno interino de Pedro de Villagrán (1563-1565)

1. Se recibe del gobierno el capitán Pedro de Villagrán; los españoles evacuan la plaza de Arauco. 2. Nuevas derrotas de los españoles en Itata y en Andalién. 3. Alarma que estos desastres producen en Santiago; el Cabildo de la capital envía socorros a las ciudades del sur. 4. La insurrección de los indios toma mayores proporciones, pero son derrotados en las inmediaciones de Angol; ponen sitio a Concepción y se retiran sin lograr reducir esta ciudad. 5. Al paso que los indios adquieren una superioridad de poder militar, el desaliento y la desmoralización comienzan a cundir entre los españoles. 6. Villagrán en Santiago: sus aprestos para continuar la guerra. 7. Sale a campaña y pacifica a los indios del otro lado del Maule. 8. Llega a Chile un refuerzo de tropas enviado del Perú; deposición del gobernador Pedro de Villagrán. 9. Erección del obispado de Santiago.

1. Se recibe del gobierno el capitán Pedro de Villagrán; los españoles evacuan la plaza de Arauco

El capitán Pedro de Villagrán iba a recibirse del gobierno del reino de Chile en circunstancias bien difíciles. La sublevación de los indios, triunfante en muchos combates, amenazaba a todos los establecimientos del sur. El país, empobrecido por la guerra, no tenía recursos para continuarla con eficacia. Los españoles, comprendiendo que el suelo chileno no estaba cuajado de oro como habían creído al principio, comenzaban a ver desvanecerse sus ilusiones de enriquecerse en pocos años, y muchos no pensaban más que en volverse al Perú. Un hombre de otro temple habría vacilado tal vez en aceptar el gobierno que le legaba su pariente. El capitán Villagrán lo recogió lleno de ardor y de resolución. Su autoridad fue reconocida en todas partes sin resistencias de ningún género. El 29 de junio, el cabildo de Santiago lo proclamaba gobernador interino de Chile, y recibía el juramento que en su nombre hacía el licenciado Juan de Herrera en su carácter de teniente gobernador.[408]

Los colonos debieron fundar muchas esperanzas de un cambio favorable en la situación del país. El capitán Villagrán no era un hombre nuevo en la guerra y en la administración. Compañero de Valdivia desde los primeros días de la con-

---

[408] El acta de la proclamación de Pedro de Villagrán y los documentos a que en ella se hace mérito, llenaban los folios 335-344 del tercer libro del cabildo de Santiago. Desgraciadamente no los conocemos sino por el ligerísimo resumen que ha hecho Pérez García en los caps. 2 y 3 del libro XVI de su historia manuscrita.

quista, representante del cabildo de Santiago cerca del presidente del Perú en 1548, había mostrado siempre una gran entereza de carácter, y adquirido más tarde una gran nombradía por la defensa de la Imperial durante el primer levantamiento de los araucanos. Alejado de Chile durante el gobierno de Hurtado de Mendoza, había vuelto en 1561,[409] y seguro de continuar una brillante carrera al lado de su primo Francisco de Villagrán.

Su gobierno comenzó por un suceso feliz que los contemporáneos celebraron, sin duda, como un triunfo. Desde mediados de mayo de 1563 la plaza de Arauco, como se recordará, estaba estrechamente sitiada por un numeroso ejército de guerreros araucanos. Un centenar de españoles mandados por el valeroso capitán Lorenzo Bernal de Mercado, resistía allí heroicamente a los ataques del enemigo y a los padecimientos del hambre; pero todo hacía temer una próxima catástrofe. Sin embargo, los indios cansados con la tenaz resistencia de los castellanos, hostigados por las frecuentes lluvias del invierno, siempre riguroso en aquellos lugares, e incapaces sobre todo de perseverar largo tiempo en una operación militar, que solo exigía una paciente constancia, abandonaron el cerco de la plaza en la noche del 30 de junio y dejaron a los sitiados en situación de darse descanso y de procurarse provisiones.

Pero esta retirada del enemigo no era en realidad una victoria. Creyéndose sin fuerzas suficientes para defender todos los establecimientos que los españoles tenían fundados en aquella región, y queriendo reconcentrar sus tropas en los puntos que consideraban más convenientes, el nuevo gobernador resolvió abandonar la plaza de Arauco. Hizo salir de Concepción una fragata con dos pequeñas embarcaciones para llevar víveres y otros socorros al capitán Bernal; pero al mismo tiempo le comunicó la orden de hacer embarcar la artillería y la gente que no pudiera retirarse por tierra; y de juntar enseguida sus tropas para replegarse a la ciudad de Angol. Los defensores de Arauco creyeron intempestiva esta resolución; pero era tan terminante la orden del gobernador Villagrán que fue necesario obedecerla inmediatamente.

La estación era muy desfavorable para efectuar esta retirada. Para llegar a Angol, era necesario atravesar la cordillera de la Costa, espesa y elevada en

---

409 Durante esta residencia en el Perú, Pedro de Villagrán vivió principalmente en el Cuzco, y allí contrajo matrimonio con una señora española llamada doña Beatriz de Santillana, que poseía un rico repartimiento de tierras y de indios. Esta señora, sin embargo, no vino nunca a Chile, a lo menos no encuentro la menor referencia a ella en ningún documento.

aquellas latitudes, vestida de bosques casi impenetrables, y cubierta, además, de charcos y de pantanos que hacían muy dificultoso el tráfico. Las lluvias del invierno, por otra parte, habían incrementado considerablemente el caudal de agua de todos los riachuelos que se desprenden de esas montañas, de tal suerte que el paso de algunos de ellos ofrecía serios peligros. Nada podía, sin embargo, enfriar la resolución de esos incontrastables soldados. Después de haber embarcado los cañones y todos los objetos que no podían transportar consigo, el capitán Bernal, aprovechando la oscuridad de una noche húmeda y fría (15 de julio de 1563), mandó montar a caballo a todos sus compañeros, y emprendió por medio de campos empantanados, su marcha a Angol. Por más precauciones que hubieran tomado para ocultar sus movimientos, los indios de las inmediaciones notaron la retirada de los españoles, cayeron en la misma noche sobre la plaza de Arauco y allegaron fuego a las chozas y galpones en que estos últimos habían vivido encerrados. Bernal divisó las llamas del incendio, pero se abstuvo de volver atrás a castigar la insolencia del enemigo.

La marcha de aquella columna fue sumamente penosa. Los castellanos caminaban por senderos infernales en que sus caballos se sumían en el barro, e iban seguidos por partidas de indios que por ser poco numerosas, no se atrevían a atacarlos resueltamente, pero que amenazaban a todos los que se separaban de la columna. El paso de los ríos era en extremo peligroso. Los españoles se vieron obligados a construir balsas para atravesar uno de ellos. Venciendo resueltamente todas estas dificultades, llegaron por fin a Angol después de dos días y dos noches de marcha sin más pérdida que la de un soldado que pereció ahogado. La tropa se había salvado; pero a sus espaldas quedaban los indios más orgullos y resueltos que nunca, celebrando la retirada de los españoles como una espléndida victoria.[410]

2. Nuevas derrotas de los españoles en Itata y en Andalién

En efecto, el abandono de la plaza de Arauco, después de la evacuación de la ciudad de Cañete, efectuada en los primeros meses de ese mismo año,

---

410 Góngora Marmolejo, capítulo 43; Mariño de Lobera, libro II, capítulo 22. Según este último cronista, los mismos españoles al evacuar la plaza de Arauco, pusieron fuego a las chozas que les habían servido de cuarteles. Refiere, además, equivocadamente que los españoles se retiraron no a Angol sino a Concepción. En el texto hemos seguido con frecuencia la versión de Góngora Marmolejo que se conforma más a los documentos.

dejaba a los tenaces araucanos en pacífica posesión de todo el territorio que había sido el centro de la resistencia contra la dominación extranjera. Estos sucesos no podían dejar de ensoberbecer a los bárbaros y de estimular la resistencia de las tribus que se mostraban sometidas en los alrededores de las otras ciudades. Pedro de Villagrán lo comprendía así, y había adoptado esas medidas con un carácter provisorio, y esperando reunir nuevos recursos para recomenzar la guerra.

Cuando la primavera hubo facilitado algo los movimientos de las tropas, el gobernador llamó a Concepción a Lorenzo Bernal con una parte de los soldados que había salvado de Arauco. Queriendo engrosar las fuerzas con que pensaba expedicionar, le encargó que se trasladase por mar a Valdivia a recoger los contingentes de tropa con que las ciudades del sur podían contribuir. Bernal desempeñó puntualmente esta comisión; pero, aunque ayudado eficazmente por los capitanes que mandaban en esas ciudades, solo pudo reunir setenta hombres, con que regresó por tierra a Angol. La situación militar de los españoles no había mejorado considerablemente con este refuerzo.

Mientras tanto, la insurrección de los indios había cundido a regiones que estaban de paz desde algunos años antes. Los pobladores del territorio comprendido entre los ríos de Biobío e Itata estaban sobre las armas, robaban los ganados de las estancias de los españoles, destruían los sembrados y mantenían cortadas las comunicaciones con Santiago. El gobernador Villagrán, queriendo reprimir a esos indios, hizo salir de Concepción al capitán Francisco Vaca con encargo de asegurar la quietud durante las cosechas para que la ciudad estuviera provista de bastimentos. Al poco tiempo pudo persuadirse éste de que la situación era más peligrosa de lo que había parecido en el principio, y se vio forzado a pedir refuerzos a Concepción. Antes que éstos llegasen, hallándose situado cerca de las márgenes del río Itata, en la mañana del 15 de enero de 1564, se le presentó un considerable cuerpo de indios capitaneado por un caudillo que un cronista contemporáneo llama Loble. A pesar de la inmensa inferioridad de sus fuerzas, el capitán Vaca trabó resueltamente el combate; pero, aunque él y los suyos pelearon con valor, no pudieron romper los escuadrones enemigos, y se vieron forzados a retirarse con pérdida de cuatro hombres muertos, y con muchos heridos, y dejando todos sus bagajes en poder del enemigo. Los caminos que conducían a Concepción estaban cerrados por los indios. Buscando su salvación, los fugitivos se vieron forzados a replegarse sobre Santiago, a donde debían sembrar la alarma y la consternación.

Hallábase entonces accidentalmente en Concepción el capitán Juan Pérez de Zurita, el antiguo gobernador de Tucumán, que gozaba del renombre de soldado de prudencia y de valor. Preparábase a partir para el Perú a gestionar ante la Audiencia sus derechos al gobierno de aquella provincia; pero a la vista del peligro que amenazaba a los conquistadores de Chile, aceptó la comisión militar que le ofrecía el gobernador Villagrán. Habiéndose trasladado apresuradamente a Angol, sacó cuarenta soldados de esta ciudad, y a su cabeza dio la vuelta a Concepción. Los indios estaban advertidos de todos sus movimientos; y obedeciendo a la voz de un cacique llamado Millalemo, habían reunido un cuerpo considerable de guerreros que los documentos contemporáneos hacen subir a la cifra exagerada de 4 a 5.000 hombres. Colocáronse en emboscada en las vegas de Andalién, cerca de donde hoy se levanta la nueva ciudad de Concepción, y en las serranías que la separan de la ciudad antigua.

Pérez de Zurita tuvo noticia de los preparativos de los indios, y aceleró su marcha para llegar a su destino antes que éstos se hubieran reunido en número suficiente para cerrarle el camino. A pesar de todo, el 22 de enero, a eso de mediodía, cuando solo le faltaban 2 leguas para reunirse a los suyos, se vio asaltado de improviso por los guerreros que mandaba Millalemo y tuvo que aceptar una batalla desigual. Los indios hacían un horroroso estruendo con sus trompetas y con sus alaridos, y acometían con toda decisión. Los castellanos, sin embargo, aunque sorprendidos, no se intimidaron, y comenzaron a pelear con singular denuedo. Pero antes de mucho tiempo habían perdido cuatro hombres, uno de los cuales era un caballero sevillano llamado don Pedro de Godoy, y estaban heridos algunos otros y los más de los caballos. Ante la idea de una derrota inevitable, los españoles se sintieron flaquear, vacilaron y al fin emprendieron la retirada dejando en manos de los enemigos todos sus bagajes y todos los indios de servicio que los seguían. Solo uno de éstos logró llegar a Concepción a comunicar la noticia del desastre. Aunque el combate había tenido lugar a 2 leguas de esta ciudad, los derrotados no podían transmontar las serranías que la circundan, y que estaban defendidas por los indios, y menos aún replegarse a Angol. En esta situación, Pérez de Zurita y sus compañeros debían buscar su salvación en los caminos que conducen al norte. Venciendo todo género de dificultades, y atravesando una gran extensión de territorio con peligro de verse hostilizados por los indios, llegaron el 27 de enero a las orillas del Teno, donde pudieron ser socorridos por los españoles que tenían sus estancias en esos lugares. Desde allí comunicó al cabildo de Santiago el desastre que acababa de experimentar y la situación terrible en que quedaban las poblaciones del sur.[411]

3. Alarma que estos desastres producen en Santiago; el Cabildo de la capital envía socorros a las ciudades del sur

Desde la derrota y muerte de Lautaro a orillas del Mataquito en abril de 1557, la capital del reino de Chile había vivido relativamente libre de las inquietudes producidas por la guerra. En dos ocasiones, bajo los gobiernos de Hurtado de Mendoza y de Francisco de Villagrán, los vecinos de Santiago habían reunido tropas y otros auxilios para socorrer los ejércitos del sur, pero habían podido vivir tranquilos, consagrados a sus ocupaciones ordinarias, sin temor de verse amenazados por la rebelión de los indios. A esa situación iba a suceder la más azarosa alarma. El 25 de enero de 1564 llegaban a la ciudad el capitán Francisco Vaca y algunos de los soldados que escaparon de la derrota de Itata, y ellos contaban que el levantamiento de los bárbaros tomaba grandes proporciones y amenazaba el territorio mismo de la ciudad de Santiago, cuyo límite austral era el río Maule.

Grande debió ser la alarma producida por esta noticia en la ciudad de Santiago. En lugar de calmarse, hubo muy pronto motivos para mayor inquietud. El 1 de febrero llegaban a la capital los capitanes Diego de Carranza y Juan de Losada, que habían escapado de la derrota de Andalién. Traían una carta de Pérez de Zurita en que refería estos desastres y comunicaba otras noticias del carácter más alarmante. Los indios del sur hasta las orillas del Maule estaban

---

[411] Estos sucesos han sido referidos con bastante extensión, aunque con ciertas divergencias en los detalles, por los dos cronistas primitivos, Góngora Marmolejo, capítulo 44 y 45 y Mariño de Lobera, libro II, capítulo 23; pero existe, además, la relación que contiene la carta escrita por Pérez de Zurita al cabildo de Santiago desde las orillas del río Teno el 27 de enero de 1564. Esta carta ha sido conservada por haberla transcrito don José Pérez García en el capítulo 4 del libro XIV de su historia manuscrita. Don Claudio Gay la insertó en el tomo I, págs. 331-336, de sus *Documentos*; pero esta edición está plagada de errores en las fechas, en los nombres geográficos y en otras palabras, de manera que no puede servir de guía al historiador.

en abierta rebelión, e inquietaban con halagos y amenazas a los naturales que habitaban al norte de ese río. El gobernador Villagrán, decían ellos, debía hallarse sitiado en Concepción, y el reino todo estaba a punto de ser presa de los bárbaros si la ciudad de Santiago no hacía un esfuerzo supremo para remediar aquel desastroso estado de cosas.

Eran las nueve de la noche, hora en que las campanas de las iglesias tocaban a queda y a silencio, y en que los moradores de la ciudad debían cerrar sus puertas y apagar sus luces. El Cabildo, sin embargo, se reunió apresuradamente para oír tan graves noticias. Sin resolverse a tomar ninguna determinación, acordó solo convocar al vecindario a una de esas asambleas populares conocidas con el nombre de Cabildo Abierto. La reunión tendría lugar el día siguiente, 2 de febrero, que entre los españoles era de fiesta solemne en recuerdo de la purificación de la Virgen María.

No podían esperarse grandes socorros de una asamblea como aquélla. La ciudad de Santiago, capital del reino de Chile y asiento de un obispado que acababa de crearse, según contaremos más adelante, era todavía una aldea miserable, cuyos modestísimos edificios estaban en su mayor parte cubiertos de paja, y cuya población de origen español no pasaba de 300 individuos, incluyendo las mujeres y los niños, casi todos gente pobre que parecía querer aprovechar estas ocasiones para lamentarse de los sacrificios que le costaba la sustentación de la tierra y del ningún resultado que habían obtenido por premio de sus trabajos. Sin embargo, ante el peligro que los amenazaba, los vecinos se apresuraron a concurrir en la medida de sus fuerzas a preparar el socorro de las ciudades del sur. Unos se ofrecieron a enviar a su costa un soldado vestido y equipado; otros, que no podían hacer esto, quisieron salir en persona a campaña; y todos contribuyeron según sus recursos a reunir los bastimentos para la columna que se quería organizar, y para enviar socorros a la ciudad de Concepción.[412] El capitán Pérez de Zurita fue llamado a Santiago para que se pusiese a la cabeza de esas fuerzas. Agrupando los nuevos contingentes

---

412 Las actas del Cabildo de 1 de febrero y del Cabildo Abierto de 2 de febrero de 1564 están extractadas y resumidas en la historia manuscrita de Pérez García, capítulo 4, libro XIV; pero los documentos originales no nos son conocidos. Existe, además, una carta del cabildo de Santiago a la real audiencia de Chile de 30 de agosto de 1567, en que recuerda los socorros con que en esta ocasión acudió la ciudad. Esta carta se halla publicada por Gay en las págs. 237-240 del primer tomo de *Documentos*.

con los soldados que habían llegado del sur después de las derrotas de Itata y de Andalién, Pérez de Zurita llegó a tener bajo sus órdenes 150 hombres; pero había demorado tanto en aprestarlos, que no alcanzaron a utilizarse en la campaña de ese año.[413] Así, pues, este socorro de los vecinos de Santiago, que ellos consideraban un esfuerzo supremo de su parte, no prestó en aquellos momentos todo el servicio que era de esperarse.

4. La insurrección de los indios toma mayores proporciones, pero son derrotados en las inmediaciones de Angol; ponen sitio a Concepción y se retiran sin lograr reducir esta ciudad

Los indios del sur, entretanto, no se daban un momento de descanso. Sus últimos triunfos los habían alentado de tal suerte que se creían próximos a verse para siempre libres de sus opresores. Sabiendo que Angol había quedado mal guarnecido, por haber retirado de ella las tropas que mandó sacar el gobernador, los indios que poblaban la cordillera de la Costa al sur del Biobío, se reunían en número considerable a la voz de un cacique llamado Illanguilién, o Queupulién, que ambos nombres se leen en las antiguas relaciones, y se preparaban para caer sobre esta ciudad. Residía en ella el capitán Lorenzo Bernal de Mercado, pero por diferencias con el gobernador Villagrán, estaba privado de mando. Los vecinos, sin embargo, le rogaron que se pusiera a la cabeza de los soldados y que atendiese a la defensa. Bernal desplegó, en esta ocasión, la prudencia y la energía que lo hicieron tan famoso en aquella guerra. Preparó activamente las pocas tropas de que podía disponer, así como los indios auxiliares con que contaba, despachó batidores para estudiar los movimientos del enemigo, y se dispuso a la resistencia enérgica y resuelta como él sabía hacerla. En efecto, los indios enemigos se acercaron hasta 2 leguas de la ciudad, y siguiendo una práctica que les había dado muy buenos resultados en los últimos años de la guerra, comenzaron a construir un campo defendido por fuertes palizadas para atraer a los españoles. Bernal, por su parte, se limitó a reconocer esas posiciones, pero evitó todo combate. Atribuyendo esta resolución a cobardía de los castellanos, los bárbaros mudaron su campo dos veces

---

[413] No encuentro en las crónicas ni en los documentos la menor indicación de los servicios que pudo prestar este contingente y, aun, parece desprenderse que ni siquiera salió de los términos de la ciudad de Santiago que llegaban al río Maule, y que allí fue ocupado en mantener la quietud de los indios.

más; pero cuando Bernal creyó que las nuevas posiciones de los indios eran menos ventajosas, resolvió el ataque con toda resolución. En la mañana del 25 de marzo de 1564, después de haber reconocido prolijamente el terreno, y de haber tomado las más minuciosas disposiciones, cayó sobre el enemigo repartiendo sus tropas en pequeños destacamentos. Aquellos indios eran los mismos valerosos araucanos que habían sustentado la guerra desde tiempo atrás en las inmediaciones de Cañete, y que estaban ensoberbecidos con sus frecuentes victorias. Los soldados de Bernal, sin embargo, ayudados eficazmente por unos 500 auxiliares y protegidos por los fuegos de un cañón convenientemente colocado, asaltaron con gran ímpetu las palizadas de los indios; y después de un reñido combate empeñado en medio de una espantosa gritería, los pusieron en completa derrota. Los jinetes cargaron resueltamente sobre los fugitivos lanceándolos sin piedad. Los indios auxiliares mataban a todos los enemigos que hallaban a la mano. El caudillo de éstos, el cacique Illangulién, fue del número de los muertos. Según un antiguo cronista, las aguas de un río vecino, probablemente el que nosotros llamamos Vergara, corrieron enrojecidas con la sangre de los combatientes. Cuando Bernal mandó suspender la matanza, se recogieron muchos prisioneros. Algunos de ellos fueron sacrificados; a los otros les mandó cortar los pies y las manos para aterrorizarlos. Esta jornada tan gloriosa para los españoles y para el jefe que los mandaba, no solo salvó a la ciudad de Angol de los ataques de los indios sino que aumentó los elementos y recursos militares de aquéllos. En efecto, los soldados de Bernal recogieron en el campo de batalla un número considerable de armas europeas, lanzas, espadas, cotas y escudos que sus compatriotas habían perdido en los combates anteriores y que los indios llevaban consigo.[414]

En esos momentos, el gobernador Villagrán se encontraba estrechamente sitiado en Concepción por un numeroso ejército de indios. Se sabe que esta ciudad estaba entonces situada a orillas del mar, en la espaciosa bahía de Talcahuano. El terreno bajo en que estaba construida se halla circundado por cerros de mediana elevación, pero muy accidentados, y entonces cubiertos de

---

414 Góngora Marmolejo, capítulo 46, es el que ha dado una noticia más extensa de esta batalla, sin que su relación baste para formar una idea cabal de sus accidentes. Mariño de Lobera, que la ha contado más sumariamente en el capítulo 22, libro II, es el que ha fijado la fecha del día en que tuvo lugar; pero conviene advertir que el 25 de marzo de 1564 no fue jueves, como allí se dice, sino sábado.

tupidos bosques donde podía acampar cómodamente el enemigo para ocultar sus movimientos y sustraerse a la persecución de los castellanos. En los primeros días de febrero, los indios del norte del Biobío, es decir, los mismos que el mes anterior habían derrotado a los capitanes Vaca y Pérez de Zurita, se acercaron a Concepción, ocuparon aquellas serranías y comenzaron a hostilizar la ciudad cortándole toda comunicación con el interior del país. Los bárbaros eran mandados por los caudillos Loble y Millalelmo, y formaban un ejército tan numeroso que un antiguo cronista, generalmente discreto en la avaluación de las tropas de los indios, lo hace subir a 20.000 hombres. Ensoberbecidos con sus recientes triunfos, esperaban destruir prontamente la ciudad y acabar con sus defensores.

El gobernador Villagrán, cuyas tropas acababan de sufrir en las inmediaciones de Concepción los dos descalabros de que hemos hablado más atrás, se preparaba para la defensa de la ciudad. Entre los soldados y vecinos pudo poner sobre las armas a 200 hombres. Temiendo verse atacado por los indios, había hecho construir al lado norte, y cerca de un riachuelo que baja de los cerros, un fortín de sólidas estacadas en que colocó sus cañones y en que encerró sus víveres y sus municiones. Cuando los indios se presentaron cerca de la ciudad mandó replegar sus tropas y toda la gente dentro de ese fortín, y mandó que nadie saliera a escaramucear con el enemigo. Los bárbaros avanzaron sin hallar obstáculos, penetraron por las calles de la ciudad, prendieron fuego a un modesto templo que habían construido los frailes de la Merced y a algunas casas, pero la artillería del fuerte los contuvo de terminar aquella obra de destrucción. Colocados en los cerros vecinos, parapetados detrás de palizadas, se mantuvieron en aquellos lugares esperanzados, sin duda, en rendir por hambre a los defensores de Concepción.

Cerca de dos meses consecutivos permanecieron en aquella situación. Los españoles, encerrados en tan estrecho espacio de terreno, con sus caballos y con los otros animales que tenían, experimentaban toda clase de molestias. Los perros mismos, que les servían de auxiliares en la guerra, los atronaban con sus ladridos, llegaron a ser un inconveniente y fue necesario matar muchos de ellos. Los combates se renovaban cada día y, aunque los españoles desplegaron una firmeza incontrastable, los indios se mantuvieron firmes en sus puestos y parecían resueltos a no abandonar la empresa que habían acometido. La metralla que vomitaban los cañones del fuerte les impedía intentar el asalto; pero en su campamento rechazaban los ataques que emprendían los sitiados. Éstos, sin embargo, tenían el mar libre, habían despachado sus embarcaciones y habían pedido socorros a otras ciudades. A fines de marzo llegaron al puerto dos buques cargados de provisiones. Uno había salido de Valdivia y el otro de Valparaíso, y ambos ponían a los españoles en situación de mantener la defensa mucho tiempo más. Los indios, por su parte, desprovistos de carros y de bestias de carga, no podían renovar sus víveres; e imprevisores, como son siempre los bárbaros, comenzaron a encontrarse faltos de alimentos. Era, además, la época de las cosechas, y debían volverse a sus campos a recoger el fruto de sus maizales, so pena de pasar un invierno de hambre y de miseria. En esos mismos días supieron que sus compatriotas acababan de sufrir una espantosa derrota en las inmediaciones de Angol; y debieron temer el verse atacados por la espalda. En la noche del 1 de abril levantaron su campo y se retiraron al interior dispersándose por los campos para volverse a sus moradas respectivas.[415]

5. Al paso que los indios adquieren una superioridad de poder militar, el desaliento y la desmoralización comienzan a cundir entre los españoles

La retirada de los indios que sitiaban Concepción, restableció por entonces la paz en aquellos lugares. Ocurría esto a entradas del invierno; y en esta estación, los campos, sembrados entonces de bosques, se cubrían de pantanos que hacían imposibles las operaciones de la guerra. Los españoles se encerraban en sus ciudades, y los indios volvían a sus montañas donde llevaban una vida ociosa y miserable esperando que el tiempo les permitiese recomenzar la lucha.

---

415 El cerco de Concepción, referido muy sumariamente por el capitán Salazar en la relación citada, y casi pasado en silencio por Mariño de Lobera, ha sido contado con más extensión por Góngora Marmolejo en el capítulo 47. Dice éste que el sitio duró treinta días; pero Salazar, que se halló en la plaza, dice expresamente sesenta días. En el Archivo de Indias encontré un manuscrito anónimo de unas 16 páginas con el título de *Relación* de lo que ha sucedido al gobernador Pedro de Villagrán, que parece ser una vindicación de éste, y que por la abundancia de noticias que contiene vamos a utilizarlo en las páginas siguientes. Allí se dice que el cerco de la ciudad duró más de sesenta días, y que los indios se retiraron la víspera de pascua de Resurrección. Comparando las diversas relaciones, deduzco que el sitio de Concepción comenzó en los primeros días de febrero de 1564, poco después de la derrota de Pérez de Zurita, y que se prolongó hasta el 1 de abril, víspera de la pascua de Resurrección, que ese año cayó en 2 de abril.

Aquella tranquilidad era solo una tregua de algunos meses, después de los cuales la guerra debía volver a encenderse.

No era posible disimularse que la situación de los españoles había llegado a hacerse sumamente embarazosa. Se hallaban en mucho mayor número que en los primeros días de la conquista y, sin embargo, su poder parecía debilitado. Este hecho singular, que explica la prolongación de aquella guerra durante siglos, tiene dos causas diferentes que hemos de ver desarrolladas en el curso de esta historia.

De una parte, los indios se habían hecho mucho más diestros en el arte de la guerra, y poseían elementos que debían centuplicar su fuerza. Habían aprendido a atrincherarse convenientemente para defenderse de los ataques de los españoles. Si no habían llegado a utilizar más que algunas de las armas quitadas al enemigo, como las lanzas y las espadas, sin entender el manejo de los arcabuces y de los cañones, sus victorias les habían proporcionado algunos caballos que manejaban con rara maestría, y que en poco tiempo más iban a ponerlos en posesión de un elemento de movilidad que había de hacerlos casi invencibles en la guerra de asaltos y de sorpresas. Sus victorias, además, les habían infundido la conciencia de su poder, y de la debilidad relativa de sus adversarios.

Del otro lado, el desaliento y la desmoralización comenzaban a cundir en las filas de los españoles. Comenzaban a comprender que Chile no era el país de riquezas maravillosas que se habían imaginado, que la conquista costaba demasiado caro y que sus provechos no correspondían a los sacrificios. La tenacidad de los indios para defender su independencia los tenía casi desesperados. Muchos de ellos no pensaban más que en abandonar el país; y los que no podían hacerlo, no se interesaban sino por lo que les tocaba de cerca, sin afanarse mucho por lo que pasaba lejos de sus hogares. A la sombra de tal estado de cosas, que enervaba los ánimos, nacían entre los mismos españoles disensiones y rivalidades altamente peligrosas.

Así, durante el verano de 1564, mientras el gobernador estaba estrechamente sitiado en Concepción, y mientras los indios amenazaban la ciudad de Angol, se suscitó en las ciudades situadas más al sur una competencia de carácter más alarmante. El capitán Gabriel de Villagrán, que mandaba en la Imperial, se creyó también amenazado por la insurrección de los indios, y pidió auxilios a Valdivia que se hallaba en la más perfecta paz. En vez de darlos, el Cabildo de esta última ciudad, asumió una actitud parecida a una abierta rebelión; y temiendo que Villagrán fuera a tomarlos por fuerza, puso sobre las armas su guarnición, suspendió el paso de los ríos retirando las canoas y demás embarcaciones y expresó su negativa con provocadora altanería. El gobernador, sin duda, con el propósito de evitar mayores escándalos, tuvo que disimular por entonces su encono para reprimir más tarde aquella conducta.[416]

En la misma ciudad de Concepción, donde permanecía el gobernador Villagrán reparando los daños causados por las hostilidades de los indios, se hicieron sentir síntomas que revelaban este estado de desmoralización. Martín Ruiz de Gamboa, uno de los capitanes más prestigiosos, y yerno de Rodrigo de Quiroga, que por su edad, sus servicios y su fortuna gozaba de gran consideración en todo el reino, se preparaba a pasar a España como apoderado de los cabildos de algunas ciudades. En esas circunstancias comenzó a levantar una información de sus méritos para presentarla al rey a fin de obtener los premios a que se creía merecedor. Aunque ésta era una práctica muy usada por los capitanes españoles en igualdad de circunstancias, el gobernador Pedro de Villagrán vio, sin duda, en este acto una tentativa para presentarse en la Corte con mejores títulos que él para obtener en propiedad el gobierno de Chile. Dando por razón que Ruiz de Gamboa había hecho certificar hechos falsos, mandó recoger aquella información; y como el interesado expusiera que la había remitido a Santiago, lanzó contra él una orden de prisión. Ruiz de Gamboa se asiló en la iglesia de San Francisco, y de allí huyó a Santiago en compañía de cuatro soldados parciales suyos. Su intento era embarcarse para el Perú y seguir viaje a España contra la voluntad del gobernador. La autoridad y el prestigio de este alto mandatario quedarían así burlados.

A pesar de la resuelta entereza de Villagrán, este desacato estuvo a punto de consumarse. Pero el gobernador estaba dispuesto a todo antes que consentir en que su autoridad fuera ajada de esa manera. Dejando el mando de las

---

416 Góngora Marmolejo, capítulo 48. Mariño de Lobera, libro II, capítulo 23, refiriéndose, sin duda, al mismo hecho, lo coloca como ocurrido un poco más tarde, y no en Valdivia sino en Osorno, y lo explica como el resultado natural del cansancio producido en esos lugares por las contribuciones de guerra, y las expoliaciones a que se sometía a las poblaciones cada vez que se quería sacar socorros de hombres o de provisiones. Sea que haya ocurrido en una o en otra parte, la verdad es que entonces faltaba ya la unión de las voluntades para cooperar a la obra común.

tropas de Concepción a cargo de su maestre de campo Alonso de Reinoso, se embarcó apresuradamente en un buque que había en el puerto, con veintidós soldados de confianza, y en dos días de navegación se puso en Valparaíso. Su primer cuidado fue hacer prender a Ruiz de Gamboa, dictando, al efecto, las más activas providencias para impedir que pudiera escaparse por ese puerto o por el de Coquimbo. Sus órdenes se cumplieron con tanta exactitud que el capitán desobediente estaba reducido a prisión al cabo de pocos días.[417] Villagrán había conseguido su objetivo, y había logrado robustecer la autoridad de su gobierno; pero como lo veremos en breve, sus enemigos maquinaban sigilosamente contra él, y preparaban su caída por medios más eficaces que una insurrección franca y desembozada.

6. Villagrán en Santiago: sus aprestos para continuar la guerra

El gobernador quiso aprovechar su viaje a Santiago para entender en varios asuntos de la administración pública, y sobre todo en preparar los elementos y recursos para continuar la guerra en el verano próximo, halagado siempre con la esperanza de llevar a término la pacificación definitiva del país. El Cabildo de la capital lo recibió con las muestras de consideración y de respeto debidas a su rango. Pero por todas partes encontraba problemas y dificultades que casi inutilizaban por completo su acción. En las cajas reales halló pocos fondos para atender a los gastos más premiosos y, aun, los tesoreros no los pusieron a su disposición sino después de oponerle serias objeciones.[418] Villagrán, por otra parte, pudo convencerse de que la ciudad de Santiago no podía poner sobre las armas un contingente mayor de tropas que los 150 hombres que en los meses anteriores se habían reunido bajo las órdenes del capitán Juan Pérez de Zurita.

---

417 Este incidente, al cual hacen referencia, sin entrar en pormenores, Góngora Marmolejo, capítulo 49, y Mariño de Lobera, libro II, capítulo 23, está contado más prolijamente en la *Relación* de lo que ha sucedido al gobernador Pedro de Villagrán, que hemos citado. En esta relación faltan por completo las indicaciones cronológicas; pero puede asentarse que el viaje de Villagrán tuvo lugar en mayo de 1564, y que llegó a Santiago en los primeros días del mes entrante. En efecto, el 3 de junio, se hallaba en Santiago y presidía la sesión del Cabildo.

418 Góngora Marmolejo, capítulo 49, refiere que entre Villagrán y su teniente gobernador el licenciado Juan de Herrera, gastaron hasta 30.000 pesos de oro de la caja real en las necesidades de la guerra.

Su primer cuidado fue enviar por mar algunos socorros de víveres a Concepción. Esta ciudad, destruida en parte por el sitio que tuvo que sostener contra los indios durante los meses de febrero y marzo de ese año, se encontraba a consecuencia de la guerra desprovista de provisiones. Los vecinos no habían podido cosechar sus sembrados, que fueron destruidos por el enemigo, y pasaban entonces por días de escasez y de miseria. Una relación anónima que tenemos a la vista, refiere que en sus angustias hacían procesiones para obtener del cielo la protección que no les dispensaban los hombres; y que cuando llegaron los socorros que les enviaba Villagrán, meditaban el despoblar la ciudad en que corrían riesgo de perecer de hambre.

Quiso también Villagrán socorrer a Concepción con algunas tropas. Mandó, al efecto, que el capitán Pedro Hernández de Córdoba partiese por tierra con treinta soldados; pero las lluvias del invierno y el estado de inseguridad de los campos del otro lado del Maule, por causa de la insurrección de los indios, lo obligaron a detenerse a orillas de este río. Allí, sin embargo, esa pequeña columna pudo prestar un señalado servicio manteniendo la tranquilidad e impidiendo las correrías que comenzaban a hacer los indios revelados del otro lado del río.

Pero el cansancio producido por la guerra, el desaliento que se introducía en las filas mismas de los españoles, era el principal obstáculo que el gobernador Villagrán encontraba en sus afanes y trabajos. Los soldados que había reunido en los términos de la ciudad de Santiago, se desertaban sin cesar, era necesario perseguirlos y castigarlos, y a pesar de todo no se conseguía introducir la moralización en aquellas tropas. Se ha referido que los adversarios del gobernador, deseando desprestigiarlo, demostrando la ineficacia de sus trabajos administrativos, estimulaban aquella escandalosa deserción de la soldadesca.[419]

Estas dificultades detuvieron a Villagrán en Santiago más de siete meses. En el principio había creído volver al sur en el mes de octubre cuando la primavera hubiera permitido las operaciones militares. Le fue, sin embargo, forzoso demo-

---

[419] La *Relación* citada, muy prolija en estos incidentes, atribuye a Rodrigo de Quiroga y sus parciales, estas maquinaciones contra el gobernador. Según ella, Quiroga y sus amigos eran hostiles a Villagrán porque éste pretendía tasar los tributos de los indios de encomienda y regularizar el servicio personal. Si como parece casi seguro, existió realmente esta rivalidad, es más probable que ella tuvo otra causa diferente. Quiroga debía creerse con más títulos que Villagrán para el gobierno de Chile; y es fuera de duda que él y sus amigos hacían valer esos títulos ante el gobierno del Perú.

rarse en la capital hasta enero de 1565.[420] El gobernador adquirió la convicción de que con los elementos de que entonces se disponía en Chile, no era posible hacer otra cosa que sustentar las ciudades que había fundadas en el territorio; pero que para adelantar la conquista y consumar la pacificación era indispensable pedir socorros al Perú, y esperar los refuerzos que permitiesen contar con tropas más considerables. Las noticias que por entonces llegaban de Lima venían en apoyo de este plan y justificaban estas esperanzas.

En efecto, en los primeros días de enero de 1565 se supo en Santiago que en aquella ciudad se hacían aprestos para socorrer a Chile, y que un nuevo mandatario los activaba con todo empeño. El virrey, conde de Nieva, había sido misteriosamente asesinado en Lima; y la Real Audiencia, que asumió el mando supremo durante algunos meses, había gobernado con la flojedad e incertidumbre propias de la poca consistencia de sus poderes. Pero en septiembre de 1564 llegaba a Lima un alto funcionario que venía a dar vigor a la acción gubernativa. Era éste el licenciado Lope García de Castro, magistrado anciano, pero enérgico, miembro del supremo Consejo de Indias. El rey le había conferido el título de presidente del Perú con el encargo de esclarecer la muerte del virrey y de poner orden en la administración. En virtud de este encargo, resolvió, luego, enviar a Chile tropas de refuerzo para dejar terminada la pacificación de este país.

Villagrán, resuelto a salir a campaña ese verano, pensaba solo en reducir a la obediencia a los indios de la región comprendida entre los ríos Biobío y Maule; y esperaba recibir esos auxilios para acometer de nuevo la guerra contra los pertinaces araucanos. Para que esos auxilios fuesen lo más considerables posible, determinó imponer a las ciudades una de esas contribuciones extraordinarias conocidas con el nombre de derramas, demostrando a los cabildos y a los vecinos la necesidad de hacer un esfuerzo supremo para consumar la obra de la conquista. El dinero recogido de esta manera debía ser enviado al Perú para invertirse en el enganche de tropas, y en la compra de armas, vestuarios y municiones. Un vecino respetable y caracterizado de Santiago, el capitán

---

420 Hemos dicho que Villagrán se hallaba en Santiago en los primeros días de junio de 1564, y que presidía la sesión del 3 de ese mes. Según los libros capitulares, que consultó el historiador Pérez García, presidía igualmente la sesión del 4 de enero de 1565. Por lo demás, el hecho de la larga residencia del gobernador en la capital está referido por Góngora Marmolejo en el capítulo 49 casi con la misma precisión.

Juan Godínez,⁴²¹ fue encargado de ir al Perú a felicitar a nombre del cabildo de Santiago al nuevo mandatario que acababa de llegar a Lima, y a acelerar el envío de este socorro. Los documentos que han llegado hasta nosotros no son bastante explícitos sobre el resultado que dio la contribución extraordinaria impuesta a las ciudades en aquellas circunstancias.⁴²²

7. Sale a campaña y pacifica a los indios del otro lado del Maule

A mediados de enero de 1565 partía de Santiago el gobernador Pedro de Villagrán a la cabeza de 150 soldados españoles y de 800 indios auxiliares, reunidos en los repartimientos vecinos a la capital. Creía dejar tranquila la ciudad y apaciguados a sus enemigos, con quienes parecía reconciliado. El capitán Martín Ruiz de Gamboa había sido puesto en libertad, y ahora marchaba al lado del gobernador al mando de una de las compañías de jinetes que partían para la guerra.

Hasta el Maule no encontró dificultades ni resistencias de ningún género; pero desde que hubo pasado este río, pudo convencerse de que toda la tierra estaba sobre las armas. Desde allí continuó avanzando con muchas precauciones, y haciendo reconocimientos por medio de sus batidores. Habiéndose adelantado él mismo con sesenta jinetes, reconoció que los indios se habían atrincherado en las orillas del río Perquilauquén, que habían abierto fosos profundos y construido fuertes palizadas, y entonces redobló sus precauciones, y movió sus tropas con gran cautela hasta colocarlas en una situación ventajosa a la vista del enemigo, y a tan corta distancia de las posiciones de éste que casi

---

421 Poseo en mis colecciones de documentos la copia de una carta dirigida al rey por Juan Godínez desde Santiago en 8 de septiembre de 1563, en que le hace la relación de sus servicios. Según esa carta, Godínez, natural de la ciudad de Úbeda, en España, hizo la primera campaña de Chile con Almagro, sirvió después en el Perú en el sometimiento del inca Manco, y en los descubrimientos de los mojos y juries con los capitanes Pedro de Candia y Diego de Rojas, y volvió a Chile en 1540 con Pedro de Valdivia sirviendo constantemente en las guerras de la Conquista hasta el tiempo de Hurtado de Mendoza que le dispensó su confianza.

422 La *Relación* anónima, que ha consignado este hecho, refiere que la ciudad de Santiago debía contribuir con 7.000 pesos de oro; Valdivia, con casi 4.000; Villarrica, con más de 6.000 y Osorno, con casi 4.000, y que las otras ciudades no se habían acabado de concertar. La redacción de este documento es tan defectuosa, que casi no puede asegurarse qué cantidad se recogió de todo este dinero y cuál se envió al Perú. Tampoco encuentro comprobado en los documentos el que Juan Godínez hubiese ido al Perú en desempeño de aquella comisión de que se habla en algunas crónicas.

se oía lo que se hablaba, según la expresión de un documento contemporáneo. En las primeras escaramuzas, los españoles perdieron dos caballos sobre los cuales montaron dos indios enemigos que sabían manejarlos diestramente.

Villagrán no dudaba del resultado del combate; pero habría querido evitarlo, y con este propósito hizo al enemigo proposiciones de paz sin ningún fruto. «Otro día por la mañana, dice una relación que tenemos a la vista, el gobernador mandó llamar a su escribano y un capitán y otros cuatro soldados, y dioles un requerimiento por escrito en un pliego de papel, firmado de su nombre, y mandó fuesen a notificárselo y requerírselo, en que decía que él no quería hacerles daño sino procurar su bien y conservación, y que fuesen cristianos y salvasen sus ánimas, y que a este efecto Su Majestad los enviaba». En consecuencia, les exigía que dejasen las armas y se retirasen a sus casas. Pero los indios, que debían saber por una dolorosa experiencia lo que importaban estas promesas, rechazaron resueltamente todas las proposiciones. «Visto el gobernador que no aprovechaba nada, continúa la misma relación, mandó un sacerdote que iba por capellán del campo que fuese allá con una cruz y algunos soldados. Hasta entonces los indios habían estado quedos; y como llegó el clérigo y les comenzó a hablar, salieron algunos del fuerte, y se fueron tirándoles de flechazos, que les convino poner las piernas a los caballos y volverse al campo».[423]

Fue necesario prepararse para el ataque de las posiciones de los indios. Villagrán mandó hacer doce mantas[424] o parapetos portátiles para resguardar a sus infantes de las flechas de los indios; y dividiendo sus fuerzas convenientemente, emprendió el asalto con tanta seguridad como resolución. La audacia de los castellanos, el orden imperturbable con que movían sus tropas, impusieron de tal manera a los bárbaros, que después de una corta resistencia comenzaron a perder su confianza y a abandonar sus palizadas para entregarse a una precipitada fuga.

---

423 *Relación* inédita y anónima de lo ocurrido al gobernador Villagrán.
424 El *Tesoro de la lengua castellana* de Covarrubias, Madrid, 1611, define así la palabra manta que hallamos en los antiguos documentos: «Cierta máquina bélica que cubre a los que han acometido a escalar el muro de los enemigos; y ésta defiende que no les ofendan las piedras, la pez y resina, alquitrán y otras cosas que les arrojan de lo alto». Las mantas o parapetos portátiles usados por Villagrán debían ser aparatos mucho más sencillos, simples tejidos de ramas y de paja para resguardarse de las flechas y de las piedras, como las quinchas que se usan en las carretas.

Después de esta victoria, creyó el gobernador que los indios de aquella región depondrían las armas. Perdonó a los prisioneros y ofreció la paz a las tribus vecinas. Muchas de ellas dieron muestras de aceptarla, manifestándose dóciles y sumisas; pero cuando hubo pasado más adelante de Chillán, los indios en cuerpos más o menos numerosos, le salían al encuentro, simulaban un ataque y fingían retirarse para atraerlo a lugares en que podían batirse con ventaja. En esos diversos encuentros, los españoles obtenían siempre la ventaja; pero esta lucha los obligaba a retardar su marcha y a perder su tiempo en esta campaña, haciéndoles sufrir las primeras lluvias del otoño, fuera de los lugares donde debían acuartelarse para pasar el invierno. Los contemporáneos cuentan que Villagrán se condujo humanamente con los indios que se sometían; pero la relación anónima que hemos citado, refiere también que a algunos de los prisioneros de guerra les hizo cortar un dedo de la mano y otro de los pies, o los dio como gente de servicio. Al fin, el 15 de abril llegaba a Concepción y podía comunicarse con las demás ciudades del sur y dictar desde allí las medidas administrativas.[425] El fruto de toda esta penosa campaña fue solo la pacificación de los indios que poblaban el territorio comprendido entre los ríos Maule y Biobío. Pero no fue posible a Villagrán intentar por entonces empresa alguna al sur de este río, de tal suerte que los bárbaros que habitaban la región que había sido el centro de la insurrección, pasaron el año entero en tranquila posesión de sus tierras y de su independencia sin que nadie intentara inquietarlos.

8. Llega a Chile un refuerzo de tropas enviado del Perú; deposición del gobernador Pedro de Villagrán

Hallábase Villagrán ocupado en estos trabajos cuando recibió cartas del cabildo de Santiago en que le comunicaba el arribo a Coquimbo del refuerzo de tropas que venía del Perú. Pero esta noticia estaba acompañada de ciertos pormenores que hacían que la llegada de estos auxiliares, en vez de ser un suceso tranquilizador, despertara desconfianzas y recelos. Villagrán, lleno de

---

425 Esta campaña del gobernador Pedro de Villagrán ha sido contada con bastante prolijidad por Góngora Marmolejo en los capítulos 49 y 50 y por la *Relación* anónima que hemos citado tantas veces. Ambas versiones están generalmente conformes en el fondo; pero contienen detalles y accidentes diversos, aunque no propiamente contradictorios. La última es la que fija la fecha de la llegada del gobernador a Concepción, diciendo que entró a la ciudad el Domingo de Ramos. En 1565 esta fiesta cayó en 15 de abril.

inquietud, se puso inmediatamente en marcha para Santiago en compañía de doce soldados y de algunos de sus servidores.

El refuerzo que acababa de llegar a Coquimbo era compuesto de poco más de 200 hombres. Creía, sin duda, el presidente del Perú que esa pequeña columna sería suficiente para someter a los indómitos araucanos, explicándose probablemente los contrastes sufridos en la guerra por las armas españolas no como un triunfo natural de los indios mediante su valor y la tenacidad de sus esfuerzos, sino como el fruto de la incapacidad de los capitanes castellanos. Es indudable que al llegar al Perú, el licenciado García de Castro oyó quejas de este género contra Pedro de Villagrán; y por eso al preparar el socorro para Chile, se hizo instrumento de los enemigos de este gobernador.

En efecto, el presidente del Perú dio el mando de estas tropas al general Jerónimo Costilla, soldado antiguo de la conquista y de las guerras civiles, encomendero rico y principal de la ciudad del Cuzco, y hombre de carácter reservado y enérgico.[426] Aunque no se conoce el tenor de sus instrucciones, puede inferirse que el Presidente le dio el encargo de conducirse con la mayor cautela, de quitar el mando a Pedro de Villagrán sin provocar resistencias, y de entregárselo a Rodrigo de Quiroga a quien presentaban sus parciales como un hombre dotado de las mejores prendas para el gobierno. Habiendo embarcado su gente en dos buques que estaban listos en el Callao, Costilla se hizo a la vela a principios de febrero de 1565, y tres meses después llegaba a La Serena. Desde allí comunicó su arribo al cabildo de Santiago y a Rodrigo de Quiroga, omitiendo meditadamente el dirigirse al gobernador que ejercía el mando.

Esta conducta era lo que había alarmado a Villagrán. Creíase éste en la posesión más perfecta y regular de ese cargo. Su título emanado del testamento de su predecesor, había sido expresamente confirmado por decisión del virrey del Perú, conde de Nieva. En esta seguridad, no vaciló en dirigirse a Costilla para impartirle sus órdenes. Mandábale que sin tocar en Santiago, transportase a Concepción las tropas que traía de refuerzo, porque era allí donde se necesitaban para abrir la campaña contra los araucanos. Esta resolución estaba apoyada en razones de economía y de disciplina que no podían ocultarse a nadie.

---

[426] Los antiguos historiadores del Perú refieren muchos sucesos relativos a la vida militar de Jerónimo Costilla. El inca Garcilaso de la Vega, que en su niñez lo conoció en el Cuzco, cuenta que Costilla había acompañado a Almagro en la primera expedición. Véase lo que acerca de Costilla hemos dicho en la nota 21 del capítulo 3 de la parte II.

Sin embargo, pocos días después Costilla desembarcaba en Valparaíso y se ponía en marcha para Santiago sin querer descubrir sus intenciones. Los parciales de Rodrigo de Quiroga no disimulaban su contento. El yerno de éste, el capitán Martín Ruiz de Gamboa, salió disimuladamente de la ciudad y fue a reunirse a Costilla. Pero esta situación no podía dejar de infundir serias alarmas. Villagrán estaba lleno de inquietudes, y el Cabildo mismo veía en todo esto el principio de una verdadera conmoción en que peligraba el orden público. Deseando evitar males de tanta consideración, comisionó a uno de los alcaldes y a dos regidores para que fuesen a conferenciar con Costilla, que se hallaba en un pueblo de indios llamado Poangue, a 10 leguas de la capital; pero esos emisarios solo obtuvieron contestaciones vagas que no hicieron más que aumentar el sobresalto y la desconfianza. Costilla, entretanto, seguía avanzando sobre Santiago, hasta llegar a 3 leguas al poniente de la ciudad, y situarse allí a orillas del Mapocho en la tarde del 17 de junio.

En esa misma noche, Rodrigo de Quiroga reunía en su casa a cincuenta de sus amigos, les manifestaba que él era el gobernador efectivo y les pedía que le acompañasen hasta que Jerónimo Costilla hiciese su entrada en la ciudad. Villagrán quiso disolver esa reunión; pero el capitán Juan Álvarez de Luna, a quien envió a comunicar esta orden, fue retenido prisionero en casa de Quiroga. Creyó entonces Villagrán que debía acudir en persona a hacerse obedecer; pero la gente reunida allí, acaudillada por los capitanes Campofrío y Carvajal y Lorenzo Bernal de Mercado, desconocieron su autoridad y se mostraron en abierta rebelión, disparando algunos arcabuces y declarando que no conocían otro jefe que Quiroga. La noche entera se pasó en estos altercados; y desde antes de amanecer Villagrán debió creerse perdido, vista la defección de muchos de los suyos y la imposibilidad en que se hallaba de oponer una resistencia eficaz.

A esas horas entraba a la ciudad Jerónimo Costilla a la cabeza de su columna y con todo el aparato militar necesario para evitar cualquier conato de desobediencia a sus órdenes. Villagrán, que creía aún poder conjurar la tormenta, salió al encuentro de aquel jefe para informarse de sus determinaciones; pero después de una corta explicación, comprendió que no tenía nada que esperar y se retiró a su casa. En la misma mañana del lunes 18 de junio, Costilla convocaba el Cabildo, y con el apoyo de sus soldados, y a pesar de las protestas de algunos de los capitulares, hacía reconocer a Rodrigo de Quiroga en el carácter de gobernador del reino de Chile. Los amigos de Villagrán, que en los acuerdos capitulares de los días anteriores habían apoyado su gobierno, consignaron el elogio de la conducta que habían observado los dos años que ejerció el mando superior.[427]

Pero esto mismo demostraba que Villagrán tenía simpatías en el país, y que su permanencia en él podía ser un peligro para la estabilidad del gobierno de su sucesor. Costilla dio la orden de prenderlo y de conducirlo a Valparaíso para que quedase prisionero en uno de los buques que tenía bajo sus órdenes. Cuando al cabo de cerca de dos meses, vio que el poder de Quiroga estaba sólidamente asentado, él mismo se trasladó a ese puerto, y se hizo a la vela para el Perú, llevando consigo al gobernador depuesto. Jerónimo Costilla había desempeñado con el mayor esmero y con la más completa facilidad una comisión odiosa que importaba una injusticia cruel y una deslealtad vituperable. Pedro de Villagrán no era por ningún concepto merecedor de un tratamiento de esa naturaleza.[428]

Al llegar a Lima, acudió ante la Real Audiencia a querellarse de la injusta e inmerecida vejación a que se le había sometido. Villagrán podía probar que

---

427 El acta del cabildo de Santiago del 18 de junio de 1565, que debía contener las mejores noticias sobre la disposición de Villagrán, nos es desconocida. Don José Pérez García que vio los acuerdos capitulares para hacer la desordenada relación de este suceso que compone el capítulo 5 del libro XIV de su historia manuscrita, no conoció tampoco ese documento ni parece haber sacado de los otros todo el provecho a que se prestaban, sin duda, y solo ha consignado una que otra circunstancia utilizable. En cambio, la relación anónima que hemos citado tantas veces en el curso de este capítulo, y las crónicas de Góngora Marmolejo, capítulo 51, y de Mariño de Lobera, libro II, capítulo 24, refieren este suceso con gran acopio de pormenores, aunque con divergencias de detalle que, sin embargo, no alteran en nada el fondo de las cosas. En el Archivo de Indias se conserva, además, una copia certificada de una protesta extendida por Villagrán ante el escribano Juan de la Peña, en que relata algunos de estos mismos hechos o, más propiamente, la parte relativa al alboroto provocado por Rodrigo de Quiroga. Esta protesta, que tiene la fecha de 21 de junio, cuando ya Villagrán estaba preso, me ha servido para confirmar y completar las noticias que he reunido en el texto y, sobre todo, para fijar la fecha exacta de la deposición del gobernador que no consigna ninguna de las relaciones.
428 Ni en los cronistas primitivos ni en los antiguos documentos he encontrado cargo alguno contra Pedro de Villagrán que justifique o que explique esta arbitraria deposición, y mucho menos la manera como se llevó a cabo. Según el cronista Góngora Marmolejo la predilección del presidente García de Castro por Rodrigo de Quiroga habría provenido de que ambos eran originarios de la provincia de Galicia en España.

había asumido el gobierno de Chile en virtud de la disposición testamentaria de su predecesor, legalmente autorizado para hacer esta designación; podía probar también que sus poderes de gobernador interino habían sido confirmados por el virrey del Perú; podía demostrar por fin que durante los dos años de su administración había sostenido sin desventajas la guerra contra los indios, a pesar de no haber recibido auxilios ni socorros, y que había conservado la tranquilidad interior en todo el país sin emplear esas violencias y esas transgresiones de toda ley que casi constituían la vida normal de las colonias españolas. Sin embargo, Pedro de Villagrán no halló la justicia que reclamaba. Se desconocen las tramitaciones por que pasó su querella, pero se sabe que la audiencia de Lima no dio nunca una resolución definitiva. Por lo demás, se ignora absolutamente cuál fue la suerte posterior de este capitán. Ni los documentos ni las crónicas vuelven a nombrarlo una sola vez. Probablemente Villagrán se estableció en el Cuzco, donde estaba la encomienda de su esposa, y allí debió acabar su vida alejado de los negocios militares y administrativos. Pero éstas son simples conjeturas que no pueden apoyarse en ninguna autoridad ni en ninguna prueba.

Por lo demás, las crónicas y los documentos contemporáneos, contraídos exclusivamente a los asuntos de la guerra, casi no contienen noticias de otro orden, y de ordinario no nos permiten apreciar con certidumbre la fisonomía moral de esos tiempos ni el carácter individual de los hombres que en ellos figuraron. Uno de esos cronistas, que conoció de cerca a Pedro de Villagrán, y que peleó bajo sus órdenes, nos ha legado, sin embargo, un imperfecto retrato de su persona. «Cuando gobernó el reino de Chile, dice Góngora Marmolejo, Villagrán tenía de edad cincuenta años, bien dispuesto, de buen rostro, cariaguileño, alegre de corazón, amigo de hablar, aficionado a mujeres, por cuya causa fue malquisto. Fue amigo de guardar su hacienda, y de la del rey daba nada; aunque después de un año que fue gobernador, viendo que lo murmuraban generalmente, comenzó a gastar de la hacienda del rey dando algunos entretenimientos a sus soldados. Tuvo el tiempo que gobernó buenos y malos sucesos en las cosas de guerra y de gobierno.»[429] La historia está obligada a recoger estos escasos rasgos, a falta de más completas noticias.

---

429 Góngora Marmolejo, capítulo 51.

9. Erección del obispado de Santiago

El corto gobierno de Pedro de Villagrán fue señalado por un hecho que merece recordarse: la erección del primer obispado en el reino de Chile. En la vida de la colonia, este suceso debió ser motivo de una gran satisfacción; y, sin embargo, los cronistas contemporáneos no han dejado acerca de él noticias de ninguna clase.

Se recordará que desde los primeros días de la conquista, Pedro de Valdivia había solicitado que se erigiese un obispado en Santiago y que había recomendado para este cargo al bachiller Rodrigo González Marmolejo, que desempeñaba las funciones de cura vicario. El rey había aprobado esta proposición, y había hecho al papa las peticiones de estilo. Mientras tanto, por cédula de 29 de enero de 1557 encargó a González Marmolejo el gobierno temporal de la diócesis hasta que se obtuvieran las bulas pontificias.

Valdivia y después el cabildo de Santiago habían repetido sus peticiones al rey; pero este negocio no podía marchar con la rapidez que se exigía. Las relaciones entre el papa y el rey de España distaban mucho por entonces de ser cordiales. Aun, hubo un tiempo en que esas relaciones estuvieron cortadas, y en que, después de una estrepitosa declaración de guerra, los ejércitos de Felipe II marcharon sobre Roma, cuyo soberano, Paulo IV, pretendía libertar a Italia de la dominación española. Vencidas estas dificultades y restablecida la paz, el papa Pío IV erigió en 18 de mayo de 1561 la diócesis de Santiago de la Nueva Extremadura, como sufragánea del arzobispado de Lima, y nombró su primer obispo al presbítero González Marmolejo. Al prestar su sanción definitiva, el rey, por una cédula de 10 de febrero de 1562, mandó a los gobernantes de Chile que pusieran al nombrado en posesión de su cargo y de la iglesia catedral, y que le guardasen los honores y prerrogativas correspondientes a su dignidad.

Cuando llegaron a Chile la bula del papa y la cédula del rey, Francisco de Villagrán acababa de morir; y su primo hermano, que había sido reconocido por su sucesor, se hallaba en Concepción. La iglesia catedral, cuya primera piedra había colocado a fines de 1560 don García Hurtado de Mendoza, estaba todavía inconclusa o, más bien, solo constaba de una capilla. El presbítero González Marmolejo, viejo y achacoso, se hallaba postrado en cama por los dolores de gota, y no había recibido la consagración episcopal ni había quien pudiera dársela en Chile. Todo esto, sin embargo, no impidió el que se llevase a cabo la ceremonia de la institución del obispado. El 18 de julio de 1563, el cabildo de Santiago se reunía en la capilla de la iglesia mayor. El licenciado Juan de Herrera, en su carácter de teniente gobernador, daba solemnemente posesión de la iglesia al presbítero Francisco Jiménez, en representación del obispo González Marmolejo, y se levantaba el acta oficial que reconocía la erección de la diócesis de Santiago de Chile. El año siguiente, cuando Villagrán visitó la capital, echó sobre sus vecinos una nueva derrama para concluir la construcción del templo.

El nuevo obispo de Santiago, que residía en Chile desde los primeros días de la conquista, que había acompañado a Valdivia en la fundación de la ciudad y que había sido su primer párroco, solo gobernó la diócesis poco más de un año. Falleció en los últimos meses de 1564, a la edad de setenta y cuatro años.[430] Si este corto período de tiempo y los achaques de la vejez no le permitieron señalar su gobierno de la diócesis por ningún acto importante y trascendental, su nombre ocupa un lugar en nuestra historia por haber compartido los peligros, las fatigas y los sufrimientos de veinticuatro años de guerra, de angustias y de miseria.

---

430 Los documentos relativos a la erección de la diócesis de Santiago han sido publicados en el tomo IV del Boletín eclesiástico que hemos tenido ocasión de citar en otra parte. Don Crescente Errázuriz ha ilustrado este punto de nuestra historia con los más prolijos pormenores que es posible recoger en las antiguas relaciones y en los documentos, y ha formado un capítulo tan noticioso como interesante (el 16) de sus *Oríjenes de la iglesia de Chile*. Allí encontrará el lector todos los detalles que no pueden tener cabida en un libro como el nuestro.

Como habrá podido verse por las notas puestas al pie de las páginas que forman el presente capítulo, son pocos los documentos que nos quedan del gobierno interino de Pedro de Villagrán; y ellos no bastarían para formarnos una idea ordenada de los hechos ocurridos en estos dos años si no poseyéramos las crónicas de Góngora Marmolejo y de Mariño de Lobera. La relación anónima que hemos citado, y que es muy noticiosa, aunque imperfectamente escrita, solo contiene los sucesos ocurridos desde que los indios levantaron el sitio de Concepción en abril de 1564 hasta la deposición del gobernador. Por su forma, por su espíritu y por alguna referencia más o menos vaga, parece que esta relación ha sido escrita por Juan de la Peña, escribano que había sido de Villagrán. Desgraciadamente, estas relaciones, como ya lo hemos observado, casi no consignan más que hechos de un carácter militar, que debían ser los que preocupaban principalmente a los contemporáneos y a la administración pública. De esta manera, la historia de este período, aun después de rebuscar prolijamente los escasos documentos que conservan los archivos, apenas puede recoger uno que otro incidente extraño a los combates de la interminable guerra contra los indios.

Capítulo III. Gobierno interino de Rodrigo de Quiroga (1565-1567)

1. Rodrigo de Quiroga toma el gobierno del reino y se prepara para concluir la guerra. 2. Su primera campaña contra los araucanos; el ejército español reforzado y bien provisto, derrota a los indios y llega a Arauco. 3. Repoblación de Cañete y de Arauco; triunfos alcanzados por Quiroga sobre los indios. 4. El general Ruiz de Gamboa explora y conquista la isla de Chiloé y funda la ciudad de Castro. 5. El rey instituye una real audiencia para Chile, a la cual confía el gobierno político y militar. 6. Arribo de la Real Audiencia; se recibe del mando.

1. Rodrigo de Quiroga toma el gobierno del reino y se prepara para concluir la guerra

El general Rodrigo de Quiroga, que acababa de tomar en sus manos el gobierno, era indudablemente uno de los hombres más prestigiosos y considerados del reino. Después de haber servido en la conquista del Perú, se había enrolado en la columna de Pedro de Valdivia, y desde 1540 había desempeñado en Chile cargos civiles y militares en que demostró siempre dotes de seriedad de carácter y de rectitud de propósitos que lo elevaban sobre el nivel del mayor número de sus compañeros de armas, y que en otras ocasiones lo habían hecho merecer el puesto de gobernador interino.[431] Al prestigio de estos antecedentes, añadía el que le daba la posesión de una de las fortunas más considerables de la colonia. En 1560 hacía levantar en Santiago una información de sus méritos y servicios para que el rey le permitiese legar a una hija natural los repartimientos de indios que poseía en Chile. El gobernador don García Hurtado de Mendoza, muy poco dispuesto siempre a elogiar a sus subalternos, no vacilaba en informar a Felipe II en los términos siguientes: «Oso certificar a Vuestra Majestad que el dicho Rodrigo de Quiroga sirvió muy bien y lealmente, y gastó mucha parte de su hacienda, y ahora está sirviendo en el cargo de la administración de justicia en mi lugar, y no parece haber deservido a Vuestra Majestad en cosa alguna. Es uno de los caballeros principales de esta tierra, y persona en quien

---

431 En 1554 por designación del cabildo de Santiago después de la muerte de Pedro de Valdivia, y en 1560 por nombramiento de don García Hurtado de Mendoza. El lector puede hallar en la pág. 366 del Proceso de Valdivia las pocas noticias que es posible recoger sobre Rodrigo de Quiroga antes de venir a Chile. En 1565, Rodrigo de Quiroga debía contar más de cincuenta años, aunque ésta sea la edad que le da Góngora Marmolejo en el capítulo 58.

cabrá cualquiera merced que Vuestra Majestad fuere servido de hacerle».⁴³²
No es extraño que el hombre que había merecido este elogio de un personaje tan caracterizado como Hurtado de Mendoza, gozase de consideración ante los gobernantes del Perú y ante el rey de España.

La primera atención de Rodrigo de Quiroga, así que se hubo recibido del mando, fue fortificar su poder. La violenta e injustificada deposición de Pedro de Villagrán, había dejado inquietos los ánimos. Los amigos de éste formulaban protestas y recogían documentos para hacerlos valer ante la real audiencia de Lima. El nuevo gobernador procedió con mano firme contra ellos. Apresó a algunos, y entre éstos a uno de los alcaldes del Cabildo, amenazó a otros, y consiguió imponer silencio y robustecer su autoridad.⁴³³ Desde entonces, Quiroga pudo contraer todos sus afanes a los asuntos de la guerra.

Lisonjeábase con la esperanza de terminar en pocos meses más la pacificación definitiva del reino. Creía confiadamente que con el refuerzo de 200 hombres que había traído del Perú Jerónimo Costilla, y con las tropas que existían en el país, podía formar un ejército de más de 500 soldados con que dar cima a esta empresa. Quiroga, como el mayor número de sus contemporáneos, apreciaba tan equivocadamente los sucesos en que había sido testigo y actor, que estaba persuadido de que don García Hurtado de Mendoza, que había derrotado a los indios en algunas batallas, los había sometido y pacificado en todo el territorio; pero que la indolencia y la incapacidad de sus sucesores habían producido el nuevo levantamiento, o no habían sabido contenerlo. Sin comprender el carácter indomable de los araucanos ni las ventajas que tenían para oponer una resistencia tenaz a fuerzas mucho más numerosas que las que podían emplear los españoles, el gobernador creía que bastaría un esfuerzo más o menos enérgico para llegar a un resultado decisivo y completo. Queriendo estar listo para abrir la campaña en el verano siguiente, dispuso con toda actividad la

---
432 La información de servicios de Rodrigo de Quiroga fue iniciada en Santiago en octubre de 1560 por su apoderado Álvaro de Mayorga ante el alcalde ordinario Juan Jufré, y forma un grueso expediente que se conserva en el Archivo de Indias de Sevilla. El examen prolijo de ese expediente me permitió recoger algunas noticias acerca de varios sucesos de los primeros veinte años de la conquista, los antecedentes biográficos a que se hace referencia en la nota anterior.
433 Constan estos hechos de la *Relación* anónima que hemos citado en el capítulo anterior. Los presos fueron: el alcalde Juan Jufré, el escribano Juan de la Peña y el capitán Juan Álvarez de Luna.

compra de caballos, mandó hacer monturas, celadas, vestuarios y todo cuanto necesitaba para el equipo de sus tropas. Quiroga gastaba en estos aprestos los dineros del real tesoro,[434] los donativos en oro o en especies que hacían los vecinos a cuenta de los impuestos que estaban obligados a pagar, y contribuía también, por su parte, en medida de su fortuna particular, que, como queda dicho, era una de las más cuantiosas de la colonia. En noviembre de 1565 sus aprestos estuvieron terminados.

2. Su primera campaña contra los araucanos; el ejército español reforzado y bien provisto, derrota a los indios y llega a Arauco

El alma de estos preparativos era el capitán Lorenzo Bernal de Mercado, que en las últimas campañas había desplegado junto con una incontrastable energía, un gran talento militar. Quiroga le dio el cargo de maestre de campo, equivalente al de jefe de estado mayor de nuestros ejércitos. Martín Ruiz de Gamboa, el yerno del gobernador, había sido nombrado teniente general, y en este carácter había partido por mar a Valdivia para reunir los contingentes de tropas con que las ciudades del sur debían concurrir a la próxima campaña. Según el plan acordado en Santiago, en los últimos días de diciembre se encontrarían reunidas al sur del Biobío todas las tropas de que se podía disponer.

La ciudad de Valdivia acababa de pasar por días de turbulencia y de agitación. Hemos contado que en tiempo atrás se había negado a prestar los socorros que se le pedían de la Imperial, y que se había puesto sobre las armas con aires de rebelión. A mediados de 1565 se hallaba allí el capitán Pedro Fernández de Córdoba, encargado por el gobernador Villagrán de castigar esos desórdenes y, en efecto, tenía presos a algunos miembros del Cabildo y a varios vecinos. En esas circunstancias, llegó a Valdivia la noticia de la deposición de Villagrán; y ella produjo un escandaloso levantamiento que deja ver cuán poco consistente era la tranquilidad pública en aquellas agrupaciones de turbulentos soldados. Fernández de Córdoba fue sometido a prisión y, aunque pudo escaparse, se vio obligado a asilarse en una iglesia, donde al fin habría perecido de

---

[434] En una carta inédita todavía, de Rodrigo de Quiroga a Felipe II, escrita en la nueva ciudad de Cañete el 1 de marzo de 1566, le dice que en esta primera campaña se gastaron casi 50.000 pesos de oro de la hacienda real; pero tiene cuidado de advertirle que los socorros dados a particulares a fin de aviarlos para la guerra, eran simples préstamos que ellos estaban obligados a pagar con el producto de sus minas cuando «se restaure la tierra».

hambre, tanta era la tenacidad con que la gente del pueblo puso sitio formal y aparatoso a aquel asilo, ya que las ideas y costumbres del tiempo no permitían allanarlo militarmente. Después de dos días de gran alboroto se arribó a una capitulación; Fernández de Córdoba abandonaba el mando de la ciudad para retirarse a Villarrica, donde tenía su residencia habitual.[435]

Estos tumultuosos desórdenes habrían debido hacer esperar un recibimiento hostil al capitán Ruiz de Gamboa en las ciudades del sur. No sucedió así, sin embargo. Llegó a Valdivia muy pocos días después de restablecida la tranquilidad; y sea porque la oposición fuese dirigida personalmente contra Villagrán o porque temieran los castigos que podía acarrearles una nueva resistencia, los vecinos de la ciudad lo recibieron favorablemente y se mostraron dispuestos a auxiliarlo en la medida de sus recursos. Pero aquellos pueblos que solo contaban con una escasísima población, no podían contribuir con un contingente muy considerable. Así fue que después de cuatro meses de afanes y diligencias, Ruiz de Gamboa había reunido solo 110 hombres provistos de armas y de caballos. A su cabeza se puso en marcha en los primeros días de diciembre para reunirse en las inmediaciones de Angol con el ejército de Quiroga. Los indios de Purén, que intentaron oponerse a su paso, fueron puestos, sin grandes dificultades, en desordenada dispersión.

El gobernador, entretanto, había entrado también en campaña. A mediados de noviembre tenía sobre las armas 300 soldados españoles y 800 indios auxiliares, y poseía bastante armamento y municiones. Despachó por mar los cañones y los bagajes de difícil transporte para desembarcarlos en Concepción, y no descuidó ninguna medida que pudiera facilitar la marcha de la expedición. Por fin, Quiroga, resuelto y animoso a pesar de sus años, se puso al frente de sus tropas y partió para el sur.

Un mes más tarde se hallaba a las orillas del Biobío después de haber reunido las tropas y el armamento que tenía en Concepción. Los españoles construyeron balsas para pasar ese río, y el 15 de diciembre se encontraban en la ribera opuesta, en el sitio en que sus aguas se han engrosado con las del Nivequetén o Laja. Allí se reunieron a Quiroga las tropas que había traído del sur el teniente general Ruiz de Gamboa, y pasaron algunos días en fiestas

---

435 Esta sublevación de la ciudad de Valdivia está contada con bastantes pormenores, no siempre perfectamente acordes, por Góngora Marmolejo, capítulo 52, y por Mariño de Lobera, libro II, capítulo 24.

y revistas militares. La hueste de Quiroga constaba de cerca de 500 hombres, fuera de los indios auxiliares.

El gobernador llegó a persuadirse de que la vista de esas tropas infundiría pavor a los araucanos, y los induciría a aceptar la paz; pero no tardó en convencerse de que no tenía nada que esperar. «Híceles muchos requerimientos, dice él mismo dando cuenta al rey de estos sucesos; enviolos a llamar de parte de Su Majestad que viniesen al verdadero conocimiento y a dar la obediencia y subjeción que tenían dada a vuestra real corona, y que viniendo sin armas, les perdonaría las muertes, robos, sacrilegios y delitos cometidos por ellos, que han sido muchos. Pusiéronse más soberbios que nunca.»[436] Fue, pues, necesario disponerse para recomenzar la guerra.

Para llegar al territorio denominado propiamente Arauco, donde se había levantado la fortaleza de este nombre, y en cuyas cercanías existieron Cañete y Tucapel, centro principal de la resistencia de los bárbaros, Quiroga tenía que atravesar la región o lebu de Catirai, formada por las faldas orientales de la cordillera de la Costa, y enseguida transmontar esas montañas. En Catirai, en el sitio mismo en que en 1563 había sido derrotado y muerto el hijo del gobernador Francisco de Villagrán, los indios mantenían un fuerte de palizadas, y habían allegado mucha gente. Algunos de los capitanes españoles querían empeñar resueltamente el asalto de esas posiciones, pero el maestre de campo Bernal de Mercado hizo oír los consejos de la prudencia, y dispuso solo reconocimientos y escaramuzas que le permitieron utilizar el fuego de sus cañones y de sus arcabuces. El resultado de esta táctica no se hizo esperar. Los indios, batidos en las diversas salidas que acometieron, abandonaron cautelosamente una noche sus posiciones y se replegaron al corazón de la montaña. El día siguiente, cuando los españoles se acercaron a las palizadas enemigas, las encontraron desiertas, y no pudieron disimularse la rabia y la vergüenza de haber sido burlados por aquellos bárbaros. Los araucanos, en efecto, habían evitado un combate que habría debido serles funesto en su retirada, y fuera de sus atrincheramientos.

En estas primeras operaciones, los castellanos perdieron muchos días de los más favorables del verano. Queriendo atravesar la cordillera de la Costa, para llegar a Arauco en estación propicia, emprendieron la marcha por las monta-

---

[436] Carta inédita de Quiroga a Felipe II, de 1 de marzo de 1566.

ñas de Talcamávida.⁴³⁷ Cuando se hubieron internado en aquellas serranías, se encontraron atacados el 28 de enero de 1566 por un ejército formidable de indios, convenientemente colocados para disputarles el paso. Los astutos e incansables araucanos habían construido con gran actividad trincheras de maderos y piedras, habían allegado toda la gente que obedecía a los caudillos Llanganaval, señor del valle de Arauco, Loble y Millalelmo, habían colocado emboscadas en las inmediaciones, y distribuido el grueso de sus fuerzas aprovechando todos los accidentes del terreno. Al tiempo que Quiroga y el maestre de campo Bernal de Mercado empeñaban el combate contra el centro de las fuerzas enemigas, los destacamentos de indios que estaban emboscados, atacaron resueltamente la retaguardia española, que mandaba Ruiz de Gamboa, y por un momento la pusieron en el más serio peligro, hasta que fue socorrida por algunos arcabuceros. Los indios, muchos de los cuales usaban celadas, lanzas y espadas quitadas a los españoles en los anteriores combates, desplegaron en la pelea su valor habitual; pero al fin fueron arrollados por el empuje irresistible de los caballos, y por el estrago que en sus filas hacían las armas de fuego. La persecución de los fugitivos por entre las quebradas y los cerros, no pudo ser tan eficaz como la hubieran querido los vencedores. Sin embargo, el suelo quedó sembrado de cadáveres, y el camino de Arauco libre y expedito.⁴³⁸

3. Repoblación de Cañete y de Arauco, triunfos alcanzados por Quiroga sobre los indios

Después de esta victoria, el gobernador pudo concebir mayores esperanzas de acercarse a la pacificación definitiva de aquel territorio. Los indios de las inmediaciones de Arauco, cuyos sembrados habían sido destruidos inexorablemente por los españoles, huían al interior, o fingiendo, según su costumbre, una sumisión que no habían de respetar, aparentaban aceptar la paz y resignarse a

---
437 En nuestro tiempo se da el nombre de Talcamávida a una porción de territorio situado en la ribera norte del Biobío. Según se ve en los cronistas primitivos, en el siglo XVI se daba el mismo nombre a la región montañosa en la ribera suroeste del mismo río, en frente de la actual villa de Talcamávida.
438 Esta primera campaña de Quiroga está regularmente contada por Góngora Marmolejo, caps. 53 y 54, y por Mariño de Lobera, libro II, capítulo 25. Este último consigna las fechas que hemos utilizado en el texto. La carta del gobernador a Felipe II, que hemos citado, cuenta los mismos hechos en conjunto, sin entrar en pormenores, pero su relación sirve para comprobar la de los cronistas.

los trabajos que les imponían sus opresores. Resuelto a establecer de firme su dominación en esos lugares, Quiroga llevaba el propósito de repoblar la ciudad de Cañete; pero queriendo colocarla en un sitio que estuviese menos expuesto a los ataques de los indios, eligió para el caso un campo pintoresco sobre la embocadura del río Lebu, y desde los primeros días de febrero comenzó a hacer construir cuarteles y habitaciones. La nueva ciudad de Cañete, situada cerca del océano y sobre las riberas de un río navegable, podía ser socorrida fácilmente por mar en caso de ser atacada por los bárbaros. Con gran actividad construyeron los españoles un fuerte espacioso a orillas del río para recogerse allí en caso de peligro.

Si los castellanos se hubieran decidido a reconcentrar allí sus fuerzas a fin de emprender la pacificación gradual de los territorios vecinos, se habrían visto en una situación favorable para imponer respeto a los indios; pero Quiroga obedecía al mismo error en que habían incurrido sus antecesores; y sin calcular la exigüedad de sus tropas y la incontrastable porfía de los araucanos, quería aumentar los establecimientos españoles, creyendo llegar más pronto a la pacificación definitiva de todo el territorio. Apenas instalado en Cañete, despachó un destacamento a repoblar el fuerte de Arauco, y él mismo partió para ese lugar con el propósito de activar los trabajos antes de que entrase el invierno.

Mientras tanto, si los indios que poblaban las cercanías de la costa fingían aceptar la paz que les imponían los conquistadores, los que habitaban las montañas vecinas se mantenían sobre las armas y amenazaban a los pequeños destacamentos españoles que se atrevían a acercarse a esos lugares. En las faldas orientales de esas montañas, los guerreros araucanos se reunían en número considerable. Esas juntas de enemigos comenzaron a tomar un carácter alarmante, y constituían un serio peligro. Los jefes españoles no quisieron quedar impasibles ante esta constante amenaza. A fines de marzo de 1566, el maestre de campo Bernal de Mercado salió de Cañete con 150 soldados españoles, penetró resueltamente en la montaña y llegó hasta Purén. Los indios, amenazados por esta expedición, corrieron a refugiarse en las vegas o ciénagas de Lumaco, que se extienden un poco al sur, donde esperaban verse libres de los ataques de la caballería. Era aquél un asilo que creían inexpugnable, donde podían defenderse sin gran trabajo, y de donde salían frecuentemente a hacer sus correrías. «Era entonces, dice un antiguo cronista, como una cueva de ladrones, de donde salían a hacer asaltos a los comerciantes, y a veces dar rebato a la ciudad de la Imperial, obligándola a estar siempre en armas; y aún a la ciudad de los Infantes (Angol) no causaron poca inquietud con algunos acometimientos que hacían.»[439]

Sin embargo, los calores del verano habían secado bastante el suelo; y los españoles pudieron hacer la guerra en aquellas vegas con tanta actividad como fortuna. Batieron a los indios en una sangrienta batalla, y emprendieron su persecución sin darse un momento de descanso. Las chozas de los indios eran destruidas irrevocablemente; los hombres, las mujeres y los niños que salvaron de la matanza y que no consiguieron fugarse a lo lejos, fueron tomados cautivos. Bernal de Mercado, desplegando las dotes de carácter y de inteligencia militar que lo hicieron tan famoso en aquellas campañas, hizo a los indios durante toda la primera mitad de abril, una guerra inexorable, destruyendo sus sembrados y reduciéndolos a la miseria a entradas de un invierno en que debían sufrir todos los rigores del hambre. Pero el invierno mismo vino a suspender la persecución. Muchos de los soldados de la columna de Bernal de Mercado formaban parte del contingente con que Santiago había contribuido para esta campaña, y éstos querían volver a sus casas antes que las lluvias hicieran intransitables los caminos. Los españoles pensaban entonces que podían dar por terminadas las operaciones militares de ese año. El gobernador llegó a creer asentada la tranquilidad a lo menos por algún tiempo. Habiendo recibido en esa ocasión un cargamento de trigo enviado por mar de Valdivia para hacer los sembrados en los alrededores de Cañete, mandó embarcar la mayor parte de su artillería para utilizarla en aquella plaza.

Pero la tenacidad inquebrantable de los araucanos debía burlar estas esperanzas y estas previsiones. La derrota y las persecuciones que sufrieron en las vegas de Lumaco, los habían desconcertado solo por un momento. Pocos días más tarde estaban de nuevo sobre las armas en las serranías vecinas a Tucapel, hostilizaban a los españoles y, aun, dieron muerte a muchos indios auxiliares que sorprendieron desprevenidos. En los alrededores de Angol, volvían también a hacerse sentir las correrías de los indios de guerra. El gobernador se vio en la necesidad de salir nuevamente a campaña con una buena parte de sus tropas, mientras el maestre de campo con otro destacamento se dirigía a Angol

---

439 Mariño de Lobera, libro II, capítulo 26.

a apremiar a los indios y a hacerlos desistir de sus propósitos de guerra tenaz e incesante.

Cañete quedó por esto mismo mal defendido. Su guarnición era compuesta de poca tropa y, aun, ésta era en su mayor parte bisoña y poco experimentada en la guerra. La plaza, privada hacía poco de su artillería, no tenía más que dos cañones. Los indios, perfectamente impuestos por sus espías de este estado de desamparo, se reunieron en número considerable bajo las órdenes de sus caudillos Loble y Millalelmo, y prepararon un asalto de que esperaban un triunfo seguro.

Mandaba en Cañete el capitán Agustín de Ahumada, hombre activo y enérgico.[440] Al saber por los indios auxiliares que el enemigo avanzaba sobre la plaza, encerró su gente, sus ganados y sus caballos en el fuerte que tenía a orillas del río, y se dispuso a defenderse allí hasta que recibiera socorros para tomar la ofensiva. Los fuegos de artillería y de arcabuz de los escasos defensores de la plaza produjeron una gran perturbación entre los bárbaros, que creían a los españoles desprovistos de esas armas; pero cuando vieron que la toma de la fortaleza de Cañete era una empresa más ardua de lo que habían pensado, pusieron fuego a las pocas casas o galpones que habían alcanzado a construirse en el pueblo y se situaron ventajosamente para bloquear el fuerte y rendir por hambre a sus defensores.

Quiroga, entretanto, ignorante del peligro que corría Cañete, continuaba persiguiendo a los indios en las inmediaciones de la plaza de Arauco. Diez de sus soldados que volvían a reunirse a sus compañeros, encontraron el fuerte sitiado, y estuvieron a punto de dar la vuelta sin prestarle socorro. Pero deponiendo todo miedo, largaron sus caballos a galope, y corrieron a la plaza gritando a toda voz: «¡Arma, cristianos, que aquí viene el maestre de campo!». Era tal el terror que Bernal de Mercado había sabido inspirar a los indios, que al oírlo nombrar por el título militar con que lo conocían, dieron la voz de alarma, y temiendo verse atacados en poco tiempo más por fuerzas más considerables,

---

440 El capitán Agustín de Ahumada o, más propiamente, Agustín de Cepeda y Ahumada, era hermano legítimo de la monja de Ávila, tan famosa más tarde con el nombre de Santa Teresa de Jesús. Tuvo, además, ésta otros hermanos, uno de los cuales llamado Lorenzo de Cepeda, residió en el Perú, donde adquirió fortuna; y ayudó con su dinero a las fundaciones de conventos que hacía su hermana. Santa Teresa habla expresamente de él en *El libro de las fundaciones*, capítulo 25, pág. 224, del tomo 53 de la Biblioteca de autores españoles de Rivadeneira; y en su correspondencia epistolar hay varias cartas dirigidas a este hermano.

comenzaron a dispersarse apresuradamente. Algunos de ellos, que se encontraron con las tropas del gobernador, fueron lanceados sin compasión. El mal resultado de todas las operaciones que intentaron en ese verano, la pérdida de sus cosechas y la implacable persecución de que fueron víctimas, acabaron por hacerlos desistir por entonces de todo proyecto de recomenzar la guerra. Pero esta actitud, resultado del cansancio y de la impotencia, no era más que una tregua. Los indios regresaban a sus guaridas determinados a volver a tomar las armas en la primera ocasión favorable que se presentase.[441]

4. El general Ruiz de Gamboa explora y conquista la isla de Chiloé y funda la ciudad de Castro

Los triunfos alcanzados sobre los araucanos en aquella campaña, habían producido en el ánimo de Quiroga una ilusión análoga a la que sufrieron sus predecesores. Como ellos, no pensaba más que en dilatar sus conquistas con nuevos territorios. En 1 de marzo de 1566, cuando la guerra debía ocupar toda su atención, escribía al rey estas palabras: «Quedando con algún asiento y segura esta provincia, iré luego a poblar las provincias de Chiloé, y a descubrir y tener relación de otras de que hay gran noticia, conforme a las instrucciones de Vuestra Majestad». Obedeciendo a este propósito, mandó que por cuenta del rey se construyera en Valdivia una fragata, con orden terminante de que estuviera lista para la pascua de Navidad de ese año. Con el mismo objetivo, envió de Cañete, como ya hemos contado, la mayor parte de la artillería. Sus aprestos para esa lejana expedición, se hacían, sin embargo, con cierta cautela para no alarmar a los colonos, que sabían perfectamente que aquellas conquistas habían de imponerles nuevos sacrificios, al mismo tiempo que iban a debilitar el poder de los españoles obligándolos a atender la seguridad de su dominación en una mayor extensión de territorio.

El rey había recomendado en los años anteriores a los gobernantes de Chile que adelantasen los descubrimientos y las poblaciones en la región del sur para dominar el estrecho de Magallanes. En 13 de julio de 1563 había dictado una real cédula de 149 artículos en que reglamentaba prolijamente cómo

---

[441] Esta campaña de Quiroga está contada prolijamente por los dos cronistas primitivos, Góngora Marmolejo, caps. 54-57, y Mariño de Lobera, libro II, caps. 25-26. Hay en ambas relaciones bastante uniformidad en el conjunto, pero en los pormenores se encuentran divergencias que en realidad no son de gran importancia.

debían hacerse en sus dominios de América las nuevas conquistas y las nuevas poblaciones; pero mandaba que solo con permiso real pudiesen emprenderse expediciones de esa clase, quitando a los virreyes, a las audiencias y a los gobernadores la facultad de concederlo.[442] Quiroga que, sin duda, tenía conocimiento de estas ordenanzas, se creía, sin embargo, autorizado para llevar a cabo la proyectada conquista de Chiloé y, a fines de 1566, hacía activamente todos los preparativos que reclamaba esta empresa.

Cuando se tuvo en Santiago noticia de estos aprestos, el vecindario y el Cabildo manifestaron abiertamente su desaprobación. La nueva campaña, se decía, va a imponer gastos considerables que deben recaer sobre los colonos, y forzosamente tiene que debilitar el poder del ejército español distrayendo una parte considerable de él en una conquista lejana. El licenciado Hernando Bravo de Villalobos, que desempeñaba en la capital el cargo de teniente de gobernador, se apresuró a comunicar a Quiroga este estado de los ánimos. Hallábase éste entonces en la ciudad de Cañete. En vez de sostener su proyecto, Quiroga contestó prontamente que la anunciada expedición a Chiloé no se llevaría a efecto; que los preparativos de que se hablaba no tenían más objetivo que entretener a la gente de guerra con la esperanza de una nueva conquista, en que podían ser premiados algunos soldados, y que el general Ruiz de Gamboa, de quien se decía que iba a mandar esa expedición, había partido para Valdivia con solo dos o tres amigos para aparentar únicamente que se pensaba en tal empresa. Por lo demás, el gobernador no vacilaba en calificarla de perjudicial.

El cabildo de Santiago que, sin duda, tenía informes seguros, no dio crédito a tales protestas. Convocado a sesión el 24 de enero de 1567, uno de los regidores, Antonio Tarabajano, soldado viejo de la conquista, y espíritu resuelto y turbulento,[443] alzó la voz contra la anunciada expedición, señaló los peligros

---

442 La real cédula de 13 de julio de 1563, verdadero código sobre descubrimientos y nuevas poblaciones, es del más alto interés para apreciar las ideas que acerca de la colonización tenían los españoles del siglo XVI, y en este sentido es de suma utilidad para el historiador. El lector puede hallarla publicada en las págs. 484-537 del tomo VIII de la Colección de documentos inéditos de don Luis Torres de Mendoza.

443 Antonio Tarabajano había venido a Chile con Pedro de Valdivia en 1540, y acompañó a Pastene y a Alderete en 1544 en el reconocimiento de las costas del sur. Más tarde, había figurado en la colonia entre los descontentos contra aquel conquistador. Habiéndose trasladado a Lima en 1548, fue allí uno de los que forjaron la acusación de Valdivia, que fue presentada al presidente De la Gasca. Cuando se trataba en el cabildo de Santiago la

que ella envolvía por sus gastos y por la disminución que debía producir en la fuerza militar del reino, y pidió que se enviase una diputación cerca del gobernador a representarle estos inconvenientes. No pudiendo desempeñar esta comisión el mismo Tarabajano por su avanzada edad, el Cabildo la confió a Gabriel de Cifuentes, vecino de Concepción que en esos mismos días volvía al sur. El Cabildo creía así defender los verdaderos intereses de la colonia, y debió persuadirse de que su enérgica actitud evitaría una expedición de que solo se esperaban desastrosos resultados.[444]

Pero Quiroga, a pesar de las declaraciones tranquilizadoras de su carta, se había apresurado tanto en ejecutar sus planes, que cuando llegó a Concepción el representante del cabildo de Santiago, la expedición a Chiloé estaba consumada. En efecto, a fines de diciembre de 1566, había partido para Valdivia el general Ruiz de Gamboa. No llevaba consigo más que dos o tres compañeros, pero tenía el encargo de organizar una división en las ciudades del sur, y de llevar a cabo aquella conquista. En Valdivia estaba lista la fragata que había mandado construir el gobernador. En ella embarcó las provisiones, las armas y toda aquella parte de la carga que era difícil transportar por tierra; y la hizo zarpar para el sur. En esa ciudad y en Osorno reunió 110 hombres de a pie y de a caballo, y a su cabeza emprendió la marcha por en medio de las grandiosas selvas que diez años antes había recorrido por primera vez don García Hurtado de Mendoza. La marcha se hacía en la estación más favorable del año, en el mes de enero, cuando los soles del verano daban calor y luz a aquellos bosques. Los expedicionarios llegaron a las orillas del canal de Chacao; pero allí se les ofrecía una dificultad al parecer insuperable para atravesar ese canal y llegar a la isla grande que tenían en frente.

Esta dificultad no podía, sin embargo, dificultar largo tiempo a hombres del temple de los que componían la columna expedicionaria. Como los indios de aquellas inmediaciones recibían amistosamente a los españoles, Ruiz de Gamboa obtuvo de ellos que pusiesen a su disposición las canoas o piraguas que empleaban en sus viajes. Esas embarcaciones que los indios llamaban dal-

---

cuestión de la expedición a Chiloé, Tarabajano acababa de sufrir una prisión cuyos pormenores hemos contado en una nota puesta a la pág. 42 del Proceso de Valdivia. Tarabajano murió en septiembre de 1567 de edad bastante avanzada.

[444] Acuerdo de 24 de enero de 1567, fols. 53 y 54 del cuarto libro del cabildo de Santiago, inédito todavía.

cas, formadas solo de tres tablones, dos para los costados y uno para el fondo, cosidas con tallos de enredaderas o con nervios de animales, y calafateadas con cortezas de arbustos, eran manejadas por hábiles remeros; pero por su tamaño no podían servir más que para el transporte de los hombres. Los españoles no retrocedieron ante esta dificultad. Atando sus caballos a esas débiles embarcaciones, los lanzaron a nado, y los hicieron pasar por las partes más angostas del canal, sin duda por aquéllas donde solo tiene cuatro kilómetros de ancho. Esta empresa temeraria, que en nuestro tiempo casi parece imposible, fue ejecutada con toda felicidad en cuatro días de constante trabajo.[445] Los españoles fueron indudablemente favorecidos por el tiempo, porque aquel canal, además de las mareas muy fuertes en ocasiones, pasa alternativamente por días de bonanza en que sus aguas se asemejan a las del lago más tranquilo, y por temporales en que las olas agitadas por el viento y por las corrientes, amenazan destruir todas las embarcaciones.

Pero una vez en la ribera opuesta, hallaron los castellanos otro obstáculo más invencible todavía. La isla grande de Chiloé es formada por una sucesión de colinas más o menos accidentadas, y cubiertas de selvas espesísimas en que no era posible abrirse paso sino derribando árboles y ramas, y empleando,

---

[445] Góngora Marmolejo, capítulo 58, ha contado la expedición de Ruiz de Gamboa a Chiloé con pormenores que en general no están en contradicción con los documentos. Dice allí que los españoles hicieron pasar a nado «300 caballos»... «que fue, agrega, un hecho temerario, porque de ninguna nación, griegos y romanos, se halla escrito haber ningún capitán hecho cosa semejante». Sin pretender disminuir el valor de esta hazaña que con justo motivo enorgullece al cronista español, debemos, sin embargo, decir que su libro contiene un error, quizá simplemente de copia, al dar el número de los caballos que pasaron el canal. El 12 de mayo de 1567 el cabildo de Osorno dirigía a Felipe II la carta siguiente que encontré en el Archivo de Indias: «Porque entre las cosas señaladas de la conquista de este reino, es muy principal la jornada que hizo a Chiloé estos días pasados vuestro capitán Martín Ruiz de Gamboa, teniente general de gobernador, el cabildo, justicia y regimiento de esta vuestra ciudad de Osorno, como humildes súbditos y leales vasallos acordamos de dar cuenta de ello a Vuestra Majestad. Él salió del estado de Arauco, donde seguía la guerra, y casi solo vino a las ciudades Imperial, Ciudad rica (Villarrica), Valdivia y Osorno, en las cuales con su prudencia y buenos medios, sin gastar de vuestra real caja un peso de oro, juntó a su costa 120 hombres con los cuales partió para Chiloé, isla que cae en esta costa del mar del sur, a la vuelta del estrecho de Magallanes. Y llegado a una baja de una legua en ancho de mar, que es en 42º de latitud de la banda del sur, acometió a pasar a nado casi quince caballos, guiándolos ciertas navecillas que en aquella mar se usan. Y fue tal su suceso en este caso que vino a efecto su deseo. Entrando en la tierra, la conquistó...» y concluye pidiendo al rey que mande adelantar y proseguir la conquista de aquellas regiones.

por tanto, un largo tiempo para penetrar a una corta distancia. Ruiz de Gamboa se convenció luego de que era absolutamente imposible continuar su viaje al través de esos bosques impenetrables; pero con una resolución que no cedía ante ningún peligro, determinó continuar su exploración siguiendo la costa en su prolongación hacia el sur, por la orilla de los pintorescos canales que separan esa isla del continente. Ocho días caminaron los expedicionarios en esa dirección, venciendo con ánimo esforzado todas las dificultades que complicaban la marcha. Adelantándose entonces con treinta jinetes, llegó a un hermoso golfo, en cuyo contorno halló un lugar ameno, donde el mar, abundante en peces y mariscos, formaba un puerto seguro contra las tempestades y de fácil defensa contra los ataques de los hombres. Allí se detuvo, reunió a sus tropas, y echó los cimientos de un pueblo, al cual dio el nombre de Castro, en honor del presidente del Perú, de quien emanaban los títulos y poderes del gobernador Quiroga. En recuerdo de la patria de este último, llamó Nueva Galicia a toda la provincia. Por lo que toca al jefe de la expedición, el río que corre cerca de aquella ciudad, conserva hasta hoy el nombre de Gamboa.

Toda esta campaña no había impuesto a los conquistadores sacrificios de otro orden. Los naturales de aquella isla se sometieron sin resistencia alguna a la dominación de los extranjeros, los auxiliaron en sus marchas y les proporcionaron víveres. En febrero de 1567, Ruiz de Gamboa había fundado la ciudad de Castro, plantado en ella el rollo como signo de dominio, distribuido tierras e indios entre aquéllos de sus soldados que debían quedar allí como colonos y poblado, además, la vecina isla de Quinchao. Dejando el mando de la provincia al capitán Alonso Benítez, el general se embarcó en el buque que había despachado de Valdivia, y empleó los últimos días del verano en recorrer aquellos archipiélagos, acerca de los cuales adquirieron en esta ocasión los españoles noticias bastante exactas y prolijas. Las lluvias del invierno, que en aquellas latitudes comienzan a caer desde fines de marzo, vinieron a complicar estas exploraciones. Ruiz de Gamboa se dirigió entonces por mar a Valdivia con una parte de las tropas expedicionarias. Aquella campaña era la más feliz que hasta entonces hubieran emprendido los conquistadores en el territorio chileno.[446]

---

446 La campaña de Martín Ruiz de Gamboa a Chiloé, ha sido contada muy sumariamente en la *Crónica* de Mariño de Lobera, libro II, capítulo 27; pero se halla referida con bastantes pormenores, y con bastante exactitud en el capítulo 58 de Góngora Marmolejo. Ninguno de estos cronistas, sin embargo, da a conocer las resistencias opuestas a la expedición

5. El rey instituye una real audiencia para Chile, a la cual confía el gobierno político y militar

Rodrigo de Quiroga debió celebrar la conquista de Chiloé como uno de los sucesos más prósperos de su gobierno. Sus victorias anteriores debieron hacerle creer, por otra parte, que estaba a punto de terminar la pacificación de todo el país. En efecto, pasaron los últimos meses de 1566 y los primeros de 1567 sin más operaciones militares que algunas correrías insignificantes de los indios de guerra. Cuando Quiroga estaba más complacido con esta situación y con esas esperanzas, recibió la noticia de que debía entregar el mando.

La noticia de la muerte del gobernador Francisco de Villagrán y del formidable alzamiento de los indios de Chile, había producido en la Corte una alar-

---

por el cabildo de Santiago. Según se deja ver por documentos contemporáneos, no parece que se dio mucha importancia a esta conquista; a lo menos hablan de ella solo de paso. El general Ruiz de Gamboa, en una carta a Felipe II, inédita hasta ahora, de que tengo a la vista una copia, le refiere la expedición en los términos siguientes: «Por más servir a Vuestra Majestad y ampliar vuestro reino, por estar proveído así mismo por gobernador especial Rodrigo de Quiroga de la provincia de Chiloé y lo de adelante por el presidente dicho (García de Castro) viendo la merced que se le hizo en vuestro nombre, me mandó ir por capitán general por el poder que tenía a descubrir y poblar la provincia dicha, y para ello me empeñé y gasté gran suma de pesos de mi hacienda y amigos, y descubrí con ellos aquella tierra, y poblé en su distrito la ciudad de Castro, y conquisté y repartí en vuestro nombre en los conquistadores y pobladores y personas beneméritas, sin tomar a Vuestra Majestad cosa alguna de vuestra real caja, ni llevar yo salario alguno de los cargos que he tenido, ni pedido ni querido se me diese». Carta de Ruiz de Gamboa, escrita en Concepción el 24 de mayo de 1569.

El padre Diego de Rosales, cuya *Historia general del reino de Chile* abunda en numerosos y graves errores en todo lo que se refiere a los primeros años, cuenta, sin embargo, con bastante exactitud la conquista de Chiloé en el capítulo 34 del libro IV. La lectura de este capítulo y de algunos otros pasajes de su obra, no deja la menor duda de que el padre Rosales tuvo a la vista algunos fragmentos del libro de Góngora Marmolejo, o algún manuscrito basado sobre esa crónica. La comparación de las dos relaciones de esta campaña, deja ver que la del padre Rosales es una simple amplificación; pero éste, como la mayor parte de los historiadores de su tiempo, tiene la costumbre de no citar las autoridades que le sirven de guía, de tal suerte que ni siquiera nombra a Góngora Marmolejo. La relación del padre Rosales, sin embargo, adolece de dos inexactitudes: una de ellas es el suponer que esta expedición tuvo lugar en enero de 1566, cuando se llevó a cabo un año más tarde. La otra, que proviene seguramente de haber leído con poca atención el pasaje en que Góngora Marmolejo describe aquellos archipiélagos, consiste en asentar que Ruiz de Gamboa recorrió la costa del sur hasta la entrada del estrecho de Magallanes, aseveración destituida de todo fundamento.

mante impresión. Creyendo poner término a este estado de cosas, y regularizar la administración del país, Felipe II dispuso por cédula de 27 de agosto de 1565, la creación de una real audiencia que debía establecerse en la ciudad de Concepción. Este tribunal sería compuesto de cuatro miembros, u oidores, como se les llamaba. Tres de ellos fueron designados en España; pero el rey nombró presidente del tribunal al doctor Melchor Bravo de Saravia, que residía desde largo tiempo en el Perú, donde desempeñaba el cargo de oidor de la audiencia de Lima. El rey confió a ese tribunal el gobierno político y militar de Chile, con amplias facultades para entender en todos los negocios administrativos y para reformar los repartimientos.

Los oidores salieron de España en los últimos meses de 1565. Uno de ellos, apellidado Serra, falleció en Panamá; y los otros dos llegaron a Lima en mayo del año siguiente. Eran éstos los licenciados Juan Torres de Vera y Aragón, y Egas Venegas. Por más deseos que tuvieran ambos de trasladarse prontamente a Chile para entrar en el desempeño de sus funciones, se vieron detenidos allí durante siete meses por una causa imprevista. El doctor Bravo de Saravia a causa, sin duda, de un descuido en las oficinas de la secretaría del rey, no había recibido su nombramiento. Emplearon este tiempo en procurarse los objetos que necesitaban para dar lustre y boato a su autoridad: un rico dosel para el tribunal y los ornamentos y vasos sagrados para la capilla particular de la Audiencia. Los oidores representaban más tarde que no habiendo querido ayudarlos el presidente del Perú, ellos se vieron obligados a hacer estos gastos con su propio peculio, endeudándose en una suma considerable.[447]

Cansados de esta demora, los dos oidores Torres de Vera y Venegas se embarcaron en el Callao en enero de 1567, y llegaron a La Serena a fines de abril siguiente. Allí fueron recibidos con gran aparato por las autoridades locales, e inmediatamente comunicaron a Santiago su arribo y las altas funciones que venían a desempeñar. El Cabildo de la capital reconoció sin vacilar su

---

[447] Constan estos hechos de un memorial del licenciado Torres de Vera, fechado en Concepción en diciembre de 1570, sobre el cual se levantó una extensa información de los servicios de este funcionario. Existe este documento en el Archivo de Indias de Sevilla, junto con otra información levantada en Santiago en 1576, y referente a los servicios posteriores de Torres de Vera. Ambos expedientes nos han sido muy útiles para estudiar los hechos en cuya relación vamos a entrar.

autoridad, y en sesión de 12 de mayo acordó enviar a uno de sus regidores, el capitán Juan Godínez, a dar la bienvenida al supremo tribunal.

6. Arribo de la Real Audiencia; se recibe del mando

El arribo de la Audiencia era una novedad que no podía dejar de interesar a todos los colonos. Los vecinos de Santiago habrían querido que los nuevos magistrados visitasen la ciudad y, al efecto, les prepararon un ostentoso recibimiento. Los oidores, sin embargo, se negaron a aceptar su invitación. Se detuvieron muchos días en Valparaíso; pero emplearon ese tiempo en reunir las provisiones que querían llevar para las tropas del sur. Allí fueron visitados por los vecinos más importantes de Santiago, y particularmente por los capitanes que estaban alejados del servicio, y no gozaban de valimiento cerca de Rodrigo de Quiroga. Desde su arribo, los oidores, comenzaron a oír quejas y acusaciones que debían perturbar su criterio, y abanderizarlos más o menos decididamente en las parcialidades en que estaban divididos los españoles.

A mediados de julio, los oidores habían terminado sus aprestos. Tres buques estaban listos para zarpar de Valparaíso, cargados de provisiones y especialmente de trigo. Pero la navegación en los meses de riguroso invierno, ofrecía los mayores peligros. Los oidores, sin embargo, no quisieron oír las representaciones de los que les pedían que aplazasen su viaje, y se hicieron a la vela para Concepción. Con ellos se embarcaron algunos de los capitanes que, por ser desafectos a Quiroga, habían vivido retirados de las armas, y deseaban volver a empuñarlas bajo las órdenes de las nuevas autoridades.

Esta última parte del viaje de los oidores fue horriblemente desastrosa. Los vientos del norte, levantaban las olas y embravecían el mar dispersando esas embarcaciones y poniéndolas en el mayor peligro sin que la maestría de los marinos alcanzase a imprimirles un rumbo seguro. Una noche, el viento estrelló contra las rocas de la costa a una de las naves haciéndola mil pedazos. Solo tres hombres de su tripulación escaparon con vida, arrojados a tierra por la fuerza de las olas. Allí perecieron, entre otros soldados de mérito, el capitán Alonso de Reinoso, tan célebre como militar bajo los gobiernos de Hurtado de Mendoza y de Villagrán, y el capitán Gregorio de Castañeda, antiguo compañero de Valdivia y más tarde gobernador de Tucumán. Las otras dos naves, después de correr los mayores peligros, llegaron felizmente a la bahía de Concepción.

Pocos días después, el 5 de agosto de 1567, se instalaba la Real Audiencia con toda pompa. Levantose en la plaza un aparatoso tablado, en el cual se colocaron los dos oidores. Un caballo de gran precio, ricamente enjaezado, y conducido hasta allí debajo de palio, llevaba el sello que debía usar el tribunal. Como símbolo de la autoridad real, ese sello fue recibido con todas las muestras de respeto debidas al soberano. Los oidores pasaron enseguida a la sala que estaba destinada para sus acuerdos. A estas ceremonias siguieron las solemnidades religiosas con que los españoles solían celebrar la inauguración de un nuevo gobierno.

Rodrigo de Quiroga había desempeñado en estas fiestas un papel muy deslucido. Cuando creía que sus servicios lo hacían merecedor a grandes consideraciones, se vio tratado con desconfianza y, aun, con desdén. En las ceremonias de esos días, tanto en la plaza como en la iglesia, se le dejó confundido con el vulgo de los espectadores, sin señalársele en ninguna parte un lugar de preferencia. Quiroga no pudo soportar una conducta que en su sentir era un ultraje. Comprendió que los oidores estaban prevenidos en contra suya, y no pensó más que en sustraerse a nuevas ofensas. En efecto, pocos días más tarde se ponía en marcha para Santiago, donde tenía su residencia y sus propiedades, resuelto a vivir alejado por entonces de los negocios militares y administrativos. Muchos de sus más decididos parciales, imitando su ejemplo, lo acompañaron en este viaje. La Audiencia pudo inaugurar su administración sin que nadie le opusiera la menor dificultad.[448]

---

448 El establecimiento de la Real Audiencia en la ciudad de Concepción, consta en los documentos que hemos citado en el curso de este capítulo, y ha sido referido con detalles más o menos prolijos por Góngora Marmolejo, caps. 58 y 59, y por Mariño de Lobera, libro II, capítulo 28. Los cronistas posteriores que conocieron los libros del Cabildo de la antigua ciudad de Concepción, han fijado la fecha exacta del día en que tuvo lugar la instalación. La historia de Córdoba y Figueroa, sin embargo, por un error de copia, sin duda, dice equivocadamente, libro III, capítulo 3, «martes trece de agosto», por «martes cinco de agosto»; y esta equivocación ha sido reproducida por algunos escritores posteriores.

Capítulo IV. Administración de la Real Audiencia (1567-1568). Principio del gobierno del doctor Bravo de Saravia (1568-1569)

1. La Audiencia, queriendo estar prevenida para las eventualidades de la guerra, se propone reorganizar el ejército, y pide contingentes a todas las ciudades. La pobreza del país contraría sus trabajos. 2. Gobierno de la Real Audiencia: sus infructuosos esfuerzos para atraer a la paz a los indios rebelados. 3. El rey nombra gobernador de Chile al doctor Bravo de Saravia; se recibe éste del mando con gran solemnidad. 4. Esperanzas que hace concebir en la pronta conclusión de la guerra. Bravo de Saravia sale a campaña lleno de confianza. 5. Sus ilusiones comienzan a desvanecerse en el teatro de las operaciones militares; su ejército sufre una gran derrota en Mareguano o Catirai. 6. La desmoralización de las tropas españolas a consecuencia de esta derrota, dificulta la prosecución de las operaciones militares. 7. Después de nuevos combates, los españoles evacuan las plazas de Cañete y de Arauco. 8. Desprestigio en que cae el gobernador Bravo de Saravia; ofrece al rey dejar el mando y pide al Perú socorros de tropas.

1. La Audiencia, queriendo estar prevenida para las eventualidades de la guerra, se propone reorganizar el ejército, y pide contingentes a todas las ciudades. La pobreza del país contraría sus trabajos

La Real Audiencia llegaba a Chile con la esperanza de pacificar todo el país por otros medios que los de las armas. Como todos los mandatarios que venían de lejos, sin conocer el carácter de los indios ni su indómita rudeza, creían que la prolongación de la guerra era solo el resultado de las crueldades de los conquistadores, del desorden con que habían sido dirigidas las operaciones militares y de otras causas fáciles de corregir y de evitar. Los oidores de ese alto tribunal, del mismo modo que los consejeros de Felipe II, no podían persuadirse de que el poder español, invencible entonces en el Viejo y en el Nuevo Mundo, fuera impotente para someter a ese puñado de bárbaros que mantenía en Chile su independencia, y que había derrotado tantas veces a los invasores de su suelo. No es extraño que recién llegados al país, creyeran llevar a término la conquista por otros medios que los que se habían empleado ordinariamente en aquella prolongada lucha.

Sin embargo, desde que los oidores comenzaron a ver las cosas un poco más de cerca, debieron comprender que cualquiera que fuese el plan de conducta que adoptasen, estaban en la necesidad de aumentar el ejército para estar prevenidos contra cualquier evento. Con este propósito, enviaron emisarios a recoger los contingentes de tropa con que debían concurrir las otras ciudades. El capitán Alonso Ortiz de Zúñiga fue despachado a Valdivia y los otros pueblos del sur; y el capitán Juan Álvarez de Luna recibió igual comisión para Santiago y La Serena. Los oidores querían que todos los vecinos de esas ciudades tomasen las armas, y fueron duros e inflexibles en exigir este servicio, obligando a aprestarse para la guerra a algunos individuos que de tiempo atrás vivían alejados de las empresas militares. Estos primeros actos de la Audiencia despertaron un vivo descontento. Los antiguos conquistadores se veían obligados a armarse a su costa y recomenzar la guerra, mientras que muchos individuos que acababan de llegar al país eran colocados por los oidores en puestos más cómodos y gratificados además por el tesoro real.

A pesar del empeño que pusieron los agentes de la Audiencia, el resultado de sus trabajos no correspondió a sus deseos. El capitán Ortiz de Zúñiga no pudo reunir en el sur más que sesenta hombres. En Santiago, el Cabildo acordó representar a la Audiencia los sacrificios que la ciudad había hecho desde tiempo atrás para la sustentación de la guerra, la pobreza a que estaban reducidos sus vecinos, y la imposibilidad en que se hallaban de concurrir con un cuantioso contingente. «Estamos adeudados y pobres, decían los capitulares de Santiago, que no ha quedado casa ni hacienda que no la hemos empeñado y vendido. Y estando en este estado, recibimos la real provisión de Vuestra Alteza en que nos manda elegir capitán y que vamos a la guerra. Y como no nos queda cosa con que sustentar los gastos de esta guerra, sino el ánima, deseamos darla a Dios de quien la recibimos; porque es cierto que de los conquistadores que en esta ciudad somos vecinos, no hay tres que puedan tomar las armas, porque están viejos, mancos y constituidos en todo extremo de pobreza. Y sin embargo de esto, con celo que tenemos al servicio de Vuestra Alteza, como sus leales vasallos, acudimos al llamamiento de Vuestra Alteza, y enviamos a nuestros hijos a la guerra, y los que no tienen hijos ayudarán con ropa que toman fiada de mercaderes, y caballos. En lo que toca a los indios amigos, entendemos que será dificultoso el sacarlos para la guerra, porque los que fueron ahora un año no han vuelto; y los que acá están, en el tiempo que Vuestra Alteza manda que vayan, es cuando han de hacer sus sementeras, las que ya han empezado a hacer para tener qué comer sus mujeres e hijos; y si no quieren ir a la guerra, no somos parte para compelerlos, porque se van luego al monte. También entendemos que los soldados que hay en esta ciudad, a causa de estar pobres, no han de querer salir sin socorro de armas, caballos y ropa, para lo cual es menester gastarse mucha cantidad de dinero que precisamente ha de ser de vuestra real hacienda, tomándolo de mercaderes, porque de otra parte no hallamos de dónde.»[449] Un mes después, el 22 de septiembre, el cabildo de Santiago nombraba a uno de sus regidores, al capitán Juan Godínez, jefe del contingente que la ciudad enviaba a la guerra. Los registros capitulares no nos dicen a cuánto llegaba el número de esos auxiliares;[450] pero los hechos que dejamos sentados demuestran cuán grande era la pobreza del país, y cuál el cansancio que la prolongada guerra de Arauco había producido entre los escasos pobladores europeos.

2. Gobierno de la Real Audiencia: sus infructuosos esfuerzos para atraer a la paz a los indios rebelados

Los informes que los antiguos capitanes de la conquista daban a los oidores acerca de la guerra de Arauco, debieron demostrar a éstos que eran quiméricos todos los planes de someter a los indios por medio de negociaciones pacíficas o de la predicación religiosa. Sin querer abandonar del todo sus esperanzas de llegar a este resultado, aquellos altos funcionarios habían reconcentrado su atención a los asuntos puramente militares, y se empeñaban en estar prevenidos para contener a los bárbaros en las empresas que éstos pudieran acometer en el verano siguiente. Dieron el mando de las tropas al general Ruiz de Gamboa, pero limitando considerablemente sus poderes para reservarse la dirección general de las operaciones. La Audiencia se proponía así no provocar indiscretamente a los indios, creyendo poder atraerlos de paz. Ruiz de Gamboa, sin embargo, reclamó mayor amplitud en sus atribuciones, y no aceptó el mando sino cuando se le hizo reconocer por jefe superior de las armas. Con este carácter se trasladó a Cañete, entrada la primavera de 1567.

---
449 Carta del cabildo de Santiago a la Real Audiencia, de 30 de agosto de 1567.
450 Acuerdo de 22 de septiembre de 1567, en el cuarto libro del cabildo de Santiago, fol. 77.

Los indios, entretanto, estaban impuestos del cambio ocurrido en el gobierno de Chile, pero no daban a esta innovación la menor importancia. Por medio de algunos emisarios elegidos entre los indios de servicio, habían sabido que los nuevos gobernantes les proponían la paz; pero se habían renovado tantas veces estos ofrecimientos, que aquellos bárbaros, que no querían otra cosa que verse libres para siempre de los invasores, y que nunca habían aceptado los tratos sino con el propósito de violarlos, no debían dar más valor a las nuevas proposiciones. Todavía debieron imaginarse que la insistencia de los españoles en ofrecerles la paz, era una prueba de su debilidad, y esta consideración los estimuló, sin duda, a volver a juntarse en son de guerra. En efecto, en unas serranías vecinas a Cañete hicieron un fuerte de palizadas convenientemente colocado, y según su táctica, abrieron fosos y hoyos encubiertos en frente de sus trincheras para que cayeran en ellos los soldados que fueran a atacarlos.

Tan luego como Ruiz de Gamboa tuvo noticia de estos aprestos, se resolvió a tomar la ofensiva para no dar tiempo al enemigo de reconcentrar todas sus fuerzas. Sacó de Cañete ochenta soldados, engrosó esta fuerza con otros treinta y cinco que le llevó de Arauco el maestre de campo Bernal de Mercado, y a la cabeza de esa columna marchó resueltamente a atacar a los indios en sus formidables posiciones. Los dos capitanes españoles dividieron sus tropas en pequeñas partidas, y las lanzaron al ataque, recomendándoles que cualesquiera que fuesen los obstáculos que encontrasen, marchasen imperturbablemente al asalto, sin detenerse siquiera en sacar de los hoyos a los soldados que cayeren en ellos durante la marcha. Este plan surtió el efecto deseado. Los indios, cuando vieron caer en los fosos a algunos soldados castellanos, corrieron a ultimarlos con sus lanzas; pero la marcha impetuosa de los que quedaban en pie, los hizo volver sobre sus pasos para defender sus posiciones vigorosamente atacadas. Los soldados que habían caído en los fosos, salían de ellos sin grandes dificultades, y corrían también a tomar parte en el asalto. El combate sostenido allí con igual ardor por ambas partes, comenzó luego a inclinarse en favor de los españoles gracias a las ventajas de su organización y de sus armas. Llevaban éstos alcancías, especie de ollas de barro llenas de alquitrán y de otras materias inflamadas, y las lanzaban sobre los pelotones de bárbaros, introduciendo entre ellos el espanto. Estos proyectiles fueron causa de que los indios se desorganizaran; pero hicieron también que éstos aceleraran su fuga por las quebradas que tenían a sus espaldas, impidiendo así que los vencedores ejecutaran las matanzas que siempre seguían a los triunfos de los castellanos.[451] Después de esta victoria, Ruiz de Gamboa recorrió con sus tropas todos los campos vecinos sin hallar por ninguna parte la menor resistencia. Los indios, desorganizados por la pérdida de sus posiciones, fingían presentarse de paz, pero, como siempre, estaban dispuestos a volver a tomar las armas en la primera oportunidad.

Se creería que esta conducta del general Ruiz de Gamboa y del maestre de campo Bernal de Mercado, mereció la aprobación de los oidores que tenían a su cargo el gobierno del país. No sucedió así, sin embargo. Probablemente acusaban al primero de haber acelerado las hostilidades, contrariando de esa manera los propósitos de atraer a los indios por los medios pacíficos. El segundo, militar inteligente e intrépido, pero rudo y severo con sus subalternos, era objeto de las quejas de éstos, que se querellaban ante la Audiencia de la terquedad y dureza con que eran mandados. Los oidores resolvieron separarlos del mando, y nombrarles reemplazantes. Ruiz de Gamboa quedó alejado del servicio; pero Bernal de Mercado recibió el cargo de corregidor de Concepción, donde podía ser útil en las eventualidades de la guerra. El capitán don Miguel de Avendaño y Velasco, primo hermano de Ruiz de Gamboa, y soldado antiguo de la conquista desde el tiempo de Valdivia, recibió el cargo de general de todas las tropas.

Pero luego comenzó a hacerse sentir el desconcierto. Aunque la Audiencia era compuesta de solo dos individuos, no siempre existía entre ambos el acuerdo necesario en la dirección del gobierno y de la guerra. Al paso que trataban duramente a los antiguos capitanes y soldados de la conquista, exigiéndoles inflexiblemente que saliesen a campaña, los dos oidores favorecían por todos los medios a los allegados y parientes que habían traído consigo. Esto daba

---

451 Este combate, que debió tener lugar en noviembre o diciembre de 1567, ha sido prolijamente contado por Góngora Marmolejo en el capítulo 59 de su historia. Mariño de Lobera y los otros cronistas no hacen la menor referencia a que Ruiz de Gamboa hubiese desempeñado el cargo de general en los primeros tiempos del gobierno de la Real Audiencia, ni ganase en este tiempo batalla alguna. Sin embargo, la relación de Góngora Marmolejo, casi siempre rigurosamente puntual y exacta, está en este punto confirmada por un documento de indisputable autoridad. El mismo Ruiz de Gamboa, en la carta inédita a Felipe II que hemos citado, le dice lo que sigue: «Por la llegada de la Audiencia, se rebelaron de nuevo los naturales, a cuyo alzamiento me mandaron fuese yo a poner remedio, y así desbaraté ciertos fuertes y vine a allanar los naturales. Y puesto en este término, proveyeron los oidores nuevo general».

lugar a quejas y murmuraciones que desprestigiaban su autoridad. Nacieron de aquí rivalidades que luego tomaron el carácter de desobediencia y que pudieron tomar proporciones alarmantes. Las mismas operaciones militares, aunque de escasa importancia, se resintieron de este estado de creciente desorganización.

El general don Miguel de Velasco, obedeciendo, sin duda alguna, a las instrucciones de los oidores, se había mantenido a la defensiva sin acometer empresas de mediana consideración. Aumentó las defensas de la plaza de Arauco, recorrió una porción del territorio llamando a los indios de paz y, aun, hizo una expedición hasta Angol al través de la cordillera de la Costa, sin presentar en ninguna parte batalla y, aun, se podría decir evitando los ataques del enemigo. Los indios, por su parte, no osaron tampoco presentar combate; pero aprovechaban cualquier circunstancia para caer sobre los españoles que encontraban desprevenidos. En una ocasión que viajaban para la Imperial cuatro castellanos, fueron asaltados en una quebrada del camino por algunos indios. Dos de ellos, uno de los cuales era un clérigo que iba a desempeñar el cargo de cura en Chiloé, fueron inhumanamente asesinados por los bárbaros; y los otros dos que lograron escapar, pudieron refugiarse en la ciudad de Angol. El capitán que allí mandaba, salió de la plaza en persecución de los asesinos y consiguió apresar algunos de ellos. En cualquier otra circunstancia, esos indios habrían sido inmolados inmediatamente; pero los oidores, con la esperanza quimérica de llegar a la paz, habían prohibido tan severamente esos castigos que no había capitán alguno que se atreviese a dar muerte a un prisionero. Remitidos a Concepción, a disposición de la Audiencia, esos indios fueron enviados al general Velasco, y puestos por fin en libertad. El antiguo cronista que ha referido este hecho, observa que los oidores, queriendo atraerse así a los araucanos, no hacían más que ensoberbecerlos. Aquellos indios, añade, «iban diciendo por donde pasaban que el general de miedo no los había osado matar, y que los oidores eran como clérigos, por respeto de verlos andar sin espadas y con ropas largas. Esto dañó más la provincia de lo que estaba con esta nueva».[452]

---

[452] Góngora Marmolejo, capítulo 60. Este cronista ha consagrado tres capítulos, 59, 60 y 61, a referir los sucesos ocurridos bajo el gobierno de la Real Audiencia, a que Mariño de Lobera destina los capítulos 28 y 29 del libro II. Los incidentes contados por ambos cronistas, aunque diversos entre sí, son todos de escasa importancia, y revelan el poco provecho que se sacó de este ensayo de guerra defensiva.

3. El rey nombra gobernador de Chile al doctor Bravo de Saravia; se recibe éste del mando con gran solemnidad

El gobierno de la Audiencia no duró largo tiempo. Felipe II conociendo, sin duda, los inconvenientes que podían resultar para la administración de que ésta estuviera a cargo de un tribunal compuesto de cuatro individuos, modificó la determinación que había tomado en agosto de 1565. En efecto, por otra real cédula dictada en Madrid el 23 de septiembre de 1567, acordó reconcentrar en una sola persona el gobierno de las provincias de Chile, y confió este cargo con el título de capitán general al doctor Melchor Bravo de Saravia, nombrado poco antes, como se recordará, presidente de la Real Audiencia.[453] La resolución del soberano llegó a Lima en abril de 1568. El agraciado con este nombramiento se embarcó sin tardanza para Chile.

El doctor Bravo de Saravia y Sotomayor era un caballero natural de Soria, en España, que contaba largos años de servicios al rey, y que poseía una larga experiencia en los negocios de gobierno. En esa época frisaba en la edad de setenta años y tenía veinte de residencia en América. Nombrado en 1547 oidor de la Audiencia que Carlos V había mandado crear en el nuevo reino de Granada, recibió luego la orden de pasar al Perú, y allí entró a desempeñar idénticas funciones en el supremo tribunal que reinstaló en Lima el presidente De la Gasca en 1549.[454] En este carácter le había tocado formar parte en dos ocasiones, y en circunstancias bien difíciles y delicadas, del gobierno provisorio del virreinato. Durante el primero de esos interinatos, que fue de cuatro años (de julio de 1552 a julio de 1556), la Audiencia gobernadora tuvo que combatir la tremenda rebelión de Francisco Hernández Jirón, que estuvo a punto de des-

---

453 El nombramiento de Bravo de Saravia está inserto en el acta del cabildo de Santiago de 16 de agosto de 1568, y ha sido publicado por don Miguel L. Amunátegui en *La cuestión de límites entre Chile y la República Argentina*, tomo II, capítulo 2, pág. 43.
La historia da ordinariamente a este gobernador el tratamiento de don, título de nobleza y de dignidad que se ha generalizado y hecho vulgar más tarde, pero que solo usaban pocas personas en el siglo XVI, como ha podido verse en las páginas anteriores. El rey en su nombramiento, los otros documentos contemporáneos, y el mayor número de los antiguos cronistas de Chile y del Perú lo nombran simplemente Melchor Bravo de Saravia.

454 En carta de De la Gasca al Consejo de Indias de 2 de mayo de 1549, le dice que la nueva audiencia de Lima se había instalado el 29 de abril con solo dos oidores, por no haber llegado todavía los otros dos. Uno de aquéllos era el doctor Bravo de Saravia que, según la misma carta, arribó al Callao el 17 de abril de ese año.

truir radicalmente el poder real en el Perú. En esa emergencia, el doctor Bravo de Saravia había desplegado tanta actividad como carácter, sirvió como militar y como letrado y fue parte principal en la derrota y en el castigo de los rebeldes.

En Chile, su nombre era bastante conocido por la intervención que tuvo en el gobierno del Perú, y generalmente se le atribuían las dotes necesarias para ser un buen administrador de la cosa pública. A su arribo a La Serena a fines de julio de 1568, Bravo de Saravia, que venía acompañado de su familia y de otros personajes,[455] fue recibido por los vecinos de la ciudad, con grandes muestras de contento. El cabildo de Santiago, creyendo ver en el nuevo mandatario el reparador de todos los males que experimentaba la colonia, se preparó también para hacerle un ostentoso recibimiento. Despachó a uno de sus alcaldes, el general Juan Jufré, a darle la bienvenida y a invitarlo a pasar a la capital,[456] y mandó que en los pueblos de indios por donde tenía que pasar, se preparase hospedaje, y se reuniesen provisiones para el gobernador y su comitiva. En las ciudades del sur, la noticia del nombramiento de Bravo de Saravia fue recibida igualmente con gran satisfacción.

Si el nuevo gobernador no podía corresponder a las exageradas esperanzas que había hecho concebir en todas partes, puso a lo menos de su parte todo el empeño para cumplir la delicada misión que le había confiado el rey. Aquel letrado septuagenario, cuya principal ocupación había sido administrar justicia en los sillones de la Real Audiencia, desplegó desde el primer momento una actividad y una energía física que debieron maravillar a sus contemporáneos. Resuelto a tomar cuanto antes las riendas del gobierno, dejó a su familia en La Serena a cargo del general Jufré para que hiciera el viaje con más tranquilidad; y él mismo, seguido solo por alguno de sus servidores, montó a caballo y emprendió la marcha, venciendo con ánimo juvenil las dificultades y fatigas de un camino de más de 80 leguas, despoblado, en su mayor parte, y cortado, con frecuencia, por serranías ásperas y de difícil tránsito. El doctor Bravo de Saravia, sin darse cada día en aquella larga y penosa jornada más que algunas horas de descanso, llegaba a Santiago el 16 de agosto de 1568.

Un viejo cronista nos ha dejado la descripción pintoresca y animada del recibimiento que el Cabildo y el pueblo de la capital le habían preparado. «El capitán

---

455 Seguramente llegó también en esta ocasión el doctor Diego Núñez de Peralta, que venía a ocupar la plaza de oidor de la Real Audiencia vacante por muerte del licenciado Serra.
456 Acuerdo de 5 de agosto de 1568.

Juan de Barahona, natural de Burgos, corregidor de Santiago, proveído por la Audiencia, dice ese cronista, mandó hacer muchos arcos triunfales, aderezando las calles por donde el gobernador había de pasar, con tapicería y otras cosas que le daban mucho lustre. Y a la entrada de la calle principal, mandó hacer unas puertas grandes a manera de puertas de ciudad; y en lo alto de ellas un chapitel que las hermoseaba mucho, puestas muchas medallas en un lienzo con las figuras de todos los demás gobernadores que habían gobernado a Chile, con muchas letras y epítetos que hacían al propósito. Y de fuera de las puertas, una mesa baja cubierta de terciopelo carmesí, y encima de una almohada de terciopelo puesto un libro misal para tomarle juramento. Llegando a vista de la ciudad, le salió a recibir toda la gente de a caballo, que era mucha, los más en orden de guerra con lanzas y adargas, y muchos indios de los que estaban en el circuito de Santiago armados a su usanza con muchas maneras de invenciones, lo recibieron acompañándolo hasta las puertas de la ciudad, donde estaba el capitán con todo el Cabildo esperando. Llegado cerca, le ofrecieron en nombre de la república un hermoso caballo overo, aderezado a la brida, con una guarnición de terciopelo dorada, el cual recibió y se puso en él, y llegando a las puertas salió la justicia con todo el Cabildo bien aderezados de negro, y le dieron el bien venido. Luego le pidió el corregidor en nombre de la ciudad: "Vuestra Señoría jure poniendo la mano encima de estos evangelios, teniendo el libro abierto, que guardará a esta ciudad todas las libertades, franquezas, exenciones que hasta aquí ha tenido, y por los demás gobernadores le han sido dadas y guardadas". Dijo a estas palabras que lo juraba así. Abrieron luego las puertas de la ciudad, y descogieron un palio de damasco azul con muchas franjas de oro que lo hermoseaban, teniéndolo descogido delante de la puerta para meterle dentro dél. Pidiéndoselo por merced los alcaldes y regidores, no lo quiso aceptar sino que iría fuera del palio, mostrando mucha humildad. Llegó el corregidor Juan de Barahona a tomarle el caballo por la rienda queriéndole servir en caso tan honroso, como es costumbre; no lo quiso consentir, dando a entender la llaneza que traía, hasta que siendo importunado lo permitió, mas no quiso entrar debajo del palio, sino ir detrás de él como dos pasos. De esta manera lo llevaron a la iglesia mayor, y desde allí a su posada.»[457] Su alojamien-

---

[457] Góngora Marmolejo, capítulo 62. Esta pintoresca descripción podría ser completada con algunos otros accidentes que constan del acta de recibimiento en el Cabildo de 16 de agosto de 1568.

to estaba preparado en la casa del general Juan Jufré, que era una de las más espaciosas de la ciudad.

Los días que siguieron al recibimiento del gobernador fueron de contento y de fiesta. Llegaba también en esos momentos un prelado que venía a ocupar el puesto de obispo de la Imperial, como tendremos que contarlo más adelante; y pocos días después hacía su entrada a la ciudad doña Jerónima de Sotomayor, la esposa de Bravo de Saravia, que fue recibida con grandes regocijos. Los vecinos de Santiago tuvieron juegos de cañas; y por primera vez desde la fundación de la ciudad, hicieron una corrida de toros, que constituía la diversión más popular y aplaudida de los españoles.

4. Esperanzas que hace concebir en la pronta conclusión de la guerra. Bravo de Saravia sale a campaña lleno de confianza

Estas fiestas eran la expresión espontánea del contento público. Bravo de Saravia traía la resolución de acabar la larga y costosa guerra que tenía empobrecido el reino; y como se le atribuía una gran experiencia administrativa y militar, y una entereza incontrastable, se fundaban en su gobierno las mayores ilusiones. El gobernador no hablaba más que de sus proyectos militares, y recogía con incansable afán todos los informes que podían ilustrarlo acerca de la manera de emprender la guerra de una manera eficaz y decisiva. Las esperanzas que su actividad había hecho concebir, le permitieron contar con recursos que en otras circunstancias le habría sido difícil obtener. Los encomenderos de Santiago le ofrecieron la octava parte del oro que sacaran de sus minas,[458] a condición de que ellos y sus hijos no estuvieran obligados a salir a la guerra y, aunque Bravo de Saravia no cumplió escrupulosamente lo estipulado obligando a tomar las armas a nueve de los vecinos de la capital, miraron con indulgencia esta infracción de lo convenido. Por otra parte, varios vecinos importantes que querían dedicar a alguno de sus hijos a la carrera de las armas, se apresuraron a ponerlos a disposición del gobernador, creyendo encontrar en él un maestro experimentado. La caja real contaba con muy escasos recursos, y éstos estaban, además, defendidos por el celo de los tesoreros. Bravo de Saravia allanó

---

458 Este hecho consignado por Góngora Marmolejo, capítulo 63, está también referido por Bravo de Saravia en su primera carta al rey, inédita hasta ahora, escrita en Talcamávida el 26 de diciembre de 1568. El gobernador no da cuenta allí de la condición exigida por los encomenderos al ofrecer este donativo.

todo inconveniente, pudo disponer de esos recursos, hasta la suma de 8.000 pesos de oro, y los invirtió en equipar y en vestir una columna de 110 soldados que había conseguido reunir en la capital.

Estos aprestos lo ocuparon poco más de un mes. El 24 de septiembre, estando ya todo listo, y dejando a su familia en Santiago, en la casa de Juan Jufré, Bravo de Saravia se ponía en marcha para el sur con gran aparato militar. El Cabildo lo hizo acompañar hasta el río Maipo por uno de los alcaldes, y dispuso que en todos los lugares de su tránsito, así en los pueblos o rancherías de los indios como en las estancias de los encomenderos, se le recibiese con los honores y distinciones debidas a su rango. Jamás mandatario alguno en Chile había recibido tantas manifestaciones de adhesión y de respeto, ni había hecho concebir tantas esperanzas.

Desde que se hubo acercado al teatro de la guerra, comenzó a detenerse algo más para estudiar de cerca las cosas, y para tomar las providencias que creía más oportunas. Enviando a Angol la mayor parte de las tropas que había sacado de Santiago, Bravo de Saravia se dirigió a Concepción, donde hizo su entrada el 4 de noviembre de 1568. «El recibimiento que en esta ciudad se le hizo, dice un contemporáneo, fue tan solemne, que salieron los regidores con todas las personas principales del lugar, con los dos oidores que en él había, y le metieron debajo de palio hasta llegar a la iglesia mayor, donde se ejecutaron las ceremonias que con los virreyes suelen usarse, tomándosele el juramento con la solemnidad acostumbrada.»[459] El gobernador fue hospedado lo más suntuosamente posible en la casa del oidor Egas Venegas, que tenía el primer puesto en la audiencia de Chile.

Bravo de Saravia estaba determinado a ponerse prontamente en campaña; pero desde que inició sus primeros trabajos, comenzó a encontrar dificultades que no había podido prever. Había en el campo español divergencias y rivalidades que dificultaban la unidad de acción. El gobernador acalló cuanto pudo estas diferencias, dio el mando de los diversos cuerpos de tropas a los tres capitanes de más renombre que había en el país, a don Miguel de Velasco, a Ruiz de Gamboa y a Bernal de Mercado, y él mismo se reservó la dirección superior de las operaciones. Contra los consejos de muchas personas que le pedían que permaneciese en Concepción, Bravo de Saravia con una energía

---
459 Mariño de Lobera, libro II, capítulo 30.

que casi no podía esperarse de su edad, salió a campaña sin inquietarse por las molestias y fatigas que debía soportar en las marchas y en los campamentos.

En el principio, el gobernador, como algunos de sus predecesores, creyó que era posible atraer a los indios por los medios pacíficos. Oigamos cómo cuenta al rey sus esfuerzos para llegar a este resultado: «Yo, dice Bravo de Saravia, les he enviado a hablar con religiosos y otras personas, y con sus mismos naturales, y perdonar en nombre de Vuestra Majestad los delitos que hasta aquí han cometido, y ofrecerles buen tratamiento de aquí adelante, como mandará ver por los capítulos que van con ésta y no solamente no quieren dar la paz, mas dicen que nos han de comer a todos o echar de la tierra, y muchas blasfemias en ofensa de Dios nuestro señor, tanto que a mi juicio hoy no se hace la guerra para ofenderlos sino para defendernos de ellos, y de las muertes y daños que cada día hacen en españoles e indios que estén de paz porque no se juntan con ellos a hacer la guerra a los cristianos y a echarlos de la tierra».[460]

Cuando el gobernador se convenció de que los ofrecimientos de paz no producían ningún resultado, y de que los indios de guerra lejos de mostrarse más dóciles, ejecutaban cada día nuevos actos de hostilidad, dando muerte a todos los enemigos que encontraban a mano, se determinó a obrar con toda energía. Durante dos meses, él y sus capitanes recorrieron los distritos en que cada cual debía operar, talando los campos, destruyendo los sembrados que entonces llegaban a su madurez y haciendo en los bárbaros todo el daño posible. En estas correrías tuvieron que sostener repetidos combates de escasa importancia en que los españoles obtuvieron ordinariamente la victoria. Bernal de Mercado, que en uno de ellos tomó algunos prisioneros, volviendo a los antiguos usos de la guerra que se hacía a los indígenas, «los mandó castigar, cortándoles los pies de la mitad para adelante, y enviándolos de esta manera a ser espectáculo de sus compañeros».[461]

---

460 Carta citada de Bravo de Saravia a Felipe II, de 26 de diciembre de 1568.
461 Mariño de Lobera, libro II, capítulo 31. Góngora Marmolejo cuenta muy detenidamente en los capítulos 63 y 64 las primeras operaciones militares del gobierno de Bravo de Saravia. En su citada carta al rey, éste se limita a decirle estas palabras: «Ha dos meses que les corro la tierra con 200 hombres y la correré todo este verano, porque, para más, según la poca gente y aspereza de tierra y las muchas ciénagas y malos pasos, no soy parte».

5. Sus ilusiones comienzan a desvanecerse en el teatro de las operaciones militares; su ejército sufre una gran derrota en Mareguano o Catirai

Las ventajas casi insignificantes alcanzadas en esta primera campaña, hicieron comprender a Bravo de Saravia cuánto se había engañado al tomar el gobierno cuando creía poder concluir rápidamente la guerra y llegar a la pacificación definitiva del reino. Comenzaba a comprender que los indios miserables de Arauco, que los españoles del Perú y de la metrópoli miraban con tanto desprecio, eran enemigos terribles; pero todavía alimentó la esperanza de vencerlos si recibía algunos refuerzos. «Después que entré en este reino, escribía a su soberano, siempre he estado como quedo al presente en la guerra contra estos indios, que están tan soberbios y animosos, así por la aspereza de la tierra, que cierto es grande, como por las victorias que han tenido contra españoles, y por la experiencia que tienen ya de la guerra por haber andado dieciséis años casi continuos en ella contra nosotros y por ver que somos tan pocos, que temo según su pertinacia que nos han de echar de ella o acabarse todos. Hallo los españoles tan pobres y cansados de los muchos gastos y continuo trabajo, que me parece, si Vuestra Majestad no envía nueva gente a este reino, con dificultad se podrán estos indios traer de paz. Y esto se podría hacer con poco costo, mandando Vuestra Majestad al gobernador del Perú que envíe 200 hombres, o al menos 150 a este reino, pues se puede hacer con gran facilidad de sola la ciudad de Lima, donde se están sin entender en más que pasear las calles de ella, y si Vuestra Majestad no ha mandado quitar las (guardias de) lanzas y arcabuces, pues en aquel reino no son necesarios ni sirven de más que de acompañar al gobernador a misa y vísperas, por el asiento y seguridad que hoy hay en el Perú, aunque a Vuestra Majestad escriban otras cosas, tendría por acertado que se les mandase venir a servir en este reino, al menos por dos años, en los cuales tengo entendido, con esta ayuda se podrían reducir todos estos indios al servicio de Vuestra Majestad, que cierto conviene según traen desasosegada toda esta tierra los indios que están alzados, y las muertes y robos que cada día hacen así a los españoles como a los demás indios que están de paz, por estar en el medio y paso de toda ella; y porque con esto no se puede sacar oro, aunque en esta tierra hay mucho, ni labrarse las minas de plata que en dos partes se han descubierto, y ricas según las muestras que han dado.»⁴⁶² Se ve por esta exposición que Bravo de Saravia comenzaba a tomar el peso a la guerra contra los araucanos; pero que mantenía aún las ilusiones de afianzar para siempre la conquista. Creía confiadamente que con un auxilio de 200 soldados españoles llegaría en solo dos años a la pacificación completa del país. Se diría que la fortuna le tenía deparado un golpe tremendo que había de modificar radicalmente sus opiniones.

Cuando el gobernador escribía esta carta en los últimos días de 1568, estaba acampado con su ejército en el asiento de Talcamávida, nombre que los españoles daban a un valle situado en la ribera del Biobío, donde hoy se levanta el pueblo de Santa Juana. Los indios, entretanto, convocados por un cacique joven, del valle de Arauco, nombrado Llanganaval o Longonaval, se reunían apresuradamente en las serranías que están situadas a espaldas del campamento español, y a las cuales los indígenas llamaban de Catirai. Allí, en una altura de difícil acceso, estaban construyendo un fuerte de sólidas palizadas y tenían en las inmediaciones un ejército considerable de guerreros tan valientes como acostumbrados a aquella lucha de emboscadas y de asaltos. Impuesto Bravo de Saravia por los indios auxiliares de esta disposición del enemigo, determinó atacarlo. Pensaba dispersarlo más o menos fácilmente y desorganizar así una junta que podía envolver un serio peligro si se daba tiempo a los bárbaros para reconcentrar mayores fuerzas.

En efecto, una noche, favorecido por la luz de la Luna, el general don Miguel de Velasco se adelantó con cien hombres en busca de los indios. Después de algunas horas de marcha, los divisó al amanecer, establecidos en un espeso bosque, dentro de una quebrada; pero cuando comenzó Velasco a disponer su gente para el ataque, los indios, seguramente prevenidos por sus espías de todos los movimientos de los españoles, emprendieron su retirada hacia el fuerte que tenían en las alturas vecinas sin que fuera posible perseguirlos por la aspereza de la montaña, absolutamente impracticable para los caballos. Los expedicionarios se vieron forzados a volver a su campo llevando la noticia de la inutilidad de aquella jornada.

A pesar de sus años, Bravo de Saravia conservaba el carácter resuelto e impetuoso que de ordinario es el atributo exclusivo de la juventud. Recibió mal a Velasco, le reprochó duramente que no hubiera perseguido y castigado

---

462 Carta citada de 26 de diciembre de 1568.

a los indios, y después de oír a sus capitanes en junta de guerra, pidió rápidamente refuerzos a Concepción, y cuando hubo reunido 140 soldados listos para lanzarlos al combate, dispuso una segunda expedición. Fue inútil que los indios auxiliares tratasen de disuadir a los españoles de aquella empresa. Uno de ellos llamado Levolecán, conocido entre los castellanos con el nombre de don Pedro, les representó en vano la temeridad de atacar a los araucanos en sus posiciones, y las ventajas que resultarían al gobernador de permanecer a la defensiva, resguardado en su campamento, donde vendrían los indios en breve a presentarle batalla. Bravo de Saravia no quiso oír ninguna razón, y se mantuvo inexorable en su plan. Los soldados y funcionarios que acababan de llegar del Perú, acusaban a los capitanes del ejército de Chile de hacer la guerra flojamente, y de tener interés en prolongarla para conservar sus cargos y hacer su negocio. Don Miguel de Velasco, conociendo los peligros de esta aventura, pero temeroso de atraerse aquellas acusaciones, aceptó el mando de la jornada. A su lado debía ir el general Ruiz de Gamboa como jefe de la columna de retaguardia.

El 7 de enero de 1569 las fuerzas expedicionarias se ponían en movimiento. La luz de la Luna en una noche serena y despejada de verano, facilitó la marcha de los españoles, de manera que a la salida del Sol estaban a la vista de las posiciones enemigas. Los indios, por su parte, se hallaban sobre aviso, y habían tomado todas las medidas para la defensa. «El fuerte que tenían era un alto cerro, dice un cronista contemporáneo; delante de él hacía un poco llano; por los demás lados al derredor tenía laderas que el fuerte las señalaba, y una quebrada grande, y por junto al llano tenía una puerta, por ella entraban y salían los indios». De todas partes acudían los indios de las inmediaciones para tomar parte en la defensa. Esa misma noche había llegado al campamento el obstinado caudillo Millalelmo, con su gente de guerra, y se había ocupado con gran actividad en tomar sus disposiciones militares para rechazar cualquier ataque. Mandó que los indios recogiesen en las laderas las piedras que pudieran lanzarse sobre los asaltantes, «gruesas como membrillos», según la pintoresca expresión del cronista citado, y que con ellas formasen montones, en frente del fuerte. Terminados estos aprestos, se mantuvieron tranquilos en sus puestos, esperando el ataque que no podía demorar.

Principió el combate cuando el Sol comenzaba a producir un calor insoportable. Los españoles, divididos en cuadrillas, iniciaron el ataque resueltamente, trepando el cerro y dirigiendo sobre el enemigo los fuegos de arcabuz. Una columna de indios amigos llevados de Santiago, y conducidos por un mancebo chileno llamado Francisco Jufré, que hablaba perfectamente su lengua,[463] secundaba el asalto lanzando sus flechas. Cuando llegaron cerca del fuerte, y cuando los más osados pretendieron asaltar las trincheras del enemigo, cayó sobre ellos una verdadera lluvia de piedras arrojadas que los desconcertó. Lanzadas por brazos vigorosos, y favorecidas en su caída por el declive del terreno, quebraban los brazos o las piernas de aquellos a quienes herían, o los desatinaban si recibían el golpe en la cabeza. Don Miguel de Velasco, temiendo de esta resistencia el desbarato completo de sus tropas, mandó que una partida de veinte soldados subiese a las alturas por las laderas del costado y que fuese a amenazar a los indios por la espalda. Este difícil movimiento, ejecutado con todo, sin grandes dificultades y sin hallar resistencia en la marcha, fue absolutamente ineficaz. Cuando los soldados llegaban a las alturas que se les había mandado ocupar, ya era demasiado tarde, y la batalla estaba definitivamente perdida para los españoles. Aprovechándose del desconcierto que en éstos había producido la lluvia de piedras arrojadas del fuerte, los indios, en número diez o más veces superior al de los españoles que los atacaban, abandonaron sus trincheras, y manejando con singular maestría unas lanzas largas que llevaban, acometieron a los asaltantes con fuerza irresistible. Las condiciones del terreno, las pendientes de las laderas difíciles de vencer para los que pretendían escalarlas, y fáciles de recorrer para los que se precipitaban hacia abajo, el polvo espeso que envolvía a los combatientes, el calor abrasador del Sol, todo estaba contra los castellanos en aquella ruda jornada. La confusión se hizo en poco rato general. Los indios, en la impetuosidad de su carrera, dejaban atrás a los españoles heridos o que no podían retirarse, y llevaban el ataque hasta donde permanecían los jinetes que no habían alcanzado a entrar en combate. El descalabro de los conquistadores era completo e irremediable.

---

463 Era hijo del general Juan Jufré, alcalde de Santiago, y uno de los conquistadores de más renombre. Como todos los hijos de los españoles, hablaba indistintamente la lengua de sus padres y la de los indios, que los niños aprendían de sus nodrizas y de los sirvientes de sus casas.

Velasco hizo tocar sus trompetas para emprender la retirada. Esta misma operación era enormemente difícil por la estrechez de los senderos, por las plantas y matorrales que cubrían el campo, y por la porfiada persecución de los indios, empeñados en matar o a lo menos en quitar sus armas a los fugitivos. Pero cuando notaron que detrás de ellos quedaban algunos españoles, heridos en su mayor parte, que querían ocultarse en los bosques, contrajeron su atención a perseguirlos, y a darles una muerte más horrorosa que la que habían sufrido los que estaban tendidos en el campo. Cuarenta y cuatro hombres, algunos de ellos soldados o capitanes de prestigio y de posición, hallaron su tumba en esta funesta jornada de Catirai, uno de los mayores desastres que hasta entonces hubieran experimentado los invasores en aquella prolongada guerra.[464]

---

[464] La batalla de Catirai está sumariamente referida por Bravo de Saravia en una carta a Felipe II, escrita en Concepción en 8 de mayo de 1569; pero la cuentan con prolijos pormenores y hasta con los nombres de muchos de los muertos los dos cronistas primitivos, Góngora Marmolejo, capítulo 65, y Mariño de Lobera, libro II, capítulo 31. Este último da la fecha exacta de la batalla, 7 de enero, que por lo demás está también consignada en la carta de Bravo de Saravia. Ruiz de Gamboa, que también ha referido esta jornada en la carta inédita al rey, que hemos citado, dice que él se opuso con todo calor a la empresa, y que la responsabilidad del desastre recae solo sobre el gobernador.

En el Archivo de Indias encontré, además, otro documento que contiene una relación de todos estos sucesos con ciertos incidentes que me han sido muy útiles al escribir estas páginas. Es una carta dirigida a Felipe II por el capitán Lorenzo Bernal de Mercado desde Concepción en 31 de marzo de 1569. Acusando allí la imprevisión del gobernador Bravo de Saravia, dice que «como la experiencia no le ayudaba, quiso hacer en un año lo que vuestros gobernadores no pudieron en dieciséis». Por lo demás, el capitán Bernal, sumamente severo en sus apreciaciones, condena con gran franqueza todo cuanto se hizo en esa expedición y en la batalla de Catirai o Mareguano. «Fue un negocio, dice, que merecía que llegado al dicho campo (el general don Miguel de Velasco) como hombre que a sabiendas se quiso perder, ni entender lo que proveía por el vuestro gobernador, le fuera cortada la cabeza como hombre que acababa de destruir el mejor reino que Vuestra Majestad tenía en las Indias». Bernal de Mercado dice que este desastre fue causa de que se sublevasen algunas tribus que estaban sometidas, recomienda que se envíen a Chile refuerzos de tropas, e indica el camino del estrecho de Magallanes como el mejor para dar vida a este reino, y conseguir que dejase de ser «sepultura de españoles».

Los historiadores posteriores, que no conocieron los escritos de los cronistas primitivos ni los documentos contemporáneos, que son nuestra guía preferente, han contado estos sucesos con el mayor desorden y con los más graves errores. Como el sitio en que tuvo lugar la batalla está situado en la región que los españoles llamaban provincia de Mareguano, han creído algunos de ellos que se trata de la cuesta de Marigüeñu, o de Villagrán, tan famosa por el desastre de los conquistadores en 1554. En la *Historia de Chile*

6. La desmoralización de las tropas españolas a consecuencia de esta derrota, dificulta la prosecución de las operaciones militares

Era entrada la noche cuando comenzaron a llegar los fugitivos al campamento en que había quedado Bravo de Saravia con ochenta de sus soldados. La noticia del desastre, la vista de los heridos, la ausencia de los que habían muerto en la refriega, produjeron una gran consternación y no poco desaliento. El gobernador, sin embargo, conservó su tranquilidad de espíritu. Hizo atender a los heridos, trató de confortar a sus capitanes, y se empeñó, sobre todo, en tranquilizar a Velasco, haciéndole entender que no le atribuía la menor culpa por la derrota. En la misma noche celebró una junta de guerra para acordar lo que debería hacerse en aquellos momentos, y allí se resolvió no renovar los ataques al enemigo, y destinar las tropas a la defensa de las plazas y fuertes que tenían los españoles. Inmediatamente se impartieron órdenes a Lorenzo Bernal de Mercado para que reconcentrase en Concepción las fuerzas que se hallaban al norte del Biobío. El gobernador, con todas las tropas que tenía bajo sus órdenes en el asiento de Talcamávida, debía ponerse en marcha para Angol en la mañana siguiente para reforzar las guarniciones de esa ciudad, de Cañete y de la plaza de Arauco.

Aquella marcha fue sumamente azarosa. Los españoles estaban obligados a recorrer caminos accidentados y llenos de bosques donde los indios podían prepararles peligrosas emboscadas. Debían transportar sus heridos, sus bagajes y sus cañones, de tal suerte que estaban obligados a marchar con lentitud. Pero el principal inconveniente resultaba del pavor que se había apoderado de ellos después del espantoso desastre que acababan de sufrir. La disciplina se había relajado en el campo español; muchos soldados no obedecían la voz de sus capitanes, y solo trataban de llegar cuanto antes a un lugar en que encontrarse seguros. Después de una jornada de penosa marcha, acamparon a orillas de un estero, casi extenuados de cansancio y de fatiga. En vez de tener algún descanso, pasaron allí una noche de alarmas y de inquietudes. Los indios de guerra, que habrían podido destruir quizás a los castellanos con un ataque impetuoso y resuelto, prendieron fuego a un rancho vecino, lleno de fajina, el

---

de Gay, tomo II, pág. 44 y ss., están contadas las cosas de esa manera, como las habían referido los cronistas posteriores que le servían de guía.

incendio se comunicó a las yerbas del campo, secas en esa estación, y tomó proporciones amenazadoras. Dando a este estratagema mayores proporciones de las que tenía en realidad, los españoles pasaron la noche sobre las armas en medio de una confusión indescriptible.

El día siguiente fue todavía mayor la desorganización cuando Bravo de Saravia juntó de nuevo a sus capitanes para tomar las medidas que creía conducentes a reparar los peligros de la situación. Todos daban sus pareceres, pero ninguno se atrevía a asumir la responsabilidad de las medidas que se tomasen. El gobernador tenía bajo sus órdenes 200 hombres. Se convino en que él se dirigiría a Angol con unos sesenta, y que los 140 restantes marcharían con Martín Ruiz de Gamboa al través de la montañosa cordillera de la Costa a socorrer a Cañete y a Arauco, que estaban casi desguarnecidas. Pero cuando llegó el caso de designar las compañías que debían hacer esta peligrosa expedición, «no quería ir ninguno, dice un viejo cronista, y decían algunos de ellos estar heridos, y otros que no querían ir a Tucapel, que así se llama la provincia a donde habían de ir, y estaba de allí 10 leguas de camino y no más; sino que Saravia y los de su consejo de guerra, que lo habían perdido contra el parecer de todo el campo, lo fuesen ellos a remediar. Estaban tan desenvueltos con sus palabras, que ninguno quería ir. Dábanse poco por amenazas y promesas que el gobernador les hacía; tan remisos estaban en su opinión». Sin acertar a tomar otra resolución, Bravo de Saravia, a pesar de sus años, se ofreció a partir él mismo con los soldados que debían ir a reforzar Cañete; y cuando algunos de sus capitanes le reprocharon esta determinación como una imprudencia injustificable, mandó a su propio hijo, Ramiro Yáñez de Saravia, mancebo de gran valor, que marchase con aquel socorro. Aun así, y a pesar de que redujo a solo 120 el número de los soldados que debían partir, no consiguió aplacar del todo la tormenta producida por el desaliento y la desmoralización que había creado el reciente desastre de Catirai. «Aquella misma noche, continúa el mismo cronista, tocó la trompeta a partir. Fue la partida peor que el principio, porque algunos de los apercibidos, hombres bajos y de poca presunción, se escondieron, y otros se huyeron a Angol y algunos a Santiago, tanto era el temor que tenían de ir a Tucapel. Aquella hora hubo algunos soldados antiguos que dando causas para no ir aquella jornada, no les siendo admitidas, decían hacer dejación de todo lo que a Su Majestad habían servido y trabajado en Chile, para no pretender cosa alguna en el reino de allí adelante de merced que pudiesen; y así quedaron sin ir allá los que esto hicieron.»[465]

Sin embargo, los temores de aquellos soldados carecían de fundamento serio. Los indios araucanos, tan valientes y astutos en prepararse para la batalla, no habían sabido aprovecharse de su victoria. Todas las tribus que poblaban la cordillera de la Costa estaban sobre las armas; habrían podido reunir un ejército verdaderamente formidable, y cayendo sobre los españoles, en estos momentos en que la derrota los había desmoralizado, no les habría sido difícil aniquilarlos. Con todo, distraídos, sin duda, en celebrar el triunfo con fiestas y borracheras que solían durar muchos días, no intentaron ataque alguno serio contra los españoles. Ruiz de Gamboa pudo así atravesar la cordillera de la Costa, penetrar en la región de Tucapel por el peligroso desfiladero de Cayocupil y llegar a Cañete el 10 de enero, sin encontrar en ninguna parte una resistencia seria. Algunos indios que le salieron al camino, fueron desbaratados fácilmente, y los que cayeron prisioneros fueron ahorcados inexorablemente. Ese refuerzo llegaba en el mejor momento. La insurrección de los araucanos era general y la escasa guarnición de Cañete habría sucumbido sin remedio si no hubiese recibido este oportuno socorro.

El gobernador, mientras tanto, entraba a Angol, con el resto de sus fuerzas. En medio del desconcierto producido por el desastre, Bravo de Saravia conservó su entereza y su actividad. Hizo curar sus heridos y tomó todas las medidas conducentes a asegurar la defensa de aquellas poblaciones, poniéndose en comunicación con las ciudades del sur a las cuales pedía socorros de víveres, y disponiendo correrías en los campos vecinos para impedir las asambleas de indios que podían hacerse peligrosas. Durante dos meses consecutivos, rodeado de alarmas y de sinsabores, perfectamente incomunicado con los otros puntos en que se sostenía la guerra, el anciano gobernador no se dio un momento de descanso para atender en la medida de sus recursos a la defensa del país.

7. Después de nuevos combates, los españoles evacuan las plazas de Cañete y de Arauco

En efecto, la situación de los españoles había llegado a hacerse sumamente crítica. Las fuerzas que quedaban en Cañete y en Arauco, que formaban la

---
465 Góngora Marmolejo, capítulo 67; Mariño de Lobera, libro II, capítulo 32.

mayor y la mejor parte de las tropas españolas de Chile, corrían el más inminente peligro de sucumbir ante el formidable alzamiento de los indios. Toda la población indígena de la región comprendida desde la cordillera de la Costa hasta el mar, y desde el Biobío hasta el río Paicaví, estaba sobre las armas; y esos indios, considerables por su número, experimentados en la guerra con cerca de veinte años de lucha incesante, enorgullecidos por sus triunfos recientes, parecían resueltos a consumar la expulsión definitiva de los extranjeros. Por el contrario, los españoles, diezmados por las batallas y por las emboscadas en que el enemigo mataba a los que se atrevían a alejarse de sus campamentos, desmoralizados por la derrota, comenzaban a perder sus esperanzas y sus ilusiones y a comprender que aquella guerra no tenía término posible.

Como contamos, desde el 10 de enero de 1569 mandaba en la ciudad de Cañete el general Martín Ruiz de Gamboa, y había desplegado allí la resolución que lo hizo tan famoso en aquellas guerras. Tenía bajo sus órdenes cerca de 150 soldados, y un número doble de caballos. Su primer cuidado fue ponerse en comunicación con el capitán Gaspar de la Barrera, que defendía la plaza de Arauco con una débil guarnición. Ruiz de Gamboa pretendía reforzar esta plaza; pero la tentativa que acometió para realizar este proyecto fue un nuevo fracaso de las armas españolas. Habiendo salido de Cañete con cien hombres a mediados de enero, fue atajado en su marcha por los indios de guerra en el dificultoso paso de Quiapo, y tuvo que sostener un encarnizado combate sin poder abrirse camino. Los españoles desplegaron en vano todo el ardor que solían poner en las acciones de guerra, pero tuvieron que volverse a Cañete desorganizados y corridos, sin conseguir realizar su propósito de socorrer a los defensores de Arauco.[466]

Desde ese día la guerra fue continua en aquella región, teatro hasta entonces de tantos combates en aquella prolongada lucha. El capitán Gaspar de la Barrera, sin recibir auxilios de ninguna parte, pero contando con su valor y con alguna artillería, defendió tenazmente la plaza de Arauco, y consiguió por

---

[466] «Queriendo llegar a Arauco, desde la ciudad de Cañete, dice Ruiz de Gamboa en su carta citada al rey, hobe gran obstáculo en el camino; y peleando con gran junta de indios, fue forzoso recogerme al pueblo sin pérdida.» Los cronistas Góngora Marmolejo, capítulo 67, y Mariño de Lobera, libro II, capítulo 32, han referido estos hechos con mucha más amplitud de detalles. Este último cuenta que en esta jornada de Quiapo se pasó al enemigo una columna de 200 indios auxiliares que llevaban los españoles.

cerca de tres meses mantener a raya a los enemigos que pretendían atacarla. En Cañete, el general Ruiz de Gamboa desplegó igual tesón; pero teniendo una guarnición muy superior en número, luego le faltaron los víveres y los forrajes para los hombres y para sus caballos. Como tardara en recibir las provisiones que esperaba de Valdivia, resolvió hacer salidas en los campos vecinos para recogerlas en los sembrados mismos de los indios de la comarca. Ruiz de Gamboa fue afortunado en dos de esas salidas, pero en la tercera sufrió un doloroso desastre. El 1 de febrero se había dirigido con sesenta hombres a un valle estrecho llamado Parillataru, situado a corta distancia de la ciudad. Nada le hacía sospechar el menor peligro en aquella empresa. Sus soldados y los indios de servicio se ocupaban en recoger las mieses del campo en plena madurez, cuando se vieron asaltados por compactos escuadrones de araucanos que acudían a defender sus cosechas y a dar muerte a sus depredadores. Fueles necesario sostener un rudo combate en malas condiciones, por la estrechez del valle, que no permitía hacer maniobrar la caballería. Los indios, por otra parte, estaban en parte armados de celadas cogidas a los españoles en los anteriores combates, y revestidos de corazas de cuero que los hacían casi invulnerables por las espadas y las picas. Ruiz de Gamboa quiso sacar sus tropas a terreno llano, pero la muerte de algunos soldados en los primeros momentos, introdujo en ellas la perturbación, y no fue posible pensar en otra cosa que en replegarse desordenadamente a la ciudad con pérdida de siete hombres. Dos de ellos, los capitanes Juan de Alvarado y Sebastián de Gárnica, eran soldados viejos y de reputación, experimentados en la guerra y muy estimados entre los suyos. El mismo general había recibido una herida en una pierna.

Mientras los indios cantaban victoria y cobraban mayor orgullo para continuar la guerra, los castellanos sufrían todas las fatigas y toda la vergüenza que debía producirles este desastre, y estaban obligados a reparar sus fuerzas sin contar con más auxilios que los que podía ofrecerles aquella pequeña y pobre población. «Luego que entraron en la ciudad, dice un antiguo cronista que ha trazado el cuadro pintoresco de aquellos campamentos, dieron orden en curar los heridos sin otros cirujanos más que los mismos soldados por ser todos los de este reino tan diestros en ello como si no tuvieran otro oficio, teniendo por maestra a la necesidad, la cual les ha instruido en otras muchas semejantes facultades. Así, apenas se hallará soldado que no sepa curar un caballo, aderezar una silla, errar, sangrar a un hombre y a un caballo, y aun algunos saben sembrar y arar, hacer una pared, cubrir un aposento, echar una vaina a una espada y rellenar una cota con muchos otros oficios que nunca aprendieron.»[467]

A las fatigas de la guerra, a las penalidades de los sitios y de los campamentos, se agregaron en breve contrariedades de otro orden que debían hacer más embarazosa la situación de los castellanos. Era raro que entre aquellos rudos soldados no germinasen a cada paso, aun, en las circunstancias más apuradas de la guerra, discordias y pendencias que venían a perjudicar la unidad de acción indispensable para hacer frente al peligro común. En Cañete sucedía esto mismo. Los generales Ruiz de Gamboa y don Miguel de Velasco eran, como sabemos, primos hermanos y antiguos camaradas en aquella larga guerra. Sea por la arrogancia e impetuosidad del primero, sea por la influencia que sobre ellos podían ejercer algunos de sus allegados, ambos jefes se miraban mal y se mantenían en completo desacuerdo sobre la manera de mantener la defensa de la ciudad. Cuando a fines de febrero, los defensores de Cañete hubieron recibido los socorros de víveres que traía un buque despachado de Valdivia, don Miguel de Velasco se embarcó para Concepción. Venciendo no pocas dificultades y exponiéndose a todo género de peligros, llegó a Angol a dar cuenta al gobernador del estado de la guerra. Era tal la incomunicación a que estaban reducidos los destacamentos españoles por el alzamiento general de los indios, que Bravo de Saravia había pasado dos largos meses sin recibir noticia alguna de los otros puntos en que ardía la guerra.

El gobernador, llamado por las múltiples atenciones del gobierno, resolvió trasladarse a Concepción. Pero ese viaje presentaba en aquellas circunstancias los mayores peligros. Bravo de Saravia, con una resolución superior a cuanto habría podido esperarse de su avanzada edad, a la cabeza de ochenta hombres, y a mediados de marzo, se puso en marcha. Sus capitanes tomaron precauciones infinitas para evitar las emboscadas de los indios y todo encuentro que pudiera exponerlos a un nuevo desastre. Con este objetivo se vieron obligados a hacer un rodeo considerable, que doblaba la distancia que tenían que recorrer. Marcharon en línea recta hasta las orillas del Itata, e inclinándose allí hacia el poniente, se dirigieron a Concepción por los caminos de la costa. Aun así, aquella expedición era cada día motivo de las más serias alarmas. La columna

---

467 Mariño de Lobera, libro II, capítulo 33.

de Bravo de Saravia no podía avanzar un solo paso sin hacer reconocimientos, sin recoger informes sobre las posiciones que ocupaban los indios sublevados en todas partes, y sin verse obligada con frecuencia a retardar su marcha. Gracias a estas precauciones, después de un penoso viaje de nueve días, el gobernador entraba a Concepción el 24 de marzo de 1569, sin más pérdida que la de uno de sus capitanes ahogado en el paso del Biobío.

En Concepción, Bravo de Saravia pudo imponerse más de cerca del triste estado que llevaban las cosas de la guerra, y de su absoluta imposibilidad para remediarlo. El aislamiento en que se hallaban las plazas militares, y el inminente peligro en que se veían sus guarniciones, estaban demostrados con el hecho de que los defensores de Cañete no habían podido comunicarse con los de Arauco a pesar de la corta distancia que había entre ambos lugares. Convencido de que no le era posible socorrerlos, y temeroso de que ambas plazas cayesen en poder de los bárbaros, lo que sería un desastre mayor que todos los sufridos hasta entonces, el gobernador determinó hacerlas evacuar para salvar al menos las tropas que las guarnecían. Pero esta resolución envolvía una gran responsabilidad que él no quería asumir por completo. Para compartirla con otras personas, convocó una asamblea de los oidores de la Audiencia, de los capitanes de su ejército y de los vecinos más considerados de Concepción. Hubo en aquella junta diversidad de pareceres; los militares, sin embargo, estuvieron conformes en que la conservación de la plaza de Arauco, imponía sacrificios considerables al tesoro real sin compensación alguna desde que las tropas que la guarnecían no podían entregarse al ejercicio de ninguna industria, y envolvía, además, un serio peligro. Allí no había otros edificios de mediana importancia que los paredones que servían para la defensa, y ésos no valían la pena de hacer grandes sacrificios para su conservación. Los soldados que los custodiaban no podían sembrar, y corrían el riesgo de sucumbir a manos de los indios, o de perecer de hambre si no eran socorridos oportunamente. Apoyándose en este parecer, el gobernador despachó en los primeros días de abril una fragata y dos embarcaciones menores con las instrucciones convenientes para la evacuación de la plaza. Bravo de Saravia, con todo, no queriendo hacerse responsable de esta determinación, dejó al jefe de Arauco en la libertad de abandonarla si lo creía necesario.

Esta operación presentaba, sin embargo, muy serias dificultades. Los defensores de Arauco vivían en medio de las mayores penalidades, amontonados en un pequeño recinto en que estaban envueltos con sus caballos, tenían muy escasos víveres y se veían bloqueados por enemigos feroces e implacables que no dejaban salir un solo hombre del recinto de las fortificaciones. El embarco de esa gente, de sus bagajes y de su artillería, debía ser la señal de un combate en que la guarnición habría sucumbido sin remedio. No quedaba más arbitrio que efectuarlo de noche para burlar la vigilancia de los indios. Esto fue lo que se hizo: el capitán Gaspar de la Barrera mandó transportar sus cañones y embarcar su gente; pero por más precauciones que tomó, sus soldados tuvieron que romper en la noche un escuadrón de indios que intentaba cerrarles el paso; y en la mañana siguiente, los últimos que se embarcaban estuvieron a punto de caer en manos del enemigo. Ese día los bárbaros pudieron cantar victoria y cobrar nuevos ánimos para proseguir la guerra. Después de saquear los galpones que habían servido de cuarteles a los castellanos, donde quedaban algunos objetos que no había sido posible transportar, los bárbaros arrasaron las murallas y se entregaron a las fiestas con que solían celebrar sus triunfos. En esta jornada cayeron en sus manos sesenta caballos ensillados, que podían haber sido muy útiles a los indios en las operaciones subsiguientes; pero aquellos bárbaros, acosados quizá por el hambre o inducidos por la ferocidad y el salvaje espíritu de destrucción de cuanto había pertenecido a sus enemigos, dieron muerte a muchos de ellos para comérselos en sus fiestas y borracheras.

Quedaba todavía en pie la ciudad de Cañete; y sobre ella cargaron los indios en mayor número para estrechar su sitio. Bravo de Saravia, sin atreverse a decretar su despoblación, había avisado a sus defensores que no podía enviarles socorro alguno, recomendándoles que hiciesen lo que les pareciera más acertado. El jefe de la plaza, el valiente Ruiz de Gamboa, no queriendo tampoco asumir la responsabilidad por un acto que podía perjudicarlo en su carrera posterior, exigió la orden expresa para abandonar la plaza. Pero cuando supo la evacuación de Arauco, y recibió nueva carta en que el gobernador le avisaba otra vez que no podía socorrerlo, se determinó, de acuerdo con los vecinos y con sus oficiales, a evacuar la ciudad. Un buque los esperaba en el puerto. Allí se embarcaron los soldados, las mujeres y los niños llevando consigo todos los objetos que podían transportar, pero dejando en tierra muchos otros y 300 caballos que cayeron en poder de los indios. Después del saqueo, éstos destruyeron las fortificaciones, incendiaron las casas y se entregaron a todos los transportes de júbilo y de orgullo al ver que habían limpiado de españoles toda aquella región del territorio. Los defensores de Cañete, salvados de una tempestad que los asaltó en el mar, llegaron a Concepción el 4 de mayo de 1569, y pudieron considerarse libres de tantos peligros como habían corrido en los últimos meses. Su salvación pudo considerarse providencial; apenas acababan de desembarcar, el buque que los conducía chocó en tierra y se perdió con toda su carga dentro del mismo puerto.[468]

8. Desprestigio en que cae el gobernador Bravo de Saravia; ofrece al rey dejar el mando y pide al Perú socorros de tropas

El gobierno efectivo de Bravo de Saravia no había durado más que diez meses incompletos y ya todas las esperanzas que había hecho concebir y todas las ilusiones que él mismo se forjara, se habían desvanecido por completo. Su campaña militar en el territorio araucano había sido de tal manera desastrosa que había acabado por arrancarle el prestigio de que había venido revestido del Perú, y por producir una profunda perturbación en todo el reino. En realidad, el gobernador no había cometido más que una grave falta, la de hacer empeñar el ataque del fuerte de Catirai o Mareguano contra la opinión de sus capitanes; pero sobre su cabeza se hacían caer todas las consecuencias de este desastre, y el pésimo resultado de una campaña sobre la cual se habían fundado tantas esperanzas, y que, sin embargo, era el producto de las condiciones especiales de esa guerra, como debía comprobarlo su duración secular.

Estas acusaciones, de que, a no caber duda, tuvo noticia Bravo de Saravia, debieron hacer más amarga su situación. Su primer cuidado fue vindicarse ante el rey, explicándole su conducta y demostrándole que con las fuerzas de que podía disponer no le había sido posible hacer más para la pacificación del reino. En esos momentos, el general don Miguel de Velasco solicitaba permiso para

---

[468] Carta de Bravo de Saravia a Felipe II de 8 de mayo de 1569. Carta de Ruiz de Gamboa al rey, de 24 del mismo mes y año. Góngora Marmolejo, capítulo 69 y 70; Mariño de Lobera, libro II, caps. 34 y 35. Aunque las relaciones de estos dos cronistas no están perfectamente acordes en todos los pormenores, hay en ellas bastante uniformidad en el conjunto de los hechos, y ambas se completan bastante bien para obtener la luz que suele faltar en los documentos.

pasar a España. El gobernador lo eligió para que llevase sus comunicaciones a Felipe II y para que de palabra le diese todos los informes necesarios sobre la guerra de Chile. Velasco era el jefe derrotado en Catirai; y sea para amenguar el efecto de ese desastre, sea para corresponder lealmente a la amistad que le había demostrado el gobernador, debía justificarlo de las acusaciones que llegaran a la Corte por otros conductos.[469] En su carta al rey, Bravo de Saravia le pedía empeñosamente un socorro de 400 o a lo menos de 300 hombres para terminar la guerra, a condición de que fueran pagados por el tesoro del Perú, «porque acá, agrega, no hay qué darles, ni Vuestra Majestad tiene rentas de qué pagarlos...». «Y esto no lo digo por mí ni porque deseo este gobierno, dice más adelante, antes suplico a Vuestra Majestad que en pago de mis trabajos y veintidós años que ha que sirvo en estas partes, me mande servir en otro lugar donde con más quietud y descanso pueda acabar los pocos días que me quedan de vida. Yo entré en este reino tan deseado y en tiempo que públicamente decían todos lo había restaurado. No sé si ahora lo escriban así a Vuestra Majestad por lo sucedido en Mareguano, bien que (no habría) ninguno que estuviera en mi lugar a quien no le sucediera, entendiendo que de desbaratar allí los indios redundaría el dar la paz toda la tierra, como ellos lo decían.»[470] Estas palabras reflejan el desengaño profundo que se había apoderado del anciano gobernador a los diez meses de haber tomado el mando. Pero ni él ni sus contemporáneos, que esperaban reducir a los araucanos con 400 auxiliares, parecían

---

[469] El general Ruiz de Gamboa, que en esta ocasión escribió al rey la carta de 24 de mayo de 1569 que hemos citado en otras ocasiones, le dice que el gobernador enviaba a don Miguel de Velasco para que le diera informes favorables acerca de su conducta; y que a él le cerraba el camino de España para que no descubriese la verdad. Por este motivo se propone decírsela en esa carta y, al efecto, le pinta con los más sombríos colores la situación de Chile. Este documento, que es una de las tantas acusaciones que muchos capitanes solían dirigir al rey contra la conducta de los gobernadores y para recordar sus propios servicios, hace una reseña rápida, pero noticiosa de toda esta campaña, y ayuda a darla a conocer.

[470] Carta de Bravo de Saravia al rey, escrita en Concepción el 8 de mayo de 1569. De las piezas que forman la correspondencia de este gobernador con Felipe II, ésta es la única que se ha impreso hasta el presente. Don Claudio Gay, después de haber publicado la mayor parte de su *Historia*, sacó copia de ella en el Archivo de Indias, y la insertó en 1852 en el segundo tomo de sus Documentos, págs. 99-105, de donde resulta que entre el texto de esta parte de su obra, y ese documento no haya acuerdo ni relación. Conviene advertir que esta carta, así como otros documentos publicados en el mismo tomo, han sido impresos con numerosos errores de copia o de tipografía que hacen oscuro o desfiguran el sentido.

sospechar siquiera que aquella guerra había de durar siglos y que debía costar la sangre de muchos millares de españoles sin lograr dar cima a la conquista.

A fines de mayo de 1566 don Miguel de Velasco se embarcaba para el Callao, con el propósito de trasladarse de allí a España a desempeñar su comisión. Velasco debía también solicitar empeñosamente los auxilios que pudieran enviarse del Perú. El gobernador, pensando que durante el invierno se suspenderían las operaciones de la guerra, y que por esto mismo su presencia en Concepción dejaba de ser necesaria, se dirigió por mar a Valparaíso para atender en Santiago los negocios administrativos que reclamaban su atención. Al partir, confió el mando civil y militar de las provincias del sur a uno de los oidores de la Real Audiencia, al licenciado Juan de Torres de Vera y Aragón, a quien veremos en breve cambiar la toga por la espada, mandar tropas y empeñar combates como si la guerra hubiera sido la ocupación habitual de toda su vida.

Capítulo V. Gobierno de Bravo de Saravia: administración civil. Fin de su gobierno y supresión de la Real Audiencia (1569-1575)

1. Erección del obispado de la Imperial y fijación de sus límites. 2. El obispo de la Imperial toma la defensa de los indios y solicita en vano la reforma del servicio personal. 3. Vuelve a Chile el general don Miguel de Velasco con los refuerzos enviados del Perú. 4. Terremoto del 8 de febrero de 1570: ruina de la ciudad de Concepción. 5. Vergonzosa derrota de los españoles en Purén. 6. Últimos sucesos del gobierno de Bravo de Saravia. 7. El rey lo reemplaza con Rodrigo de Quiroga y suprime la Real Audiencia de Chile. 8. Observaciones sobre el gobierno de Bravo de Saravia: causas diversas de sus desastres. 9. Proyecto de crear en Chile una universidad. La crónica de Góngora Marmolejo (nota).

1. Erección del obispado de la Imperial y fijación de sus límites

Según hemos referido en el capítulo anterior, al mismo tiempo que el gobernador Bravo de Saravia, había llegado a Chile un religioso franciscano, que venía a ocupar un alto puesto en la Iglesia de la colonia. Era éste fray Antonio de Avendaño, más conocido en la historia con el nombre de Antonio de San Miguel, que había tomado en el convento. Traía el título de obispo de la Imperial, y parecía resuelto a hacer sentir su acción en el ejercicio de sus funciones.

La erección de ese obispado databa de algunos. Resuelta por Felipe II en 1561, había pedido al papa la aprobación pontificia y la preconización de fray Antonio de San Miguel para primer prelado de la nueva diócesis. En 22 de marzo de 1563, Pío IV sancionó su erección y confirmó a ese religioso en el rango episcopal.[471] Aunque pasó largo tiempo más sin que llegaran a Chile las bulas pontificias, la determinación real fue conocida mucho antes, y ella produjo altercados y competencias que preocuparon mucho a la colonia.

Era fácil comprender que la creación de un segundo obispado en el territorio chileno iba a reducir los límites de la diócesis de Santiago, y a disminuir considerablemente sus rentas. En 1564, el cabildo eclesiástico de Santiago, alar-

---

471 Don Crescente Errázuriz, que ha dado las mejores y más amplias noticias sobre estos asuntos, estudiándolas prolijamente en los documentos originales, ha dejado deslizarse un error de pluma en el capítulo 16, pág. 209, de sus *Oríjenes de la iglesia chilena*. Dice allí que Pablo IV erigió el obispado de la Imperial. Este papa falleció el 18 de agosto de 1559; y su sucesor, Pío IV, elegido el 26 de diciembre del mismo año, fue el que dio las bulas a que aludimos en el texto.

mado con esta novedad, levantó informaciones, y obtuvo del obispo González Marmolejo, entonces muy viejo y casi moribundo, un auto para que la sede episcopal se trasladara a la ciudad de Concepción. Dábanse como fundamentos de esta medida dos órdenes de razones: la necesidad de acercarse al punto del territorio en que era más numerosa la población indígena, a la cual se quería convertir al cristianismo, y la circunstancia de que el solo distrito de Santiago no bastaba para la sustentación de las dignidades y canonjías de la iglesia episcopal. Si el rey de España hubiera sancionado definitivamente esta determinación, el obispado de Santiago se habría dilatado desde el Biobío hasta los confines australes del Perú, y habría comprendido, además, las provincias de la región del lado oriente de la cordillera, que habían poblado los conquistadores de Chile. El cabildo eclesiástico puso tanto empeño en que se aprobase este acuerdo, que autorizó un comisionado para que lo defendiese en la Corte. El rey, por su parte, se limitó a pedir informe, por cédula de 9 de octubre de 1566, a la Real Audiencia que había mandado instituir en la ciudad de Concepción.

Pero esta medida no podía dejar de producir las más serias resistencias. El cabildo secular de Santiago creyó menoscabadas las prerrogativas de esta ciudad como centro de la gobernación, y en 19 de octubre de 1564 había dado poder a uno de sus regidores, a Juan Gómez de Almagro, para que se trasladase a Lima y en caso necesario a España, a gestionar contra esa determinación. Suscitose de aquí un largo litigio que debía ser decidido en la Corte por el rey y por el Consejo de Indias. En esas circunstancias, había recibido el padre San Miguel la noticia de su elevación al episcopado, y tomaba como suya la cuestión sosteniendo desde Lima que la ciudad de Concepción debía quedar comprendida dentro de los límites del obispado de la Imperial. Ésta fue la materia de sus primeras comunicaciones al rey de España, desde antes de tomar posesión de su diócesis. En esas gestiones había demostrado la entereza de su carácter, que en Chile iba a probar en cuestiones de otro orden.

Habiendo recibido en Lima la consagración episcopal, el obispo se trasladó a Chile. Llegaba a Santiago a fines de agosto de 1568; y en compañía de Bravo de Saravia partió poco después para el sur. Fijose por entonces en Concepción, para agitar ante la Real Audiencia la cuestión de límites de su obispado; y procedió en este asunto con tanta actividad, que antes de fines de año había obtenido la resolución que deseaba. El supremo tribunal decidió que el río

Maule sería la línea divisoria de ambas diócesis.⁴⁷² Después de alcanzar este resultado, el obispo pretendió que la sede de su obispado fuese trasladada a Concepción, que creía más importante que la ciudad de la Imperial. Éste fue el tema de nuevas representaciones dirigidas empeñosamente al rey sin conseguir la solución favorable que solicitaba. Pero, aun, en medio de estos afanes, pudo el obispo dedicarse a otros trabajos que creía vinculados a los deberes de su ministerio.

2. El obispo de la Imperial toma la defensa de los indios y solicita en vano la reforma del servicio personal

Los españoles, como sabemos, hacían a los indios una guerra sin cuartel y sin piedad. Casi tan crueles como los mismos bárbaros, no perdonaban prisioneros, y cometían en la guerra grandes atrocidades con que esperaban escarmentar al enemigo, y que, en realidad, no hacían más que excitar su furor. Los indios sometidos, los que vivían al lado de los españoles, y los que ayudaban en sus

---

472 Muy poco tiempo después se renovó esta misma cuestión. Por muerte del obispo de Santiago González Marmolejo, Felipe II presentó para el gobierno de esta diócesis, en 1566, a otro religioso franciscano, fray Fernando Barrionuevo, que vino consagrado de España. Habiendo llegado a Lima a principios de 1570, se dirigió desde allí al rey para pedirle la derogación del fallo pronunciado por la Audiencia de Chile. Quería este prelado que la ciudad de Concepción quedase comprendida en el obispado de Santiago o, más propiamente, que el límite divisorio de las dos diócesis no fuese el río Maule, como había resuelto la Audiencia, sino el río Biobío. Por más empeño que puso en la defensa de sus pretensiones, por mucho que se esforzara en probar que el obispado de la Imperial, aun después de esta reducción de su territorio por el norte, siempre quedaría bastante extenso y rico desde que comprendía toda la región austral y las ciudades de la Imperial, Cañete, Valdivia, Villarrica, Osorno y Castro, el rey no alteró los límites establecidos por la Audiencia, y el Maule quedó siendo la línea divisoria de ambos obispados.

Don Crescente Errázuriz ha dado, con la luz de los documentos copiados en el Archivo de Indias, las más prolijas noticias de estos litigios en los caps. 26 y 27 de sus Oríjenes de la iglesia chilena. En el cuadro general que nos hemos trazado en este libro, no tenemos para qué extendernos en más pormenores que, por otra parte, el lector puede hallar en la apreciable obra del señor Errázuriz.

La *Crónica* de Mariño de Lobera, libro II, capítulo 30, dice que el obispo San Miguel llegó a la Imperial el 18 de mayo de 1568. Hay en esta fecha un error evidente. El obispo arribó a La Serena, en julio de ese año, pasó a Santiago en agosto, y se hallaba en Concepción en diciembre. Es probable que detenido allí por las terribles perturbaciones de la guerra durante los primeros meses del año siguiente, solo pasó a la Imperial en mayo de 1569, lo que reduciría el error de la *Crónica* de Mariño de Lobera a un simple descuido de pluma o de copia.

faenas y en la misma guerra, no eran mejor tratados. Se les imponía un trabajo que casi no podían soportar, que los reducía a la condición de bestias y que los diezmaba. El gobernador Hurtado de Mendoza había dictado en su favor las ordenanzas llamadas de Santillán, pero sus disposiciones no se cumplían por la codicia de los encomenderos, y por la resistencia natural de los indios, que habituados a vivir en la ociosidad de la vida salvaje, no se sometían gustosos a ningún trabajo, ni podían reformar las ideas de su limitada inteligencia ni sus hábitos más inveterados, con leyes que no alcanzaban a comprender. La predicación religiosa no había surtido tampoco el menor efecto. Los misioneros y sus protectores tenían una idea tan equivocada de la naturaleza moral de los salvajes, que estaban persuadidos de que era posible implantar instantáneamente en medio de una raza ruda y grosera los sistemas religiosos y sociales de las razas superiores. Los indios, es verdad, se dejaban bautizar fácilmente, tomaban nombres cristianos y, aun, asistían, siempre con resistencia, a las fiestas religiosas, sea por curiosidad, sea por sumisión o por el deseo de hacerse iguales a los españoles; pero la nueva religión no había ejercido la menor influencia sobre sus hábitos y sobre su género de vida.

El obispo de la Imperial vio todo esto claramente; pero no acertó a descubrir las causas verdaderas de aquel estado de cosas. A su juicio, como al de mucho de sus contemporáneos, los indios no querían someterse a los españoles porque éstos los trataban mal; no querían hacerse cristianos porque temían que los redujesen a esclavitud y se resistían a trabajar, porque no se cumplían las ordenanzas o porque no se hacían otras más benignas aún. El obispo San Miguel participaba de las ilusiones de los que creían que esos salvajes, intratables y feroces, que tenían todos los malos instintos de las civilizaciones más inferiores, poseían muchas de las virtudes con que los filósofos y los poetas se complacían en adornar al hombre que consideraban en el estado de naturaleza. Se pronunció contra la guerra ofensiva, y comenzó a reclamar en favor de los indios de servicio, el fiel cumplimiento de las ordenanzas decretadas y, aun, la revisión de éstas en un sentido más favorable para ellos.

Por su parte, el gobernador había creído también que era posible reducir a los indios por los medios pacíficos y, en efecto, como contamos, había enviado a hacerles proposiciones amistosas que no habían surtido ningún resultado. Pero, en vez de atribuir esa actitud al estado de barbarie de los araucanos, a su obstinación natural para no someterse a la vida civilizada, y a la resistencia instintiva para vivir lejos de todo trabajo, Bravo de Saravia pensaba que era el fruto de la depravación de su carácter y de una maldad consciente y refinada. Veamos cómo expresaba al rey sus opiniones a este respecto: «Los frailes, mayormente de la orden de San Francisco, le decía, nos ayudan poco, porque no solamente dicen que no se puede hacer guerra a estos indios por los malos tratamientos que hasta aquí se les han hecho, y que la que se les hace es injusta, pero ni quieren absolver a los soldados ni aun oírlos de confesión. Mire Vuestra Majestad: el soldado que no espera premio en este reino, ni hay en él de qué dárselo, ¿con qué ánimo y voluntad andará en ella? Y así, muchos de los que se aperciben para la guerra, se meten en los monasterios e iglesias y se huyen a los montes. Vuestra Majestad mande proveer de manera que su perlado los reprenda por ello, porque como he dicho, esta guerra más se hace en este reino para defendernos de estos indios que para ofenderlos, y porque no quieren oír la predicación del evangelio e impiden con su rebelión que a los que están de paz se les pueda predicar libremente, y han apostatado los más de ellos, y se han apartado de la obediencia de Su Majestad habiéndola ya dado muchas veces, salteando los caminos, matando y robando a los que andan por ellos, e impidiendo el comercio y contratación de los que quieren la paz y recibir el bautismo».[473]

Ni el gobernador ni el obispo comprendían que era una ilusión irrealizable el pretender elevar rápida y bruscamente aquellos indios al rango de hombres civilizados. Los ensayos de implantación de un orden social mucho más adelantado, ya fuera por medio de la predicación religiosa, como pretendían el obispo y sus colaboradores, ya por medio de la guerra y del terror, como lo pretendían los militares, debían fracasar fatalmente, como lo ha probado en ese mismo suelo la experiencia de tres siglos. El gobernador y el obispo continuaron, sin embargo, practicando sus sistemas respectivos; y mientras el primero militaba en la campaña o se daba algunos meses de tregua para dar tiempo de que llegasen los refuerzos que había pedido, el segundo insistía con mayor ardor en que se tentaran los medios pacíficos. En su correspondencia con el soberano, el obispo San Miguel no cesaba de representarle el mal trato que se daba a los indios, las atrocidades de la guerra, la ineficacia de las ordenanzas

---

[473] Carta citada de Bravo de Saravia a Felipe II de 26 de diciembre de 1568.

dictadas sobre el servicio personal y la necesidad de adoptar un nuevo sistema. Su celo, exaltado por las resistencias y por las rencillas frecuentes entonces entre las autoridades civiles y eclesiásticas tomó, en breve, un carácter agresivo. En sus cartas subsiguientes, sin tomar, sin embargo, el lenguaje violento y destemplado que con demasiada frecuencia hallamos en otros documentos de esa clase, hacía insinuaciones contra el gobernador dejando entender que él era el responsable de las desgracias de la guerra, y contra la Audiencia.[474] Los informes de ese prelado, que quizá solo conocemos en parte, debieron influir poderosamente en el ánimo del rey para adoptar las medidas relativas al gobierno de la colonia.

Lo que es indudable es que las quejas del obispo de la Imperial sobre el trato que se daba a los indios sometidos, fueron favorablemente acogidas en la Corte. Por real cédula de 17 de julio de 1572, Felipe II mandó expresamente que se tasasen los tributos que los indios debían pagar a la Corona y a los encomenderos. La voluntad del rey era que los indígenas pagasen un impuesto moderado en dinero, en vez del trabajo personal a que estaban sometidos. En España se creía, también, que el trato con los españoles y la predicación religiosa iba a convertir prontamente a los indios en hombres trabajadores e industriosos que podrían pagar tributos pecuniarios como los demás súbditos del rey. Pero la medida propuesta iba a encontrar resistencias de todas clases, nacidas, en parte, de la codicia de los encomenderos, pero principalmente también del estado social de los mismos indios que hacía del todo ilusorio el pensamiento de someterlos instantáneamente a un orden regular en que viviendo consagrados a una industria, tuvieran recursos para pagar los impuestos.[475] Así, pues, la reforma decretada por el rey en la cédula a que nos hemos referido, quedó

---

[474] Don Crescente Errázuriz ha publicado entre los documentos justificativos de sus *Oríjenes de la iglesia chilena*, págs. 535-537, una importante carta del obispo San Miguel, fechada en Concepción en 24 de octubre de 1571.

[475] Poco más tarde, en 2 de enero de 1577, Rodrigo de Quiroga, entonces gobernador de Chile, escribía a Felipe II estas explícitas palabras: «Sobre la tasa de los tributos de los indios de este reino, por otro escrito digo a Vuestra Majestad que la guerra y pacificación que tengo entre manos es gran estorbo para ello, porque estos indios es gente desunida y tan bestiales que no viven en pueblos juntos ni conformes a la ley natural, y entre ellos no hay ninguna orden de justicia ni vida política, ni tienen haciendas, ni crían ganados en cantidad que baste para mantenerse y dar sus tributos; y así convendría que la tasa fuese de trabajo personal, y que se reformasen al ser de hombres para que vengan a tener capacidad y reciban lumbre de cristianos».

sin efecto. Los encomenderos, que sostenían todo el peso de la guerra, fueron bastante poderosos para conseguir que se aplazase la planteación de un orden de cosas que los perjudicaba notablemente en sus intereses y que era, por otra parte, irrealizable por el estado de barbarie de los mismos indios. «Cumplieron (los oidores) con todos, dice amargamente el obispo de la Imperial dando cuenta al rey de aquellas ocurrencias, con Vuestra Alteza en pronunciar un acto que haya tasa, y luego con los vecinos encomenderos mandando que no la haya. El servicio personal está entero; hay muchos malos tratamientos de indios; no sé yo cómo se espera que vengan los indios de guerra a una paz que les es pesado yugo e insufrible por los excesivos trabajos que les dan. Deseo esté Vuestra Alteza advertido que si fuere servido proveer algo para bien de este reino, aprovechará poco si no hay persona que en nombre de Vuestra Alteza lo ejecute. Y con haber dicho lo que hay en esta tierra, quedo sosegado en la conciencia, esperando (que) Vuestra Alteza descargue la suya.»[476] El celo que el obispo ponía en esta obra, el ardor con que se empeñaba en hacer cesar el rigor intolerable con que eran tratados los indios, le impedían comprender que dado ese estado de cosas, no habría habido representante alguno del rey que hubiese podido plantear aquella reforma capital de los repartimientos.

Mientras tanto, la Real Audiencia, de acuerdo con su presidente Bravo de Saravia, había querido de antemano corregir en parte a lo menos los males que lamentaba el obispo. Era preciso cerrar los ojos para no ver que los indios de encomienda eran tratados con una dureza cruel, que se les imponía un trabajo que no podían soportar, y que las ordenanzas llamadas de Santillán habían llegado a ser una pura fórmula. Uno de los oidores, el licenciado Egas Venegas, fue constituido visitador de los repartimientos de las ciudades del sur, y entró en el ejercicio de sus funciones con toda decisión entre los años de 1570 y 1571. Poco más tarde, otro de los oidores, el licenciado Torres de Vera, debía practicar una visita análoga en los distritos correspondientes a las ciudades de Concepción, de Santiago y de La Serena.

Nos faltan los documentos para conocer los accidentes de esta visita y los abusos que el visitador trataba de corregir. De una prolija información de servicios de Torres de Vera, aparece que éste «partió de Concepción en la furia

---

[476] Carta del obispo San Miguel al rey, de 26 de octubre de 1575, extractada por don Crescente Errázuriz en el capítulo 20 de sus *Oríjenes de la Iglesia chilena*.

del invierno, y anduvo personalmente visitando los dichos indios para darles a entender cómo habían de servir, procurando su buen tratamiento y policía, entrando en repartimientos y tierras muy fragosas y peligrosas y de malos caminos, en lo cual hizo gran servicio a Su Majestad, y se ocupó en la dicha visita un año, en la cual cobró una enfermedad muy grande, de que estuvo en punto de muerte, y gastó en la dicha visita más de 6.000 pesos de su hacienda».[477]

No son más abundantes las noticias que nos quedan del resultado de la visita que poco antes había practicado el oidor Venegas en las ciudades del sur. El obispo de la Imperial, pidiendo al rey que se tasaran los tributos a que debía someterse a los indios de encomienda, le dice estas palabras: «Para que Vuestra Alteza vea cómo han sido tratados los indios, bastará saber que en la visita que el licenciado Egas hizo en solo dos pueblos, condenó en 150.000 pesos y ende arriba. Y si el mismo licenciado prosiguiera la visita de todo el reino, y visitado cada repartimiento hiciera la tasa en él, mucho se descargara la conciencia de Vuestra Alteza. Halleme en la Imperial cuando hizo la visita, y pareciome había buena orden y deseo de hacer bien a los indios y darles algún alivio, que es la primera parte para la justificación de la guerra».[478] Los encomenderos, por su parte, no se formaron la misma opinión sobre la rectitud con que había sido practicada esta visita. Condenados por el oidor a pagar fuertes multas, que tal vez no podían sufragar, por los abusos cometidos contra las ordenanzas en el trato de los indios, apelaron de sus fallos ante la Audiencia. Debieron trabajar con tanta actividad, que las condenaciones impuestas por el visitador quedaron al fin sin efecto. Así, pues, aquella aparatosa visita no mejoró en nada la condición de los indios de encomienda ni sirvió siquiera para intimidar a los encomenderos que los oprimían.

Pero si el obispo no fue más afortunado en sus caritativos esfuerzos por mejorar la situación de los infelices indios, ejercitó por otros medios su incansable actividad. Haciendo valer el prestigio de su rango, representando a los más ricos de los encomenderos la necesidad de reconciliarse con Dios para

---
[477] Segunda información de los servicios del licenciado Juan Torres de Vera y Aragón, levantada a petición de un apoderado suyo, en Santiago en 1576. Tanto ésta como la primera información, levantada en Concepción en los años de 1570 y 1571, contienen datos importantes para la historia, y probablemente algunas exageraciones, sobre todo, en lo que se refiere a los gastos personales que había hecho de su propio peculio en el servicio del rey.
[478] Carta citada del obispo San Miguel al rey, de 24 de agosto de 1571.

obtener la remisión de sus pecados por haber tratado a los indios con dureza, obtuvo de algunos de ellos valiosos donativos. Los cronistas, que conocieron, sin duda, documentos que no han llegado hasta nosotros, nos cuentan que con los recursos que el obispo se procuró por esos medios, levantó iglesias en todos los pueblos de su diócesis, fundó hospitales para los pobres e instituyó capellanías y aniversarios para dar solemnidad al culto.[479] Bajo este aspecto, el obispo San Miguel fue uno de los más activos y empeñosos prelados de la antigua Iglesia chilena.

3. Vuelve a Chile el general don Miguel de Velasco con los refuerzos enviados del Perú

Al tiempo en que se agitaban aquellas complicadas cuestiones sin resultado positivo para la reforma de la condición de los indios sometidos, la guerra continuaba con sus alternativas de sobresaltos y de horrores después de algunos días de tranquilidad. Durante el invierno de 1569, el gobernador pasó en Santiago a la cabeza del gobierno, reformando algunos detalles de la administración. El oidor Torres de Vera, que había quedado en Concepción al frente del gobierno y de las tropas, dirigía personalmente las operaciones militares con toda la actividad que le permitían las circunstancias en que los españoles estaban reducidos a mantenerse a la defensiva. La escasez de tropas lo indujo a trasladarse por mar a Santiago, donde, con no pocas dificultades, se organizó un nuevo refuerzo de 130 hombres, a los cuales fue necesario proveer de todo, reparando armas, fabricando monturas y haciendo amansar caballos para reemplazar los que se habían perdido en la última campaña. A su vuelta a Concepción a entradas del verano, Torres de Vera, introdujo en la ciudad para la manutención de los vecinos «casi 1.000 carneros y 200 vacas», dice un antiguo documento, lo que da la idea del rápido desarrollo que había tomado en el país la crianza de ganados. Hizo varias campeadas para atemorizar a los indios de las inmediaciones, socorrió a la ciudad de Angol, que podía ser atacada por los araucanos y, habiendo en una ocasión algunos escuadrones de éstos pasado el

---

479 Rosales, *Historia general*, libro III, capítulo 25; Córdoba y Figueroa, *Historia de Chile*, libro II, caps. 3 y 21; Olivares, *Historia civil*, libro III, caps. 4 y 14.

Biobío para ejercer sus depredaciones en las cercanías de Concepción, Torres de Vera salió en su seguimiento y los batió a orillas de ese río.[480]

Es cierto que en todo aquel verano, las operaciones de la guerra no tuvieron la importancia ni la magnitud de otras épocas. Además de que los indios debían estar sufriendo hambres y miserias, consecuencias de las hostilidades y de la destrucción de sus sembrados el año anterior, esos bárbaros, como hemos tenido ocasión de manifestarlo tantas veces, carecían de aquella cohesión de nacionalidad que habría podido hacerlos invencibles en la guerra. Así, lejos de unirse en un esfuerzo común para expulsar a sus invasores, los del sur permanecían sometidos a los encomenderos de la Imperial y de las otras ciudades australes; y los de Tucapel o, más propiamente, los que poblaban la región montañosa de la costa desde Paicaví hasta el Biobío, que eran los que habían opuesto la resistencia más porfiada, y los que habían obtenido las más señaladas victorias contra los extranjeros, quedaban ociosos en sus campos después de la expulsión de sus opresores, o acometían empresas de escasa importancia en lugar de sostener vigorosamente un levantamiento general que habría podido ser eficaz y tal vez decisivo.

Los mismos españoles estaban por entonces obligados a mantenerse a la defensiva. En mayo de 1569 había partido, como contamos, el general don Miguel de Velasco, encargado por el gobernador de explicar en el Perú y en España los desastres de la guerra de Chile, y de pedir los refuerzos que se creían indispensables para llevarla a término. Pero esos socorros no podían llegar con la prontitud que se requería. Don Miguel de Velasco llegó a Lima en el mes de julio. El licenciado García de Castro, que gobernaba el Perú, no se atrevió a tomar resolución alguna, no solo por las dificultades inmensas que habría tenido que vencer para reunir gente con que socorrer a Chile sino porque estaba para llegar un alto funcionario que venía a tomar el mando supremo. Felipe II había nombrado el año anterior virrey del Perú a don Francisco de Toledo, lo había revestido de las más amplias facultades, y el nuevo mandatario debía llegar a Lima en pocos meses más. Don Miguel de Velasco, creyendo que el virrey tenía toda la suma de poderes necesaria para socorrer a Chile, se resolvió a esperarlo en Lima, y envió a España los despachos de que era portador.

---

[480] Primera información de los servicios del oidor Torres de Vera, levantada en Concepción en 1570 y 1571.

El virrey Toledo hizo su entrada en Lima el 30 de noviembre. Desde antes de llegar a la capital, tenía noticia de los desastres de la guerra de Chile, y se hallaba resuelto a ponerle remedio en cuanto le fuese posible. Cuando hubo recibido los informes que podía suministrarle don Miguel de Velasco, el virrey resolvió lo que debía hacer. El 15 de enero de 1570 se pregonaba por su orden en las calles de Lima, y al son de pífano y de tambor, un bando solemne, para «que todos los caballeros, gentiles hombres y soldados que quisieren a servir a Su Majestad en la defensa y pacificación de las provincias del reino de Chile, acudan a los oficiales reales que Su Majestad tiene en esta ciudad, que ellos los asentarán, y por la orden que tienen los ayudarán y favorecerán con plata, armas, ropa, vituallas y otras cosas necesarias para la dicha jornada, demás de que la majestad real y Su Excelencia en su real nombre, tendrá siempre particular cuenta de los que así fuesen a servir a Su Majestad en esta jornada para hacerles toda merced, y los gratificar, honrar y aprovechar en todo lo que se ofreciese así en esta tierra como en otras partes, conforme a los servicios de cada uno».[481]

Pero la guerra de Arauco había granjeado al reino de Chile la más triste y sombría reputación. Un escritor contemporáneo refiere que en Lima se daba a este país el nombre fatídico de «sepultura de españoles».[482] Según Bravo de Saravia, las gentes creían en el Perú que enviarlos a Chile para meterlos en Arauco y Tucapel, era lo mismo que «ponerlos en galeras».[483] Dados estos antecedentes, se comprenderá cómo los oficiales reales de Lima pudieron certificar el 20 de enero que en los cinco días corridos desde la publicación aparatosa del bando del virrey, solo se había inscrito un hombre para tomar parte en la jornada de Chile. Ese individuo se llamaba Francisco de León, y

---

481 Bando publicado en Lima en 15 de enero de 1570, conservado en el Archivo de Indias.
482 Tristán Sánchez, Gobierno de don Francisco de Toledo, capítulo 15, en su libro titulado virreyes del Perú, de que hemos hablado al tratar de don García Hurtado de Mendoza. En ese capítulo se hallarán algunas noticias sobre el refuerzo de tropas que trajo a Chile don Miguel de Velasco. Esta obra, desgraciadamente incompleta, se conserva manuscrita en la Biblioteca Nacional de Madrid, de donde sacamos la copia que poseemos. Más tarde, en 1867, ha sido publicada en el mismo estado fragmentario, en el tomo VIII de la Colección de documentos de Torres de Mendoza.
483 Carta al rey, de 8 de mayo de 1569.

debía ser uno de tantos aventureros desesperados que querían tentar fortuna en cualquiera parte.**484**

Convencido el virrey de que no podía hallar voluntarios para esta empresa, dispuso que de sus propios servidores se organizase una compañía, y recurrió todavía al arbitrio de destinar al cuerpo de auxiliares a los individuos condenados a deportación fuera del Perú. «La dificultad y fuerza con que la gente se recogía para el dicho socorro era tan grande, dice el mismo virrey, que fue menester enviarla por fuerza, haciendo prisiones de algunas personas de las que les estaba vedado de estar en este reino.»**485** Desplegando una gran actividad, después de cerca de tres meses de afanes, el virrey y sus agentes pudieron reunir 250 hombres, y un buen acopio de municiones y cuatro piezas de artillería. Don Francisco de Toledo se trasladó en persona al Callao para disponer el embarco de esos auxiliares.

Pero al disponer el envío de este cuerpo de tropas se suscitó en Lima la cuestión debatida en Chile de si era lícito hacer la guerra a los indios y reducirlos a la servidumbre por medio del trabajo obligatorio. El virrey Toledo, caballero de noble cuna, hijo tercero de los condes de Oropesa, era un militar que había servido al rey en Flandes, en Francia, en Alemania, en Argel y en Túnez, pero que carecía de los conocimientos jurídicos y teológicos tan apreciados en su siglo, y a cuyos principios debía someterse la resolución de estas cuestiones. Juzgando por sus ideas de soldado y por las inclinaciones de su carácter resuelto, el virrey era partidario de la guerra ofensiva y eficaz; pero quiso consultar previamente las opiniones de hombres más autorizados. Convocó para esto una junta de los oidores de la Audiencia y de los prelados religiosos; y allí se sancionó legal y teológicamente la justificación de la guerra y la necesidad de enviar a Chile auxilios suficientes para llevarla a término. Esta declaración, que parece extraña en nuestro tiempo, debía tranquilizar la conciencia de los soldados españoles de ese siglo, inquieta, sin duda, por las predicaciones de algunos religiosos de que hemos hablado. El virrey, además, debió oír el pare-

---

484 Certificado de los oficiales reales en el expediente iniciado sobre este socorro.
485 Copio estas palabras de una provisión dada por el virrey don Francisco de Toledo en el Cuzco el 16 de agosto de 1571 que encontré original en el fol. 179 y siguientes del tomo J 53 de manuscritos de la Biblioteca Nacional de Madrid. Ésta fue la primera vez que se enviaron presidiarios del Perú a servir en el ejército de Chile. Ya veremos el mal resultado que produjo en la guerra esta clase de auxiliares.

cer de sus consejeros para dictar otras providencias con que pensaba poner término a ciertas dificultades suscitadas entre el gobernador Bravo de Saravia y la audiencia de Concepción.

La división auxiliar organizada en el Perú estuvo lista en el Callao el 8 de abril de 1570. Embarcose en dos naves, y se hizo a la vela para Chile bajo las órdenes del general don Miguel de Velasco, y del capitán Juan Ortiz de Zárate, oficial de la confianza del virrey y portador de su correspondencia y de sus instrucciones.[486] Tres meses más tarde, a mediados de julio, llegaba a La Serena, y después de tomar algún descanso, continuaba su viaje para Valparaíso. El gobernador de Chile tomaba, entretanto, las disposiciones del caso para tener pronto los caballos, arneses y bastimentos a fin de comenzar la campaña.

4. Terremoto del 8 de febrero de 1570: ruina de la ciudad de Concepción

El reino de Chile seguía entretanto sufriendo la serie de desgracias que hicieron tan calamitoso el período en que ejerció el mando el gobernador Saravia. A los infortunios de la guerra se había añadido otro contraste de diversa naturaleza, un cataclismo espantoso, el primer gran terremoto que hubiesen experimentado los españoles en el suelo chileno. El 8 de febrero de 1570, miércoles de ceniza, a las nueve de la mañana, hora en que los vecinos de Concepción se hallaban en misa, sobrevino «repentinamente un temblor de tierra tan grande que se cayeron la mayor parte de las casas, y se abrió la tierra por tantas partes que era admirable cosa verlo, dice un cronista contemporáneo que probablemente fue testigo presencial de la catástrofe. De manera, añade, que los que andaban por la ciudad no sabían qué hacer, creyendo que el mundo se acababa, porque veían por las aberturas de la tierra salir grandes borbollones de agua negra y un hedor de azufre pésimo y malo que parecía cosa de infierno;

---

486 Durante la navegación, el 14 de junio de 1570, tuvo lugar a bordo de uno de los buques llamado Santa María de la Cinta, un altercado entre los dos jefes, que estuvo a punto de producir un escandaloso motín. Tratábase del castigo de dos soldados que habían reñido de palabras y de manos, y a uno de los cuales indultó el general Velasco; pero fue castigado tumultuosamente y contra su voluntad, originándose de allí varios actos de desobediencia. Sobre esto se levantó a bordo una extensa información que fue enviada al virrey del Perú, y que se conserva en el Archivo de Indias. Este documento no arroja otra luz para la historia, sino que en el buque venían a Chile varios frailes franciscanos que mediaron para tranquilizar a los amotinados.

los hombres andaban desatinados, atónitos, hasta que cesó el temblor. Luego vino la mar con tanta soberbia que anegó mucha parte del pueblo, y retirándose más de lo ordinario, mucho, volvía con gran ímpetu y braveza a tenderse por la ciudad. Los vecinos y estantes se subían a lo alto, desamparando las partes que estaban bajas creyendo perecer».[487]

El terremoto y la salida del mar, si bien produjeron la ruina casi completa de todos los edificios de la ciudad, no causaron desgracias personales. No encontramos en las antiguas relaciones ni en los documentos noticia de que hubiera perecido nadie en la catástrofe. Los habitantes de Concepción se refugiaron en las alturas inmediatas, y allí se establecieron provisoriamente con todas las precauciones necesarias para resistir cualquier ataque del enemigo. En efecto, los indios de los alrededores, creyendo a los españoles consternados por la pérdida de sus habitaciones, no tardaron en amenazarlos; pero hallaron a éstos en situación de defenderse. Antes de muchos días, los castellanos recibían un oportuno socorro que los ponía fuera de peligro. El licenciado Torres de Vera, que tenía el mando de las tropas, se hallaba fuera de la ciudad el día de la catástrofe, teniendo consigo un centenar de soldados. Calculando el peligro que podían correr los habitantes de Concepción, volvió en su socorro, e inmediatamente emprendió la construcción de un fuerte en que pudieran guarecerse. Las maderas de las casas que el temblor había derribado sirvieron eficazmente para la obra. Desde que estuvo afianzada así la seguridad de aquellos habitantes, el oidor Torres de Vera, con la determinación y el espíritu de un verdadero caudillo militar, volvió a hacer nuevas campeadas para dispersar las juntas de indios en las inmediaciones e impedir sus ataques.

Aquella catástrofe avivó los sentimientos religiosos de los habitantes de Concepción. Cinco meses después de la ruina de la ciudad, el 8 de julio de 1570, los oidores de la Audiencia, el cura, el superior del convento de mercedarios, los miembros del Cabildo y los personajes más notables del vecindario, resolvían construir una ermita en el lugar en que se habían asilado después del

---

487 Góngora Marmolejo, capítulo 71. La cronología de este cronista, establecida por sus simples recuerdos, y sin el auxilio de documento alguno, adolece de frecuentes errores, y de ordinario está indicada por la fiesta religiosa del día de que se trata. En este pasaje dice que el terremoto tuvo lugar el miércoles de ceniza de 1568, en vez de decir 1570, como aparece de los documentos. La crónica de Mariño de Lobera, libro II, capítulo 32, contiene también una descripción del terremoto, bastante semejante a la de Góngora Marmolejo.

temblor, declarar a perpetuidad días festivos no solo el miércoles de ceniza sino el jueves siguiente, y celebrar cada año una procesión hasta ese sitio en que todos los acompañantes debían ir descalzos, para oír en la ermita una misa cantada.[488] Los vecinos de Concepción contaban que los sacudimientos de tierra que durante cinco meses después del terremoto no habían cesado de repetirse, cesaron por completo desde el día en que se celebró este acuerdo; y en esta confianza cumplieron fielmente aquel voto. Nuevos y más espantosos terremotos debían venir más tarde a desvanecer las ilusiones forjadas por la devoción.

5. Vergonzosa derrota de los españoles en Purén

El invierno siguiente se pasó allí en una tranquilidad relativa, en medio de las penalidades consiguientes a la ruina de la ciudad más importante de aquella región, y teniendo que rechazar algunas correrías de los indios, pero sin sufrir hostilidades de importancia. Apenas entrada la primavera, la guerra volvió a recomenzar, y su primer acto fue un fracaso que alarmó mucho a los españoles. Había salido de Angol una columna de dieciséis hombres mandados por el capitán Gregorio de Oña,[489] con encargo de llevar a la Imperial un socorro de ropa para la guarnición. Después de algunas horas de marcha, se detuvieron a pasar la noche en unos carrizales vecinos a las vegas de Purén; y sin tomar las precauciones necesarias en una tierra que pululaba de enemigos, desensillaron sus caballos y se entregaron confiadamente al sueño. Los indios, siempre astutos y cautelosos, habían espiado todos los movimientos de los españoles, y aprovecharon el instante oportuno para caer sobre ellos. El combate no fue largo ni dudoso; cogidos de sorpresa, los castellanos no tuvieron tiempo para tomar sus armas y sus caballos, y fueron destrozados en el primer momento. Ocho de ellos, y entre éstos el capitán Oña, fueron muertos en el campo; los otros, conocedores del terreno, se ocultaron en los carrizales y consiguieron

---

[488] Córdoba y Figueroa, *Historia de Chile*, libro III, capítulo 6, cuenta equivocadamente que el terremoto tuvo lugar el 4 de febrero, pero fuera de este descuido, las otras noticias que da acerca de la ruina de Concepción y del acuerdo celebrado por sus vecinos, son exactas. Don Vicente Carvallo y Goyeneche, en su *Historia de Chile*, tomo I, págs. 173-175, ha reproducido el acta de aquel acuerdo que sirve para dar a conocer esa catástrofe; pero creo que su copia no es enteramente fiel, que faltan algunos nombres de las personas que lo celebraron y otras circunstancias, y que se ha modificado en parte su redacción.

[489] Gregorio de Oña, natural de Burgos, y casado en Angol, donde residía su familia, era el padre del poeta Pedro de Oña, autor del *Arauco domado*.

volver a Angol, aprovechándose del descuido de los indios empeñados en repartirse el botín que encontraron en el campo.[490]

Este desastre produjo una gran consternación en aquellas ciudades que veían renovarse la guerra por un suceso que no podía dejar de infundir aliento a los indios. El licenciado Torres de Vera acudió prontamente a reforzar Angol, y pudo restablecer en cierto modo la confianza; pero en esos momentos los españoles se preparaban para abrir la campaña de una manera más eficaz con los auxilios que acababan de recibir del Perú.

En efecto, Bravo de Saravia se preparaba entonces para salir de Santiago con los refuerzos que trajo el general don Miguel de Velasco, y que alcanzaban, como ya dijimos, a 250 hombres. Queriendo hacer a los indios una guerra enérgica y decisiva con que esperaba terminar la pacificación del país ese verano, el gobernador había dispuesto, con la conveniente anticipación, que su hijo Ramiro Yáñez y el capitán Gaspar de la Barrera se trasladasen por mar a Valdivia a reunir los contingentes de tropa con que las ciudades australes pudieran contribuir a la eficacia de la campaña. Al tener noticia del desastre ocurrido en Purén, el gobernador mandó que inmediatamente se pusiese en marcha una columna de cien auxiliares llevando a su cabeza al general Velasco. Poco después, partió él mismo con el resto de sus tropas. En sus aprestos militares, Bravo de Saravia no había omitido gastos ni sacrificios de ninguna naturaleza para llevar a la guerra un ejército capaz de ejecutar los planes que meditaba.

Don Miguel de Velasco llegaba a Concepción a principios de enero de 1571, y sin detenerse, continuaba su marcha a Angol. Su presencia en aquellos lugares produjo una perturbación que era fácil prever. El oidor Torres de Vera, que cerca de dos años había dirigido las operaciones militares con audacia y con prudencia, se creyó desposeído de un mando que creía corresponderle en justicia, y se alejó disgustado de toda intervención de los negocios de guerra, lo que privaba al ejército de un consejero inteligente, y creaba divisiones y

---

490 El gobernador Bravo de Saravia ha dado cuenta sumaria de esta sorpresa en una carta dirigida a Felipe II desde Concepción en 15 de octubre de 1571. Hablan también de ella la información de servicios de Torres de Vera y otros documentos de la época; pero Góngora Marmolejo la ha referido con más amplios pormenores en el capítulo 73 de su valiosa crónica. Según éste, la muerte del capitán Gregorio de Oña fue el castigo de su imprevisión y de su arrogancia, porque cuando algunos soldados le representaron que había peligro en alojarse allí, y que convenía tomar algunas precauciones para engañar a los indios, él contestó que en ese sitio «estaban tan seguros como en Sevilla».

rivalidades en el campo español. Sin dar importancia a estas contrariedades, el general Velasco se instalaba en las inmediaciones de Angol y reconcentraba sus fuerzas para abrir la campaña. Allí se le reunieron los capitanes Ramiro Yáñez y De la Barrera con el contingente que traían de Valdivia. No cabía duda de que los indios de guerra estaban reunidos en número considerable en los campos de Purén. A su paso por las vegas de este nombre, aquellos capitanes habían tenido que sostener un combate para abrirse camino, que les costaba la pérdida de algunos de los suyos.

Sin querer demorarse más tiempo, el general Velasco salió en busca del enemigo a la cabeza de 130 hombres con algunas piezas de artillería. Halló un sitio a propósito para colocarse en un recodo del río de Purén, teniendo resguardadas sus espaldas por las barrancas del río, y a su frente un extenso llano en que podían funcionar cómodamente la caballería y sus cañones. Un ejército de 1.500 a 2.000 indios, mandados por Pailacar, señor principal del valle de Purén, estaba en aquellas inmediaciones. Después de algunas escaramuzas, los indios intentaron sin resultado el ataque de las posiciones que ocupaba Velasco. Si los españoles se hubieran mantenido allí, su triunfo habría sido seguro; pero la arrogancia de algunos capitanes, la confianza de poderse batir con ventaja en el llano descubierto que tenían en frente, los estimuló a aconsejar a su general que tomase la ofensiva. Aquellas tropas, compuestas en su gran mayoría de las gentes enroladas por fuerza en el Perú, no tenían el vigor ni la resistencia de los soldados que en esa misma guerra habían ejecutado tantos prodigios en los años anteriores. Después de la primera carga, y viendo que los escuadrones de los indios volvían a reconcentrarse con ánimo resuelto e incontrastable, los castellanos comenzaron a desbandarse, y antes de mucho huían desordenadamente a pesar de los esfuerzos de algunos capitanes para restablecer el orden y reorganizar la batalla. En la noche llegaban a Angol en completo desconcierto.

Aquella batalla, que tuvo lugar en enero de 1571, no importaba para los españoles más que la pérdida de cuatro o cinco hombres, y de sus cañones y pertrechos, pero era la derrota más bochornosa que hubieran sufrido jamás en Chile. «Fue, decía Bravo de Saravia al rey, una de las mayores desgracias que han sucedido en esta tierra y donde más reputación se ha perdido por haber sido acometidos los españoles en llano, donde nunca habían sido desbaratados.»[491] «Fue una pérdida la que allí se hizo no vista ni oída en las Indias, dice un cronista contemporáneo, porque allí perdieron (los españoles) toda la reputación que entre los indios tenían, teniéndolos en poco de allí adelante. Viendo que en un llano los habían desbaratado y quitado sus haciendas, haciéndolos huir afrentosamente, cobraron grandísimo ánimo, porque antes de esto, en tierra llana, nunca los indios osaron aparecer cerca de donde anduviesen cristianos. Quedaron soberbios, y los españoles corridos de su flaqueza y poco ánimo.»[492]

El gobernador Bravo de Saravia se hallaba en esos momentos en Concepción con el resto de las tropas que había sacado de Santiago. Con anterioridad había recibido del virrey del Perú la orden de confiar la dirección absoluta de la guerra a un general y a un maestre de campo, así como el encargo reservado de que hiciera esto sin aparato y como si procediera por su sola autoridad. En un principio, Bravo de Saravia había puesto en duda el poder del virrey para inmiscuirse en estos negocios; pero desde que se le mostró ante la audiencia de Concepción una real cédula de que constaba la autorización expresa conferida a aquel alto mandatario para intervenir en la administración de Chile, se mostró sumiso a obedecerla.[493] Así, pues, al saber el bochornoso descalabro de Purén,

---
491 Carta de Bravo de Saravia a Felipe II, de 15 de octubre de 1571.
492 Góngora Marmolejo, capítulo 74. La indignación que esta derrota produjo se refleja mejor aún en otros documentos contemporáneos. El virrey del Perú, don Francisco de Toledo, queriendo poco más tarde hacer algunas innovaciones en la dirección de la guerra de Chile, dictó en el Cuzco en 16 de agosto de 1571 una extensa provisión o decreto en que hace una reseña retrospectiva de estos sucesos como suele hallarse en las reales cédulas, cuyas formas imitaba el virrey. Allí dice que el virrey había recibido de Chile la noticia «del mal suceso y pérdida que había tenido la parte de gente de la tierra y del socorro que le había enviado con don Miguel de Velasco a cierta facción con los indios de guerra y de la pérdida y muerte del capitán Villegas (en Purén), y otros soldados, artillería, comida y municiones que habían perdido volviendo las espaldas tantos de los españoles con arcabucería y caballería, en campaña rasa a un escuadrón de 1.500 indios, cosa nunca vista ni oída en las Indias que indio se atreva a pelear con español sino en la montaña, donde hacen su fuerza como los moros de Granada». Martín Ruiz de Gamboa, en carta dirigida al rey desde Santiago, en 10 de diciembre de 1572, da también una versión semejante y formaliza muchos otros cargos contra el gobierno de Bravo de Saravia.
493 Según los autos originales que examiné en el Archivo de Indias, el requerimiento fue hecho al gobernador Bravo de Saravia en Santiago el 29 de noviembre de 1570 por el capitán Juan Ortiz de Zárate, y entonces desconoció la autoridad del virrey, por no conocer la cédula real de que se le hablaba. Hallándose en Concepción en 29 de enero de 1571, los oidores de la Audiencia le mostraron esa cédula, y entonces le prestó acatamiento. Aunque estos trámites se manejaron con la mayor reserva, el público tuvo noticia de ellos, como

convencido de que no era posible conservar a Velasco al mando de las tropas, buscó un jefe a quien confiarlo,[494] y al fin se decidió por Lorenzo Bernal de Mercado, que si bien poseía un carácter áspero y duro, había mostrado en la guerra grandes dotes militares. Con él se puso prontamente en marcha para Angol, esperando remediar en cuanto fuere dable aquella azarosa situación.

6. Últimos sucesos del gobierno de Bravo de Saravia

Bernal de Mercado sostuvo la guerra en las inmediaciones de Angol con tanta virilidad como prudencia, pero sin acometer ninguna empresa de importancia, y limitándose a hacer pequeñas expediciones, siempre dispuestas con inteligencia y ejecutadas con resolución.

Bravo de Saravia, entretanto, ocupado casi exclusivamente en la administración civil, después de permanecer en Angol hasta el mes de mayo, se trasladaba a la Imperial, y enseguida a Valdivia, donde pasó el invierno de 1571. El infortunado gobernador tenía que sufrir contrariedades de toda naturaleza. Se le hacía responsable de los reveses de la guerra, estaba en pugna constante con los otros oidores de la Audiencia, con quienes, sin embargo, se había reunido pocas veces, y en Valdivia y las otras ciudades del sur tuvo que oír las reclamaciones de los encomenderos que se quejaban de la dureza del visitador Egas Venegas y de la enormidad de las multas que les había impuesto. El gobernador, que tenía que apelar al civismo de esos mismos encomenderos para procurarse recursos con que atender a tantas necesidades, les ofreció que los fallos del visitador serían revisados. En las cartas que escribía al virrey para darle cuen-

---

se trasluce en algunos pasajes de Góngora Marmolejo, sin descubrir, sin embargo, toda la verdad.

[494] Martín Ruiz de Gamboa, en carta dirigida al rey, en 10 de diciembre de 1572, le dice lo siguiente: «El gobernador, vuelto a 2 leguas de Engol, me mandó muy ahincadamente me encargase del ejército de este reino. Yo me eximí de lo hacer a causa de que el gobernador no admite consejo de nadie, y por ser muy remiso en hacer proveer lo necesario para la guerra y ser tan desgraciado en todo lo que pone mano. Demás que su principal intento es recoger oro, en lo que pone su principal cuidado, lo cual hace so color de que es para pagar soldados y hacer gente, y después de recogido este oro se hunde en su poder. Y para juntar ese oro hace a vuestros vasallos grandes molestias y... (no se entiende el original) que los apercibe para llevarlos a la guerra a todos, y el que se quiere quedar ha de ser dándole oro. Por lo cual y por otras causas, pareciéndome pasando así las cosas de su gobierno yo no podía hacer bien hecha la guerra, no quise aceptar». Ya veremos que no es Ruiz de Gamboa el único que acusa de codicia al gobernador Bravo de Saravia.

ta de los sucesos de su gobierno y para sincerar su conducta, no cesaba de representarle las fatigas que le causaban tantos afanes y la imposibilidad en que estaba por su vejez para soportar por más tiempo tan pesada carga.

En el mismo sentido escribía poco más tarde al rey desde la ciudad de Concepción, a donde se trasladó en el mes de septiembre. «He escrito a Vuestra Majestad, decía Bravo de Saravia, el trabajo grande con que vivo en esta tierra, y que no tengo edad ni fuerzas para poderlo pasar, mayormente con tantas contradicciones y odio de los oidores, fiscal y oficiales reales. Suplico a Vuestra Majestad me mande dar licencia para salir de esta tierra e ir a parte donde, con más quietud, pueda acabar los pocos días que me restan de vida. Bien entiendo que contra mí habrán escrito a Vuestra Majestad muchas maldades y falsedades y cosas que en mí no caben ni aun se han de presumir; pero no lo tengo en nada, pues Vuestra Majestad me conoce y sabe la voluntad y fidelidad con que he servido veintitrés años en estas partes.»**495** En esa misma carta pide nuevos refuerzos de tropas como indispensables para concluir la guerra de Arauco; pero no fija su número en las pequeñas cifras de que hablaba en sus primeras comunicaciones, sino en 600 o por lo menos 500 hombres. El gobernador había comprendido por una dolorosa experiencia que los guerreros que en esa región sostenían su independencia contra los españoles, no eran los indios despreciables que se imaginaba al llegar a Chile. Adelantándose a las ideas geográficas de su tiempo, pedía que esos refuerzos viniesen por el estrecho de Magallanes, que no se navegaba desde muchos años atrás.

Cuando Bravo de Saravia escribía esta carta, ya el virrey del Perú había tomado nuevas disposiciones sobre las cosas de Chile. Don Francisco de Toledo se hallaba en el Cuzco visitando las provincias de su mando, y allí lo alcanzaron las noticias de los desastres de la guerra araucana. Habían llegado al Perú tres diversos comisionados de Chile, el general Juan Jufré, el capitán Agustín de Ahumada (hermano como ya dijimos de Santa Teresa) y Alonso Picado, rico encomendero de Arequipa y yerno del presidente Bravo de Saravia.**496** Parece que el objetivo principal que llevaban era el de enganchar tropas; pero el virrey comprendió que aquello era imposible, y que, además, el seguir sacando gente

---

495 Carta de Bravo de Saravia, de 19 de octubre de 1571.
496 En su calidad de presidente de la Real Audiencia, Bravo de Saravia era designado indistintamente con este título o con el de gobernador. Fue el primer mandatario de Chile a quien se diese el tratamiento de Presidente, que más tarde volvieron a usar los gobernadores.

del Perú acabaría por reducir considerablemente su población. Creyendo todavía que la deplorable situación de los negocios públicos de Chile podía mejorarse en otras manos, dictó con fecha de 16 de agosto de 1571 una extensa provisión con que creía ponerle remedio. Después de narrar los sucesos anteriores, el envío de los refuerzos y los últimos desastres, el virrey recuerda que Bravo de Saravia «le representa y escribe acerca de su mucha edad que tiene y de la necesidad que hay de persona que entendiese en aquel oficio militar por su impedimento; y visto así mismo el peligro en que aquellas provincias están... y que por la ocupación de la administración de justicia no podía atender al gobierno de la milicia... porque así conviene a la conservación y defensa de la tierra, hemos nombrado, agrega, por nuestro capitán general de ella a Rodrigo de Quiroga, vecino de las dichas provincias de Chile, nuestro general que ha sido en la conquista y pacificación de ellas, y al capitán Lorenzo Bernal por maestre de campo».[497] Esos dos jefes debían regir los asuntos de la guerra con completa independencia del gobernador, pudiendo nombrar oficiales, disponer expediciones y hacer todo lo que creyeren conveniente, sin depender de otra autoridad alguna.

Esta resolución no produjo otro resultado que desprestigiar más aún al gobernador Bravo de Saravia, cuya autoridad limitaba extraordinariamente. Por otra parte, Rodrigo de Quiroga, que vivía descansadamente en Santiago, donde gozaba de las consideraciones debidas a una fortuna considerable y a sus antiguos servicios, se negó a aceptar el cargo que se le ofrecía. En su ánimo influyeron, sin duda, consideraciones de diversa naturaleza. Había sido gobernador de Chile con plenitud de poderes; y después de una administración en que no había experimentado desastres, y sí obtenido victorias que naturalmente debía considerar importantes creyó, sin duda, que era depresivo para su dignidad el aceptar el poder limitado sobre los asuntos militares. Quiroga, además, figuraba entre los adversarios más francos y resueltos de Bravo de Saravia, y en ese carácter había formulado contra él severas acusaciones.[498] Pero entonces,

---

497 Provisión del virrey Toledo de 16 de agosto de 1571, conservada original en la Biblioteca Nacional de Madrid, a fojas 179 y siguientes de un tomo de manuscritos rotulado J 53.

498 Conservo copia de una carta de Quiroga a Felipe II, escrita en Santiago el 30 de junio de 1569, en que hace una reseña de todos los primeros desastres de la guerra de Chile bajo el gobierno de Bravo de Saravia. En el Archivo de Indias esta carta está duplicada y, aunque ambas tienen la misma fecha, parece que fueron enviadas en distintas ocasiones, lo que revela el interés que Quiroga tenía en hacer llegar esas quejas ante el rey.

por otra parte, era creencia general en Chile que Bravo de Saravia no podría conservarse mucho tiempo más en el mando. Eran tantas las quejas que se formulaban contra su gobierno, eran tales los desastres de su administración, y de que se le hacía responsable, que todos estaban persuadidos de que el rey, al saber estos sucesos, había de separarlo del mando para confiarlo a otra persona.[499] Quiroga, que esperaba ser el sucesor de Bravo de Saravia, no quería tener participación en un gobierno que estaba para expirar.

Bajo el régimen provisorio, por decirlo así, que todos estos sucesos habían creado al gobierno de Bravo de Saravia, la acción administrativa se hizo muy poco eficaz. La guerra llegó a ser puramente defensiva, por falta de tropas para acometer la conquista y pacificación de la parte del territorio de que habían sido expulsados los españoles. Bernal de Mercado, que se mantenía en Angol, se limitó a hacer correrías en las inmediaciones, a perseguir a los indios que se reunían con intenciones hostiles, y tanto él como dos de los capitanes que estaban a sus órdenes, Juan Ortiz de Zárate y Juan Morán, uno de los héroes de la cuesta de Purén en enero de 1554, tuvieron que sostener reñidos combates sin lograr reducir a aquellos bárbaros indomables.

En aquel tiempo de dificultades y perturbaciones, en que el gobernador tenía que luchar con las contrariedades que nacían por todas partes, con las cuestiones suscitadas por sus colegas de la Real Audiencia y por diversas intentonas de motín de que hablaremos más adelante, y en que no podía procurarse de los encomenderos los socorros de que tanto necesitaba, la misma ciudad de Concepción estuvo a punto de ser otra vez presa de los indios. Hallábase en ella Bravo de Saravia cuando se supo una mañana que un cuerpo de guerreros enemigos había aparecido por el lado de Andalién y Talcahuano. Las tropas de la ciudad, mandadas por el capitán Pedro Pantoja, salieron a desbaratarlos; pero el ataque de los indios por esa parte era una simple estratagema y, en efecto, desde que creyeron desguarnecida a Concepción, sus escuadrones, que hasta entonces habían ocultado sus movimientos, cargaron sobre ella. Hubo en la ciudad un momento de suprema angustia, visto el estado de desamparo relativo en que se hallaba. El oidor Torres de Vera, desprovisto entonces de todo mando militar, y reducido por las disposiciones del virrey del Perú a no intervenir más que en la administración de justicia, creyó fundamentalmente que el peligro común

---

499 Así lo dice expresamente Ruiz de Gamboa en su carta al rey de 10 de diciembre de 1572.

justificaba la desobediencia a esos mandatos, se presentó al gobernador a pesar de sus antiguas disensiones, y reunió a su alrededor una pequeña columna con que salió al encuentro del enemigo. Todo el mundo se puso sobre las armas. El general Ruiz de Gamboa, que a la sazón «estaba tullido de un brazo», por efecto, sin duda, de algún reumatismo, montó a caballo y salió al campo para que «los demás viéndolo, se animasen a hacer lo mismo». Aunque herido en la pelea, Torres de Vera consiguió rechazar el ataque de los indios, merced al denuedo que desplegaron él y sus soldados. Cuando poco después los bárbaros quisieron renovar su tentativa, fueron de nuevo batidos, perdieron más de un centenar de hombres, y no intentaron otras embestidas contra la ciudad.[500]

EJÉRCITO CONQUISTADOR

7. El rey lo reemplaza con Rodrigo de Quiroga y suprime la Real Audiencia de Chile

El gobernador Bravo de Saravia, como hemos referido, había manifestado varias veces a Felipe II y al virrey del Perú sus deseos de separarse del gobierno de Chile, que por su avanzada edad no podía desempeñar activamente. Junto con su renuncia, llegaban a Lima y a Madrid las cartas de muchos de los militares de este país en que se le hacía responsable de los desastres de la guerra,

---

[500] Estos ataques debieron tener lugar en los últimos días de 1572 o en los primeros de 1573. Han sido prolijamente contados por Góngora Marmolejo, capítulo 78, y constan, además, de la segunda información de servicios del oidor Torres de Vera, que hemos citado anteriormente, pero no hallamos en ninguna de esas dos autoridades la indicación de fechas que con frecuencia faltan en los documentos y en las relaciones antiguas.
La carrera posterior del licenciado Juan de Torres de Vera y Aragón merecería un estudio especial, que nos llevaría a un terreno extraño a nuestro asunto. Suprimida la audiencia de Chile en 1575, pasó a servir a la de Charcas. Allí contrajo matrimonio con una hija del capitán Juan Ortiz de Zárate, que había capitulado con el rey la conquista y población de las provincias del Río de la Plata. Desaprobado este matrimonio por el virrey del Perú don Francisco de Toledo, Torres de Vera fue llevado preso a Lima; pero restituido a la libertad, tomó a su cargo el gobierno de aquellas provincias como heredero de los derechos de su suegro. Aunque las peripecias de su administración han sido referidas, con divergencias de detalle por los antiguos historiadores argentinos y, aunque sus servicios son trascendentales, como la fundación de la ciudad de Buenos Aires, nos limitamos a recordar que en esos historiadores hallará el lector las noticias que puedan interesarle sobre el resto de la vida de este personaje. Don Miguel Luis Amunátegui ha reunido, explicado y comentado en los capítulos 3 y 4 del II tomo de *La cuestión de límites entre Chile y la República Argentina* todas esas noticias esparcidas en muchos libros.

y en que se pintaba con los más tristes colores la situación de sus pobladores españoles. Esas quejas aisladas, por numerosas que fuesen, habrían sido quizá consideradas como la obra de la pasión y de algunos ambiciosos despechados. Pero a esas quejas de particulares se habían unido las de los cabildos. En la segunda mitad de 1573 partía para el Perú el capitán Juan Ortiz de Zárate, y los ayuntamientos de las ciudades del sur aprovecharon esa ocasión para escribir al virrey Toledo sobre las desgracias de Chile. «No queremos hacer larga relación de lo que aquí ocurre por no darle pesadumbre, decía el cabildo de Angol en 29 de septiembre, ni traer a la memoria cosas que lastiman nuestros corazones quebrantados por tan luengos y excesivos trabajos. Solo constituimos en ésta todo el crédito que podemos en el capitán Ortiz de Zárate, criado de Vuestra Excelencia que ahora a solo esto va para que él de nuestra parte a Vuestra Excelencia lo diga y suplique sea servido continuar nuestro remedio de la manera que lo comenzó.» La ciudad de Valdivia, que había sufrido mucho menos con la guerra, no era menos enérgica en sus quejas. «La necesidad urgente que este reino tiene del favor y socorro de Vuestra Excelencia, decía su Cabildo en 24 de octubre, ha sido causa que el capitán don Juan Ortiz de Zárate salga de él a dar cuenta a Vuestra Excelencia del estado de la tierra, que cierto su trabajo en que queda es tan grande que si Vuestra Excelencia no la favorece y socorre, la guerra y miseria de ella será perpetua. Y porque de todo él dará larga cuenta, como persona que desde que entró en ella no ha salido de la guerra que ha más de tres años, nos remitimos a él.»[501] Puede imaginarse el carácter de los

---

[501] Esas dos cartas se conservan inéditas en el Archivo de Indias, junto con otras de particulares que son más crudas aún en sus acusaciones. Luis de Toledo, antiguo soldado de la Conquista, escribía al rey lo que sigue, desde Concepción, a 30 de octubre de 1571. «Después que vino a este vuestro reino a le gobernar el doctor Bravo de Saravia, todos vuestros vasallos que en él hay tienen más envidia a los muertos que en las batallas han muerto que no a los vivos, porque están los pueblos despoblados y la casa fuerte de Arauco por consiguiente. No pone remedio en asentar este reino por la mucha edad que tiene y ser tan mísero que a ninguno de los vasallos que lo merezca le hace merced. Los corregimientos los provee con 1.000 pesos de salario de vuestra real hacienda a mozos de muy poca edad, deudos y parientes de vuestros oidores, que al tomarles residencia no hay quien ose poner cargo por no los enojar. Ha habido en este reino muchos delitos atroces, y pasan sin castigo. El poco fruto de la tierra se reparte entre la Audiencia y corregidores. Vuestros vasallos que hacían la guerra, no les dan nada, sino que andan desnudos y rotos. El reino está perdido». Juan López de Pérez escribe al rey desde Valdivia, en 21 de diciembre de 1573, para formular contra Saravia los mismos cargos con una crudeza muy semejante.

informes que daría Ortiz de Zárate, recordando que sus mejores relaciones en Chile eran las de los adversarios del gobernador.

En esos momentos, ya el rey había tomado una resolución acerca del gobierno de Chile. Entre el 31 de julio y el 26 de septiembre de 1573, Felipe II había firmado nueve reales cédulas relativas a estos negocios. Aceptaba la renuncia que Bravo de Saravia había hecho del mando de este país; suprimía la Real Audiencia; nombraba gobernador a Rodrigo de Quiroga, a quien concedía también la gracia del hábito de caballero de la orden de Santiago; lo autorizaba para gastar moderadamente en la guerra los dineros del tesoro real; nombraba igualmente un teniente de gobernador encargado de la administración de justicia y mandaba que el capitán Juan de Losada levantase en España y en las provincias americanas de Tierra Firme una división de 400 soldados, con los cuales debía pasar a Chile a ponerse bajo las órdenes de Quiroga.[502] El rey creía que este refuerzo bastaría para someter definitivamente a los indomables guerreros que en Arauco peleaban por conservar su independencia.

Estos documentos llegaron al Perú antes de mediados de 1574, pero el virrey don Francisco de Toledo, que debía ponerles el cúmplase y transmitirlos a Chile, se encontraba entonces visitando las provincias australes del virreinato; y fue necesario enviarlos a la ciudad de Charcas, o de la Plata, donde se hallaba el virrey. En esos momentos, don Francisco de Toledo estaba seriamente preocupado con las dificultades que ofrecía la dirección de los negocios de Chile. A los problemas de la guerra se agregaban las rivalidades y discordias entre el presidente Bravo de Saravia y los oidores de la Audiencia. Aquél y ésta, cada cual por su lado, habían acreditado agentes cerca del virrey para darle cuenta de estos altercados y para pedirle remedio. Sin saber qué medidas tomar en aquellas emergencias, sin poseer las amplias facultades que habría necesitado para dictar resoluciones eficaces, don Francisco de Toledo se había limitado a dar

---

502 Siete de estas reales cédulas están transcritas en los libros de acuerdos del cabildo de Santiago, en el acta del recibimiento de Rodrigo de Quiroga. Don Miguel Luis Amunátegui las ha publicado íntegras y con toda escrupulosidad en el capítulo 4 del tomo II de su *Cuestión de límites entre Chile y la República Argentina*. En esta publicación, se han deslizado dos pequeños errores tipográficos. Se llama Álvaro Ruiz de Navarrete al secretario del virrey del Perú que autoriza las copias de algunos de esos documentos. Su verdadero nombre era Álvaro Ruiz de Navamuel. La provisión del virrey con que acompaña esas reales cédulas, fue firmada en la ciudad de la Plata (Charcas); y este nombre está omitido en el documento.

ciertas instrucciones generales que casi no eran más que consejos para conservar la paz y la concordia.[503] Por lo que toca a las necesidades de la guerra de Chile, el virrey había ratificado, con fecha de 5 de mayo de 1574, el nombramiento hecho tres años antes en Rodrigo de Quiroga y Bernal de Mercado para los cargos de capitán general y de maestre de campo del ejército, designando al mismo tiempo a Martín Ruiz de Gamboa para el puesto de teniente general. «Y mandamos a nuestro presidente de la dicha Audiencia, añadía el virrey, si necesario fuera, que los compela y pueda compeler a que acepten los dichos cargos en la forma según dicho es.»[504] Sin duda, el virrey Toledo no esperaba que aquellas providencias produjesen mucho resultado; pero las resoluciones del soberano, suprimiendo la Real Audiencia de Chile, separando del gobierno a Bravo de Saravia y confiándolo a un militar experimentado, podían ser más eficaces. Así, pues, en los primeros días de noviembre hizo partir de Charcas un emisario especial llamado Francisco de Irarrázabal, con encargo de traer a Chile dos decretos reales que iban a modificar el gobierno de este país. El emisario del virrey pudo llegar felizmente a Santiago a mediados de enero de 1575.

Mientras tanto, en Chile se tenía noticia desde dos meses atrás de la real resolución. Rodrigo de Quiroga, obligado a aceptar bajo severas penas el mando de las tropas, estaba ocupado en reunir gente y en hacer sus preparativos para salir a campaña, cuando el 20 de noviembre de 1574 llegó a Santiago un mancebo gallego llamado Mendo de Ribera. Venía de Lima por los largos y penosos caminos de tierra, y traía una carta para Quiroga en que sus amigos del Perú le anunciaban que el rey de España acababa de nombrarlo gobernador de Chile. Fueron aquellos días de grandes regocijos para sus amigos, y para todos los adversarios de la administración de Bravo de Saravia. «Fue tanto el contento que en la ciudad de Santiago se recibió, escribe un contemporáneo, que andaban los hombres tan regocijados y alegres que parecían totalmente tener el remedio delante.»

---

503 Estas cartas o instrucciones del virrey Toledo, conservadas en copia en el Archivo de Indias, tienen fechas de marzo de 1574, y son dadas en la ciudad de Charcas.

504 Provisión del virrey Toledo dada en Charcas en 5 de mayo de 1574, conservada original en la Biblioteca Nacional de Madrid, a fojas 175 y siguientes del tomo rotulado J 53. El cronista Góngora Marmolejo, con la puntualidad casi constante de su relación, ha referido estos mismos hechos en el capítulo final de su importante *Historia de Chile*.

Pero la recepción oficial del nuevo mandatario no pudo hacerse sino cuando llegaron las cédulas del rey. El 26 de enero de 1575, se reunía solemnemente el cabildo de Santiago; Quiroga prestaba allí el juramento de estilo, y entraba al fin al ejercicio pleno de las funciones de gobernador. «Era de ver, dice el testigo citado, los repiques de campanas, mucha gente de a caballo por las calles, damas a la ventana, que las hay muy hermosas en el reino de Chile, e infinitas luminarias, que parecía cosa del cielo.» El anciano Bravo de Saravia, después de entregar el mando, se embarcaba en Valparaíso con su familia a mediados de febrero, y se daba a la vela para el Perú. En Chile se estableció uno de sus hijos, Ramiro Yáñez de Saravia, que servía en el ejército, y desempeñó más tarde algunas comisiones de importancia.[505]

La Real Audiencia, que residía en Concepción, debía cesar también en el ejercicio de sus funciones. Sus miembros, aunque destinados por el rey a seguir prestando sus servicios en la audiencia de Charcas, quedaron, sin embargo, funcionando hasta junio; y permanecieron todavía en Chile algunos meses más para dar cuenta de sus actos y para hacer la entrega del sello y del archivo al teniente de gobernador a quien el rey había confiado la administración de justicia en este país. La injerencia que el soberano había dado a ese tribunal en la administración pública, primero, y luego las discordias incesantes con el gobernador, lo habían desprestigiado de tal suerte que su supresión muchas veces pedida, fue celebrada generalmente por las autoridades y por los particulares.

8. Observaciones sobre el gobierno Bravo de Saravia: causas diversas de sus desastres

«Era el doctor Saravia natural de la ciudad de Soria, de edad de setenta y cinco años, de mediana estatura, angosto de sienes, los ojos pequeños y sumidos, la nariz gruesa y roma, el rostro caído sobre la boca, sumido de pechos, giboso un poco y mal proporcionado, porque era más largo de la cintura arriba que de allí abajo; pulido y aseado en su rostro, amigo de andar limpio y que su casa lo estuviese; discreto y de buen entendimiento, aunque la mucha edad que tenía no le daba lugar a aprovecharse de él; codicioso en gran manera y

---

[505] Bravo de Saravia regresó pronto a España, y murió muy poco tiempo después en Soria, donde estaba establecida la casa de sus mayores. Fue sepultado en el coro de la iglesia mayor de la ciudad, donde tenía sepulcro propio. Véase el Padre Alonso de Ovalle, *Histórica relación del reino de Chile*, Roma, 1664, libro V, capítulo 24.

amigo de recibir todo lo que le daban;[506] enemigo en gran manera de dar cosa alguna que tuviese; enemigo de pobres, amigo de hombres bajos de condición, que (por ello) era detractado en todo el reino, y aunque él lo entendía y sabía, no por eso dejaba de darles el mismo lugar que tenían; amigo de hombres ricos, y por algunos de ellos hacía sus negocios, porque de los tales, era presunción, recibía servicios y regalos; los cargos de corregidores y los demás que tenía que proveer como gobernador, los daba a hombres que estaban sin necesidad. Presumíase lo hacía por entrar a la parte, pues había en el reino muchos caballeros hijosdalgo que a Su Majestad habían servido mucho tiempo, a los cuales daba ningún entretenimiento, y dábalo a los que tenían feudo del rey en repartimiento de indios... Era tanta su miseria y codicia, que mandaba a su mayordomo midiese delante de él cuántos cubiletes de vino cabían en una botija, teniendo cuenta cuánto se gastaba cada día a su mesa, en la cual solo él bebía vino, aunque valía barato, para saber cuántos días había de durar; y porque vi un día unas gallinas que comían trigo que estaba al Sol enjugándose para llevarlo al molino, y era el trigo suyo, las mandó matar, y como después supiese que eran suyas, habiéndolas repartido a algunos enfermos, los trató mal de palabra. Decían asimismo que no veía; y para el efecto traía un anteojo colgado del pescuezo, que cuando quería ver alguna cosa se lo ponía en los ojos, diciendo que de aquella manera veía, y era cierto que sin anteojo veía todo lo que un hombre de buena vista podía ver cuando quería, que en una sala todo

---

[506] La persistencia con que los contemporáneos hablan de la codicia del gobernador Bravo de Saravia, deja comprender que esta acusación debía tener fundamento. En las páginas anteriores hemos citado otros testimonios; y aquí debemos agregar que el obispo de la Imperial en sus cartas a Felipe II le hace el mismo cargo. En dos de ellas, de 14 y 17 de diciembre de 1573, le refiere que habiendo muerto la viuda de Francisco de Villagrán, el doctor Bravo de Saravia había cedido el repartimiento que quedaba vacante a su propio hijo Ramiro Yáñez de Saravia, con perjuicio de un hijo natural de Villagrán llamado Álvaro. Véase sobre este incidente, Errázuriz, Los oríjenes de la iglesia chilena, capítulo 15, § III. Debemos advertir que según se desprende de otros documentos, la concesión acordada por el gobernador a su hijo quedó sin efecto. Al menos en ese mismo tiempo, la Audiencia acordaba que los productos de ese repartimiento sirvieran para pagar sus sueldos a los jefes del ejército.
En su correspondencia con Felipe II, Bravo de Saravia se lamenta de la escasez de su suelo. «No quiero quejarme del poco salario, expone en una ocasión, ni decir lo mucho que me cuesta la salida de mi casa, porque esto creo que lo harán las personas a quien allí (Lima) quedé a deber dineros, pues del salario no les puedo pagar pero ni sustentarme.» Carta citada de 26 de diciembre de 1568.

el largo de ella veía un paje meterse en la faltriquera de las calzas las piernas de un capón, siendo buena distancia; lo cual yo vi y me hallé presente.[507] Tenía una doble condición que no agradecía cosa que por él se hiciese, y quería que en extremo grado se le agradeciese a él lo que por alguno hacía.»[508]

Este prolijo retrato, lleno de colorido y de picantes accidentes, nos da a conocer la persona del gobernador Bravo de Saravia, pero no nos explica la causa de las desgracias de su administración de que lo hicieron responsable los contemporáneos. En el curso de las páginas anteriores hemos visto que se le atribuían todos los contrastes de la guerra y, en definitiva, la pérdida del reino, como se decía entonces.

El grave error de Bravo de Saravia fue el haberse hecho la ilusión de que en un año concluiría la empresa que sus predecesores no habían podido llevar a término en dieciséis, como decía muy exactamente el capitán Bernal de Mercado. El gobernador llegaba del Perú profundamente persuadido de que la guerra de Chile no se terminaba porque había interés en prolongarla; que los jefes militares la dirigían con flojedad, porque se habían habituado a ese orden de cosas que les permitía hacer negocios con la provisión de los soldados. Los primeros informes que recibió en Chile lo confirmaron en esta convicción, y de ahí nacía la confianza con que entró en campaña, y las esperanzas que hizo concebir en la pronta pacificación del país. Su opinión no se modificó sino después de los primeros contrastes, cuando vio de cerca a los araucanos, y cuando conoció que esos bárbaros no eran los enemigos despreciables que se había imaginado juzgándoles por las nociones que tenía acerca de los otros indios de América, y particularmente de los del Perú, que eran los que mejor conocía. Los araucanos, por la inflexibilidad indomable de su carácter, por la experiencia militar que habían adquirido en aquella larga guerra, y por las condiciones especiales de su territorio, debían fatigar y aniquilar a ejércitos mucho más numerosos que los que entonces tenían los españoles en Chile.

Por otra parte, la misma prolongación de la guerra había desmoralizado a los castellanos. A todas las violencias de la conquista, a las crueldades innecesarias

---

507 El uso de los anteojos estaba muy poco generalizado en el siglo XVI, sin duda, por el alto precio que debían tener estos instrumentos. El cronista ignoraba que la presbicia, cansancio de la vista natural a los ancianos, permite ver bien a cierta distancia, y exige anteojos para ver de cerca. Bravo de Saravia era indudablemente présbita.
508 Góngora Marmolejo, capítulo 88.

ejercidas sobre los indios, a la codicia de oro que animaba a los conquistadores, se había agregado el espíritu de especulación en la compra de provisiones, en los rescates para no asistir a la guerra y en todos los demás detalles de la administración militar.[509] La Audiencia primero, y enseguida Bravo de Saravia habían pretendido corregir estos abusos, poniendo a la cabeza de las ciudades jefes o corregidores que tenían el sueldo fijo de 1.000 pesos por año, creyendo crearles una posición independiente que les permitiera desempeñar sus funciones con honradez. Pero la designación de esos empleados dio lugar al favoritismo. Cada cual quería acomodar a sus parientes o allegados, y de allí nacieron quejas que aumentaban el descontento de los que creían que sus servicios no habían sido premiados como correspondía. La disciplina comenzaba a desaparecer; y estos males habían echado tan profundas raíces y creado tantos intereses que era casi imposible extirparlos. En las páginas anteriores hemos visto a los soldados desobedecer las órdenes de sus jefes y, aun, desbandarse después de una derrota, como sucedió en enero de 1569, cuando el desastre de Mareguano o Catirai. La introducción de soldados que salían a servir por fuerza, y casi en cumplimiento de una pena, como sucedió con los auxiliares que vinieron del Perú, no hizo más que reagravar este mal.

Así, pues, como consecuencia de este estado de cosas, comenzó a cundir el desaliento. Había, sin duda, capitanes y soldados que conservaban su denuedo, y que se batían heroicamente como los compañeros de Valdivia y de Hurtado de Mendoza; pero los casos de deserción del servicio se hacían cada día más frecuentes. Según los documentos de la época, algunos individuos se fugaban a los bosques a llevar una vida miserable, y otros se asilaban en los conventos y tomaban el hábito de religiosos para no servir en la milicia. Pero este descontento tomó a veces proporciones alarmantes, y produjo conatos de desobediencia mucho más graves todavía.

En Valdivia, un platero llamado Juan Fernández, hijo de español y de india, hastiado de los trabajos de la guerra, y persuadido de que la tierra de adelante, probablemente al otro lado de las cordilleras, era rica y abundante y de que allí

---

509 Desde este punto de vista, es curiosa sobre todo una carta dirigida a Felipe II por el capitán Juan de Matienzo, desde Valdivia en 1 de noviembre de 1573, que existe original en el Archivo de Indias. Describe allí este espíritu de especulación que se había introducido en la administración empleando tan fuerte colorido que casi estamos tentados a creer que exagera los males que denuncia.

se podría vivir sin «estar atenidos a tantas vejaciones como de ordinario recibían de los gobernadores y capitanes», concibió el proyecto de fugarse, y pasó a la ciudad de Angol a buscar entre los soldados descontentos algunos compañeros para esa empresa. Descubierto en sus manejos por el capitán Bernal de Mercado, el infeliz platero fue remitido a Valdivia, y sometido a juicio por el oidor Torres de Vera. Después de aplicarle tormento para que diera su confesión, se le condenó a la pena de horca, y se le ejecutó sin conmiseración.[510] Se creyó entonces que en este plan estaban comprometidos algunos personajes más altos que los simples soldados, y que ese castigo había evitado un serio peligro.

A consecuencia del estado de guerra, no se daba entonces permiso para salir del país a persona alguna que pudiera tomar las armas. El virrey del Perú don Francisco de Toledo, en vista de las circunstancias extraordinarias, había sancionado esta medida por más que ella fuera opuesta a las resoluciones anteriores del soberano.[511] En Concepción, cinco soldados, viendo que no se les permitía salir de Chile, tomaron una embarcación y se dirigieron al Perú, siguiendo la prolongación de la costa. Poco diestros en el arte de navegar, desembarcaban cada noche a dormir en tierra, y por esto mismo avanzaban con tanta lentitud que dieron tiempo a poner sobre aviso a las autoridades del norte. A la altura de La Serena fueron detenidos en su fuga, pero no se dejaron prender sino cuando uno de ellos fue muerto de un balazo, y cuando otro estaba gravemente herido. Conducidos a Concepción, fueron condenados a servicio perpetuo, en calidad de esclavos del rey, debiendo llevar al cuello una argolla de fierro. Se cuenta que esta represión y este castigo arredraron a otros soldados que también querían tomar la fuga.[512]

Estos hechos eran una simple manifestación del cansancio producido por aquella larga guerra. Agréguese a esto la pobreza general del país, la escasez de los recursos fiscales, y se comprenderá cuan tirante era la situación del gobernador. Las rentas reales no pasaban de 30 a 32.000 pesos;[513] y con ellas era menester sufragar todos los gastos públicos. Una de las razones que tuvie-

---

510 Góngora Marmolejo, capítulo 87; Mariño de Lobera, libro II, capítulo 38. Información de servicios de Torres de Vera.
511 *Instrucciones* del virrey Toledo a la Audiencia de Chile, dadas en la ciudad de Charcas en marzo de 1575.
512 Góngora Marmolejo, capítulo 87.
513 Carta inédita de Bravo de Saravia a Felipe II de 15 de octubre de 1571.

ron presentes algunos capitanes para pedir la supresión de la Audiencia era que las entradas del tesoro no bastaban para pagar los sueldos de los oidores y de los demás funcionarios. Los encomenderos, empobrecidos también por la guerra, se esquivaban cuanto les era dable de contribuir a sus gastos. De esta manera, y sin contar las discordias con la Audiencia y con las autoridades eclesiásticas, de que hemos hablado más atrás, todo contribuía a complicar la acción administrativa, y a frustrar los planes que Bravo de Saravia había traído del Perú.

9. Proyecto de crear en Chile una universidad. La crónica de Góngora Marmolejo (nota)

Hasta la época a que hemos llegado en esta historia, no había en Chile casa alguna de educación ni hallamos vestigio de que existiese en todo el reino una sola escuela de primeras letras. Es posible que algunos de los hijos de los conquistadores aprendieran a leer en sus propias casas; pero solo los hombres de fortuna considerable podían proporcionar a los suyos una instrucción más extensa, enviándolos a Lima donde existía ya una universidad montada a imitación de los establecimientos análogos de España. El capitán Juan Bautista Pastene, el teniente general de Pedro de Valdivia en el mar, tenía uno de sus hijos estudiando leyes y cánones en aquella universidad. Pedro de Oña, hijo de aquel capitán que fue destrozado por los indios en la sorpresa nocturna de Purén, hizo también allí los estudios que le habilitaron para conquistarse más tarde un renombre literario. Pero, como debe comprenderse, eran muy pocos los habitantes de Chile que estaban en situación de hacer los gastos que debía ocasionarles la residencia de sus hijos en la ciudad de Lima.

Mientras tanto, la ignorancia de las primeras generaciones que se formaban en Chile, era verdaderamente deplorable. Entre los primeros conquistadores había algunos hombres que habían hecho ciertos estudios en España, y no faltaban quienes pudiesen escribir con estilo claro y firme si no elegante y correcto; pero la juventud que se formaba parecía destinada a no tener otra ocupación que la de las armas. No pocos de esos jóvenes, cediendo unos al espíritu religioso de la época, deseando otros sustraerse al servicio militar, se asilaban en los conventos y recibían las órdenes sacerdotales, con escasa o con ninguna preparación literaria, de tal suerte que un religioso de Santo Domingo que desempeñó importantes comisiones en servicio de su orden, ha dicho que en Chile había antes de fines del siglo, sacerdotes que no sabían leer.[514] De eclesiásticos reclutados de esta manera no debía esperarse ni ilustración ni conducta ejemplar y, en efecto, mientras los religiosos de más prestigio por su cultura intelectual sostenían frecuentes y ruidosas cuestiones con las autoridades civiles por diversos motivos, el vulgo de ellos vivía ajeno a esas cuestiones y ofrecía con frecuencia ejemplos de una vida muy poco edificante. Este estado de cosas, más o menos común a las otras colonias americanas, había llamado la atención de las autoridades eclesiásticas e inducídolas a procurarle remedio.

En 1567 el arzobispo de Lima, don fray Jerónimo de Loaisa, había convocado a concilio provincial a los obispos de su arquidiócesis. El padre San Miguel, designado por el rey para la mitra de la Imperial, asistió a ese concilio y tomó parte en sus deliberaciones. No conocemos los acuerdos de esa asamblea, que no fueron presentados al papa para su aprobación y que no recibieron publicidad,[515] pero parece que con arreglo a las decisiones del concilio ecuménico de Trento, el provincial de Lima había acordado la fundación de seminarios en cada diócesis. El obispo de la Imperial se dirigió con ese motivo al rey para representarle la necesidad de establecer un colegio de esa naturaleza en el cual podrían hacerse los estudios menores y mayores con el rango de universidad. Fundábase además el obispo en que en Chile no había establecimientos de educación, y en que por esta causa «la gente que en esta tierra nace, se cría más ociosa y viciosamente» pero, al mismo tiempo manifestaba que las exiguas rentas del obispado no bastaban siquiera para pagar las prebendas, ni tenía beneficios que pudieran aplicarse al sostenimiento de ese colegio. En esta virtud pedía al soberano que proveyese a esta necesidad. El rey, después de oír al Consejo de Indias, acordó por dos cédulas de 26 de enero de 1568, pedir informe a la Real Audiencia de Chile, particularmente sobre el estado de los fondos que pudiera destinarse a esta obra, y sobre qué mercedes podría concederle, con tal «que no fuese, agrega el monarca, a costa de nuestra real

---

514 Fray Cristóbal Núñez, religioso dominicano, lo dice así expresamente en un memorial que presentó al virrey del Perú por los años de 1581 o 1582. Más adelante tendremos que citar otras veces este curioso memorial, que permanece inédito todavía.

515 El cardenal Aguirre en su *Collectio maxima conciliorum omnium Hispaniæ et novi orbis*, 2.ª edición, Roma 1755, dice en el tomo VI, pág. 27, hablando del concilio limense de 1567: «Illiud acta invenire non potuimus»; lo que nos hace creer que jamás se han publicado los acuerdos de esa asamblea.

hacienda».[516] No ha llegado hasta nosotros el informe dado por la Audiencia. Probablemente, se limitó a expresar la pobreza general del país, la escasez de rentas del obispado y la imposibilidad de fundar el referido establecimiento sin auxilio de la Corona. Pero desde que el tesoro del poderoso rey de España estaba vacío, y además gravado con las más premiosas obligaciones, desde que el mismo soberano había declarado que la fundación no podía hacerse a costa de su hacienda, la creación de aquel colegio no pasó de ser un proyecto que honra a su iniciador.[517]

---

516 Don Crescente Errázuriz ha publicado estas dos reales cédulas en las págs. 532 y 534 de sus *Oríjenes de la iglesia chilena*.
517 Desde el gobierno de Pedro de Valdivia hasta el año 1575, nos ha acompañado y servido muchas veces de guía la *Historia del reino de Chile* capitán Alonso de Góngora Marmolejo. Suspende éste su relación contando la recepción de Rodrigo de Quiroga, o más propiamente con los sucesos de ese año, terminándola con estas palabras: «Acabose en la ciudad de Santiago del reino de Chile en 16 días del mes de diciembre de 1575». En los documentos de ese tiempo que he tenido que consultar, he descubierto que el cronista falleció un mes después de terminada su obra. Favorecido por Quiroga, de quien se muestra partidario leal en toda su relación, Góngora Marmolejo, que no había obtenido de los otros gobernadores el premio a que se creía merecedor, fue nombrado juez pesquisador de hechiceros indígenas, esto es, perseguidor de los pretendidos brujos, con encargo de recorrer todo el país en desempeño de esa comisión. En 23 de enero de 1576, Rodrigo de Quiroga expidió nuevo nombramiento en favor del capitán Pedro de Lisperguer, alemán de Worms, «por cuanto, dice, el capitán Alonso de Góngora, que nombré por capitán y juez de comisión para el castigo de los hechiceros de los indios, es fallecido de esta presente vida, y conviene proveer otra persona que vaya a hacer dicho castigo».
Antes de ahora, hemos hablado largamente del libro del capitán Góngora Marmolejo, y de su valor histórico como fuente de informaciones hasta 1560. Los quince años restantes que comprende esa crónica están tratados con la misma o mayor prolijidad; y como los hechos que allí se refieren son los más inmediatos al tiempo en que escribía el autor, y como éste se ha limitado casi exclusivamente a consignar sus recuerdos personales, esta parte de su libro es la más minuciosa; y presta al historiador un servicio tanto más útil cuanto que en algunos puntos los documentos son escasos y deficientes. En estos casos hemos aceptado con confianza las aseveraciones del cronista, no solo porque revisten todo el carácter de verdad sino porque hemos podido deducir su exactitud de la conformidad general que hay entre su relación y las cartas e informes de los gobernadores y los otros documentos.
Sin embargo, la crónica de Góngora Marmolejo, además de los defectos de composición, de su poco arte para presentar los hechos en un orden perfectamente claro y para dar relieve a los sucesos más notables descartándolos de incidentes de escasa importancia, dejaría mucho que desear al historiador si éste no pudiera auxiliarse en su investigación con los documentos que hemos tenido a la vista. Su cronología es muy deficiente y, además, imperfecta: fija pocas fechas, y eso de memoria; y como habrá podido observarse por algunas de nuestras notas, suele confundir los años. Por otra parte, como solo refiere los hechos de que tenía conocimiento personal, su crónica se contrae casi exclusivamente a

los sucesos militares, da pocas noticias sobre los acontecimientos de otro orden, o apenas hace referencia a ellos, de tal suerte que el historiador está siempre obligado a recurrir a otras fuentes de información para comprobar y para completar el caudal de datos que contiene aquel libro.

Además de la verdad en la relación de los hechos, la crónica de Góngora Marmolejo posee, en esta parte sobre todo, otras cualidades que realzan su mérito. Cualesquiera que sean sus simpatías y sus antipatías, ellas no lo arrastran a prodigar alabanzas ni censuras apasionadas, ni a salir del tono templado que domina en toda su crónica. Se ve por ella que el autor era, por ejemplo, desafecto al gobernador Bravo de Saravia, que había desatendido sus pretensiones cuando solicitó el empleo de protector de indios. Con todo, juzgando a este gobernador, cuya desastrosa administración le habría dado materia para las más acres censuras, Góngora Marmolejo es más moderado que los capitanes y que los oidores de la Audiencia que lo condenaban despiadadamente haciéndolo responsable de todas las desgracias del reino.

Presta igualmente un útil servicio para la relación de estos sucesos, la crónica de Mariño de Lobera, que se extiende hasta el último decenio del siglo XVI. Este libro muy defectuoso en la relación de los acontecimientos del tiempo de Valdivia y de sus inmediatos sucesores, probablemente por las modificaciones que en él introdujo el que lo rehízo, es, como hemos dicho, la mejor fuente de informaciones sobre el gobierno de Hurtado de Mendoza. Terminado ese gobierno, la crónica sigue contando los sucesos subsiguientes con bastante acopio de noticias, y en general, con satisfactoria exactitud. Se percibe que la mano del corrector se ha introducido menos en esta parte, porque escasean las cansadas referencias a la historia sagrada y profana, y porque la redacción guarda más la forma de las sencillas crónicas primitivas. Su relación está casi siempre acorde con la de Góngora Marmolejo, de tal suerte que ambas se completan, y ayudan a la más perfecta inteligencia de los documentos. La crónica de Mariño de Lobera nos servirá todavía para referir los sucesos de los quince años subsiguientes. Entonces daremos algunas otras noticias acerca de ella.

En una carta inédita de Rodrigo de Quiroga a Felipe II, escrita en Santiago en 12 de enero de 1579, se hace referencia a una relación o descripción de Chile, que si realmente se hubiera escrito, habría sido muy útil para conocer los sucesos de este tiempo. Por cédula de 5 de agosto de 1577 el rey había pedido que se formase una descripción de Chile, por exigencia, sin duda, de Juan López de Velasco, cosmógrafo de Su Majestad y cronista de Indias. En contestación a esa real cédula, Quiroga dice en la carta citada lo que sigue: «En cuanto a la descripción de este reino, yo la he mandado hacer: en estando hecha la enviaré». Ignoro quién fue el encargado de este trabajo ni si se llevó a cabo. Todas mis diligencias para descubrir esa descripción han sido completamente ineficaces. Más adelante, en el capítulo 12, § 19, daremos más amplias noticias sobre este particular.

Capítulo VI. Gobierno de Rodrigo de Quiroga (1575-1578)

1. Esperanzas que hizo concebir Quiroga al recibirse del gobierno; dificultades y competencias con el obispo de la Imperial. 2. Terremoto del 16 de diciembre de 1575: ruina de las ciudades australes, e inundación subsiguiente de Valdivia; levantamiento de los indios en esa región. 3. Recibe Quiroga los refuerzos que esperaba de España, y se dispone a renovar las operaciones militares; su proyecto de transportar a las provincias del norte los araucanos que apresase en la guerra. 4. El gobernador instruye un nuevo proceso jurídico a los indios de guerra y los condena a muerte; los indios fingen dar la paz, pero continúan las hostilidades bajo las instigaciones del mestizo Alonso Díaz. 5. Primera campaña de Quiroga contra los araucanos. 6. Segunda campaña de Quiroga.

1. Esperanzas que hizo concebir Quiroga al recibirse del gobierno; dificultades y competencias con el obispo de la Imperial

La elevación de Rodrigo de Quiroga al gobierno del reino de Chile, hizo concebir las más lisonjeras esperanzas en el ánimo de los que creían posible llegar a la pacificación completa de todo el territorio. Se cuenta que muchos soldados que andaban escondidos en los bosques para no servir bajo el mando del gobernador Bravo de Saravía, acudieron ahora presurosos a tomar de nuevo las armas. Por otra parte, se esperaba un refuerzo de 400 hombres que, por disposición del rey, debía traer de España y de Tierra Firme el capitán Losada, y se creía que con ellos se podría poner término a la guerra. Eran las mismas ilusiones que los españoles se habían forjado al comenzar el gobierno anterior.

Parece, sin embargo, que Rodrigo de Quiroga, como soldado experimentado desde los primeros días de la conquista, conocía mejor las dificultades y peligros de la situación. Al dar al rey las más rendidas gracias por el nombramiento de gobernador y por la merced del hábito de Santiago, le manifiesta su enérgica resolución de corresponder a la real confianza, pero, al mismo tiempo, le expresa las dificultades de la obra que acometía. «Dado, dice, que este reino está muy consumido y perdido por la continua guerra que en él ha habido y hay, conviene de nuevo fundarse el estado de él.»[518] Así, pues, a juicio del gobernador, la empresa que iba a acometer tenía los caracteres de una nueva conquista.

---

518 Carta inédita de Quiroga a Felipe II, escrita en Santiago el 15 de febrero de 1575.

Resuelto a esperar los refuerzos que venían de España para emprender una campaña activa y eficaz, Quiroga se limitó por entonces a tomar providencias militares puramente defensivas. Despachó a las ciudades del sur a su yerno Martín Ruiz de Gamboa con el rango de mariscal, y encomendó a Bernal de Mercado mantuviese la tranquilidad en la comarca vecina a la ciudad de Angol. Mientras tanto, el gobernador quedaba en Santiago entendiendo en los negocios administrativos que le habían de acarrear no pocas complicaciones y dificultades.

La Audiencia había hecho en el último tiempo un proyecto de tasa de tributos para los indios de servicio del obispado de la Imperial. Aunque el rey había decretado esta medida, los mismos oidores se vieron obligados a suspenderla en sus efectos, vista la absoluta imposibilidad de aplicarla, «por ser los indios, decía Quiroga, gente desnuda y tan bárbaros que no viven en pueblos ni obedecen a caciques ni entre ellos a orden ninguna, ni tienen haciendas, ni granjerías para mantenerse y dar sus tributos».[519] El gobernador comprendía igualmente que era imposible someter al pago de impuestos a indios que vivían sin orden ni sujeción social de ninguna naturaleza, y aprobó esta resolución declarando que se pondría en planta cuando el país estuviera pacificado. Pero esto dio motivo a graves cuestiones. El obispo de la Imperial, tomando argumento en que el tributo de los indios no estaba tasado, pretendió hacer por sí solo el nombramiento de curas doctrineros sin la intervención del poder civil, en contraposición de las prácticas establecidas en los dominios del rey de España. Quiroga, por su parte, sostuvo con toda energía los derechos reales, y mandó que ni los encomenderos ni los caciques socorrieran con salarios ni alimentos a los curas que no hubiesen sido nombrados con la aprobación del gobierno.

No era ésta, por desgracia, la única dificultad suscitada al poder civil por la autoridad eclesiástica. Las competencias de jurisdicción en materias judiciales habían comenzado a ser origen de serias complicaciones que la Audiencia estaba facultada para resolver. Suprimido ese tribunal, esas competencias debían dar lugar a mayores dificultades. Imposibilitado para solucionar por sí mismo estas cuestiones, y conociendo que había un grave peligro en que «los jueces eclesiásticos se saliesen con todo lo que quisiesen», como él mismo dice,

---

[519] Carta de Quiroga a Felipe II de 2 de febrero de 1576, publicada por Gay en el tomo II de Documentos, págs. 106-112.

Quiroga, después de oír la opinión de algunos letrados, se limitó a pedir al rey que diese una resolución como más conviniere al real servicio.[520]

2. Terremoto del 16 de diciembre de 1575: ruina de las ciudades australes, e inundación subsiguiente de Valdivia; levantamiento de los indios en esa región

Estas competencias de autoridad, que debían suscitarse cada día en la colonia por todo orden de cuestiones, eran un obstáculo en la marcha administrativa, que enardecía los ánimos y agitaba a las gentes. A ellas vinieron, luego, a agregarse otras de un carácter diverso que debieron molestar grandemente al nuevo gobernador. Antes de mucho, a fines de abril de 1575, llegaba a La Serena el licenciado Gonzalo Calderón, nombrado por el rey teniente de gobernador del reino. Era un abogado joven e impetuoso que venía envanecido con las prerrogativas de su cargo, y que llegó a pretender que sus facultades no eran inferiores a las del gobernador. Desde que se trasladó a Concepción a tomar la residencia a la Audiencia, comenzaron a nacer dificultades de detalle, que luego se hicieron extensivas a sus relaciones con el mismo Quiroga.

Pero éstos no eran, en realidad, los más serios problemas de la situación. Las necesidades y apremios de la guerra, mantenían la alarma en la colonia, imponían sacrificios de toda naturaleza y preocupaban todos los ánimos. Al poco tiempo de iniciado el gobierno de Quiroga, dos fenómenos naturales, que los supersticiosos españoles llamaban prodigios, vinieron a producir el pavor y a hacer nacer los más tristes presentimientos. El 17 de marzo de 1575, a las diez de la mañana, se hizo sentir en Santiago un sacudimiento de tierra de poca intensidad, pero de bastante prolongación, que conmovió los edificios y que sin derribar ninguno, abrió algunas paredes. El pueblo tomó este temblor por aviso de Dios.

Antes de terminar ese año, ocurrió en Valdivia otro terremoto mucho más tremendo en sus sacudimientos y en sus estragos. El 16 de diciembre, hora y media antes de oscurecerse, «comenzó a temblar la tierra con gran rumor y estruendo, yendo siempre el terremoto en crecimiento sin cesar de hacer daño, derribando tejados, techumbres y paredes, con tanto espanto de la gente, que estaban atónitas y fuera de sí de ver un caso tan extraordinario. No

---
520 Carta citada de 2 de febrero de 1576.

se puede pintar ni descubrir la manera de esta furiosa tempestad que parecía ser el fin del mundo, cuya prisa fue tal que no dio lugar a muchas personas a salir de sus casas, y así perecieron enterradas en vida, cayendo sobre ellas las grandes máquinas de los edificios. Era cosa que erizaba los cabellos y ponía los rostros amarillos, el ver menearse la tierra tan aprisa y con tanta furia que no solamente caían los edificios sino también las personas, sin poderse tener en pie, aunque se asían unos de otros para afirmarse en el suelo. Demás de esto, mientras la tierra estaba temblando por espacio de un cuarto de hora, se vio en el caudaloso río, por donde los navíos suelen subir sin riesgo, una cosa notabilísima, y fue que en cierta parte de él se dividió el agua corriendo la una parte de ella hacia la mar, y la otra parte río arriba, quedando en aquel lugar el suelo descubierto de suerte que se veían las piedras. Ultra de esto salió la mar de sus límites y linderos, corriendo con tanta velocidad por la tierra adentro como el río de más ímpetu del mundo. Y fue tanto su furor y su braveza, que entró 3 leguas por la tierra adentro, donde dejó gran suma de peces muertos, de cuyas especies nunca se habían visto en este reino. Y entre estas borrascas y remolinos se perdieron dos navíos que estaban en este puerto, y la ciudad quedó arrasada por tierra, sin quedar pared en ella que no se arruinase». Los habitantes de la ciudad de Valdivia se vieron reducidos a vivir a campo raso, expuestos a las lluvias, privados de alimentos y sin creerse allí mismo seguros, «porque por muchas partes, se abría la tierra frecuentemente con los temblores que sobrevenían cada media hora, sin cesar esta frecuencia por espacio de cuarenta días». Los caballos, los perros, los animales todos, corrían de un punto a otro aterrorizados, y aumentando la confusión y el pavor.[521]

El terremoto se había hecho sentir en todas las ciudades australes, y en todas ellas causó los más terribles estragos. «En un momento, dice el gobernador Quiroga, derribó las casas y templos de cinco ciudades, que fueron: la Imperial, Ciudad rica (Villarrica), Osorno, Castro y Valdivia, y salió la mar de su curso ordinario, de tal manera que en la costa de la Imperial se ahogaron casi cien ánimas de indios, y en el puerto de Valdivia dieron al través dos navíos que allí estaban surtos, y mató el temblor veinte y tantas personas entre hombres, mujeres y niños.» Quiroga agrega que, por su parte, había hecho todo lo posible

---

[521] Mariño de Lobera, libro III, capítulo I. El cronista fue testigo presencial de esta catástrofe.

por reparar aquellos males. «Yo he mandado hacer plegarias y procesiones, dice, suplicando a nuestro Señor aleje de sobre nosotros su indignación.»[522]

No salían aún los pobladores de aquellos lugares de la perturbación producida por esa gran catástrofe, cuando cayó sobre ellos otra plaga más terrible todavía. Hasta entonces habían sostenido la guerra contra los españoles, los indios de Arauco, de Tucapel y de Purén, es decir, los que poblaban las dos vertientes de la cordillera de la Costa entre los ríos Biobío y Paicaví, y en ocasiones los de más al norte, vecinos a la ciudad de Concepción. Las tribus del sur se habían mantenido en paz, prestando sus servicios a los encomenderos y acompañándolos como auxiliares en la guerra contra los araucanos. Hastiados, sin duda, de los malos tratamientos que les daban los españoles, e incitados a la rebelión por las tribus que sostenían con tan buen éxito la resistencia, aquellos indios tranquilos y pacíficos hasta entonces, se aprovecharon de la perturbación producida por el terremoto, tomaron las armas y emprendieron la guerra en marzo de 1576 con poca fortuna en el principio, pero con la más decidida resolución.

Al primer anuncio de la insurrección de los indios, y de que éstos se habían reunido cerca del lago de Riñihue, el corregidor de Valdivia, Pedro de Aranda[523] y, el de Villarrica, Arias Pardo de Maldonado,[524] acudieron prontamente a desbaratarlos y, en efecto, después de un combate, creyeron haber restablecido la paz en aquellos lugares. Pero antes de mucho, la guerra recomenzó con mayor ardor y se extendió a la región del sur hasta Osorno. Durante los meses del otoño de 1576, y hasta en el corazón del invierno, tan riguroso en esa parte del territorio chileno, se vieron forzados los españoles a hacer campeadas, a disponer expediciones y a empeñar frecuentes combates contra los indios. Aunque casi constantemente vencedores y, aunque desplegaron gran rigor en el castigo de los vencidos, no les fue dado sofocar la insurrección. Los indios, batidos en una parte, aparecían en otra y renovaban una lucha en que parecían poner tanta

---

522 Carta citada de 2 de febrero de 1576.
523 Más conocido con el nombre de Pedro de Aranda Valdivia. Era sobrino de la mujer de Pedro de Valdivia, y por esta razón había tomado este segundo apellido con que se le designa generalmente. A su lado figuró un hermano suyo llamado Hernando de Aranda Valdivia.
524 Arias Pardo de Maldonado era yerno de Francisco de Villagrán. Hemos contado (págs. 235-236) cómo quedó paralítico en una batalla; pero esta circunstancia no le impedía llevar al combate a sus soldados cuando era necesario.

tenacidad como la que habían desplegado sus compatriotas de Arauco y de Tucapel. La topografía de aquella región, la abundancia de selvas dilatadas que no podían recorrer las tropas de caballería y los accidentes todos del terreno, favorecían a los bárbaros en esta empresa.[525]

En medio de esta lucha y de la situación precaria y miserable a que los sometía la destrucción de sus casas y los demás estragos causados por el terremoto de 16 de diciembre, los vecinos de Valdivia pasaron todavía por otro cataclismo no menos peligroso y aterrorizador que el mismo terremoto. Al oriente de la ciudad, en las faldas de la cordillera, el sacudimiento de la tierra había desplomado un cerro, precipitándolo sobre la caja del río que sale del lago de Riñihue y va a formar el río de Valdivia. Esos materiales formaron una especie de dique que atajaba el curso de las aguas. Subsistió este estado de cosas durante cuatro meses, aumentando considerablemente los depósitos del lago; pero a fines de abril de 1576, las aguas detenidas, engrosadas extraordinariamente con las copiosas lluvias del otoño, rompieron ese dique y corrieron con gran estrépito, desbordándose en los campos vecinos, arrancando los árboles que encontraban a su paso y arrastrando las chozas de los indios de todas las inmediaciones.

En Valdivia, los efectos de esta inundación fueron verdaderamente desastrosos. El capitán Mariño de Lobera, que desempeñaba este año el cargo de corregidor, en previsión de este accidente, había dispuesto que los vecinos de la destruida ciudad, establecieran sus habitaciones provisorias en una altura inmediata. «Con todo eso, cuando llegó la furiosa avenida, puso a la gente en tan grande aprieto que entendieron no quedara hombre con vida, porque el agua iba siempre creciendo de suerte que iba llegando cerca de la altura de la loma donde está el pueblo; y por estar todo cercado de agua, no era posible salir para guarecerse en los cerros, si no era algunos indios que iban a nado, de los cuales morían muchos en el camino topando en los troncos de los árboles, y enredándose en sus ramas. Lo que ponía más lástima a los españoles era ver a muchos indios que venían por el río encima de sus casas, y corrían a dar consigo a la mar, aunque algunos se echaban a nado y subían a la ciudad como

---

525 El capitán Mariño de Lobera, que desempeñaba el cargo de corregidor de Valdivia mientras Pedro de Aranda andaba en campaña, ha contado extensamente y con muchos pormenores estos combates en los primeros capítulos del libro III de su crónica. El gobernador Quiroga no destina a esta primera insurrección de aquellos indios, más que algunas líneas de su carta al rey de 2 de enero de 1577.

mejor podían. Esto mismo hacían los caballos, y otros animales que acertaban a dar en aquel sitio procurando guarecerse con el instinto natural que les movía. En este tiempo no se entendía en otra cosa sino en disciplinas, oraciones y procesiones, todo envuelto en hartas lágrimas para vencer con ellas la pujanza del agua, aplacando al Señor que la movía. Cuya clemencia se mostró allí como siempre, poniendo límite al crecimiento, a la hora de mediodía, porque aunque siempre el agua fue corriendo por el espacio de tres días, era esto al peso a que había llegado a esta hora, sin ir en más aumento como había ido hasta entonces. Finalmente, fue bajando el agua al cabo de tres días, habiendo muerto más de 1.200 indios y gran número de reses, sin contarse aquí la destrucción de casas, chacras y huertas, que fuera cosa inaccesible.»[526]

3. Recibe Quiroga los refuerzos que esperaba de España, y se dispone a renovar las operaciones militares; su proyecto de transportar a las provincias del norte los araucanos que apresase en la guerra

Esta doble catástrofe que había arruinado las ciudades del sur, y el levantamiento de los indios que poblaban esa región, hicieron presentir nuevos conflictos y nuevos desastres. Quiroga, que habría querido socorrer con tropas a los españoles que en esos lugares peleaban por someter a los bárbaros rebelados, carecía de medios para prestarles ayuda. En esos momentos estaba esperando el refuerzo de 500 hombres que debía traerle de España un encomendero de Chile que entonces se hallaba en la metrópoli, el capitán Juan de Losada, y creía que llegando éste podría emprender una campaña eficaz y decisiva que le permitiese dejar pacificado para siempre todo el país.

Ese refuerzo no llegó a Chile sino en julio de 1576. Su arribo fue una verdadera decepción. El poderoso rey de España, envuelto en Europa en las más dispendiosas guerras y con su tesoro agotado, no había podido hacer llegar hasta Chile más que un auxilio relativamente insignificante. La división auxiliar organizada en España con las mayores dificultades, había experimentado en su viaje toda especie de contratiempos, cuya historia detallada podría llenar algunas páginas instructivas para conocer la vida social y militar de las colonias americanas.

---

526 Mariño de Lobera, libro III, capítulo 3.

Autorizado a fines de 1573 el capitán Losada para formar la columna que debía venir a Chile, despachó algunos emisarios a enrolar gente en diversas provincias de España. Empleando sobre todo la coacción con que en esa época se hacían los reclutamientos para los ejércitos españoles, esos agentes consiguieron después de más de un año de diligencias y de afanes, tener reunidos en los alrededores de Sevilla, poco más de 400 hombres. En abril de 1575 pudieron darse a la vela en cuatro buques de la flota que zarpaba para América del puerto de Sanlúcar de Barrameda.

Desde los primeros días aquella expedición comenzó a experimentar todo género de contrariedades. A su paso por las islas Canarias, desertaron algunos soldados. Más adelante, el capitán Losada cayó gravemente enfermo, y murió al llegar a la isla de la Dominica, dejando el mando de las tropas a Juan Lozano Machuca que venía a América a desempeñar un destino de hacienda en Charcas. En el puerto de Cartagena de Indias, donde la flota tuvo que hacer escala para desembarcar mercaderías, las fiebres y la deserción diezmaron las fuerzas expedicionarias. Por fin, en la región del istmo, los calores horribles del mes de junio, corrompieron los víveres que los expedicionarios traían de España, y hallaron éstos tan tristes noticias del reino de Chile, que casi todos, así soldados como oficiales, no pensaban más que en huir para sustraerse a las penalidades de una guerra cuya prolongación y cuyos horrores habían echado un descrédito completo sobre este país. Lozano Machuca hizo prodigios para evitar la deserción, solicitó y obtuvo el apoyo de la audiencia de Panamá, instruyó numerosos procesos, aplicó severos castigos; pero los desertores contaban con la protección de muchos vecinos de esa provincia y de los frailes de los conventos que les daban apoyo; y después de una demora de cinco meses en que se le agotaron sus recursos, tuvo que seguir su viaje al sur en un estado de verdadera miseria, y con sus fuerzas disminuidas considerablemente. La deserción continuó en casi todos los puertos de la costa en que los expedicionarios tuvieron que tocar antes de llegar a Chile, y sobre todo en el Perú.

Los expedicionarios arribaron a Chile a los quince meses de haber salido de España, bajo las órdenes del capitán Andrés de Molina. Sus fuerzas se componían solo de 334 hombres y, aun, algunos de ellos eran niños de corta edad, inútiles para el servicio militar.[527] El armamento de esta división era verdaderamente miserable. Traía 180 arcabuces, ocho cotas, ocho sillas y doce lanzas; y había cincuenta hombres que no tenían una espada ni género alguno de armas. Las municiones de guerra consistían solo en cien planchas de plomo que pesaban poco más de 300 arrobas, veinte libras de mecha de algodón para dar fuego a los arcabuces, y treinta y nueve botijas de salitre para la fabricación de la pólvora.[528] El mismo gobernador no pudo disimular su descontento en la carta que escribía al rey para darle cuenta de haber llegado este refuerzo. «Toda esta gente, le dice, llegó muy destrozada y falta de todas las cosas necesarias, y tan rotos que era compasión verlos... Algunos trajeron algún arcabuz y otros su espada, todos los más llegaron sin ningún género de armas, ni cotas, ni sillas; y para armar, encabalgar y vestir y aderezar a ellos y a los demás soldados que he juntado en esta ciudad, me he demorado hasta ahora.»[529] Con socorros de esta naturaleza pretendía Felipe II que sus gobernadores de Chile redujesen al vasallaje a los indomables guerreros de Arauco.

 Venciendo grandes dificultades para juntar gente y para equiparla, Quiroga llegó a contar en Santiago más de 400 soldados españoles y un cuerpo de 1.500 indios amigos con que estuvo listo para abrir la campaña en los primeros días de enero de 1577. El monarca español había dispuesto poco antes que los indios más bulliciosos y turbulentos de Chile fueran desterrados al Perú, para alejarlos así de los lugares en que podían hacer mal. Los encomenderos de Chile, por su parte, pretendían de tiempo atrás que los indios araucanos que se tomasen en la guerra, fueran trasladados a Santiago y principalmente a

---

527 De este refuerzo, solo 278 hombres eran de los que habían salido de España. Los demás habían muerto o desertado en el viaje. En Panamá, Lozano había enrolado 46 individuos y otros 10 en el Perú.
 En el Archivo de Indias de Sevilla existe un grueso legajo de documentos, expedientes judiciales, declaraciones, facturas, etc., sobre el viaje de estos auxiliares, de que constan los hechos que consignamos en el texto. Hay en esos documentos una gran abundancia de pormenores y de incidentes de escasa importancia, con los cuales se podría escribir un largo capítulo para consignar las peripecias de esta expedición.
528 Constan estas noticias del acta firmada por Rodrigo de Quiroga en Santiago a 20 de octubre de 1576 para remitir a la Casa de Contratación de Sevilla. En esta acta, inédita todavía, están nombrados todos los oficiales y soldados que componían el refuerzo.
529 Carta de Quiroga a Felipe II, escrita en Santiago a 2 de enero de 1577. Las cifras dadas por el gobernador respecto del armamento recién llegado, no coinciden exactamente con las que indica el acta antes citada. Creemos que este último documento merece más crédito en este punto; pero ambos dan bien triste idea de aquel refuerzo.

Coquimbo, donde la población indígena se hacía más escasa cada día, y donde querían utilizarlos en los trabajos de las minas.[530] El virrey don Francisco de Toledo, que por su parte era mucho menos caritativo que el rey con los indígenas, y que cometió con los indios peruanos actos de la más dura crueldad, había dado a este respecto instrucciones un poco diferentes. «El castigo de los indios rebelados, escribía en marzo de 1574 a la Real Audiencia de Chile, se haga en algunas cabezas por la orden que más pareciere que serán atemorizados los enemigos, y que los demás no sean castigados a cuchillo sino trasladados a la provincia de Coquimbo, desgobernándolos, como se dice, para que allí puedan sacar oro para los soldados que mantienen la guerra.» Cuando en 6 de marzo del mismo año nombró a Rodrigo de Quiroga general en jefe del ejército de Chile, lo autorizó expresamente para que pudiendo sujetar «algún buen golpe de indios rebeldes, ahora sea combatiendo multitud de ellos o en cabalgadas o facciones particulares, pueda traer hasta 600 o 700 a la provincia de Coquimbo para que asegurándolos de la fuga con desgobernarlos de un pie, puedan andar en las minas de oro y sacar con que se pueda mejor sustentar la guerra y pagar los soldados con menos vejación y molestia de los súbditos y vasallos de Su Majestad». Desgobernar a un indio, en el lenguaje de los conquistadores, era cortarle el pie poco antes del nacimiento de los dedos; y esta bárbara operación ejecutada frecuentemente sobre los prisioneros de guerra, o sobre los indios de servicio que se habían fugado, los reducía a un estado de invalidez que casi no les permitía volver a la guerra y que los reducía a servir en las faenas de los españoles sin esperanza de fugarse.[531]

---

530 El licenciado Calderón, nombrado por el rey teniente gobernador, a poco de haber llegado a Chile, escribía al virrey, desde Concepción, con fecha de 13 de noviembre de 1575, y en su carta le recomendaba la adopción de esta medida informándole de la abundancia de indios que había en las provincias del sur, de su escasez en Coquimbo y de la riqueza de los lavaderos de oro de esta última provincia, que no podían explotarse por la falta de trabajadores. En esa época, ya el virrey había dictado, a consecuencia, sin duda, de las peticiones reiteradas de los encomenderos de Chile, las providencias de que vamos a hablar en el texto.
531 Practicábase esta operación con un machete afilado o con una especie de formón al cual se golpeaba con un martillo, haciendo que el indio pusiese el pie en un madero firme. Para evitar la hemorragia consiguiente a esta cruel y ruda amputación, se obligaba al indio a meter el pie en un caldero de sebo hirviendo, y así se contenía la sangre por cauterización. El maestre de campo Alonzo González de Nájera, que escribía a principios del siglo siguiente su *Desengaño de la guerra de Chile*, debió ver practicar muchas veces esta

Rodrigo de Quiroga, que debía estar acostumbrado a este género de espectáculos, y que, además, tenía que satisfacer las exigencias de los encomenderos que pedían más indios para el trabajo de los lavaderos de oro, se inclinaba naturalmente al plan del virrey. Al partir a campaña, expresaba a Felipe II las esperanzas que tenía de consumar la pacificación de todo el reino. «Para mejor conservarla, añadía enseguida, después de pacificados estos indios, convendrá destinar una buena parte de los rebelados de su tierra para los valles y minas que hay en esta ciudad y La Serena, y así lo pondré en ejecución dándome Dios vida, porque conviene así a vuestro real servicio y a la quietud de esta tierra; y por esta vía serán castigados de sus delitos, y conservarse ha la paz, y con el provecho que sacarán de las minas y labores de tierra donde fueren desterrados, se dará entretenimiento a algunos vasallos de Vuestra Majestad, se sustentarán las fronteras, y vuestros reales quintos serán acrecentados y no se consumirán en el gasto de guerra.»[532] Los indios que sabían por una dolorosa experiencia la suerte que les estaba reservada, estaban bien determinados a frustrar los inhumanos proyectos de los crueles conquistadores.

4. El gobernador instruye un nuevo proceso jurídico a los indios de guerra y los condena a muerte; los indios fingen dar la paz, pero continúan las hostilidades bajo las instigaciones del mestizo Alonso Díaz

El 8 de enero de 1577 salía de Santiago Rodrigo de Quiroga al frente de las tropas españolas y de los indios auxiliares que había reunido. Como todos los gobernadores que le habían precedido en el mando de la colonia, llevaba la ilusión de hacer una campaña decisiva que le permitiera pacificar todo el país. Al efecto, había impartido sus órdenes para que se le reuniesen las tropas de la región de Valdivia, que estaban bajo las órdenes de Ruiz de Gamboa, y las que se hallaban en Angol con Bernal de Mercado. Creía completar así un ejército que impusiera miedo a los impertérritos araucanos.

---

operación, y la describe prolijamente admirando el estoicismo con que la soportaban los indios, sin lanzar un quejido y sin fruncir siquiera el ceño. Véase el libro citado, pág. 467.
532   Carta citada de Rodrigo de Quiroga de 2 de enero de 1577. El halagüeño prospecto que presentaba Quiroga del resultado de su plan, estaba destinado a asegurarle la aprobación del soberano.

En su marcha debió sufrir un primer desencanto. Aquellos bárbaros se mantenían resueltamente sobre las armas y parecían desafiar todo peligro. El 2 de febrero atacaron Angol y pusieron en gran aprieto a sus defensores. Bernal de Mercado recibió varias heridas en el combate, pero logró rechazar al enemigo y castigar con pena de muerte a los prisioneros que tomó. Ruiz de Gamboa, marchando a reunirse con el gobernador, tuvo que sostener otra batalla en que dispersó y castigó duramente a los indios con nuevas ejecuciones capitales, pero sin lograr escarmentarlos.[533]

Estos sucesos llenaron de rabia al gobernador y a los que formaban su séquito. Seguro todavía en el poder de sus armas, resolvió hacer a los indios una guerra sin cuartel y sin piedad. Pero antes, quiso legalizar sus proyectos de sangre y de exterminio instruyendo a los bárbaros un proceso semejante a aquél que el licenciado Herrera había formado bajo el gobierno de Francisco de Villagrán.[534] «En la provincia de Reinohuelén, donde comienza lo que está de guerra, dice el mismo Quiroga, procedí por vía jurídica contra todos los indios rebelados. E hice información de todos los delitos que han cometido desde que se alzaron y rebelaron la primera vez hasta entonces, crieles un defensor a quien di traslado del cargo que les hice; y concluso el proceso, los sentencié y condené a muerte natural.»[535] Este procedimiento que en nuestro tiempo parece extraño y ridículo, tenía una gran importancia entre los soldados conquistadores del siglo XVI. La decisión judicial que recaía en cada uno de estos singulares procesos, debía tranquilizar la conciencia de los soldados, demostrándoles que la guerra que se hacía a los indios era legalmente justa, e imponer silencio a los que predicaban en contra de ella y contra las matanzas de enemigos. La prueba que se rendía en la información, estaba encaminada a demostrar que

---

533 Carta de Quiroga a Felipe II, de 26 de enero de 1578. Carta de Bernal de Mercado al virrey del Perú de 15 de junio de 1579.
534 Véase, parte III, capítulo 1, pág. 247.
535 Carta citada de Rodrigo de Quiroga a Felipe II. No es posible fijar con certidumbre el lugar en donde hizo Quiroga instruir este proceso. En la carta original, yo he leído Reinohuelén, pero no he quedado satisfecho de esta interpretación desde que no puedo aplicar el nombre que he traducido letra por letra en el manuscrito, a ninguna localidad conocida. Se sabe, además, que los españoles estropeaban desapiadadamente en la escritura los nombres indígenas; y que en muchas ocasiones es imposible reconocer los lugares de que se trata, a lo que, además, ha debido contribuir el cambio posterior de denominaciones. Por lo que se deja entender en la carta de Quiroga, Reinohuelén debía estar situado al sur del río Itata, cerca de donde este río se junta con el Ñuble.

las hostilidades dirigidas contra los bárbaros no eran guerra de conquista sino la que legítimamente podía hacerse contra súbditos rebelados. Probábase así que los indios se habían sometido voluntariamente al rey de España, pero que inducidos más tarde por sus malos instintos, habían faltado a los deberes del vasallaje y habían tomado las armas para cometer toda clase de crímenes y de atrocidades. Aquellos procesos en que se probaba todo lo que se quería sin la intervención de los verdaderos interesados, o dando a éstos una representación irrisoria por medio de los defensores que les nombraban sus enemigos, y que, sin embargo, servían de fundamento para tan graves determinaciones, son una de las más curiosas muestras del criterio moral de esa época.

Terminado este proceso por la declaración de guerra sin cuartel a los araucanos, Quiroga avanzó hasta Quinel, donde se le juntaron las tropas que venían del sur. Su ejército llegó a contar casi 500 soldados españoles,[536] y 2.500 indios auxiliares. Allí distribuyó los cargos militares entre los capitanes más caracterizados, dando a Ruiz de Gamboa el de coronel, esto es, de primer jefe después del gobernador, y a Bernal de Mercado el de maestre de campo. Informado por sus espías de que en la orilla norte del Biobío, en el sitio denominado Hualqui, los indios enemigos se fortificaban en número considerable, Quiroga marchó rápidamente sobre ellos, los atacó el 8 de marzo y los puso en completa dispersión obligándolos a refugiarse al otro lado del río.

Quiroga abría la campaña con un ejército más numeroso y mejor equipado que los que en los años anteriores habían expedicionado en la Araucanía. Esas fuerzas, por otra parte, marchaban concentradas en un solo cuerpo, contra el cual las hordas desorganizadas de los bárbaros no podían medirse en una batalla. Favorecidos por la estación de otoño, que hace bajar el agua de los ríos, los españoles pasaron a vado el Biobío con toda comodidad, y fueron a acampar en el mismo territorio que por tantos años había sido teatro de la guerra, sin encontrar por ninguna parte la menor resistencia. Convencidos los indios de que no podían acometer empresa alguna contra ese ejército, recurrieron al usado expediente de fingir que daban la paz, esperando tener en breve una oportunidad favorable para sublevarse de nuevo.

---

536 Así dice Quiroga en su carta citada. Bernal de Mercado en su carta al virrey del Perú dice solo 420.

Los españoles, muy escarmentados por la experiencia, no podían dar crédito a estas promesas de sumisión; pero, sin olvidar ninguna precaución militar, suspendieron por el momento la ejecución de los castigos que traían proyectados, y avanzaron hasta Arauco donde construyeron otra vez un fuerte y galpones para resguardarse de los rigores del invierno que se anunciaba lluvioso. En los primeros tiempos pudieron contar con víveres suministrados por los mismos indios que se fingían pacíficos y sumisos.

Pero aquella situación no podía durar largo tiempo. Desde que Quiroga hizo volver al norte una parte de los auxiliares que había llevado consigo, comenzaron los indios de guerra a hacer sus habituales correrías. Robaban los caballos de los españoles, asaltaban a los que viajaban desprevenidos y ejercieron crueles venganzas sobre los indígenas que les habían prestado auxilio. Un mestizo llamado Alonso Díaz, que hacía poco se había pasado a los indios, y que estaba destinado a adquirir una gran celebridad como general de sus ejércitos, era el principal instigador de estas hostilidades. En sus trabajos estaba eficazmente ayudado por un cacique de Lebu a quien los españoles habían bautizado con el nombre de Juan. Prisionero de los conquistadores años atrás, ese cacique había sido enviado al Perú, pero había vuelto poco más tarde a Chile con el gobernador Bravo de Saravia, y en la primera ocasión que se le presentó, huyó a juntarse con los suyos para ayudarlos en la guerra. Esos dos caudillos que conocían de cerca la táctica de los europeos, llevaban a los indios un contingente de experiencia militar que debía serles de gran utilidad. Seguramente eran ellos los que estimulaban los robos frecuentes y, a veces, considerables de cabalgaduras para organizar entre los bárbaros fuerzas de caballería que habían de hacerlos invencibles antes de mucho tiempo.

No queriendo dejar impunes estas hostilidades, dispuso Quiroga que algunos de sus capitanes hiciesen campeadas en el territorio enemigo, aun, en medio del corazón del invierno. El maestre de campo Bernal de Mercado, a la cabeza de cerca de 200 soldados, recorrió a fines de julio los campos de la costa del sur de Arauco, y en Millarapue tomó 350 prisioneros, ocho de los cuales eran caciques o jefes de tribus. «Pronuncié un auto, dice Quiroga, en que mandé que se ejecutase en estos indios presos la sentencia de muerte que yo di contra ellos y contra los demás rebelados, la cual pena por entonces la mandé suspender; y en el entretanto mandé que estos indios fuesen llevados a la ciudad de la Serena, y que allí se les cortase un pie a cada uno, y trabajasen en las labores de las minas de oro para ayudar al gasto de la guerra, y que los caciques fuesen llevados al visorrey del Perú.»[537] En el campo español se temió un momento que los caudillos araucanos intentaran un ataque para libertar a los prisioneros que debían ser remitidos por mar a Coquimbo; pero los bárbaros no quisieron acometer una empresa que habría sido infructuosa, y las órdenes de Quiroga se cumplieron con inflexible puntualidad.

Estos castigos, sin embargo, no amedrentaron a los indígenas. Lejos de eso, se confirmaron en su plan de hostilidades, y una noche pretendieron pegar fuego al campamento de los castellanos. Una nueva campeada, dirigida personalmente por el anciano gobernador, emprendió el castigo de los autores de este atentado. Un sobrino de Quiroga, que como él llevaba el nombre de Rodrigo, tuvo la buena fortuna de apresar, después de un combate, al cacique Juan de Lebu y a otros siete jefes de tribus, a quienes se quiso dar un castigo ejemplar. Estos últimos fueron ahorcados en los árboles; pero aquél fue bárbaramente empalado, como lo había sido Caupolicán en 1558.[538] Así, pues, si las operaciones militares de los indios no tuvieron por entonces aquella impetuosidad y aquella decisión de otros tiempos, sus incesantes hostilidades debieron hacer comprender a los españoles que jamás reducirían a una paz estable y efectiva a esas hordas indomables de guerreros tan resueltos y porfiados.

---

537 Carta de Quiroga a Felipe II, de 26 de enero de 1578. Esta traslación de indios, que favorecía los intereses de los encomenderos del norte, puesto que les proporcionaba trabajadores para sus minas, fue muy combatida por los españoles a quienes se habían concedido repartimientos en la región del sur, por más que estos repartimientos no redituaran nada a causa del estado de guerra. Pensaban ellos que el despoblamiento de esa región iba a hacerla improductiva cuando fuese definitivamente pacificada, lo que ilusamente creían muy próximo. Doña Marina Ortiz de Gaete, la viuda del conquistador Pedro de Valdivia, que había heredado de éste los derechos sobre el territorio que habitaban los indios apresados en esa ocasión, promovió un litigio sobre el particular a Rodrigo de Quiroga, y el licenciado Calderón, en su carácter de teniente de gobernador o justicia mayor del reino, admitió la demanda y comenzó a tramitar el proceso. Como Quiroga desconociese su autoridad para inmiscuirse en estos negocios, el licenciado Calderón sostuvo que sus atribuciones como conferidas por el rey eran independientes de las del gobernador, y su jurisdicción en su esfera especial, tan absoluta como la de éste. Esta competencia muy agitada y ruidosa, agrió extraordinariamente los ánimos de los dos contendores.
538 Carta citada de Rodrigo de Quiroga; carta de Quiroga al virrey del Perú de 26 de enero de 1578; Mariño de Lobera, *Crónica*, parte III, capítulo 8.

Durante todo el invierno de 1577, los indios no habían dado a los conquistadores casi un solo día de perfecta tranquilidad.

5. Primera campaña de Quiroga contra los araucanos

La primavera vino a dar mayor actividad a las operaciones de la guerra. Martín Ruiz de Gamboa había partido para Valdivia a someter a los indios de esa región que permanecían rebelados. Quiroga, con unos 360 soldados, salió de Arauco el 14 de octubre, recorrió la provincia de Tucapel, teatro en los años anteriores de tantos combates, pero donde no encontró entonces la menor resistencia. Penetrando, por fin, en la cordillera de la Costa, o de Nahuelbuta, para pasar al valle central, tuvo que sostener su retaguardia un combate en la quebrada de Purén, con pérdida de un soldado, pero sin que los indios consiguieran entorpecer su marcha. Una vez libre de este peligro, Quiroga dispuso expediciones y correrías por los campos de las inmediaciones, y hasta las dilatadas vegas de Lumaco, en que sus soldados talaban los sembrados de los indios, quemaban sus chozas y apresaban a todas las personas, así hombres como mujeres y niños, esperando por estos medios reducirlos a la paz. Los bárbaros, muchos de los cuales usaban ya caballos con singular maestría, sabían evitar cuanto les era dable esta obstinada persecución de los españoles.

«En una correduría, dice Quiroga, se prendieron la mujer e hijos del cacique principal de esta provincia, de los coyuncos,[539] el cual tenía cautivo a un soldado llamado Diego de Fuentes, que le cautivaron habrá veinte años en un desbarate del capitán Zárate. Este cacique (que un viejo cronista llama Ulpillán) acordó de dar en rescate de este soldado por su mujer e hijos; y a los 18 de este presente enero (1578) lo rescató. Negocio ha sido éste que no se ha visto otro tal en estas partes después que se descubrieron y conquistaron, porque los indios son tan crueles que, en prendiendo al español, lo matan.»[540] Así, pues,

---

539 Según se desprende de los documentos, dábase el nombre de coyuncos, o coyunchos, a los indios que poblaban el valle central al norte de Angol.

540 Carta de Quiroga a Felipe II, de 26 de enero de 1578. Carta del mismo al virrey del Perú de la misma fecha. Mariño de Lobera que ha referido el mismo hecho con algunos otros incidentes en el capítulo 10, libro III, de su crónica, dice que Fuentes había sido muy bien tratado por los indios durante su cautiverio, y refiere que no era el único español que hubiera corrido igual suerte. «Fue el primero, agrega, Antonio de Rebolledo, que estuvo dos años preso en la isla de la Mocha, y Juan Sánchez, que había sido preso en una de las batallas del gobernador Valdivia, y don Alonso Mariño de Lobera (hijo del propio cronista

aquella guerra cruel y desapiadada, comenzaba, en medio de sus horrores y devastaciones, a civilizar a los indios, haciéndoles comprender que era ventajoso respetar la vida de los prisioneros para rescatar a sus propios parientes que hubieran caído en poder de los españoles o para obtener algunos objetos que despertaban su codicia.

Hasta entonces Quiroga no había empeñado ninguna batalla formal contra los indios araucanos ni había penetrado siquiera a los lugares en que éstos se habían hecho fuertes, y habían obtenido algunas de sus más espléndidas victorias. En las faldas orientales de la cordillera de la Costa, y cerca del Biobío, estaban las provincias de Mareguano y Catirai, cortadas por ásperas y montuosas serranías donde los indios de guerra tenían su centro de acción, y donde, en años atrás, habían derrotado en dos grandes batallas a Pedro de Villagrán el mozo, y a don Miguel de Velasco. Allí habían construido sus fortalezas de palizadas, en cuyas estacas tenían clavadas noventa calaveras de españoles muertos en los anteriores combates, como si con ellas quisieran desafiar a los conquistadores. De esos lugares salían las bandas que iban a robar caballos o a inquietar a las tropas de Quiroga.

En los primeros días de febrero de 1578, resolvió el gobernador expedicionar sobre esa región. El maestre de campo Bernal de Mercado reconoció aquellas posiciones; y confiado en el número relativamente considerable de las fuerzas que componían su ejército, propuso el ataque inmediato. Por más que algunos jefes apoyasen este parecer, Quiroga no quiso empeñar el combate, y después de ligeras escaramuzas, resolvió dar la vuelta a Arauco.[541] Los indios cobraron mayor soberbia cuando vieron que sus enemigos, aun en el número considerable en que estaban, no habían osado atacarlos en aquellas posiciones. Esta confianza los determinó a tomar una actitud más resuelta y agresiva.

Para volver a la plaza de Arauco sin dar un extenso rodeo, los españoles debían atravesar de nuevo esas montañas, llegar a la costa por donde ahora

---

que lo refiere), que estuvo cinco días preso entre los adversarios, con tres heridas peligrosas, y fue libre de las prisiones por la buena diligencia de su padre, don Pedro Mariño de Lobera, que, con el amor paternal, se atrevió a sacarle con solo nueve de a caballo y catorce arcabuceros que llevaba el capitán Lamero, los cuales dieron a los indios batalla campal, y libertaron al capitán con otro compañero suyo, hijo del capitán Rodrigo de Sande». Conviene advertir que el cautiverio de estos dos últimos tuvo lugar en 1580.
541 Carta de Quiroga a Felipe II, de 12 de enero de 1579. Carta de Lorenzo Bernal de Mercado al virrey del Perú, de 15 de junio de 1579; Mariño de Lobera, libro III, capítulo 10.

existen las poblaciones de Coronel y de Lota, y seguir al sur por los caminos vecinos a la playa. Allí se alzaban las serranías de Marigueñu y de Laraquete tan funestas en 1554 a Francisco de Villagrán, que había legado su nombre a la primera de ellas. Quiroga se hallaba en Andalicán (Colcura) el 20 de marzo con todas sus tropas y, aunque viejo y enfermo, hasta el punto de ser transportado en una silla, dirigía personalmente las operaciones militares. Temiendo que en la cuesta de Marigueñu o Villagrán estuviese emboscado el enemigo, dispuso que Bernal de Mercado con algunas compañías se adelantase en exploración. En efecto, antes de mucho descubrió grupos de indios que tomaban la fuga para atraer a los españoles a los bosques en que estaba oculto el grueso de sus fuerzas. El maestre de campo era demasiado experto en negocios de guerra para dejarse engañar por esta estratagema de los indios. En vez de perseguir a los fugitivos tomó posiciones para esperar todo el grueso del ejército, y adelantando artificiosamente la exploración, descubrió que un número considerable de enemigos defendía aquellas peligrosas alturas.

Los españoles acamparon a dos tiros de arcabuz de las posiciones enemigas resueltos a esperar la mañana siguiente para continuar la marcha y empeñar la batalla si era necesario. Pasaron toda la noche, que era perfectamente oscura, sobre las armas, para prevenir cualquier sorpresa. Los indios, por su parte, no bajaron de las alturas, pero a cada rato hacían oír espantosas griterías, provocaciones y amenazas, o disparaban sin orden ni concierto algunos tiros de arcabuz, cuyo manejo no habían podido aprender convenientemente. Al amanecer del 21 de marzo (1578), Quiroga, a pesar de sus años y de sus enfermedades, se hizo montar a caballo, distribuyó sus tropas dando a Bernal de Mercado el mando de la vanguardia, a Ruiz de Gamboa el de la retaguardia; y poniéndose él mismo a la cabeza del centro y de la artillería, ordenó romper la marcha y empeñar el combate. La gloria de la jornada recayó principalmente sobre el experimentado e impetuoso maestre de campo. Después de siete u ocho cargas dadas con tanta resolución como acierto, rompió los espesos pelotones de indios poniéndolos en dispersión y abriéndose camino para pasar adelante y para continuar la persecución de los fugitivos. Algunos escuadrones enemigos que cayeron por los flancos sobre la retaguardia fueron derrotados por Ruiz de Gamboa. El combate se hizo general en todas partes y aun el centro del ejército español se había visto atacado; pero en todas partes también la resistencia fue bien sostenida, de suerte que los indios tuvieron que dispersarse dejando el campo sembrado de cerca de 200 cadáveres entre los cuales se contaban los de algunos de sus caudillos.[542]

6. Segunda campaña de Quiroga

Esta victoria, como las otras que los españoles habían alcanzado en las campañas anteriores, no había de conducir a ningún resultado medianamente decisivo. Aquella guerra tenía todas las condiciones necesarias para ser interminable. Los conquistadores, en número insuficiente para hacer efectiva la ocupación de todo el territorio disputado, no eran en realidad dueños más que del terreno que pisaban, mientras que la población indígena mucho más numerosa, resuelta a resistir a todo trance a la dominación extranjera, favorecida, además, por las condiciones del suelo, de los bosques, de las montañas y de las ciénagas, se adiestraba más y más en el arte de la guerra, aprendía de sus enemigos el uso del caballo y la manera de defenderse, y preparaba cada día ataques y asechanzas que si no le aseguraban una victoria eficaz, cansaban a los españoles, debilitaban sus fuerzas y, a la larga, los reducían a la impotencia.

En esa época, además, a pesar de los triunfos de los castellanos, la guerra se hacía cada día más desfavorable para ellos. Circunscrito en sus principios a una sola región de aquel territorio, el levantamiento de los indígenas, como contamos, se había extendido a otras provincias que durante largo tiempo habían estado de paz. En Valdivia, en Villarrica y en sus contornos, la guerra ardía con menos ímpetu que en Arauco, pero obligaba a los vecinos y capitanes de esas localidades a vivir con las armas en la mano, y a hacer constantes correrías para desbaratar las juntas de indios, destruir las palizadas en que se defendían y para resguardar sus propias posiciones muchas veces amenazadas por asaltos y sorpresas. La guerra incesante en esa región no parecía alarmar seriamente al gobernador Quiroga, pero lo obligaba a dividir sus fuerzas, a enviar socorros a Valdivia y, por lo tanto, a debilitar el ejército con que tenía que hacer frente a los formidables y obstinados araucanos. Martín Ruiz de Gamboa había recibido el encargo de combatir la insurrección de los indios de Valdivia. Hizo, en efecto, dos penosas campañas y obtuvo sobre los rebeldes ventajas aparentes

---

542 Carta citada de Quiroga a Felipe II; Id. de Bernal de Mercado al virrey del Perú; Mariño de Lobera, libro III, capítulo 12.

en varios encuentros; pero la paz no volvió a restablecerse. Los indios, aunque perdieron muchos de sus guerreros, se replegaban a las montañas y a los bosques y, aun, atravesaban la cordillera de los Andes; pero luego volvían a reaparecer en diversos lugares, convencidos de que en esa lucha incesante habían de fatigar a sus opresores, agotar las fuerzas de éstos y reconquistar por fin la suspirada independencia.[543]

Así, pues, a pesar de los triunfos alcanzados en su última campaña, los españoles que defendían el fuerte de Arauco y los campos inmediatos, pasaron en 1578 un penosísimo invierno, no solo por las lluvias que ese año fueron excepcionalmente abundantes, y por las privaciones consiguientes a una estación tan rigurosa, sino por la necesidad de mantenerse sobre las armas. Su incomunicación con el resto del país fue casi completa durante seis largos meses. Al asomar la primavera, se disponía Quiroga a recomenzar la campaña cuando llegó a su campo el mariscal Ruiz de Gamboa trayéndole las más alarmantes noticias. La insurrección del sur, lejos de detenerse, tomaba cada día mayor cuerpo y se hacía amenazadora. Gamboa había salido de Valdivia por mar y venía a buscar socorros. Quiroga se vio en la necesidad de darle setenta hombres, y de encargar al licenciado Calderón, su teniente de gobernador, que marchase a Santiago y La Serena a hacer otros reclutamientos de tropas para continuar la guerra. Los colonos debían pasar por nuevas exacciones y nuevos sacrificios para remontar un ejército que comenzaba a deshacerse sin haber sido derrotado, pero sin haber obtenido ninguna ventaja real y positiva. Aquel estado de cosas debía ser desesperante para los hombres que querían vivir en paz y ejercer alguna industria lejos del teatro de tantos y tan infructuosos combates.

Aunque Quiroga no quedó más que con 250 hombres, comenzó desde octubre a correr la tierra, como se decía entonces, es decir, a hacer campeadas para disolver las juntas de indios enemigos, a destruirles sus sembrados y a coger

---

543 Estas operaciones militares, mucho menos importantes que las que entonces sostenía Quiroga en el norte de la Araucanía, pero sumamente penosas por los bosques y montañas que era preciso recorrer, han sido contadas con bastantes pormenores en dos cartas inéditas de Ruiz de Gamboa al virrey del Perú, de fecha de 28 de agosto de 1578 y de 1 de abril de 1579, en la segunda de las cuales resume casi todas las noticias contenidas en la primera, y las completas con la relación de los sucesos posteriores. El cronista Mariño de Lobera, que entonces residía en Valdivia, ha dado gran desarrollo a la narración de esas campañas que por su importancia secundaria no pueden detenernos para referirlas en sus pormenores.

como prisioneros a los que habían tomado o podían tomar las armas. Habiendo atravesado la cordillera de la Costa, o de Nahuelbuta, por la quebrada de Purén, acampó en la tarde del 26 de noviembre en el pequeño valle de Guadava, a poca distancia de las vegas de Lumaco. Parece que nada hacía presumir a los españoles la proximidad del enemigo; pero pocas horas antes de amanecer el día siguiente, se vieron atacados de improviso por un ejército considerable de indios que, cayendo con gran ímpetu sobre el campamento, se apoderaron de muchos toldos o tiendas de campaña. Repuestos de la primera sorpresa, los castellanos se reorganizaron, se defendieron enérgicamente y pusieron a los indios en completa dispersión (27 de noviembre de 1578). Los vencedores tuvieron, sin embargo, que llorar la muerte del capitán Rodrigo de Quiroga, sobrino del gobernador, mancebo de gran valor, y uno de los más resueltos organizadores de aquella defensa. Su cabeza estaba agujereada por una bala de arcabuz. De las averiguaciones que se hicieron, resultó que dos soldados castellanos estaban conjurados para dar muerte a ese capitán, y que, en el fragor de la pelea, hicieron fuego sobre él. Ambos culpables fueron ahorcados pocos días después.

Como ocurría casi invariablemente después de cada victoria, los españoles creyeron que aquel desastre habría escarmentado a los indios. Sin embargo, aún no había pasado una semana cuando Quiroga, que se hallaba en Angol, siempre achacoso y enfermo, supo que los indios se reunían de nuevo al norte de esa ciudad, y que, por tanto, corrían gran peligro de caer en una emboscada los refuerzos de tropa y de municiones que esperaba de Santiago. El maestre de campo Bernal de Mercado salió en su busca con un cuerpo de arcabuceros. En la tarde del 5 de diciembre, cuando ya había tomado su campamento para pasar la noche, fue asaltado por numerosos escuadrones de bárbaros; pero se defendió con tanto vigor que antes de mucho rato los puso en dispersión causándoles pérdidas considerables, y ejerciendo en los prisioneros los castigos que seguían a cada victoria.

El siguiente día llegaba al campamento el licenciado Calderón con cien hombres bien vestidos y armados que había reunido en Santiago, con una abundante provisión de ganado, de municiones, de cuerdas para mechas de los arcabuces y con muchos otros artículos de guerra. Quiroga se preparaba para proseguir la campaña contando con estos nuevos elementos que engrosaban considerablemente su poder militar. Pero antes de iniciar las operaciones, el 12 de diciembre, recibió un mensajero de Santiago que le comunicaba las noticias que más podían alarmar a un servidor del católico rey de España. El vasto océano Pacífico, que hasta entonces no habían navegado más que las embarcaciones castellanas, era recorrido en esos momentos por naves de extranjeros y de protestantes que habían osado ejercer sus depredaciones en las mismas costas de Chile. Ante una novedad semejante, Quiroga creyó que su deber le mandaba desatender la guerra contra los indios y trasladarse a Santiago a organizar la defensa del reino contra cualquier ataque de los enemigos del rey y de la religión. Fueron inútiles las representaciones que le hicieron algunos de los suyos para demostrarle que ni por el estado de su salud ni por la situación del país debía emprender un viaje de esa clase. El gobernador apartó de su reducido ejército ochenta soldados de los mejores, y a su cabeza se puso en marcha precipitada para la capital.[544] Vamos a ver cuál era el motivo de tanta alarma y de un viaje tan imprevisto y precipitado.

---

544 Aunque estos hechos están contados con bastante exactitud en la crónica de Mariño de Lobera, nosotros hemos tenido por guía principal los documentos contemporáneos, y, sobre todo, las cartas tantas veces citadas de Quiroga a Felipe II y de Bernal de Mercado al virrey del Perú. En los cronistas posteriores, estos hechos están desfigurados lastimosamente por desconocimiento de aquellos documentos. Hemos creído inútil el extendernos para señalar los errores numerosos que se encuentran en esos cronistas.

Capítulo VII. Fin del gobierno de Quiroga (1578-1580). La expedición de Francisco Drake

1. Organización y partida de Inglaterra de la expedición de Francisco Drake. 2. Correrías de Drake en las costas de Chile; presa hecha en Valparaíso; los ingleses son rechazados en la Mocha y en La Serena. 3. Esfuerzos de Quiroga para comunicar al Perú la noticia de estos sucesos y para atender a la defensa del reino. 4. Continuación de las operaciones militares contra los indios. 5. Muerte de Rodrigo de Quiroga. 6. Últimos años de Francisco de Aguirre.

1. Organización y partida de Inglaterra de la expedición de Francisco Drake

«El año 1577, así como en España y toda la Europa pareció en la misma región del aire el más famoso cometa que se ha visto, también se vio en estos reinos (Chile), a los 7 de octubre, con una cola muy larga que señalaba al estrecho de Magallanes, que duró casi dos meses, el cual pareció que por el estrecho había de entrar algún castigo enviado de la mano de Dios por nuestros pecados.»[545] Con estas palabras comienza un caracterizado escritor de esa época, la relación

---

[545] *Descripción del Perú y de Chile*, capítulo 43, libro inédito, escrito en 1605 por fray Baltasar de Ovando, que cambió su nombre en el claustro de los dominicanos del Perú por el de fray Reginaldo de Lizárraga, con que fue conocido cuando desempeñó el obispado de la Imperial.
El cometa de 1577 despertó en Europa los mismos temores, y se creyó que anunciaba grandes desgracias y la muerte de muchos grandes personajes. Véase De Thou, *Histoire universelle*, libro LXV, tomo V, pág. 439, y Antonio de Herrera, *Historia general del mundo*, parte II, libro II, capítulo 1. Los portugueses dijeron más tarde que ese astro había anunciado la derrota y muerte del rey don Sebastián, ocurridas en 1578. En Bruselas, algunas personas hicieron burlas de las previsiones de desgracias que se atribuían al cometa, y pasearon por las calles una caricatura del astro hecha de papel en forma de saco y alumbrado con velas en el interior. Pero esta burla provocó una fiesta de expiación para desagraviar a la divinidad ofendida, y dio origen a la acuñación de una medalla votiva y conmemorativa.
Este cometa de 1577 es justamente famoso en la historia de las ciencias. Observado por el ilustre astrónomo danés Tycho Brahé, pudo éste establecer, contra la opinión vulgar, que los cometas eran verdaderos astros, colocados mucho más allá de la atmósfera terrestre, y que obedecían a movimientos regulares. Un célebre médico y filósofo suizo, Tomás Lieber, más conocido con el nombre de Erasto, se reía en 1582 de aquellos temores en una de sus obras latinas, con las palabras siguientes: «¡Ojalá que las guerras no tuviesen otra causa que la bilis de los soberanos excitada por algún cometa! Un hábil médico, con una dosis de ruibarbo o de jarabe de rosa, devolvería en breve las dulzuras de la paz». Por fin, los asombrosos descubrimientos de Newton, de Halley y de tantos otros astrónomos,

de la primera entrada de los protestantes en el océano Pacífico, suceso que debía alarmar sobremanera a todos los pobladores de las colonias del rey de España, y que produjo el viaje de Rodrigo de Quiroga, de que hemos hablado en el capítulo anterior.

El jefe de esta audaz expedición era Francisco Drake, uno de los más insignes marinos que haya producido Inglaterra. Hijo de un pobre vicario puritano cuya familia había sufrido por mantenerse fiel a sus doctrinas religiosas, Drake había hermanado su puritanismo con su pasión por las aventuras. Vender negros en las colonias, matar españoles, saquear los buques que cargaban oro, eran a juicio del joven marino, la obra de «el elegido de Dios».[546] En estas empresas, Drake había recorrido el mar de las Antillas, desembarcado en las tierras vecinas, y batídose algunas veces como un héroe; y su nombre, que estaba destinado a ser el terror de las costas de España y de sus colonias, adquirió desde entonces un gran prestigio entre sus compañeros de armas. La crueldad con que sus compatriotas prisioneros fueron tratados por los vasallos de Felipe II, algunas deslealtades que éstos cometieron en esos combates, y junto con esto, también, el encono que habían creado las luchas religiosas del siglo XVI, inflamaron su ánimo, y lo llevaron a jurar un odio eterno a los españoles. Su carrera posterior, que lo ha hecho famoso en la historia, no tuvo más propósito que el satisfacer este insaciable sentimiento de odio y de venganza.

---

vinieron a destruir esas absurdas preocupaciones y a hacer cesar los temores insensatos que provocaba cada cometa.

Sin embargo, en España y en sus colonias, donde las teorías científicas de Newton eran condenadas como heréticas, el reinado de la superstición se prolongó casi hasta nuestros días. Así, en 4 de octubre de 1744 el obispo de Concepción don Pedro Felipe de Azúa Iturgoyen convocaba a sínodo a los curas y eclesiásticos beneficiados de su diócesis y decía las palabras siguientes: «En estos días próximos habéis todos visto esa señal manifiesta del cometa que a la parte oriental se ha demostrado algunos meses ha en funesto vaticinio de vuestra ruina, siendo aún los cielos predicadores que anuncian las divinas venganzas, según el salmista, pues aunque algunos críticos quieren debilitar los anuncios de tales fenómenos, siempre es y ha sido presagiosa su formación; y así reflecten los más píos que el primero que fue visto en el orbe en la olimpíada setenta y siete, 480 años antes de la venida de nuestro redentor, fue cuando dejaron de vaticinar los profetas, como que estas señales se subrogaron por sus predicciones aún más conformes con nuestra estolidez y casi infidelidad». Éstas eran las nociones científicas que se enseñaban en estos países a mediados del siglo XVIII por los que tenían el encargo de dirigir las inteligencias de los colonos del rey de España.

546 J. R. Green, *History of the english people*, sec. VI, capítulo 7.

Cuéntase que en una de sus correrías en la región del istmo de Darien, Drake se internó en las tierras guiado por un jefe indio, subió a las más altas colinas, y desde la cima de un árbol corpulento, divisó el vasto océano descubierto por Balboa, donde hasta entonces no había flotado más que el pabellón del rey de España. «Nuestro capitán, dice una antigua relación, dando gracias a Dios omnipotente por su bondad, le pidió que le diese vida y le permitiese navegar esos mares con un buque inglés. Llamando entonces a todo el resto de nuestra gente, explicó especialmente su petición y sus propósitos a Juan Oxman, si Dios quería recompensarlo con esta felicidad. Oxman, al oír esto, protestó que con la gracia de Dios, él acompañaría a nuestro capitán en esta empresa.»[547] En efecto, Oxman fue fiel a Drake. De acuerdo, sin duda alguna, con él, en 1575 hizo una segunda expedición a la región del istmo; y después de las más audaces aventuras que no tenemos para qué contar aquí, ese intrépido marino cayó prisionero de los españoles y fue transportado a Lima con sus compañeros para sufrir la pena de muerte.[548]

Francisco Drake, entretanto, sin conocer el desenlace de aquella empresa, hacía aprestos para otra enormemente difícil en esa época, pero más practicable. Oxman había construido embarcaciones en la región del istmo para pasarlas a brazo de un mar a otro. Drake concibió el proyecto de penetrar en el océano Pacífico por el canal que había descubierto Magallanes, y que después de él muy pocos se habían atrevido a navegar, porque ese derrotero estaba envuelto en la más misteriosa reserva. Inglaterra se hallaba entonces en paz con España; nada habría podido autorizar un acto de abierta hostilidad amparado por el gobierno inglés. Pero este estado de cosas era más aparente que real, porque existía entre ambos pueblos y entre ambos gobiernos una animosidad profunda que daba lugar a frecuentes actos de disimulada hostilidad que las ideas morales y políticas de ese siglo casi no permitían apreciar como violación de la paz. Bajo la autoridad de un cronista inglés contemporáneo de

---

547 Sir Francis Drake revived (Sir Francisco Drake resucitado), relación sumaria de los cuatro viajes hechos a las Indias occidentales, coleccionada sobre las notas de los expedicionarios. Londres, 1653, pág. 54.
548 Las aventuras de Oxman u Oxenham, como escriben los modernos, fueron contadas en una relación portuguesa de López de Vaz, publicada en inglés en la célebre colección de Hakluyt. Antonio de Herrera hace referencia a los mismos hechos en su célebre *Historia general del mundo*, Madrid, 1601, part. II, libro III, capítulo 22.

esos sucesos,[549] se ha contado que Drake fue presentado a la reina Isabel por uno de sus chambelanes, que ésta lo recibió afectuosamente y que dispensó su protección a la atrevida empresa que meditaba, pero que no quiso darle título ni patente escrita que comprometiese la responsabilidad de su gobierno. Los españoles, por su parte, creyeron entonces y han quedado creyendo siempre que la expedición de Drake había sido preparada con la intervención directa de la Reina, que violaba así con toda audacia el estado de paz en que aparentemente vivían ambas naciones.[550]

Sin embargo, la participación de la Reina en aquella empresa se limitó según parece a darle su consentimiento. El renombre de Drake le atrajo protectores de otra naturaleza, esto es, negociantes que ofrecían gustosos sus capitales para participar en los beneficios de la expedición. Equipáronse cinco embarcaciones, la más grande de las cuales no medía más que cien toneladas, pero perfectamente provistas de víveres, de armas y de cuanto pudiera necesitarse en el viaje, y se reunieron en torno del intrépido marino 162 hombres dispuestos a acompañarlo en su peligrosa empresa. A pesar de la extensión de estos aprestos, el objetivo de la expedición se guardó con la más esmerada reserva. Después de una primera tentativa para salir al mar, de que fue necesario desistir y volver al puerto a causa de una violenta tempestad, la escuadrilla de Drake se hacía a la vela en Plymouth el 13 de diciembre de 1577.

En tierra se contaba que aquella escuadrilla zarpaba con dirección a Alejandría. De esta manera, el gobierno español, que mantenía una embajada en Londres, no tuvo el menor motivo de alarma por la partida de esa expedición, y no solo no pensó en hacerla detener en los mares de Europa, sino que ni siquiera comunicó a sus colonias el peligro que las amenazaba.

---

549 John Stow, *Annals of England*, Londres, 1580, pág. 807.
550 El obispo Lizarraga, en la obra y capítulos citados, dice textualmente lo que sigue: «Este capitán (Drake) inglés luterano, con orden de la reina María, inglesa también luterana, una de las malas señoras hembras que ha habido en el mundo, se aventuró con tres navíos a venir a robar estos reinos y a hacerse señor de la mar, caso jamás imaginado, y de ánimo más que inglés». El obispo de la Imperial, como casi todos los españoles de su tiempo, llamaba luteranos a todos los protestantes, cualquiera que fuere la secta a que pertenecían.

2. Correrías de Drake en las costas de Chile; presa hecha en Valparaíso; los ingleses son rechazados en la Mocha y en La Serena

No entra en el cuadro de nuestro libro el referir en sus incidentes la historia de esta memorable expedición, considerada generalmente una de las más brillantes y maravillosas campañas navales que se hayan llevado a cabo bajo el pabellón inglés. Merecería con justicia esta estimación si solo se tomara en cuenta el heroísmo de los expedicionarios y la magnitud de los resultados de su empresa; pero Drake salía al mar a practicar operaciones ilícitas que en nuestro tiempo habrían sido castigadas como piráticas y que la moral menos escrupulosa no puede dejar de condenar. Durante nueve meses que empleó en la navegación del Atlántico, el osado capitán apresó indistintamente los buques españoles y portugueses que hallaba en su camino; y a pesar de su interés por penetrar cuanto antes en el Pacífico, se había visto forzado, por diversos motivos, a detenerse en algunas islas o en varios puntos de las costas.

Pero el gran teatro de sus proezas estaba en el otro mar. El 20 de agosto de 1578, la escuadrilla de Drake reducida a solo tres naves, entraba en el estrecho de Magallanes por su boca oriental. Pocas veces los antiguos exploradores de aquellos desconocidos y peligrosos canales fueron más afortunados que éste en los primeros días de sus reconocimientos. Sin experimentar otras contrariedades que el frío de la estación, Drake recorrió felizmente gran porción del estrecho, y el 24 de agosto iba a fondear cerca de unas islas, a la más grande de las cuales dio el nombre de Isabel, que conserva hasta ahora. Después de renovar allí sus provisiones mediante una abundante caza de pájaros niños, o pingüinos (Spheniscus Humboldti), los expedicionarios continuaron su viaje; y el 6 de septiembre entraban por fin en el océano Pacífico.

Los navegantes observaron aquí que este océano merecía mejor el nombre de Furioso. En efecto, desde el día siguiente fueron asaltados por una de esas tremendas tempestades que con tanta frecuencia se hacen sentir en aquellos mares. La escuadrilla, sacudida y dispersada por la tormenta, fue arrastrada mucho más al sur; Drake y sus compañeros reconocieron algunas de las numerosas islas que circundan la extremidad austral del continente y seguramente llegaron hasta el cabo de Hornos; pero las noticias que han consignado los diarios de navegación no bastan para trazar precisamente su itinerario ni la extensión de estas exploraciones, que por esto mismo las ciencias geográficas no pudieron aprovechar por entonces.[551] Se sabe sí que el 15 de septiembre observaron un eclipse total de luna,[552] y que fueron ellos los que dieron el nombre de «nubes magallánicas», a las dos más hermosas nébulas celestes del hemisferio austral.

Cerca de dos meses duraron esas terribles tempestades que estuvieron a punto de desorganizar por completo la expedición. Una de las naves se perdió en aquellos mares; otra se vio arrastrada de nuevo a los canales del Estrecho. Después de esperar inútilmente allí a sus compañeros, y creyendo que éstos habrían perecido en la tormenta, los tripulantes de esa nave dieron vuelta a Europa. La escuadrilla expedicionaria quedó así reducida a un solo buque, que mandaba en persona el mismo Drake. Otro hombre de menos resolución que ese incontrastable capitán, habría desistido de una empresa que exigía, sin duda, elementos y recursos mucho más abundantes que aquéllos de que podía disponer. Por el contrario de eso, cuando la tempestad se hubo calmado, el 30 de octubre, y cuando pudo renovar sus provisiones con una nueva caza de pájaros niños en aquellas islas, Drake, aprovechando los vientos reinantes en la primavera, desplegó sus velas hacia el norte a desafiar con una sola embarcación del porte de cien toneladas, todo el poder colonial de los españoles.[553]

El 25 de noviembre llegaba en frente de la pequeña isla de la Mocha, situada, como se sabe, en la costa de la Araucanía, y cerca de los 38° y medio de latitud

---

551 Drake y sus compañeros anunciaron claramente sus descubrimientos, revelando que al sur del estrecho de Magallanes no existía, como se había creído, un continente austral sino archipiélagos de islas, más allá de los cuales se extendía el mar libre y abierto. Pero estos informes no fueron creídos, y en los mapas siguió trazándose por muchos años más aquel continente. El padre José de Acosta, que publicaba en 1590 su célebre *Historia natural y moral de las Indias*, manifiesta que conocía los informes y noticias suministradas por Drake, pero creía que «la verdad no estaba averiguada». Véase el libro III, capítulo 11.

552 Felipe II, por recomendación de Juan López de Velasco, cronista de Indias cosmógrafo del rey, había mandado que en las colonias de América se observara este eclipse con arreglo a las instrucciones que se les enviaba. Sin embargo, según dice Quiroga al rey en una carta de 12 de enero de 1579, la instrucción llegó a Chile después que había tenido lugar el eclipse. Habiéndose anunciado que tendría lugar otro eclipse de Luna en junio de 1582, se encargó su observación a Pedro Cuadrado Chavino, que residía en Chile desde 1560, y que según comunicaba al rey había escrito una descripción de la ciudad de Valdivia, donde estaba establecido. Su correspondencia deja ver que debía poseer una escasísima ilustración.

553 La nave de Drake tenía el nombre de Pelican al salir de Inglaterra. En el estrecho le dio el de Golden Hind, con que es tan famosa.

sur.⁵⁵⁴ Sus habitantes, indios pacíficos que cultivaban la tierra y que criaban algunos ganados, entraron en relaciones con los expedicionarios, y en cambio de varias bagatelas, dieron a éstos dos guanacos gordos y algunas otras provisiones. Alentado por este recibimiento, Drake envió el día siguiente a tierra a dos marineros para hacer aguada; pero apenas hubieron desembarcado, fueron apresados y muertos por los indios. El capitán, seguido de nueve hombres, se acercó a la isla en una chalupa para tomar venganza de aquella perfidia, pero fue recibido por una nutrida descarga de flechas de que resultaron heridos casi todos los ingleses. Drake había recibido un golpe en la cabeza y un flechazo en la mejilla, debajo del ojo derecho. Los ingleses han avaluado en 500 hombres el grueso de los guerreros que los atacaron en la Mocha y, aunque seguramente esta cifra es muy exagerada, la desigualdad numérica era tan considerable, que sin contar con las dificultades del desembarco, toda tentativa de lucha bajo tales condiciones habría sido una verdadera insensatez. Sin embargo, aquellos audaces aventureros que, como los castellanos, se creían también los representantes genuinos de Dios, tenían plena confianza en la protección del cielo, que imploraban reverentemente al ejecutar algunas de sus depredaciones. «Nuestro general, dice una antigua relación, a pesar de que habría podido vengar aquella ofensa con poco peligro, deseando más preservar de la muerte a uno solo de los suyos que destruir un centenar de enemigos, confió a Dios la reparación de ese agravio, deseando que el único castigo de esos indios fuese que ellos conocieran a quién habían ofendido, que no era a un enemigo sino a un amigo, no a un español sino a un inglés que estaba dispuesto a auxiliarlos contra sus opresores.» Como debe suponerse, aquellos bárbaros debían confundir en una sola nacionalidad a todos los europeos, pero en esta ocasión no había faltado quien los instruyese sobre el particular. Drake y sus compañeros se retiraban de la Mocha persuadidos de que esos isleños los habían atacado por error, creyéndolos españoles, por haberles oído pronunciar algunas palabras en castellano. Mientras tanto, de los documentos españoles aparece que la población de esa isla era compuesta de indios sometidos al régimen de repartimientos, y

---

554 En el libro titulado *The world encompassed by sir Francis Drake*, Londres, 1628, que es la relación más copiosa en noticias acerca de esta expedición, se dice que los españoles llamaban Mucho esa isla, «a causa de su grande extensión y circuito». Casi todos los nombres geográficos americanos que aparecen en ese libro están bárbaramente estropeados.

que dos castellanos que allí vivían, pusieron sobre las armas a los indígenas y organizaron la resistencia contra los ingleses.[555]

En la tarde de ese mismo día se hicieron a la vela los ingleses. A falta de cirujano, un mancebo de poca experiencia curaba los heridos durante la navegación. Los expedicionarios tenían, además, que pasar por muchas otras privaciones y, sin embargo, lo soportaban todo con ánimo resuelto. El 30 de noviembre llegaban a un punto de la costa situado aproximadamente a los 32°, sin duda, el puerto que nosotros llamamos Papudo, o alguna de las caletas vecinas. Drake envió en el acto un bote para inquirir qué recursos podría suministrarle ese lugar; y ese bote encontró a un indio que pescaba tranquilamente en su canoa. Habiéndole hecho algunos obsequios, ese indio volvió a tierra, y puso a los ingleses en comunicación amistosa con los indígenas que habitaban en la vecindad. Drake obtuvo de esta manera un cerdo, algunas gallinas, huevos y otros víveres de que necesitaba, y supo que en el puerto de Valparaíso, a pocas leguas de distancia, se hallaba un buque español ocupado en completar su carga para darse a la vela. Esos indios no habían visto nunca otros extranjeros que los españoles. Tomando por tales a los ingleses, y sin tener la menor sospecha de las intenciones de éstos, pasaron cinco días en las mejores relaciones y, por último, uno de ellos se ofreció a servirles de práctico para trasladarse a Valparaíso.

Drake hizo su aparición en este puerto el 5 de diciembre.[556] Había allí, en efecto, una embarcación española de propiedad de Hernando Lamero, piloto experimentado, que recorría estos mares desde algunos años atrás en empresas comerciales.[557] Ese buque acababa de llegar de Valdivia trayendo una par-

---

555 Carta de Quiroga a Felipe II, de 12 de enero de 1579.
556 La fecha exacta de la aparición de Drake en el puerto de Valparaíso, 5 de diciembre de 1578, está dada con toda precisión por Rodrigo de Quiroga en su carta inédita a Felipe II, de 12 de enero de 1579, y está confirmada por la relación de Francisco Fletcher, el capellán de la nave de Drake. Sin embargo, corre publicada una carta del virrey del Perú don Francisco de Toledo al gobernador del Río de la Plata, escrita en 1579, sin expresarse otra fecha, en que, por equivocación, se dice que la entrada a Valparaíso del capitán inglés tuvo lugar el 4 de diciembre.
557 Hernando Lamero de Gallegos Andrade había hecho con el adelantado Álvaro de Mendaña en 1567 la célebre expedición naval que dio por resultado el descubrimiento de las islas de Salomón. Consta este hecho de un título de tierras en el valle de Longotoma que en 1591 le dio don Alonso de Sotomayor, en premio de los servicios que prestó posteriormente en Chile y de que tendremos que hablar más adelante. Según ese título, Lamero perdió en

tida considerable de oro en polvo, y se había detenido en Valparaíso para cargar una gran cantidad de botijas de vino que debía llevar al Perú. Practicábase esta operación en medio de la mayor tranquilidad, y sin que se temiese el menor peligro. Nadie en ese puerto podía sospechar la presencia de un buque inglés en las aguas del Pacífico. El arribo inesperado de Drake no despertó tampoco la alarma, de manera que este capitán se apoderó por sorpresa de la nave de Hernando Lamero sin que se osara oponerle la menor resistencia. Un marinero español alcanzó a tirarse al agua, y llevó a tierra la noticia de lo que acababa de ocurrir a bordo. Fue tanta la turbación que se produjo en Valparaíso, que todos sus habitantes, que probablemente no pasarían de veinte, se entregaron a la fuga dejando abandonadas sus casas y sus mercaderías.

Durante tres días, Drake se ocupó en cargar todo lo que podía serle útil. En los galpones de Valparaíso halló víveres en gran abundancia, carne salada, tocino, harina y otros artículos que solían llevarse al Perú. Este comercio había tomado en esa época un considerable desarrollo a consecuencia del rápido acrecentamiento de la producción agrícola de Chile. Los ingleses cargaron o destruyeron más de 3.000 botijas de vino de esta tierra. Pero la porción más valiosa de aquella fácil presa, fue el oro en polvo que un documento contemporáneo de la más incuestionable autoridad, avalúa en cerca de 25.000 pesos de oro o, lo que es lo mismo, en unos sesenta o 70.000 pesos de nuestra moneda.[558] Los ingleses no respetaron las habitaciones del puerto, ni una pequeña y modesta iglesia que habían construido los españoles. Los vasos sagrados de esa iglesia fueron dados como parte de presa a Francisco Fletcher, el vicario puritano que servía de capellán a los expedicionarios.

El 8 de diciembre partía Drake de Valparaíso, arrastrando consigo el buque apresado y todas las mercaderías que había podido cargar. Dejaba en tierra a los marineros españoles de ese buque y al indio que le había servido de práctico, pero se llevaba a un piloto, griego de nacionalidad, que por haber navegado largos años en el Pacífico conocía perfectamente estas costas. Guiado por este piloto, Drake se acercó el 19 de diciembre a la bahía de la Herradura, con la esperanza de hallar en ella o en otra caleta la nave de que lo había separado la tempestad en las inmediaciones del estrecho de Magallanes. Sabiendo allí

Valparaíso un buque y más de 8.000 pesos de oro que tenía a bordo y que fueron tomados por el corsario inglés.
558 Carta citada de Rodrigo de Quiroga al rey, de 12 de enero de 1579.

que pocas leguas al norte estaba la ciudad de La Serena, y creyendo, sin duda, que podría apoderarse de ella sin más dificultades de las que había hallado en Valparaíso, envió a tierra doce hombres; pero los vecinos de la ciudad habían recibido aviso de la expedición inglesa, y estaban preparados para resistirla. Formaron una pequeña columna de infantería y de caballería, y salieron resueltamente por los caminos inmediatos a la playa al encuentro de los invasores. Los ingleses, exagerándose el número de sus enemigos,[559] no se atrevieron a empeñar combate, se dispersaron de carrera por entre las rocas de la costa y ganaron el bote. Uno de los suyos, llamado Ricardo Minivez, que por un arrojo semejante a la locura quiso quedarse en tierra, fue bárbaramente destrozado por los españoles, sin que sus compatriotas pudieran socorrerlo.

Drake se detuvo todavía en las costas del norte de Chile hasta después de mediados de enero de 1579. Ocupose en reparar algunas averías, y esperaba también encontrar en esas latitudes a aquellos de sus compañeros que la tempestad había dispersado cerca del estrecho. Esta demora habría dado tiempo a que llegara al Perú la noticia de la presencia de los ingleses en estos mares; pero eran entonces tan escasos los buques que los recorrían, que Drake pudo continuar su viaje, cometer con una audacia inaudita muchas otras depredaciones en todas las costas del Pacífico, y regresar a Europa, dando una vuelta entera al globo, sin haber hallado en otras partes la resistencia vigorosa y eficaz que le habían opuesto los indios de la Mocha y los vecinos de La Serena.[560]

---

559 Las antiguas relaciones inglesas dicen que de La Serena salieron 300 hombres de a pie y de a caballo para rechazar a los invasores. Seguramente los vecinos de esa ciudad no habrían podido reunir treinta hombres en estado de cargar las armas; pero aun así su superioridad numérica sobre los ingleses era incontestable.
En esas antiguas relaciones es muy curiosa la forma que se daba en la escritura a algunos de los nombres geográficos. Así, hallamos allí Volpariza por Valparaíso, Cyppo por Coquimbo, Marmorena por Morro Moreno, etc. Sin embargo, es indudable que Drake tenía en su nave alguna persona que entendía el español, y que le servía de intérprete cuando era preciso tratar con alguna gente de tierra.

560 No entra en los límites de nuestro libro el contar toda la famosa expedición de Drake alrededor del mundo; y por eso hemos consagrado estas páginas solo a lo que tiene relación con la historia particular de Chile. Si hubiéramos de indicar aquí las fuentes históricas que pueden consultarse para estudiar este solo viaje del célebre navegante, tendríamos que hacer una extensa nota bibliográfica; y por eso vamos solo a recordar las principales, que son las que hemos tenido a la vista al escribir este capítulo. 1.° *The famous voyage of sir Francis Drake into the South sea*, Londres, 1600, escrito por Fr. Pretty, traducido al latín en la colección de Bry y al francés por Lonvencout, París, 1613 y 1641. Esta traducción

está reimpresa, pero abreviada, en el IV tomo, págs. 83-113 de los *Voyageurs anciens et modernes de Charton*, París, 1857. 2.º *Sir Francis Drake revived*, Londres, 1653, relación sumaria de los cuatro viajes del célebre marino, formada sobre sus propias notas y las de algunos de sus compañeros. 3.º *The world encompassed by Sir Francis Drake* (El mundo medido al compás, por sir Francisco Drake), Londres, 1628, relación la más completa del viaje alrededor del mundo, 1577-1580, formada principalmente sobre las notas del capellán de la expedición, y varias veces reimpresa. 4.º Numerosas vidas de Drake, las más importantes de las cuales son por diversos motivos la del doctor Samuel Johnson, publicada en el tomo XII de sus obras completas, edic. 1792; la de Roberto Southey en el III de sus *British Naval Commanders*, Londres, 1833 y, sobre todo, la de John Barrow, la más extensa, la más completa y la mejor estudiada de todas, publicada en Londres en 1843, en 2 vols., y de que existe una buena abreviación hecha en 1861. 5.º James Burney, *History of the discoveries in the South Sea*, Londres, 1803, vol. I, capítulo 19, obra capital a que tendremos que acudir en busca de informes sobre muchos otros viajes. 6.º Thomas Leliard, *Histoire naval d'Angleterre*, traducción anónima (de De Puisieux), Lyon, 1751, part. I, capítulo 9, págs. 363-385. Además de estas obras, existían impresos o inéditos algunos documentos de importancia capital y, entre ellos, los diarios de algunos de los navegantes. La sociedad de Hakluyt de Londres ha publicado la mayor parte de esos documentos en uno de los volúmenes de su importante colección, que está consagrado a los viajes de Drake. Pero pueden hallarse, además, noticias suficientemente estudiadas y expuestas con método y claridad, en las diversas historias de la marina inglesa y de los viajes y exploraciones, si bien en algunas de ellas no escasean los errores de detalle, como el de suponer que la Mocha es un puerto del Perú, y que Drake recorrió las costas de Chile en el mes de febrero, errores consignados por sir William Monson, célebre almirante inglés, contemporáneo de Drake, que dejó escritos algunos tratados sobre la historia naval de Inglaterra, publicados en el vol. III de la famosa colección de viajes de Churchill.

En la literatura española, Drake por sus expediciones posteriores, dio origen al informe poema de Lope de Vega titulado *La Dragontea*, y se conquistó un nombre terrible que ha sido maldecido en prosa y verso, atribuyéndole un carácter feroz e intratable y presentándolo como un aborto del infierno. Forma contraste con estas apreciaciones un retrato de Drake que nos ha dejado el cronista Francisco Caro de Torres en su *Relación de los servicios de don Alonso de Sotomayor*, Madrid, 1620, § XII. Dice así: «Fue (Drake) uno de los señalados hombres que ha habido en el mundo de su profesión, pues, después de Magallanes fue el segundo que le rodeó; y teniendo tanta dicha, era muy cortés y discreto con los rendidos y muy afable como contaba el capitán Ojeda y don Francisco de Zárate, al cual encontró en el mar del Sur que iba desde la Nueva España al Perú, y le regaló mucho, comunicando con él cosas de importancia y le volvió toda la hacienda que llevaba, su plata y criados y una esclava y el navío, con gran humanidad y cortesía, virtud que no puede dejar de ser loada aunque sea en enemigos».

En general, las historias españolas que han referido las correrías de Drake en el Pacífico, son mucho más sumarias que los libros ingleses que dejamos citados, y algunas de ellas contienen errores de magnitud que son verdaderamente inconcebibles. Argensola, en su *Historia de la conquista de las Molucas*, destina a este famoso viaje de Drake alrededor del mundo solo cuatro páginas (105-108) de escasísima importancia y Antonio de Herrera en su *Historia general del reinado de Felipe II*, solo el capítulo 13 del libro V, part. II. Aunque en los archivos españoles abundan los documentos concernientes a las diversas expediciones de Drake, no he hallado sobre las correrías de éste en las costas de Chile, más que las noticias que contienen las cartas del gobernador Rodrigo de Quiroga a Felipe II y al virrey del Perú.

El resto de la campaña de Drake hasta su regreso a Plymouth en septiembre de 1580, después de dar una vuelta al mundo, fue una serie de las más interesantes y provechosas aventuras en que no encontró en ninguna parte la resistencia que habría debido hallar en las colonias del poderoso rey de España. Aun, podría decirse que solo los indios de la isla de la Mocha y los vecinos de La Serena, supieron batirse con los ingleses, y que ellos los rechazaron con resolución y buen éxito. Por lo que toca a los beneficios que esta expedición produjo a los empresarios que la habían costeado, nos limitaremos a reproducir la citación que el más prolijo de los biógrafos de Drake, John Barrow, toma de un libro antiguo y poco conocido, titulado *The merchant's mappe of commerce* por Sewes Roberts, e impreso en 1638. «Este viaje, dice Roberts, produjo a Drake, a los mercaderes de Londres, sus socios en la empresa, y a los aventureros que lo acompañaron, según una cuenta formada a la vuelta, después de hechos todos los pagos y descargos, la cual cuenta yo vi suscrita por su propia mano, 47 libras esterlinas por cada libra, de tal suerte que los que aventuraron con él 100 libras obtuvieron 4.700, lo que dará idea del beneficio obtenido, aunque acompañado de sinsabores, dilaciones y peligros».

En septiembre de 1580, cuando Drake estuvo de vuelta en Inglaterra, el embajador de España don Bernardino de Mendoza entabló las más premiosas reclamaciones diplomáticas contra una expedición que por más de un título merecía el calificativo de pirática. En la imposibilidad de hacer entrar en esta nota amplias informaciones sobre el particular, nos limitaremos a copiar las líneas que siguen de uno de los más eminentes historiadores ingleses:

«Aquella atrevida y afortunada empresa hizo célebre en Europa el nombre de Drake; mas con todo eso, los que temían el resentimiento de los españoles procuraron persuadir a Isabel que desaprobase su conducta, le castigase y le hiciese devolver sus presas; pero la Reina, admirada de su valor y seducida con la idea de repartir el botín, no quiso sacrificar a aquel valiente, y antes bien le nombró caballero y aceptó una función que él le dio en Deptford, a bordo del mismo buque en que había hecho tan memorable viaje. Cuando Mendoza, embajador de España, se quejó de las piraterías de Drake, le respondió Isabel que supuesto que los españoles se arrogaban el derecho de dominar en todo el nuevo mundo con exclusión de las demás naciones de Europa, prohibiéndoles que llevasen a aquellos mares sus buques, ni aun para hacer el comercio legítimo, era muy natural que ellas buscasen el modo de proporcionárselo por medios violentos. Sin embargo, para apaciguar el resentimiento de Felipe, mandó que se devolviese una parte del botín a Pedro Sibara, español, que se decía agente de los comerciantes a quien había despojado Drake. Supo luego Isabel que el rey de España se había apoderado de aquellas sumas, y empleádolas en parte contra ella misma en Irlanda, y lo restante en pagar las tropas del príncipe de Parma, y desde entonces se decidió a no hacer ninguna restitución». David Hume, *Historia de Inglaterra*, traducción castellana de don E. de Ochoa, Barcelona, 1843, capítulo 41, tomo III, pág. 245. Se hallarán más amplias noticias acerca de estas negociaciones en De Thou, *Histoire universelle*, libro LXXI, tomo V, pág. 777.

La reina Isabel no podía desconocer cuán irregular era la expedición de Drake, emprendida en plena paz para saquear las colonias de España que vivían ajenas a todo peligro de esta naturaleza. Pero ella reprochaba a Felipe II otros atentados que importaban la violación

3. Esfuerzos de Quiroga para comunicar al Perú la noticia de estos sucesos y para atender a la defensa del reino

Rodrigo de Quiroga, como ya dijimos, se hallaba en las inmediaciones de Angol cuando tuvo la primera noticia de estos graves acontecimientos. Supo entonces que en Valparaíso habían desembarcado los luteranos, como se decía entonces, y que se habían apoderado de un buque español y de su cargamento. Creyendo que su presencia en Santiago podría ser útil para remediar los males causados por los ingleses y para impedir nuevos desembarcos, se puso en marcha precipitada, y llegaba a la capital antes de fines de diciembre de 1578.

En esos momentos, los funcionarios que desempeñaban el gobierno en Santiago, habían tomado ya las disposiciones que consideraban más útiles y urgentes. Organizose apresuradamente en la ciudad una compañía de arcabuceros que se puso bajo las órdenes del capitán Francisco Peña, y que habría partido para Valparaíso si los ingleses no se hubieran apresurado a reembarcarse y a darse a la vela. El corregidor Gaspar de la Barrera había despachado un emisario a Coquimbo para anunciar la aparición de los ingleses y para recomendar que sin pérdida de tiempo se diese aviso al Perú por los caminos de tierra.[561]

Los oficiales reales se habían apresurado a comprar un buque que acababa de llegar a Valparaíso de los puertos del sur; y a pesar del peligro que en esas circunstancias ofrecía la navegación del Pacífico, se hacían los aprestos para despacharlo al Perú. Quiroga aceleró estos trabajos cuanto le era dable. Confió el mando de ese buque al piloto Hernando Lamero, que arrostrando cualquier peligro quería llevar al Perú la noticia de la expedición inglesa y lo hizo partir para el Callao el 14 de enero de 1579. En las cartas que en esa ocasión escribió a Felipe II y al virrey del Perú, Quiroga les daba cuenta de la tentativa de

---

disimulada del estado de paz; y entre ellos la protección secreta prestada a la rebelión de la Irlanda.
561 El aviso enviado por el corregidor Gaspar de la Barrera sirvió para que los vecinos de La Serena se pusieran en situación de rechazar a los invasores. Pero, por más empeño que desplegaron las autoridades de Coquimbo, el aviso no alcanzó a llegar a Lima antes de la aparición de Drake en los mares del Perú. El virrey don Francisco de Toledo, acusaba por esto a los gobernantes de Chile de no haber procedido en esta emergencia con toda la actividad conveniente, siendo que en el estado de aislamiento en que este país tenía que vivir, le era imposible hacer algo más.

Drake, y les pedía encarecidamente que le enviaran algunos socorros de armas y municiones demostrando, al efecto, el desamparo en que se hallaba Chile para defenderse contra esa clase de enemigos. El gobernador recordaba en sus cartas que siendo común el peligro para todas las colonias, era deber de éstas el auxiliarse mutuamente.

Pero esos socorros no podían llegar con la presteza conveniente. Mientras tanto, a principios de febrero se supo en Santiago que los ingleses, después de sufrir un rechazo en Coquimbo, habían seguido su viaje al norte, y que se habían detenido en la costa de Copiapó para hacer algunas reparaciones en sus naves. Inmediatamente se preparó una expedición contra los extranjeros. Armose de cualquier modo otro buque mercante llamado San Juan, que acababa de llegar del sur, pusiéronse a su bordo noventa buenos soldados, y se le lanzó al mar a combatir a los herejes y a quitarles la presa de que se habían apoderado. Pero ese buque llegó a aquellos lugares muchos días después de la partida de Drake, de tal suerte que aquel esfuerzo del gobernador no produjo resultado alguno.[562]

Los gobernantes de este país sabían que Drake había penetrado en el Pacífico con otras naves. Los mismos marinos ingleses habían referido esto en Valparaíso cuando trataban de inquirir noticias acerca del buque que se les había separado en las inmediaciones del estrecho. Así, pues, la partida de los ingleses no calmó los temores que su primera aparición había hecho concebir. Durante algunos meses mantuvo Quiroga vigías en varios puntos de la costa, y se repitieron frecuentemente rumores alarmantes de haberse visto en tales o cuales lugares uno o más buques de apariencias sospechosas; y cada uno de estos avisos era un motivo de alarma en todas partes. Desprovisto de los elementos necesarios para atender a la defensa del país, Quiroga se había apresurado a pedirlos con urgencia a España y al Perú; pero como sabía demasiado que esos socorros habían de tardar mucho, se propuso también proporcionarse armas por otros medios. Intentó fundir en Santiago algunos cañones pequeños de bronce, con la esperanza de que si este ensayo le salía bien, podría fabricar otras piezas de mayor calibre.[563] Parece que esta tentativa no produjo entonces más que una desconsoladora desilusión. Algunos años más tarde se trató de

---

562 Carta inédita de Martín Ruiz de Gamboa al virrey del Perú, de 1 de abril de 1579.
563 Carta inédita de Quiroga al virrey del Perú de 3 de julio de 1579.

repetir el ensayo, pidiendo, al efecto, operarios a España, sin conseguir tampoco un resultado más favorable.

4. Continuación de las operaciones militares contra los indios

La presencia de los ingleses en las costas de Chile había venido a sembrar la alarma y a paralizar, puede decirse así, las operaciones de la guerra contra los araucanos, cuando Quiroga se forjaba la ilusión de poder pacificar el país en pocos meses más. «Los indios rebelados, escribía al rey, estaban ya tan quebrantados, y traíalos yo tan perseguidos, que sin ninguna duda entendía este verano acabarlos de castigar y pacificar si la ocasión de la venida de los ingleses y alzamiento de los indios de las ciudades de Valdivia y Villarrica, donde ha sido necesario acudir, no les hubiera dado alguna respiración. Pero yo espero en la divina bondad que muy presto serán pacificados; y en poniendo en orden las cosas de esta ciudad, dándome Dios salud, volveré a la guerra y pacificación de estos indios.»[564]

Pero el animoso gobernador no se hallaba en estado de realizar esta promesa. Quiroga contaba entonces cerca de ochenta años; y su salud, largo tiempo robusta y vigorosa, había caído en un estado de completa decadencia. Durante todo el año anterior había pasado constantemente enfermo, a tal punto que de ordinario en las marchas en que quería acompañar a sus tropas, era cargado en una silla, si bien en presencia del enemigo se hacía montar a caballo. El último viaje que acababa de hacer trasladándose a marchas forzadas de Angol a Santiago en los días más ardientes del verano, produjo una grave alteración en su salud. Quiroga cayó a la cama y sufrió entre otros accidentes un tumor gangrenoso en un pie que lo tuvo a las puertas de la muerte.[565] Desde su lecho dispuso que Martín Ruiz de Gamboa tomase a su cargo la dirección de las operaciones militares, y que Bernal de Mercado en su rango de maestre de campo, sostuviese la campaña en las inmediaciones del Biobío. Uno y otro jefe hicieron cuanto les era posible en favor de la pacificación de aquellos territorios; pero

---

564 Carta inédita de Quiroga a Felipe II de 12 de enero de 1579.
565 Por entonces era opinión general en todo el reino que Quiroga no se hallaba en estado de entender en los negocios administrativos, y así lo escribían a España y al Perú varios capitanes de importancia y de prestigio. «El gobernador está muy viejo y muy lleno de enfermedades y malo», escribía al virrey Juan del Campo de San Miguel en 10 de junio de 1579. Ya veremos el resultado que produjeron estos informes.

todos sus esfuerzos, como debía suponerse, fueron tanto más ineficaces cuanto que la insurrección de los indios, circunscrita por largo tiempo a una porción limitada del territorio, se había extendido en los últimos años a la región del sur.

En el principio, los españoles habían hecho poco caso de la insurrección de los indígenas de Valdivia y de Villarrica. Provocada por unos pocos indios a quienes se quería sacar de sus tierras para llevarlos al norte, había cundido prontamente en todas aquellas provincias, a pesar de la actividad y de la dureza con que los españoles acudieron a reprimirla. Los indios fueron muchas veces derrotados; pero los dispersos se refugiaban en los bosques, trasmontaban las cordilleras cuando era necesario, y volvían a reorganizarse al otro lado de los Andes para recomenzar las hostilidades. «Hase entablado allí una guerra que temen que durará más que la de Arauco, escribía un contemporáneo, y los soldados huyen de ella y quieren andar más en la de antes.»[566] En efecto, la campaña contra los indios del sur, que estaba destinada a una larga duración, despertaba en la tropa una resistencia invencible. La muerte de algunos soldados heridos en esos combates, hizo creer firmemente que los indios de Valdivia y de sus inmediaciones conocían ciertas yerbas con que envenenaban sus flechas, y con que producían heridas incurables. Los españoles habían experimentado el efecto de esas armas terribles en la América tropical y, aunque en Chile no habían visto nunca armas envenenadas, bastó que se esparciera el rumor de que los indios de la región del sur comenzaban a usarlas, para que se produjese la alarma y la inquietud.[567]

La situación de Bernal de Mercado no era menos angustiosa. Las tropas de su mando no bastaban para emprender operaciones de alguna importancia, pero tuvieron que sostener combates más o menos sangrientos. Los indios de

---

566 Carta citada de Juan del Campo de San Miguel.
567 El cronista Mariño de Lobera, como ya dijimos, ha dado amplias noticias acerca de estas campañas, y habla también de las flechas envenenadas de los indios, como hablan igualmente Juan del Campo y Ruiz de Gamboa en sus cartas al virrey del Perú.
La creencia de que los indios de la región de Valdivia envenenaban las flechas se conservó largo tiempo. El padre Rosales, que escribía en la segunda mitad del siglo XVII, refiriendo los sucesos de principios de ese siglo, cuenta también que esos indios envenenaban las flechas con yerbas, y que para ello usaban el coligüe que hacía que los heridos se hinchasen y muriesen en poco tiempo. Según el padre Rosales, los españoles solo supieron más tarde que el contraveneno para esas heridas era el solimán. Véase *Historia general*, libro V, capítulo 28, tomo II, pág. 377. La toxicología del padre Rosales y de los cronistas de su tiempo no puede inspirar la menor confianza.

guerra ejercían sus depredaciones entre las tribus que se habían sometido a los españoles, y con este propósito pasaron el Biobío y llegaron hasta las orillas del Itata. Bernal de Mercado, que corrió a su alcance, fue atacado de improviso una noche, y tuvo que sostener un peligroso combate de que, sin embargo, salió vencedor. «Certifico a Vuestra Excelencia, escribía al virrey del Perú, que en las veces que he peleado con estos indios en el discurso de veintisiete años de guerra, que han sido hartas, solo ésta he peleado por solo escapar la vida.»[568] El maestre de campo había solicitado en vano el envío de algunos socorros que consideraba indispensables. Sea porque el temor de ver reaparecer a los ingleses en cualquier punto de la costa no permitiera a los gobernantes el desprenderse de un solo soldado, o porque las enfermedades de Quiroga hubiesen producido el desconcierto administrativo, Bernal de Mercado pasó tres meses sin recibir comunicación alguna de sus superiores, al mismo tiempo que estaba obligado a vivir sobre las armas de día y de noche.

Una situación semejante no podía dejar de producir el descontento. Hiciéronse sentir enseguida los más alarmantes síntomas de desmoralización. Además de algunos actos de insubordinación, que el maestre de campo no podía castigar con la energía necesaria, muchos soldados abandonaban el servicio y tomaban la fuga. Como las condiciones físicas del país, su aislamiento y su incomunicación, no permitían salir de él para buscar un asilo en las otras colonias, esos desertores fueron muchas veces aprehendidos y castigados con la pena capital; pero hubo algunos que lograron llegar a La Serena, y apoderándose allí por sorpresa de una pequeña embarcación, se hicieron a la vela para el Perú sustrayéndose a toda persecución. Ante este desconcierto, Bernal de Mercado, diciéndose viejo, fatigado por más de veinte años de una guerra tan infructuosa como abrumadora, y pretextando que estaba imposibilitado físicamente por la obesidad que había adquirido su cuerpo, dejó el mando que desempeñaba esperando obtener en Santiago una recompensa de sus servicios que le permitiese, decía, pasar el resto de sus días en una condición más tranquila.[569] El capitán Juan Álvarez de Luna, que servía en la región del sur bajo las órdenes del mariscal Ruiz de Gamboa, tomó el cargo de maestre de campo.

---

568 Carta inédita de Bernal de Mercado al virrey del Perú, de 15 de junio de 1579.
569 Carta citada de Quiroga al virrey del Perú, de 3 de julio de 1579. Carta citada de Bernal de Mercado. Este capitán, sin embargo, se separaba del servicio disgustado con el goberna-

5. Muerte de Rodrigo de Quiroga

Pero esta mudanza ocurría a mediados de abril, a entradas del invierno, es decir, en la época en que se suspendían casi invariablemente cada año las operaciones militares. Por entonces mandó el gobernador disolver los campamentos y distribuir las tropas en las ciudades. «Cuando llegue la primavera, con el favor divino, escribía el animoso Quiroga al virrey del Perú, saldré en campo con todo el ejército, porque yo querría dejar en quietud y sosiego este reino antes de mi muerte, y así lo he procurado y procuraré con todas mis fuerzas.»

Rodrigo de Quiroga no pudo, sin embargo, cumplir este compromiso. Su salud, más y más quebrantada cada día, casi no le permitía tomar conocimiento de los negocios de gobierno, y con mayor razón le impidió salir a campaña en la primavera de 1579, como lo tenía proyectado. El mariscal Ruiz de Gamboa, su yerno, y hombre de toda su confianza, era el verdadero gobernador de la colonia en aquellas circunstancias. En efecto, después de entender en la adopción de algunas medidas administrativas, salía en agosto a dirigir las operaciones militares.

Éstas no tuvieron importancia particular. En un sitio que los indígenas llamaban Chillán, entre los ríos Itata y Ñuble, estableció Ruiz de Gamboa un fuerte, y puso allí una guarnición encargada de impedir que los indios del otro lado del Biobío llegasen en sus correrías hasta estos lugares. Este establecimiento fue el origen de la ciudad de Chillán, fundada el año siguiente. Los diversos accidentes de la campaña por esta parte del territorio rebelado fueron más o menos insignificantes.

No sucedía lo mismo en la región del sur. La rebelión de los indios de Valdivia y de sus inmediaciones, tomaba cada día mayor y más alarmante desarrollo. En la primavera de 1579, el maestre de campo Álvarez de Luna salía de aquellas ciudades con un cuerpo de ochenta soldados para reunirse en Arauco con el mariscal Ruiz de Gamboa. Apenas llegado a la Imperial, supo que las fuerzas que había dejado a sus espaldas, eran vigorosamente atacadas por los indios; que éstos habían dado muerte a algunos españoles y que la situación de las ciudades del sur se hacía cada día más peligrosa. Le fue forzoso detener su marcha y enviar socorros a aquellas poblaciones.

---

dor y con Ruiz de Gamboa, de quien fue adversario obstinado; y después de la administración de este último, volvió a servir en el ejército.

Mientras tanto, el gobernador Rodrigo de Quiroga veía desde su lecho de enfermo desvanecerse una a una las ilusiones de los que, como él y como algunos de sus capitanes, habían estado creyendo en la próxima pacificación de todo el país. Después de seis años de gobierno, y de numerosos combates en que la victoria había estado casi constantemente de parte de los españoles, los negocios de la guerra tenían un aspecto mucho más triste para éstos que en 1575, cuando Bravo de Saravia entregaba el mando supremo en medio de las acusaciones que lo habían desprestigiado. Quiroga, además, recibido por los colonos en medio de las manifestaciones del entusiasmo, había contado con el apoyo decidido que éstos le prestaron, y tuvo también a su disposición los auxilios de tropas que el rey le enviaba de España. A pesar de todo, la rebelión de los indios, limitada hasta hacía poco a una porción reducida del territorio, se había extendido considerablemente a la región del sur tomando vastas proporciones, y haciéndose cada día más sólida y consistente. Si no se puede decir que esta desconsoladora situación aceleró la muerte del gobernador, es evidente que ella debió amargar mucho sus últimos días.

Rodrigo de Quiroga pasó los postreros meses de su vida casi sin tomar participación en las cosas de gobierno. Aunque durante su administración había tenido que sostener todo orden de cuestiones con el poder eclesiástico, como hemos contado, y como todavía tendremos que contar, era tan ardoroso creyente como el más fanático español de su siglo. Postrado en la cama por la vejez y por las dolencias, vivió consagrado a las prácticas devotas, rodeado de frailes, a cuyos conventos había distribuido la mayor parte de sus bienes, y falleció tranquilamente el 25 de febrero de 1580. Su cadáver fue sepultado con gran pompa en la iglesia de los padres mercedarios, a cuyo establecimiento en Chile había contribuido con cuantiosos donativos. Sus parciales y sus favorecidos, que eran muy numerosos, deploraron su muerte con manifestaciones de dolor que quizá no había merecido ninguno de sus predecesores.

Contaba en esa época Rodrigo de Quiroga ochenta años aproximadamente.[570] Había pasado en Chile los últimos cuarenta de ellos, y como se habrá visto

---

570 Góngora Marmolejo, que conoció muy de cerca a Quiroga, dice en el capítulo 48 de su libro, que cuando éste tomó por primera vez el gobierno de Chile en 1565, contaba cincuenta años de edad, lo que haría creer que murió de sesenta y cinco. Sin embargo, todos los documentos contemporáneos insisten mucho en su estado de vejez y de decrepitud en estos últimos años. El doctor Lope de Azócar, que venía a Chile con el carácter de teniente

en los capítulos anteriores, había desempeñado en la conquista de este país uno de los papeles más importantes y más honorables. «No se le conoció vicio en ninguna suerte de cosa, ni lo tuvo, tanto fue amigo de la virtud», dice un cronista contemporáneo. Y queriendo este mismo escritor dejarnos el retrato físico y moral de Quiroga, dice lo que sigue: «Era hombre de buena estatura, moreno de rostro, la barba negra, cariaguileño, nobilísimo de condición, muy generoso, amigo en extremo grado de pobres, y así Dios le ayudaba en lo que hacía; su casa era hospital y mesón de todos los que la querían.» Otro cronista contemporáneo, don Pedro Mariño de Lobera, ha completado este retrato con estas palabras: «Fue Quiroga hombre de muy buenas partes, como fueron sobriedad y templanza y afabilidad con todos; por lo cual era muy bien quisto, querido y respetado en todo el reino; y por no descender a todas las muestras de mucha cristiandad que eran manifiestas a todos sus conocidos, las reduzco a una sola que fue las muchas limosnas que hacía de ordinario, gastando con los pobres y los soldados descarriados, 30.000 pesos de oro que tenía de renta cada año, de suerte que se amasaban en su casa 8 a 12.000 fanegas de pan para los pobres entre otras semejantes obras pías que iban a este paso».[571]

Es justo declarar que Quiroga no merece sino con ciertas restricciones estos desmedidos elogios que le han tributado algunos de sus contemporáneos. Como todos sus predecesores, y como la mayor parte de sus sucesores, Rodrigo de Quiroga tuvo también adversarios que dirigieron al virrey del Perú y al rey de España las más ardientes acusaciones contra su administración. Reprochábasele el espíritu de estrecho favoritismo con que repartía las gra-

---

gobernador, escribía al rey lo que sigue en septiembre de 1579: «Atento que Rodrigo de Quiroga dicen que es de ochenta años y queda muy enfermo». Un cronista posterior, el padre Diego de Rosales, *Historia general*, libro IV, capítulo 47, le supone, no sabemos con qué fundamento, noventa años de edad. Aunque este cronista refiere la muerte de Quiroga con ciertos accidentes que no se hallan en otra fuente, nosotros no podemos aceptarlos por los numerosísimos errores que en toda esta parte contiene su crónica.

571 Mariño de Lobera, libro III, capítulo 21. Aunque es efectivo que Quiroga poseyó bienes cuantiosos, y que servía generalmente con ellos a sus allegados, el cronista ha exagerado en este pasaje sus riquezas y su desprendimiento. En octubre de 1583 don Alonso de Sotomayor, gobernador entonces de Chile, pedía al rey que le aumentase sus sueldos, y pasaba en revista las rentas que habían tenido sus antecesores. Aludiendo a Quiroga, dice solo las palabras que siguen: «Rodrigo de Quiroga, siendo de la edad que era, y muy moderado, tenía diez o doce y aun 13.000 pesos que de ordinario le daban sus indios antes que hubiese tasa y grandes granjerías». Esta cifra debe acercarse mucho más a la verdad que la que señala el cronista Mariño de Lobera, para indicar la renta del gobernador Quiroga.

cias y favores entre sus adictos y paniaguados, la docilidad con que se dejaba gobernar por algunos de sus consejeros y otros defectos que tal vez exageraba la pasión.[572] La verdad es que Quiroga, sin poseer las grandes cualidades de otros capitanes de su tiempo, estuvo exento de muchos de sus defectos, y que la superioridad moral que se le atribuye es puramente relativa.

6. Últimos años de Francisco de Aguirre

Rodrigo de Quiroga era uno de los últimos sobrevivientes entre los heroicos soldados de la memorable campaña de 1540. Había venido del Perú con Pedro de Valdivia, había asistido a la fundación de Santiago y durante cuarenta años de guerra, de fatigas y de privaciones, había servido a la conquista de Chile. Más feliz que otros de sus compañeros, Quiroga había visto premiados sus servicios, y no solo poseía una fortuna considerable, como producto de sus repartimientos, sino que el rey lo había honrado confiándole el más alto puesto de la colonia.

En esa época, vivía en una condición bien diferente otro de aquellos viejos soldados de la conquista. Después de haber desempeñado un papel muy importante en los años anteriores, y de haber producido agitaciones y alborotos que amenazaron la tranquilidad pública, Francisco de Aguirre llevaba en La Serena una vida retirada y modesta, y pedía casi humildemente al rey la remuneración de sus servicios.

Se recordará que don García Hurtado de Mendoza, al llegar a Chile en 1557, había apresado a Aguirre y enviádolo al Perú junto con Francisco de Villagrán. Este tratamiento no había merecido la aprobación del rey y de sus más inmediatos representantes. Lejos de eso, Felipe II confió a Villagrán el gobierno de Chile, y el virrey del Perú, conde de Nieva, dio a Aguirre el mando de la dilatada provincia de Tucumán. En 1564, cuando la conquista de esa región estaba a punto de perderse, Aguirre obtuvo sobre los indios señaladas ventajas, y con mano firme y vigorosa asentó sólidamente la dominación española. Pero su

---

572 En la carta de don Alonso de Sotomayor que acabamos de citar, hallamos las palabras siguientes: «Desde que la Audiencia faltó, han sido señores absolutos de este reino los deudos de Rodrigo de Quiroga y el mariscal Martín Ruiz de Gamboa, y son ellos los medrados». En el Archivo de Indias encontré otras comunicaciones enviadas de Chile en que se denunciaba la manera cómo Quiroga hacía los repartimientos en sus amigos y parciales aunque no hubieran prestado servicio alguno al rey.

carácter violento e impetuoso descontentó a muchos de los suyos, y provocó una rebelión que estuvo a punto de costarle la vida. En ese mismo tiempo (1568) la autoridad eclesiástica de Charcas lo citaba ante su propio tribunal para someterlo a juicio por haber proferido algunas proposiciones heréticas. Entonces no existía aún en el virreinato del Perú el terrible tribunal de la Inquisición, que solo fue instituido en 1570.

El proceso de Francisco de Aguirre terminó por la solemne abjuración de sus errores que se le obligó a hacer ante el obispo de Charcas en 1 de abril de 1569.[573] Esa abjuración revela que entre los soldados de la conquista que nos parecen tan religiosos y fanáticos, había algunos que no sometían del todo su razón a las creencias dominantes, y demuestra, además, que Aguirre debió poseer un carácter independiente y una boca libre para expresar sus convicciones. Aguirre no creía en la castidad de los clérigos; pensaba que más útiles servicios que éstos prestaban a la sociedad los herreros que sabían componer una espada o un arcabuz; sostenía que las excomuniones solo eran temibles para los hombrecillos de poco espíritu y de escasa resolución; y que la autoridad que él ejercía como jefe militar estaba más arriba que la de todos los eclesiásticos.

A fines de ese mismo año, volvía Aguirre a desempeñar el cargo de gobernador de Tucumán. Fueron tantas, sin embargo, las quejas que contra él se formularon, que el virrey del Perú don Francisco de Toledo se creyó en el deber de enviar un visitador a esa provincia. Se acusaba a Aguirre de tratar mal a los españoles y, peor aún, a los indígenas; y la información recogida en esta ocasión confirmó estos hechos. El virrey acordó separarlo del mando, nombrando en su lugar gobernador de Tucumán a don Jerónimo Luis de Cabrera.[574] En 1576, el arrogante capitán volvía de nuevo a Chile, y se establecía modesta-

---

573 Encontré este documento en el Archivo de Indias de Sevilla, y lo publiqué en el *Proceso de Valdivia*, pág. 380 y ss., en cuya publicación se ha cometido un error de compaginación que se salva leyendo la pág. 379 después de la 380. Allí mismo publiqué, pág. 369 y ss., una importante comunicación en que Aguirre refiere, con fecha de 8 de octubre de 1569, al virrey del Perú todos los accidentes de su gobierno en Tucumán. Esos dos documentos, inéditos hasta 1874, son de importancia capital para la historia de esa provincia, y rectifican cuanto han escrito los antiguos cronistas, como puede verse recorriendo lo que acerca de estos sucesos refiere el padre Lozano en su *Historia de la conquista del Paraguai*, libro IV, capítulos 8 y 9.

574 El nombramiento de Cabrera tiene la fecha del Cuzco a 20 de septiembre de 1571. Este documento, en que se recuerdan los hechos que hemos narrado en el texto, ha sido publicado en Buenos Aires en 1881, en un volumen titulado *Arbitraje de límites interprovinciales*,

mente en la ciudad de La Serena que él mismo había fundado en 1549, y donde tenía su repartimiento de tierras y de indios.

Tres años más tarde, Francisco de Aguirre dirigía al rey una reverente súplica en que después de recordar los servicios que él y los suyos habían prestado a la Corona, acababa por pedir las mercedes y recompensas a que se creía merecedor.[575] No sabemos qué resultado tuvo su solicitud. Es probable que Aguirre, que en esa época debía frisar en los ochenta años, muriese poco después sin alcanzar a ver la providencia del rey a su petición.

Fin Tomo II

---

exposición del comisionado del gobierno de Córdoba, libro concerniente a una discusión de límites entre las provincias de Córdoba, Santa Fe y Buenos Aires.

575 En las historias que corren impresas o manuscritas, no se hace mención alguna de Francisco de Aguirre después de su vuelta de Tucumán. El padre Lozano dice que por los años de 1573 Felipe II quiso nombrarlo gobernador de Chile; pero que entonces Aguirre había fallecido. El documento, inédito hasta ahora, que publicamos en seguida, rectifica ese error del padre Lozano y da las noticias más seguras sobre los últimos años de Aguirre.

«Sacra Cesárea Real Majestad. Si los que sirven y han servido a Vuestra Majestad con sus personas son gratificados por Vuestra Majestad, yo que en los reinos de España serví en mi mocedad y en éstos ha cuarenta años que no me he ocupado en otro sino en servir a Vuestra Majestad con persona e hijos y criados y hacienda en gran cantidad, justo será suplicar a Vuestra Majestad se me haga alguna merced porque yo satisfaga a mis hijos y nietos de más de 300.000 pesos que yo he gastado sirviendo a Vuestra Majestad así en la conquista y sustentación de este reino como en descubrir y conquistar otros a mi costa como es muy notorio, y Vuestra Majestad entiendo ha tenido noticia. Suplico a Vuestra Majestad sea servido hacerme merced con qué vivir y pagar las deudas con que he quedado y para remediar muchas hijas y nietas y un solo hijo que me ha quedado, que también ha veinte años que sirve a Vuestra Majestad en esta tierra, donde he perdido otros tres hijos y un yerno y un hermano y tres sobrinos, todos en servicio de Vuestra Majestad. Y los que hemos quedado ha sido con tanta necesidad y deudas que nos ha forzado a no poder parecer ante Vuestra Majestad a pedir merced y gratificación de nuestros muchos servicios y gastos. Nuestro señor la muy alta y muy poderosa persona de Vuestra Majestad guarde con acrecentamiento de más reinos y señoríos. De Chile, de la ciudad de la Serena, 1 de julio de 1580. Sacra Cesárea Real Majestad de Vuestra Majestad vasallo que sus reales pies y manos besa. Francisco de Aguirre».

Libros a la carta

A la carta es un servicio especializado para
empresas,
librerías,
bibliotecas,
editoriales
y centros de enseñanza;
y permite confeccionar libros que, por su formato y concepción, sirven a los propósitos más específicos de estas instituciones.

Las empresas nos encargan ediciones personalizadas para marketing editorial o para regalos institucionales. Y los interesados solicitan, a título personal, ediciones antiguas, o no disponibles en el mercado; y las acompañan con notas y comentarios críticos.

Las ediciones tienen como apoyo un libro de estilo con todo tipo de referencias sobre los criterios de tratamiento tipográfico aplicados a nuestros libros que puede ser consultado en Linkgua-ediciones.com .

Linkgua edita por encargo diferentes versiones de una misma obra con distintos tratamientos ortotipográficos (actualizaciones de carácter divulgativo de un clásico, o versiones estrictamente fieles a la edición original de referencia).

Este servicio de ediciones a la carta le permitirá, si usted se dedica a la enseñanza, tener una forma de hacer pública su interpretación de un texto y, sobre una versión digitalizada «base», usted podrá introducir interpretaciones del texto fuente. Es un tópico que los profesores denuncien en clase los desmanes de una edición, o vayan comentando errores de interpretación de un texto y esta es una solución útil a esa necesidad del mundo académico.

Asimismo publicamos de manera sistemática, en un mismo catálogo, tesis doctorales y actas de congresos académicos, que son distribuidas a través de nuestra Web.

El servicio de «libros a la carta» funciona de dos formas.

1. Tenemos un fondo de libros digitalizados que usted puede personalizar en tiradas de al menos cinco ejemplares. Estas personalizaciones pueden ser de todo tipo: añadir notas de clase para uso de un grupo de estudiantes, introducir logos corporativos para uso con fines de marketing empresarial, etc. etc.

2. Buscamos libros descatalogados de otras editoriales y los reeditamos en tiradas cortas a petición de un cliente.

www.ingramcontent.com/pod-product-compliance
Lightning Source LLC
Chambersburg PA
CBHW031322230426
43670CB00006B/214